utb 2683

Eine Arbeitsgemeinschaft der Verlage

Brill | Schöningh – Fink · Paderborn
Brill | Vandenhoeck & Ruprecht · Göttingen – Böhlau · Wien · Köln
Verlag Barbara Budrich · Opladen · Toronto
facultas · Wien
Haupt Verlag · Bern
Verlag Julius Klinkhardt · Bad Heilbrunn
Mohr Siebeck · Tübingen
Narr Francke Attempto Verlag – expert verlag · Tübingen
Psychiatrie Verlag · Köln
Ernst Reinhardt Verlag · München
transcript Verlag · Bielefeld
Verlag Eugen Ulmer · Stuttgart
UVK Verlag · München
Waxmann · Münster · New York
wbv Publikation · Bielefeld
Wochenschau Verlag · Frankfurt am Main

Reinhard Zöllner

GESCHICHTE JAPANS
Von 1800 bis zur Gegenwart

4., aktualisierte Auflage

BRILL | SCHÖNINGH

Der Autor:
Reinhard Zöllner ist seit 2008 Professor für Japanologie an der Universität Bonn; vorher hatte er den Lehrstuhl für Ostasiatische Geschichte der Universität Erfurt und eine Professur für Wirtschafts- und Sozialgeschichte Japans an der Universität Halle-Wittenberg inne. 2003-2004 bekleidete er eine Gastprofessur an der University of Michigan. Sein Forschungsschwerpunkt ist die frühmoderne und moderne Geschichte Japans. Veröffentlichungen u.a.: „Die Ludowinger und die Takeda. Feudale Herrschaft in Thüringen und Kai no kuni" (Bonn 1995), „Einführung in die Geschichte Ostasiens" (München 2002), „Japanische Zeitrechnung. Ein Handbuch" (München 2003), „Japans Karneval der Krise: Ējanaika und die Meiji-Renovation" (München 2003), „Japan. Fukushima. Und Wir" (München 2011).

Umschlagabbildung:
Der Yasukuni-Schrein in Tokyo wurde am Ende des 19. Jahrhunderts zum Gedenken an die für den japanischen Kaiser Gefallenen errichtet und ist heute eine der umstrittensten Gedenkstätten zur modernen japanischen Geschichte. Der Vorhang trägt das Wappen des Kaisers, die Chrysantheme.

Online-Angebote oder elektronische Ausgaben sind erhältlich unter **www.utb.de**

Bibliografische Information der Deutschen Bibliothek

Die Deutsche Bibliothek verzeichnet diese Publikation in der Deutschen Nationalbibliografie; detaillierte bibliografische Daten sind im Internet über http://dnb.d-nb.de abrufbar.

4., aktualisierte Auflage 2023

Internet: www.schoeningh.de

Printed in Germany.
Herstellung: Brill Deutschland GmbH, Paderborn
Einbandgestaltung: siegel konzeption | gestaltung

UTB-Band-Nr: 2683
ISBN 978-3-8252-5788-0
eISBN 978-3-8385-5788-5

Inhaltsverzeichnis

Einleitung

Allen Versuchen, sich gegen Unheil wie Kriege, natürliche und menschengemachte Katastrophen und soziale Krisen zu wappnen, zum Trotz gibt es keine Garantie dafür, dass die Geschichte der modernen Gesellschaften wie eine geradlinige Erfolgsstory verläuft. Jede historische Darstellung, die diesen Eindruck erwecken wollte, wäre unaufrichtig und somit falsch. Fortschritt, so könnte man mit dem Blick auf den Verlauf auch und gerade der japanischen Geschichte meinen, besteht letztlich darin, an die Stelle alter Abhängigkeiten neue zu setzen, deren Risiken zunächst noch nicht überschaubar sind und vielleicht auch aus ideologischen Gründen unterschätzt werden.

Die Folgen der nuklearen Erdbebenkatastrophe von 2011 hat Japan bislang noch nicht völlig überwunden. Auch der demographische Wandel mit einer historisch noch nie erlebten Verschiebung der Altersstruktur und die mit großer Geschwindigkeit wachsende Staatsverschuldung bedrohen die Handlungsfähigkeit des Staates auf lange Sicht.

Dabei hatte Japan viel erreicht, was es zu einem im internationalen Vergleich lebenswerten Raum machte. Die durchschnittliche Lebenserwartung eines 2009 geborenen Säuglings berechnete die Weltgesundheitsorganisation auf 83 Jahre. Kein anderes der untersuchten Länder wies einen höheren Wert auf. In Deutschland lag sie bei 80 Jahren, in Afghanistan und einigen afrikanischen Ländern nur bei 48.[1] Diese Daten bestätigen, was seit Jahrzehnten gilt: Es gibt in Japan hervorragende Bedingungen für ein langes Leben. Im Index für menschliche Entwicklung, den das Entwicklungsprogramm der Vereinten Nationen jährlich vorlegt und der die Möglichkeiten der Menschen in den einzelnen Ländern messen soll, „ein langes und gesundes Leben zu führen, Wissen zu erwerben, Zugang zu den Quellen zu haben, die man für einen anständigen Lebensstandard benötigt, und am Leben der Gemeinschaft teilzuhaben“, nimmt Japan stets einen der vorderen Ränge ein. Allerdings zeigen diese Daten auch, das diese Spitzenposition nicht leicht zu halten ist: 2006 lag Japan auf Platz 7 (weit vor Deutschland), 2009 auf Platz 10, 2011 auf Platz 12, 2019 auf Platz 19 (Deutschland auf Platz 9).[2] In einem „Index der Nachhaltigkeit in Umweltfragen“, den die Universitäten Yale und Columbia 2005 für das Weltwirtschaftsforum in Davos und die Europäische Gemeinschaft erstellten, nahm Japan hinsichtlich seiner Fähigkeit, seine „Umwelt für die nächsten Jahrzehnte zu schützen“, unter den Staaten mit hoher Bevölkerungsdichte Platz 1 ein.[3] Freilich ist wahrscheinlich, dass gerade diese, für die modernen Staaten entscheidenden Frage nach 2011 anders bewertet wird.

---

1 World Health Organization: *World Health Statistics 2012*. Genf 2012, S. 52-59

2 United Nations Development Programme (UNDP): *Human Delevopment Report 2006*, S. 283; 2009, S. 143; 2011, S. 127; 2021, S. 277

Zeit	Heirat	Geburt des ersten Sohnes	Geburt des letzten Kindes	Heirat des ältesten Sohnes	Geburt des ersten Enkels	Tod der Ehefrau	Tod des Ehemanns
18. Jh.							
Mann	26,4	29,5	46,1	54,5	57,6	61,4	62,6
Frau	20,6	23,7	40,3	48,7	51,8	55,6	
1920							
Mann	25,0	27,5	39,5	52,5	55,0	61,5	
Frau	21,0	23,5	35,5	48,5	51,0	57,5	61,0
1990							
Mann	28,0	29,7	32,0	52,0	59,4	77,1	
Frau	26,0	27,7	30,0	50,0	57,4	75,1	82,7

Welche Entwicklungen und Entscheidungen stehen hinter Japans Erfolgen, aber auch seinen Krisen?

Dies sind Fragen, auf die Historiker Antworten suchen. Bleiben wir zunächst bei der Perspektive des Einzelnen, erhalten wir grobe Anhaltspunkte durch einen Vergleich von Lebenszyklen in unterschiedlichen Zeitaltern. Angegeben ist jeweils das durchschnittliche Lebensalter beim Eintritt eines für das Leben des Einzelnen typischerweise einschneidenden Ereignisses:[4]

Man kann aus dieser Statistik leicht ersehen, dass zwischen 1700 und 1990 enorme Veränderungen stattgefunden haben. Dies betrifft nicht nur die Lebenserwartung, die für Männer um weniger als 15, für Frauen aber um 27 Jahre stieg, so dass Frauen heutzutage länger leben als Männer und ihre Ehemänner überleben. Dies betrifft vor allem auch die biologische Reproduktionsphase, die einst 20, später 15 Jahre und in der Gegenwart gerade einmal vier Jahre dauerte. Japaner haben heute im Weltmaßstab nicht nur die längste Lebenserwartung, sondern auch besonders wenige Kinder. Betrug außerdem die Kindererziehungszeit im 18. Jahrhundert im Durchschnitt 32 Jahre und 1920 noch 27, so liegt sie heute bei 22 Jahren je Ehepaar. Statt dessen ist die außer Haus verbrachte Arbeitszeit erst der Männer und nun auch der Frauen länger geworden. Längeres Leben, weniger Kinder, mehr außerhäusliche Lohnarbeit: Dies ist in der mikrohistorischen Perspektive zusammengefasst das heutige Leben im Vergleich zur Zeit davor.

3 Yale Center for Environmental Law and Policy, Yale University; Center for International Earth Science Information Network, Columbia University (Hgg.): *2005 Environmental Sustainability Index. Benchmarking Environmental Stewardship.* http://www.yale.edu/esi/, Stand: 4.2.2013; S. 15

4 Nach Kitō Hiroshi: *Bunmei toshite no Edo shisutemu* [= Nihon no rekishi 19]. Kōdansha, 2. Aufl. 2003, S. 62. Die Zahlen für das 18. Jahrhundert beziehen sich auf das Dorf Yubunezawa in der Provinz Shinano.

Aber die Individuen schlugen diese so deutlich verschiedenen Lebensläufe nicht ohne Grund ein. Sie reagierten damit auf geänderte Bedingungen, die sie in Gesellschaft, Wirtschaft und Staat vorfanden. Diese Veränderungen setzten jedoch bereits im 18. Jahrhundert ein, um sich dann im 19. Jahrhundert mit voller Wucht auszuwirken. In der makrohistorischen Systemperspektive, die der japanische Historiker Kitō Hiroshi für diesen Zeitraum entwickelt hat, den er als die dritte und vierte Phase der japanischen Zivilisation bezeichnet, sind folgende Entwicklungen besonders wichtig:[5]

(1) Die Bevölkerungsdichte Japans stieg dramatisch. 1828 betrug sie 112 Einwohner je km^2, 2006 ca. 345. (Auch hierin nimmt Japan heute eine Spitzenstellung unter den Flächenstaaten ein).
(2) Die Wirtschaftsweise veränderte sich von einer agrarischen Gesellschaft mit indirektem Konsum agrarischer Produkte in der dritten Phase zu einer industriellen Gesellschaft in der vierten Phase.
(3) Wichtigste Energielieferanten waren in der dritten Phase intensiv genutzte organische Energiequellen (Pflanzen, Tiere, Arbeit), in der vierten mineralische Energiequellen.
(4) Die Wirtschaftsform war in der dritten Phase eine Mischung aus traditionaler, Kommando- und Marktwirtschaft und wurde in der vierten Phase zu einer reinen Marktwirtschaft.
(5) Die Gesellschaft stützte sich in der dritten Phase auf die Kernfamilie (Haus), danach auf industrielle Kollektive.
(6) Die Grundnahrungsmittel diversifizierten; zu Reis und anderen Getreidesorten traten in der vierten Phase Süßkartoffeln u.a. hinzu.

Für die entscheidende historische Veränderung der dritten Phase hält Kitō allerdings die flächendeckende Verbreitung der Marktwirtschaft, „die das Alltagsleben aller Schichten der Gesellschaft durchdrungen hatte."[6] Denn sie bewirkte erstens, dass die Produzenten wettbewerbsbewusster, rationaler, intensiver und produktiver wirtschafteten (was der Historiker Hayami Akira eine „industrious revolution" *[kinben kakumei]*, also „Revolution des Fleißes", nennt), und zweitens, dass Menschen, Waren und Informationen über territoriale Grenzen hinweg ausgetauscht wurden.

Wenn wir mit Pierre Bourdieu solche Gesellschaften als modern bezeichnen, deren Wirtschaft einen Markt mit Regeln zur Konversion und zum Austausch verschiedener Kapitalsorten kennt, denen Herrschende wie Beherrschte in allen sozialen Feldern unterworfen sind,[7] wird deutlich, dass Japan bereits seit dieser „dritten Phase" zur modernen Welt gehörte. Einschränkungslos galt dies jedoch erst für die „vierte Phase" seit dem späten 19. Jahrhundert. Das klassische Urteil über die vorhergehende „dritte Phase" fällte der Arzt und konfuzianische Philo-

---

5 Kitō, *Bunmei toshite no Edo shisutemu*, S. 25-32; ders.: „Expectations of a Low Birth Society – From the Perspective of Historical Demography –." In: *Japan Medical Association Journal* 45:1 (2002), S. 34-44

6 Kitō, *Bunmei toshite no Edo shisutemu*, S. 204

soph Ogyū Sorai, indem er wehmütig diagnostizierte, selbst die Samurai (Krieger) als die politischen Herren seiner Zeit lebten wie in einem Gasthaus. Denn sie müssten alles mit Geld bezahlen.[8] Ogyū und viele andere suchten nach einer Therapie für diesen nach seiner Auffassung einer herrschenden Schicht unwürdigen Zustand. Dass ihnen dies nicht gelang, beweist, dass die beherrschende Rolle des Marktes nicht mehr rückgängig zu machen war;[9] Japan war bereits „modern". Dass sie es überhaupt versuchten, beweist jedoch, dass es in dieser Phase noch mit dem Markt konkurrierende Kräfte gab. Deshalb war Japan in der „dritten Phase" nur mit Einschränkungen modern – „frühmodern" oder „frühneuzeitlich." Wie Japan von einem frühmodernen zu einem modernen Land geworden ist und was dies für Folgen für das Leben der Japaner hatte, ist das Thema dieses Buches.

Meine Darstellung folgt einem einfachen chronologischen Ordnungsprinzip. Den Zeitraum zwischen dem Ende der Frühen Neuzeit und dem Beginn der Moderne habe ich in Abschnitte von jeweils 15 Jahren unterteilt. Für die Zeit danach wählte ich Abschnitte von jeweils 21 Jahren. Dies ist einerseits reiner mnemotechnischer Formalismus. Andererseits sind die dadurch entstehenden Abschnitte nach meiner Auffassung tatsächlich in sich geschlossene Einheiten, die bestimmte große Entwicklungslinien sinnvoll zusammenfassen. Es ist spekulativ, darüber nachzudenken, warum sich ausgerechnet 15 bzw. 21 Jahre anbieten. Es könnte sein, dass dies mit dem Rhythmus des Generationenwechsels im sozialen Raum zu tun hat. Ich erwarte nicht, dass jeder Leser diese Einteilung akzeptiert, finde sie aber mindestens so nützlich wie eine traditionelle Einteilung nach Jahrhunderten oder gar japanischen Regierungsdevisen.

Üblicherweise wird in Darstellungen der modernen japanischen Geschichte die Zeit vor 1868 im Verhältnis zur Zeit danach eher summarisch behandelt. In diesem Buch ist dies anders. Die japanische Frühe Neuzeit verdient genaues Hinsehen. Umgekehrt ist auch bei einem Historiker die Gefahr groß, dass er um so detailfreudiger wird, je näher er seiner eigenen Gegenwart kommt. Auch dies habe ich zu vermeiden versucht.

Viele wichtige Erscheinungen aus Kultur- und Geistesgeschichte konnte ich hier nur streifen. Auch aus der Wirtschafts- und Sozialgeschichte habe ich nur auf ausgewählte Fragestellungen zurückgreifen können. Ich habe dafür versucht, möglichst viele Hinweise auf aktuelle weiterführende Literatur einzubringen. Diese Hinweise bilden also nicht nur die Quellen ab, aus denen meine

---

7 Vgl. Steven Engler: „Modern Times: Religion, Consecration and the State in Bourdieu". In: *Cultural Studies* 17 (2003), S. 445-467

8 Vgl. Olof G. Lidin: *Ogyū Sorai's Discourse on Government (Seidan): An Annotated Translation.* Wiesbaden 1999

9 Einen Gesamtüberblick über die Wirtschaft der Frühen Neuzeit geben die Beiträge in Michael Smitka (Hg.): *The Japanese Economy in the Tokugawa Era, 1600-1868.* New York 1998. Von den zwölf Aufsätzen beschäftigen sich je zwei mit Märkten, Geldpolitik und Protoindustrialisierung.

Darstellung entsprungen ist, sondern sollen gleichzeitig zum Weiterlesen anregen. Eine Bibliographie zur japanischen Geschichte können sie allerdings nicht ersetzen.

Alle ostasiatischen Eigennamen werden in diesem Buch übrigens in der in Ostasien üblichen Reihenfolge Familienname – persönlicher Name aufgeführt. Im Falle von „Tokugawa Ieyasu" ist demnach „Tokugawa" der Name der Familie (oder des Hauses) und „Ieyasu" der persönliche Name, der unserem Vornamen entspricht. Für die Aussprache gilt die Faustregel, dass Konsonanten wie im Englischen und Vokale wie im Deutschen klingen.

Für die zahlreichen Anregungen und Hinweise, die ich nach Erscheinen der ersten Auflagen erhalten habe, bin ich dankbar. Etliche von ihnen habe ich versucht aufzugreifen,[10] dabei jedoch an der Substanz des Textes festgehalten.

Berlin, im September 2022 Reinhard Zöllner

---

[10] Besonders gründlich hat sich Wolfgang Schamoni geäußert („Schwierigkeiten beim Balancieren über dem Graben zwischen zwei Sprachen". In: Nachrichten der Natur- und Völkerkunde Ostasiens 181-182 [2007], S. 197-210), dem ich in seinen philologischen Verbesserungen dort gefolgt bin, wo ich sie für zutreffend halte; gegenüber seiner historischen Kritik bin ich allerdings häufig anderer Meinung und halte insbesondere an meinem Moderne-Begriff fest. Dass ich in meiner Darstellung „eine politische Grundorientierung vermissen" lasse, wie Bernd Martin in seiner im übrigen freundlichen Besprechung meint (*Historische Zeitschrift* 286 [2008], S. 830-832), halte ich nur insofern für zutreffend, als ich mich den Links-Rechts-Schemata mancher früherer Darstellungen nicht anschließen kann, weil ich sie als Historiker nicht mehr als methodisch relevant akzeptieren kann. Meine grundsätzliche Ideologieskepsis kommt im Text hoffentlich deutlich genug zum Ausdruck. Manfred Pohl wünscht eine Begründung, warum ich zu wenig „Quellen im engen Sinne" anführe, hält aber andererseits Zitate aus japanischen Werken für „ohne jede Bedeutung" für sprachunkundige Leser (*Damals* 2007:1, S. 62-63). Da die Zahl der ins Deutsche übersetzten japanischen „Quellen im engen Sinne" sehr begrenzt ist, hätte ich nur auf dieser Grundlage allerdings kein Buch schreiben können. Im übrigen bin ich, gerade im Vergleich mit ähnlichen Einführungswerken, der Ansicht, besonders viele Quellen eingebracht zu haben, und setze auf das Vertrauen der Leser in meine Fähigkeit, sie in angemessener Weise ins Deutsche übertragen zu haben. Die zahlreichen Literaturhinweise in den Fußnoten sollen vor allem auch Hinweise für eine vertiefte Darstellung mit den angesprochenen Themen sein und daher im Text dort stehen, wo man sie leicht finden kann; auf ein gesondertes Schrifttumsverzeichnis habe ich daher verzichtet.

1. Das Ende der Frühen Neuzeit in Japan (1793-1868)

Auch der soziale und symbolische Raum des frühmodernen Japan ist nach Pierre Bourdieu „ein Raum von Unterschieden", in dem es gilt, „die grundlegenden Unterscheidungsprinzipien zu bestimmen",[1] nach denen sich das gesellschaftliche Ensemble konfigurierte. Und auch hier ist es der Besitz von Kapital in unterschiedlichen Spielarten (ökonomisch, politisch, sozial, informationell, kulturell usw.), welcher das unmittelbare Unterscheidungsprinzip darstellte. Die Verfügungsgewalt über solches Kapital und die Mechanismen, mit deren Hilfe Kapitalsorten im Bedarfsfall konvertiert werden konnten, bilden deshalb den Schlüssel zum Verständnis sowohl der Beziehungen zwischen sozialen Gruppen innerhalb der Räume, in denen sie agierten, als auch der Strukturen der Räume selbst. Beschreibbare Strukturen entstehen überhaupt erst aufgrund der ungleichen Verteilung von Ressourcen.

1.1 Strukturen des symbolischen Raumes der Frühen Neuzeit

Der symbolische Raum Japans – der Raum also, in dem sich das Feld der Macht konstituierte – bestand aus drei Unterräumen: dem Machtapparat des Hauses Tokugawa, den japanischen Fürstentümern und dem Hof des japanischen Kaisers.

Tokugawa Ieyasu gelang es zu Beginn des 17. Jahrhunderts, die politische Führung in Japan zu erringen und die Vorherrschaft seines Hauses für das folgende Vierteljahrtausend zu begründen. In dieser Zeit war Japan als föderaler Bund von Fürstentümern verfasst, der zwei überregionale Machtzentren aufwies: Das Zentrum des politischen Kapitals bildete das Haus Tokugawa. Sein Hauptsitz war die Burgstadt Edo (das heutige Tōkyō). Das Zentrum des symbolischen Kapitals stellte dagegen der Hof der seit dem 8. Jahrhundert in Kyōto residierenden Kaiserdynastie dar. Dass die Vorherrschaft der Tokugawa rund 250 Jahre lang andauerte, erklärt sich dadurch, dass es den Tokugawa gelungen war, ihre politische Hegemonie mit wirtschaftlicher Macht zu untermauern und das symbolische Kapital des Kaiserhofes weitgehend zu kontrollieren und zu ihren Zwecken einzusetzen. Allerdings war die Macht der Tokugawa keine absolute; sie war auf die Kooperation mit den übrigen Fürstenhäusern angewiesen, die mehr oder weniger großen Einfluss auf die Ausübung der Macht der Tokugawa besaßen, und auch ihre Hegemonie über den Kaiserhof war begrenzt. Seit dem Ende

[1] Pierre Bourdieu: *Praktische Vernunft. Zur Theorie des Handelns.* Frankfurt a.M. 1998, S. 26 f mit ausdrücklichem Bezug auf Japan.

des 18. Jahrhunderts wurde das Zusammenspiel dieser drei Elemente des Feldes der Macht allerdings mit zunehmender Heftigkeit neu verhandelt. An diesen Auseinandersetzungen ist nichts Ungewöhnliches, wenn man sie mit Bourdieu als konstitutiv für das Feld der Macht betrachtet. Denn „dass die Geschichte des Feldes die Geschichte des Kampfes um das Monopol auf Durchsetzung legitimer Wahrnehmungs- und Bewertungskategorien ist: diese Aussage ist noch unzureichend; es ist vielmehr der Kampf selbst, der die Geschichte des Feldes ausmacht; durch den Kampf tritt es in die Zeit ein.“[2]

Bei den Konflikten handelte es sich demnach nicht um weltanschauliche Entscheidungsschlachten, die auf den völligen Umbau des symbolischen Raumes oder auf die Beseitigung anderer Teilnehmer abzielten. Die ständige Bereitschaft zum Konflikt demonstrierte vielmehr die Entschlossenheit, das Feld der Macht nicht zu räumen, und förderte einen evolutionären Prozess der Distinktion zwischen den Teilnehmern. Zugleich wirkte sie stabilisierend auf den sozialen Raum, denn „die Kämpfe ... tragen dazu bei, den Glauben an das Spiel, das Interesse an ihm und an dem, was dabei auf dem Spiel steht, fortwährend zu reproduzieren.“[3] Sie besaßen mit anderen Worten agonalen und nicht systemüberwindenden Charakter; jedenfalls solange, bis die geschärften Profile der Konkurrenten und ihre Hegemonieansprüche miteinander unvereinbar geworden waren.

1.1.1 Das Tokugawa-Bakufu

Der Machtapparat der Tokugawa umfasste die privaten und öffentlichen Institutionen und Machtmittel, über welche die Angehörigen des Hauses Tokugawa zwischen 1603 und 1868 verfügten.[4] Das Zentrum dieses Apparates bildete das jeweilige Oberhaupt des Hauses Tokugawa selbst. Wie in allen dynastischen Organisationen Japans ging diese Stellung als Oberhaupt in der Regel vom Vater auf den Sohn über – nicht unbedingt den ältesten Sohn, sondern denjenigen Sohn, welchen der Vater und Amtsvorgänger für geeignet hielt (Unigenitur). Gab es keine leiblichen Söhne, konnte ein Verwandter als Sohn und Erbe adoptiert werden. War auch dies nicht geregelt worden, so entschied ein Familienrat über die Nachfolge.

Tokugawa Ieyasu übte seine 1600 errungene Macht in erster Linie als Oberhaupt der Tokugawa aus, ließ sich jedoch 1603 vom Inhaber des höchsten kulturellen Kapitals, dem Kaiser, den Titel eines kaiserlichen Militärbefehlshabers im Kampf gegen die Barbaren *(Shōgun)* verleihen. Mit diesem Titel verband sich seit

---

[2] Pierre Bourdieu: *Die Regeln der Kunst. Genese und Struktur des literarischen Feldes*. Frankfurt a.M. 1999, S. 253

[3] Bourdieu, *Regeln der Kunst*, S. 360

[4] Ōguchi Yūjirō; Takagi Shōsaku: *Nihon kinsei-shi*. Hōsō Daigaku Kyōiku Shinkōkai 1994; Conrad Totman: *Early Modern Japan*. Berkeley 1995; ders: *Politics in the Tokugawa Bakufu*. Cambridge 1967

dem 12. Jahrhundert politische und rechtliche Autorität gegenüber den übrigen Fürstenhäusern, gegenüber dem Kaiserhof und – seit dem 14. Jahrhundert – auch gegenüber den auswärtigen Beziehungen einschließlich Diplomatie und Außenhandel. Die symbolische Macht des Hauses Tokugawa kulminierte im Shōgun-Titel; die übliche zeitgenössische Anrede für den Shōgun war *kōgi*, d.h. „öffentliche Gewalt"; ihm stand jeder Anspruch auf legitime Herrschaft zu. Davon ist die realpolitische Macht der jeweiligen Oberhäupter der Tokugawa jedoch zu unterscheiden. In der historischen Entfaltung dieser politischen Macht lassen sich vier Phasen unterscheiden: persönliche Herrschaft, Regentschaft, Kammerherrenherrschaft und Ältestenherrschaft.

Die persönliche Herrschaft der drei ersten Shōgune

Tokugawa Ieyasu verließ sich als Politiker auf seine kampferprobten Gefolgsleute und vertraute diesen auch einen Großteil seiner Regierungsgeschäfte an. Wichtige Entscheidungen traf Ieyasu jedoch selbst. Nach dem entscheidenden Sieg in der Schlacht bei Sekigahara am 21. Oktober 1600 teilte er seinen Machtapparat. Er selbst blieb zunächst in seiner Burg Fushimi bei Kyōto, um den Kaiserhof und das westliche Japan im Auge zu behalten. Seinen dritten Sohn Hidetada ließ er den japanischen Osten von der Tokugawa-Hauptburg Edo aus kontrollieren. 1605 trat er ihm auch den Shōgun-Titel ab und installierte Hidetada damit als seinen Nachfolger. Nach der weiteren Befriedung Japans residierte Ieyasu als Tokugawa-Oberhaupt *(ōgosho)* in der Stammburg Sunpu (heute Shizuoka) und kontrollierte mit Hilfe seiner persönlichen Ratgeber die Politik seines Sohnes Hidetada. Seine Ratgeber, im damaligen Sprachgebrauch „die herausragenden Köpfe" *(shuttōnin)* genannt, hatten jederzeit Zutritt zu Ieyasu und besaßen sein volles Vertrauen. Solche Ratgeber-Zirkel gab es auch an den meisten anderen Fürstenhöfen; man nannte sie allgemein „Älteste" oder „Hausälteste" (*karō* oder *rōjū*). Sie dienten als Mittler zwischen dem Fürsten und allen übrigen Vasallen. Nur in Ausnahmefällen durften sich Vasallen, die nicht zu den Ältesten gehörten, direkt an ihren Fürsten wenden. Im Normalfall übermittelten die Ältesten die Befehle und Entscheidungen des Fürsten in den von ihnen abgefassten und signierten Dokumenten und nahmen die schriftlichen Eingaben der Vasallen entgegen. Die Ältesten führten also die Geschäfte des Fürsten und verhandelten die Wünsche, Beschwerden und Rechtsstreitigkeiten der Vasallen. Ihre Macht war so eng mit der Person des Fürsten verbunden, dass ihr Wort einerseits als das des Fürsten galt; andererseits folgten noch bis Mitte des 17. Jahrhunderts viele Älteste ihrem Fürsten in den Tod, weil ihr Leben damit seine Bestimmung verloren hatte.

Tokugawa Hidetada führte Ieyasus Herrschaftsstil fort und ersetzte nach Ieyasus Tod 1616 dessen Älteste durch seine eigenen Vertrauten. Er führte als neues Element der Herrschaft jedoch ab 1615 eine alternierende Dienstpflicht *(sankin kōtai)* für die übrigen Fürsten an seinem Hof ein. Die Fürsten mussten nun für eine bestimmte Zeit ihre Fürstentümer verlassen, in Edo residieren und an Hidetadas Hof Dienst leisten. Begründet wurde dies zunächst mit der Heerfolgepflicht *(gun'yaku)* der Vasallen, und der militärisch erwünschte Nebeneffekt war, dass die fürstlichen Reisenden unterwegs für Sicherheit auf den wichtigen Haupt- und Heerstraßen sorgten. Hidetada übergab den Shōgun-Titel 1623 an seinen ältesten Sohn Iemitsu und zog sich in den bescheideneren Westteil der Burg Edo zurück, kontrollierte jedoch Iemitsus Amtsführung bis zu seinem Tod 1632. Mit der Entscheidung, seinen verstorbenen Vater Ieyasu unter dem Kultnamen Tōshō („Licht des Ostens") in Anspielung auf die Ahnengöttin des Kaiserhauses Tenshō oder Amaterasu („Licht des Himmels") vergöttlichen zu lassen, legte Hidetada 1616 zudem die Grundlage für einen im ganzen Land propagierten Tokugawa-Kult.

Iemitsu verteilte inzwischen die Aufgaben unter den Ältesten (die grundsätzlich ebenfalls Fürsten waren) neu. 1634 teilte er sie in zwei Gruppen mit unterschiedlichen Kompetenzen: Die vier oder fünf „Senioren" (*otoshiyori*, später *rōjū* genannt), von denen je zwei kollegial für einen Monat die Geschäfte führten, waren zuständig für die Angelegenheiten des Kaiserhofes, der Fürsten, der religiösen Institute, der auswärtigen Beziehungen und des für militärische Zwecke und für die Steuererhebung wichtigen Kartenwesens. Die vier bis sechs „Junioren" (zur Zeit Iemitsus „Sechsmännergruppe", *rokuninshū*, genannt; seit 1662 *wakadoshiyori*) befassten sich v.a. mit den nichtfürstlichen Vasallen sowie der Verwaltung der wichtigen Städte und Burgen von Kyōto, Ōsaka und Sunpu. Da auch Iemitsu seine eigenen Vertrauten in Schlüsselpositionen bringen wollte, erfand er 1638 zusätzlich das von allen praktischen Pflichten ledige Amt des „Groß-Ältesten" *(tairō)*, auf das er zwei ehemalige Ratgeber seines verstorbenen Vaters abschob. Dieses Ehrenamt wurde auch später nur Fürsten der altgedienten Familien Hotta, Ii oder Sakai übertragen. Später bildete sich das Amt des vorsitzenden Senior-Ältesten *(rōjū shuza)* heraus.

Iemitsu hatte damit die für die folgenden Generationen verbindliche Organisationsform des Tokugawa-Machtapparates gefunden. Die Ältesten standen dabei an der Spitze des Verwaltungsstabes. Dieser Stab wurde ergänzt durch den Statthalter des Shōgun in Kyōto *(Kyōto shoshidai)*, der mit der Aufsicht über den Kaiserhof betraut war; den Burgvogt von Ōsaka *(Ōsaka jōdai)*, der die verkehrstechnisch und wirtschaftlich zentrale Burg von Ōsaka verwaltete; die 20 bis 30 Zeremonienmeister *(sōjaban)*, die für die Organisation der Zeremonialgeschäfte am Hofe verantwortlich waren; und die vier aus den Reihen der Zeremonienmeister ernannten Kommissare für Tempel und Schreine *(jisha bugyō)*, welchen die Aufsicht über die geistlichen Institute und den Klerus im ganzen Land übertragen war. In die bislang genannten Stellungen konnten nur Fürsten berufen werden, so dass ständig zwischen 30 und 50 der etwa 250 japanischen Fürsten zum Tokugawa-Verwaltungsstab gehörten.

Zum fürstlichen Stab kamen noch Amtsträger aus den Reihen der nichtfürstlichen Vasallen *(hatamoto)* hinzu: Zunächst die vier Finanzkommissare *(kanjō bu-*

gyō), denen die Verwaltung der Tokugawa-Domänen, die Finanzverwaltung *(kattegata)* und die Rechtsprechung *(kujikata)* unterstanden. Unterstützt wurden sie dabei von den gegen Gehalt als Amtmänner (*daikan* und *gundai*) in der Lokalverwaltung eingesetzten Vasallen;[5] ihre Zahl schwankte zwischen 40 und 50. Jeder *daikan* besaß einen Amtssitz *(jin'ya)* in der Region, für die er zuständig war. Ihm unterstanden zwei Stellvertreter sowie etwa 30 Schreiber, Diener und Knechte.

Abb. 1: Sitz des Amtmanns von Hida-Takayama

Zu den obersten Bakufu-Beamten gehörten ferner die zwei Stadtkommissare von Edo *(machi bugyō)*, denen die Verwaltung und Rechtsprechung über die zivile Bevölkerung der Stadt Edo oblag.[6] Auch für die Verwaltung der Stadt Nagasaki und des dort mit China[7] und Holland abgewickelten Handelsverkehrs wurden zwei Kommissare *(Nagasaki bugyō)* bestallt. Schließlich amtierten vier bis fünf Vasallen als Oberzensoren *(ōmetsuke)*, welche Amtsführung und Lebenswandel der Fürsten überwachen sollten; sie wurden von zehn Zensoren *(metsuke)* unter-

5 Ulrich Goch: „Zur Amtslaufbahn der Lokalverwalter des Schogunats im Japan des 18. und 19. Jahrhunderts". In: *Bochumer Jahrbuch für die Ostasienforschung* 17 (1993), S. 27-75; ders.: „*Bashogae* und *moyorigae* bei den lokalen Statthaltern (*daikan*) des Tokugawa-Schogunats". In: *Bochumer Jahrbuch für die Ostasienforschung* 19 (1995), S. 135-146

6 Minami Kazuo: *Edo no machi bugyō*. Yoshikawa Kōbunkan 2005

7 Marius B. Jansen: *China in the Tokugawa World*. Cambridge 1992

stützt. Insgesamt waren also zwischen 60 und 70 nichtfürstliche Vasallen im zentralen Apparat beschäftigt.

Demnach umfasste die Spitze des Tokugawa-Verwaltungsstabes 90 bis 120 fürstliche und nichtfürstliche Amtsträger. Ihre Amtsräume und die für die Treffen mit Fürsten vorgehaltenen Audienzzimmer *(tsumenoma)* in der Burg Edo wurden als die „Vorderseite" *(omote)* der Shōgun-Residenz bezeichnet. Für den Tokugawa-Apparat bürgerte sich im 19. Jahrhundert die inoffizielle Bezeichnung „Bakufu" (eigentlich Feldherrnlager eines Shōgun) ein. Sie war ursprünglich abwertend gemeint, weil man damit den Charakter der Tokugawa-Herrschaft als legitime öffentliche Gewalt *(kōgi)*, wie sie sich selbst bezeichnete, leugnen konnte.[8] Heutzutage wird sie jedoch wertfrei benutzt und in dieser Darstellung im folgenden auch so gemeint.

Der Shōgun verbrachte sein Alltagsleben in den Privatgemächern *(nakaoku)* der Residenz. Ihm standen dafür persönliche Diener *(sobashū)* zur Seite, die aufgrund ihrer Vertrauensstellung mitunter Einfluss auf den Shōgun erwarben. Seit der Zeit Iemitsus kam zudem dem dritten, als „Frauenquartier" *(ōoku)* bezeichneten Teil der Residenz erhöhte Bedeutung zu. Das Frauenquartier war an sich der mit der physischen Reproduktion der Tokugawa betraute Teil des Hauses: Hier lebten die Haupt- und die Nebenfrauen des Shōgun mit ihren Kindern und Bediensteten. Iemitsu stand lange Zeit unter dem besonderen Einfluss seiner Amme Kasuga no Tsubone, der er es zu verdanken hatte, dass ihn sein Vater Hidetada überhaupt zu seinem Erben machte. Kasuga no Tsubone nutzte ihre Vertrauensstellung, um Günstlingen auf informellem Weg Gehör bei Iemitsu zu verschaffen. In der Folgezeit schaltete sich das Frauenquartier immer wieder auf ähnliche Weise in die Politik ein. Dabei ist von Bedeutung, dass es sich bei den Eheschließungen der Shōgune und Fürsten grundsätzlich um politische Heiraten handelte, mit denen Allianzen geschlossen und bekräftigt werden sollten.

Die übrigen Mitglieder seiner Familie kontrollierte Iemitsu konsequent, um sie als Machtkonkurrenten auszuschalten. Seinen Bruder Tadanaga zwang er zum Selbstmord, seine Onkel, die Fürsten von Owari (mit Sitz in Nagoya), Kii (Wakayama) und Mito (Mito), allesamt jüngere Söhne Ieyasus, schüchterte er systematisch ein und verlieh ihnen als Oberhäuptern der sog. „Drei erhabenen Häuser" *(go-sanke)* zwar eine herausgehobene Stellung oberhalb der übrigen Fürsten, schloss sie aber von der Nachfolge im Haupthaus der Tokugawa aus. Seinen eigenen Söhnen verschaffte Iemitsu zugleich wichtige Fürstentümer. Mit dem 1636 vollendeten kostspieligen Bau eines überaus aufwendigen Mausoleums für seinen vergöttlichten Großvater Ieyasu und seinen Vater Hidetada in Nikkō schuf Iemitsu zusätzliches symbolisches Kapital für seine Herrschaft.

Die von Hidetada eingeführte alternierende Hofdienstpflicht der Fürsten war von Iemitsu 1629 vorübergehend ausgesetzt worden. 1635 führte er sie für die „außenstehenden" Fürsten, 1642 auch für die übrigen Fürsten wieder ein und

---

8 Auch die aus der chinesischen Staatsrechtsterminologie stammende Bezeichnung *han* für die Fürstentümer wurde erst nach der Meiji-Renovation 1868 offiziell.

gab ihr ihre endgültige Gestalt. Der Fürst von Mito als Repräsentant der drei Tokugawa-Zweighäuser und die als Räte amtierenden Fürsten mussten von nun an ständig in Edo residieren, die Fürsten aus der ostjapanischen Machtbasis der Tokugawa hatten für jeweils ein halbes Jahr dort Dienst. Die meisten anderen Fürsten verbrachten abwechselnd ein Jahr in Edo und ein Jahr in ihren eigenen Landen. Nur einige wenige, die an der japanischen Peripherie lebten, waren vom Hofdienst befreit. Dieses Verfahren brachte wegen der aufwendigen Reisen und der doppelten Haushaltsführung enorme finanzielle Belastungen für die Fürsten mit sich, was durchaus im Sinne Iemitsus war.

Dem Haus Tokugawa ging es unter den ersten drei Shōgunen in wirtschaftlicher Hinsicht dagegen ausgesprochen gut. Ieyasu hinterließ bei seinem Tod 1616 neben beträchtlichen Sachwerten ein Barvermögen von fast 2 Mio. *ryō*, von denen Hidetada 1,2 Mio. erhielt. Von seinen jüngeren Söhnen bedachte Ieyasu die Fürsten von Owari und Kii mit jeweils 0,3 Mio. und den Fürsten von Mito mit 0,2 Mio. Hidetada hinterließ seinem Erben Iemitsu sogar 2,5 Mio. *ryō* und vermachte bedeutende Summen an weitere Fürsten und Vasallen. Als Iemitsu 1651 starb, war das Vermögen der Tokugawa trotz der großen Ausgaben, die er zu Lebzeiten für Repräsentationsbauten, den Ausbau Edos und Reisen mit großem Gefolge getätigt hatte, weiter gewachsen.

Der Außenhandel

Der Hauptgrund für diesen Vermögenszuwachs waren die steigenden Gewinne aus dem Erzbergbau, den die Tokugawa kontrollierten. Japan exportierte bis in die 1660er Jahre beträchtliche Mengen von Silber nach China und erwirtschaftete einen Handelsüberschuss, der die Kassen der Tokugawa füllte.

Nur der Shōgun und die Fürsten von Tsushima, Matsumae und Satsuma durften mit dem Ausland Handel treiben. Über die Hafenstadt Nagasaki auf der Insel Kyūshū verkehrte der Shōgun mit chinesischen, südostasiatischen und holländischen Händlern (diplomatische Beziehungen gab es zu China und Holland nicht). Tsushima pflegte im Namen des Shōgun den diplomatischen und Warenverkehr mit Korea. Matsumae auf der Insel Ezo (das heutige Hokkaidō) hielt Kontakt zu den Ainu, die dort autonome Herrschaften besaßen. Satsuma auf Kyūshū brachte zu Beginn des 17. Jahrhunderts mit Zustimmung der Tokugawa das Königreich der Ryūkyū-Inseln in seine Gewalt, das eine wichtige Drehscheibe im pazifischen Handel zwischen Ost- und Südostasien war. Formell galt Ryūkyū als Tributstaat der Tokugawa.[9] Alle anderen Formen von Außenhandel waren verboten, und die Tokugawa nutzten ihr außenpolitisches Monopol, um ihren Herrschaftsanspruch im Inland symbolisch zu untermauern; beispielsweise durch die spektakulären Umzüge von Kyūshū bis Edo, in wel-

9 Akamine Mamoru: *Ryūkyū ōkoku*. Kōdansha 2004; Gregory J. Smits: *Visions of Ryūkyū: Identity and Ideology in Early-Modern Thought and Politics.* Honolulu 1999

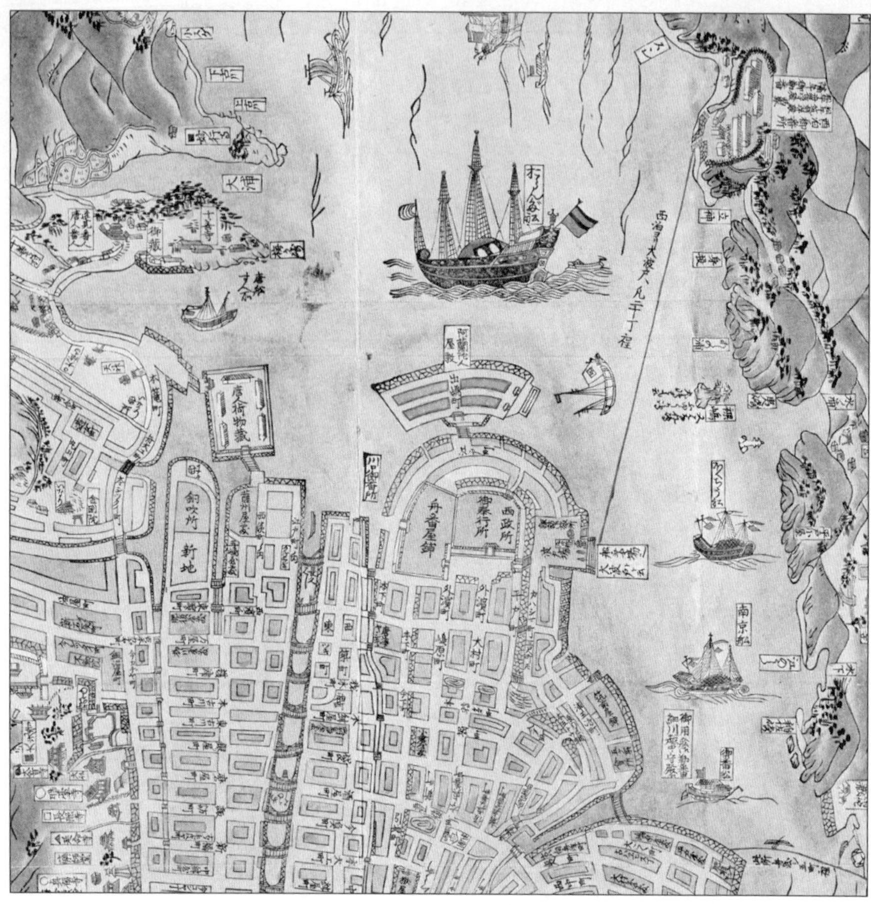

Abb. 2: Hafen von Nagasaki mit Schiffen aus Holland, Siam und China (1745)

chen die koreanischen und ryūkyūanischen Gesandten, die holländischen Kaufleute oder auch exotische Tiere wie Elefanten und Kamele der staunenden japanischen Bevölkerung vorgeführt wurden.[10] Die wirtschaftlichen Profite aus dem Außenhandel waren jedoch für alle Beteiligten beträchtlich. Deshalb begannen sich seit dem späten 18. Jahrhundert auch diejenigen Fürsten dafür zu

---

[10] Ronald P. Toby: *State and Diplomacy in Early Modern Japan: Asia in the Development of the Tokugawa Bakufu.* Princeton 1984; ders.: „Carnival of the Aliens. Korean Embassies in Edo-Period Art and Popular Culture“. In: *Monumenta Nipponica* 41:4 (1986), S. 415-456

interessieren, die bisher nicht zum exklusiven Kreis der Außenhandelsberechtigten gehörten.

Die Regentschaft

Beim Tode Iemitsus (zum letzten Mal folgte ihm eine Reihe seiner Ratgeber freiwillig in den Tod) war sein ältester Sohn und Erbe Ietsuna zehn Jahre alt und kränklich. An eine persönliche Herrschaft war zeit seines Lebens nicht zu denken. Gemäß dem Letzten Willen Iemitsus übernahm dessen jüngerer Bruder Hoshina Masayuki daher zunächst die Regentschaft. Hoshina bemühte sich sehr um eine ausgleichende und gerechte Ausübung seiner Macht und erwarb hohes Ansehen. Jedoch verlor er gegenüber den neuberufenen Ältesten stetig an Einfluss. Da die Stadt Edo bei einem Großbrand am 2. März 1657 weitgehend zerstört wurde, musste zudem ein Großteil des Tokugawa-Vermögens für den Wiederaufbau von Burg und Stadt und für Hilfeleistungen an Fürsten, Vasallen und Stadtbevölkerung aufgewandt werden. Die finanziellen Spielräume des Tokugawa-Bakufu schmolzen dramatisch zusammen. Die meisten Erzbergwerke waren erschöpft, den früher so einträglichen Handel mit Übersee hatten die Tokugawa seit den 1630er Jahren weitgehend eingestellt, um ein weiteres Vordringen des Christentums zu verhindern. Nach Hoshinas Tod 1672 wurde der Groß-Älteste Sakai Tadakiyo neuer starker Mann. Doch als sich 1680 der Tod des erbenlosen Shōgun Ietsuna ankündigte und Sakai vorschlug, einen kaiserlichen Prinzen als neuen Shōgun einzusetzen, wurde er vom Fürsten von Mito, Tokugawa Mitsukuni, und vom Ältesten Hotta Masatoshi, dem Adoptivsohn und Erben der Kasuga no Tsubone, zum Rücktritt gezwungen. Mito Mitsukuni und Hotta setzen statt dessen durch, dass Tokugawa Tsunayoshi, ein jüngerer Bruder Ietsunas, als Shōgun nachfolgte. Hotta Masatoshi stieg unter Tsunayoshi zum Groß-Ältesten auf und gewann die vollständige Kontrolle über die in drängende Not geratene Tokugawa-Finanzverwaltung. Nachdem der Außenhandel keine Rolle mehr spielte, musste jetzt der bäuerliche Erntetribut die Haupteinnahmequelle sein, und Hotta straffte daher die für das Eintreiben des Erntetributs zuständige Lokalverwaltung. Seine strikte Sparpolitik, die Verfolgung von Korruption und die Verrechnung der bisherigen Amtszulagen der Tokugawa-Beamten mit ihren sonstigen Einkünften schufen ihm jedoch Feinde. 1684 wurde er von einem Cousin in der Burg Edo erschlagen.

Die Kammerherrenherrschaft

Auf dieses gewaltsame Ende seines engsten Ratgebers und den bereits ein Jahr früher erfolgten Tod seines einzigen Sohnes reagierte Tsunayoshi mit einem Rückzug aus der Öffentlichkeit. Die Ältesten tagten seither nicht mehr in seinen Räumen, nur noch seine vertrauten Leibdiener und Kammerherrren *(sobayōnin)* hatten bei ihm Zutritt.[11] Yanagisawa Yoshiyasu gelangte in dieser Position des

Kammerherrn zu wachsender Macht und Besitz, zog sich dadurch jedoch die Missgunst der übrigen Fürsten zu und wurde nach dem Tod Tsunayoshis 1709 zum Verzicht auf seine Ämter gezwungen. Neuer Shōgun wurde Tsunayoshis Neffe und Adoptivsohn Ienobu, der zwar seine eigenen Vertrauten in den Tokugawa-Apparat einbrachte, aber nicht über ausreichend persönliche Macht verfügte, um klare eigene Akzente zu setzen. Auch Ienobu stützte sich auf einen Kammerherrn, Manabe Akifusa, der ein besonders gedeihliches Verhältnis zum Frauenquartier aufbaute, sowie auf den als konfuzianischen Gelehrten hoch angesehenen, politisch aber umstrittenen Arai Hakuseki[12]. Die wirtschaftliche Misere der Tokugawa hatte sich seit der zweiten Phase von Tsunayoshis Herrschaft weiter fortgesetzt; Arais Rechnung zufolge ergab sich allein für 1709 ein Haushaltsdefizit von fast 1 Mio. *ryō*. Arai beklagte sich auch über angebliche Korruption der Tokugawa-Lokalverwaltung, deren Beamte sich von Bauern bestechen ließen, so dass der Hebesatz des Erntezinses von ursprünglich 40 auf 30 Prozent gesunken sei. Seit 1695 griff das Bakufu deshalb zum Mittel der Münzverschlechterung, um aus seiner Geldnot herauszufinden. Zwischen 1605 und 1711 sank der Silbergehalt der von den Tokugawa geprägten Münzen von 80 auf 20 Prozent. Ein dauerhafter Ausweg aus der Finanzkrise war jedoch nicht in Sicht. Nach nur drei Jahren als Shōgun starb Ienobu 1712. Sein Sohn Ietsugu wurde 1713 als Dreijähriger formal zum neuen Shōgun ernannt, doch wurden seine Geschäfte von Manabe Akifusa als Regent und von Arai Hakuseki geführt, der nunmehr mutig gegen die Politik der Münzverschlechterung einschritt und 1714 neue Gold- und Silbermünzen einführte, die wieder an den Stand zur Zeit der Gründung der Tokugawa-Herrschaft anknüpften. 1716 starb jedoch auch Ietsugu.

Zum achten Shōgun erkoren die Fürsten nun Tokugawa Yoshimune, das Oberhaupt des Tokugawa-Zweighauses Kii. Yoshimune fegte Manabe Akifusa und Arai Hakuseki aus ihren Ämtern und strebte nach persönlicher Herrschaft. Allerdings zählte auch er zwei Kammerherren, Kanō Hisamichi und Arima Ujinori, zu seinen engsten Beratern und erhob sie 1726 in den Fürstenstand. Im Laufe der Zeit gelang es Yoshimune, weitere talentierte Nachwuchspolitiker aus seiner Umgebung in den Ältestenrat zu befördern und mit diesen zusammen ein ehrgeiziges, über 30 Jahre verfolgtes Reformprogramm anzustoßen, das insbesondere den wirtschaftlichen Niedergang der Tokugawa-Finanzen beenden sollte. Weil die ersten Jahre, in denen dieses Programm initiiert wurde, unter der kaiserlichen Regierungsdevise Kyōhō standen, wird Yoshimunes Reformpaket die Kyōhō-Reform genannt. Ihr erster Teil bestand aus einer Verwaltungsreform: Der Älteste Mizuno Tadayuki wurde 1717 zum Finanzminister *(kattegakari)* des allmählich zur kopfstärksten Abteilung des Tokugawa-Bakufu ausgebauten Fis-

---

11 Ōishi Shinsaburō: *Shōgun to sobayōnin* [= Shinsho Edo jidai 1]. Kōdansha 1995

12 Kate W. Nakai: *Shogunal Politics: Arai Hakuseki and the Premises of Tokugawa Rule*. Cambridge 1988

kus *(kanjōsho)* ernannt; er bemühte sich bis zu seinem Rücktritt 1730 um die Vermehrung der Einnahmen aus dem bäuerlichen Erntezins und um eine Steigerung der Agrarproduktion durch Neulanderschließung in großem Stil. Das Kapital für diese agrarische Expansion borgte sich das Bakufu allerdings von Kaufleuten. Die Amtleute wurden zudem verpflichtet, in ihren ländlichen Amtsbezirken zu residieren (die meisten hatten bislang in Edo gewohnt und waren nur zur Schätzung der Ernte in ihre Bezirke gereist). Inkompetenz und Dienstvergehen sollten bestraft und neue Amtleute sorgfältig auf ihre Eignung hin geprüft werden. 1722 wurde das bisherige System der Festsetzung des Erntezinses nach Augenschein *(kemitori)* aufgegeben, dem die tatsächlich erwirtschaftete Erntemenge eines Jahres zugrundelag. Das System war zwar der Sache an sich angemessen, war jedoch auch aufwendig und korruptionsanfällig. Statt dessen wurde nun der Erntezins auf der Grundlage der über einen Zeitraum von mehreren Jahren durchschnittlich zu erwartenden Erntemenge festgesetzt *(jōmenhō)*. Die Erntezinseinnahmen wurden dadurch unabhängig von klimatischen Schwankungen; allerdings wurden bei großen Missernten Neutaxierungen nach Augenschein gewährt. Das Gewohnheitsrecht der Bauern in Westjapan, ein Drittel ihres Erntezinses in Silbergeld zu zahlen (was bei ständigen Münzverschlechterungen für die Bauern durchaus vorteilhaft war), wurde abgeschafft; man kehrte also zu reinen Naturalabgaben zurück.

Um den Dienst im Bakufu insbesondere für Nachwuchskräfte attraktiv zu machen, setzte Yoshimune 1723 anstelle der bisherigen Amtszulagen Dienstgehälter für alle Bakufu-Ämter fest. Wer von Hause aus ein geringeres Einkommen hatte, erhielt für die Dauer seiner Dienstzeit im Bakufu die Differenz zum Dienstgehalt als Zulage *(tashidaka)*. Andererseits wurden alle Fürsten und Vasallen zur Sparsamkeit angehalten.

Die Finanzmisere hatte längst auch die Vasallen erreicht. 1702, unter Tsunayoshi, hatte das Bakufu daher auch die Rechtsprechung in Schuldsachen *(kane kuji)* der Vasallen übernommen. 1718 fielen bereits 92 % aller vor dem Bakufu verhandelten knapp 36.000 Rechtsfälle in diese Kategorie, doch wegen Arbeitsüberlastung konnte nur ein Drittel in diesem Jahr auch verhandelt werden. 1719 schaffte Yoshimune die Zuständigkeit für Schuldsachen deshalb wieder ab. Die Gläubiger der Vasallen ließen sich nun eine andere Methode einfallen, um ihre Schulden einzutreiben: Vor den Toren, durch die Bakufu-Beamte, die ihnen Geld schuldeten, zum Dienst gehen mussten, postierten sie ihre Familienangehörigen und angeheuerte, in Lumpen gekleidete Witwen, die mit Plakaten wie „Zahl uns deine Schulden zurück!“ ihren Forderungen Nachdruck verliehen und dem Schuldner hartnäckig bis zu dessen Privathaus auf den Fersen blieben. Darauf angesprochen, lehnte Yoshimune es ab, den Städtern diese Form der Erpressung zu verbieten: Die Vasallen und Fürsten sollten durchaus für ihre Schulden aufkommen. Viele Vasallen, die nicht mit Land belehnt waren, beauftragten spezielle Kaufleute (in Edo *fudasashi*, in Ōsaka *kakeya* genannt) damit, den ihnen als Gehalt ausgezahlten Reis *(kirimai)* zu vermarkten. Diese Kaufleute fungierten häufig auch als Kreditgeber für die Vasallen und durften dafür bis zu 15 % Zinsen verlangen.

Die Kyōhō-Reform führte tatsächlich zu einer vorübergehenden Stabilisierung der Bakufu-Finanzen. Doch blieb die finanzielle Situation der Vasallen und weiter Teile der Stadtbevölkerung kritisch. Ausschlaggebend war die allgemeine Teuerung, die durch höheren Konsum in den expandierenden Städten und höhere Arbeitskosten verursacht wurde. 1733 kam es wegen einer Hungerkrise sogar zu schweren Plünderungen in der Kaiserstadt Kyōto. Das Bakufu drängte die Kaufleute daher zur Bildung von oligopolistischen Handelsgenossenschaften *(kabu nakama)*, um Preise und Vertriebsstrukturen besser kontrollieren zu können. Mit Ausnahme von Getreideprodukten und Medizin wurde auch verboten, die Produktion zu steigern oder neue Produkte auf den Markt zu werfen, um den privaten Konsum nicht weiter anzuheizen. Diese Beschränkungen trafen vor allem den Markt für Kleidung, Bücher, Süßigkeiten und Spielzeuge. Seit 1717 sorgte der Stadtkommissar von Edo, Ōoka Tadasuke, konsequent für die Umsetzung der Reformpolitik in der Tokugawa-Hauptstadt. Neben den Preiskontrollen gehen die Einrichtung eines Krankenhauses mit kostenloser medizinischer Versorgung für die Armen, die Einrichtung eines Arbeitslagers für Nichtsesshafte und die Einführung der städtischen Feuerwehr auf ihn zurück.

Das Intermezzo der persönlichen Shōgun-Herrschaft endete allerdings mit Yoshimunes Rücktritt 1745. Er entschied sich zum Unverständnis vieler für seinen ältesten Sohn Ieshige als Nachfolger. Ieshige war ein sprachbehinderter Alkoholiker, der wegen Inkontinenz als „Bettnässer-Shōgun“ verspottet wurde. Yoshimune zog zwar bis zu seinem Tod 1751 im Hintergrund weiterhin die Fäden; doch danach verließ sich Ieshige auf seinen Kammerherrn Ōoka Tadamitsu, der als einziger in der Lage war, seine Aussprache zu verstehen und deshalb in einer Blitzkarriere zum Fürsten und Ältesten aufsteigen konnte. Ieshige war so sehr auf Ōoka angewiesen, dass er knapp zwei Wochen nach dessen Tod 1760 sein Amt als Shōgun aufgab.

Sein Sohn Ieharu versprach zunächst wie schon sein Großvater Yoshimune, den Einfluss der Kammerherren wieder zurückzudrängen. Doch ab den 1760er Jahren setzte er sein volles Vertrauen auf Tanuma Okitsugu[13], der seine Karriere als Page Ieshiges begonnen hatte und inzwischen zum Kammerherrn von Ieharu aufgestiegen war. Tanuma hatte fabelhafte Verbindungen zum Frauenquartier des Shōgun-Haushaltes und stieg mit Ieharus Protektion in den Rang eines Fürsten und Ältesten auf. Seine ausgezeichneten Beziehungen zum Shōgun erwiesen sich als sehr einträglich; er setzte sich gern bei Ieharu für die Anliegen zahlungskräftiger Bittsteller ein. Die übrigen Ältesten, angeführt von Matsudaira Terutaka, stellten sich ihm zwar in den Weg, doch dieser kam 1781 über die völlig aus dem Ruder gelaufene Behandlung eines großräumigen Bauernaufstandes zu Fall. Tanuma Okitsugu hatte nun freie Hand für die Verwirklichung seiner Pläne, die

---

[13] John W. Hall: *Tanuma Okitsugu, 1719-1788: Forerunner of Modern Japan.* Cambridge 1955

darauf hinausliefen, die Abhängigkeit des Bakufu von den bäuerlichen Ernteinsen zu verringern. Einen Weg sah er darin, den Handel im In- und Ausland zu fördern. Er konzessionierte daher die Gründung weiterer Handelsgenossenschaften, um die Infrastruktur des Binnenhandels auszubauen. Die Handelsgenossenschaften zahlten für die Konzessionen Steuern *(unjōkin)* und Provisionen *(myōgakin)*, deren Annahme Tanuma allerdings als Bestechlichkeit ausgelegt wurde. Tanuma wollte zudem Monopole des Bakufu auf Produktion von und Handel mit Eisen, Kupfer,[14] medizinischem Ginseng, Rohseide, Tee und Tabak durchsetzen, was den Interessen vieler Fürsten zuwiderlief, die ihrerseits mit diesen Produkten handeln wollten. Außerdem wollte er die bislang nur zum kleinen Teil an Japan gebundene nördliche Insel Ezo erschließen und besiedeln lassen. Tanuma dachte an den Aufbau einer japanischen Flotte und war bereit, mit Russland Handelsbeziehungen aufzunehmen Er entsandte 1785 eine Forschergruppe auf die Kurilen und die Insel Sachalin. Diese legte einen Plan für die landwirtschaftliche Entwicklung der Insel vor, der den bisherigen Einwohnern, den Ainu, lediglich eine Existenz als Fischer zugestand. Tanuma Okitsugus unkonventionelle und angeblich korrupte Politik wurde von den Traditionalisten unter den Fürsten scharf kritisiert. Eine finanzielle Unabhängigkeit des Bakufu war vielen Fürsten durchaus nicht willkommen; ihnen war daran gelegen, möglichst viel Kontrolle über den Shōgun und dessen Apparat zu behalten. Je labiler die Tokugawa-Finanzen waren, desto weniger handlungsfähig und desto abhängiger von ihren Vasallen waren die Tokugawa. Im übrigen ging der Ausbau des Handels, wie ihn Tanuma Okitsugu beabsichtigte, in den Augen vieler mit einer Vernachlässigung der Landwirtschaft einher und verletzte damit die in langen Jahrhunderten bewährten Grundsätze konfuzianischer Wirtschaftspolitik. In der konventionellen Interpretation des Konfuzianismus galt Handel als parasitär, weil er nichts (außer materiellem Profit) produzierte. Versagte jedoch die Landwirtschaft, gerieten die wirtschaftliche und die moralische Basis ihrer Herrschaft in essentielle Gefahr. Die meisten Fürsten bezogen den Hauptteil ihrer Einkünfte aus der Landwirtschaft; zu den wenigen Ausnahmen gehörten die Matsumae auf Ezo, deren Reichtum aus dem Handel mit den Ainu stammte.[15] Dass der verstorbene Ieharu und sein Hauptratgeber Tanuma Okitsugu bei den Kriegern wie bei der allgemeinen Bevölkerung äußerst unpopulär waren, wurde zudem als Gefahr für die Autorität der Shōgun-Herrschaft gesehen. Warnungen wurden laut, das Ansehen der Tokugawa nicht aufs Spiel zu setzen.

Als in den 1780er Jahren eine Kette von Naturkatastrophen und Missernten zu mehrjährigen Hungersnöten und schweren Unruhen führte, wurde dies Tanuma sogleich angelastet. Dabei herrschte in den nördlichen Teilen Japans zwischen

---

14 Byung Nam Yoon: *Domain and Bakufu in Tokugawa Japan: The Copper Trade and Development of Akita Domain Mines*. Ph. D. Thesis, Princeton University 1995

15 Brett L. Walker: *The Conquest of Ainu Lands (Ecology and Culture in Japanese Expansion, 1590-1800)*. Berkeley, London 2001

1780 und 1880 eine „kleine Eiszeit".[16] Im Nordosten der Hauptinsel Honshū sank der Index der durchschnittlichen Temperatur von 100 im Jahr 1721 auf knapp unter 90 im Jahr 1846, während er gleichzeitig auf den südwestlichen Inseln Shikoku und Kyūshū auf 126 bzw. 135 stieg.[17] Ein im gebirgigen Nordosten Japans häufiges klimatisches Phänomen, das Yamase genannt wird – kalte, trockene Sommerwinde –, verdarb dort zunächst die Getreideernte. Am 5. August 1783 brach zudem der Vulkan Asama in der mitteljapanischen Provinz Shinano aus. Die Eruption tötete nicht nur 1.400 Menschen im Umkreis des Vulkans, sondern die Rauchwolken des Asama verfinsterten während der folgenden Monate den Himmel über Japans Norden und sorgten für weitere Abkühlung und Ernteausfälle. Schließlich brach in dieser Region eine Hungersnot aus, die sogenannte Tenmei-Hungerkrise, der in den nächsten Jahren wohl bis zu 1,4 Mio. Menschen – fast 5 Prozent der japanischen Gesamtbevölkerung – zum Opfer fielen. Die betroffenen Fürstentümer und Herrschaften versuchten, die Auswirkungen dieser Katastrophe zu mildern; viele Maßnahmen standen ihnen dabei nicht zur Verfügung. Sie verboten die Herstellung von Reiswein sowie die Ausfuhr von Getreide aus ihren Territorien und versuchten gleichzeitig, Nachschub aus anderen Gegenden Japans zu beschaffen. Dies reichte jedoch meist nicht hin, und die Reispreise stiegen dramatisch. Die hungerleidende Bevölkerung nahm Zuflucht zu gewaltsamen Protesten und Plünderungen, die schließlich auf andere Regionen übergriffen. Ende Oktober 1783 baten beispielsweise 159 Bauern aus dem Dorf Gotanda in Kōzuke (heute Gunma-Präfektur) ihren Amtmann um Reis. Durch den Vulkanausbruch sei ihre Ernte zerstört worden, sie ernährten sich von wilden Gräsern, Kräutern und Früchten, und im bevorstehenden Winter hätten sie nicht einmal das. Da es nicht nur ihnen so ergehe, könnten sie sich auch durch Verkauf auf dem Markt nichts verdienen.

Der Aufstand griff auf die Provinz Shinano über, von wo aus Kōzuke mit Reis versorgt wurde. Im Journal des Fürstentums Komoro heißt es dazu am 30. Oktober:

„Heute gegen zehn Uhr vormittags meldete ein Kurier aus der Heimat [nach Edo, wo das Journal geführt wurde], in der Gegend von Kōzuke nähmen Bauern in großer Zahl an Unruhen teil. Sie seien nach Karuizawa gezogen und hätten die dortigen Leute gewaltsam in ihre Reihen gepresst. In der Station Kutsukake hätten sie ein Haus zerstört. In der Station Oiwake hätten die genannten Leute Verpflegung eingefordert. Danach seien sie in die Dörfer Hatchi und Nashizawa gezogen, hätten viele Leute in ihre Reihen gepresst und bei den Städtern im Bereich des Amtes des Naitō, Gouverneur von Shima [Naitō Masaoki, Fürst von Iwamurata], insgesamt 13 Häuser

[16] Brett L. Walker: „Commercial Growth and Environmental Change in Early Modern Japan: Hachinohe's Wild Boar Famine of 1749". In: *Journal of Asian Studies* 60:2 (2001), S. 329-351; hier S. 338

[17] Kitō, *Bunmei toshite no Edo shisutemu*, S. 139

von wohlhabenden Leuten zerstört. Sie hätten gewaltsam gefordert, sie zu deren Plätzen zu führen. Sie seien ins Dorf Shiga gekommen. Danach seien es immer mehr Menschen geworden. Sie seien in die Gegend von Sakudaira gekommen und planten, auch nach Komoro zu ziehen."[18]

Die Aufständischen zogen tatsächlich weiter bis nach Iseyamamura in der Provinz Shinano, wo ihr Zug am 1. November von Truppen des Fürstentums Ueda aufgehalten und aufgelöst wurde.

1787 kam es sogar zu Ausschreitungen in Edo, der Hauptstadt des Shōgun. Der Volkszorn richtete sich besonders gegen die von Tanuma privilegierten Reiskaufleute, die als Preistreiber verdächtigt wurden. Eine zeitgenössische Quelle kommentierte:

„Gegenwärtig, wo sich unzählige Leute zusammenrotten und die Erzeugnisse und den Reichtum des Landes zerstören, an die Regierung Eingaben machen, wo die Bauern heimlich Gruppen bilden und Unordnung verbreiten, wo die Herren der Fürstentümer und die Vertreter der Regierung ihre Macht verlieren und sie von den unteren Klassen beansprucht wird, scheint es, dass das Ende der Welt nahe sein muss."[19]

Die Krise beschleunigte schließlich den Sturz Tanumas.

Für die Nachfolge des erbenlosen Shōgun Ieharu favorisierte Tanuma den Sohn des Hitotsubashi Harusada, der einer jüngeren Seitenlinie der Tokugawa vorstand, und plazierte seinen Bruder und seinen Sohn vorsorglich auf einflussreichen Posten im Haus Hitotsubashi. 1784 wurde Tanumas Sohn jedoch ermordet. Zwei Jahre später starb der Shōgun Ieharu, den Tanuma zwar völlig in der Hand gehabt hatte, der aber allgemein als inkompetenter Lüstling verrufen war. Nun fabrizierten Tanumas Gegner einen (gefälschten) Befehl Ieharus, Tanuma zu entlassen, enthoben ihn tatsächlich seiner Ämter und Lehen und stellten dem unmündigen Shōgun einen aus ihrer Sicht vertrauenswürdigen jungen Mann aus ihren eigenen Reihen als leitenden Senior-Ältesten und Regenten an die Seite – nämlich Matsudaira Sadanobu[20]. Den Vorwand für die Entlassung Tanuma Okitsugus lieferten die Behauptung, der von Okitsugu empfohlene Arzt habe den kranken Shōgun Ieharu falsch behandelt und damit dessen Ende beschleunigt, Korruptionsvorwürfe sowie die Unruhe in der hungergeplagten Bevölkerung. Tanuma musste sich aus der Politik völlig zurückziehen. Die verbliebenen Parteigänger Tanumas legten 1788 ihre Ämter nieder. Mit Tanuma Okitsugus Sturz endete auch das Zeitalter der machtvollen Kammerherren.

---

18 Hayashi Hideo: *Edo kōki* [= Komonjo no kataru Nihon-shi 7]. Chikuma Shobō 1989, S. 127

19 Hugh Borton: *Peasant Uprisings in Japan of the Tokugawa Period*. New York, Nachdr. 1968 (zuerst 1936), S. 57

20 Herman Ooms: *Charismatic Bureaucrat: A Political Biography of Matsudaira Sadanobu, 1758-1829*. Chicago 1975

Die Ältestenherrschaft

Neuer Shōgun wurde indes Ienari, der 14jährige Sohn des Hitotsubashi Harusada. Er erwies sich als ein eigenwilliger Herrscher, der während seiner langen Amtszeit durchaus eigene politische Akzente setzen wollte. Die Macht der Ältesten, angefangen mit der großen Zeit des Fürsten Matsudaira Sadanobu, überwog in diesem letzten Abschnitt der Tokugawa-Herrschaft dennoch, wie im folgenden zu zeigen sein wird.

1.1.2 Die Fürstentümer

Dass die Tokugawa überhaupt die Oberherrschaft über die japanischen Fürsten erlangen konnten, war weniger das Ergebnis militärischer Siege wie bei Sekigahara 1600 und zuletzt Ōsaka 1615 (als Ieyasu und Hidetada die Burg von Toyotomi Hideyori angreifen und zerstören ließen) als vielmehr auf sorgfältige Diplomatie im Vor- und Nachfeld dieser Feldzüge zurückzuführen. Die damals von Ieyasu geschmiedeten Allianzen und die von ihm gemachten Zusagen bestimmten auch das Verhältnis seiner Nachfolger zu den japanischen Fürsten. Ohne die Fürsten konnten die Tokugawa nicht regieren; die Fürsten bildeten jedoch nicht einfach eine untere Ebene der Tokugawa-Verwaltung, sondern entsprachen vielmehr „inneren Gegenmächten“[21] innerhalb des politischen Feldes. Wegen dieses föderalen Charakters der Tokugawa-Zeit spricht die japanische Forschung heute daher von einem „Staat des Bakufu-Fürstentum-Systems“ *(bakuhan-sei kokka).* In Analogie zur europäischen Geschichte könnte man von einem frühneuzeitlichen Bundesstaat sprechen. Der weitaus größte Teil Japans stand nicht unter direkter politischer Kontrolle der Tokugawa, sondern wurde von rund 250 Fürsten in deren Territorien verwaltet.[22]

Klassifizierung der Fürstentümer

Exakte Vermögens- oder Einkommensstatistiken für das frühmoderne Japan, die eine präzise Beschreibung der Verteilung des ökonomischen Kapitals erlauben, gibt es nicht. Dennoch können wir das ökonomische Kapital, über das die herrschende Klasse verfügte, annähernd beschreiben. Als die Tokugawa ihre Herrschaft über ganz Japan im Jahre 1600 errichteten, begannen sie damit, ein einheitliches Schätzverfahren für die Einnahmen ihrer Vasallen und aller übrigen, die Steuern und Tribute erheben durften, einzuführen. Zu diesem Zeitpunkt wurden die meisten Steuern und Tribute noch in Naturalien geleistet, und

---

21 Pierre Bourdieu: *Praktische Vernunft*, S. 202

22 Suzuki Tsutomu: *Nihon rekishi shirīzu 12: shōgun to daimyō*. Sekai bunkasha 1967; Mark Ravina: *Land and Lordship in Early Modern Japan*. Stanford 1999 (untersucht die Fürstentümer Yonezawa, Tokushima und Hirosaki); ders.: „State-Building and Political Economy in Early-Modern Japan.“ In: *Journal of Asian Studies* 54:4 (1995), S. 997-1022

da das gesamtwirtschaftlich wertvollste Anbauprodukt Reis war, wurde als Rechnungseinheit das Standard-Hohlmaß für ungeschälten Reis angesetzt, nämlich das *koku* (1 *koku* entspricht 180 Litern, d.h. rund 150 kg Reis). Um eine einheitliche Bilanz aufzustellen, wurden die übrigen, nicht in Reis erhobenen Einkünfte anhand des aktuellen Marktpreises in Reisäquivalente umgerechnet, so dass die Gesamthöhe aller Einkünfte in *koku* angegeben werden konnte. Freilich wurde diese Berechnung nicht retrospektiv, also jährlich nach Erfassen der tatsächlich eingefahrenen Ernte, angestellt. Statt dessen wurden die landwirtschaftlichen Produktionsflächen in mehrjährigen Abständen nach standardisierten Verfahren erfasst und ihrer Produktivität entsprechend kategorisiert. Beispielsweise wurden Reisfelder mit regelmäßiger Bewässerung, die Mehrfachernten erlaubten, höher eingestuft als Trockenfelder, auf denen meist Gemüse oder Obst angebaut wurde. Aus diesen Angaben wurde dann der mutmaßliche, projektierte Ertrag dieser Flächen in *koku* berechnet, der natürlich abhängig vom Wetter und anderen äußeren Faktoren in den einzelnen Jahren höher oder geringer ausfallen konnte als erwartet. Von diesen Erträgen wurden theoretisch 40, effektiv aber eher 30 bis 35 Prozent als Steuern und Tribute eingezogen. Allerdings erfasste das System diejenigen herrschaftlichen Einkünfte nicht, die nicht durch Steuern und Tribute erzielt wurden, und neigte langfristig wegen der Fortschritte in der Landwirtschaft auch dazu, die tatsächlichen Erntemengen zu unterschätzen. Aber darauf kam es im politischen Sinne nicht an.[23] Machtpolitisch wichtig war, dass die in *koku* ausgedrückte Höhe aller projek-

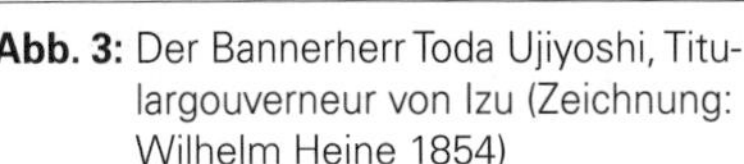

Abb. 3: Der Bannerherr Toda Ujiyoshi, Titulargouverneur von Izu (Zeichnung: Wilhelm Heine 1854)

23 Eine aufschlussreiche Ausnahme wurde für die Fürsten von Tsushima, das Haus Sō, gemacht. Diese wurden zwar nur mit 20.000 *koku* veranschlagt, standen aber im Range eines Fürsten mit 100.000 *koku*. Dies geschah, um ihre wichtige Rolle als diplomatische Mittelsmänner zwischen Korea und Japan zu würdigen; zudem war für ihren Haushalt tatsächlich der japanisch-koreanische Handel wichtiger als die auf Tsushima eher spärliche Landwirtschaft.

tierten Einkünfte *(kokudaka)* zur offiziellen Maßzahl für den Status innerhalb der herrschenden Klasse wurde.

Als Fürsten *(daimyō)* galten dabei alle Vasallen der Tokugawa, deren Territorien (inoffiziell als *han* bezeichnet) mindestens projektierte Einnahmen von 10.000 *koku* Reisäquivalenten abwarfen. Vasallen der Tokugawa, deren Territorien mutmaßlich 100 bis 10.000 *koku* einbrachten, gehörten der Gruppe der „Bannerherren" *(hatamoto)* an; diejenigen Vasallen, welchen weniger als 100 *koku* reguläre Einkünfte aus dem Erntezins zugestanden wurden, bildeten die Gruppe der „Hausleute" *(go-kenin)*. Viele Bannerherren und Hausleute bewirtschafteten ihre Länder nicht selbst, sondern ließen sie durch die Tokugawa verwalten. Hausleute besaßen anders als Fürsten und Bannerherren kein Audienzrecht bei den Tokugawa. 1722 gab es 264 Fürsten, 5.205 Bannerherren und 17.399 Hausleute.

Die Einkommensunterschiede zwischen den Fürsten waren erheblich. 1853 gehörten fast zwei Drittel von ihnen zur Einkommensgruppe von 10.000 bis 50.000 *koku*; nicht ganz ein Fünftel zur Gruppe von 50.000 bis 100.000 *koku*; jeweils knapp ein Zehntel zu den Gruppen von 100.000 bis 150.000 bzw. 150.000 bis 500.000; nur 3 % gehörten zur Spitzengruppe von mehr als 500.000 *koku*. An der Spitze stand der Fürst von Kaga[24] aus dem Hause Maeda; der Gesamtertrag seines Territoriums wurde auf etwas mehr als 1 Mio. *koku* projektiert. Der Fürst von Satsuma aus dem Hause Shimazu folgte mit 770.000 *koku*. In der Gesamtsumme wurde das Einkommen aller Fürsten auf jährlich rund 22,5 Mio. *koku* angesetzt; dem standen die Tokugawa-Domänen mit rund 4 Mio. *koku* gegenüber. Hinzu kamen noch etwa 3 Mio. *koku* der nichtfürstlichen Tokugawa-Vasallen. Vom steuerbaren „Sozialprodukt" Japans waren somit rund 73 % an die Fürsten verteilt, 16 % an die Tokugawa und 10 % an die nichtfürstlichen Vasallen. Freilich mit der Einschränkung, dass dies die offiziell ans Bakufu gemeldeten Zahlen *(omotedaka)* waren. Die wirklichen Einkünfte *(jitsudaka)* konnten um Etliches höher liegen.

Von vornherein wurden die Fürstenhäuser, die entweder besonders große und reiche Territorien regierten (wie die Maeda in Kaga oder die Date in Sendai) oder die zwischen 1600 und 1615 noch nicht auf der Seite der Tokugawa gestanden hatten, von Ämtern im Bakufu ferngehalten; diese Gruppe von Fürsten, die 1853 96 Häuser zählte, hieß deshalb die „Außenstehenden" *(tozama)*. Einige von ihnen übernahmen jedoch wichtige Funktionen an der Peripherie des Tokugawa-Staates: Die Familie Sō übernahm als Fürsten von Tsushima den diplomatischen und Handelsverkehr mit Korea; die Familie Shimazu (Fürstentum Satsuma) übte

---

24 Philipp C. Brown: *Central Authority and Local Autonomy in the Formation of Early Modern Japan: The Case of Kaga Domain*. Stanford 1993; James L. McClain: *Kanazawa: A 17th-Century Japanese Castle Town*. New Haven 1982; Harafuji Hiroshi: „Han Laws in the Edo Period With Particular Emphasis on Those of Kanazawa Han." In: *Acta Asiatica* 35 (1978), S. 46-71

mit Genehmigung der Tokugawa seit 1603 die Kontrolle des Königreiches der Ryūkyū-Inseln aus; und die Familie Matsumae war auf der Insel Ezo für die Kontakte zu den Ainu zuständig. Die Familie Sanada, Fürsten von Matsushiro, waren als eine seltene Ausnahme unter den „Außenstehenden" auch mit wichtigen Bakufu-Ämtern betraut. Doch in der Regel blieben diese Ämter solchen Fürsten vorbehalten, die zu der Gruppe der „Erbvasallen" *(fudai)* gehörten, sich also zumeist schon vor 1600 auf die Seite der Tokugawa geschlagen hatten.[25] Zahlenmäßig war dies die größte Gruppe unter den Fürsten, aber es befanden sich viele kleine Fürstentümer darunter. 1853 wurden 145 Fürstenhäuser zu den Erbvasallen gerechnet. Die dritte Gruppe bildeten schließlich die mit dem Tokugawa-Stammhaus „verwandten Fürsten" *(shinpan)*, 1853 24 an der Zahl. Dazu gehörten die „Drei erhabenen Häuser" *(go-sanke)* der Fürsten von Mito, Owari und Kii, die sich alle auf Söhne Ieyasus zurückführten, die „Drei erhabenen Minister" *(go-sankyō)* der Häuser Tayasu, Hitotsubashi und Shimizu, die sich auf Söhne Yoshimunes bzw. Ieshiges zurückführten, aber keine eigenen Fürstentümer besaßen, und die als „Hausangehörige" *(kamon)* bezeichneten, den Familiennamen Matsudaira tragenden Fürstenhäuser von Fukui, Aizu und anderen. Matsudaira war der eigentliche Familienname Ieyasus, bevor er sich 1566 in Tokugawa umbenannte. Den Namen Matsudaira verliehen die Tokugawa später auch an eigentlich nicht mit ihnen verwandte Häuser aus den Gruppen der Erbvasallen wie die Yanagisawa, um sie für loyale Dienste auszuzeichnen, aber auch an „Außenstehende" von hohem Rang. Ironischerweise gehörten zu diesem Kreis der „Ehren-Matsudaira" auch die Träger der Meiji-Renovation, die der Tokugawa-Herrschaft 1868 ein Ende setzte, so die „außenstehenden" Fürstenhäuser Shimazu, Mōri (Chōshū), Asano (Hiroshima) und Yamanouchi (Tosa). Es gab noch weitere Distinktionsmerkmale, um die Fürsten hierarchisch zu unterscheiden; z.B., ob ihr Territorium mindestens eine der alten kaiserlichen Provinzen umfasste oder eine Burg besaß; welchen Rang am Kaiserhof sie besaßen (die höherrangigen hielten mindestens den vierten, die niederrangigen den fünften Rang); welches Audienzzimmer ihnen in der Burg Edo zugewiesen war; wie ihre Sänfte gebaut war; ob sie Tigerfell für ihre Satteldecke benutzen durften; welche Art von Portal sie für ihre Residenzen in Edo bauen durften usw. Diese Statusunterschiede waren wichtig für das Protokoll am Hof der Tokugawa, wo täglich Audienzen, Kommunikationen und der Austausch von Informationen stattfanden. Sie regelten auch den Umgang der Fürsten untereinander, selbst wenn sie einander nur zufällig auf Reisen begegneten. Der Spielraum, den ein Fürstentum zur Gestaltung und Repräsentation seiner Herrschaft hatte, hing also davon ab, wie hoch das symbolische und ökonomische Kapital war, über das er verfügte. Danach regelte sich nicht nur die Zahl und Bewaffnung seiner Soldaten; auch für den Aufwand, mit dem er seine Burg oder seine Residenzen gestalten durfte, gab

---

25 Harold Bolitho: *Treasures Among Men. The Fudai Daimyo in Tokugawa Japan*. New Haven, London 1974

es entsprechende Festlegungen; ebenso dafür, durch welches der Burgtore er die Burg von Edo betreten durfte, um den Shōgun zu besuchen.

Fürsten als Treuhänder

Alle Fürsten waren den Tokugawa durch einen Treueeid verbunden, den sie gegenüber jedem neuen Shōgun erneuerten. Die Tokugawa erließen zudem Gesetze,[26] welche die Amtsführung und Kompetenzen der Fürsten grob regelten. Unter der Bezeichnung Buke sho-hatto („Gesetze für die Kriegerhäuser") wurden diese Bestimmungen seit 1615 mehrfach zusammengestellt und modifiziert; jeder Shōgun erließ sie nach seinem Amtsantritt neu. Die Ältesten der Tokugawa-Verwaltung gaben den Fürsten seither im Bedarfsfall in Briefform weitere bindende Anweisungen, deren Erhalt die Fürsten ebenfalls brieflich bestätigen mussten. Zu den wichtigsten Weisungen der Anfangszeit gehörte z.B. das 1615 verkündete Verbot, in einem Territorium mehr als eine Burg zu unterhalten (manche Fürsten verfügten über gar keine Burg). 1616 wurde angeordnet, dass die Fürsten offizielle Anschlagtafeln *(kōsatsu)* bereitstellen mussten, an denen ausgesuchte Erlasse des Bakufu ständig zur Schau gestellt wurden. Darunter fielen z.B. das 1638 publik gemachte allgemeine Verbot des Christentums oder die 1642 erlassene Ermahnung an alle Bauern, ihren Erntezins pünktlich abzuliefern. Beide Erlasse mussten in jedem Dorf angeschlagen werden. Viele weitere, an die allgemeine Bevölkerung gerichtete Regelungen des Bakufu *(furegaki)* mussten die fürstlichen Lokalverwaltungen vor Ort bekanntgeben. Als Tokugawa Yoshimune 1744 die seit 1615 ergangenen Bakufu-Gesetze zusammenstellen ließ, kamen bereits nicht weniger als 3.500 solcher Erlasse zusammen. Die Fürsten waren folglich in einem sehr ausgedehnten Sinne Befehlsempfänger der Tokugawa. In ihren Territorien genossen sie jedoch weitgehende Autonomie *(jibun shioki)*, soweit es sich darauf bezog, wie sie ihre eigenen Vasallen und Untertanen behandelten. Sie konnten also örtliche Gesetzgebung, Steuerwesen und Rechtsprechung nach ihrem Gutdünken regeln. Zudem gab es innerhalb ihrer Territorien keine weiteren autonomen Mächte. Allerdings gab es zahlreiche Exklaven und Enklaven *(tobichi)*; Streubesitz und Gemengelagen waren für den Grundbesitz von Shōgun, Fürsten und Vassallen durchaus typisch.

Nach allgemeiner Auffassung waren die Fürsten allerdings nur Treuhänder ihrer Territorien. Fürst Ikeda Terumasa hatte schon 1682 in seinem Testament formuliert, dass „nichts unser Eigentum ist, sondern Provinzen und Bezirke von oben zu treuen Händen übergeben werden". Fürst Uesugi Yōzan drückte 1785 denselben Gedanken in seinen „Worten über die Weitergabe des Staates" noch deutlicher aus:

[26] Carolin Reimers: *Gesetzgebung im vormodernen Japan: Rechtsgebote und die Ideen der Konfuzianisten in der Edo-Zeit (1603-1868)*. München 2000; John Carey Hall: *The Tokugawa Legislation*. Yokohama 1910, S. 286-319 (Internet-Version: http://www.uni-erfurt.de/ostasiatische_geschichte/texte/japan/dokumente/17/tokugawa_legislation/index.htm; Stand: 5.8.2005)

„1. Der Staat wird von den Vorfahren den Enkeln übergeben; daher darf er nicht als Privateigentum behandelt werden.
2. Das Volk gehört zum Staat; daher darf es keinesfalls als Privateigentum behandelt werden.
3. Der Fürst ist für das Wohl von Volk und Staat eingesetzt; daher sind Staat und Volk nicht etwa für das Wohl des Fürsten eingesetzt."

Aufhebung von Fürstentümern

Diese gegenüber dem vorangegangenen Mittelalter neue Auffassung vom Wesen des Fürsten als Diener und Treuhänder des Staates machte es den Tokugawa möglich, mit ihren fürstlichen Vasallen unter bestimmten Bedingungen sehr ruppig umzugehen, ohne mit allzu großem Widerstand rechnen zu müssen. Die Tokugawa konnten ganze Fürstenhäuser schlicht für erledigt erklären (*kai'eki* oder *o-ie danzetsu* genannt) und ihre Territorien neu verteilen. Zwischen 1600 und 1866 wurden 341 Fürstentümer aufgelöst, darunter 88 bereits 1600-1601, unmittelbar nach der Schlacht von Sekigahara.[27] Treffen konnte es jeden; 220 „Außenstehende" und 121 „Verwandte" und „Erbvasallen" zählt die Statistik. Dies geschah in fast einem Viertel der Fälle, weil kein leiblicher Erbe für die Nachfolge eines Fürsten in Aussicht war. Aber auch bei Verstößen gegen die Vasallenpflicht (z.B. die alternierende Residenzpflicht), Streit innerhalb des Fürstentums oder schwerer Misswirtschaft konnte das Bakufu zu dieser Maßnahme greifen.

Das spektakulärste Beispiel ereignete sich 1754. Der Fürst von Gujō in der Provinz Mino, Kanamori Yorikane, war zum Zeremonienmeister *(sōjaban)* am Bakufu ernannt worden und hatte wegen der damit verbundenen Repräsentationskosten sowie Baukosten Geldsorgen. Seine Finanzbeamten wollten deshalb mit Duldung des Bakufu eine lückenlose Neutaxierung des Bauernlandes in ihrem kleinen und finanzschwachen Fürstentum vornehmen, um mehr Erntezins einzunehmen. Darüber beschwerten sich Bauern vielerorts. Da die Verhandlungen ihrer Dorfschulzen mit der fürstlichen Verwaltung ergebnislos verliefen, zwangen 3.000 protestierende Bauern den Ältesten des Fürstentums mit Gewalt einen Widerruf der Neubesteuerung ab; die gesiegelte Urkunde hierüber bewahrte einer der Dorfschulzen bei sich auf. Fürst Kanamori akzeptierte dies zunächst auch widerwillig. 1755 arrangierte es seine Finanzverwaltung jedoch, dass der Bakufu-Amtmann von Kasamatsu, einer benachbarten Tokugawa-Domäne, – obwohl an sich gar nicht für das Fürstentum zuständig – die Neutaxierung des Landes für einen Befehl der Tokugawa-Verwaltung erklärte. Unter Androhung von Waffengewalt wurde auch die Urkunde über den Widerruf einkassiert, doch zornige Bauern brachten sie wieder an sich. Als der Amtmann von Kasamatsu sich unnachgiebig

[27] Fujino Tamotsu (Hg.): *Tokugawa kajo hōroku*. Kondō Shuppansha 1981

zeigte, gründeten 5.000 Bauern mehrerer Dörfer einen Bund *(ikki)* zur Verteidigung ihrer Interessen und schickten eine 40köpfige Abordnung nach Edo, um direkt mit ihrem dort residierenden Fürsten zu verhandeln. Die Delegierten wurden jedoch umgehend interniert, und im Fürstentum selbst begannen die Beamten mit der Umsetzung der Neubesteuerung. 1755 hielten fünf neue Delegierte in Edo die Sänfte eines der Ältesten des Bakufu an und übergaben ihm eine Petition. Dieser direkte Appell an das Bakufu stand unter schwerer Strafandrohung und zwang das Bakufu zum sofortigen Reagieren. 30 Dorfbeamte wurden vor das Bakufu-Gericht vorgeladen und verhört. Die Verhandlungen des Bakufu-Gerichtes dauerten noch an, als ein Bauernaktivist im Fürstentum ohne ordentliches Urteil hingerichtet wurde und Anfang 1758 das Haus eines anderen von Soldaten des Fürstentums geplündert wurde. Daraufhin kam es zu einem blutigen Kampf mit aufgebrachten Bauern. Neun Abgeordnete der Bauern gingen erneut nach Edo und warfen eine Petition in den öffentlichen „Kummerkasten" vor dem Gericht des Bakufu ein. Das Bakufu rang sich jetzt zu einer verschärften Untersuchung durch und setzte ein Gericht unter Leitung eines der Kommissare für Tempel und Schreine ein. Fünf Tage lang wurden die Ältesten und die Kommissare des Bakufu, der Fürst und wichtige Beamte des Fürstentums Gujō sowie mehr als 300 betroffene Bauern angehört. Das Urteil des Gerichts war streng. Ein Senior-Ältester, mehrere Junior-Älteste, die Finanzkommissare des Bakufu und der Amtmann von Kasamatsu wurden ihrer Ämter enthoben. Ein Junior-Ältester wurde als Fürst abgesetzt. Fürst Kanamori wurde ebenfalls abgesetzt und sein Fürstentum aufgehoben. Seine Beamten wurden schwer bestraft: Zwei wurden zum Tode verurteilt, zehn weitere mit Verbannung belegt. Doch die Bauern traf es noch schwerer. 14 von ihnen sollten hingerichtet werden; davon starben zwei allerdings zuvor an Entkräftung im Gefängnis. (Mit seinem Leben büßte auch ein unbeteiligter Schriftsteller, der gegen alle Regeln der Zensur diesen Vorfall publiziert hatte.) Sieben Bauern wurden verbannt. Die Dorfschulzen wurden abgesetzt. Bußgelder wurden erhoben. In vielen Dörfern des aufgehobenen Fürstentums wurde zudem schon vom nächsten Jahr an unter neuer Herrschaft die Neubesteuerung endgültig durchgesetzt. Das Bakufu hatte jedoch gezeigt, dass es als Wahrer der sozialen Ordnung hart durchgreifen konnte – was insbesondere den japanischen Fürsten eine Lehre sein sollte.

Transfer von Fürsten

Außer der Aufhebung von Fürstentümern war auch die Versetzung von Fürsten (*kunigae* oder *tenpō*) ein bewährtes Mittel der Disziplinierung; angeblich hatte Tokugawa Ieyasu es selbst empfohlen, damit die Fürsten nicht unbotmäßig würden und ihre Untertanen ausbeuteten.[28] Dabei wurde einem Fürsten durch Be-

[28] Reinhard Zöllner: „Kunigae. Bewegung und Herrschaft in der Tokugawa-Zeit." In: Klaus Antoni, Peter Pörtner, Roland Schneider (Hgg.): *Referate des VII. Deutschen Japanologentages in Hamburg*. Hamburg 1988, S. 323-330

fehl der Bakufu-Ältesten ein neues Territorium zugewiesen; er musste mit seinem gesamten Hofstaat und allen Vasallen dorthin umziehen.

Ieyasu und Hidetada hatten ihren Parteigängern für die Zeit nach ihrem endgültigen Sieg neue Territorien versprochen. 1600 und 1601, also unmittelbar nach Sekigahara, wurden 77 Fürsten umgesetzt, darunter prominente Familien wie die Mōri, denen Ieyasu Land in Suō und Nagato (zusammengefasst als Chōshū bekannt) zuwies, und die Uesugi, die beide nicht auf Ieyasus Seite gestanden hatten. Aber auch zwischen 1603 und 1845 waren davon nicht weniger als 583 Fürsten betroffen, darunter 137 „Außenstehende". 45 Prozent aller Kunigae-Fälle ereigneten sich allerdings von 1615 bis 1622 unter dem zweiten Shōgun Hidetada, nachdem die letzten militärischen Gegner der Tokugawa beseitigt und ihre Territorien zur Umverteilung verfügbar geworden waren; Weitere knapp 10 Prozent von Fürstenumzügen ordnete Tsunayoshi zwischen 1695 und 1706 an. 1702 wurden allein 15 Fürsten umgesetzt.

Jeder Umzug war mit enormen Kosten verbunden, und viele Fürstenhäuser traf es während des Vierteljahrtausends der Tokugawa-Herrschaft mehrmals. „Außenstehende" waren dabei noch relativ sicher: Sie wurden, wenn überhaupt, selten mehr als einmal versetzt. Aber von den immerhin 213 betroffenen „Verwandten" und „Erbvasallen" mussten drei Viertel mindestens zweimal umziehen, 28 Familien sogar mindestens sechsmal. Den Rekord hielt eine Zweigfamilie der Matsudaira, die insgesamt zwölfmal versetzt wurden. Die Versetzung bedeutete jedoch nicht immer eine Strafe: junge Fürsten, die im Bakufu Karriere machen sollten, wurden gezielt unter bestimmten Fürstentümern (wie Himeji, Kameyama, Karatsu,[29] Kawagoe, Kōriyama, Sakura, Takebayashi und Yodo) herumgereicht und durften jedesmal damit rechnen, dass ihnen ein profitableres Territorium zugewiesen wurde. Wie bei einer Neubelehnung erhielten die Fürsten dabei einen Lehensbrief des Bakufu sowie das amtliche Lehensregister ausgehändigt. Nicht immer allerdings nahm die Bevölkerung eines Territoriums den Wechsel ihrer Herrschaft widerspruchslos hin. Es war nämlich allgemein bekannt, dass sowohl die gehenden als auch die kommenden Fürsten erst einmal versuchen mussten, die horrenden Umzugskosten und etwaige Altschulden durch Steuererhöhungen und andere Maßnahmen wieder hereinzuholen.

Die Vasallen

Möglich waren solche Transfers ganzer Fürstenhäuser jedoch nur, weil bereits seit dem 16. Jahrhundert die Fürsten ihrerseits ihre Vasallen nach Belieben an- und umsiedelten. Damals war es üblich geworden, dass sich die Fürsten in Burgstädten niederließen und um die Burg herum ihre Vasallen zu residieren zwan-

---

29 Miyazaki Katsunori: „Hanshu no tenpō to ryōmin dōyō wo meguru mondai – Bizen Karatsu-han sono hoka wo sozai toshite." In: *Nihon rekishi* 1985:08, S. 44-61

gen.[30] Die Vasallen wurden in die neu entstehenden fürstlichen Militär-, Verwaltungs- und Repräsentationsstrukturen fest eingebunden. In ihrer Gesamtheit wurden sie als die „Hausangehörigen" *(kachū)* bezeichnet. Die Verwaltungsstrukturen der fürstlichen Häuser waren meist ähnlich wie das Tokugawa-Bakufu gestaltet: Es gab Älteste, Kommissare und für die Lokalverwaltung Amtmänner.

Alle Vasallen waren den Fürsten zu Heerfolge und Hofdienst verpflichtet. Dafür erhielten sie Lehen. Zwei Formen von Lehen waren üblich: Erstens das Landlehen *(jikata chigyō)*, d.h., dass der Vasall Land zugewiesen erhielt, das von Bauern bewirtschaftet wurde. Der Vasall selbst musste die ihm zustehenden Tributleistungen erheben. Anders als im Mittelalter, als die Samurai selbstwirtschaftende Grundherren in eigenen, zumeist arrondierten Territorien waren, lagen diese Landlehen häufig verstreut über verschiedene Dörfer, und häufig teilten sich mehrere Vasallen Ansprüche aus einem einzelnen Dorf. Die Rechtsprechung über die Dörfer und die dörfliche Besteuerung lagen daher meist nicht mehr in den Händen der Vasallen. Hierfür entwickelten sich neue Formen der dörflichen Selbstverwaltung und der fürstlichen Lokalverwaltung.

Vor allem in den niederen Rängen der Vassallen herrschte allerdings das Rentenlehen *(kuramai chigyō)* vor. Hierbei erhielt der Vasall seinen Anteil an den vom fürstlichen Fiskus eingetriebenen und verwalteten Tributleistungen und hatte keine direkten Ansprüche auf Lehensland. Er war reiner Soldempfänger.

Nach dem Ende der militärischen Auseinandersetzungen im frühen 17. Jahrhundert bildeten Verwaltungstätigkeiten am Fürstenhof und in der fürstlichen Lokalverwaltung die Haupteinsatzgebiete der Vasallen. Wer nicht in arbeitsintensiven Feldern wie der Finanz- oder Lokalverwaltung oder Rechtsprechung eingesetzt war, hatte allerdings nicht allzuviel Zeit für den Dienst aufzuwenden; im allgemeinen war man nur an drei oder vier von zehn Tagen im Dienst, und das auch bei weitem nicht ganztägig. Manche Ämter wie das eines „Kommissars für die Reisstrohmatten" unterforderten ihre Inhaber so offenkundig, dass kameradschaftlicher Alkoholgenuss und Glücksspiel, unterbrochen von gelegentlichen Dienstreisen, den Dienstalltag prägten.[31] Die Stellungen neigten bald dazu, innerhalb ihrer Familie vererbt zu werden. Ihre Lehen verwandelten sich dadurch allmählich in Pfründen, und das Prestige der Vasallenfamilien wurde an der Höhe ihrer festen Pfründen *(karoku)* und ihrem Status innerhalb der Hofhierarchie *(kakaku)* gemessen. Auf persönliche Leistung kam es selten an. Zwischen den Statusgruppen der Vasallen gab es kaum Mobilität. Die meisten Familien wechselten während der gesamten Tokugawa-Herrschaft nie ihren Status, und nur wenigen gelang es, eine höhere Position zu besetzen als ihr Vater.

Die Vasallen waren von ihren Herren einerseits völlig abhängig. Sie konnten ihren Herrn nicht frei wechseln. Wer den Dienst quittierte (z.B. wenn der Fürst

---

30 John W. Hall: „The Castle Town and Japan's Modern Urbanization". In: ders., Marius B. Jansen (Hgg.): *Studies in the Intellectual History of Early Modern Japan*. Princeton 1968, S. 169-188

31 Kōsaka Jirō: *Genroku o-tatami bugyō no nikki*. Chūō Kōronsha, 9. Aufl. 1985

in ein neues Territorium versetzt wurde und ein Vasall nicht mitumziehen wollte), fand im allgemeinen keine neue Anstellung und musste eine unsichere Existenz als *rōnin* (herrenloser Samurai) führen.

Andererseits konnten die Fürsten ohne ihre Vasallen nicht herrschen. Die Fürsten repräsentierten zwar die staatliche Autorität in ihrem Territorium, doch die praktische Politik bestimmten ihre Vasallen. Kritik an der Politik eines Fürsten war deshalb nicht ausgeschlossen, sofern sie den Geist der Loyalität erkennen ließ. Wenn Fürsten allzu selbstherrlich auftraten, kam es immer wieder zu heftigen Konflikten an ihren Höfen *(o-ie sōdō)*, die durchaus mit der Absetzung eines Fürsten durch die Tokugawa enden konnten. Das Bakufu mischte sich ungern in die internen Auseinandersetzungen eines Fürstentums ein; es akzeptierte im Grundsatz das Recht der Vasallen auf Widerspruch und war nicht daran interessiert, schwache Fürsten gegen den Widerstand ihrer Gefolgsleute im Amt zu halten.

Sonderdienste für die Tokugawa

Der Status eines Fürsten entschied auch darüber, in welchem Umfang er den Tokugawa zu Diensten verpflichtet war. Auch wer nicht zu den Erbvasallen gehörte und an den Verwaltungstätigkeiten des Bakufu nicht beteiligt war, musste auf Geheiß der Tokugawa an Audienzen und Zeremonien in Edo teilnehmen, sich an ihren Reisen und Heerzügen mit einem standesgemäßen Aufgebot beteiligen, die Verkehrswege, Häfen und Wechselstationen instandhalten und konnte jederzeit entsprechend seinem Vermögen zur Mithilfe bei öffentlichen Bauarbeiten *(otetsudai fushin)* an Burgen, Tempeln oder Wegsperren, Deichen, Straßen und dergleichen herangezogen werden. Diese Bauarbeiten waren besonders gefürchtet, weil sie die fürstlichen Verwaltungen über Jahre beschäftigen und ihre Finanzen nachhaltig schmälern konnten, ohne den Fürstentümern unmittelbar zu nützen. Die Instandsetzung der Burg von Edo mit ihren mächtigen Gräben gehörte zu diesen unbeliebten Aufgaben, lag aber wenigstens auf der Hand; gelegentlich entwickelte das Bakufu auf diesem Gebiet eine geradezu perfide Phantasie. 1754-1755 musste das Fürstentum Satsuma den Lauf der drei Flüsse Kiso, Nagara und Ibi regulieren, deren Überschwemmungen unweit Nagoyas nicht weniger als 300 Dörfer bedrohten. Die Aufgabe war im allgemeinen sicher äußerst sinnvoll;[32] jedoch nicht für Satsuma, denn das Einsatzgebiet lag rund 1.200 km von seinem Territorium entfernt! Beinahe 1.000 Vasallen und Beamte aus Satsuma, unterstützt von 1.000 einheimischen Arbeitskräften mühten sich unter Aufsicht der für die Planung alleinverantwortlichen Bakufu-Beamten ab, bis das Werk für Gesamtkosten von 400.000 *ryō* – mehr als die Hälfte der regulären Jahreseinnahmen Satsumas und weit mehr als die zunächst veranschlagten 140.000 *ryō* – vollendet war.

---

[32] William W. Kelly: *Water Control in Tokugawa Japan: Irrigation Organization in a Japanese River Basin, 1600-1870*. Ithaca 1982

32 Beamte starben bis dahin an Krankheiten; weitere 61 nahmen sich aus unterschiedlichen Gründen das Leben; darunter nach Abschluss der Arbeiten auch der leitende Baustellen-Kommissar aus Satsuma. Ein Vasall des Bakufu-Kommissars für Wasseregulierungen ließ sich zum Opfer für die Götter als „menschlicher Pfeiler" *(hitobashira)* eines der zu errichtenden Deiche lebendig begraben.[33]

Alternierende Residenzpflicht

Solche außerordentlichen Belastungen mussten die Fürstentümer zwar nicht regelmäßig tragen. Routine war dagegen die alternierende Residenzpflicht, welche die meisten Fürsten zwang, regelmäßig einen großen Teil ihrer Zeit in Edo zu verbringen und dort zusätzlich zu ihrer Heimatresidenz einen zweiten Hof zu unterhalten. Wie bereits erwähnt, wurde diese Residenzpflicht erstmals 1615 unter Hidetada eingeführt, zwischen 1629 und 1635 ausgesetzt und danach unter Iemitsu neu geregelt.[34] 1642 fand sie ihre beinahe endgültige Form. „Außenstehende" Fürsten wurden in eine west- und eine ostjapanische Gruppe geteilt. Sie wechselten einander jeweils im 4. Monat eines Jahres ab, d.h., sie verbrachten je ein Jahr in Edo und das folgende Jahr in ihrer Heimat. 69 der „Erbvasallen" traten ihren einjährigen Dienst jeweils im 6. Monat an, 9 weitere dagegen im 8. Monat. Die „Erbvasallen", die in den acht Provinzen um Edo herum (der Kantō-Region) herrschten, kamen jedoch nur für jeweils ein halbes Jahr, entweder im 2. Monat oder im 8. Monat. Die Tokugawa-Zweighäuser Owari und Kii wechselten einander jeweils im 3. Monat ab, und der Fürst von Mito blieb ständig in Edo, ebenso wie alle Ältesten und fürstlichen Kommissare des Bakufu während ihrer Amtszeit. Auf diese Weise befand sich also zu jedem Zeitpunkt ungefähr die Hälfte aller japanischen Fürsten in Edo. Die Bevölkerung der Stadt bestand zu einem erheblichen Teil aus den Angehörigen und Bediensteten dieser Fürstenhäuser, die natürlich auch Handel und Handwerk der Stadt für ihre Bedürfnisse in Anspruch nahmen. Die Angelegenheiten ihrer Heimat mussten die Fürsten in dieser Zeit notgedrungen ihren eigenen Verwaltungsstäben anvertrauen. Zwangsläufig waren sie auch auf ständige Korrespondenz und Botengänge angewiesen. Das System konnte also nur funktionieren, wenn es ein ganz Japan umspannendes, brauchbares Netz an Fernstraßen mit der nötigen Infrastruktur – Wegsperren, Brücken, Fähren, Rasthäusern, Relaisstationen für Pferdewechsel – gab. Dafür sorgte das Bakufu mit ausführlichen und strengen Regelungen. Auf ihren Reisen waren die Fürsten mit Hunderten von Leuten in ihrem Gefolge (Garden, Pagen, Trossknechten) unterwegs. Der Fürst von Satsuma im Südosten der Insel Kyūshū hatte dabei mit 50 Tagen für eine Strecke die weiteste Anreise – und ent-

---

[33] Takahashi Naokoto: *Hōreki chisui Satsuma gishi kenshō hyakunenshi.* Nagareyama: Takahashi Naokoto Sensei Sho Kankōkai 1995

[34] Yamamoto Hirofumi: *Sankin kōtai.* Kōdansha 1998; Toshio G. Tsukahira: *Feudal Control in Tokugawa Japan: The Sankin Kōtai System.* Cambridge 1970

sprechend hohe Reisekosten. Der Aufwand für eine Reise von oder nach Edo betrug je nach Fürstentum zwischen 4 und 10 Prozent seiner Jahreseinnahmen. Hinzu kamen Unterhaltskosten für die Residenzen in Edo (viele große Fürstentümer unterhielt zwei oder mehr standesgemäße Residenzen), die zudem durch die häufigen Brände gefährdet waren. Außerdem entstanden durch die doppelte Haushaltsführung hohe Personalkosten. Die großen Residenzen bildeten riesige Wohnkomplexe: Das Fürstentum Kaga hatte fast 3.000 Mann ständig in Edo stationiert (zuzüglich vielleicht 10.000 Familienangehörigen), Chōshū etwas weniger.

Insgesamt standen zwischen 70 und 80 Prozent aller Ausgaben der „Erbvasallen" im Zusammenhang mit der alternierenden Residenzpflicht. Bei den „Außenstehenden", die seltener und kürzer in Edo waren, lagen die Kosten für Edo selbst nur bei etwa 60 Prozent. Dafür hatten sie höhere Ausgaben, die mit Handelsaktivitäten und Kreditzinsen in Ōsaka oder mit dem Einkauf standesgemäßer Kleidung und Möbel in Kyōto und damit indirekt mit der Haushaltung in Edo zusammenhingen. Die kulturellen Impulse, die durch das Reisen und Zusammentreffen so vieler Fürsten und Samurai aus ganz Japan von und nach Edo flossen, waren zwar beträchtlich und halfen ihnen ganz wesentlich dabei, Japans symbolischen Raum als Teil ihres Lebens zu erfahren und Edo als „kulturellen Nexus" dieses symbolischen Raumes zu akzeptieren.[35] Aus der Sicht der Fürsten war die alternierende Residenzpflicht aber eine ungeheure und über die Maßen unbeliebte Geldvernichtungsmaschine.

Vor diesem Hintergrund war Tokugawa Yoshimune bereit, vorübergehend zwischen 1722 und 1730 die Aufenthalte der Fürsten in Edo auf sechs Monate zu reduzieren. Dafür mussten die Fürsten erstmals eine direkte Abgabe *(agemai)* an den Shōgun leisten. Mit diesen Zahlungen konnte Yoshimune eine Finanzkrise des Bakufu abwenden und sich gleichzeitig bei den Fürsten beliebt machen.

1.1.3 Der Kaiserhof

Im Prinzip war die Rolle des japanischen Kaisers, der im damaligen Sprachgebrauch *kinri*, „Verbotener Palast", *kinchū*, „Das Verbotene", oder *shujō*, „Oberster Herr", genannt wurde, von den Tokugawa klar definiert worden: Jede Einmischung des Kaisers in die politischen Geschäfte war unerwünscht.[36] Der letzte

---

35 Constantine N. Vaporis: „To Edo and Back: Alternate Attendance and Japanese Culture in the Early Modern Period". In: *Journal of Japanese Studies* 23:1 (1997), S. 25-67

36 Lee Butler: *Emperor and Aristocracy in Japan, 1467-1680*. Cambridge 2002; Takano Toshihiko: *Edo bakufu to chōtei*. Yamakawa Shuppansha 2001; Eva-Maria Mayer: *Japans Kaiserhof in der Edo-Zeit. Unter besonderer Berücksichtigung der Jahre 1846 bis 1867*. Münster 1999; Fujita Manabu: *Bakumatsu no tennō*. Kōdansha 1994; Tsuji Tatsuya: *Tennō to shōgun* [= Nihon no kinsei 2]. Chūō Kōronsha 1991; Bob Tadashi Wakabayashi: „In Name Only: Imperial Sovereignty in Early Modern Japan". In: *Journal of Japanese Studies* 17:1 (1991), S. 25-57; Herschel Webb: *The Japanese Imperial Institution in the Tokugawa Period*. New York, London 1968

Versuch einer direkten Herrschaft des japanischen Kaisers lag im 14. Jahrhundert und sollte nach dem gemeinsamen Willen der Tokugawa und der übrigen Fürsten auch für immer Geschichte bleiben.

Der Kaiser hatte Tokugawa Ieyasu auf dessen Wunsch hin am 24. März 1603 das seit 1573 nicht mehr besetzte Amt des Shōgun übertragen. 1606 erreichte Ieyasu, dass künftig Hofämter und Hoftitel nur noch auf Vorschlag der von den Tokugawa besoldeten Mittelsmänner am Kaiserhofe *(buke tensō)* an Krieger vergeben wurden. Ansprechpartner auf seiten der Krieger war der Statthalter des Shōgun in Kyōto.

Den Spielraum des Kaisers selbst zog Ieyasu 1611 in dem „Gesetz für den Hofadel“[37] *(kugeshū hatto)* sehr eng. Dort hieß es:

„Der Hofadel muss sich Tag und Nacht sorgfältig um die in seinen Häusern überlieferten Wissenschaften kümmern.“

Zu diesen „Wissenschaften“ gehörten allerdings vor allem die schönen Künste wie Kalligraphie, Malerei und Poesie. Adlige, die sich nicht darauf beschränkten oder die vorgeschriebenen Hofzeremonien nicht peinlich einhielten, sondern müßig „auf den Straßen umherwanderten“, mussten mit schweren Strafen rechnen. Mehr oder weniger unverhüllt wurden der Kaiser und seine Hofadligen also in ihren Palästen isoliert. Das Bakufu stattete den Hof mit einem Einkommen in der Höhe eines einfachen Fürsten aus; da dies jedoch nicht auf Dauer ausreichte, um die Hofaristokratie zu ernähren und den gewohnten Lebensstandard der Adligen zu garantieren, gewährte das Bakufu später dem Hof auch Kredit für alle Schulden. Natürlich hatte dieses finanzielle Entgegenkommen seinen politischen Preis. Vom Kaiserhof wurde erwartet, dass er die Politik des Bakufu symbolisch absegnete, falls dies gefragt war.

Obwohl ihnen theoretisch aufgrund ihrer formalen Hofränge ein Audienzrecht beim Kaiser zustand, wurden auch alle Kontakte der Fürsten und Vasallen zum Hof über das Bakufu vermittelt – d.h. faktisch so weit wie möglich unterbunden. Selbst die Hofränge wurden nur auf Vorschlag des Bakufu selbst erteilt. Eine Ausnahme von dieser Kontaktsperre gab es nur für die wenigen großen Fürstenhäuser, denen die symbolische Ehre widerfuhr, eine Tochter aus dem Kaiserhof als Ehefrau für einen ihrer Söhne zu gewinnen. Sie erwiesen ihre Dankbarkeit dafür durch beträchtliche finanzielle Zuwendungen. Auf einer anderen Ebene waren Kontakte zum Kaiser sogar für Nichtkrieger leichter herzustellen: Als Patrone der Kunst und bestimmter Wissenschaften wie der Kalenderwissenschaft und der Orakelkunst sowie bestimmter Berufsgruppen am Rande der Gesellschaft besaßen der Kaiser und die Hofadligen Verbindungen in den sozialen Raum außerhalb des Feldes der Macht.

Ihre Existenz ließ sich also nicht verbergen. Sie bestimmte in der Frühen Neuzeit den Diskurs über die Verfassung des Landes, wenngleich zunächst we-

[37] Vgl. Lee Butler: „Tokugawa Ieyasu's Regulations for the Court: A Reassessment“. In: *Harvard Journal of Asiatic Studies* 54:2 (1994), S. 509-522

niger in einem machtpolitischen als vielmehr in einem moralisch-spirituellen Sinne.[38]

Arai Hakuseki und das Zeitalter der Krieger

Nach der offiziellen Ideologie der Tokugawa[39] befand sich Japan seit dem 12. Jahrhundert im „Zeitalter der Herrschaft der Krieger", wie Arai Hakuseki 1712 in seinem einflussreichen Werk *Tokushi yoron* formulierte. Laut Hakuseki gab es davor das alte Zeitalter, in welchem der Kaiser zunächst persönlich regierte, d.h. eigenhändig Krieg führte, doch seine Macht allmählich an die Hochadligen an seinem Hofe verlor. Warum trat dieser Verfall der Macht des Kaisers ein; warum ging die Macht allmählich auf die Krieger über? Erstens, weil der Nachfolgestreit im Kaiserhaus bisweilen zu offenen Konflikten führte und damit dazu, dass – wenn man den Tennō als den Repräsentanten der Sonnengöttin auf Erden betrachtete – zwei Sonnen gleichzeitig am Himmel standen, was nach konfuzianischer Lehre eindeutig gegen den Willen des Himmels verstieß und daher eine Schwächung der Ordnung bedeuten musste. Zweitens, weil mit der Ernennung hochadliger, erblicher Regenten und Kanzler als Führer der zivilen Verwaltung einerseits und von Shōgunen als Führer der Streitkräfte andererseits die Einheit der kaiserlichen Regierung auseinanderbrach. Arai schrieb:

> „Danach wurde das Gewebe der kaiserlichen Politik brüchig, und da die kaiserlichen Minister, welche die wahre Macht in ihren eigenen Händen hielten, sie für sich selbst nutzten, wurden auch die Pflichten des Shōgun geringgeschätzt ... Die zivilen und militärischen Ämter neigten zur Erblichkeit, weshalb die Autorität des Kaiserhofes von Tag zu Tag schwand ..."[40]

Zwischen den Hofadligen und den Kriegern entstand folglich eine Rivalität; sie standen mit Arais Worten zueinander wie Feuer und Wasser. Dass sich dabei die Krieger durchsetzten und die Minamoto, die Ashikaga und schließlich die Toku-

[38] Eine Bibliographie westlichsprachiger Literatur zur Geistesgeschichte der Frühen Neuzeit findet sich bei: Klaus Kracht: *Japanese Thought in the Tokugawa Period. A Bibliography of Western-Language Materials.* Wiesbaden 2000. Vgl. Tetsuo Najita, Irwin Scheiner (Hgg.): *Japanese Thought in The Tokugawa Period 1600-1868: Methods and Metaphors.* Chicago 1978; Masao Maruyama: *Studies in the Intellectual History of Tokugawa Japan.* Tokyo University Press 1974

[39] Mit deren Entstehungsgeschichte befasst sich Herman Ooms: *Tokugawa Ideology: Early Constructs, 1570-1680.* Princeton 1985. Vgl. Peter Nosco (Hg.): *Confucianism and Tokugawa Culture.* Princeton 1984

[40] Kuwabara Takeo (Hg.): *Arai Hakuseki* [= Nihon no meicho 15]. Chūō Kōronsha 1969, S. 309

gawa zu Herrschern über Japan wurden und die alte Einheit wiederherstellten, lag nach Arai nur in der Konsequenz der Geschichte.[41]

Yamaga Sokō und die Lehre vom *Taigi meibun*

Andere sahen dies jedoch völlig anders. Eine der folgenreichsten Interpretationen des Verhältnisses zwischen Kaiser und Shōgun stammte bereits aus dem 17. Jahrhundert von Yamaga Sokō.[42]

Yamaga war zunächst Schüler des Neokonfuzianers und Ratgebers der ersten vier Tokugawa-Shōgune, Hayashi Razan, studierte aber auch Militärstrategie und wandte sich in späteren Jahren immer stärker vom theoretisierenden Neokonfuzianismus ab, um eine eigene, nach seiner Ansicht politisch nützlichere Philosophie zu entwickeln. Er wirkte als Lehrer im Fürstentum Akō, unterhielt vorübergehend eine eigene Schule in Edo, bis er 1665 für zehn Jahre wegen einer unliebsamen Veröffentlichung nach Akō verbannt wurde. Dort unterrichtete er u.a. Ōishi Yoshio, der 1703 die berühmte Vendetta der 47 Samurai aus Akō anführte, die den von einem Bakufu-Ältesten verschuldeten Tod ihres Fürsten rächen wollten. Der Geist dieser Vendetta lag durchaus in der Konsequenz von Yamagas Lehre vom „Weg des (gebildeten) Kriegers" *(shidō)*.[43] Loyalität galt ihm als die höchste Pflicht *(gi)* des Kriegers. Loyalität, d.h. der im Handeln und Verhalten erwiesene Einsatz für die gottgewollte soziale Ordnung, galt Yamaga wiederum als die höchste Pflicht *(taigi)* der gesamten Gesellschaft. In dieser Gesellschaft hatte jeder seine zugewiesene Stellung (*mei*, wörtlich: seinen „Namen") und seine zugewiesene Aufgabe (*bun*, wörtlich: seinen „Teil"). Um zu begründen, warum dies ausgerechnet in Japan besonders wichtig war, verband Yamaga die klassischen Vorstellungen der konfuzianischen Herrschertugenden mit shintōistischen Spekulationen über den göttlichen Ursprung des japanischen Kaisertums. Die höchste Tugend der konfuzianischen Edelleute war *jin*, die der Verantwortung füreinander bewusste Beziehung zwischen Menschen (sozusagen sozial konditionierte Mitmenschlichkeit). Die zweite Kardinaltugend war *chi*, die Weisheit. Die dritte war *yū*, die Entschlossenheit zum Herrschen. Diese Tugenden sah Yamaga in den Insignien der japanischen Kaiser symbolisiert: *Jin* im Krummjuwel, *chi* im Spiegel und *yū* im Schwert. Aber dies waren nur Symbole; die Tugenden besaßen jedoch auch eine physische Präsenz: *jin* im Körper des Kaisers; *chi* im Körper der Sonnengöttin Amaterasu, der Ahnfrau des Kaisers; und *yū* in der praktischen Herrschaft des Kaisers. Nur in Japan stimmte nach Yamagas Überzeugung die moralische mit der politischen Ordnung überein; es

41 Ulrich Goch: *Abriß der japanischen Geschichtsschreibung*. München 1992, S. 91

42 Shuzo Uenaka: „Last Testament in Exile. Yamaga Sokō's Haisho zanpitsu". In: *Monumenta Nipponica* 32:2 (1977), S. 125-152

43 David Magarey Earl: *Emperor and Nation in Japan. Political Thinkers of the Tokugawa Period*. Westport 1964

war daher der wahre Mittelpunkt der menschlichen Zivilisation *(chūka)*, das wahre „Reich der Mitte" *(chūgoku)*: Jedenfalls, solange sich der Rest des Staatskörpers *(kokutai)*, angefangen vom Shōgun, gegenüber dieser Ordnung loyal verhielt. Die Herrschaft des Shōgun war daher so lange legitim, wie er die Rolle und die Interessen des Kaisers als Verkörperung der wahren Tugend nicht in Frage stellte. Es war das *taigi* des Shōgun, diese Ordnung zu bewahren.

Der Kaiser als moralischer Herrscher von Kyōto

Auch für die Bevölkerung von Kyōto und der näheren Umgebung bedeutete der Kaiser mehr als nur ein Relikt aus archaischen Zeiten. An einer Neuerung der Frühen Neuzeit, dem Interdikt, kann man dieses besondere Verhältnis ablesen. Beim Tod eines Shōgun wurden im ganzen Land regelmäßig 50 Ruhetage angeordnet; öffentliche Musikaufführungen und lärmende Feste waren in dieser Zeit untersagt. Beim Tod eines Kaisers wurden nur sieben Ruhetage verordnet. Einzig in Kyōto dauerte das Interdikt auch in diesem Fall 50 Tage. Den Menschen hier stand der Kaiser offenbar näher als in anderen Landesteilen. Als es während der Hungerkrise 1787 in der Umgebung von Edo und in Ōsaka zu schweren Ausschreitungen kam, zogen etwa zwei Monate lang täglich bis zu 30.000 Menschen friedlich vor den Kaiserpalast in Kyōto – in der Erwartung, dass der Kaiser ihnen helfen und dem Bakufu befehlen werde, sie mit Nahrung zu versorgen. Tatsächlich verhandelte der Hof mit dem Statthalter der Tokugawa darüber, und bald darauf begannen Armenspeisungen in der Stadt. Da die Versorgung der Hungernden zu den klassischen Pflichten des guten Herrschers gehörte, ergriff der Kaiserhof die Gelegenheit bewusst, um sich dem Bakufu als zumindest moralisch überlegen zu präsentieren.

1.2 Strukturen des sozialen Raumes im frühneuzeitlichen Japan

Die Organisation des sozialen Raumes im frühneuzeitlichen Japan unterlag Bedingungen, die vom Feld der Macht diktiert wurden. Teilweise hingen diese Bedingungen mit den militärstrategischen Entwicklungen zusammen, die während der politischen Einigung Japans auftraten. In diesem Zusammenhang wurden Kriegführung und Militärapparat professionalisiert und rationalisiert. Die Krieger wurden nach 1582 zum überwiegenden Teil aus der landwirtschaftlichen Produktion herausgenommen und (ökonomisch betrachtet) in stadtsässige Konsumenten verwandelt. Die übrige Bevölkerung wurde von der Teilnahme an Kriegshandlungen und Fehden sowohl aktiv als auch passiv ausgeschlossen. Der größte Teil der Bevölkerung war ab jetzt ausschließlich mit wirtschaftlichen Aktivitäten befasst.[44]

---

44 Miki Seiichirō: „The Reorganization of Local Order in the Early Modern Period". In: *Acta Asiatica* 87 (2004), S. 101-119; Yoshida Yuriko: *Heinō bunri to chiiki shakai*. Azekura Shobō 2000

Am Ende des 17. Jahrhunderts bestand die Landbevölkerung überwiegend aus Kleinbauern und verhältnismäßig wenigen Landadligen, die es vorgezogen hatten, nicht wie die meisten übrigen Krieger in die fürstlichen Burgstädte umzusiedeln und die Landwirtschaft aufzugeben, sondern vielmehr aus dem Dienst ihrer Feudalherren ausgeschieden waren und unter Verlust ihrer Teilhabe an der politischen Herrschaft als Großbauern auf dem Land geblieben waren. Die Landbevölkerung wurde, weil sie für die Produktion abschöpfbarer Mehrwerte gebraucht wurde, mittels Landesaufnahmen erfasst und ermöglichte mit ihren Abgaben und Diensten die Rationalisierung und Professionalisierung der Kriegführung. Die Trennlinie zwischen Kriegern und Zivilbevölkerung wurde systematisch verbreitert, Seitenwechsel wurden nicht mehr toleriert. Die herrschende Klasse war Trägerin des Gewaltmonopols. Dafür garantierten die Krieger anhaltenden inneren Frieden, der die Voraussetzungen für demographischen und ökonomischen Aufschwung schuf.

Der Beginn der Tokugawa-Herrschaft fiel zusammen mit der Ablösung der Kleinfamilie aus den bis dahin vorherrschenden patriarchalischen Großverbänden.[45] Die neuen Kleinfamilien, nun organisiert in Dörfern, wurden Hauptträger der Steuerlast.[46] Die bäuerlichen Abgaben wurden in Reisäquivalente umgerechnet, um das Steuerwesen zu standardisieren. Die Feudalherren, denen diese Abgaben zustanden, verkauften das, was sie nicht zur Versorgung des eigenen Hofstaates benötigten, an der Reisbörse von Ōsaka an Reisgroßhändler. Mit dem Verkaufserlös finanzierten sie den Unterhalt ihrer Fürstentümer.

Die Bevölkerungszahl Japans wuchs in diesen neuen Verhältnissen zunächst stark an. Anfang des 17. Jahrhunderts gab es etwa 15 Millionen Japaner,[47] seit Anfang des 18. Jahrhunderts mehr als 31 Millionen.

Möglich wurde das Bevölkerungswachstum zwischen 1600 und 1721 durch höhere Ernten und ein verbessertes Vertriebs- und Vermarktungssystem für landwirtschaftliche Produkte: Fruchtwechsel und Zweifachernte setzten sich weithin durch, der Einsatz von Dünger und von neuen Ackergeräten steigerte die Produktivität. Die bäuerliche Abgabenquote konnte dank der höheren Produktivität gesenkt werden. Betrug sie Anfang des 17. Jahrhundert noch häufig 60 %, so sank sie bis Anfang des 18. Jahrhunderts auf 30 % (örtlich lag sie sogar noch deutlich darunter). Den Bauern blieb mehr für die eigene Lebenshaltung, die Sterblichkeit sank.

Seit der Mitte des 18. Jahrhunderts kam die agrarische Expansion jedoch zum Stillstand. Missernten, häufig durch Klimawandel verursacht, verringerten die Produktivität, so dass die bäuerliche Abgabenlast nominell wieder auf rund 40 % stieg. Die Bevölkerungszahl ging bis Ende des 18. Jahrhunderts zurück, stieg da-

---

45 Kitō, *Bunmei toshite no Edo shisutemu*, S. 74-77

46 Ōishi Shinsaburō: *Kinsei sonraku no kōzō to ie-seido*. Ochanomizu Shobō 1976; William Chambliss: *Chiaraijima Village: Land Tenure, Taxation, and Local Trade, 1811-1884*. Tuscon 1965

47 Kitō, *Bunmei toshite no Edo shisutemu*, S. 70. Die Zahl ist umstritten; frühere Autoren gingen von 18, spätere wie Hayami Akira von 12 Millionen aus.

nach sehr langsam an und erreichte erst Mitte des 19. Jahrhunderts wieder den Stand von 1732. Diese im internationalen Vergleich auffällig zurückhaltende demographische Entwicklung war unter den gegebenen ökonomischen Bedingungen die sinnvollste Lösung, um den sozialen Raum zu stabilisieren und den Übergang zur industriellen Marktwirtschaft zu gestalten. Obwohl Abtreibungen und Kindstötungen dabei eine gewisse Rolle spielten, folgte die niedrige Geburtenrate im wesentlichen aus dem höheren Heiratsalter der Frauen (es lag am Ende der Frühen Neuzeit drei Jahre höher als zu deren Beginn), bewusst verlängerter Stilldauer (die erneute Schwangerschaften verhüten sollte) und längerer Trennung der Ehepartner durch Wander- und Saisonarbeit.[48]

Seit Mitte des 17. Jahrhunderts wurde die nichtkriegerische Bevölkerung in „Konfessionsprüfregistern" *(shūmon aratemechō)* erfasst. Damit sollte der Nachweis erbracht werden, dass man einem buddhistischen Tempel angehörte und nicht dem verbotenen Christentum anhing. Registriert wurden Name, Geschlecht und Alter jedes Haushaltsangehörigen ab einem gewissen Alter (regional unterschiedlich 7 oder 15 Jahre). 1721 ordnete Tokugawa Yoshimune an, die Angaben aus diesen jetzt „Konfessionsbevölkerungsregister" *(shūmon ninbetsuchō)* genannten Erhebungen in allen Fürstentümern und Territorien zu einem landesweiten Zensus zusammenzustellen. 1723 wurde angeordnet, diese Listen alle sechs Jahre zu erneuern; erstmals umgesetzt wurde dieser Befehl 1726. Erhalten sind die Erhebungen (mit gewissen Lücken) bis 1846. Angaben zur Verteilung der Geschlechter finden sich erstmals 1732. Japans registrierte Bevölkerung entwickelte sich demnach wie folgt:[49]

Jahr	**Männer**	**Frauen**	**Gesamt**	**Frauenanteil (%)**	**Bevölkerungswachstum (%)[50]**
1732	14.407.100	12.514.700	26.921.800	46,49	
1762	13.785.400	12.136.100	25.921.500	46,82	-0,12
1792	13.034.500	11.856.900	24.891.400	47,63	-0,13
1822	13.894.400	12.707.700	26.602.100	47,77	0,23
1846	13.854.000	13.053.600	26.907.600	48,51	0,05

Da die Register die Statusgruppen der Krieger, Adligen und Nichtsesshaften sowie einen Teil der Kinder nicht berücksichtigten, werden von der Forschung etwa 20 % auf diese Zahlen aufgeschlagen. Der Anteil der Krieger war dabei regional unterschiedlich, lag aber insgesamt bei etwa zehn Prozent.

48 Kitō, *Bunmei toshite no Edo shisutemu*, S. 83-93; Laurel L. Cornell: „Infanticide in Early Modern Japan? Demography, Culture and Population Growth". In: *Journal of Asian Studies* 55:1 (1996), S. 22-50; Susan B. Hanley, Kozo Yamamura: *Economic and Demographic Change in Preindustrial Japan 1600-1868*. Princeton 1977, S. 333

49 Nach Kitō, *Bunmei toshite no Edo shisutemu*, S. 67

50 Im Durchschnitt der letzten (1822-1846: 24) 30 Jahre

Besonders auffällig an den bekannten Zahlen ist, dass der Frauenanteil in dieser Zeit kontinuierlich stieg. Dies deutet darauf hin, dass sich die Lebensbedingungen für Frauen, angefangen von der Säuglingssterblichkeit bis hin zur Sterberate auf dem Kindbett, mit der Zeit verbesserten. Beispielsweise entwickelte sich die Lebenserwartung für Zweijährige in Itanuma, einem Dorf in der Provinz Mino, folgendermaßen:[51]

Zeitraum	Jungen	Mädchen
1712-1750	37,4	37,4
1751-1800	45,6	43,8
1826-1867	44,4	44,9

Allerdings zeigt der Index der Bevölkerungsentwicklung der japanischen Großregionen sehr unterschiedliche Entwicklungen:[52]

Region	1721	1756	1786	1822	1846	1872
Kinki	100	97,73	94,66	96,02	93,50	99,75
Tōkai	100	100,61	99,16	107,12	106,65	115,36
Kantō	100	97,95	85,40	82,81	86,63	100,98
Tōhoku	100	92,10	83,39	89,04	88,73	122,72
Hokuriku	100	102,65	97,81	111,86	117,57	153,06
San'in	100	109,25	111,97	127,28	124,81	140,05
San'yū	100	102,45	105,43	111,21	120,25	143,09
Shikoku	100	104,92	108,45	122,32	126,82	159,66
Kyūshū	100	104,51	104,93	111,44	113,78	161,72

Dem Index können wir entnehmen, dass die Bevölkerung in der seit alters her dichtbesiedelten Kinki-Region mit Kyōto und Ōsaka, dem alten Kerngebiet von Landwirtschaft, Handel und Industrie, sowie in der Kantō-Region, in der die dritte Metropole Edo lag, und im oft von Hungersnöten geplagten Nordosten Honshūs (Tōhoku) seit Mitte des 18. Jahrhunderts zurückging. In allen anderen Regionen Japans stieg die Bevölkerungszahl, besonders deutlich auf den beiden Inseln Shikoku und Kyūshū. Da die Bevölkerungszahl ganz Japans in dieser Zeit weit weniger schwankte als die Bevölkerungsverteilung, lassen sich diese Verschiebungen nur mit Wanderungen erklären.

[51] Kitō, *Bunmei toshite no Edo shisutemu*, S. 93

[52] Abe Akira: *Edo no autorō: Mushuku to bakuto*. Kōdansha 1999, S. 159

Klasse und Status in der frühmodernen Gesellschaft

In der konfuzianischen Gesellschaftstheorie bestand die Gesellschaft aus vier sozialen Klassen *(shimin)*, die durch ihre Arbeitsteilung definiert waren: Krieger (einschließlich des Hofadels), Bauern, Handwerker und Händler. In der Praxis war diese Einteilung nach Tätigkeiten jedoch weit weniger wichtig als die Zuschreibung eines bestimmten Status *(mibun)*. Denn mit diesem Status war eine relative Positionierung im sozialen Raum verbunden; der Status jedes Menschen lag auf einer Skala zwischen „hoch" und „niedrig". Status wurde in der Regel ererbt, konnte jedoch unter bestimmten Umständen auch erworben werden (z.B. durch Ernennung, Verurteilung, Heirat, Kauf oder Berufstätigkeit). Die Zugehörigkeit zu einem Status schlug sich in der Lebensführung und den dieser zugrundeliegenden Einstellungen (Habitus) nieder.

Das Statuswesen der Frühen Neuzeit war zwar reich an elaborierten Details, gerade weil es die komplexe soziale Wirklichkeit widerspiegelte; es ist aber zu seiner Zeit nie erschöpfend systematisiert worden. Angesichts der regionalen Unterschiede und des sozialen Wandels handelte es sich auch nicht um ein statisches System. Die historische Forschung ist nach wie vor bemüht, ein Gesamtbild zu erstellen.[53] Erschwert wird diese Aufgabe dadurch, dass es innerhalb der Statusgruppen Unterteilungen gab, die unterschiedlichen Prinzipien folgten: Ort, Besitz, Beruf, Alter und Geschlecht gehörten zu den entscheidenden Parametern.

Die Grenzen zwischen den politisch-ökonomischen Klassen verliefen quer zu den und teilweise durch die Statusgruppen. Die wichtigste trennte das Feld der Macht mit der herrschenden Klasse vom Rest der Gesellschaft (den beherrschten Klassen). Die Mitglieder der herrschenden Klasse gehörten zu den Statusgruppen der Samurai (Krieger) und des Hofadels. Am Rande der herrschenden Klasse waren die Statusgruppen des Klerus und der Gelehrten angesiedelt.

Das primäre Unterscheidungsmerkmal des sozialen Raumes unterhalb des Feldes der Macht war ortsständisch: wer in einem Dorf oder in einer Stadt als Einwohner registriert war, gehörte zu den „gewöhnlichen Leuten" *(heinin)*. Der Rest der Bevölkerung gehörte zu den „Armen Leuten" *(senmin)*, sofern er in einer der ihnen zugerechneten Profession registriert war. Alle übrigen galten als „Nichtsesshafte" *(mushukumono)*.

Die Dörfer

Die herrschaftliche Kontrolle der etwa 10.000 edozeitlichen Dörfer erfolgte im Zusammenspiel der Dörfler und der relativ zurückhaltenden obrigkeitlichen Verwal-

53 Vgl. Douglas R. Howland: „Samurai Status, Class, and Bureaucracy: A Historiographical Essay". In: *Journal of Asian Studies* 60:2 (2001), S. 353-380

Abb. 4: Der soziale Raum als Kinderspiel (Tachikawa Saikoku: Dōchū hōnen kodomo asobi, 1859 / Ausschnitt): Oben sind Bauern, rechts unten Samurai, links unten Kaufleute, in der Mitte Handwerker zu sehen.

tung.[54] Ein Dorf stellte die unterste Einheit des symbolischen Raumes dar. Es gab sich kurze Satzungen, die den Dorffrieden aufrechterhalten sollten und von den zur Mitsprache berechtigten Dörflern gemeinsam errichtet und befolgt werden sollten. Typischerweise regelten die Satzungen Fragen der Besteuerung, der Produktion und Produktionsweisen, der Allmendebewirtschaftung, der Polizei und niederen Gerichtsbarkeit sowie von Eigentum und Luxus im Dorf. Die Obrigkeit verfuhr nach dem Subsidiaritätsprinzip und mischte sich so wenig wie möglich in die Dorfangelegenheiten ein. Eine Ausnahme bildete die moralische Erziehung, die nach konfuzianischer Auffassung die Aufgabe der Herrscher war und die deshalb auf dem Wege allgemeiner Vorschriften und Belehrungen, aber auch der konkreten Belobigung und Belohnung von vorbildlichen und der Kritik an nicht statthaften Verhaltensweisen sowie der Förderung von erbaulichen und den Gemeinschaftsgeist fördernden Aktivitäten wie Pilgerfahrten, Aufbau und Pflege religiöser Institutionen oder Schulen stattfand. Eine weitere wichtige Ausnahme war die Aufrechterhaltung von Sicher-

54 Harumi Befu: „Village Autonomy and Articulation with the State." In: John W. Hall, Marius B. Jansen (Hgg.): *Studies in the Intellectual History of Early Modern Japan*. Princeton 1968, S. 301-314

heit und Frieden – am sichtbarsten durch die öffentlich angeschlagenen Verbote, Christen oder herrenlose Samurai aufzunehmen – und die Bekämpfung schwerer Kriminalität. Und drittens bildete die Taxation einschließlich der in unregelmäßigen Abständen wiederholten Vermessung des bebauten Landes[55] sowie der Schätzung der Steuerkraft des Dorfes die selbstverständliche Domäne der Obrigkeit. So durften Bauern als Steuer- und Frondienstpflichtige ihre Dörfer dauerhaft erst verlassen, nachdem sie ihre ausstehende Steuerschuld beglichen hatten. Es gab daher in diesen Bereichen Überschneidungen der dörflichen Rechtsvorstellungen mit dem oktroyierten Recht der Obrigkeit, aber auch eigenständige Akzente, die eine besondere moralische Autonomie des Dorfes begründeten: In ihrem Zentrum standen Gemeinwohl und Solidarität der Dorfbewohner. Die Vorteile kollektiven Handelns lagen für die Bauern auf der Hand: Vor der Frühen Neuzeit waren die einzelnen Haushalte direkt mit der Herrschaft in Kontakt gekommen und mussten mit Sanktionen bis hin zum Entzug der wirtschaftlichen Existenzgrundlage rechnen, wenn sie in einem Jahr die geforderten Abgaben und Dienste nicht leisteten. Diese Gefahr bestand jetzt nicht mehr, weil das Dorf leichter in der Lage war, den Ausfall eines oder mehrerer Haushalte zu kompensieren, indem der Fehlbetrag auf die übrigen Haushalte umgelegt wurde. Andererseits war es dann auch selbstverständlich, dass die Gemeinschaft auch umgekehrt Solidarität von den einzelnen verlangte. Die Bauern gewannen also wirtschaftliche Sicherheit auf Kosten von sozialer Freiheit.

Tonangebend war in jedem Dorf die durch Tradition und Besitz ausgezeichnete dörfliche Oberschicht. Überall bereitete sie die Entscheidungen der Dorforgane vor. In manchen Gegenden stellte sie auch die Mitglieder der Schreinvereinigung *(miyaza)* als einer Art Führungskomitee.

Die Organe eines Dorfes waren regelmäßig:

(1) Die Dorfversammlung (*yoriai*), das Beratungs- und Exekutivorgan des Dorfes. Sie tagte unregelmäßig. Alle (oder, je nach den örtlichen Umständen, alle Grund und Boden besitzenden und steuerpflichtigen) Haushalte gehörten ihr an. Sie legte die Satzungen fest, wählte die Führungsbeamten des Dorfes, verhandelte mit anderen Dörfern und verhängte Strafen gegen Dörfler.

(2) Der Dorfschulze (*shōya*, *nanushi* oder *kimoiri* genannt). Er war der Ansprechpartner für die Obrigkeit und zuständig für die zeit- und regelgerechte Leistung von Steuern und Diensten, für das Führen der Einwohnerregister und für die Schlichtung in Streitfällen.

(3) Die drei bis vier Ältesten (*toshiyori* oder *kumigashira*), die dem Schulzen bei seinen Aufgaben beistanden und die Fünfmännergruppen leiteten.

(4) Die Sprecher der Bauern (*hyakushōdai*). Sie sollten die Schulzen und Ältesten kontrollieren. Bauernsprecher waren jedoch erst ab dem 18. Jahrhundert allgemein verbreitet.

(5) Die Fünfmännergruppen (*goningumi*). Jeder landbesitzende Haushalt im Dorf gehörte einer solchen Nachbarschaftgruppe an (die faktisch aus einem

55 Kanzaki Akitoshi: *Kenchi; nawa to sao no shihai*. Kyōikusha, 4. Aufl. 1987

bis zehn Haushalten bestehen konnte). Sie sollten einander beistehen und kontrollieren. Alle Mitglieder dieser Gruppen hafteten gemeinsam für die Steuer- und Dienstpflichten ihrer Angehörigen und für deren Lebenswandel. Landpächter wurden meist zum Haushalt ihrer Grundherren gezählt. Wer zu welcher Fünfmännergruppe gehörte, wurde in einem Verzeichnis festgehalten, dessen Vorwort oft auch die geltenden Satzungen des Dorflebens sowie einen Treueid aller Dörfler enthielt. Eine Ausfertigung dieses Verzeichnisses erhielt der obrigkeitliche Amtmann, eine verblieb im Dorf.

Schulzen und Älteste stammten meist aus alteingesessenen Familien. Sie erhielten ein Amtsgehalt (der Schulze bekam etwa ein Prozent der offiziellen Dorfeinkünfte), gelegentlich auch steuerfreies Land und hatten Anspruch auf Dienstleistungen durch die Dörfler. Etliche waren ehedem selbst Landsamurai und durften die Statussymbole der Samurai, Schwerter und Familiennamen, weiterhin führen, größere Häuser als die gewöhnlichen Dörfler besitzen und bessere Kleider tragen. (Die übrigen Bauern besaßen amtlicherseits keinen Familiennamen, im Gegensatz zu Ärzten und Priestern, die auf dem Land lebten.) Ihr Status war entweder erblich, wechselte jährlich unter den Mitgliedern der Dorfoberschicht oder beruhte auf der Wahl durch die steuerzahlenden Dörfler und musste durch den Amtmann der Obrigkeit bestätigt werden.

Die steuerzahlenden und frondienstpflichtigen Dörfler wurden *honbyakushō* genannt. Sie bewohnten ein eigenes Haus im Dorf, bebauten (sofern sie Bauern waren) ihren eigenen Grund und Boden und besaßen ihr eigenes Gerät. Der durchschnittliche Landbesitz eines Bauernhaushalts lag bei etwa 1 Hektar. Wer kein eigenes, sondern nur Pachtland besaß, war im allgemeinen nicht in der Dorfversammlung stimmberechtigt und zahlte für das Pachtland keine Steuern, sondern Pachtzins an den Pachtherrn *(jinushi)*. Diese Dörfler wurden *mizunomi* („Wassertrinker") genannt. Wer weder eigenes noch gepachtetes Land besaß, musste sich als Tagelöhner oder Jahreslöhner verdingen. Schließlich gab es vor allem in Ostjapan noch leibeigene Knechte *(nago)*. Außer Landwirten gab es in den Dörfern auch Handwerker und Geistliche, und außer landwirtschaftlichen Dörfern existierten natürlich auch Fischerdörfer. Ihre Organisationsprinzipien waren aber ähnlich.

Die Dorfjugend war in Jungmännergruppen *(wakamonogumi)* und mancherorts auch Mädchengruppen *(musumegumi)* organisiert.[56] In den Details gab es regionale Abweichungen, aber im allgemeinen gehörten alle Männer zwischen 15 und 42 Jahren zu den Jungmännern. Für die Jüngeren gab es Kindergruppen. Innerhalb der Gruppen galt das Prinzip der Seniorität; die Älteren stellten daher die Leiter und deren Helfer. Auf ihren Zusammenkünften *(yoriai)* besprachen sie Vorgänge innerhalb des Dorfes und organisierten gemeinsame Dienstleistungen und Arbeiten in der Allmende ihres Dorfes. Die jungen Männer bildeten in der Regel auch die Feuerwehr des Dorfes. Sie berieten über geplante Eheschließungen

---

[56] Richard Varner: „The Organized Peasant. The Wakamonogumi in the Edo Period." In: *Monumenta Nipponica* 32 (1977), S. 459-483

ihrer Angehörigen, die demnach in einer Art kontrollierter Heiratsvermittlung auf der Basis der freien Partnerwahl zustande kamen, ohne dass (anders als bei den Samurai) dem Elternwillen besonderes Gewicht zukam. Auch bereiteten sie die Dorffeste vor, zu denen sie mit Musik und Tanz beitrugen. Vielerorts diente ihr Versammlungsgebäude auch als Dorfschule, als Wohnheim für Unverheiratete oder als Begegnungsstätte mit dem anderen Geschlecht. Voreheliche sexuelle Beziehungen wurden vielerorts toleriert, bisweilen sogar erwartet; die Partner sollten aber im allgemeinen aus demselben Dorf stammen. Wer den sozialen Raum des Dorfes ohne Genehmigung überschritt oder sich nicht an die Absprachen der Mehrheit hielt, musste mit Strafen rechnen, die bis zum Ausschluss aus der Dorfgemeinschaft *(mura hachibu)* reichen konnten. Gängige Strafen waren auch Sonderaufgaben wie Holzsammeln, Transportdienste oder das Anfertigen von Strohsandalen oder der Ausschluss von gemeinsamen Aktivitäten. Existenzbedrohend war es, wenn die Mehrheit zum Boykott schritt und Hilfeleistungen bei Saat und Ernte oder bei Überschwemmungen und Feuersnöten versagte.

Verbindungen zu anderen Dörfern konnten von hohem Konkurrenzdenken geprägt sein – Streitigkeiten zwischen Dörfern um Allmende- oder Wasserrechte gehörten zu den alltäglichen Problemen der Lokalverwaltung – und in durchaus blutige Auseinandersetzungen münden. Doch die Dörfer konnten auch untereinander Verträge schließen, die solche Konflikte ausräumten und zu funktionierenden Kooperationen führten.[57] Manche Fürstentümer schrieben zudem Verbände von mehreren Dörfern vor, die auf Verwaltungsebene zusammenarbeiteten und gemeinsame Oberschulzen hatten. Auch in der Bakufu-Domäne gab es „Generalvertreter“ *(sōdai)* der regional kooperierenden Dörfer, die als Sprecher gegenüber der Obrigkeit, aber auch gegenüber den Handelspartnern auftraten. Die Anlässe für solche dorfübergreifenden Netzwerke mehrten sich im 18. und 19. Jahrhundert beträchtlich.[58] Denn nach dem Ende der agrarischen Expansion in der Mitte des 18. Jahrhunderts nahm der überregionale Handel mit Waren und Gütern, die auf dem Land erzeugt wurden, immer mehr zu. Die Fürsten versuchten, den Rückgang der Einnahmen aus der Landwirtschaft auszugleichen, indem sie Spezialprodukte wie Tee, Obst, Seide, Baumwolle, Tabak, Soja oder Zucker produzieren ließen und Handelsmonopole dafür errichteten. Davon profitierten in den Dörfern besonders diejenigen Großbauern, die in marktorientierte Produkte investierten und in Zusammenarbeit mit den fürstlichen Verwaltungen oder den von diesen beauftragten Kaufleuten zu lokalen Unternehmern wurden. Im Gegensatz dazu verarmten viele Kleinbauern und verloren ihr Land und damit vielfach auch ihr Mitspracherecht in der Dorfversammlung. Einerseits verschärften sich nun die sozialen Gegensätze innerhalb der Bauernschaft. Oft schlossen sich die Dörfler

57 Herman Ooms: *Tokugawa Village Practice: Class, Status, Power, Law*. Berkeley, Los Angeles 1996; Dan F. Henderson: *Village Contracts in Tokugawa Japan: 50 Specimens with English Translations and Comments*. Seattle 1975

58 Anne Walthall: „Village Networks. Sōdai and the Sale of Edo Nightsoil“. In: *Monumenta Nipponica* 43:3 (1988), S. 279-303

der Unterschichten *(murakata)* gegen die bäuerliche Führungsschicht *(san'yaku)* zusammen und forderten Umverteilung und Partizipation. Andererseits flüchteten sich verschuldete Bauern in großer Zahl in die Städte, um dort Arbeit zu suchen. Jugendliche Landbewohner verdingten sich für mehrere Jahre als Hauspersonal oder Aushilfen bei städtischen Kaufleuten. Wenn sie in ihre Dörfer zurückkehrten, machten sie dort die städtische Lebensart bekannt und weckten Bedürfnisse, die die Abhängigkeit von der urbanen Kultur verstärkten. Zudem verschärfte der Abfluss von Arbeitskräften in die Städte die Produktionskrise auf dem Land.

Nach den Hungerkrisen der 1780er Jahren begannen das Bakufu und die Fürsten daher, Städter (vor allem die illegal zugewanderten Bauern) zur Rückübersiedlung aufs Land zu ermutigen, um die landwirtschaftliche Produktion wieder anzukurbeln. Allerdings zeitigte dies nur vorübergehende Erfolge.

Gerade wegen des relativ schwachen Wachstums der Gesamtbevölkerung konnte die Landbevölkerung ihren Lebensstandard jedoch in allen entscheidenden Belangen – Wohn- und Sanitärkomfort, Kleidung, Gesundheit – langfristig beträchtlich steigern.[59] Beispielsweise wuchs die Wohnfläche je Hausbewohner bis zum 19. Jahrhundert deutlich an, und Reisstrohmatten *(tatami)* als Fußbodenbelag, papierbespannte Schiebetüren *(shōji)*, Bettzeug aus Baumwolle *(futon)* sowie andere Elemente, die ursprünglich nur in den Häusern der Oberschichten zu finden waren, wurden bis zum Ende der Frühen Neuzeit Allgemeingut.[60] Ein kritischer Punkt war jedoch die Ernährungslage. Frühneuzeitliche Bauern nahmen täglich etwa 1.850 kcal Energie mit der Nahrung auf, davon etwa 90 % durch Getreide. Nur zwischen 5 bis 10 % der Energie wurden in Form von Fett aufgenommen; nur etwa 5 % der Eiweißzufuhr stammte von Tieren. Die Zufuhr der Vitamine A und B2 und von Calcium war unzureichend, die von Vitamin C oft auch.[61] Es war demnach kein Wunder, dass die durchschnittliche Körpergröße der Männer bei 157 cm und der Frauen bei 146 cm lag und dass Japaner bis weit in die Neuzeit hinein durch schlechtes Sehvermögen auffielen. Doch galten diese Werte für Normalzeiten. In Hungerjahren wurden sie regelmäßig unterschritten, was die hohe Mortalität und Anfälligkeit für Infektionskrankheiten erklärt.

Die Städte

In der Frühen Neuzeit lebten etwa dreizehn Prozent aller Japaner in Städten. Der Urbanisierungsgrad war allerdings regional sehr unterschiedlich; im südlichen Kantō mit Edo und in der Kinai-Region mit Kyōto und Ōsaka lag er bei rund 30 %, auf Kyūshū und Shikoku dagegen nur um 9 %.[62] Die größten inlän-

59 Satō Tsuneo; Ōishi Shinsaburō: *Hinnō shikan wo minaosu* [= Shinsho Edo jidai 3]. Kōdansha 1995

60 Susan Hanley: *Everyday Things in Premodern Japan*. Berkeley 1997; Tsukamoto Manabu: *Mura no seikatsu bunka* [= Nihon no kinsei 8]. Chūō Kōronsha 1992

61 Kitō, *Bunmei toshite no Edo shisutemu*, S. 302-304

62 Kitō, *Bunmei toshite no Edo shisutemu*, S. 139

dischen Handels- und Industriestädte waren Edo,[63] wo die Tokugawa-Shōgune residierten; der Reisumschlagplatz und zentrale Handelsort Ōsaka[64] und die Kaiserstadt Kyōto.[65] Diese drei Städte wurden zusammenfassend als die „Drei Metropolen" *(go-santo)* bezeichnet: Edo diente als die Hauptstadt des politischen, Ōsaka als die Hauptstadt des ökonomischen und Kyōto als die Hauptstadt des symbolischen Kapitals. Alle drei Metropolen standen unter der Verwaltung von Statthaltern und Kommissaren der Tokugawa. Sie waren auch die bedeutendsten Konsumzentren des Landes. Ōsaka war zugleich das wichtigste Finanzzentrum, denn eine Einheitswährung gab es nicht; die im Umlauf befindlichen Kupfer-, Silber- und Goldmünzen mussten für den landesweiten Handel umgerechnet werden. Deshalb gab es in Ōsaka zehn privilegierte Münzwechsler, die nach und nach auch Kredite für die japanischen Fürsten finanzierten.

Seit 1721 wurden die Einwohner aller Ortschaften, die nicht dem Kriegerstand angehörten, in Einwohnerregistern erfasst. Für Edo sind folgende Zahlen bekannt:[66]

Jahr	Gesamt[67]	Frauen	%	Nicht in Edo gebürtig	%
1721	501.394	178.109	35,5		
1733	536.380	196.103	36,6		
1843	553.257	260.905	47,2	165.072	29,8
1867	538.463	268.561	49,9	116.926	21,7

Die Zahl der Krieger – Fürsten, Vasallen, deren Gefolge und Angehörige – wurde dagegen nie systematisch erfasst. Kinder unter 15 Jahren fehlen in der Statistik ebenso wie Nichtsesshafte. Es dürfte der Realität nahekommen, für diesen fehlenden Rest nochmals mindestens 500.000 Einwohner anzusetzen. Damit hatte Edo seit dem 18. Jahrhundert eine Einwohnerzahl von mindestens einer Million Menschen. Interessanterweise stieg der Anteil der Frauen unter der nichtkriegerischen Bevölkerung von 35 % Anfang des 18. Jahrhunderts auf fast 50 % Mitte des 19. Jahrhunderts an; der Männerüberschuss verringerte sich also. Ebenso wichtig ist, dass im 19. Jahrhundert mehr als ein Fünftel der nichtkriegerischen Bevölkerung Edos dort nicht geboren, demnach zugezogen war.

Zuwanderung war allerdings in der Geschichte Edos überhaupt nichts Neues. Tokugawa Ieyasu war selbst 1590 in die Region von Edo versetzt worden.

63 Nishiyama Matsunosuke: *Edo Culture: Daily Life and Diversions in Urban Japan, 1600-1868*. Honolulu 1997; James McClain, John M. Merriman, Ugawa Kaoru (Hgg.): *Edo and Paris: Urban Life and the State in the Early Modern Era*. Ithaca, London 1997 (zuerst 1994)

64 Tsukada Takashi: *Kinsei no toshi shakaishi – Ōsaka wo chūshin ni –*. Aoki Shoten 1996

65 Nicholas Fiévé, Paul Waley (Hgg.): *Japanese Capitals in Historical Perspective: Place, Power and Memory in Kyoto, Edo and Tokyo*. London, New York 2003

66 Nach Kōda Shigetomo: „Edo no chōnin no jinkō". In: ders.: *Sanada Naritomo chosaku shū* 2. Chūō Kōronsha 1972

67 1721, 1733: Ohne Einwohner der Wohngebiete unter Kontrolle der Tempel und Schreine

Damals war Edo eine kleine Burg an der Bucht von Uraga. In der Nähe verliefen Fernstraßen nach West- und Nordostjapan, weshalb Ieyasu sich entschied, hier sein administratives Hauptquartier aufzuschlagen. 1603 begann der Ausbau der Burg von Edo; gleichzeitig wurde die Nihonbashi-Brücke errichtet, die zum Ausgangspunkt der Hauptstraßenachsen in Ost-West-Richtung wurde. Anfangs halfen Tempel und Schreine am Stadtrand bei der Erschließung neuer Siedlungsflächen, nach 1615 ließen die Tokugawa die Fürsten und Vasallen dabei mithelfen, die jetzt Residenzen in Edo unterhalten und beim weiteren Ausbau der Burg mitwirken mussten. Für das gemeine Volk stand danach nur noch sehr wenig Fläche zur Verfügung. Diese Anfänge Edos schlugen sich im Stadtbild nieder, wie sich aus einer Statistik für 1869 ergibt, als Edo bereits Tōkyō hieß:[68]

	Bevölkerung	**Fläche (km²)**	**Einwohner je km²**
Kriegerbezirke	650.000	38,65	16.816
Tempel und Schreine	50.000	8,79	5.682
Gemeines Volk	600.000	8,91	67.317
Gesamt	**1.300.000**	**56,36**	**23.064**

Die Siedlungsdichte war demnach besonders für das gemeine Volk außerordentlich hoch.

Ōsaka hatte in den 1620er Jahren etwa 280.000 und in den 1760er Jahren etwa 420.000 Einwohner und war damit die zweitgrößte Stadt. Kyōtos Einwohnerzahl betrug in den 1620er Jahren etwa 410.000, sank aber in den folgenden hundert Jahren auf 340.000 ab. Auch Kanazawa und Nagoya zählten über 100.000 Einwohner. Mehr als 50 weitere Städte hatten eine Bevölkerung von mindestens 10.000 Menschen.[69] Die meisten von ihnen waren Burgstädte.

Burgstädte entstanden seit dem 16. Jahrhundert um die Burgen von Fürsten herum.[70] Die Fürsten siedelten dort ihre eigenen Vasallen an und ermunterten Kaufleute und Handwerker zum Zuzug. Da die Tokugawa nur eine Burg je Territorium erlaubten, wurden die Burgstädte in der Frühen Neuzeit regionale Macht- und Verwaltungszentren.

Seit der Mitte des 18. Jahrhunderts wuchs der überregionale Binnenhandel mit auf dem Land erzeugten, marktgängigen Produkten ständig an. Deshalb entwickelten sich auch viele Landstädte *(zaikata machi)* zu Handelszentren.

Städte bildeten in der frühneuzeitlichen Gesellschaft keine geschlossenen Körperschaften wie die Dörfer. Dies ergab sich bereits zwingend aus der Tatsache,

68 Yamori Kazuhiko: *Toshizu no rekishi – Nihon hen*. Kōdansha, 1974, S. 325

69 Kitō, *Bunmei toshite no Edo shisutemu*, S. 146-148

70 Andrea Hirner: *Feudales Leben in der japanischen Stadt: Charakteristiken und Entwicklungsformen der* kakyūbushi *in der Edo-Zeit bis zum Beginn der Meiji-Epoche*. Bonn, Univ., Philos. Fak., Diss., 1979.; John Whitney Hall: „The Castle Town and Japan's Modern Urbanization". In: *Far Eastern Quarterly* 15:1 (1955), S. 37-56

dass die Residenzen der Fürsten und Krieger keiner öffentlichen Verwaltung, sondern der Gewalt ihrer Besitzer unterstanden. Die Wohnbezirke der Nichtkrieger bestanden aus Stadtvierteln *(chō)*, die allerdings recht einheitlichen Prinzipien der Anlage und der Selbstverwaltung folgten.[71] Diese Muster stammten aus dem mittelalterlichen Kyōto. Die Gestalt eines *chō* ergab sich aus dem im Idealfalle schachbrettartigen Straßenverlauf. Ein *chō* bestand aus den Häusern, deren Fassade an dem Segment einer Hauptstraße lag, das durch kreuzende Querstraßen begrenzt wurde. Wo stadtplanerisch möglich, sollte ein *chō* etwa 120 m breit und tief sein. Die Hauptstraße bildete die Mittelachse des *chō*. Jedes anliegende Hausgrundstück maß im Idealfall etwa zehn Meter in der Breite und vierzig Meter in der Tiefe. Die Gestaltung der Straßenfronten und wichtige architektonische Details waren obrigkeitlich geregelt;[72] grundsätzlich durften nur zweigeschossige Häuser errichtet werden. Nur in den Städten durfte Haus an Haus gebaut werden. Es passten demnach bis zu 12 Häuser auf eine Straßenseite eines *chō*. Die Besitzer dieser Hausgrundstücke und der Häuser, deren Fronten *(omote)* an der Hauptstraße lagen, wurden *chōnin* (Bürger) oder *iemochi* (Hausbesitzer) genannt. Die zur Straße liegenden Untergeschosse dieser Häuser wurden als Läden, Speicher oder Werkstätten genutzt, die Obergeschosse und von der Straße abgewandten Teile zum Wohnen. Ähnlich den Vollbauern der Dörfer bildeten die Hausbesitzer das Rückgrat der Selbstverwaltung eines Stadtviertels und waren die Ansprechpartner der obrigkeitlichen Verwaltung. 1745 gab es in Edo 1.678 solcher *chō*. Sie wurden wie die Dörfer von einem Schulzen *(nanushi)* geleitet, und die Haushalte wurden in Fünfmännergruppen zusammengefasst.

Die Residenzen der Fürsten und Samurai sowie die Vorstädte *(monzenmachi)* der großen Tempel und Schreine wurden nicht nur anders verwaltet. Sie zeigten auch andere architektonische Merkmale. Residenzen waren ummauert, besaßen Tore, Gärten, eigene Brunnen, Kellerräume und Abfallgruben. Archäologische Funde belegen, dass sich ihre Bewohner auch vielfältiger und reichhaltiger ernährten, nämlich mehr Fleisch und Fisch in anderen Sorten zu sich nahmen.[73]

Die Grenzen zwischen Stadt und Land waren keinesfalls absolut. Das Land war für die Stadt einerseits eine kulturelle Ressource: Man suchte dort Erholung und Erfrischung, ließ sich aber auch folkloristisch anregen. Der wirtschaftliche Austausch mit dem Umland war ohnehin intensiv: Die Städter verkauften den Umlandgemeinden ihre Fäkalien als Dünger. Sie bezogen Gemüse und Früchte vom Land. Über Fernhändler *(toiya)* und Zwischenhändler *(nakagai)* waren die

---

71 Tsukada Takashi: „Toshi ni okeru shakai-bunka kōzōshi no tame ni“. In: *Toshi bunka kenkyū/Studies in Urban Culture* 1, 2003, S. 124-142; Yoshida Nobuyuki: *Seijuku suru Edo*. Kōdansha 2002; ders.: *Kyodai jōkamachi Edo no bunsetsu kōzō*. Yamakawa Shuppansha 1999; ders.: *Kinsei toshi shakai no mibun kōzō*. Tōkyō Daigaku Shuppankai 1998; ders.: *Kinsei kyodai toshi no shakai kōzō*. Tōkyō Daigaku Shuppankai 1991

72 William H. Coaldrake: „Edo Architecture and Tokugawa Law“. In: *Monumenta Nipponica* 36:3 (1981), S. 235-284

73 Constantine N. Vaporis: „Digging for Edo. Archaeology and Japan's Premodern Urban Past“. In: *Monumenta Nipponica* 53:1 (1998), S. 73-104

großen Städte zudem mit den landesweiten Märkten für Güter aller Art, insbesondere Getreide, aber beispielsweise auch Textilien, Keramik und Baustoffe vernetzt.[74] Zur Ergänzung ihrer Einwohnerschaft war die städtische Gesellschaft zudem stets auf den Zuzug vom Lande angewiesen. Mädchen und Jungen aus den umliegenden Dörfern dienten als Hauspersonal *(hōkōnin)*.

Die Landflucht sorgte seit dem späten 18. Jahrhundert für das Entstehen eines städtischen Proletariats, das vor allem aus Lohn- und Gelegenheitsarbeitern, Hausierern, Bettlern und Prostituierten bestand.[75] Die Zugewanderten besaßen meist nicht das notwendige Vermögen, um sich teuren Baugrund zu kaufen. Ein Teil pachtete daher Land von den *chōnin* und baute darauf ein eigenes Haus. Wer auch dies nicht konnte, musste zur Miete in einem Langhaus *(nagaya)* wohnen, dessen Zugänge an den Querstraßen lagen und das in Standardisierung der Ausführung, Anspruchslosigkeit des Wohnkomforts und Enge das Pendant der europäischen Mietskaserne und ein Vorläufer der späteren Mietshochhäuser *(danchi)* war. Ansprechpartner für die Mieter *(tanako)* war der „Hausherr" (*ienushi*, *iemori* oder *ōya*), der die Mietshäuser im Auftrag des Hausbesitzers verwaltete. Jeder Mieter brauchte allerdings einen Bürgen *(tanaukenin)*, der für Mietausfälle haftete. In den städtischen Unterschichten der Mieter mussten alle Familienmitglieder zum Lebensunterhalt beitragen; sonst drohte der Familie der Absturz ins Elend.

Die Sondergruppen

Obgleich die Siedlungsmuster von Dörfern und Städten den sozialen Raum vorstrukturierten, füllten sie ihn nicht vollständig aus. Es gab zahlreiche Sondergruppen, die teils in eigenen Bereichen am Rande der Dörfer und Städte lebten, teils sich zwischen den Lebensbereichen bewegten.[76]

Eta

Unter der Bezeichnung Eta verstand das Edo-Bakufu Menschen, die sogenannte „schmutzige" Berufe ausübten, und ihre Angehörigen und Nachfahren. Ihre be-

[74] Hayashi Reiko; Ōishi Shinsaburō: *Ryūtsū rettō no tanjō* [= Shinsho Edo jidai 5]. Kōdansha 1995; Conrad Totman: *The Lumber Industry in Early Modern Japan*. Honolulu 1995; Walthall, *Village Networks*; Susan B. Hanley: „Urban Sanitation in Preindustrial Japan". In: *Journal of Interdisciplinary History* 18: 1 (1987), S. 1-26

[75] Saitō Osamu: „The changing structure of urban employment and its effects on migration patterns in eighteenth- and nineteenth-century Japan". In: A.M. van der Woude, Akira Hayami, Jan De Vries (Hgg.): *Urbanization in History: A Process of Dynamic Interactions*. Oxford 1990, S. 205-219; Yochiro Sasaki: „Urban Migration and Fertility in Tokugawa Japan: the City of Takayama, 1773-1871". In: Susan B. Hanley, Arthur P. Wolf (Hgg.): *Family and Population in East Asian History.* Stanford 1985, S. 133-153

[76] Tsukada Takashi: „Stratification and Compositeness of Social Groups in Tokugawa Japan: A Perspective on Early Modern Society". In: *Acta Asiatica* 87 (2004), S. 85-100; Kurushima Hiroshi u.a. (Hg.): *Mibun wo toinaosu* [= Kinsei no mibunteki shūen 6]. Yoshikawa Kōbunkan 2000

sondere Aufgabe war, Rinder- und Pferdekadaver zu beseitigen und Leder zu verarbeiten. Außerdem besaßen sie das Recht, um Almosen zu betteln. Es gab für diese Bevölkerungsgruppe regional unterschiedliche Bezeichnungen, in Westjapan hießen sie meist *kawata*, in Ostjapan *chōri*; doch das Bakufu nannte sie zusammenfassend Eta.[77]

Eta lebten am Rand von Dörfern und Städten in kleinen Siedlungen, die zu besonderen, regional abgegrenzten Eta-Gemeinden *(dannaba)* gehörten. Der Eta-Bezirk der Kantō-Region stand unter der Herrschaft eines Eta-Oberhauptes, das stets unter dem Namen Danzaemon amtierte. 1800 gab es in seinem Bereich knapp 6.000 Eta-Haushalte (also vielleicht 20.000 Menschen). Es war ihnen verboten, mit Nichtdiskrimierten Ehen einzugehen oder unaufgefordert deren Häuser und Siedlungen zu betreten. Seit dem 18. Jahrhundert wurden sie vielerorts gezwungen, besondere Kleidung und Frisuren zu tragen, damit man sie sofort erkennen konnte. Sie arbeiten jedoch als Wächter, Gefängniswärter, Hilfspolizisten und Gehilfen bei Hinrichtungen auch unter den Nichtdiskriminierten. Viele Eta stellten überaus gefragte Bedarfsgüter wie Sandalen, Schuhe, Papierlaternen oder Webkämme aus Bambus her, handelten mit selbstverfertigten Medikamenten oder gewannen aus Tier- und Fischresten wertvollen Dünger. Von Anfang an lebten manche auch als Bauern, und die Gewinne aus ihren eigentlichen Tätigkeiten erlaubten vielen Eta im 18. und 19. Jahrhundert, Land zu erwerben oder neu zu erschließen. Einigen gelang es, auf diese Weise zu Großgrundbesitz zu kommen. An ihrem rechtlichen Status als Diskriminierte änderte dies jedoch nichts.

Hinin

Hinin gehörten ebenfalls den Eta-Gemeinden an und unterstanden ihrer Herrschaft. Die Eta hatten ihnen ihr Vorrecht zum Betteln abgetreten, dafür übernahmen die Hinin stellenweise auch das Beseitigen der Tierkadaver, damit die Eta sich einträglichen Berufen widmen konnten. Als Bettler durften die Hinin jedoch anders als die Eta auch innerhalb der Städte leben. Die meisten von ihnen taten dies auch. In Edo gab es vier Hinin-Oberhäupter, die für die Bettler in bestimmten Stadtteilen zuständig waren. Die größte Gruppe umfasste etwa 3.000 Hinin und stand unter der Herrschaft des Kuruma Zenshichi, dessen Hauptquartier in Asakusa-Senzoku lag. Sein Revier deckte das Zentrum Edos mit Nihonbashi, Kanda und Asakusa ab. Mit den übrigen Städtern einigten sie sich auf bestimmte Tage und Gelegenheiten, an denen sie betteln durften, und sorgten dafür, dass nichtorganisierte Bettler nicht zum Zuge kamen. Außerdem reinigten sie im Auftrag der Stadtviertel und Tempel die Straßen und erhielten dafür ein kleines Entgelt, Lumpen oder Essen.

---

[77] Saitō Yōichi; Ōishi Shinsaburō: *Mibun sabetsu shakai no shinjitsu* [= Shinsho Edo jidai 2]. Kōdansha 1995; Gerald Groemer: „The Creation of the Edo Outcaste Order". In: *Journal of Japanese Studies* 27:2 (2001), S. 263-293

Niedere Kleriker, Künstler und Schauspieler

Professionelle Kleriker, deren Arbeit nicht an einen festen heiligen Ort – Tempel, Kloster oder Schrein – gebunden war, sondern die „unter dem Volk lebten",[78] wurden als Angehörige ihrer Sekten bzw. gildenartig organisierten Professionen erfasst und behandelt. Ihren Lebensunterhalt verdienten sie sich durch Almosen oder durch religiöse und andere Dienstleistungen wie z.B. Horoskope, heilkundliche Versorgung, musikalische und theatralische Aufführungen. Zu den wichtigsten Gruppen gehörten die *Gannin bōzu*, die gegen Almosen religiöse Gelübde und Bußen als Stellvertreter auf sich nahmen,[79] Bergasketen (*shugenja* oder *yamabushi* genannt), Komusō (Bettelmönche, die formal einer Zen-Sekte angehörten) und auf daoistische Divinationstechniken spezialisierte Yin-Yang-Meister (*onmyōji*). Zwischen ihren Organisationen, aber auch anderen religiösen Gruppen sowie den Organisationen der Bettler kam es vielfach zu Auseinandersetzungen aus Konkurrenzgründen.[80]

Ähnlich verhielt es sich mit Unterhaltungskünstlern, Musikern, Schauspielern und Geschichtenerzählern, die keine festen Bühnen besaßen, sondern von Ort zu Ort wanderten.[81] Es kam vor, dass Eta mit der Behauptung, dass sie als Bettler unter ihrer Herrschaft stünden, von ihnen Schutzgelder oder freien Eintritt für ihre Aufführungen verlangten und, wenn sich die Künstler weigerten, die Aufführungen zu stören drohten. Solche Ansprüche konnten sie abwehren, wenn sie die Geschichte ihrer Profession als ihres Standes nachweisen konnten und insbesondere auf symbolische Protektion durch den Kaiserhof verweisen konnten.

Bewohner der Bordellviertel

In den großen Städten gab es offiziell lizenzierte Bordellviertel *(kuruwa)*, die meist am Stadtrand lagen.[82] Sie bildeten sozial abgeschlossene Räume. In Edo wurde 1617 für diesen Zweck Yoshiwara bestimmt, das fünf Stadtviertel umfasste. Neben Prostituierten lebten und arbeiteten dort u.a. auch Unterhaltungskünstlerinnen *(geisha)*, Masseure, Friseure und Pfandleiher. Außerdem gab es Teehäuser. Die Bordellbesitzer *(zegen)* waren in einer eigenen Gilde organisiert. Außerhalb Yoshiwaras war Prostitution zwar verboten, sie wurde jedoch toleriert. Mitte des

78 Takatsuchi Toshihiko (Hg.): *Minkan ni ikiru shūkyōsha* [= Kinsei no mibunteki shūen 1]. Yoshikawa Kōbunkan 2000

79 Gerald Groemer: „A Short History of Gannin: Popular Religious Performers in Tokugawa Japan". In: *Japanese Journal of Religious Studies* 27:1-2 (2000), S. 41-72

80 Makoto Hayashi: „Tokugawa-Period Disputes between Shugen Organizations and Onmyōji over Rights to Practice Divination". In: *Japanese Journal of Religious Studies* 21: 2-3 (1994), S. 167-189; Helen Hardacre: „Conflict Between Shugendō and the New Religions of Bakumatsu Japan". In: *Japanese Journal of Religious Studies* 21:2-3 (1994), S. 137-166

81 Yokota Fuyuhiko (Hg.): *Geinō, bunka no sekai* [= Kinsei no mibunteki shūen 2]. Yoshikawa Kōbunkan 2000

82 Sone Hiromi: „Prostitution and Public Authority in Early Modern Japan". In: Hitomi Tonomura, Anne Walthall, Wakita Haruko (Hgg.): *Women and Class in Japanese History*. Ann Arbor 1999, S. 169-186

17. Jahrhunderts arbeiteten in Yoshiwara etwa 1.000 Prostituierte, Mitte des 19. etwa 5.000. Auch in Kyōto gab es mit Shimabara seit 1640 ein zugelassenes Bordellviertel mit etwa 500 Prostituierten in 52 Bordellen; hinzu kamen 18 Teehäuser. Ab dem 18. Jahrhundert blühte jedoch auch hier die illegale Prostitution in den Vierteln Gion und Kitano auf. In Ōsaka hieß das Bordellviertel Shinmachi und war für seine zahlreichen Edelprostituierten *(tayū)* besonders bekannt. Daneben gab es illegale Bordelle in Dōtonbori, Horie und Sonezaki. Überregional war wegen der vielen Pilger auch das Vergnügungsviertel Furuichi in Uji-Yamada (Ise) bekannt. Alle Bordellviertel standen unter besonderer Beobachtung durch die lokale Obrigkeit, die versuchte, über Spitzel, die sie meist aus den Reihen der Kleinkriminellen rekrutierte, an Informationen über die Kundschaft zu kommen.

Nichtsesshafte

Die unterste Kategorie der ständischen Ordnung bildeten die sogenannten Nichtsesshaften *(mushukumono)*, die weder einer registrierten Familie noch einem Dorf oder einer Stadt noch einer anerkannten Berufsgruppe angehörten. In diesen untersten Rand des sozialen Raumes konnte man nicht hineingeboren werden; es handelte sich um eine Restkategorie der Gestrauchelten und Verelendeten. Flüchtige Verbrecher, ehemalige Sträflinge, entlaufene Bauern, verstoßene Prostituierte, mittellose Waisen fielen hier hinein. Sie durften legalerweise weder arbeiten noch betteln noch eine Familie gründen. Sie waren, mit einem modernen Wort, für asozial erklärt worden. Viele von ihnen schufen sich notgedrungen eigene Lebensräume mit Professionen, die ihnen niemand streitig machen konnte: als Spieler, Diebe und Räuber. Sie schufen Netzwerke und hierarchische Strukturen, die in vielem denen der legalen Welt nachgebildet waren und, da ihnen jedes offizielle soziale, kulturelle oder symbolische Kapital verweigert wurde, auf den Erwerb von ökonomischem Kapital abzielten.

Eine statistische Erfassung der Menschen, die zwischen 1606 und 1871 wegen schwerer Vergehen auf die Insel Hachijōjima verbannt wurden, kann als Anhaltspunkt dafür dienen, wie häufig bestimmte Statusgruppen kriminell auffällig wurden:[83]

Hachijōjima war eine von mehreren Strafinseln für Verbannte. Hier wurden Sträflinge aus dem Westen Japans eingeliefert. Insgesamt wurden in diesem Zeitraum 1.922 Personen auf die Insel verbannt. Im Durchschnitt der Jahre 1606-1871 waren dies 7 Personen. Freilich lag dieser Durchschnitt vor dem 19. Jahrhundert nur bei 5 Personen und im 19. Jahrhundert mit 14 Personen fast dreimal so hoch. Auffällig ist, dass die Verbannungszahlen seit 1821 besonders in die Höhe schnellten; der Höhepunkt wurde mit durchschnittlich 19 jährlichen Verurteilungen in der Dekade 1841-1850 erreicht, mehr als doppelt so viel wie noch 1811-1820. Dieser Anstieg bei kaum wachsender Bevölkerung ergab sich zum Teil aus der geänderten Rechtspraxis: Die Todesstrafe wurde im 19. Jahrhundert seltener verhängt als zu-

[83] Nach Abe, *Edo no autorō*, S. 47

	Fürsten, Bannerherren	Vasallen	Samuraiknechte	Geistliche	Hausbesitzer, Hausverwalter	Mieter, Pächter	Bauern	Rônin	Nichtsesshafte	Prostituierte	Eta, Hinin	Ärzte	Maler
1606-1800	7	228	92	87	26	200	148	20	98	1	10	9	1
1801-1810		10	14	21	2	22	18		34		3		
1811-1820		15	7	5		16	15	1	31		1		
1821-1830		16	13	20		11	31		51	4	2	2	
1831-1840		12	15	26	1	16	19	1	62	2	1		
1841-1850		16	17	54		18	21	1	61	2			
1851-1860		1	5	43	2	22	28		56	6	2		
1861-1871		22	1	5		7	23	1	59		2		
1801-1871	0	92	72	174	5	112	155	4	354	14	11	2	0
Gesamt	7	320	164	261	31	312	303	24	452	15	21	11	1

vor. Andererseits scheint die Kriminalität insgesamt in der Endphase der Tokugawa-Herrschaft tatsächlich zugenommen zu haben: Die Zahl der Insassen in den Gefängnissen von Edo stieg von etwa 70 im 18. Jahrhundert auf später 200 bis 400, zeitweise sogar 900 an; wegen Überfüllung und schlechter sanitären Verhältnisse wuchs zugleich die Zahl von Todesfällen unter Häftlingen seit den 1820er Jahren dramatisch an.[84] Zudem zeigten sich auffällige Verschiebungen bei den von Verbannung betroffenen Statusgruppen. So stieg der Anteil der Nichtsesshaften im 19. Jahrhundert von 24 auf 36 % und der Anteil der Geistlichen von 14 auf 17 %. Dagegen sanken die Anteile der verbannten Vasallen und Bauern von 16 auf 9 bzw. 11 %. Berücksichtigt man, dass Samurai etwa 10 % und Bauern etwa 80 % der Gesamtbevölkerung ausmachten, so wird deutlich, dass Bauern als Statusgruppe erheblich seltener wegen schwerer Kriminalität belangt wurden, als ihrem Anteil an der Bevölkerung entsprochen hätte. Gleiches galt für Hausbesitzer. Schwerkriminalität konzentrierte sich dagegen immer mehr in der Gruppe der Nichtsesshaften.

1.3 Unterdrückte Neugier (1793-1808)

1.3.1 Die Laxman-Affäre

Am 20. Oktober 1792 lief das russische Schiff „Katharina" in den Hafen von Nemuro an der Ostküste der Insel Ezo (heute Hokkaidō) ein. An Bord befanden sich 42 Mann Besatzung unter der Leitung des russisch-finnischen Leutnants Adam Laxman. Dabei waren auch drei Japaner, die 1783 als Schiffbrüchige auf die Alëu-

[84] Minami, *Edo no machi bugyō*, S. 184-188

ten und anschließend nach Sibirien verschlagen worden waren und nun auf Geheiß der russischen Zarin Katharina II. (1729-1796, reg. 1762-1796) nach Japan zurückgebracht werden sollten. Diese Rückführung sollte Laxman nutzen, um mit den Japanern über eine Öffnung des Landes für russische Schiffe zu verhandeln. Denn bis zu diesem Datum war es nur den Holländern als einzigen Europäern gelungen, kontinuierliche Beziehungen zu Japan zu unterhalten. Auf der künstlichen Halbinsel Dejima in der Hafenstadt Nagasaki existierte seit 1641 ein holländischer Handesstützpunkt, der de facto das Monopol für den westlich-japanischen Handel innehatte, denn Portugiesen und Spaniern hatte Japan in den 1630er Jahren das Betreten des Landes untersagt, und die Briten hatten ihren Handel bereits 1623 mangels Interesses eingestellt. Spätere Kontaktversuche weiterer europäischer Nationen waren stets fehlgeschlagen, weshalb sich in Europa die Vorstellung entwickelt hatte, die Japaner hätten ihr Land für das Ausland verschlossen. Russland war jedoch nach seiner Ostexpansion seit der Mitte des 18. Jahrhunderts geographischer Nachbar von China und Japan und schien daher die besten Aussichten zu besitzen, Japan für seinen Handel zu öffnen. Laxman sollte dies versuchen. Das kleine Nemuro war dafür aber nicht der geeignete Ort, denn die Insel Ezo stand nur teilweise unter japanischer Herrschaft. Ezo war damals noch großenteils von den Ainu besiedelt, einem nichtjapanischen Volk. Nemuro gehörte allerdings zum japanischen Fürstentum Matsumae, dem das alleinige Recht zustand, die politischen und wirtschaftlichen Beziehungen zwischen Japan und den Ainu abzuwickeln. Die in Nemuro stationierten Beamten des Fürstentums Matsumae wandten sich nach Laxmans Erscheinen daher zunächst an ihre Obrigkeit. Die Regierung des Fürstentums wiederum musste, weil es sich nicht um eine Ainu-Angelegenheit handelte, auf Weisungen des Bakufu im fernen Edo warten. Dort war man jedoch unschlüssig, wie man auf die russischen Wünsche reagieren sollte. Es dauerte daher noch bis Anfang Mai 1793, bis schließlich eine 150köpfige japanische Delegation in Nemuro eintraf, um sich den Russen zu widmen. Die „Katharina" durfte schließlich nach Hakodate, dem Haupthafen des Fürstentums Matsumae an der Südspitze der Insel Ezo, weiterreisen. Von dort aus begab sich Laxman in die fürstliche Hauptstadt Matsumae. Dort begannen am 28. Juli die ersten offiziellen japanisch-russischen Verhandlungen. Laxmans Wunsch, die japanischen Schiffbrüchigen persönlich nach Edo zu bringen, wurde ebenso abgeschlagen wie die Bitte um Aufnahme diplomatischer Beziehungen. Laxman blieb bis zum 6. August in Matsumae und kehrte dann nach Hakodate zurück. Am 22. August setzte die „Katharina" Segel und lief am 19. September, also fast genau ein Jahr nach ihrer Abreise, in den russischen Hafen von Ochotsk ein. Laxman hatte nicht mehr und nicht weniger als die Erlaubnis der japanischen Regierung erhalten, dass die Russen mit einem späteren Schiff den japanischen Außenhandelshafen Nagasaki anlaufen und erneut um Verhandlungen nachsuchen durften. Dies war kein allzu enttäuschendes Ergebnis angesichts der ohnehin nicht sehr hohen Erwartungen der russischen Staatsführung – sie hatten mit Laxman bewusst einen sehr jungen und rangniedrigen Verhandlungsführer auf die Reise geschickt, der noch dazu im Namen des

Gouverneurs von Sibirien und nicht der Kaiserin verhandeln sollte, um einem möglichen Gesichtsverlust des Zarenreiches vorzubeugen.

Die diplomatische Seite der Laxman-Expedition war damit abgeschlossen. Doch der Vorfall hatte aus japanischer Sicht noch zwei weitere Aspekte: einen innenpolitischen und einen humanitären.

Die Schiffbrüchigen

Die japanischen Schiffbrüchigen befanden sich in einer heiklen Lage. Im frühen 17. Jahrhundert war allen Japanern, die sich in Übersee aufhielten, die Rückkehr in ihr Heimatland bei Todesstrafe verboten worden. Damals sollte dieses Gesetz vor allem verhindern, dass zum Christentum bekehrte Japaner unter dem Schutz iberischer Missionare und europäischer Feuerwaffen aus Goa, Manila oder einer anderen Kolonie nach Japan eindrangen, um dort die politische und religiöse Ordnung zu stören. Da sich diese Gefahr jedoch nie materialisierte, wurde das Gesetz später recht nachsichtig gehandhabt. Im jährlichen Durchschnitt strandeten z.B. fünf Japaner an koreanischen Küsten und umgekehrt 40 Koreaner in Japan. Sie wurden in ihre Heimat zurückgeführt – falls sie den oft jahrelangen Zwangsaufenthalt in ihrem Gastland überlebten. Die drei Heimkehrer auf Laxmans „Katharina" waren der traurige Rest einer ursprünglich 15köpfigen Schiffsbesatzung; einer von ihnen starb noch während der Wartezeit in Nemuro. Doch die beiden übrigen namens Daikokuya Kōdayū und Isokichi wurden am 31. Juli 1793 offiziell ihrem Heimatland überstellt. Am 22. Oktober wurden sie in Edo dem Shōgun Ienari vorgeführt. Auch der bis kurz zuvor mächtigste Politiker des Landes, Matsudaira Sadanobu, wohnte der Audienz bei. Weitere hohe Politiker und angesehene Gelehrte empfingen die beiden Heimkehrer und ließen sie von ihrer zehnjährigen Odyssee sowie den Zuständen in Russland berichten. Bereits 1794 publizierte der Arzt Katsuragawa Hoshū Kōdayūs Russland-Wissen, ergänzt um Nachrichten aus holländischen Werken, in 11 Bänden unter dem leicht untertreibenden Titel *Hokusa bunryaku* („Kurzgefasste Berichte eines Schiffbrüchigen über den Norden").[85] Die beiden Seeleute kamen auf diese Weise zu unüblicher Prominenz, für die sie aber teuer bezahlten: Zeit ihres restlichen Lebens hielt man sie in einem Haus im Botanischen Garten von Edo fest. Sie waren als Augenzeugen einer unter normalen Umständen unerreichbaren Fremde eine wichtige Informations- und Inspirationsquelle für die Erforschung des Westens in Japan.

---

[85] Aber auch in Russland hinterließ Kōdayū wertvolle Informationen über Japan. Durch den in St. Petersburg wirkenden deutschen Gelehrten Georg Thomas Asch (1729-1812) gelangten wichtige Materialien in den Besitz der Universitätsbibliothek Göttingen, darunter eine Karte Japans von 1789, die Asch 1793 aus Irkutsk erhielt.

Das informationelle Kapital des Bakufu

Die frühneuzeitliche Gesellschaft war eine „aktengestützte Gesellschaft";[86] wesentliche Vorgänge des sozialen Raumes wurden in Schriftform festgehalten und verbreitet. Entscheidungsgrundlage für das Bakufu waren die Informationen, die es aus dem In- und Ausland erhielt. Dafür verfügte es über eine Reihe von Informationskanälen, die es regelmäßig abfragen konnte.[87] Allerdings waren die gelieferten Informationen sehr heterogen. Die wichtigste ständige Informationsquelle stellten die Berichte der Zensoren *(metsuke)* dar, die mit ihren Mitarbeitern ständig landesweit auf der Suche nach Berichtenswertem waren. Auf dem Gebiet der Residenzstadt Edo, vor allem in deren Grenzbezirken, bewegten sich Agenten der Stadtkommissare; darunter solche, die täglich eingesetzt wurden, sowie Spezial- und Geheimagenten. Nachrichten aus den Domänen der Tokugawa in der Kantō-Region sammelten die den Finanzkommissaren unterstellten reisenden Inspektoren *(torishimari deyaku)*. In den Dörfern nahe Edo, in denen die für die Falkenjagd (ein Statussymbol der Krieger) unverzichtbaren Falknereien untergebracht waren, dienten die Falkenaufseher zugleich als Berichterstatter; schließlich waren dies die Orte, welche ein Shōgun auf Jagdreisen aufsuchte. Die Tokugawa richteten auch einen landesweiten Kurierdienst ein, und die hierfür angestellten regulären Kuriere *(jōbikyaku)* waren gleichfalls gehalten, ihre Beobachtungen zu melden. Eine sprudelnde Quelle waren auch die Berichte von Prostituierten in den lizenzierten Vergnügungsvierteln wie Yoshiwara in Edo über ihren Umgang mit Männern der verschiedensten Gesellschaftsschichten. Auslandsnachrichten erhielt das Bakufu auf drei Wegen:[88] aus China berichteten sowohl die chinesischen Kaufleute, die den Hafen von Nagasaki anlaufen durften, als auch die koreanischen Gesandten, die in Edo empfangen wurden, bzw. die Gesandten des Fürstentums Tsu, die in Korea auftraten (an Informationen über Korea selbst war man im Bakufu weniger interessiert). Schließlich legten die Leiter der holländischen Handelsstation in Nagasaki zwischen 1641 und 1859 insgesamt 318 Berichte über Europa und die übrige Welt vor (*Oranda fūsetsugaki*, auf holländisch Nieuws), die vom Stadtkommissar entgegengenommen, übersetzt und nach Edo weitergeleitet wurden. Alle diese Quellen wurden von den Ältesten des Bakufu sorgfältig studiert und in den für angemessen empfundenen Portionen weiterverbreitet. Der Shōgun verfügte noch über eine persönliche Informationsquelle: unter seinen Hofgärtnern *(o-niwaban)* dienten seit der Zeit Yoshimunes Geheimagen-

---

86 Ōishi Manabu: „Sōsetsu – shiryōgaku, hōhōron no tenkai". In: Murakami Tadashi (Hg.): *Nihon kinsei-shi kenkyū jiten*. Tōkyōdō 1989, S. 228-231, hier S. 231

87 Ichimura Yūichi: *Edo no jōhōryoku: Webuka to chi no ryūtsū*. Kōdansha 2004; Hōya Tōru (Hg.): *Bakumatsu ishin to jōhō*. Yoshikawa Kōbunkan 2001; Miyachi Masato: *Bakumatsu ishin-ki no bunka to jōhō*. Meicho kankōkai 1994; ders: „Bakumatsu no jōhō shūshū to fūsetsu-dome". In: *Bunken shiryō wo yomu: Kinsei* (= *Shūkan Asahi hyakka Nihon no rekishi bessatsu – rekishi no yomikata* 6 –). Asahi Shinbunsha 1989, S. 45-50

88 Ichimura Yūichi; Ōishi Shinsaburō: *Sakoku: yuruyakana jōhō kakumei [= Shinsho Edo jidai* 4]. Kōdansha 1995

ten, die der Shōgun unkompliziert für Spitzeldienste ins ganze Land ausschicken konnte.[89] Niemand in Japan wurde demnach besser auf dem laufenden gehalten und verfügte über mehr informationelles Kapital als das Bakufu und der Shōgun.

Die Fürsten waren natürlich genauso an Informationen interessiert. Inoffiziell tauschten die ständig in Edo stationierten Repräsentanten *(rusui)* der Fürstentümer sich untereinander aus. Zweitens gab es die Burgboten *(jōshi)*, die als Verbindungsleute zwischen den Fürstenresidenzen und dem Shōgunpalast dienten, die sich im Palast Informationen verschafften. Drittens gab es offizielle Benachrichtigungen seitens der Oberzensoren, der Finanz- und der Stadtkommissare. Außerdem luden die Geistlichen des Palastes öfter zu Teeparties ein, die ebenfalls den Austausch von Kommunikationen erlaubten. Am schwierigsten zu beschaffen waren für die Fürsten Informationen vom Kaiserhof in Kyōto, zumindest auf legalem Wege. Die Tokugawa waren bemüht, direkte Verbindungen zwischen den Fürstentümern und dem Kaiser zu unterbinden. Hier waren die großen Fürstenhäuser im Vorteil, die familiäre Beziehungen zur Kaiserfamilie oder Hofaristokraten pflegen konnten. Auslandsnachrichten waren offiziell über die Ältesten, in der Mitte des 19. Jahrhunderts dann vor allem den Auslands-Kommissar des Bakufu, zu beziehen. Inoffiziell wandte man sich an die Dolmetscher und Übersetzer, die Kontakt zu Ausländern haben durften. In der Endphase der Tokugawa-Herrschaft, als das Interesse an Informationen über die westliche Welt zwangsläufig und sprunghaft anstieg, schickten die Fürstentümer eigene Korrespondenten *(kikiyaku)* in die Auslandshäfen Nagasaki und Hakodate; schließlich kamen sie auch direkt mit den eingereisten Ausländern ins Gespräch. Da es bis dahin so gut wie keine Japaner gab, die aus eigener Anschauung über das Ausland berichten konnten, waren Ausnahmen wie Daikokuya Kōdayū überaus wertvoll und gefragt.

Matsudaira Sadanobu: der physiokratische Reformer

Fürst Matsudaira Sadanobu, der sich die Schiffbrüchigen unbedingt ansehen wollte, galt als Anführer der konservativen Mehrheit innerhalb der politischen Elite, die den Verkehr mit der Welt möglichst begrenzen wollte. Dies war für ihn jedoch nur ein Randaspekt seiner Politik, die stark von seinem familiären Hintergrund und persönlichen Werdegang geprägt war. Sadanobus Vater Tayasu Munetake war ein Sohn des reformfreudigen achten Tokugawa-Shōguns Yoshimune. Matsudaira Sadanobu zehrte nicht nur vom Prestige seines Großvaters; dieser wurde für Sadanobu auch in seinen eigenen politischen Anstrengungen richtungsweisend. Sadanobus Weg zur Macht verlief jedoch nicht geradlinig. 1774, mit 15 Jahren, war Sadanobu zwar aussichtsreicher Kandidat für die Nachfolge seines Cousins, des kinderlosen zehnten Tokugawa-Shōguns Ieharu. Doch sorgte Tanuma Okitsugu dafür, dass Sadanobu aus dem Rennen genommen wurde: Statt dessen ließ er ihn durch den Fürsten von Shirakawa, Matsudaira Sadakuni, als dessen Erben und

[89] Fukai Masaumi: *Edo-jō o-niwa ban*. Chūkō Shinsho 1993

Schwiegersohn adoptieren. 1783, im dritten Jahr der Ära Tenmei (1781-1789), wurde Sadanobu neuer Fürst von Shirakawa; ausgerechnet zu Beginn der verheerenden Tenmei-Hungersnot. Während viele Fürstentümer von dieser ökologischen und ökonomischen Katastrophe bis ins Mark erschüttert wurden, bewährte sich Sadanobu in Shirakawa glänzend. Sein umsichtiges Krisenmanagement führte angeblich dazu, dass es in seinem Fürstentum keine Hungertoten zu beklagen gab.

Matsudaira Sadanobu sollte im Interesse der Fürsten Tanuma Okitsugus wirtschafts- und außenpolitische Experimente beenden. Er enttäuschte diese Erwartungen nicht. In der Tradition seines Großvaters setzte er Maßnahmen durch, die wegen der laufenden Ära-Bezeichnung Kansei (1789-1801) als Kansei-Reformen bezeichnet werden.[90] Sie entsprachen strikt konfuzianisch-physiokratischen Vorgaben:[91] Nur die Landwirtschaft erwirtschaftete danach Werte und kam als Hauptquelle der Steuereinnahmen in Betracht. Handwerk und Handel hatten nur Hilfsfunktionen. Die Reformen sollten überflüssigen Aufwand und Korruption bekämpfen und die Landwirtschaft fördern *(kannō)*. Missliebige Beamte in der Lokal- und Finanzverwaltung der Tokugawa wurden abgesetzt. Die Schulden der Lehensleute der Tokugawa bei den großen Geldverleihern und Reishändlern wurden erlassen oder stark reduziert. Um die Bevölkerung zur Sparsamkeit zu erziehen, wurde das Tragen aufwendiger Kleidung verboten; ein beliebter Kabuki-Schauspieler wurde 1789 spektakulär auf der Straße verhaftet, weil er (wie es sein Geschmack war) silberne Gewänder trug. 1790 richtete Matsudaira Sadanobu in Edo ein Arbeitslager *(ninsoku yoseba)* ein, in dem Kleinkriminelle und Nichtsesshafte durch Arbeit auf ihre Resozialisierung vorbereitet werden sollten. Im selben Jahr sprach Sadanobu der neokonfuzianischen Lehre des Zhu Xi das alleinige Privileg für die moralische Erziehung der Bevölkerung und insbesondere der über sie herrschenden Krieger-Elite zu. Im ostasiatischen Kontext war dies zwar nicht ungewöhnlich, denn in China, Korea und Vietnam hatte der Neokonfuzianismus größten Einfluss auf Bildung und Ethik. Anders als auf dem Kontinent konkurrierte der Neokonfuzianismus in Japan jedoch mit weiteren konfuzianischen Schulen, so dass Sadanobus sogenanntes Verbot der Heterodoxie als repressive Zensurmaßnahme verstanden wurde. 1791 zwang Matsudaira schließlich die öffentlichen Badehäuser in Edo, getrennte Bäder für Männer und Frauen einzurichten – auch dies eine pädagogische Maßnahme zur Hebung der allgemeinen Moral, die sein Profil als eifriger Verfechter konfuzianischer Herrschaft schärfte, aber seine Popularität nicht steigerte; ebensowenig wie das im selben Jahr erfolgte Verbot allseits beliebter, aber moralisch anstößiger Druckerzeugnisse *(gesaku)*. Dabei hatte sich der sittenstrenge Fürst in jungen Jahren selbst als Autor in dem Genre versucht, indem er sein mit Vehemenz verfochtenes eigenes Motto – dass die Samurai nämlich persönliche Perfektion in

[90] Petra Rudolph: *Matsudaira Sadanobu und die Kansei-Reform: unter besonderer Berücksichtigung des Kansei igaku no kin.* Bochum 1976; Isao Soranaka: „The Kansei Reforms – Success or Failure?" In: *Monumenta Nipponica* 33:1 (1978), S. 151-164

[91] Günther Distelrath: *Die japanische Produktionsweise. Zur wissenschaftlichen Genese einer stereotypen Sicht der japanischen Wirtschaft.* München 1996, S. 65-79

den beiden Bereichen von ziviler und militärischer Bildung *(bun bu)* anstreben sollten – am Beispiel eines absurd übertreibenden Fürsten ins Lächerliche zog.[92]

Wichtiger für das Tagesgeschehen waren jedoch seine finanz- und wirtschaftpolitischen Reformmaßnahmen. Ab 1789 ließ Matsudaira die von Tanuma begünstigten Monopole und die Handelsgenossenschaften kleinerer Branchen auflösen. Die Reishändler verschonte er, denn ihm war klar, dass diese zwar für die Preissteigerungen hauptverantwortlich, für die Versorgung der Bevölkerung aber unverzichtbar waren. Das Bakufu richtete mit seiner Finanzverwaltung und den in seinen Diensten stehenden Händlern Mittlerstellen *(kaisho)* ein, die es mit zinsgünstigen Krediten versah. Diese Gelder wurden von den Kaufleuten zu höheren Zinsen an Fürsten, Vasallen und Bürger weiterverliehen. Ob die Kaufleute diese Schulden wieder eintreiben konnten, war dem Bakufu dabei gleichgültig: Dieses Risiko mussten die Kaufleute tragen. Die Zinseinnahmen waren dem Bakufu sicher. Da die Bakufu-Händler zugleich damit beauftragt wurden, die dem Bakufu zustehenden Ernteabgaben zu verwalten, gelang auch eine nachhaltige Stabilisierung und sogar Senkung der Reispreise. Die Mittlerstellen waren auch Ansprechpartner für Nothilfemaßnahmen und Spenden in Zeiten von Hungersnöten oder Teuerungen und insofern ein frühmodernes Sozialamt.

Anders als Tanuma Okitsugu zog Matsudaira Sadanobu dem Handel mit dem Ausland enge Grenzen und war strikt dagegen, Japans Außenbeziehungen auszuweiten; um illegalen Handel und unkontrollierten Zutritt zu Japan zu verhindern, verlangte er eine verstärkte Kontrolle der Küsten. Er ließ Japans Küsten inspizieren, um geeignete Stellungen für Küstenbefestigungen zu finden. Obwohl trotzdem keine einzige Festung wirklich erbaut wurde, war dies doch ein wichtiger erster Schritt, um sich Japans physische Grenzen ins Bewusstsein zu rufen. Realistisch gezeichnete Ansichten der japanischen Küstenlandschaften entstanden in diesem Zusammenhang und illustrierten Sadanobus durch und durch konfuzianische und in vielen seiner eigenen Schriften vertretene Ansicht, dass der wichtigste Beitrag zur Verteidigung der Herrschaft in Aufbau und Wahrung innerer Standhaftigkeit und konsequenter sozialer Kontrolle bestand.

Mit fester Hand also lenkte Matsudaira Sadanobu von Edo aus den Staat der Tokugawa. Der Shōgun, so stellte er 1788 klar, hatte die Führung der Staatsgeschäfte vom Kaiserhof anvertraut bekommen und trug ihm gegenüber politische Verantwortung. Gerade deshalb war die Politik Tanuma Okitsugus inakzeptabel, weil sie auf diese Einbindung des Shōgun keine Rücksicht nahm. Freilich wurde Matsudairas Prinzipienfestigkeit bald auf die Probe gestellt. Der amtierende Kaiser Tomohito (nach seinem Tod Kōkaku genannt) hatte 1779 als Achtjähriger den Thron bestiegen, in großer Eile von seinem entfernt verwandten Vorgänger auf dem Totenbett adoptiert. Es war das erste Mal seit 1212, dass die direkte Vater-Kind-Nachfolge der Kaiser unterbrochen wurde, und manchen erschien Tomohitos

[92] Haruko Iwasaki: „Portrait of a Daimyo: Comical Fiction by Matsudaira Sadanobu.“ In: *Monumenta Nipponica* 38:1 (1983), S. 1-19; Matsudaira Sadanobu: „Daimyo Katagi.“ In: *ebd.*, S. 20-48

Herrschaftsanspruch daher fraglich. Als 1788 ein Großbrand den Kaiserpalast (und weite Teile Kyōtos) einäscherte, ließ sich Tomohito von den Tokugawa den Neubau eines besonders großen und prächtigen Palastes finanzieren – in der Hoffnung, seinen Rang und seine Legitimität eindrucksvoll zur Schau zu stellen.[93] Matsudaira Sadanobu lehnte dies zunächst strikt ab, weil er es für Verschwendung hielt; danach aber übernahm er die Aufsicht über die Bauarbeiten persönlich, um das Ambiente des Kaisers mitgestalten zu können. 1790 bezog Tomohito den Prachtbau (in dessen Bebilderung er sowohl geschickte Anspielungen auf den Vorrang des Kaisers gegenüber dem Shōgun als auch auf seine Sicht der kulturellen Identität Japans einfließen ließ). Nun wollte er noch seinen leiblichen Vater Sukehito, der nie mehr als ein kaiserlicher Prinz gewesen war, in den Rang eines „abgedankten Kaisers" erheben lassen, um den Makel seiner Adoption zu schmälern. Matsudaira Sadanobu lehnte dies jedoch als unstatthaft ab. Kaiser Tomohito ließ seinen Hofstaat daraufhin kollektiven Widerspruch einlegen und verlangte noch mehrmals die Beförderung seines Vaters. Sadanobu blieb unerbittlich und bestrafte schließlich 1793 die führenden Beamten des Kaiserhofes, ohne die Einwilligung des Kaisers dafür einzuholen – ein bis dahin einmaliger Vorgang. Sukehito starb im folgenden Jahr ohne die gewünschte Ehrung.[94] Diese Missachtung des Kaisers beschädigte das Verhältnis von Kaiserhof und Tokugawa-Verwaltung dauerhaft und sorgte auch für Widerspruch unter den Fürsten. Unter ihnen gewann jetzt die Ansicht an Boden, die Treue zum Kaiser müsse über der Treue zum Shōgun stehen. Matsudaira Sadanobu hatte dies keineswegs beabsichtigt, sondern wollte mit seiner Weigerung vor allem das konfuzianische Decorum in Erinnerung rufen; auch dem Shōgun Ienari gestattete er in derselben Zeit nicht, dessen leiblichen Vater Hitotsubashi Harusada in der Burg Edo unter dem Titel des *ōgosho* residieren zu lassen: denn dieser Titel war nach Sadanobus Auffassung abgedankten Shōgunen vorbehalten, und diese Voraussetzung erfüllte Hitotsubashi nicht. Er war lediglich ein Enkel des achten Tokugawa-Shōguns Yoshimune – genau wie Matsudaira Sadanobu selbst.

Matsudaira Sadanobus Fall

Die Rigidität und Prinzipienfestigkeit, mit der Matsudaira Sadanobu das Land regierte, machte ihn zwar gefürchtet, aber nicht beliebt. Auch Widerspruch gegen seine Außenpolitik blieb nicht aus. Ein entscheidender Streitpunkt war dabei die Frage nach den äußeren Grenzen Japans.[95] Die nördliche Insel Ezo hatten die Tokugawa 1604 offiziell der Familie Matsumae als Fürstentum übertragen, die

---

93 Timon Screech: *The Shogun's Painted Culture. Fear and Creativity in the Japanese States 1760-1829*. London 2000

94 Erst 1884 verlieh ihm der Meiji-Kaiser den Titel eines abgedankten Kaisers und den Namen Kyōkō-Kaiser.

95 Eine Diskussion der japanischen Außengrenzen und der japanischen Einbindung in die ostasiatische Welt bis zur Meiji-Renovation bietet Bruce L. Batten: *To the Ends of Japan: Premodern Frontiers, Boundaries, and Interactions*. Honolulu 2003

dort seit dem 15. Jahrhundert (bis 1599 unter dem Namen Kakizaki) mit den einheimischen Ainu Handel pflegten. Die Matsumae profitierten enorm von dem (mit Zwang und Unterdrückungsfeldzügen verbundenen) Kontakt mit den Ainu und genossen ein erhebliches Maß an Unabhängigkeit. Seit den 1770er Jahren gab es auch russische Versuche, mit den Matsumae Handelsbeziehungen zu knüpfen. Tanuma Okitsugu hatte sich für den wirtschaftlichen Erfolg der Matsumae interessiert und wollte die noch weithin unerforschte Insel kartographisch erschließen lassen. Matsudaira Sadanobu war strikt gegen diese Öffnung der japanischen Grenzen; die Vermessungs-Expedition wurde noch 1786 eingestellt. Einen Aufstand unter den Ainu im Jahre 1789 nutzten die Matsumae jedoch geschickt, um Ezo wieder ins Gespräch zu bringen. Fürst Matsumae Michihiro ließ seinen Bruder, den Maler Kakizaki Hakyō, 1790 eine Serie von zwölf Porträts von Ainu-Führern anfertigen, die den Matsumae bei der Niederschlagung der Revolte beigestanden hatten. Hakyōs Darstellung des Häuptlings vom Stamm der Akkeshi, Ikotoi, zeigte einen wilden bärtigen Mann mit teils manjurischer, teils russischer Kleidung und suggerierte damit die kulturelle Diversität und Offenheit der japanischen Nordgrenze.[96] Kaiser Tomohito in Kyōto begeisterte sich für diese Bilder und gestand ihnen das Gütesiegel „vom Kaiser gesehen“ zu. Matsudaira Sadanobu, der selbst über großes Zeichentalent verfügte, passte diese nunmehr mit symbolischem Kapital dekorierte Propaganda für die Erschließung und Zivilisierung Ezos allerdings nicht ins eigene Weltbild. Er ließ Fürst Matsumae einen peinlich genauen Bericht über die Revolte und die russischen Kontaktversuche vorlegen und zwang ihn am 11. Dezember 1792 – während Laxmans „Katharina“ bereits vor Nemuro lag! – zur Abdankung zugunsten seines Sohnes Akihiro.

Ein weiteres Opfer von Matsudaira Sadanobus Abneigung gegen außenpolitische Wagnisse wurde der Gelehrte Hayashi Shihei. In seiner 1786 verfassten und bis 1791 veröffentlichten Schrift „Diskurs über die Wehrhaftigkeit einer Seenation“[97] *(Kaikoku heidan)* entwarf er das Bild Japans als einer Seefahrernation („Insgeheim denke ich bei mir, dass es von der Nihonbashi-Brücke in Edo bis nach China und Holland einen Seeweg ohne Grenzen gibt“) und empfahl angesichts der Bedrohung durch die Russen und andere Ausländer den Aufbau einer mit modernen Waffen ausgerüsteten Flotte, den Ausbau der Küstenverteidigung unter Berücksichtigung des europäischen Festungsbaus, hartes militärisches Training für die japanischen Krieger und das aktive Ausgreifen Japans auf dem asiatischen

96 Die Rolle, welche die Ainu sowohl in der Tokugawa- als auch in der Meiji-Zeit für den nationalen Identitätsdiskurs spielten, untersucht David L. Howell: *Geographies of Identity in 19th-Century Japan*. Berkeley 2005. Nach seiner Auffassung kennzeichneten die Mitglieder der japanischen Zivilisation durch bestimmte äußere Merkmale wie Haarschnitt und Kleidung ihren Status, die den „Barbaren“ wie den Ainu fehlten. Angesichts der russischen Expansion legte man den Ainu nun nahe, diese äußeren Merkmale anzunehmen – und damit Japaner zu werden. Wesentlich und augenfällig war daher nicht in erster Linie die geographische, sondern die zivilisatorische Expansion Japans.

97 Friedrich Lederer: *Hayashi Shihei: Diskurs über die Wehrhaftigkeit einer Seenation*. München 2003

Kontinent – er betrachtete seine Studien nämlich als Anleitung zur Eroberung Koreas, der Ryūkyū-Inseln und der Insel Ezo, von denen er zuvor detaillierte Karten veröffentlicht hatte. Matsudaira Sadanobu ließ Hayashis Bücher 1792 mit der Begründung verbieten, dass sie „überflüssige Panik“ unter der Bevölkerung verbreiteten. Hayashi Shihei selbst wurde unter Hausarrest gestellt; er starb 1793.[98]

Nach diesen aus seiner Sicht völlig konsequenten Zwangsmaßnahmen kam die Karriere Matsudaira Sadanobus jedoch zu einem jähen Ende, noch bevor die jüngste Krise – eben Laxmans „Katharina“ – bewältigt war. Shōgun Ienari wollte sich nicht weiter durch Sadanobu bevormunden lassen. Am 29. August 1793 musste er von seinen Ämtern in der Tokugawa-Verwaltung zurücktreten.

Ienari wollte allerdings keineswegs einen Kurswechsel in der Außenpolitik herbeiführen. Die von Matsudaira Sadanobu formulierten Prinzipien – passive Abwehr ausländischer Annäherungsversuche, keine Ausweitung der Landesgrenzen oder des Handels – bestimmten für das nächste halbe Jahrhundert Japans offizielle Politik. Allerdings setzte sich immer mehr das Bewusstsein durch, dass Japans Lage in der Welt prekär war und die von den Tokugawa und ihren Ratgebern formulierte Linie möglicherweise nicht hinreichte, um Japan zu schützen.

Die Diskussionsleitung drohte den Tokugawa zu entgleiten. 1801 schickte Kaiser Tomohito ohne jede Absprache mit dem Shōgun und erstmals seit über 800 Jahren einen Gesandten zum Ise-Schrein, um göttlichen Beistand gegen eine vermutete Invasion aus dem Ausland zu erflehen. Diese Initiative Kaiser Tomohitos zeugt zugleich von einem neuen und angesichts der aktuellen politischen Machtverhältnisse vermessenen Anspruch des Kaiserhofes, bei der Verteidigung Japans gegen die ausländische Bedrohung eine Schlüsselrolle zu übernehmen. Der Kaiserhof begann in dieser Situation, sein symbolisches Kapital offen gegen die Tokugawa auszuspielen.

Die Nationalphilologie

Aber auch andere machten sich Gedanken über Japan, ohne mehr zu besitzen als die Macht des Wortes und des gelehrten Prestiges. 1798 vollendete der Händlerssohn Motoori Norinaga ein Werk, an dem er seit mehr als 30 Jahren gearbeitet hatte: Das Kojikiden, einen umfangreichen Kommentar zum Kojiki, dem in kaiserlichem Auftrag entstandenen, 712 vorgelegten, ältesten offiziellen Geschichtswerk Japans. Das Kojiki ist eine mit Mythen und Legenden verwobene Geschichte der japanischen Kaiserdynastie; doch Norinagas Kommentar machte es zur Quelle für die Mentalität der „alten“, nicht durch „unjapanische“ Beigaben verdorbenen Japaner. Motoori begann die Drucklegung seines Kommentars bereits 1785, allerdings wurde sie erst 1823, also lange nach seinem Tode, abgeschlossen. Das Werk

98 Erst nach dem Opiumkrieg wurde Hayashi Shihei 1841 postum Pardon gewährt, und sein Werk durfte 1851 wiederaufgelegt werden. Bis dahin kursierte es allerdings in der Form von Abschriften, so dass seine Thesen unter Intellektuellen und Militärs wohlbekannt waren.

wurde zum Klassiker der sogenannten Nationalphilologie *(kokugaku)*, die ihrerseits erheblichen Einfluss unter den japanischen Intellektuellen gewann und sich im weiteren Verlauf des 19. Jahrhunderts als Alternative zu den konfuzianischen Schulen etablieren konnte.[99] Motoori Norinaga und seine Anhänger wollten die Essenz des japanischen Geistes, den „alten Weg", aus den frühen schriftlichen Überlieferungen herausdestillieren und wiederbeleben. Die Sprache war für Motoori das Schlüsselmedium dieses Geistes, weshalb er z.B. zwar chinesische Schriftzeichen verwendete, diesen aber im Unterschied zum üblichen, an der chinesischen Aussprache orientierten Gebrauch rein japanische Lesungen unterlegte. Dies führte zu einem gewollten Verfremdungseffekt: Die Gegenwart sollte von der Vergangenheit überwunden werden, um Japan eine würdige Zukunft zu schaffen. Wer sich für chinesische (d.h. fremde) Lehren und Kulturen interessierte, so sah es Motoori, ließ sich durch äußere, fremde Kräfte leiten; diese Haltung nannte er „chinesische Seele" (*karagokoro*, was den gleichen Klang besitzt wie „leere Seele"). Aber als Kinder der Götter wussten die Japaner unmittelbar um die Göttlichkeit aller natürlichen Dinge. Ihre „redliche Seele" *(magokoro)* erlaubte es den Japanern, einen Sinn für die Schönheit und Zeitlichkeit des Seins *(mono no aware)* zu entwickeln und dadurch zum guten Leben zu finden. Deshalb war Japan für ihn „ein Reich, das anderen Ländern überlegen und von herrlicher Feinheit" geprägt sei. Die Nationalphilologie fand besonders viele Anhänger bei vermögenden Kaufleuten und Dorfoberen sowie dem shintōistischen Klerus, die sich für die klassische japanische Literatur und Dichtung interessierten und über deren nationalphilologische Auslegung ein Bild der japanischen Kultur vermittelt bekamen, in dem der Kaiser eine zentrale Rolle spielte: Denn am Kaiserhof war diese Literatur entstanden, und auch unter den Tokugawa galt der Kaiser als Förderer und Inspirator der schönen Künste. Als politische Macht war der Kaiser für diese Freunde der Nationalphilologie zwar bedeutungslos; als Symbol des japanischen Geistes in Vergangenheit und Zukunft aber, als räumlich wie zeitlich „ferner Gott" *(tōtsu kami)*, wie ihn Motoori nannte, war er unersetzlich.

Die Hollandwissenschaften

Das sahen wiederum jene Intellektuellen anders, die sich auf westliche, durch die holländischen Handelspartner vermittelte Anschauungen einließen. Ihnen ging es dabei nicht um Belletristik, sondern um „praktische Wissenschaft" *(jitsugaku)*, ein Wort, das sie mit ihren Kollegen neokonfuzianischer Ausrichtung in ganz Ostasien teilten. Die in Europa entwickelten und nach Ostasien überlieferten Naturwissenschaften, Mathematik, Technik und Medizin eröffneten neue

---

[99] Susan L. Burns: *Kokugaku and the Imagining of Community in Early Modern Japan.* Durham 2003; Peter Nosco: *Remembering Paradise: Nativism and Nostalgia in Eighteenth-Century Japan.* Harvard 1990; Harry D. Harootunian: *Things Seen and Unseen: Discourse and Ideology in Tokugawa Nativism.* Chicago 1988

Möglichkeiten z.B. im Festungsbau, dem Vermessungswesen, der Kalenderwissenschaft und bei der Behandlung von Krankheiten. Dieses im Alltag unmittelbar anwendbare Wissen sicherte den sogenannten „Hollandwissenschaften" *(rangaku)* das Interesse und Wohlwollen der politisch Mächtigen und erlaubte ihnen, sozusagen durch die Hintertür neue Perspektiven in die japanische Gesellschaft einzuführen. Eigentlich waren die Hollandwissenschaften entstanden, um für die Kommunikation mit den holländischen Händlern in deren Stützpunkt vor Nagasaki Dolmetscher und Übersetzer auszubilden und um die von den Holländern überbrachten Handelswaren und Informationen sachgerecht einschätzen zu können. Daraus war jedoch in der 2. Hälfte des 18. Jahrhunderts ein komplexes Netzwerk von Spezialisten und interessierten Laien erwachsen, die eine profunde Leidenschaft für westliche Errungenschaften teilten und vermittelten. Der Arzt Sugita Genpaku, der die Frühgeschichte der „holländischen Wissenschaft" 1815 in einer autobiographischen Abhandlung darstellte, schrieb den durchschlagenden Erfolg der neuen Lehre dem Umstand zu, dass dort im Gegensatz zu der chinesischen Wissenschaft „der nackte Tatbestand in gewöhnlicher Sprache wiedergegeben" sei.[100] Sie überzeugte, weil sie auf nachprüfbarer Empirie beruhte.

Der Maler Shiba Kōkan beispielsweise ließ sich in Nagasaki von den europäischen Techniken der Zentralperspektive und des Kupferstiches begeistern und stellte 1799 in seiner „Erörterung der Westlichen Malerei" *(Seiyō gadan)* deren Prinzipien vor. Für ihn war entscheidend, dass die westliche Malerei im Gegensatz zur chinesischen und japanischen wirklichkeitsgetreu war, „denn wenn ein Bild nicht wirklichkeitsgetreu ist, nützt es nichts." Mit derselben Begründung, dass die europäischen Wissenschaften und Künste näher an der Erkenntnis der wahren Natur lagen und daher nützlicher waren,[101] verfochten andere „Hollandwissenschaftler" das heliozentrische Weltbild oder die Einführung der westlichen Anatomie und Botanik. Ihre Leidenschaft ging soweit, dass seit 1795 ein ausgesuchter Kreis von Hollandwissenschaftlern Neujahr in Edo nach holländischem Stil feierte, also am 1. Januar der christlichen Zeitrechnung. Einer der ersten Ehrengäste bei diesen Feiern war der Russlandexperte wider Willen und schiffbrüchige Kapitän Daikokuya Kōdayū.[102] Der von diesen Gelehrten und Künstlern imaginierte Westen war ein Hightech-Paradies, ein Utopia der Technologie und Rationalität, und weil viele von ihnen – insbesondere als Leibärzte – bei Fürsten und Shōgun in Diensten standen, vermittelten sie ihre Ansichten in wohldosiertem Ausmaß in der herrschenden Klasse. Mit der wichtigen Ausnahme allerdings, dass der in Japan zwar allseits bekannte, aber

[100] Sugita Gempaku: „Rangaku kotohajime (Die Anfänge der „Holland-Kunde)". In: *Monumenta Nipponica* 5:2 (1942), S. 501-522, hier S. 510

[101] Timon Screech: *The Lens Within The Heart. The Western Scientific Gaze and Popular Imagery in Later Edo Japan*. Honolulu 2002

[102] Reinier H. Hesselink: „A Dutch New Year at the Shinradō Academy". In: *Monumenta Nipponica* 50:2 (1995), S. 189-234

als subversiv verdächtigte christliche Hintergrund des Westens nicht erörtert wurde. Wegen dieses Tabuthemas befanden sich die Hollandwissenschaftler immer in Gefahr, trotz der unbestrittenen Nützlichkeit ihrer Arbeit in den Verdacht der Häresie und des Landesverrats zu geraten. Dabei waren die „Hollandwissenschaftler" nicht weniger um das Wohl Japans besorgt als die anderen. 1798 forderte der Wirtschaftsexperte Honda Toshiaki in seinem „Politischen Geheimplan" *(Keisei hisaku)*, den Sitz der japanischen Regierung nach Kamtschatka zu verlegen, die Insel Ezo zu erschließen, den Briten Amerika abzukaufen (er hielt es noch für eine englische Kolonie) und sich am Welthandel zu beteiligen, um für die Entwicklung Japans und die Behebung der Armut benötigte Waren und Kapital ins Land zu schaffen. Handelspolitik war für ihn die Fortsetzung des Krieges mit anderen Mitteln: „Denn der Handel mit fremden Ländern hat zum Ziel, sich gegenseitig die nationale Kraft zu stehlen; ebenso verhält es sich mit dem Krieg." Anders als Hayashi Shihei ein paar Jahre zuvor während der Herrschaft Matsudaira Sadanobus durfte Honda Toshiaki diese Ansichten zwar unbehelligt verbreiten – aber sie setzten sich politisch nicht durch. Statt dessen erfand ein anderer Hollandwissenschaftler ein Schlüsselwort zur Rechtfertigung der zurückhaltenden und konservativen Außenpolitik der Tokugawa. 1801 übersetzte Shizuki Tadao einen Aufsatz des Deutschen Engelbert Kaempfer, der in den 1690er Jahren als Arzt für die Holländer in Japan tätig gewesen war und Japan als zu seinem eigenen Vorteil „von der Gemeinschaft der ganzen übrigen Welt abgeschnitten und völlig verschlossen" bezeichnet hatte.[103] Was Kaempfer als das „heilsame, ewig verbindliche und für jede Nachkommenschaft unverletzliche Gebot" japanischer Außenpolitik bezeichnet hatte, nämlich seine Selbstisolation, war tatsächlich nur ein Missverständnis aus der begrenzten Sicht eines westlichen Reisenden, der Japans fortdauernde Einbindung in die ostasiatische Weltordnung, seine Kontakte mit China, Japan, den Ryūkyū-Inseln, Südostasien und den Ainu nicht einzuschätzen vermochte. Shizuki Tadao aber griff diesen Irrtum Kaempfers auf, übersetzte den von Kaempfer beschriebenen Zustand Japans als „Landesabschließung" *(sakoku)* und behauptete, diese sei „der geeignetste Weg, um die Herzen darin zu bestärken, die Außenwelt abzuwehren und die Binnenwelt zu genießen". Matsudaira Sadanobu hätte sich über diese Argumentation gefreut. Das neue Wort von der „Landesabschließung" wurde rasch populär, ebenso wie eine andere Neuschöpfung Shizuki Tadaos: Er behauptete nämlich, dass ohne die Landesabschließung die Portugiesen ihre eigenen Menschen nach Japan geschickt und dort „angepflanzt" hätten, so dass Japan wie viele weitere Orte der Welt zu einem „Land angepflanzter Menschen", also zu einer europäischen

---

103 Reinhard Zöllner: „Verschlossen wider Wissen – Was Japan von Kaempfer über sich lernte." In: Sabine Klocke-Daffa, Jürgen Scheffler, Gisela Wilbertz (Hgg.): *Engelbert Kaempfer (1651-1716) und die kulturelle Begegnung zwischen Europa und Asien*. Lemgo 2003, S. 185-209; Ichimura/Ōishi, *Sakoku*, S. 128-131

Kolonie, geworden wäre. Dies ist der Ursprung des bis heute üblichen japanischen Ausdrucks für „Kolonie" *(shokuminchi)*.

Konflikt mit Russland

Zur Möglichkeit, das Land gegen auswärtige Herausforderungen abzuschließen, gehörte aber zunächst die Definition der eigenen Grenzen. 1798 ergriff Japan offiziell Besitz von der Kurileninsel Etorofu und stationierte 1799 dort Truppen. Gleichzeitig wurde der nicht zum Fürstentum Matsumae gehörige Ostteil Ezos in die Domäne der Tokugawa aufgenommen. Mit Erlaubnis des Bakufu stach 1800 Ino Tadataka in See, um die Küsten Ezos zu vermessen.

Dass die Japaner in den nächsten Jahren erneut mit den Russen in Kontakt kamen, war in dieser Situation unvermeidlich. Nach dem Tod Laxmans wollte der Aristokrat und Pelzhändler Nikolai Rezanov auf das Laxman gegebene Versprechen zurückkommen und lief mit der „Nadeshda" Nagasaki an. Das Schiff hatte wiederum vier aufgegriffene japanische Schiffbrüchige an Bord und sollte gemeinsam mit der „Newa" unter dem Kommando von Adam Johann von Krusenstern mit Erlaubnis des russischen Zaren eine Weltumsegelung durchführen. Dabei war auch der Deutsche Georg von Langsdorff. Rezanov trat in Japan als Botschafter des russischen Zaren auf und verlangte die Aufnahme von Handelsbeziehungen, doch nach einem halben Jahr Aufenthalt in Nagasaki beschied ihn das Bakufu im April 1805, es sei an Beziehungen zu Russland nicht interessiert. Daraufhin ließ Rezanov 1806 und 1807 japanische Siedlungen auf Sachalin und den Kurileninseln plündern, Japaner als Geiseln gefangennehmen und Jagd auf japanische Schiffe in den Gewässern vor Ezo machen. Im März 1807 gliederte das alarmierte Bakufu den Westen Ezos der Domäne der Tokugawa ein und beraubte die Matsumae damit ihres Territoriums. Altfürst Matsumae Michihiro wurde unter Arrest gestellt. Im Mai mobilisierte das Bakufu die nördlichen Fürstentümer Tsugaru und Nanbu gegen die russische Bedrohung, im Juni zusätzlich Akita und Shōnai, im Juli auch Sendai und Aizu. Zugleich wurde der Junior-Älteste Hotta Masaatsu, zu dessen Ratgebern der Arzt und führende Hollandwissenschaftler Ōtsuki Gentaku gehörte, mit dem Oberbefehl über die Verteidigung Ezos betraut. Hotta ließ die Küstenverteidigung der nördlichen Fürstentümer verstärken. Das Bakufu richtete sich auf einen längeren Konflikt ein und verbrachte große Mengen Truppenproviant nach Ezo. Im Januar 1808 erteilte es den Befehl, russische Schiffe gewaltsam von der Küste zu vertreiben.

Fürstlicher Merkantilismus

Viele Fürstentümer übernahmen im Gegensatz zum Bakufu die durch Tanuma Okitsugu vorgezeichnete merkantilistische Politik zu ihrem eigenen Nutzen. In ihren Territorien bauten sie Monopole für lokale, vor allem für den Export geeignete Produkte auf. Aizu richtete 1794 mit Unterstützung eines örtlichen

Kaufmanns eine Handelsvertretung in Edo ein. Chōshū sanierte seine maroden Finanzen durch den Handel mit Papier und Wachs. Andere konzentrierten sich auf Farbstoffe, Baumwolle, Salz, Zucker, Textilien, Obst, Sojabohnen usw. In vielen Fürstentümern wurden die Seidenraupenzucht und andere häusliche Industrien gefördert, so dass mancherorts die Reisproduktion gegenüber der Hausindustrie in den Hintergrund trat. Die Schattenseiten dieser markt- und exportorientierten Produktion zeigten sich, wenn ökologische Katastrophen,[104] Missernten und die ihnen unweigerlich nachfolgenden Teuerungen die Versorgung der Bevölkerung mit Grundnahrungsmitteln bedrohten.

1.3.2 In Stadt und Land

Nachleben einer Legende

Im Jahr 1803 errichtete das Fürstentum Sakura einen Gedenkstein für einen toten Bauern und verlieh dem Toten einen posthumen buddhistischen Ehrennamen.[105] Es handelte sich um einen Mann namens Kiuchi Sōgo; er war der Legende nach zu Lebzeiten Dorfältester im Dorf Kōzu (heute Teil der Stadt Narita). Er brachte den Mut auf, eine Petition seiner Dorfgenossen zur Senkung ihrer Steuern unter Umgehung der zuständigen Lokalverwaltung direkt beim Shōgun vorzubringen *(jikiso)* – was auch bei begründeten Beschwerden seit langem streng verboten war. Fürst Hotta Masanobu gewährte *nolens volens* die Wünsche der Bauern, doch ihren Repräsentanten Sōgo und dessen Frau ließ er 1653 ans Kreuz schlagen und seine drei Kinder töten.

Unerwartet wurde Sōgo seit dem Ende des 17. Jahrhunderts jedoch weit über die Grenzen seines Fürstentums hinaus zum Symbol für einen Märtyrer der gerechten Sache des Kleinen Mannes *(gimin)*.[106] Seine durch zu Herzen gehende Ausschmückungen emotional und dramatisch erweiterte Geschichte erfuhr ab 1704 zahlreiche literarische Bearbeitungen, wurde Thema im Puppentheater und im Kabuki: 1851 gab der berühmte Ichikawa Kodanji den Bauernheroen in ausverkauften Vorstellungen des Stückes „Higashiyama Sakura Zōshi“. Auch Farbholzschnitte griffen jetzt die Geschichte auf. Eines dieser Bilder stammt von Tsukioka Yoshitoshi, der seit 1882 als Illustrator für die „Liberale Zeitung“ tätig war und den Sakura-Stoff 1885 bearbeitete. Die Szene zeigt Sakura Sōgo in seiner berühmtesten Pose, näm-

---

[104] Walker, „Commercial Growth and Environmental Change“.

[105] Irwin Scheiner: „Benevolent Lords and Honorable Peasants: Rebellion and Peasant Consciousness in Tokugawa Japan“. In: Tetsuo Najita, Irwin Scheiner (Hgg.): *Japanese Thought in the Tokugawa Period 1600-1868. Methods and Metaphors.* Chicago: Univ. of Chicago Pr. 1978, S. 39-62

[106] Anne Walthall: „Japanese Gimin: Peasant Martyrs in Popular Memory“. In: *The American Historical Review* 91:5 (1986), S. 1076-1102; dies.: „Narratives of Peasant Uprisings in Japan“. In: *Journal of Asian Studies* 42 (1983), S. 571-587

lich beim Abschied von seiner Familie. Ihm ist bewusst, dass es von seiner Mission nach Edo keine Rückkehr geben kann. Seine Frau ist am Boden zusammengebrochen; sie klammert einen Säugling an sich. Die große Tochter bittet den Vater kniefällig, nicht zu gehen. Nur der Sohn scheint zu verstehen, warum der Vater gehen muss: Um seiner standesgemäßen Pflicht zu genügen. Der Familie droht ohne den Vater der sichere Untergang. Der fallende Schnee deutet dies ebenso an wie die Flicken und Löcher in der Schiebetür. Es ist ein Bild der Verzweiflung.

Abb. 5: Sakura Sōgos Abschied (Tsukioka Yoshitoshi, 1885)

Es ist allerdings auch ein Bild des Triumphs der Tugend des Gerechten. Denn die Sōgo-Legende besagt, dass der Geist des Hingerichteten seinem Fürsten so hartnäckig zusetzte, dass dieser zuerst den Verstand und dann sein Fürstentum verlor. Letzteres stimmte; alles andere, angefangen von der Heldentat Sōgos bis hin zu seiner Hinrichtung, ist unbeweisbar. Es passte aber gut ins Bild der Zeit: Nachdem die frühneuzeitlichen Dörfer sich als Kollektive organisiert hatten, begannen sie ab der Mitte des 17. Jahrhunderts auch kollektiv zu handeln; die Dorfführung vertrat sie mit allen Konsequenzen gegenüber der Obrigkeit, so dass Sōgo wie das Idealbild eines Bauernführers erschien. Hotta Masanobu wurde 1660 tatsächlich vom Bakufu für geisteskrank erklärt und abgesetzt; jedoch nicht wegen aufrührerischer Bauern. Auch die nachfolgenden Fürsten hatten in Sakura wenig Glück; 18 Mal wechselte das Territorium die Herrschaft, bis 1746 ein Nachfahre Masanobus aus dem Hause Hotta hierhin versetzt wurde. Im selben Jahr gewährte er den Nachkommen Sōgos eine Rente, da er sich vor dem „unruhigen Geist von Sakura" fürchtete – während eines laufenden neuen Bauernaufstandes. Die buddhistische Ehrung von 1803 erfolgte zum Andenken des 150. Todestages des Hingerichteten. Ob diese Sühneakte des Hauses Hotta überhaupt einen historischen Anlass hatten, war damals schon nicht mehr zu klären. Für die Fürsten war es jedoch gleichwohl unverzichtbar, ihr grundsätzliches Wohlwollen gegenüber den Untertanen auch rückblickend zu dokumentieren. Die konfuzianische Herrschaftsethik machte *jinsei*, eine Politik also, welche die Tugend der sozial konditionierten Mitmenschlichkeit ernstnahm, zum verpflichtenden Markenzeichen des guten Herrschers.[107] Außerdem stand dieses Handeln in völligem Übereinklang mit der Volksreligion: Im 19. Jahrhundert erlebte die Furcht vor rachgierigen Totengeistern, die der Erlösung der Lebenden im Weg standen, eine besondere Konjuktur. Abhilfe schaffen konnten nur die Nachkommen durch fromme Lebensführung und rituelle Verehrung. War ungewiss, ob ein Toter gebührend gewürdigt wurde, sorgte man jetzt vor allem in den Städten für Kulthandlungen und Kultstätten zugunster Nichtverwandter, z.B. der Opfer von Bränden oder Überschwemmungen – oder eben Hingerichteter.

Der Nachruhm Sōgos verlieh seinem angeblichen Leben und Sterben eine symbolische Realität, an die aber im Gegenteil die Bauern und ihre Sympathisanten späterer Tage immer wieder erinnerten. Die heldenhaften Vorbilder dienten immer wieder als Quelle für neuen Widerstand und für Selbstbewusstsein. Als der Liberale Tsukioka Yoshitoshi sein Bild von Sakura Sōgo malte, zitierte er diese wohlbekannte Vergangenheit, um seine Gegenwart zu kritisieren: im Mai 1885 wurde Tashiro Eisuke, einer der Anführer des von der Liberalen Partei unterstützten Bauernaufstandes von Chichibu (s. S. 238), hingerichtet – in den Augen des Künstlers ein neuer Sōgo.

Zwischen Dorf und Stadt

Die Grenzen zwischen Dorf und Stadt und zwischen bäuerlichem und urbanem Leben waren in der Frühen Neuzeit nicht scharf gezogen. Das Dorf Ōchō auf der Insel Ōsakishimojima ist ein Beispiel für die Wechselwirkungen zwischen Land und Stadt.[108] Die Insel gehört zu einer Inselgruppe in der westjapanischen Seto-Inlandssee zwischen den Hauptinseln Honshū und Shikoku. An ihrer Ostküste lag Ōchō. 1747 gab es in dem Dorf 367 Haushalte mit 953 Einwohnern.

---

107 Miyazawa Seiichi: *Bakuhansei ideorogī no seiritsu to kōzō*. 1973, versucht nachzuweisen, dass es eine entsprechende *jinsei*-Ideologie seit der Frühen Neuzeit gegeben habe, die sich in Gesetzgebung und Behandlung von Bauern niederschlug. Dem hat Iwata Kōjirō: *Minshū sekai to seitō* [= *Atarashii Nihon no kinseishi* 5]. Shin Jinbutsu Ōraisha 1996, unter Hinweis auf die Forschungslage zur Geistesgeschichte der Edo-Zeit jedoch widersprochen.

108 Tsuchii Sakuji: „Kinsei Geiyo shotō ni okeru keizai hatten no seikaku – Aki no kuni Mitarai-chō wo jirei toshite –". In: *Okayama shōdai shakai sōgō kenkyūsho hō* 23 (2002), S. 1-16

Der durchschnittliche Haushalt zählte also weniger als drei Personen; was nicht dafür spricht, dass die Landwirtschaft besonders hohe Erträge abwarf. Eine Alternative bot jedoch der natürliche Hafen von Mitarai, wo 1666 die ersten 18 Häuser errichtet wurden. Mitarai lag nämlich verkehrsgünstig auf der sogenannten Westroute. Dies war ein Schiffahrtsweg, der sich im 17. Jahrhundert allmählich als schnelle und kostengünstige Route für den Waren- und Personenverkehr – besonders den Reistransport – zwischen den westlichen Provinzen Japans und der Handelsmetropole Ōsaka herausbildete. Vor dem 17. Jahrhundert nutzte man für den Binnenhandel vor allem zeitraubende Routen an den Küsten. Die direkte Durchquerung der Seto-Inlandssee beschleunigte diesen Verkehr erheblich. Allerdings brauchte man nun neue Zwischenhaltestellen. Mitarai bot sich dafür an. Der Ausbau des Hafens führte zu einem raschen Anwachsen der Bevölkerung von Mitarai und auch der Muttergemeinde Ōchō. 1768 lebten in der dörflichen Siedlung von Ōchō 1.030 Menschen (also kaum mehr als 21 Jahre zuvor), davon jedoch 543 in der damals erstmals gesondert erfassten Siedlung von Mitarai. 1783 zählte das Dorf Ōchō 1.333 Einwohner, Mitarai jedoch 1.190. Bis 1801 hatte sich die Mehrheit sogar verschoben: 1.412 Menschen lebten im Dorf, 1.570 hingegen in der Hafenstadt. 1819 gab es im Dorf *(murakata)* 481 Haushalte; davon waren 60 % Bauern, 30 % verdienten ihren Lebensunterhalt in den Bergwäldern, und 10 % waren Fischer. In der Stadt *(machikata)* bestanden 118 Haushalte von *chōnin* (die also in ihren eigenen Häusern lebten), 118 von Mietern und 13 von Handwerkern. 30 % der Städter waren Händler, weitere 30 % Dienstleister in der Schiffahrt, in Rasthäusern und Gaststätten oder Badehäusern, und die übrigen 40 % waren Gesinde, Tagelöhner und Gelegenheitsarbeiter in Hafenwirtschaft, Fischerei und Landwirtschaft. Hinzu kamen 34 Altenteile und 26 Haushalte von *kawata*, wie Eta hier genannt wurden. Insgesamt waren 810 Haushalte erfasst, was bei 3.581 Einwohnern einen Durchschnitt von vier Personen ergab; dies war deutlich mehr als Mitte des 18. Jahrhunderts.

In der Mitte des 19. Jahrhunderts verschob sich die Bevölkerungsstruktur jedoch nochmals, als der systematische Anbau von Mandarinen für den überregionalen Markt begann. Die Nähe zu einem Hafen auf einer Hauptschiffahrtsroute machte die Vermarktung dieses „cash crops" besonders einfach. Zuvor war die Landwirtschaft auf Ōsakishimojima nicht exportorientiert. Begünstigt durch die Erwärmung des Klimas im südwestlichen Japan, bot sie jetzt Arbeit und Auskommen für wesentlich mehr Menschen. Während Mitarais Bevölkerung in den nächsten Jahrzehnten relativ konstant blieb und 1853 mit 1.659 ihren Höhepunkt erreichte, wuchs die Dorfbevölkerung von Ōchō nochmals kräftig an und zählte 1853 bereits 2.388, 1866 sogar 2.545 Menschen. Innerhalb eines guten Jahrhunderts wuchs demnach die Gesamtbevölkerung Ōchōs auf das Vierfache; im alten Dorf allein beinahe auf das Dreifache. Das Bevölkerungswachstum in dieser Zeit lässt sich also zum einen Teil – bis Mitte des 19. Jahrhunderts – auf die Entstehung einer Hafenstadt zurückführen; zum anderen Teil aber auf die darauffolgende Reorientierung der agrarischen Gesellschaft. Beides hing zusammen: Der

Ausbau des Hafens von Mitarai machte die örtliche Gesellschaft zunächst zum passiven Glied eines überregionalen Netzwerkes, das vom äußeren Input profitierte. Der Anbau von Mandarinen als Exportprodukt machte sie dagegen zum aktiven Partner, der Output hervorbrachte.

Leben am Rande der Stadt

Urbanisierung bedeutete keinesfalls Prosperität. Besonders deutlich zeigte sich dies an den Stadträndern, die immer wieder zu sozialen Brennpunkten wurden. Edo-Zōshigaya war ursprünglich eine Ackerbürgersiedlung an der Verbindungsstraße zwischen dem Gokokuji-Tempel und dem Kishibojin-Heiligtum, einer Touristenattraktion außerhalb der Stadt. Seit 1746 wurde Zōshigaya von den Stadtkommissaren als „Stadtviertelzone" *(chōnami-chi)* und damit als Bestandteil ihres Hauptstadtareals *(go-funai)* verwaltet. 1826 bestanden hier 152 Haushalte, davon 66 Mieter in Mietshäusern, fünf Familien in eigenen Häusern, aber auf Pachtland, 36 Hausbesitzer, neun Vermieter – und 36 leerstehende Häuser. Die Armut war mit Händen greifbar. Zwischen 1802 und 1809 reichte das Stadtviertel gemeinsam mit zwei Nachbarsiedlungen nicht weniger als 61 Bittschriften um Reis- und Geldspenden an die zentrale Mittlerstelle. Ein Antrag von 1803 trat für den Mieter Genzaemon ein, der einen Sechspersonen-Haushalt – bestehend aus Genzaemon, seiner Frau und seinen vier Kindern – zu versorgen hatte. Vier von ihnen waren an Masern erkrankt, die damals in Edo ausgebrochen waren. Die Nachbarn und auch der Vermieter konnten ihnen nicht helfen, da sie selbst arm waren. Ortsansässige Verwandte hatte die Familie keine (offenbar war Genzaemon also vom Land zugewandert). Daher baten Stadtviertel und Vermieter um Nothilfe. Die Mittlerstelle gewährte ihnen tatsächlich sieben *kanmon* Unterstützung.[109] Man kann vermuten, dass Genzaemon mit seiner Familie nach Edo gezogen war, um dort ein besseres Leben zu führen als in seiner Heimat. Für viele ging diese Rechnung sicher nicht auf.

Die Konzentration auf Kleinfamilien war ein gemeinsames Merkmal der Bevölkerung in Stadt und Land. Mitte des 19. Jahrhunderts zählte ein durchschnittlicher Haushalt vier bis fünf Personen; zwei oder drei weniger als zu Beginn der Frühen Neuzeit. In der Regel lebten nicht mehr als drei Generationen – erwerbstätige Eltern, unverheiratete Kinder und ein Teil der Großeltern – zusammen. Sie verstanden ihr Haus *(ie)* als Schicksalsgemeinschaft. Religiöse und ethische Konzepte bestärkten sie in der Auffassung, füreinander verantwortlich zu sein, sogar über den Tod hinaus. Krankheit und Tod dieser nahen Angehörigen wurden intensiv empfunden und, teils mit Selbstvorwürfen verbunden, betrauert.[110] Wer es

---

109 Hayashi, *Edo kōki*, S. 259-294

110 Harold Bolitho: *Bereavement and Consolation: Testimonies from Tokugawa Japan*. (Yale UP) 2003. Bolitho stellt hier die ausführlichen Selbstzeugnisse eines Priesters, eines Schriftstellers und eines Gelehrten zum Tode von Sohn, Vater und Ehefrau aus dem Zeitraum 1798-1846 vor.

sich leisten konnte, hielt die Einheit der Familie symbolisch fest: Familienchronik, Familienschatz und Familiengrab bildeten den Kern dieser Tradition.

1.4 Selbstentdeckung (1808-1823)

1.4.1 Entspannung an der Nordgrenze

Das Bakufu informierte 1808 erstmals in seiner Geschichte den Kaiserhof offiziell über die außenpolitische Lage; offenbar, um sich für seine Politik gegenüber der russischen Bedrohung Rückendeckung durch den Kaiser zu verschaffen. Die Wirkung dieses Schrittes, der den Fürsten und der Bevölkerung nicht verborgen bleiben konnte, war jedoch fatal: Es entstand der Eindruck, dass das Bakufu auf das Einverständnis des Hofes in der Außenpolitik angewiesen sei.

Das Bakufu ergriff sogar eine Art Vorwärtsstrategie. Mamiya Rinzō, ein Schüler Ino Tadatakas, erhielt 1808 den Auftrag, die Insel Sachalin (jap. Karafuto) zu erforschen. Im August 1809 setzte er sogar nach Sibirien über; die Meerenge, die er dabei entdeckte, wurde später von Siebold nach Mamiya benannt.

Im Oktober 1808 lief das britische Kriegsschiff „Phaeton" unter falscher Flagge in Nagasaki ein, entführte zwei holländische Dolmetscher und erpresste die Versorgung mit Wasser und Brennholz. Zwei Tage später lief die „Phaeton" wieder aus, doch der Stadtkommissar übernahm die Verantwortung für den Zwischenfall und gab sich den Tod.

Im Juli 1811 plünderten russische Seeleute auf der Insel Kunashiri. Der Kapitän des russischen Schiffes „Diana", Vasilii Golownin, wurde bei Küstenvermessungen von Bakufu-Truppen gefangengenommen und nach Hakodate, später auch nach Matsumae gebracht. Im Mai 1812 floh er aus dem Gefängnis, wurde aber bald wieder gefasst. Die „Diana" brachte im September vor Etorofu ein Schiff des Händlers Takadaya Kahē auf und nahm Takadaya als Geisel. Er wurde im Oktober 1813 gegen Golownin ausgetauscht. Russland versprach, in Zukunft keine Plünderungsaktionen mehr durchzuführen. Das Bakufu gab sich beruhigt. Einen Krieg konnte es jetzt nicht gebrauchen: Die Verteidigungsanstrengungen hatten die Bakufu-Finanzen erschöpft. 1812 wurde erneut ein Sparprogramm des Bakufu ausgerufen. Wegen der erneut gestiegenen Reispreise kam es 1813 bis 1815 zu Unruhen in verschiedenen Provinzen. Ein neuer Kurs war gefragt.

Mizuno Tadaakiras Hegemonie

Nachdem die letzten Vertrauten Matsudaira Sadanobus durch Krankheit oder Tod ausgefallen waren, trat im Bakufu nun ein neuer starker Mann auf: Mizuno Tadaakira, der Fürst von Numazu. Er wurde 1812 Großkammerherr Ienaris, 1817 Senior-Ältester und 1818 Finanzminister des Bakufu. Ab diesem Zeitpunkt bis zu seinem Tod 1832 dominierte er die gesamte Tokugawa-Verwaltung. Er ge-

Abb. 6: Straße in Hakodate (Wilhelm Heine 1854)

hörte zur ehemaligen Partei Tanuma Okitsugus. Schrittweise förderte er nun seine eigenen Anhänger und schob seine Gegner auf einflusslose Posten ab. Mit wenigen Ausnahmen schaffte er die seit Matsudaira Sadanobus Zeiten eingeführten Mittlerstellen und auch die meisten Handelsgenossenschaften ab, denn die Händler in den Provinzen beschwerten sich bitter über die einseitige Bevorzugung der mit dem Bakufu verbandelten Großkaufleute. Außerdem griff Mizuno zum einfachsten Mittel, um der Geldknappheit Herr zu werden: Er ließ eine ganze Serie neuer, schlechterer Münzen prägen. Natürlich wurden die älteren, besseren Münzen jeweils eingezogen, weshalb sich die Finanzlage des Bakufu tatsächlich spürbar besserte. Inmitten dieser Geldvermehrung spottete der Dichter Kobayashi Issa daher Anfang 1825:

„Ach, so ist Japan: / Wo selbst Geld Kinder gebärt / im Lenz des Regnums.“[111]

Doch dass bald auch die Preise wieder anstiegen, war voraussehbar gewesen. Noch in einem weiteren Punkt knüpfte Mizuno an Tanumas Politik an: Er übertrug den Westteil der Insel Ezo wieder an das Haus Matsumae.

[111] „Hi no moto ya / kane mo ko wo umu / miyo no haru“ (in: *Koten haibungaku taikei 15: Issa shū*. Shūeisha 1970, S. 210).

1.4.2 Sozialer Diskurs in Schrift und Bild

Bildung aus Büchern

Arai Hakuseki berichtete in seiner Autobiographie, wie er schreiben gelernt hatte. Als Dreijähriger malte er aus eigenem Antrieb, auf dem Bauche liegend und die Füße unter den Kotatsu-Tisch gestreckt, die Schriftzeichen eines Romans nach. Eltern und Verwandte lobten ihn dafür. Kurz darauf kritzelte er seinen Namen auf eine Stellwand, und die Zeichen ließen sich nicht mehr entfernen. Dafür erhielt er allerdings kein Lob. Nun griff er „aus Spaß" zum Pinsel und malte Briefsteller (sogenannte *ōraimono*) Zeichen für Zeichen ab, ohne zu wissen, was sie bedeuteten oder wie sie gelesen und ausgesprochen wurden. Mit sechs Jahren erhielt er den ersten Unterricht in Poesie. Ab dem achten Lebensjahr musste er auf Geheiß des Fürsten, dem sein Vater diente, tagsüber 3.000 Zeichen und abends bei Kerzenschein weitere 1.000 üben. Damit er in der Dunkelheit nicht einschlief, ließ er sich zwei Eimer kalten Wassers bereitstellen, mit denen er duschte, wenn ihn der Schlaf zu überwältigen drohte. Mit neun Jahren konnte Arai die Briefe, welche sein Vater verfasste, formvollendet nachschreiben. Nun gab man ihm ein besonderes Lehrbuch, den Briefsteller *Teikin ōrai*, das er binnen zehn Tagen kopieren sollte. Seine Abschrift wurde gebunden und dem Fürsten zur Begutachtung vorgelegt. Ab dem 13. Lebensjahr durfte er für den Fürsten Briefe schreiben. Dann geriet er in die Pubertät und betrieb in den folgenden Jahren lieber Kampfsport als Schreibübungen; doch konnte er vom Lesen japanischer Romane auch in diesem Lebensabschnitt nicht lassen. Eine Schule zum Lesen und Schreiben hat dieser kleine Samurai also nie besucht. Das einzige Lernmittel, das ihm dabei half, waren die Briefsteller.

Das *Teikin ōrai* datiert wohl aus dem 14. Jahrhundert. Es war ein Bestseller der Frühmoderne: 170 vormoderne Einzeldrucke sind überliefert, doch nicht selten wurde es auch mit anderen Lehrmaterialien zusammen herausgegeben. Es besteht im Kern aus 25 Briefen, nämlich je einem Anschreiben und seiner Antwort für jeden der zwölf Kalendermonate sowie einem Brief für einen der in den japanischen Mondkalender unregelmäßig eingefügten Schaltmonate. Den Briefen stehen in Kategorien geordnete Vokabellisten voran, und die Briefe selbst sind mehr als Einübung oder Beispiele der vorgestellten Vokabeln zu verstehen. Die Wortfelder, die dabei behandelt werden, umfassen Zeremonien, Spiele, und Freizeitvergnügen; hinzu kommen aber auch praktische Dinge des Alltagslebens, wie geschäftliche Angelegenheiten der Bauern, Handwerker und Händler; Dinge des Haushalts, des Krieges, der Staatsgeschäfte und Justiz bis hin zu Krankheit und Heilkunde. Ganz deutlich wird hier der enzyklopädische Anspruch des Werkes – allerdings auf dem sprachlichen und inhaltlichen Stand des 14. Jahrhunderts; also hoffnungslos antiquiert. Dennoch lernten nicht nur Arai Hakuseki und seine Standesgenossen im 17., sondern auch noch die meisten japanischen Schulkinder im 19. Jahrhundert damit schreiben. Allerdings fügten die Herausgeber Anmerkungen und vor allem immer mehr Illustrationen hinzu, die es leichter verdaulich machen sollten.[112] Das *Teikin ōrai* war aber nur ein Vertreter seines Genres. Vom 17. bis 19. Jahrhundert erschienen insgesamt etwa 7.000 Werke mit der Gattungsbezeichnung *ōrai*. Die meisten von ihnen waren aber keine Briefsteller mehr, sondern Vokabellisten für spezielle Wortfelder: für Bauern, für Händler, für Handwerker; für Pilger nach Ise, zum Fuji-Berg, zum Tsukuba-Berg und zu anderen beliebten Reisezielen; Listen mit den Namen der japanischen Provinzen, der Bezirke und Dörfer oder der Stationen der Hauptverkehrswege; solche für die jahreszeitlichen Bräuche, die schönen Künste, den Mathematikunterricht. Manchmal bestanden sie aus schnörkellosen Auflistungen, oft aber aus Sätzen und Sentenzen, die Mnemotechnik mit Moralkunde verbanden: Ermahnungen zum standesgemäßen Verhalten flossen dann ebenso ein wie allgemeine Lebensweisheiten. Zu den beliebtesten neuen *ōraimono* gehörte das *Shōbai ōrai*, ein Lehrwerk der Handelssprache, vermutlich aus der ersten Hälfte des 18. Jahrhunderts. Sein prosaischer Beginn ist typisch für diese Entwicklungsstufe der Gattung:

„Bei den Schriftzeichen, die man für den Handel braucht, geht es mehr oder weniger um die Zahlen, die Geschäftsjournale, Schuldscheine, Bestellungen, Empfangsbescheinigungen, Pfandscheine, Berechnungen, Inventarlisten und Fakturenbücher. Zunächst die Geldstücke beim Geldwechsler: Die Goldmünzen: *Ōban, koban, ichi-bu, ni-shu …*"

Es folgen dann Vokabeln aus Wortfeldern wie Warenbezeichnungen, Buchhaltung und Maße.

Ähnlich weit verbreitet war das 1766 erstmals aufgelegte *Hyakushō ōrai* für Landwirte, dessen Einleitung so beginnt:

„Bei den Schriftzeichen, welche die Bauern brauchen, geht es hauptsächlich um die Landwirtschaft. Werkzeuge für den Ackerbau sind zunächst: Spaten, Hacke, Sichel …"

Bei Bedarf kamen neue Lehrbücher auf den Markt, um gesellschaftlichen oder wirtschaftlichen Wandel nachzuvollziehen. 1865 erschien in der Handelsmetropole Ōsaka das *Toiya ōrai*, das Grundwissen über den Großhandel lehrte. Dazu gehörten damals, wenige Jahre nach der Öffnung Japans für das Ausland, erstmals auch die Grundbegriffe des Außenhandels.

So trat im 19. Jahrhundert das ursprüngliche Ziel dieser Gattung, das Briefeschreiben, weitgehend in den Hintergrund. Anders als bei Arai Hakuseki im 17. Jahrhundert fand der Unterricht jetzt für die meisten Kinder in der Schule statt. Schulgründungen, die von Tempeln, Privatleuten oder Fürstentümern getragen wurden, erlebten seit dem 19. Jahrhundert und insbesondere seit den 1830er Jahren einen ungeheuren Boom und vergrößerten die Bildungschancen der gesamten Bevölkerung erheblich:[113]

112 Ichimura, *Edo no jōhōryoku*, S. 182-190
113 Nach Kitō, *Bunmei toshite no Edo shisutemu*, S. 306

Gründung	Tempelschulen *(terakoya)*	Privatakademien *(shijuku)*	Fürstliche Schulen
1469-1750	141	20	28
1751-1829	1.480	248	137
1830-1867	8.675	802	50
1868-1875	1.035	181	36
unbekannt	4.175	187	4
Summe	15.506	1.438	255

Am Ende der Frühmoderne konnte rund die Hälfte, vielleicht sogar mehr, der erwachsenen Japaner mindestens das Nötigste lesen und schreiben. Etwa 43 % der Männer und 10 % der Frauen hatten noch vor Einführung des modernen Pflichtschulwesens bereits eine Schule besucht.[114] Neben der Unterweisung im Lesen und Schreiben wurde dort eine gewisse Standardisierung des Wissens und des sprachlichen Ausdrucks angestrebt, dazu Moralkunde. Das Briefeschreiben stand nicht mehr im Vordergrund.

Am Beispiel einer Dorfschule, die ein engagierter Großbauer, Funatsu Denjibē, in der Provinz Kōzuke zu Beginn des 19. Jahrhunderts gründete und leitete, zeigt sich, dass die Auswahl der Lehrmittel und das Tempo des Vorgehens sich nach den Lernfortschritten der einzelnen Schüler richteten.[115] Über die vergebenen Aufgaben und die Fortschritte seiner 46 Schüler und Schülerinnen führte der Lehrer Buch. Nach dem Prinzip „vom Einfachen zum Schweren“ arbeiteten sie sich im Durchschnitt durch sieben Werke. Der Neffe des Schulleiters schaffte als einziger 14 Titel. Die Mädchen aber lasen viel weniger; sie wurden auch viel früher aus der Schule genommen. Das Briefeschreiben wurde erst spät und auch nur mit einem Teil der Schüler geübt.

Der Bedarf an Lehrwerken fürs Briefeschreiben bestand also weiterhin. Aber jetzt fanden Briefsteller als Spezialwerke im Lehrplan der fortgeschrittenen Schüler Verwendung, und sie befriedigten erkennbar aktuelle Bedürfnisse des sozialen Lebens. Ein solcher Briefsteller der neuen Art erschien unter dem Titel *Tegami anmon* („Briefsteller“) 1811 in Kyōto. Verfasser war ein Sasaki Bunryū. Das Buch besteht aus 90 Musterbriefen, darunter 46 Anschreiben und 44 Antwortschreiben. Die ersten 53 Briefe sind nach dem Rhythmus des Kalenderjahres geordnet: Vier Briefe widmen sich dem in Japan traditionell besonders gefeierten Jahresanfang, je zwei dem 2. und 3. Monat.

---

[114] Ronald P. Dore: *Education in Tokugawa Japan*. London, Ann Arbor 1984 (zuerst 1965)

[115] Takahashi Bin: „Mura no tenarai juku“. In: *Shūkan Asahi hyakka Nihon no rekishi, bessatsu: Rekishi no yomikata 6: Bunken shiryō wo yomu – kinsei.* Asahi Shinbunsha 1989, S. 39-44

Es folgen vier Briefe, die sich mit einem der in der Edo-Zeit verbreitetsten religiösen Kulte beschäftigen, den Ise-Bruderschaften *(Ise kō)*. Im Anschreiben dazu heißt es: „Mit diesem Brief möchte ich Ihnen folgendes mitteilen. Ich freue mich, dass es Ihnen [endlich wieder] gut geht. Nun bin ich vom Meister der [Ise-] Bruderschaft eingeladen worden und glaube auf Pilgerfahrt nach Ise gehen zu sollen. Ich würde mich daher sehr freuen, wenn wir, falls Sie [gleichfalls] [nach Ise] aufzubrechen gedenken, gemeinsam reisen könnten. Ich bitte Sie daher, mir die Ehre zu geben, gemeinsam mit mir zu reisen. Dies ist auch der Wunsch der [übrigen] Eingeladenen. Das wäre alles."

Die höfliche Zusage auf diese Einladung soll lauten:

„Ihren Brief habe ich mit Dankbarkeit gelesen. Dass Sie nun auf Ise-Pilgerfahrt gehen, ist Anlass zur Freude. Dass Sie mich daher eingeladen haben, kann mich nur mit höchster Freude erfüllen.

Zudem meine ich, dass ich Sie unbedingt begleiten möchte. Ich bitte Sie daher um den Gefallen, in der Bruderschaft freundlicherweise die Zustimmung dafür einzuholen. Fürs erste verbleibe ich bis zu förmlichem Dank auf diese Weise."

Es folgte ein Vorschlag für eine höfliche Absage:

„Ihren Brief habe ich dankend erhalten.

Es erfüllt mich mit Freude, dass Sie nun auf Ise-Pilgerfahrt gehen. Ich bin deshalb auch dankbar dafür, dass Sie mich dazu eingeladen haben. Zwar möchte auch ich gern dorthin pilgern, doch da ich zur Zeit aus Edo viele Bestellungen vorzuliegen habe, bin ich überaus beschäftigt. Deshalb muss ich wohl oder übel ablehnen.

Ich bedauere aufrichtig, Sie nicht begleiten zu können. Für Ihre Pilgerfahrt wünsche ich Ihnen Gesundheit. Nach Ihrer Rückkehr müssen Sie mir unbedingt von drüben berichten. Fürs erste muss ich Ihnen aber leider diese Absage zukommen lassen. Das wäre alles."

Bei der Zielgruppe dieser Briefe handelte es um großstädtische Geschäftsleute in Kyōto. Auch diese verstanden zu feiern. Deshalb schlossen sich Briefe über das beliebte Kirschblütenfest im Frühling und über das bedeutendste Volksfest in Kyōto, das Gion-Fest im Hochsommer, an. Zu diesem Fest lud man auch auswärtige Gäste ein, „weil es heißt, dass die Umzüge dieses Jahr besonders prächtig ausfallen werden." Der Eingeladene sollte freudig annehmen, um es sich mit seinen Partnern in Kyōto nicht zu verderben.

Im Sommer schrieb man offenbar besonders viele Briefe, um in der Hitze das kühle Haus möglichst wenig verlassen zu müssen. Außerdem übersandte man Geschäftsfreunden und Verwandten das traditionelle Sommergeschenk *(chūgen)*, im Beispiel des Briefstellers eine Kiste kalt zu verzehrende Nudeln *(sōmen)*.

Weitere sommerliche Feste folgten, vom ersten Erntefest im August bis zur Pilzsuche. Religiösen Hintergrund hatten das Fest der Zehn Tage der buddhistischen Sekte vom Reinen Land, das vom 6. bis 15. des 10. Monats stattfand, sowie das Fest der Gottheit Ebisu, das die Händler in West-Japan am 20. des 10. Monats feierten.

Familiären Charakter hatten dagegen die folgenden Feiern des ersten Frisierens *(kami-oki)* der kleinen Mädchen und des ersten Hosenrockanlegens *(hakama-gi)* der kleinen Jungen am 15. des 11. Monats. Den Geschäftsfreunden und Verwandten schickte man zur Feier des Tages „ein Fass Sake und eine Kiste mit Leckereien." Am 8. Tag des 11. Monats feierten viele Handwerker ihren Schutzpatron, den Gott Inari. Zu dieser Feier lud man Gäste, ausdrücklich mit ihren Kindern, ein. Der Eingeladene versicherte in seiner Antwort artig, seine Söhne könnten es vor Freude kaum noch abwarten. Zum Jahresende wurden wieder Geschenke ausgetauscht.

Es folgten Muster für Geschäftsbriefe: für Aufträge in oder aus anderen Provinzen, Neueröffnung eines Geschäftes, eilige Aufträge, Geschäftspartnerschaften, Rechnungen und Geldwechsel.

Danach schlossen sich Briefe aus Anlass von Familienfeiern an: Hochzeit, Geburt, Volljährigkeitsfeier des Stammhalters, Übergabe der Geschäfte an den Stammhalter, Hauskauf, Neu- oder Umbau, Adoption, Gründung einer Zweigfamilie.

Der Anhang enthält einen Mustervertrag zur befristeten Anstellung von Hausgesinde, einen Bürgschaftsvertrag sowie eine Empfangsbestätigung für Bargeld. Zweifellos war eine derartige Textsammlung vor allem für großstädtische Kaufleute interessant und sinnvoll. Die meisten beigegebenen Abbildungen stellten Szenen aus dem Geschäftsleben oder von Feiern in Geschäft und Familie dar, die zum Anlass für Briefwechsel werden konnten. Wichtige Informationen ließen sich dagegen den ebenfalls in der Kopfzeile gegebenen Kopftexten *(kashiragaki)* entnehmen. Einer kurzen Einführung in die Geschichte der japanischen Kalligraphie folgte hier die sog. *moroten*-Version der Brieftexte: Die sinojapanischen Schriftzeichen, die in vielen Phrasen nach den Regeln der chinesischen (und nicht der japanischen) Syntax eingesetzt wurden, wurden links markiert, um anzugeben, in welcher Reihenfolge die Zeichen zu lesen waren; rechts hingegen standen Lesungen und Endungen der einzelnen Zeichen in japanischer Silbenschrift. Ausführlich wurden ferner Schreibstil-Varianten behandelt, durch welche der Schreiber seine soziale Situation gegenüber dem Adressaten illustrieren konnte. War der Adressat höhergestellt, sollte die Schrift sorgfältig und leicht lesbar sein. Am Beispiel des Schriftzeichens *on/go/mi*, eigentlich eine ehrende Vorsilbe in der Bedeutung von „werter/sehr geehrter", lässt sich gut zeigen, wie kalligraphisch distinguiert werden konnte.

Auch musste man den Wortgebrauch entsprechend der Stellung des Gegenübers variieren. Die Einleitungsfloskel in Briefen sollte beispielsweise in Abhängigkeit vom Status des Empfängers lauten:

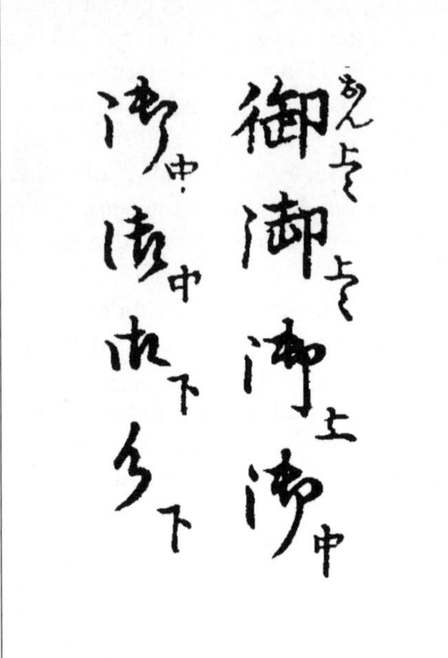

Abb. 7: Variation des Schriftzeichens „on" nach sozialem Status des Empfängers (Tegami anmon, 1811)

Stand des Empfängers	Japanische Floskel	Deutsche Entsprechung
besonders hochstehend nigst,	*ippitsu keijō tatematsuri soro*	Ich erlaube mir untertä- Ihnen einen Brief zu überreichen
hochgestellt	*ippitsu keijō tsukamatsuri soro*	Ich erlaube mir höflichst, Ihnen einen Brief zu überreichen
gewöhnlich	*ippitsu keijō itashi soro*	Ich erlaube mir, Ihnen einen Brief zu überreichen
niedrig	*ippitsu keidatsu seshime soro*	Lassen Sie mich Ihnen einen Brief zukommen

In der Kopfzeile fanden sich auch noch zusätzliche Briefe, die weitgehend in japanischer Silbenschrift geschrieben waren, „um den männlichen Briefstil gefälliger zu machen", sobald Männer an Frauen schrieben. Inhaltlich ging es dann nicht um Geschäftliches, sondern um Neujahrsgrüße oder um die Kirschblüte. So stellten diese Lehrbücher gleichzeitig eine Einführung in die soziale Alltagspraxis dar. Die Fähigkeit, mit Menschen unterschiedlicher sozialer Felder – Höher- und Niedrigergestellten, Männern und Frauen – in Übereinstimmung mit einem bestimmten, eindeutig identifizierbaren Habitus, kommunizieren zu können, stellte dabei den Schlüssel zum Erfolg dar. Dieser Habitus war erlernbar und lässt sich als „ein System verinnerlichter Muster definieren, die es erlauben, alle typischen Gedanken, Wahrnehmungen und Handlungen einer Kultur zu erzeugen – und nur diese."[116]

Bilder und Bücher

Bis zum 17. Jahrhundert gab es anders als in China in Japan kaum Zensur von Büchern, weil sie außerhalb der herrschenden Klasse kaum Verbreitung fanden. Dies änderte sich nur unwesentlich, als das Bakufu politische Literatur prinzipiell verbot. Eine effektive Zensur gab es trotzdem erst in der Moderne.[117] Die Tokugawa mischten sich in den seit dem 18. Jahrhundert aufblühenden kommerziellen Literaturbetrieb[118] kaum ein. Nur sehr wenige offizielle Schriftstücke des Bakufu wurden in gedruckter Form verbreitet. Entscheidend blieb bis zum Schluss die mündliche oder in handschriftlicher Form erteilte Weisung.

Das Desinteresse der Politik an einer durchdringenden Kontrolle des Druckwesens erleichterte auf diesem Sektor die Orientierung an Marktmechanismen erheblich. Die gewerbliche Herstellung von Drucken erfolgte im Manufakturbetrieb: Der Autor oder Kopist fertigten die Druckvorlagen an, der Illustrator verfertigte die Vorlagen für die Abbildungen, der Graveur schnitzte die Druckstöcke, der Reiberdrucker stellte die Abzüge her, und der Buchbinder erstellte daraus das fertige Buch. Finanziert wurde das Unternehmen vom Verleger, der gleichzeitig auch Buchhändler war, das Eigentumsrecht an den Druckstöcken besaß und nach Marktlage Nachdrucke oder Neuausgaben herstellen lassen konnte. Freilich spiegelte sich in den Arbeitslöhnen, dass handwerkliche Tätigkeiten in dieser Produktionskette höher bewertet wurden als künstlerisch-kreative. Für ein Werk, das 1855 erschien, zahlte der Verleger dem Verfasser 1,5, dem Illustrator 1, dem Graveur beinahe 3 und dem Drucker 7,5 *ryō* Gold Arbeitslohn.[119] Diese vier Beteiligten wurden übrigens in den Kolophonen der Druckwerke regelmäßig aufgeführt.

Anfangs waren nur die Buchumschläge künstlerisch gestaltet, ab dem späten 17. Jahrhundert gab es in den meisten Büchern Illustrationen. Die Tendenz zur visuellen Darstellung griff auch auf Flugschriften *(ichimaizuri)*, Karten und Kalender über. Großen Absatz fanden auch Hand- und Sachbücher, Reiseführer, sogenannte Ranglisten *(banzuke)* für Schauspieler und Sportler, Werbematerial,

---

116 Pierre Bourdieu: „Der Habitus als Vermittlung zwischen Struktur und Praxis". In: ders.: *Soziologie der symbolischen Formen*. Frankfurt a.M. 1974, S. 125-158, hier S. 143

117 Peter F. Kornicki: *The Book in Japan: A Cultural History from the Beginnings to the Nineteenth Century*. Honolulu 2001 (zuerst 1998)

118 Ekkehard May: *Die Kommerzialisierung der japanischen Literatur in der späten Edo-Zeit (1750-1868). Rahmenbedingungen und Entwicklungstendenzen der erzählenden Prosa im Zeitalter ihrer ersten Vermarktung*. Wiesbaden 1983, 254 S.

119 *Namazue: shinsai to Nihon bunka*. Ribun Shuppan 1995, S. 51

gedruckte Amulette – und natürlich Belletristik. Im 19. Jahrhundert wurden Mehrfarbdrucke zu Massenprodukten.

Im 19. Jahrhundert gab es mehr als 900 Verleger in Edo und jeweils rund 500 in Kyōto und Ōsaka. Sie teilten sich nach der Art der von ihnen verlegten Literatur in zwei Gruppen. Die einen gaben ernsthafte Literatur *(shomotsu)* heraus, wozu auch klassische (meist chinesische) Literatur, konfuzianische religiöse Schriften, die besonders beliebten Amtsträgerlisten und Stadtpläne sowie Reiseführer gehörten. Die anderen verlegten Trivialliteratur *(jihon)*, wozu u.a. unterhaltende Literatur, Puppentheaterstücke, Musik, Horoskope und Farbholzschnitte gezählt wurden. Die beiden Gruppen verfolgten unterschiedliche Strategien: Ernsthafte Literatur waren eher Longseller, die mit großer Sorgfalt produziert waren und teuer verkauft wurden. Trivialliteratur war kurzlebiger, stärker der Mode unterworfen und daher nicht nur ökonomisch, sondern auch politisch riskanter: Fiel ein aktueller Schriftsteller der Zensur zum Opfer, litt darunter auch automatisch sein Herausgeber. Mit Klassikern konnte dies kaum passieren. Dafür konnte man mit Trivialem schnellen Profit machen und rascher auf die Kundenwünsche reagieren.

Unruhe auf dem Rücken

Das Interesse der Bevölkerung an politischen und gesellschaftlichen Nachrichten spiegelte sich vor allem in der großen Zahl von Verboten wider, die das Bakufu gegen das in Manuskriptform verbreitete Medium sogenannter „Wahrer Berichte" *(jitsuroku)* verhängte.[120] Schon 1771 führte ein Index der verbotenen Schriften der Buchhändler in Kyōto über 100 solcher Werke auf; das früheste Verbot datierte von 1681. Im allgemeinen handelte es sich dabei um die Darstellung von Skandalen, die in gedruckter Form niemals die Zensur passiert hätten, aber als Abschriften bei den Leihbuchhändlern leicht zu bekommen waren. Verbotsgründe waren nichtautorisierte Bezüge auf den Shōgun und dessen Vasallen (in seriösen Werken durfte über die frühen Tokugawa-Shōgune durchaus geschrieben werden), Pornographie und „Gerüchte", worunter die Bakufu-Zensur insbesondere Klatsch über interne Auseinandersetzungen in Fürstenhäusern, Blutfehden und Kriminalfälle verstand. Falls dabei politisch sensible Themen berührt wurden, konnte es für die Verfasser lebensgefährlich werden. 1807 verfasste ein Leihbuchhändler aus Ōsaka namens Nanbōtei Eisuke ein *jitsuroku* in zehn Heften über den Konflikt mit Russland (Hokkai idan). 1809 wurde er dafür mit dem Tode bestraft. Er war ein Opfer seiner Profession. Häufiger wurden schriftstellerisch unangenehm aufgefallene Leihbuchhändler zu Verbannung oder 50 Tagen Handfesseln verurteilt.[121] Die überaus beliebten Leihbuchhändler, die ihre Bib-

[120] P[eter]. F. Kornicki: „The Enmeiin Affair of 1803: The Spread of Information in the Tokugawa Period". In: *Harvard Journal of Asiatic Studies* 42 (1982), S. 503-533

[121] Minami Kazuo: *Edo no machi bugyō*. Yoshikawa Kōbunkan 2005, S. 50-54

liothek in einer Kiste auf dem Rücken mit sich führten und ihre Kunden besuchten, waren für viele Leser die Quelle nicht nur erbaulicher, sondern bisweilen auch politisch oder moralisch sensationeller und anstößiger Gedanken. In den 1830er Jahren hieß es deshalb in einem Spottgedicht: „Der Leihbuchhändler trägt Unruhe auf seinem Rücken umher."[122]

Da es im frühmodernen Japan keine öffentlichen Bibliotheken gab, spielten die Leihbuchhändler in den großen Städten eine wichtige Rolle bei der Befriedigung der Leselust. 1808 gab es in Ōsaka etwa 300 und in Edo 655 Leihbuchhändler; bis 1832 stieg ihre Zahl auf 800. Der 1767 von Ōnoya Sōhachi in Nagoya gegründete Buchverleih Daisō hielt bei seiner Geschäftsaufgabe 1899 nicht weniger als 20.000 Bände vorrätig. Für höchstens ein Zehntel des Kaufpreises konnte man die gewünschte Literatur fünf Tage lang ausleihen. Der erfolgreiche Trivialschriftsteller Santō Kyōden (1761-1816) urteilte daher:

„Der Verleger ist wie die Brauteltern, die Leser sind der Bräutigam, und der Leihbuchhändler ist der Heiratsvermittler."[123]

Strategien gegen sozialen Abstieg

Die Angst, nicht das nötige Kapital akkumulieren zu können, um ein standesgemäßes Leben zu führen, mit anderen Worten: in Armut[124] zu geraten, war ein Dauerthema der frühneuzeitlichen Gesellschaft. Das große Thema in der Trivialliteratur der Kaufleute waren Pleiten und Armut. Vor wirtschaftlichem Abstieg war niemand gefeit. Reale Einkommensverluste zwangen im 19. Jahrhundert sogar niedrigrangige Samurai zu Nebenverdiensten.[125] Der Index der Reallohnentwicklung von Bauarbeitern zeigte seit 1820 eine fast ständige Verschlechterung (1800-1804 = 100):[126]

1800-1809	98,1
1810-1819	103,2
1820-1829	98,5
1830-1839	73,7
1840-1849	76,9
1850-1859	65,7
1861-1868	47,9

122 Kornicki, „Enmeiin Affair", S. 508

123 P[eter]. F. Kornicki: „The Publisher's Go-Between: Kashihonya in the Meiji Period". In: *Modern Asian Studies* 14:2 (1980), S. 331-344

124 Philippe Pons: *Misère et Crime au Japon du XVIIe Siècle à nos Jours*. Paris: Gallimard 1999

125 Kozo Yamamura: *A Study of Samurai Income and Entrepreneurship: Quantitative Analyses of Economic and Social Aspects of the Samurai in Tokugawa and Meiji Japan*. Cambridge 1974

126 Kitō, *Bunmei toshite no Edo shisutemu*, S. 250

Abb. 8: Frauen betrachten Bilder von Schauspielern in einer Buchhandlung (Toyokuni: Imayō mitate shi nō kō shō, 1857)

Das große Thema in der Trivialliteratur der Kaufleute war das Geld. Der beliebte Schriftsteller Jippensha Ikku warf 1822 in einer Erzählung die Frage auf, „warum es in der Welt Reichtum und Armut gibt“ (Yononaka hinpuku ron). Zunächst einmal stellte er fest, dass dies zur Natur des Menschen gehörte:

„Nichts ist so sehr dem Wandel unterworfen wie der Mensch. Die Saat dafür wird wohl im Vorleben gelegt. Manche Menschen besteigen stets eine Sänfte und berühren die Erde nie mit ihren Füßen. Andere wiederum tragen diese auf ihren Schultern. Selbst Gold und Silber werden, wenn man stirbt, nur zu wertlosem Schutt. Zu Lebzeiten gibt es aber nichts Wertvolleres. Damit kann man, ganz ohne Anstrengung, Himmel und Erde bewegen, Teufel und Götter rühren, auf das Gesicht harter Kerle ein Lächeln zaubern und hübsche Mädchen das Unmöglichste wahrmachen lassen. …
Der Weg des Himmels geht nie in die Irre. Weil er den Guten Glück in Hülle und Fülle schenkt, den Bösen aber Unglück, ist es wie bei einer chronischen Krankheit."

Am fiktiven Beispiel eines Altwarenhändlers zeigte er aber auf, dass man sein Glück auch verscherzen konnte – nämlich durch Verschwendung: „In einer Zeit wie dieser, wo es so schwierig ist, Kredite zu bekommen, warf er leider mit Geld nur so um sich." Dass es mit seinem Glück und Wohlstand vorbei war, wurde ihm klar, als man bei einem Neujahrsputz „Armutsgötter" entdeckte, die sich anstelle des bisherigen Glücksgottes in seinem Hausschrein niedergelassen hatten. Er versuchte, sie aus dem Haus zu vertreiben, aber es war schon zu spät: Sein Haus war mit Unglück und Armut wie mit einer Krankheit infiziert.

Abb. 9: Vertreibung von Armutsgöttern (Jippensha Ikku: Yononaka hinpuku ron, 1822)

Daher überrascht es nicht, dass auch der Tugendkatalog konventioneller Kaufleute der Sparsamkeit unbedingten Vorrang einräumte, denn Luxus und Verschwendung wurden als Hauptursachen von wirtschaftlichem Niedergang angesehen. Erst nach Sparsamkeit rangierten Fleiß, Gehorsam gegenüber der Obrigkeit, Höflichkeit und Redlichkeit.[127] Ein Sprichwort aus Ōsaka, der Metropole der Händler, lautete: „Verdiene dein Geld ruhig unredlich; doch gib es redlich aus."[128] Viele Händler orientierten sich an der Ethik des Ishida Baigan, dessen synkretistische „Lehre vom Herzen" *(shingaku)* vor allem die Frage be-

127 J. Mark Ramseyer: „Thrift and Diligence. House Codes of Tokugawa Merchant Families". In: *Monumenta Nipponica* 34:2 (1979), S. 209-230

128 Ramseyer, „Thrift and Diligence", S. 214

antworten wollte, wie man das menschliche Leben für alle zuträglich gestalten konnte.[129] Die Gefahr für die frühneuzeitlichen Kaufleute bestand stets darin, dass die anderen ihre Sparsamkeit als Geiz brandmarkten und ihr erwirtschaftetes Kapital für Umverteilungen beanspruchten.

Abb. 10: Reicher Kaufmann und armer Papierlumpensammler begegnen einander im selben Wohnviertel (Shōnin gunpaiki, 1818)

Mit der sehr realen Gefahr des Absturzes in die Armut setzten sich auch einige der neuen Religionen des 19. Jahrhunderts auseinander, deren Erfolg gerade darauf beruhte, dass sie „Profit im Diesseits“ *(gense riyaku)* und Sicherheit für die Familie versprachen. 1814 gründete der Priester Kurozumi Munetada einen Kult, in dessen Mittelpunkt die in Ise verehrte Sonnengöttin und Ahnherrin des Kaiserhauses Amaterasu stand. Ihre tägliche Anrufung sollte den Mitgliedern des Kurozumi-Kultes Gesundheit und Wohlstand garantieren.[130]

Solchen Vorstellungen trat allerdings das 1820 vollendete Werk „Anstelle der Illusionen“ (Yume no shiro) eines Kaufmanns aus Ōsaka, Yamagata Bantō, entschieden entgegen. An die Stelle von religiöser Spekulation – ob buddhistisch oder konfuzianisch – setzte Yamagata konsequenten Materialismus. Im 12. Band schrieb er: „Es gibt keine Hölle. Es gibt kein Paradies. Es gibt kein Ich. Alles,

[129] Jennifer Ellen Robertson: „Rooting the Pine: Shingaku Methods of Organization“. In: *Monumenta Nipponica* 34:3 (1979), S. 311-332; Robert N. Bellah: *Tokugawa Religion: The Values of Pre-Industrial Japan*. Boston 1970. Zur von vielen Kaufleuten besuchten, vom Bakufu unterstützten konfuzianischen Kaitokudō-Schule in Ōsaka s. Tetsuo Najita: *Visions of Virtue in Tokugawa Japan: The Kaitokudō Merchant Academy of Osaka*. Chicago 1987

[130] Helen Hardacre: *Kurozumikyō and the New Religions of Japan*. Princeton 1986

was es gibt, sind Menschen und Dinge. Es gibt keine Götter und Buddhas. Es gibt keine Gespenster. In der Welt gibt es auch keine unerklärlichen Wunder." In allen Dingen, gerade auch in der ökonomischen Kalkulation, musste deshalb nüchterne Rationalität herrschen.

Die neue „Vulgärethik" (Yasumaru Yoshio) der Bauern wurde im 19. Jahrhundert von „weisen Bauern" wie Ninomiya Sontoku und Ōhara Yūgaku entwickelt und verbreitet.[131] Durch Solidarität, Sparsamkeit, Aufwertung von Arbeit und Rationalisierung der Lebensführung wollten sie die darniederliegenden Dörfer und Bauernfamilien aufrichten und soziale Ungleichheit bekämpfen. Einerseits untersagten in Befolg dieser Lehre viele Dörfer im 19. Jahrhundert Feste und überflüssige Ausgaben, um überleben zu können. Andererseits sollte der Zusammenhalt unter den Dorfgenossen gestärkt werden: Geldgeschenke und Nachbarschaftshilfe mussten jetzt erwidert werden; wer sich nicht an gemeinsamen Arbeiten beteiligen konnte, musste dafür eine Gegenleistung erbringen.[132] Ōhara initiierte 1838 in der Provinz Shimōsa die Gründung einer ersten bäuerlichen Genossenschaft unter dem Namen „Ahnen-Aktiengenossenschaft". Die Bauern sollten sich ähnlich wie die Händler besonders um den Fortbestand ihres Hauses bemühen. Dazu brauchte man mehr Kinder, die wiederum liebevoller behandelt und besser erzogen werden sollten als früher. Fachwissen und kulturelles Wissen bezogen die bäuerlichen Oberschichten jetzt aus Büchern und machten sich dadurch von den Erfahrungen der Alten unabhängig. Gleichzeitig standardisierte sich der Wissensstand. Dies galt sogar für Sexualpraktiken, deren Kenntnis sich durch einschlägige Literatur und Illustrationen aus dem urbanen Milieu übers Land verbreitete. Trotz aller ökonomischen Unterschiede, so lehrte Ninomiya, waren die menschlichen Grundbedürfnisse überall gleich – und alle Menschen galten vor den Göttern gleich viel. Ninomiyas Schlagworte lauteten Fleiß, Sparsamkeit und Teilen. Für Ōhara war die Fruchtbarkeit *(sei)* die das gesamte Universum zusammenhaltende Energie. Trotz, oder vielmehr: *wegen* des Erfolges seiner Selbsthilfe-Lehre zog Ōhara das Misstrauen der Bakufu-Polizei auf sich. 1857 ordnete das Bakufu schließlich nach einer längeren Untersuchung die Auflösung seiner Aktiengenossenschaft und seiner Schule an; es stehe Ōhara als herrenlosem Samurai nicht zu, sich in Fragen der Grundherrschaft einzumischen. Im folgenden Jahr beging der frustrierte Ōhara rituellen Selbstmord.

Selbst die protoindustriellen Unternehmer wie Reishändler, Sakebrauer, Geldwechsler, Tee- und Textilhändler oder Transportunternehmer – die auf dem Land die neue Elite der Großbauern[133] *(gōnō)* oder Großhändler *(gōshō)* bildeten – durchlitten das ganze 19. Jahrhundert hindurch konjunkturelle Wechselbäder. Je

[131] Eiji Takemura: *The Perception of Work in Tokugawa Japan: A Study of Ishida Baigan and Ninomiya Sontoku.* Lanham, Oxford 1997

[132] Hirota Masaki: „Kinsei no seijuku to kindai". In: ders. (Hg.): *Minshū no kokoro* [= Nihon no kinsei 16]. Chūō Kōronsha 1994, S. 295-320

[133] Denda Isao: *Gōnō.* Kyōikusha 1985

stärker sie in die überregionalen und am Ende der Frühen Neuzeit auch globalen Märkte investierten, desto größer wurde ihre Abhängigkeit von Konjunkturfaktoren, die sie nicht direkt beeinflussen und kaum vorhersehen konnten, wie sich besonders deutlich am Beispiel der Seidenproduktion zeigte.[134] Mit der zunehmenden Marktorientierung und Marktverflechtung[135] wuchsen unternehmerische Chancen und Risiken gleichermaßen. Von ihrem Erfolg aber hing unmittelbar das Schicksal der Bauern und Arbeiter ab, die sie für ihre Unternehmungen beschäftigten und denen die traditionelle Landwirtschaft längst nicht mehr die Lebensgrundlagen sichern konnte.[136] Je weiter sich die Schere zwischen Reich und Arm auf dem Land auftat, desto stärker wurden die Eliten daher gezwungen, die ländliche Gesellschaft materiell und immateriell zu stützen.[137] Dass sich die reichen Bauern zunehmend an der hochkulturellen Produktion – insbesondere Poesie, aber auch Malerei, Teezeremonie, Schauspielkunst, Schriftstellerei und sogar Kampfkünsten – aktiv beteiligten und sich als Sponsoren betätigten, war auch dem Versuch geschuldet, ihr neuerworbenes ökonomisches Kapital in krisensicheres kulturelles Kapital aufzuwerten. Ein Großbauer aus Echigo schrieb 1822: „Mein größter Wunsch ist, mich dadurch hervorzutun, dass ich mich an im Privaten genossenen eleganten Leistungen erfreue, ohne meine Arbeit zu vernachlässigen ... Wenn man sich an solchen Leistungen erfreut, ist an dem eigenen Geschäft nichts Gemeines."[138] Der Status des einfachen Kaufmannes reichte den aufstrebenen Familien nicht mehr. Seit Ende des 18. Jahrhunderts häuften sich auch die Fälle, in den Bürger dafür bestraft wurden, dass sie wie die Samurai Schwerter besaßen oder sich ohne Genehmigung in Samurai-Familien adoptieren ließen. Andererseits wurde ihnen seit den 1830er Jahren immer öfter erlaubt, sich oder ihre Söhne gegen beträchtliche Geldzahlungen in niedrige Samurai-Positionen einzukaufen und damit ihren Stand zu wechseln.[139]

Doch der professionelle Kunstbetrieb war nicht weniger den Konjunkturen unterworfen als jede andere Okkupation auch. Im Jahr 1816 bereitete das traditionsreiche Kanze-Ensemble Nō-Aufführungen in Edo vor. Das Unternehmen begann und endete desaströs.[140] Erst starb der Ensembledirektor, dann zerstörte ein Sturm das Theatergebäude. Die Zuschauer beklagten sich über die hohen

---

134 Kären Wigen: *The Making of a Japanese Periphery, 1750-1920*. Berkeley, Los Angeles 1995

135 Thomas C. Smith: *Native Sources of Japanese Industrialization, 1750-1920*. Berkeley 1988; ders.: *The Agrarian Origins of Modern Japan*. Stanford 1959

136 Edward Pratt: *Japan's Proto-industrial Elite: The Economic Foundations of the Gōnō*. Cambridge 1999

137 Brian W. Pratt: „Elegance, Prosperity, Crisis: Three Generations of Tokugawa Village Elites." In: *Monumenta Nipponica* 55:1 (2000), S. 45-81

138 Anne Walthall: „Peripheries. Rural Culture in Tokugawa Japan". In: *Monumenta Nipponica* 39:4 (1984), S. 371-392, hier S. 384

139 Minami, *Edo no machi bugyō*, S. 88-96

140 Gerald Groemer: „Elite Culture for Common Audiences: Machiiri Nō and Kanjin Nō in the City of Edo". In: *Asian Theatre Journal* 15:2 (1998), S. 230-252

Eintrittspreise, die lange Warterei während der fast ganztägigen Aufführungen und die schlechte Sicht auf die Bühne. Bald nach Beginn des Spielbetriebs führten schwere Regenfälle zu einer mehrwöchigen Spielpause. Kaum konnte man wieder spielen, da brannte das Theater nieder. Nur mit einem hochverzinslichen Kredit vom Bakufu, das immer wieder seine schützende Hand über das von vielen Kriegern geschätzte, aber in der Bevölkerung nicht wirklich populäre Nō hielt, konnte die Truppe überleben. Selbst gefeierten Malern erging es nicht besser. Katsushika Hokusai, der berühmte Ukiyoe-Künstler, verlor 1839 sein gesamtes Vermögen durch einen Brand. Sein Kollege Andō Hiroshige musste den persönlichen Nachlass seiner ersten Frau verkaufen, um eine Studienreise bezahlen zu können. Utagawa Toyokuni III. ließ sich von seinem Verleger einen Vorschuss auf seine Zeichnungen sowie Kleidung, Essen und Trinken und dazu Theaterkarten geben und verbrauchte so viel Geld, dass sein Verleger kaum auf seine Kosten kam.

1.5 Stabilisierungsversuche (1823-1838)

1.5.1 Haupt der Erde

„Einfangen oder erschießen"

Von Juni bis August 1824 gingen Besatzungen britischer Walfänger ohne Erlaubnis in Japan an Land und begingen Akte des Vandalismus. Um dies abzustellen, erließ das Bakufu nun eine Art Schießbefehl. Wegen der fortgesetzten Heimsuchungen, Plünderungen und „ferner, wie es scheint, des Versuches, die [christliche] Irrlehre zu fördern", befahl das Bakufu am 6. April 1825: „Fortan soll man, sobald an welcher Küste auch immer fremde Schiffe anlanden, diese mit den dort versammelten Kräften ohne Diskussion zielstrebig vertreiben. Falls sie fliehen sollten, soll man sie nicht verfolgen, sondern es auf sich beruhen lassen. Falls sie mit Gewalt an Land gehen sollten, ist es auch nicht verboten, sie einzufangen oder zu erschießen."[141]

---

141 Zit. n. Kodama Kōta; Hishikari Takanaga: *Nihon-shi shiryō*. Yoshikawa Kōbunkan, 18. Aufl. 1984, S. 121

„Neue Thesen" aus Mito

Der konfuzianische Gelehrte Aizawa Seishisai[142] aus dem Fürstentum Mito[143] rechtfertigte in seinem Hauptwerk „Neue Thesen“ *(Shinron)* 1825 diesen Schießbefehl. Für seine Analyse der Weltlage verglich er die Gegenwart mit dem Zeitalter der kämpfenden Staaten in China (403-221 v. Chr.). Er sah Japans Stellung durch die Aggressivität Russlands gefährdet. Die westliche Strategie sei, das Christentum in Japan einzuführen, um die politische Ordnung zu untergraben, und Japan nach seiner Bekehrung zum Christentum als Sprungbrett für die Eroberung Chinas einzusetzen. Diese Strategie könne nur durchkreuzt werden, wenn, wie vom Bakufu soeben beschlossen, die Ausländer entschlossen abgewehrt würden und dem einheimischen Shintō ein zentraler Platz zukomme. Nur dann konnte Japan seinen Anspruch verwirklichen, als das „heilige Reich“ *(shinkoku)* das „Haupt der Erde“ zu sein. Doch musste dafür ein Umbau im Innern folgen. Aizawas Bild vom Kaiser war stark von Yamaga Sokōs Lehre beeinflusst. Auch Aizawa setzte die kaiserlichen Insignien mit den drei konfuzianischen Herrschertugenden gleich. Die Stellung des Kaisers als Mittelpunkt des japanischen Staatskörpers *(kokutai)* musste gestärkt werden, damit alle Japaner im Kampf zusammenstanden. Für den Kampf war eine starke Armee erforderlich, die mit westlicher Waffentechnik ausgestattet sein sollte. Die Samurai sollten wieder aus den Städten aufs Land zurückkehren, um ihre Kampfmoral und die der Bevölkerung zu stärken. Um Russland zu bezwingen, sollte sich Japan schließlich noch mit China und dem Osmanischen Reich verbünden.

Das Verhältnis zwischen Mito und dem Tokugawa-Haupthaus wurde jedoch 1829 nachhaltig gestört, als Fürst Tokugawa Narinobu kinderlos starb. Eine Fraktion hochrangiger Vasallen wollte einen Sohn des Shōgun Ienari als Nachfolger ins Fürstentum holen, doch Aizawa Seishisai und Fujita Tōko gelang es im Bündnis mit den niedrigen Samurai des Fürstentums, den jüngeren Bruder Narinobus und Schüler Aizawas, Tokugawa Nariaki, als neuen Fürsten durchzusetzen. Die ideologische Prägung, die Nariaki durch Aizawa und Fujita erfuhr – besondere Loyalität zum Kaiser und Abwehr der Bedrohung durch die westlichen Barbaren – brachte ihn fortan wiederholt in Widerspruch zur Haltung des Bakufu.

---

142 Bob Tadashi Wakabayashi: „Rival States on a Loose Rein: The neglected tradition of appeasement in late Tokugawa Japan“. In: James W. White, Michio Umegaki, Thomas R.H. Havens (Hgg.): *The Ambivalence of Nationalism. Modern Japan Between East and West.* Lanham 1990; ders.: *Anti-Foreignism and Western Learning in Early-Modern Japan: The New Theses of 1825.* Cambridge 1986; Volker Stanzel: *Japan: Haupt der Erde: die „Neuen Erörterungen“ des japanischen Philosophen und Theoretikers der Politik Seishisai Aizawa aus dem Jahre 1825.* Würzburg 1982

143 J. Victor Koschman: *The Mito Ideology: Discourse, Reform and Insurrection in Late Tokugawa Japan, 1790-1864.* Berkeley 1987; H.D. Harootunian: *Toward Restoration. The Growth of Political Consciousness in Tokugawa Japan.* Berkeley, Los Angeles, London 1991 (zuerst 1970)

1.5.2 Mobilisierung durch Wissen

Die Medizin als Avantgarde und Netzwerk

Seit dem 16. Jahrhundert herrschte in der japanischen Schulmedizin die aus China übernommene Lehre der Gozei-Schule vor, nachdem ihr erster Vertreter Manase Dōsan an den Höfen des Kaisers und vieler Fürsten erfolgreich gewirkt hatte. Sein Adoptivsohn Manase Gensaku bekleidete das 1623 eingerichtete Amt eines Leibarztes der Tokugawa und sicherte damit den Vorrang seiner Schule für die nächsten Generationen.[144] Ihre Methode war eine komplizierte Mischung qualifizierender und quantifizierender Diagnosen der Körperfunktionen. Sie bekam Konkurrenz durch die „Klassische Medizin" des Nagoya Gen'i, der dies alles für leeres Geschwätz hielt und lieber zu den einfacheren „klassischen" Theorien der chinesischen Frühgeschichte zurückkehren wollte, nämlich zur Theorie des Wechselspiels von Yin und Yang. Gesunde Ernährung, Heilbäder und traditionelle Therapien wie Akupunktur und Heilkräuter waren für diese Schule die Mittel der Wahl.

Seit Tokugawa Yoshimune 1720 das Verbot westlicher Bücher aufgehoben hatte, trat zur chinesischen Medizin *(kanpō)* jedoch die „holländische Medizin" *(ranpō)* in Konkurrenz. 1739 wurde Noro Genjō Leibarzt Yoshimunes, begann Holländisch zu lernen und nahm Kontakt mit den Ärzten der holländischen Handelsstation in Nagasaki auf. Bereits 1744 publizierte Noro eine umfangreiche Darstellung holländischer Heilkräuter. 1774 bis 1778 veröffentlichten die Ärzte Sugita Genpaku, Maeno Ryōtaku, Nakagawa Jun'an und Katsuragawa Hoshū ihre Übersetzung der „Anatomischen Tabellen" des Deutschen Johann Adam Kulmus, die der Chirurgie in Japan enormen Auftrieb verlieh. Den letzten Anstoß für diese Übersetzung hatte 1771 die erste in Japan durchgeführte Autopsie gegeben, an der Sugita, Maeno und Nakagawa teilgenommen hatten; einen Tag nach der Untersuchung der Leiche einer hingerichteten Verbrecherin machten sie sich ans Werk. Die Autopsie wurde übrigens von einem Eta vorgenommen, der mehr von der menschlichen Anatomie verstand als die anwesenden Ärzte. Katsuragawa war Leibarzt Tokugawa Ienaris, Maeno, Nakagawa und Sugita stammten aus Arztfamilien, die im Dienst japanischer Fürsten standen. Die „holländischen Ärzte" waren auf ein gutes Verhältnis zum Bakufu und zu den Fürsten angewiesen, weil sie nur mit deren Zustimmung Zugang zu Wissensquellen – Büchern und Menschen – aus dem Westen bekamen. Für die herrschenden Eliten wiederum waren diese Ärzte und Naturwissenschaftler aus drei Gründen nützlich: Für ihre persönliche Gesundheit, für die Volksgesundheit und als Interpreten der westlichen Kultur und Wissenschaft. Dennoch dauerte es ein

[144] Miyamoto Yoshiki: „Edo jidai no igaku." In: Nishiyama Matsunosuke: *Edo jidai seikatsu, bunka sōran*. Shin Jinbutsu Ōraisha 1991; Tsukamoto Manabu: *Chiisana rekishi to ōkina rekishi*. Yoshikawa Kōbunkan 1993

Jahr, bis Sugita und seine Kollegen vom Bakufu die Druckerlaubnis für ihre bahnbrechende Übersetzung erhielten.

Die Leibärzte der Tokugawa bildeten seit 1680 ein wohlausgesuchtes Team, das aus einem Chefarzt und je einem Internisten, Chirurgen, Zahnarzt, Augenarzt, Kinderarzt und Akupunkteur bestand; hinzu kamen Assistenzärzte und fallweise hinzugezogene Spezialisten. Ähnlich ließen sich auch die Fürsten medizinisch versorgen. In Edo-Koishikawa ließ Tokugawa Tsunayoshi 1684 einen Heilkräutergarten als Zentrum der medizinischen Botanik fürs ganze Land anlegen. Tokugawa Yoshimune ließ dessen Fläche 1721 verzehnfachen. Sein Leibarzt Noro Genjō sammelte hier alle in den medizinischen Gärten Japans angebauten Pflanzen.

1723 ließ Yoshimune in diesem Heilkräutergarten auch ein öffentliches Krankenhaus einrichten. Hier behandelten pensionierte Bakufu-Ärzte und Nachwuchskräfte bis zu 40 von den Stadtviertel-Schulzen ausgewählte Arme kostenlos. Dahinter standen ernste Sorgen um die Volksgesundheit: Die mangelhafte Ernährung in den stark gewachsenen Großstädten begünstigte die Verbreitung von Krankheiten wie Beriberi, das zwischen 1716 und 1735 in Edo wütete und deshalb als „die Krankheit von Edo" bezeichnet wurde, und Zuckerkrankheit unter der armen Bevölkerung. 1802 verteilte das Bakufu an 288.000 mittellose Einwohner Edos während einer Grippewelle Reis und Geldspenden. Bei weiteren Grippeausbrüchen in Edo 1821, 1832 und 1854 (aus gegebenem Anlass „amerikanische Grippe" genannt) handelten das Bakufu und die Stadtverwaltung ähnlich. 1822 brach die erste Cholera-Epidemie aus, die ebenso wie Typhus vom Ausland eingeschleppt wurde. Mangelnde Hygiene und hohe Bevölkerungsdichte in den Metropolen verschlimmerten auch die Auswirkungen von seit alten Zeiten bekannten, hochansteckenden und vor allem für Kleinkinder äußerst gefährlichen Krankheiten wie Masern (die 1803 und 1862 besondes heftig wüteten), Tuberkulose, Syphilis und Pocken.[145] Die Sterblichkeit in den frühmodernen Städten lag deutlich höher als auf dem Lande.[146] Zur Bekämpfung von epidemischen Krankheiten *(hayariyamai)* waren die modernen westlichen Methoden daher hochwillkommen, selbst wenn deren Wirksamkeit nicht immer offensichtlich war. Auf dem Land hingegen, wo der moderne Lebensstil und mit ihm die „Zivilisationskrankheiten" sich sehr viel langsamer verbreiteten, hielt sich auch die traditionelle Medizin viel länger. Sie lag dort in den Händen nicht-akademisch ausgebildeter Heilkundiger, insbesondere der Bergasketen *(Yamabushi)*, die als wandernde „Medizinverkäufer" *(kusuriuri)* in ihrer lokalen Gesellschaft auf dem schmalen Grat zwischen Magie und Wissenschaft wandelten. Sie bekamen allerdings im 19. Jahrhundert verstärkt Konkurrenz durch selbsternannte Wunderheiler anderer Sekten.[147]

---

145 Ann Bowman Jannetta: *Epidemics and Mortality in Early Modern Japan*. Princeton 1997

146 Kitō, *Bunmei toshite no Edo shisutemu*, S. 100

147 Helen Hardacre: „Conflict Between Shugendō and the New Religions of Bakumatsu Japan". In: *Japanese Journal of Religious Studies* 21:2-3 (1994), S. 137-166

Die „holländische Medizin“ indes erhielt bedeutende neue Impulse, als der im Dienst der holländischen Handelsstation stehende Arzt Philipp Franz von Siebold 1824 mit Erlaubnis der Behörden in Narutaki bei Nagasaki eine kleine medizinische Akademie einrichtete. Siebold, der einer hochangesehenen Würzburger Arztfamilie enstammte, war 1823 nach Nagasaki gekommen und entschlossen, sich dort bleibende Meriten zu erwerben. Er brachte Pockenimpfstoff aus Übersee mit, scheiterte aber mit dem Versuch einer Vorbeugeimpfung. Einer seiner Schüler in Narutaki, Itō Genboku, wurde jedoch 1858 zum Mitinitiator der Pockenschutzimpfstelle in Edo und Leibarzt des Shōgun. An dem Impfstellen-Projekt beteiligte sich auch der Siebold-Schüler Totsuka Seikai, gleichfalls einer der Tokuguwa-Leibärzte. Itō Keisuke stellte 1829 erstmals die Linnésche botanische Taxonomie vor und erläuterte 1841 die Pockenschutzimpfung mittels Kuhpockenserum. Weitere bedeutende Schüler Siebolds waren Habu Genseki, der Augenarzt des Bakufu, und Takano Chōei, der als Arzt in Edo praktizierte und bald zum Ziel einer Intellektuellenhatz werden sollte. Siebold seinerseits beschaffte sich mit Hilfe seiner Schüler ein riesiges Archiv von Pflanzen und anderen Sammelobjekten – und vor allem: Karten. Nach fünfjährigem Aufenthalt wollte er Japan wieder verlassen und stach am 14. November 1828 in See. Wegen eines Sturms musste sein Schiff jedoch in den Hafen von Nagasaki zurückkehren, und bei einer Inspektion der Schiffsladung entdeckten Beamte, dass er verbotenerweise versucht hatte, Kartenmaterial aus dem Land zu schmuggeln.

Die Bedeutung von Karten: der Siebold-Skandal

Während der Frühen Neuzeit wurde die geographische Karte als Medium des nationalen Identitätsdiskurses entdeckt.[148] Es kam zu einer „kartographischen Revolution“,[149] die den Menschen unabhängig von ihrer Zugehörigkeit zum Feld der Macht ein topographisches Bewusstsein des symbolischen Raumes namens Japan und damit ein objektiviertes Bewusstsein der Zugehörigkeit zu diesem Raum vermittelte. Japans Pionier der modernen Kartographie war Ino Tadataka, der seine 1800 auf Hokkaidō begonnene Küstenvermessung mit Unterstützung des Bakufu bis 1816 im Rest Japans fortführte. Nach seinem Tod wurde das von ihm nachgelassene Material von Takahashi Kageyasu, eigentlich Kalenderexperte des Bakufu, bearbeitet und 1821 als Gesamtkarte Japans dem Bakufu übergeben. Sie bestand aus 214 Blättern im Maßstab 1:36.000 und aus 225 Blättern in kleine-

---

[148] Marcia Yonemoto: *Mapping Early Modern Japan: Space, Place, and Culture in the Tokugawa Period, 1603-1868*. Berkeley 2003; Kären Wigen: „The Geographic Imagination in Early Modern Japanese History: Retrospect and Prospect“. In: *Journal of Asian Studies* 51:1 (1992), S. 3-29

[149] Mary Elizabeth Berry: „Was Early Japan Culturally Integrated?“ In: *Modern Asian Studies* 31:3 (1997), S. 547-581, hier S. 573

ren Maßstäben. Takahashi, der Russisch und Manjurisch beherrschte, wurde sein Interesse an der Welt zum Verhängnis. Er beschaffte Siebold im Tausch für westliche Bücher japanisches Kartenmaterial, darunter eine kleinmaßstabige Version der Gesamtkarte von 1821. Dafür wurde er inhaftiert und zum Tode verurteilt, starb aber vor seiner Hinrichtung an Entkräftung im Gefängnis. Gerüchten zufolge war es ein anderer großer Kartograph, nämlich Mamiya Rinzō, der Takahashi beim Bakufu denunziert hatte. Siebold selbst wurde 1829 des Landes verwiesen. Ihm gelang es trotz des Skandals, etliches wertvolle Kartenmaterial außer Landes zu bringen.

Nationaltourismus

Das auffällige Interesse an Karten und das Aufblühen des damit verbundenen Berufszweiges der Kartenverleger[150] stand im Zusammenhang mit der neuen „Kultur der Bewegung“ (Nishiyama Matsunosuke), die seit dem frühen 19. Jahrhundert in Japan Einzug gehalten hatte. Eine frühe „Sammlung von Ermahnung für Reisen“ *(Ryokō yōjinshū)*, die Yasumi Roan 1810 publizierte, wies darauf hin, dass Reisen nicht nur allen Gesellschaftsschichten Vergnügen bereitete, sondern sie auch im Leiden gleichmachte: Reisen verlangte von allen Verzicht, Mäßigung und Vorsicht. Er empfahl, Abstand zu Fremden zu halten, die Barschaft in einem Geldgürtel mit sich zu führen, beim Übernachten in einer Pension das Schwert unters Bettzeug zu legen und die Türen fest zu verschließen. Menschenaufläufe (z.B. wegen Sumōturnieren, Tanzfesten, Hinrichtungen, Unfällen oder Schlägereien) sollte man unbedingt vermeiden. Im übrigen sollte man nicht über den Dialekt der Einheimischen lachen und keine Graffiti oder Aufkleber an Sehenswürdigkeiten anbringen.[151]

Zu diesem Zeitpunkt bedeuteten Reisen in ferne Landesteile fast dasselbe wie Reisen ins Ausland. Dies änderte sich erst, als Holzschnitte, Reiseführer und andere Werke einer nationaltouristischen Propaganda die Landschaft des frühmodernen Japan formten und multimedial vermittelten. Um 1832 erlaubte das Bakufu dem 35jährigen, bis dahin kaum bekannten Maler Andō Hiroshige, an einer Gesandtschaft zum Kaiserhof teilzunehmen, die dem Kaiser Pferde als Geschenk des Shōgun überreichen sollte. Hiroshige war der Sohn eines Feuerwehrhauptmanns aus Edo, hatte seine künstlerische Ausbildung mit 14 Jahren begonnen und sich auf Porträts schöner Frauen spezialisiert, ohne damit durchschlagenden Erfolg zu haben. Auf der fast 500 km langen Reise von Edo nach Kyōto übte er sich daher in einem anderen Genre, der Landschaftsmalerei. Nach seiner Rückkehr veröffentlichte Hiroshige eine Serie von Farbholzschnit-

150 Tawara Motoaki: *Edo no chizuya-san: Hanbai kyōsō no butaiura*. Yoshikawa Kōbunkan 2003

151 Constantine N. Vaporis: „Caveat Viator. Advice to Travelers in the Edo Period“. In: *Monumenta Nipponica* 44:4 (1989), S. 461-483

ten, die jeweils eine der offiziellen Wegstationen der „Östlichen Küstenstraße" *(Tōkaidō)*, der Fernstraße zwischen Edo und Kyōto, darstellten, unter dem Titel „Die 53 Stationen des Tōkaidō". Tatsächlich waren es 55 Bilder, da Hiroshige auch den Ausgangspunkt der Route, die Nihonbashi-Brücke in Edo, und ihren Endpunkt in Kyōto abbildete. In kurzer Zeit wurden diese Bilder zum erfolgreichsten Tōkaidō-Zyklus und erlebten zahlreiche Nachdrucke und Neuauflagen. Es war Hiroshige offenbar gelungen, den Geschmack seiner Zeitgenossen zu treffen. Szenen vom Tōkaidō wurden hinfort zu einem tragenden Element der Kultur des Nationaltourismus.[152]

Der Tōkaidō gehörte zu einem Netz von Fernstraßen, die in der Frühen Neuzeit in erster Linie als Heerstraßen angelegt und ausgebaut wurden. Auf ihnen wurden Truppen, Boten und Proviant bewegt. Man nannte sie daher offiziell „die Arme und Beine des Reiches".[153] Die Fürsten waren verpflichtet, den Ausbau dieser Verkehrswege in ihren Territorien hinzunehmen und zu unterstützen. Schon in den Regulierungen der Tokugawa für die Fürsten von 1635 hieß es, dass offizielle Straßen, Pferdewechselstationen, Fähren und Brücken den Verkehrsfluss nie aufhalten durften; dass andererseits private Straßensperren oder Hafensperren verboten waren. Seit 1659 gab es einen Bakufu-Kommissar für das Straßenwesen, der über das Wegenetz wachte. Die fünf großen Fernstraßen standen unter der Rechtsprechung des Bakufu, das auch über die Benutzungsgebühren bestimmte.

Die meisten Reisenden waren in der längsten Fußgängerzone der Welt „auf Schusters Rappen" unterwegs (so der Titel eines beliebten Reiseromans des Schriftstellers Jippensha Ikku aus dem Jahre 1802). Wer es sich leisten konnte, durfte auch Pferde mieten, die an allen Wegestationen in vorgeschriebener Zahl vorzuhalten waren, oder sich in einer Sänfte tragen lassen. Wagenverkehr war jedoch bis 1862 nicht erlaubt.

Über Flüsse und Schluchten waren bis zu 300 m lange Brücken errichtet worden. Wo dies nicht ging, standen an Furten und Seen Fähren oder Träger bereit. Die Straßen waren zum Schutz gegen die Sonne mit Alleebäumen gesäumt. Steinlaternen erlaubten sicheres Reisen auch in der Dunkelheit. Wegweiser wiesen auf Tempel oder andere Pilgerziele am Wegesrand hin. In den größeren Wegestationen fanden sich Gasthäuser unterschiedlicher Preiskategorien, Restaurants, Badehäuser, Bordelle und Souvenirhändler sowie die offizielle Anschlagtafel für amtliche Verlautbarungen. Hochrangige Gäste übernachteten im *honjin*, einem luxuriös ausgestatteten Haus, dessen Wirt wie ein Samurai Fa-

---

[152] Jilly Traganou: *The Tōkaidō Road: Travelling and Representation in Edo and Meiji Japan*. New York 2004; Franziska Ehmcke: „Methodologische Überlegungen zur kulturwissenschaftlichen Erforschung der Tōkaidō-Holzschnittserien". In: Judit Arokay; Klaus Vollmer (Hgg.): *Sünden des Worts. Festschrift für Roland Schneider zum 65. Geburtstag*. Hamburg 2004, S. 231-249

[153] Constantine Nomikos Vaporis: *Breaking Barriers. Travel and the State in Early Modern Japan*. Cambridge 1995, S. 17

miliennamen und Schwerter führen durfte. Bei einer Pension vom Typ *hatagoya* konnten offiziell Tragekörbe für die Beförderung von Proviant, Geräten und Menschen gemietet werden. Im hinteren Teil der Pension warteten mit Duldung der Behörden oftmals Prostituierte, im Obergeschoss Glücksspieler auf Kundschaft. Der *toiya* dagegen leitete nicht nur die Station, sondern vermietete auch Pferde und Träger. Auf den zahlreichen Nebenstraßen machten private Rasthäuser und Dienstleister den offiziellen Stationen allerdings erfolgreich kommerzielle Konkurrenz.

Für den Betrieb der 248 Wegestationen (*shuku* oder *eki*) und der 53 Wegsperren *(sekisho)* wurden zahlreiche Dörfer in der Umgebung gegen geringen Lohn zur Gestellung von Pferden, Führern, Trägern oder Bootsleuten verpflichtet *(denmayaku)*. Allein die Station Mitsuke wurde von 109 solcher „Hilfsdörfer" *(sukegō)* versorgt, Odawara sogar von 113. Immer wieder protestierten die Hilfsdörfer mit Eingaben, Bummelei, Arbeitsverweigerung und sogar Aufständen gegen die ihnen zugemuteten, wegen des steigenden Verkehrsaufkommens wachsenden Belastungen.

Die Wegsperren hatten militärische und polizeiliche Funktionen und waren mit Tokugawa-Soldaten besetzt. Sie durften nur tagsüber passiert werden. Es war bei schweren Strafen verboten, sie zu umgehen. Wer hindurch wollte, musste einen Passierschein *(tegata)* vorlegen, den man gegen Gebühr bei den Amtleuten, Stadtkommissaren oder auch Tempeln erhalten konnte. Darauf war vermerkt, für wieviele Reisende er galt, warum und wohin die Reise durchgeführt wurde, wer den Schein ausgestellt hatte und für welche Wegsperre er gelten sollte. Frauen mussten sich zusätzlich ausweisen und wurden ebenso körperlich untersucht wie Jungen und Männer, an deren Geschlecht man Zweifel hatte. Auf diese Weise wollte man verhindern, dass Fürsten weibliche Familienangehörige heimlich aus Edo schmuggelten bzw. ganze Bauernfamilien Landflucht begingen.

Der häufigste und allgemein akzeptierte Reisegrund für gewöhnliche Leute war eine Pilgerfahrt. Die Genehmigung hierfür erhielten Bauern allerdings nur außerhalb der Arbeitssaison. Religiöse Bruderschaften *(kō)* organisierten regelrechte Gruppenreisen und unterhielten Netzwerke von autorisierten Rast- und Gasthäusern für ihre Angehörigen. Deshalb entwickelten sich wichtige heilige Stätten wie Ise, Zenkōji (das heutige Nagano), der Konpira-Tempel auf Shikoku und in Ostjapan die Gegend um den Fujiberg und den Ōyamaberg zu großen Tourismuszentren. Die religiösen Anlässe traten allmählich in den Hintergrund: Reisen wurde als Bildungserlebnis angesehen, insbesondere für junge Männer, die vor dem Eintritt ins Berufsleben einmal etwas von der Welt gesehen haben sollten; oder als Erholung, wenn es auf Bäderreise zu den Warmquellen von Arima, Atami, Hakone, Ikaho, Kusatsu oder Yumoto ging. Nicht nur dort, sondern auch im Umkreis der mit Touristenströmen gesegneten Heiligtümer florierte zudem die Prostitution. Die Tourismusindustrie umfasste aber auch den Handel mit Andenken einschließlich lokaler kulinarischer Spezialitäten sowie die Druckindustrie, die seit Mitte des 17. Jahrhunderts mit Karten, Reiseliteratur und Reiseführern alles tat, um dem gestiegenen Bedürfnis nach touristischen Informationen Rechnung zu tragen. 1780 erschien der erste illustrierte Reiseführer *(meisho zue)* für Kyōto, 1797 für den Tōkaidō, 1834-1836 schließlich auch für Edo.[154] Der Wettbewerb auf dem nationalen Tourismusmarkt wurde im 19. Jahrhundert immer heftiger; populäre Großereignisse mit oftmals nur vorgeschobenem religiösem Charakter wie Reliquienschauen, Tempel- und Schreinfesten, Sumō-Turnieren und Theateraufführungen sollten die Zuschauer aus Nah und Fern anlocken.[155] Prächtige Umzüge durch geschmückte Straßen, Musik und Tanz sorgten in den Städten für die Unterhaltung der Massen. Die eindrucksvollsten Feste endeten mit spektakulärem Feuerwerk. Der Aufbau und reibungslose Betrieb einer Reiseinfrastruktur, die den Bedürfnissen einer differenzierten Kundschaft entgegenkam, war von überlebenswichtiger Bedeutung für diese Boomindustrie.

Der Tōkaidō, den Hiroshige zu dieser Zeit ins Bild rückte, war die wichtigste unter den Fernstraßen. Von Edo bis Kyōto maß er 125,5 *ri* (493 km) und stellte die bequemste und schnellste Verbindung zwischen den beiden Metropolen dar. Im allgemeinen war die Straße zwischen 5 und 7 Meter breit; an ihrer breitesten Stelle maß sie knapp 15, an ihrer schmalsten weniger als 3 Meter. Es konnte also durchaus eng werden. Denn schon Engelbert Kaempfer, der Ende des 17. Jahrhunderts den Tōkaidō benutzte, staunte über das hohe Verkehrsaufkommen – und darüber, dass auch hier, im anonymen Raum der Reise, die Regeln der ständischen Gesellschaft peinlich genau zu beachten waren, wenn Höhergestellte vorbeikamen:

„Particuliere Reisiger und Reuter müßen von dem öffentlichen Wege und ihren pferden abtreten, und mit entblößtem Haupte und nieder gebogenem leibe Unsren vorbey Zug abwarten; Wer dieses nicht gelernet Ungeheißen zu thuen wird von den vorgehenden Marechallen empfindlich dazu angewiesen. Einwohnende bauren und gemeine fus gänger lauffen ungeheißen aus eigener civilité zur seiten des weges aus ins feld, und laßen sich mit entblöstem haupte // und hurkender submission nieder."[156]

So bevorzugt wurde Kaempfer jedoch nur behandelt, weil er als Arzt in holländischen Diensten auf dem Weg zum Shōgun war.

---

[154] Alfons Dufey, Johannes Laube (Hgg.): *Alltag in Japan. Sehenswürdigkeiten der Edo-Zeit – Edo-jidai meisho-zue.* Wiesbaden 1995

[155] Andō Yūichirō: *Kankō toshi Edo no tanjō.* Shinchōsha 2005

[156] Engelbert Kaempfer, Wolfgang Michel, Barend J. Terwiel (Hgg.): *Heutiges Japan 1/1* [= Engelbert Kaempfer Werke. Kritische Ausgabe in Einzelbänden]. München 2001, S. 349-350

Von der Vernetzung zur Verwebbung

Mit der „holländischen Medizin" war ein neues, überregionales Netzwerk von Gelehrten entstanden, die sich für die Naturwissenschaft und Technik, aber auch die Künste und die allgemeine Weltsicht des Westens interessierten. Ihr Spezialwissen setzten sie als kulturelles Kapital ein, das ihnen gesicherte und tendenziell autonome Positionen am Rande des Feldes der Macht einbrachte. Durch Freundschaften, Lehrer-Schüler-Beziehungen und familiäre Bande zu einer gelehrten Gemeinschaft verknüpft, schufen sie sich einen eigenen Habitus, der in Besuchen und Briefwechseln,[157] gemeinsamen Übersetzungsprojekten, ärztlichen Gemeinschaftsprojekten, aber auch dem Austausch von Gedichten und Bildern seinen Ausdruck fand. Thematisch gingen sie dabei weit über das Fachwissenschaftliche hinaus und beteiligten sich an Diskursen der Politik, Kultur oder Religion. Die Informationen, die sie für ihre Arbeit und für ihre Diskurse brauchten, und die sie nicht über den Buchhandel oder Buchverleih erhalten konnten, beschafften sie sich über inoffizielle Kanäle: Viele unterrichteten an Privatschulen *(juku)*, deren Schüler aus den verschiedensten Regionen Japans kommen konnten und entsprechend viel zu berichten wussten. Viele hatten Kontakte zu Kaufleuten, die sie nicht nur mit den Rohstoffen für Medizin und mit Instrumenten versorgten, sondern eben auch mit Nachrichten aus Edo und Ōsaka. Eine weitere, leicht zugängliche Informationsquelle stellten Frachtschiffer dar. Außerdem pflegten sie den Meinungsaustausch mit Kollegen in den Fürstentümern und drei Metropolen und beteiligten sich an literarischen oder nationalphilologischen Korrespondenzzirkeln. Was sie auf diese Weise erfuhren, hielten viele Gelehrte und andere private „Informationssammler" in Nachrichtensammlungen *(fūsetsudome)* fest, die sie als Abschriften unter ihren Korrespondenzpartnern verbreiteten.[158] Aus den passiven Empfängern von Informationen wurden auf diese Weise aktive Gestalter zahlreicher „Intranets" im japanischen sozialen Raum. Noch waren die meisten dieser „Intranets" geschlossene Foren für eine bestimmte Mitgliedschaft. Die „Verwebbung" (Ichimura Yūichi) der frühneuzeitlichen Gesellschaft, d.h. die Entwicklung hin zu autonomer multimedialer Verbreitung und Austausch von Informationen, Images und Ideologien über die Grenzen der „Intranets" hinaus, schritt mit professioneller Hilfe des Druckwesens,[159] des Buchhandels und Ver-

---

157 Miyachi Masato: *Bakumatsu ishin fūun tsūshin – ran'i Tsuboi Shinryō kakei-ate shokan-shū*. Tōkyō Daigaku Shuppankai 1978

158 Miyachi Masato: „Fūsetsu-dome kara mita bakumatsu shakai no tokushitsu, kōron sekai no tansho-teki seiritsu". In: *Shisō* 831 (1993:09), S. 4-26; ders.: „Bakumatsu no jōhō shūshū to fūsetsu-dome." In: *Bunken shiryō wo yomu: Kinsei* (= Shūkan asahi hyakka Nihon no rekishi bessatsu – rekishi no yomikata 6 –). Asahi Shinbunsha 1989, S. 45-50

159 Susanne Formanek, Sepp Linhart (Hgg.): *Written Texts – Visual Texts. Woodblock-printed Media in Early Modern Japan*. Amsterdam 2005; dies.: *Buch und Bild als gesellschaftliche Kommunikationsmittel in Japan einst und jetzt*. Wien: Literas 1995; Shiro Kohsaka, Johannes Laube (Hgg.): *Informationssystem und kulturelles Leben in den Städten der Edo-Zeit*. Wiesbaden 2000

lagswesens und des Nachrichtenhandels[160] seit dem 19. Jahrhundert unaufhörlich voran.[161]

Solche kommunikativen Netzwerke[162] und das Schaffen von Verknüpfungen *(ren)* zwischen ihren Akteuren, die zu einem gemeinsamen Habitus hinführen sollten, wurden ein allgemeines Kennzeichen im sozialen Raum der frühneuzeitlichen Gesellschaft.[163] Kultur war „ein Ausdruck sozialer Ankopplung".[164] Deutlich zeigt sich dies auf dem Feld der literarischen Produktion, wo es sich in der Kettendichtung *(renga)* geradezu zum Produktionsprinzip erhoben hatte. Aber auch die seit dem späten 18. Jahrhundert beliebten Scherzgedichte *(senryū)*, Schlagersammlungen oder Parodien sind voller kunstvoller Bezüge. An der künstlerischen Produktion waren außer Professionellen auch zahlreiche Amateure beteiligt, die ohne Rücksicht auf ihren gesellschaftlichen Stand in solche Zirkel Aufnahme fanden. Ihre dabei angenommenen Künstlernamen schufen zugleich bewusst Abstand von ihren „weltlichen" Identitäten und Nähe zu Lehrern, Freunden und Vorbildern. Wörtliche oder symbolische Zitate aus den Werken ihrer Mitstreiter dienten als Reverenz und Referenz und geradezu als Antriebskraft des Diskurses. Die Kollage, die multimediale Vermischung von Techniken und Stilen, war ein weiteres wesentliches Mittel zum Herstellen von Verknüpfungen. So fanden sich Bilder untrennbar verbunden mit Texten, die nicht nur um sie herum, sondern in sie hineingeschrieben werden, und Gedichte wurden inmitten von Prosatexten oder unterschiedliche Arten von Liedern in einem Musikstück vereint.

Viele künstlerische Leistungen waren das Ergebnis einer gemeinschaftlichen Zusammenarbeit. Um beispielsweise Shamisen-Musik zu komponieren, fügten Shamisen-Spieler und Sänger Melodie-Elemente nach ihrem Geschmack zu einem Stück zusammen, das ihnen zusagte, und unterlegten es mit einem Text. Der Ensembleleiter ergänzte dann die Flöten- und Trommelstimme und nahm notwendige Korrekturen vor. Das Ensemble passte das Stück seinen Aufführungspraktiken an. Jede Aufführung war insofern einmalig, und Musik galt nicht als beliebig reproduzierbar. Erfolg im Feld setzte die Anerkennung durch die etablierten „Konsekrationsinstanzen" (Bourdieu) voraus.

---

160 Yoshihara Ken'ichirō: *Edo no jōhōya: Bakumatsu shominshi no sokumen*. Nihon hōsō Shuppan kyōkai, 8. Aufl. 1996; Wakabayashi Kiyoyuki: „Mura ya machi no jōhō-ya – kinsei bunka-shi kenkyū no ichi shiten." In: *Shizuoka Kenshi Kenkyū* 2 (1986), S. 3-29

161 Hōya Tōru: *Bakumatsu ishin to jōhō*. Yoshikawa Kōbunkan 2001; Haga Noboru: *Edo jōhō bunka-shi kenkyū*. Kōseisha 1996

162 Katsuhisa Moriya: „Urban Networks and Information Networks". In: Nakane Chie; Ōishi Shinzaburō; Totman, Conrad (Hgg.): *Tokugawa Japan – The Social and Economic Antecedents of Modern Japan*. Univ. of Tokyo Pr. 1990, S. 97-123; Gilbert Rozman: *Urban Networks in Ch'ing China and Tokugawa Japan*. Princeton 1974

163 Tanaka Yūko: *Edo ha nettowāku*. Heibonsha 1993; Tanaka Yūko, Steffi Richter: „Teekunst (cha no yu) als Kommunikation". In: Ulrich Apel, Josef Holzapfel, Peter Pörtner (Hgg.): *Referate des 10. Deutschsprachigen Japanologentages vom 9. bis 12. Oktober 1996 in München*. München 1998, S. 505-513

164 Berry, *Culturally Integrated*, hier S. 571

Hiratas Weg durch die Konsekrationsinstanzen

Im Jahr 1823 erreichte es der Gelehrte Hirata Atsutane, zu einem Besuch bei Hofaristokraten in Kyōto eingeladen zu werden und damit seinem Ziel, seine eigene Schulrichtung mit einer bereits bestehenden, mächtigen Schule im Feld der japanischen Intellektuellen zu vernetzen, einen wesentlichen Schritt näherzukommen.[165] Hirata stammte ursprünglich aus einer Samuraifamilie im Fürstentum Akita im Nordosten Honshūs, verließ das Fürstentum aber 1795, um in Edo Altertumswissenschaften zu studieren. Er ließ sich in die Familie Hirata adoptieren, die im Dienst des Fürsten von Kunimatsu stand. Er lernte das Werk des 1801 verstorbenen Motoori Norinaga kennen und publizierte seit 1803 seine eigenen, in vielen Punkten von diesem abweichenden Ansichten zur Nationalphilologie. 1805 hatte er, wie er behauptete, einen Traum, in dem er Motoori persönlich begegnete. Seine Publikationen machten ihn unter Fachleuten allmählich bekannt, doch genoss er keine Sonderstellung in der Gelehrtenwelt. Sein Besuch in Kyōto sollte dies ändern. Er durfte nämlich über Mittelsleute seine Schriften der kaiserlichen Familie übergeben. Ex-Kaiser Tomohito und dessen Sohn Kaiser Ayahito (postum Ninkō) zeigten sich beeindruckt. Der Hof stellte Hirata eine rühmende Empfangsbestätigung aus und überreichte ihm ein Geschenk. Das kaiserliche Lob verbreitete Hirata eifrig in seiner Korrespondenz und veröffentlichte es später als Vorwort eines seiner Werke. Doch symbolisches Kapital in Form von kaiserlicher Anerkennung reichte in der frühneuzeitlichen Gesellschaft nicht aus, um sich als Führer eines intellektuellen oder künstlerischen Feldes zu etablieren. Ein weiterer wesentlicher Bestandteil von Legitimität bestand in sozialem Kapital, nämlich dem Nachweis von Abstammung und Nachfolge der etablierten Konsekrationsinstanzen. Hirata fuhr deshalb von Kyōto aus nach Wakayama weiter und traf für ein ausführliches Gespräch mit Motoori Ōhira zusammen, dem Adoptivsohn und offiziellen Nachfolger Norinagas, der im Dienst des Fürsten von Kii stand. Ōhira schenkte Atsutane ein *shaku* (eine Art hölzerner Notizzettel als Bestandteil der männlichen Hofkleidung, den auch Shintō-Priester und Lehrer bei Vorträgen gern als Ausweis ihrer Würde in der Hand hielten) und ein Porträt seines Vaters. Hirata verstand und verehrte diese Geschenke sogleich als Reliquien, in denen der Geist seines „Lehrers" Motoori Norinaga wirkte *(tamashiro)*. In einem späteren Werk behauptete Hirata, Morinaga habe drei solcher *shaku* hergestellt: nämlich je einen für seinen Adoptivsohn und seinen leiblichen Sohn Haruniwa – und einen dritten offenbar für seinen Schüler *post mortem* Hirata Atsutane. Der Gebrauch von Reliquien oder sogenannter Hausschätze (zu denen auch Urkunden oder geheime, oft mündliche Überlieferungen gehörten) als Nachweis der Schülerschaft war weitverbreitet; insofern war Hiratas Interesse an Reliquien, die seine besondere Verbindung zu seinem geistigen Lehrer verkörperten, verständlich. Hirata fuhr nun weiter nach Matsusaka in der Provinz

---

165 Vgl. Mark McNally: *Proving the Way. Conflict and Practice in the History of Japanese Nativism*. Harvard 2005

Ise, um dort Motoori Haruniwa zu treffen und Norinagas Grab zu besuchen. Haruniwa zeigte ihm einige von Norinagas nachgelassene Schreibpinseln und schenkte sie ihm schließlich. Hirata will mit diesen neuerlichen Reliquien spätere Werke geschrieben haben. Die Reaktionen der Gelehrtenwelt auf Hiratas Reise fielen teilweise sehr kritisch aus. Doch einer der wichtigsten Schüler Motoori Norinagas, Hattori Nakatsune, gestand Hirata 1824 kurz vor seinem Tod zu, der langerwartete wirkliche Nachfolger des Meisters zu sein; nun könne er selbst beruhigt sterben. Aber erst ab 1834, nach dem Tod der beiden Norinaga-Söhne, verfocht Hirata öffentlich seinen Anspruch, „der allerletzte Schüler" und legitime Erbe Norinagas zu sein: gestützt auf seinen Traum von 1805, die kaiserliche Anerkennung und die Reliquien von 1823, das Lob des Hattori Nakatsune von 1824 und eine inzwischen selbsterdachte Legende, Norinaga habe ihn 1801 noch kurz vor seinem Ableben als Schüler aufnehmen wollen. Um den nationalphilologischen Diskurs endgültig zu hegemonialisieren, stellte er nach der Art der neokonfuzianischen Philosophen außerdem eine kanonische Tradition der Nationalphilologie auf, die von Kada no Azumaro über Kamo no Mabuchi und Motoori Norinaga zu Hirata Atsutane selbst führte und mutwillig diskursive Zusammenhänge konstruierte bzw., sofern es die von ihm nicht berücksichtigten Nationalphilologen anging, auch ausließ. Bei weitem nicht alle Anhänger der Nationalphilologie akzeptierten diese leicht als äußerst eigennützig durchschaubare Konstruktion der sogenannten „vier großen Männer" *(shitaijin)*; erst im späten 19. und frühen 20. Jahrhundert wurde sie durch Schulbücher und populäre Darstellungen wirksam kanonisiert, weil sie für den nationalen Identitätsdiskurs wichtig wurde. Hiratas Vorgehen war jedoch beispielhaft für den Versuch, durch die Akkumulation von sozialem und symbolischem Kapital einen intellektuellen Führungsanspruch zu begründen.

Obwohl Hirata und seine Schüler sich als schriftkundige Gelehrte verstanden, die sich in erster Linie mit der textlichen Überlieferung des japanischen Geistes befassten, zeigten sie doch ein nahezu volkskundliches Interesse an den nichtschriftlichen Überlieferungen insbesondere volksreligiöser Phänomene. Hirata Atsutane lud 1820 einen 15jährigen Jüngling aus Edo namens Torakichi zu sich ein, der seit seiner Kindheit von sich behauptete, übersinnliche Kräfte zu besitzen und schließlich sogar von einem *Tengu* (geflügelten Fabelwesen) in die Welt der Geister entführt und dort unterwiesen worden zu sein. Torakichi musste Hirata ausführlich von seinen spirituellen Erfahrungen berichten. Hirata, der seine Gespräche mit Torakichi in einem Buch publizierte, beschäftigte sich danach ausgiebig (und unter Rückgriff auf jesuitische Schriften)[166] mit japanischen Vorstellungen von einer allmächtigen Schöpfergottheit, vom Jenseits und von der Totenwelt – Aspekten der Volksfrömmigkeit, welche die Motoori-Anhänger im allgemeinen nicht erstnahmen. Hirata gelang es mit dieser Thematik dagegen, ei-

[166] Richard Devine: „Hirata Atsutane and Christian Sources". In: *Monumenta Nipponica* 36:1 (1981), S. 37-54

ne Brücke von der akademischen Gelehrsamkeit zum Volksglauben zu schlagen und damit im Dialog mit der im 19. Jahrhundert neu aufblühenden Spiritualität weiter Bevölkerungsteile zu bleiben. Der junge Torakichi jedenfalls trat in Hiratas Ibukiya-Schule ein. Im Gegenzug verscherzte es sich Hirata wegen seiner These vom „grenzenlosen Reich des Kaisers“ *(tenchō mukyū)* mit dem Bakufu und musste 1841, zwei Jahre vor seinem Tod, Edo verlassen.

1.5.3 Die große Krise

Vergebliche Dankwallfahrt

Dankwallfahrt *(okage mairi)* nannte man Massenwallfahrten, die während der Frühen Neuzeit gelegentlich Hunderttausende bis Millionen von Menschen mobilisierten.[167] Ihr Ziel waren die beiden Hauptheiligtümer der Sonnengöttin Amaterasu und der Erntegöttin Toyoke in Ise. Dort wollten sich die Pilger für die Aussicht auf eine reiche Ernte, ein sogenanntes Fettes Jahr, bedanken. Die letzte große Massenwallfahrt fand 1830 bis 1831 unter Beteiligung von Menschen aus 31 Provinzen statt. Den Auslöser stellte das Gerücht dar, dass in verschiedenen Gegenden Japans Amulette der Ise-Heiligtümer „vom Himmel regneten“. Wo auch immer dieser „Amulettregen“ gemeldet wurde, betrachtete man dies als Ausdruck der Huld der Göttinnen und als gutes Omen für die Ernte, veranstaltete Dankfeiern und rief die Gläubigen dazu auf, in Massen nach Ise zu pilgern. Ein Gelehrter und Samurai namens Mizuno Masanobu berichtete darüber:

„Vom 3. Schaltmonat [April/Mai 1830] an verbreitete sich die Mode der Dankwallfahrt nach Ise. Diesmal begann sie damit, dass auf die Provinz Awa Amulette herabstiegen. Auch in Nagoya stiegen am 21. Tag des Schaltmonats [12.5.1830] ... Amulette herab ... Bis zum 29. Tag [20.5.] sollen sie in der gesamten Stadt an mehr als 500 Stellen geregnet sein. ... Im Nu gingen deshalb aus der ganzen Stadt Samurai, Männer und Frauen, Mönche und sogar Mägde auf jedwede Art nach Mitteilung an ihre Eltern und Herren auf Wallfahrt, es gab aber auch sehr viele, die auf Ausreißwallfahrt gingen“,[168]
d.h., ohne Erlaubnis ihrer Familien und Lohnherren – was an sich verboten war. Im westlichen Japan verband sich die Freude über die Amulettfunde mit einer Massen-

[167] Yano Yoshiko: „Bunsei 13 nen okage mairi to okage odori“. In: Nishigaki Seiji (Hg.): *Minshū shūkyō-shi sōsho 13: Ise shinkō 2*. Yūhikaku 1984, S. 213-242; Winston Davis: „Pilgrimage and World Renewal: A Study of Religion and Social Values in Tokugawa Japan“. In: *History of Religions* 23:2 (1983), S. 97-116, 23:3 (1984), S. 197-221; Fujitani Toshio: *Okage mairi to ējanaika*. 2. Aufl. 1969; Hermann Bohner: „Massen-Nukemairi“. In: *Monumenta Nipponica* 4 (1941), S. 486-496

[168] Zit. n. Reinhard Zöllner: *Japans Karneval der Krise: Ējanaika und die Meiji-Renovation*. München 2003, S. 65

tanzbewegung. Yoshikawa Riemon, ein Landsamurai aus der Provinz Yamato, berichtete:
„Um den 6. Monat herum sprach man erstmals in der Provinz Kawachi vom Danktanz und tanzte angeblich an vielen Orten. Danach brach das Tanzen auch im Westen von Yamato aus, danach im 8. Monat allmählich auch in unserer Gegend. Anfang des 9. Monats übte auch unser Dorf [den Tanz] ein. Vom 5. Tag an [21.10.1830] tanzte man umher. Bis zum 9. Tag tanzten wir umher. Danach gingen zahlreiche Erlasse der Grundherren um, die den Danktanz verboten. Anschließend ging auch ein Rundschreiben aus Nara um mit der Erlaubnis: ‚Man habe gehört, dass man in den Dörfern tanze. Daher dürften die Dörfer, welche tanzen wollten, in diesem Monat am 25. Tag [10.11.] einen Tag lang vor dem örtlichen Dorfschrein oder andernorts auf ihrem Gebiet tanzen.'"[169]

Deshalb gönnte sich das Dorf noch einmal einen halben arbeitsfreien Tag zum Tanzen. Spenden wurden gesammelt, Künstlerinnen engagiert und Tänze eingeübt. Am 15. Dezember gab es dann ein großes Tanzfest. Dabei kam es auch zum „Reintanzen", d.h., Tänzer drangen unangemeldet und mit dreckigen Schuhen in die Häuser meist wohlhabender Dörfler ein und tanzten dort umher, bis sie mit Essen und Trinken versorgt waren.

Die Feiern nahmen also regional unterschiedliche Formen an. Im Mittelpunkt stand die Hoffnung, dass es eine gute Ernte geben werde. Es wurde aber besonders betont, dass dies für die gesamte Gemeinschaft – unabhängig von Stand, Geschlecht und Alter – von herausragender Bedeutung war. Deshalb sollten alle mitfeiern. Tänze und Wallfahrt stellten eine vorübergehende, symbolische Gleichheit der Menschen her. Das „Reintanzen" hatte ein erpresserisches Moment und setzte sich bewusst von den alltäglichen Konventionen und Distinktionen des sozialen Raumes ab. Zudem wurden arbeitsfreie „Spieltage" *(asobibi)* für die Feiern angesetzt, d.h., der vorgeschriebene Arbeitsrhythmus wurde für eine außerordentliche Feier unterbrochen. Die Feiernden demonstrierten damit gegenüber der Obrigkeit auf friedliche Weise moralökonomischen Eigensinn und Partizipationsansprüche. Die Festlegung von Feiertagen war Sache der Dorfgemeinschaft. Seit Ende des 18. Jahrhunderts forderten jedoch die bäuerlichen Unterschichten, Saisonarbeiter und vor allem die Dorfjugend immer häufiger zusätzliche Feiertage.[170] Waren es vorher 20 bis 30 Tage, so setzten sie jetzt 30 bis 40, örtlich bis zu 80 arbeitsfreie Tage durch. Sie waren gleichzeitig die Hauptorganisatoren der Feierlichkeiten, die nicht nur Arbeitsproduktivität kosteten, sondern auch von der Dorfgemeinschaft finanziert werden mussten.

Doch die Hoffnung der Tänzer erfüllte sich 1830 nicht. Widrige Witterung mit kalten Sommern und Regen zur Unzeit verursachte in ganz Japan in den folgen-

[169] Zöllner, *Karneval der Krise*, S. 149
[170] Furukawa Sadao: *Mura no asobi-bi*. Heibonsha 1986

den Jahren eine Serie von Überschwemmungen, Missernten, Hungersnöten und Epidemien. Viele Bauern mussten ihr Land als Schuldpfand an Großbauern und Händler abgeben und wurden zu Landpächtern. Bakufu und Fürstentümer ließen auf Kosten der Großhändler und reichen Bauern Armenspeisungen vornehmen und schränkten den Gebrauch von Reis u.a. zur Herstellung von Sake ein, um den Reismarkt zu entlasten. Durch ausgedehnte Vorratshaltung der Fürstentümer, Hamsterkäufe und Preistreiberei kam es jedoch zu einer enormen Teuerung, die insbesondere die Stadtbevölkerung hart traf. Auch die Geldpolitik des Bakufu trug ihr Teil zum Desaster bei. Die 1835 (Tenpō 6) vom Bakufu autorisierte Tenpō-Bronzemünze bestand aus 78 % Kupfer, 10 % Zinn und 12 % Blei. Die Münze sollte dem Mangel an Bronzemünzen abhelfen, doch verfiel ihr Wert rasch: Zu Beginn stand sie zu einem Gold-*Ryō* im Verhältnis 40:1, seit den 1850er Jahren 60:1 und seit den 1860er Jahren 100:1. Sie wurde bis 1870 geprägt und war noch bis 1891 gültiges Zahlungsmittel. Es sollen fast 500 Mio. Stück davon hergestellt worden sein.

Mitsui und die soziale Ordnung der Großstadt

Zu den japanischen Unternehmen, die sich in dieser Krise mit Nahrungsspenden an die Bevölkerung hervortaten, gehörte aus wohlverstandenem eigenem Interesse das Haus Mitsui,[171] eines der wenigen großen Unternehmen, das bereits in der Frühen Neuzeit an den wichtigsten Standorten der japanischen Wirtschaft präsent war und sich auch in der Moderne behaupten konnte. 1673 als Textilhandlung in Edo und Kyōto gegründet, wurde das Handelshaus in beiden Orten sehr bald durch Geldwechselstuben (1683 bzw. 1868) ergänzt. 1710 wurde als eine Art Holding die Hauptverwaltung *(ōmotokata)* in Kyōto gegründet; dort war Mitsui das größte Unternehmen überhaupt. Seit den 1730er Jahren stand die Geschäftsstruktur fest: Die insgesamt 15 Filialen teilten sich auf in Textilgeschäfte *(honten)* und Wechselstuben *(ryōgae)* in den Drei Metropolen Kyōto, Edo und Ōsaka sowie Matsusaka in der Provinz Ise, einem zentralen Standort des japanischen Baumwollhandels. Von den Gewinnen der Filialen gingen zehn Prozent als Gehälter an die mehr als 600 Angestellten, der Rest floss in die Hauptverwaltung, die für die Vergabe von Krediten zuständig war. Die Belegschaft[172] war stark nach Aufgaben und Verwendungen differenziert; die Pyramide reichte vom Lehrling *(kodomo)* bis zum Hauptgeschäftsführer *(ōmotojime)*. Die Geschäfte standen in engen Beziehungen zu etwa 60 selbständigen Lieferanten *(deiri)*, die

171 Mitsui bunko: *Mitsui jigyō-shi, shiryō-hen 02*. 1977; John G. Roberts: *Mitsui: Three Centuries of Japanese Business*. Weatherhill 1973; Mitsui Takaharu: „Das Familiengesetz des Hauses Mitsui". In: *Monumenta Nipponica* 5 (1942), S. 1-37; Mitsui Gomei Kaisha: *The House of Mitsui. A record of three centuries: Past history and present enterprises*. Selbstverlag 1937

172 Zum Arbeitsmarkt vgl. Garry P. Leupp: *Servants, Shophands, and Laborers in the Cities of Tokugawa Japan*. Princeton 1992

notwendige Zulieferdienste verrichteten, und mehreren hundert Tagelöhnern *(komae)*, die für Handlangerdienste benötigt wurden. Bei Hungerkrisen gehörten diese Tagelöhner zu dem festen Kreis derer, die Mitsui mit Nahrungsspenden bedachte. Eine dritte, heterogene Gruppe von Dienstleistern aus der Nachbarschaft, die unter der Kontrolle des Kellermeisters *(dantō)* Zugang zum Geschäft hatten, bestand aus Feuerwehrleuten, die gleichzeitig bei Bauarbeiten mithalfen *(tobi)*, Wachleuten, Hausmeistern, Friseuren und Hausierern. Die Verantwortung für manche von ihnen teilten sich die Mitsui mit anderen Organen der lokalen Selbstverwaltung; so versahen die Feuerwehrleute öffentliche Aufgaben in ihrem Stadtviertel, und die Hausierer unterstanden dem lokalen Oberhaupt *(oyakata)* der Hausierergilde. Das Haus Mitsui war demnach nicht nur ein Wirtschaftsunternehmen, sondern zugleich tragender Teil der Sozialstruktur seines Standortes. Dies wurde im 19. Jahrhundert noch deutlicher, als Mitsui in Kyōto und Edo zu einem der größten Mietsherren heranwuchs: in beiden Städten hatte das Unternehmen jeweils etwa 500 Mieter von Wohnungen, Geschäftsräumen, Speichern oder Grund und Boden. Da die Mieten während der gesamten Edo-Zeit trotz Geldentwertung und Teuerungswellen recht konstant blieben, während Großbrände und Kosten für Bauunterhalt und Kanalisation immer wieder die Kostenseite belasteten, waren die Profite aus dem Mietgeschäft ziemlich mäßig und seit Mitte des 19. Jahrhunderts sogar ein Verlustgeschäft. Die meisten Wohnungs- und Ladenmieter in den Großstädten waren Tagelöhner und Kleinunternehmer und finanziell kaum belastbar.

Somit waren die Mitsui in den Großstädten in drei Eigenschaften präsent: Als Unternehmer, als Nachbarn und als Vermieter. Insgesamt waren in der ersten Hälfte des 19. Jahrhunderts also mehr als 2.000 Menschen (zuzüglich ihrer Familien) von den Mitsui abhängig. Bis auf die Angestellten mussten alle zum Kreis derer gerechnet werden, die im Bedarfsfall mit Nahrungsspenden und Almosen versorgt werden.

Vom Haus Mitsui Abhängige[173]

Gruppe	*ca.*
Angestellte	600
Lieferanten	60-70
Tagelöhner	200-400
Dienstleister in Nachbarschaft	300-450
Mieter	1.000

In solchen Notzeiten erhoben die Mieter unweigerlich die Forderung nach Mietnachlass oder Mieterlass und Nahrungsspenden – andernfalls drohten sie mit Vandalismus *(uchikowashi)* gegen die Wohn- und Geschäftshäuser der Firma. So

[173] Nach Yoshida Nobuyuki: *Kinsei kyodai toshi no shakai kōzō*. Tōkyō Daigaku Shuppankai 1991, S. 199-211

geschah es auch 1833: Wegen der Teuerung hatte das Bakufu bereits Armenspeisungen verfügt, doch die Mieter der Mitsui verlangten auch die Rücknahme der letzten Mieterhöhung von 1829 und drohten mit „übler Nachrede“ *(akusetsu)*. Nach ähnlichem Muster erreichten die Mieter auch 1836 Zuwendungen, und Mitsui machte seine Spendierfreudigkeit eigens auf Flugblättern publik, um „übler Nachrede“ zu entgegnen, die schnell in Vandalismus münden konnte. Zwischen 1733 und 1851 richtete Mitsui außerdem sieben Mal Armenspeisungen für die Bevölkerung der gesamten Stadt Kyōto aus, bei denen jeweils zwischen 10.000 und 160.000 Menschen mit Reisgrütze versorgt wurden. Dies geschah grundsätzlich in Absprache mit der Stadtverwaltung und den übrigen Großunternehmen. Auf ähnliche Weise wie die Mitsui waren auch die übrigen Großkaufleute, Bauunternehmer, Spediteure und Finanziers wie Kajima, Kawamura, Kōnoike und Shimomura (mit dem Kaufhaus Daimaru) mit der lokalen Gesellschaft ihrer Standorte verflochten und wurden zu tragenden Stützen ihrer Ordnung. Im 19. Jahrhundert erschienen somit erstmals Abhängigkeitsstrukturen von Großunternehmen, die für das Leben in der modernen Großstadt typisch sind. Zugleich kristallisierten sich diese Unternehmen in Notzeiten aber auch als bevorzugte Ziele der städtischen Armen heraus.[174] Sie wurden zur sozialen Verantwortung gezwungen, ähnlich wie die unternehmerische Oberschicht auf dem Lande.

Die Eskalation der Gewalt

Ende September 1836 empörten sich Bauern aus 22 Dörfern in Gunnai, dem östlichen Teil der zur Bakufu-Domäne gehörenden Provinz Kai, über die Höhe des Reispreises. Da sie sich auf die Seidenherstellung verlegt hatten, waren sie darauf angewiesen, den zum Leben notwendigen Reis zu kaufen. Die Schuld an der Teuerung gaben sie den lokalen Reishändlern, die angeblich Reis horteten, um die Preise in die Höhe zu treiben. Eingaben an den Amtmann des Bakufu blieben erfolglos. Mit Schwertern bewaffnet überfielen und zerstörten sie das Haus eines Großhändlers. Danach kehrte der größte Teil der Bauern in ihre Dörfer zurück. Doch nun schlossen sich Zehntausende verarmte Bauern, Pächter, Tagelöhner und Nichtsesshafte aus 599 Dörfern den Unruhen an und verwüsteten mit ungekannter Brutalität mehr als 300 Häuser von Reishändlern und Pfandleihern. Sie benutzen auch Jagdgewehre, um Warnschüsse in die Luft abzufeuern. Sogar in die Burgstadt Kōfu drangen sie plündernd ein und legten Feuer. Tagelang herrschte Anarchie. Herbeigeeilte Truppen des Bakufu und der benachbarten Fürstentümer mussten den Aufruhr unter Einsatz von Schusswaffen unterdrücken.

Dieser Schusswaffengebrauch war außergewöhlich. Zwar hatte das Bakufu bei der Unterdrückung der Shimabara-Rebellion 1637 den Gebrauch von Feuerwaf-

---

174 Anne Walthall: „Edo Riots“. In: McClain; Merriman; Ugawa: *Edo and Paris*, S. 407-428

fen erlaubt, doch war ihr Einsatz seither höchst selten.[175] Der erste belegte Fall stammte von 1738. 1769 verbot das Bakufu sogar, auf Bauern zu schießen. Es schien eine stillschweigende Übereinkunft zu geben, dass beide Seiten auf den Einsatz solcher Waffen bewusst verzichteten. Dieser Verzicht beruhte auf Gegenseitigkeit. Sobald die Aufständischen Feuerwaffen einsetzten, war auch die Obrigkeit nicht zur Zurückhaltung verpflichtet. Theoretisch gehörte der Verzicht auf Waffen sogar zum Wesen eines bäuerlichen Widerstandsbundes *(ikki)*. Faktisch führten die Bauern im 18. Jahrhundert aber Feuerwaffen mit, meist Jagdgewehre, um damit Signale zu geben. Je heftiger die Aufstände im 19. Jahrhundert wurden, desto häufiger kam es jedoch dazu, dass die Obrigkeit Schusswaffen auch einseitig einsetzte. Dazu bedurfte es der vorherigen Zustimmung des Bakufu. Dies galt nur dort nicht, wo die Bauern zuerst schossen. Auch für den Fall, dass Aufständische in die fürstliche Burg einzudringen drohten, erlaubte das Bakufu 1825 ausdrücklich den Schusswaffengebrauch – im selben Jahr wurde er auch zur Abwehr von Ausländern erlaubt. Zwischen einheimischen Aufrührern und fremden Invasoren wurde also kein Unterschied mehr gemacht, sobald sie das Zentrum des politischen Feldes angriffen.

Einer der Anführer der Bauern aus Gunnai war ein Mann namens Hyōsuke (gest. 1869) aus dem Dorf Inume. Er floh aus seiner Heimat, um einer Bestrafung zu entgehen, und wanderte jahrelang unbehelligt durch Westjapan, mal als Pilger verkleidet und um Almosen bettelnd, mal als Lehrer für japanische Mathematik *(wasan)*. Auf der Flucht führte er ausführlich Tagebuch. Um seine Familie vor Verfolgung zu schützen, stellte Hyōsuke seiner Frau Rin einen Scheidebrief in der damals üblichen, „Dreieinhalbzeiler“ *(mikudarihan)* genannten Form aus: Er trenne sich von ihr, weil ihre Herzen nicht zusammenpassten, überlasse ihr die Kinder und sei damit einverstanden, falls sie sich wiederverheiraten wolle. Solche Scheidebriefe konnten nur Männer ausstellen; sie mussten einen – oftmals vorgeschobenen – Grund angeben und den Weg für eine Wiederheirat der Frau öffnen. Das Formelhafte dieser Urkunden täuscht darüber hinweg, dass die Scheidung in Wirklichkeit durchaus auch von der Frau betrieben und durchgesetzt werden konnte.[176]

Der gesetzlose Wohltäter

Im Frühjahr 1836 führte ein Mann aus dem Dorf Kunisada in der Provinz Kōzuke mit Namen Chūjirō eine kleine Truppe von zwanzig Mann, bewaffnet mit Gewehren und Spießen, zum Angriff auf die Wegsperre Ōdo in der Provinz Kōzuke. Da sich die Besatzung der Wegsperre rechtzeitig in Sicherheit gebracht

[175] Andō Yūichirō: „Hyakushō ikki ni okeru teppō sōgo fushiyō gensoku no hōkai“. In: *Rekishi-gaku kenkyū* 713 (1998), S. 1-18

[176] Takagi Tadashi: *Mikudarihan to enkiridera: Edo no rikon wo yominaosu*. Kōdansha 1992; Harald Fuess: *Divorce in Japan: Family, Gender, and the State, 1600-2000*. Stanford 2004

hatte, verlief dieser Zwischenfall unblutig. Aber er sollte Chūjirō schließlich das Leben kosten.[177]

Chūjirō stammte aus einer ursprünglich begüterten Bauernfamilie, doch als er elf Jahre alt war, starb sein Vater. Seine Mutter tat ihr Bestes, um ihre beiden Söhne dennoch gut zu versorgen. Chūjirō erhielt bei einem Priester Unterricht im Lesen und Schreiben, besuchte eine konfuzianische Privatschule und übte sich (heißt es) auch im Schwertkampf. Als Jugendlicher begann er sich jedoch fürs illegale Glücksspiel zu interessieren. Mit 17 Jahren tötete er bei einem Streit einen Mann und musste fliehen. Er kam schließlich in Kawagoe bei Ōmaeda Eigorō unter, dem Paten der Glücksspieler im östlichen Japan. Für seine Familie hatte Chūjirōs Flucht dramatische Folgen: Sie wurde aus dem standesamtlichen Register gestrichen und somit aus der Dorfgemeinschaft verstoßen; damit gehörten sie dem Stand der Nichtsesshaften am untersten Rand des sozialen Raumes an.

Chūjirō machte unter Ōmaeda Karriere und erhielt von diesem die Lizenz, eine eigene „Familie" *(ikka)* zu betreiben, d.h., Glücksspiele zu organisieren. Er band nun eine Reihe von „Kindern" *(kobun)* an sich, die ihn als ihren „Paten" *(oyabun)* anerkannten. Seine Leute betrieben nun innerhalb des Chūjirō zugewiesenen Reviers *(nawabari)* Spielhöllen und kassierten Spielgebühren von ihren Kunden, von denen sie einen Teil als Provision an Chūjirō abführten. Streitigkeiten mit anderen „Familien" blieben nicht aus; Chūjirō tötete 1834 einen rivalisierenden Paten und geriet nun endgültig ins Visier der 1805 gegründeten, über alle territorialen Grenzen hinweg operierenden Bakufu-Sonderpolizei für Ostjapan *(Kantō torishimari shutsuyaku)*. Er fand Zuflucht in seiner Heimatprovinz Kōzuke, wo es ihm und seiner „Familie" gelang, sich in der örtlichen Gesellschaft Sicherheit vor der polizeilichen Verfolgung zu verschaffen. Als 1836 einer seiner Leute in der Provinz Shinano von einem konkurrierenden Glücksspieler ermordet wurde, zog er mit seiner Truppe los, um Rache zu nehmen – und überfiel dabei, wie beschrieben, die Wegsperre in Ōdo. Nach einigen Wirrungen kehrte er schließlich in seine Heimat zurück und betrieb sein Geschäft weiter. Die örtliche Gesellschaft akzeptierte sein Treiben, weil er sein ökonomisches Kapital in soziales Kapital umzuwandeln verstand: Während der Hungerkrise in den 1830er Jahren spendete er Reis für die Armen. Wenn er in einem Tempel oder Privathaus eine Spielhölle eröffnete, geschah dies nach außen hin im Namen einer guten Sache – z.B. um den Bau eines Wasserreservoirs zu finanzieren. Sein Geschäft verschaffte ihm das Geld, mit dem er sich einen Platz im sozialen Raum erkaufte.

Doch einer seiner Leute spielte ein doppeltes Spiel und verriet seinen Aufenthalt an die Bakufu-Sonderpolizei. Mit 600 Mann kam sie heran, um Chūjirō in seinem Schlupfwinkel zu stellen; doch dieser entwischte erneut, nicht ohne den Verräter umbringen zu lassen. Jahre rastloser Flucht durch Mittel- und Ostjapan, die nicht ohne Bestechung örtlicher Beamter möglich waren, folgten. Am Ende

[177] Abe, *Edo no autorō*, S. 10-20

kam er doch wieder in seine Heimat zurück, trat 1849 sein Revier einem seiner „Kinder" ab und erlitt eine Gehirnblutung. Während er im Hause eines Dorfschulzen gepflegt wurde, verhaftete ihn die Bakufu-Polizei. Er wurde in Edo verhört und zur Hinrichtung nach Ōdo überstellt. Seine Kreuzigung fand am Vormittag des 22. Januars 1851 statt. Die Polizei rechnete mit enormem Zuschauerandrang und bot vier Polizeioffiziere, 52 Hilfspolizisten, 200 Ordner und 300 Wachen zur Sicherung der Hinrichtungsstätte auf. Ein Aushang verkündete in der Reihenfolge vom Leichteren zum Schwerwiegenden, was ihm vorgeworfen wurde: Das Tragen von Schwert und Dolch, obwohl er nur zum Stand der Nichtsesshaften gehörte; Bandenbildung; illegales Glücksspiel; Führung einer Organisation von Glücksspielern; gewaltsame Erpressung von Provisionen fürs Glücksspiel; Ermordung von Rivalen und Polizeiinformanten; bewaffneter Überfall auf eine Wegsperre; Bestechung von Polizeipersonal.

Chūjirō kam, ähnlich wie der Bauernführer Sakura Sōgo im 17. Jahrhundert, zu erstaunlichem Nachruhm. Bereits ein Jahr nach seiner Hinrichtung veröffentlichte ein ehemaliger Amtmann der Tokugawa ein Werk zu seinem Lobpreis: „In den Bergen gab es einen Räuber mit Namen Chūji. Er gründete mehr als zehn Banden. Er war ein edler Räuber: Oft erfreute er die Waisen und die Armen." Seither ist er unter dem Namen Kunisada Chūji als Modell des edlen Räubers populär. 1862 bildete Utagawa Toyokuni III. (1786-1864) den berühmten Kabuki-Schauspieler Ichikawa Danjūrō VIII. in der Rolle des „Kumisada Jūji" ab, wie er den Helden zur Umgehung der Zensur nannte. Das Bild war Teil seiner Serie „Die modernen Räuber vom Liangshan-Moor" *(Kinsei suikoden)*; den erläuternden Text schrieb der Bestsellerautor Kanagaki Robun. Unter demselben Titel veröffentlichte auch Tsukioka Yoshitoshi 1872 eine Serie. Kunisada Chūjirō war bei weitem nicht der einzige frühneuzeitliche Kriminelle, der solchen Nachruhm erlangte. Neben anderen berüchtigten Glücksspielern[178] wäre etwa der 1832 hingerichtete Räuber Jirokichi zu nennen, der im Volksmund als *Nezumi kozō* („Mausbub") bekannt wurde und Sympathien genoss, weil er bevorzugt in die Residenzen von Fürsten und Kriegern einbrach. 1857 wurde er zum Gegenstand eines Kabuki-Stückes und noch im 20. Jahrhundert von Autoren wie Akutagawa Ryūnosuke und Osaragi Jirō behandelt. Die Neigung, aus Kriminellen eigensinnige Widerstandskämpfer zu machen, deren Ziel nicht die eigene Bereicherung, sondern Umverteilung, „ausgleichende Gerechtigkeit" und die Bewahrung „guter alter" Werte wie autonome Männlichkeit *(otokodate)* gewesen sei, ist unverkennbar und verleiht der organisierten Kriminalität *(yakuza)* bis heute ihr besonderes Pathos.

[178] Takahashi Satoshi: *Bakuto no bakumatsu ishin*. Chikuma Shobō 2004

Der Aufstand des Ōshio Heihachirō

Empört über die Unfähigkeit der Behörden, die Not der Bevölkerung wirksam zu bekämpfen, rief Ōshio Heihachirō[179] 1837 in Ōsaka zur Rebellion auf. Ōshio war ehemals Polizeibeamter in der Stadtverwaltung von Ōsaka und gründete im Ruhestand eine Privatschule, die „Höhle zum Waschen des Herzens" *(Senshindō)*, in der er die Ideen des ming-zeitlichen Philosophen Wang Yangming verbreitete. Dessen Philosophie forderte die Übereinstimmung von moralischer Gesinnung und Tat. 1836 verkaufte Ōshio folgerichtig seine umfangreiche Bibliothek, um den Armen der Stadt zu helfen, und legte dem Stadtkommissar von Ōsaka einen Vorschlag zur Abwendung der Hungerkrise vor, den dieser jedoch ignorierte; insbesondere fuhr er damit fort, den in Ōsaka gelagerten Reis zur Versorgung der Bevölkerung in Edo zu verschiffen. Daraufhin verfasste und verbreitete Ōshio seinen Aufruf zum Widerstand und verschickte Schreiben an den Senior-Ältesten Mizuno Tadakuni und den Fürsten von Mito, Tokugawa Nariaki, in denen er seine Kritik an der Handlungsweise des Stadtkommissars und der Fürsten erläuterte. Mit 80 Anhängern und drei Geschützen griff er am 25. März den Amtssitz des Vogtes an. Es kam zu einem heftigen Straßenkampf, der einen Großbrand auslöste. Die Erhebung wurde jedoch rasch niedergeworfen. Ōshio versteckte sich zunächst und nahm sich schließlich am 1. Mai das Leben.

Die Vorgänge in Ōsaka wurde schnell in den übrigen Großstädten bekannt. In Graffiti forderte man die Rebellen zum Durchhalten auf, und flugs sorgten Stadtverwaltungen, Großhändler und Vermieter für eine Ruhigstellung der Unterschichten, indem sie Armenspeisungen und Almosen austeilten. Kaiser Ayahito wandte sich, ganz wie sein Vater 1787, an den Statthalter von Kyōto, um für die Bevölkerung seiner Stadt zu sorgen und dadurch um ihre Gunst zu werben. Kurz nach dem Aufstand traten sowohl der Shōgun Ienari als auch der vorsitzende Senior-Älteste von ihren Ämtern zurück.

Mit Kanonen auf Missionare

Das amerikanische Segelschiff „Morrison" reiste im Juli 1837 von Macao nach Naha auf Okinawa und nahm von dort aus Kurs zur Bucht von Edo. Es beförderte mehrere protestantische Missionare, darunter den Preußen Karl Friedrich August Gützlaff, sowie sieben japanische Schiffbrüchige, die nach Japan zurückgebracht werden sollten. Der Plan war, die Japaner in ihre Heimat zurückzubringen und dabei mit den Behörden über die Öffnung Japans für Handel und Mission zu verhandeln. Aber dazu kam es gar nicht. Gemäß dem Schießbefehl von

[179] Tetsuo Najita: „Oshio Heihachiro". In: Albert Craig, Donald Shively (Hgg.): *Personality in Japanese History*. Berkeley 1970, S. 155-179

1825 wurde das Schiff von Land aus mit Kanonen beschossen und vertrieben. Auch ein Versuch, in Kagoshima zu landen, scheiterte.[180]

1.6 Krisen von Innen und Außen (1838-1853)

1.6.1 Die Tenpō-Reform

Der neue Shōgun Ieyoshi war ein Mann der leisen Töne, doch durchaus gewillt, den zu Lebzeiten Ienaris eingetretenen Reformstillstand zu überwinden. Er machte den Senior-Ältesten Mizuno Tadakuni, Fürst von Hamamatsu, zu seinem Hauptratgeber. Mizuno, nach dem Aufstand des Ōshio Heihachirō 1837 Finanzminister und seit 1839 Wortführer der Senior-Ältesten, übernahm wie Matsudaira Sadanobu die Rolle eines moralischen Führers der fälligen Reformen, förderte „talentierte Leute" (im konfuzianischen Sinne) und brachte die unter Mizuno Tadaakira und Ienari verfolgte Politik durch Korruptionsvorwürfe in Misskredit. Seine Karriere stützte sich nicht auf die Hintertüren zur Macht, auf Ämter als Kammerherr oder Regent des Shōgun; dennoch gab ihm Ieyoshi seine volle Unterstützung für sein nach der geltenden kaiserlichen Regierungsdevise „Tenpō-Reform" genanntes Reformprogramm.

Die Verfolgung der Hollandwissenschaftler

Erst 1838 erfuhr das Bakufu über die Holländer in Nagasaki, was die „Morrison" eigentlich in Japan beabsichtigt hatte, und diskutierte intern, ob man richtig verfahren war. Das Bakufu-Gericht billigte den Schusswaffeneinsatz und empfahl, auch künftig so zu verfahren. Über einen Gerichtsschreiber wurden diese Beratungen unter den Intellektuellen in Edo publik. Daraufhin verfasste der Arzt und Siebold-Schüler Takano Chōei[181] unter dem Titel „Geschichte, geträumt im Jahre Bojutsu [= 1838]" im Dezember 1838 eine harsche Kritik: Nirgendwo sonst in der Welt verfahren man so. Die Welt werde die Japaner für unmenschlich halten. Man solle die Engländer lieber freundlich empfangen und zur Weltlage befragen. Mit einigen befreundeten Hollandwissenschaftlern hatte Takano eine Studiengruppe gegründet hatte. Dazu gehörte der Beamte, Künstler und Intellektuelle Watanabe Kazan. Dieser verfasste zur selben Zeit eine eigene Schrift, in der er darauf verwies, dass das für den Verkehr mit dem Westen ge-

---

[180] Reinhard Zöllner: „Gützlaffs Japanreise 1837 und das *Bojutsu yumemonogatari*. Zur japanischen Fremdenpolitik am Vorabend der ‚Öffnung'". In: Thoralf Klein, Reinhard Zöllner (Hgg.): *Karl Gützlaff (1803-1851) und das Christentum in Ostasien. Ein Missionar zwischen den Kulturen*. Nettetal 2005, S. 21-39

[181] Steffi Richter: *Ent-Zweiung. Wissenschaftliches Denken in Japan zwischen Tradition und Moderne*. Berlin 1994

schlossene Japan „wie ein Stück Aas am Wegesrand“, also ein lockende Beute, sei. Mit den gegenwärtigen korrupten oder kurzsichtigen Beamten sei jedoch Japan nicht zu retten. Im Juni 1839 erfuhr das Bakufu von diesen Texten. Watanabe Kazan und Takano Chōei wurden inhaftiert. Einer ihrer Freunde ging freiwillig in den Tod, da er heimlich einen christlichen Text übersetzte. Watanabe Kazan wurde verbannt und unter Arrest gestellt; 1841 tötete auch er sich. Takano Chōei wurde zu lebenslänglichem Gefängnis verurteilt, entfloh jedoch und wurde 1850 ermordet. Diese Verfolgung der Hollandwissenschaftler wurde von Torii Yōzō initiiert, dessen Vater die offizielle konfuzianische Akademie in Edo leitete. Torii schlug vor, Informationen über das Ausland stärker geheimzuhalten, Übersetzer streng zu kontrollieren und Hollandstudien nur noch Ärzten, Lehrern und Astronomen zu gestatten. Es war offensichtlich, dass es ihm in erster Linie um eine Attacke auf die Hollandwissenschaften ging. Nur ein Teil seiner Vorschläge wurde umgesetzt.

1839 schickte der Shōgun Torii Yōzō und den Amtmann von Nirayama, Egawa Hidetatsu, auf Inspektionsreise an den Küsten der Bucht von Edo. Sie erkannten die Anfälligkeit der Küstenverteidigung – wenn ein Feind erst einmal in die Bucht eingedrungen war, war eine wirksame Abwehr kaum möglich – und machten Empfehlungen. Alle Fürsten mussten dem Bakufu nun über den Zustand ihrer Küstenverteidigung berichten, Kartenmaterial hierüber vorlegen und im Notfall ihren Nachbarn Hilfe gewähren. Der Einfahrt in die Bucht von Edo wurde ständig von zwei Fürstentümern bewacht. Die Armee des Shōgun erhielt westliche Geschütze, und es wurde erwogen, von Holland Dampfschiffe zu kaufen. Tokugawa Nariaki war ein besonders eifriger Verfechter der Landesverteidigung, ließ in seinem Fürstentum Mito Tempelglocken einsammeln und zu Geschützen umschmelzen, richtete eine Artillerieeinheit in seiner Armee ein und agitierte nach Kräften für die gewaltsame Vertreibung der Barbaren. Im August 1840 wurde der Ausbruch des Opiumkrieges in Japan bekannt. Der Artillerieexperte Takashima Shūhan forderte vergeblich, zur Stärkung der Landesverteidigung westliche Artillerie und westliche Kriegsschiffe einzukaufen. Am 28. August 1842 hob das Bakufu stattdessen den Schieß- und Vertreibungsbefehl von 1825 auf, um den Westmächten keinen Anlass für eine Intervention zu geben. Die neue Anweisung lautet nun, dass in Seenot geratenen oder gestrandeten ausländischen Schiffen die Aufnahme von Brennholz und Wasser erlaubt sein sollte. Im selben Jahr wurden auch aus den Reihen der Senior-Älteste zwei Kommissare für die Küstenverteidigung ernannt, denen die Aufgabe zukam, alle betroffenen Fürstentümer zu wirksamen Schutzmaßnahmen anzuhalten.

Das Reformprogramm

Immer noch litt die Konjunktur unter schlechten Ernten und Hungerkrisen, die eine drastische Teuerung ausgelöst hatten. Die Finanzen des Bakufu waren erschöpft, viele Samurai waren in Geldnöten. 1841 befahl Mizuno Tadakuni die

Auflösung der privilegierten Handelsgenossenschaften, die er als Hauptschuldige an der Teuerung ausmachte. Dadurch sollte der freie Handel gestärkt werden. Die Handelsmonopole der Fürsten wollte er verbieten, Neulanderschließung sollte die landwirtschaftliche Produktion wieder steigern helfen. Mizuno plante in diesem Zusammenhang auch, die Einwohnerzahl Edos zu verringern. 1843 befahl er, die zugewanderten Armen in ihre bäuerlichen Heimatregionen zurückzuführen, wo sie als billige Arbeitskräfte bei der Expansion der Landwirtschaft helfen sollten. Außerdem sollten die Ausgaben des Bakufu stark eingeschränkt werden. Überflüssiger Aufwand und Prunk wurden streng verboten, und Mizuno und sein Günstling Torii Yōzō, der jetzt Stadtkommissar von Edo war, machten sich durch die unnachsichtige Verfolgung von verbotenem Luxus und die Unterdrückung der kulturellen Szene verhasst.

Die Tenpō-Reform scheiterte schließlich, als Mizuno 1843 per Dekret versuchte, eine umfassende Flurbereinigung durchzusetzen. Fürsten und Bannerherren sollten die weitverbreiteten Exklaven abgeben oder tauschen, um die Territorien zu arrondieren und ihre Verwaltung zu erleichtern. Gegen diese Flurbereinigung erhob sich Widerstand nicht nur bei Fürsten und Vasallen, sondern es kam auch zu Protestbewegungen unter den betroffenen Bauern. Auch im Bakufu-Rat stieß Mizuno deshalb auf Ablehnung. Deshalb widerrief er schließlich Ende 1843 dieses Dekret, trat als Senior-Ältester zurück und übernahm die Rolle des Buhmannes für die Wirtschaftsmisere. Aufgebrachte Bürger bewarfen nach seinem Rücktritt seine Residenz mit Steinen. Der Ukiyoe-Künstler Utagawa Kuniyoshi verfertigte einen satirischen Holzschnitt, auf dem ein matter Shōgun und vier seiner Beamten, darunter offenkundig Mizuno Tadakuni, von einem Gespenst in Form einer riesigen Spinne heimgesucht wurden – begleitet von greulichen Symbolen des Volkszorns. Das Bakufu ließ diesen Druck verbieten und die Druckstöcke zerstören.[182] 1844-1845 wurde Mizuno vorübergehend reaktiviert, doch anschließend unter Hausarrest gestellt und sein Sohn bei reduziertem Einkommen in ein anderes Territorium versetzt. Außer Mizuno fielen aber auch der Fürst von Mito, Tokugawa Nariaki, und sein konfuzianischer Berater und Kämmerer Fujita Tōko wegen ihrer Unterstützung der Reformen in Ungnade und wurden zu Hausarrest verurteilt; Nariaki musste als Fürst abdanken und wurde erst 1849 begnadigt.

Topfpflanzen-Samurai

Fujita Tōko setzte in vielem die Gedankengänge Yamaga Sokōs und Aizawa Seishisais fort.[183] Auch für ihn bildete Japan das Zentrum der Welt, denn sein

---

182 Melinda Takeuchi: „Kuniyoshi's *Minamoto Raikō and the Earth Spider*. Demons and Protest in Late Tokugawa Japan". In: *Ars Orientalis* 17 (1987), S. 4-16

183 Klaus Kracht: *Das Kōdōkanki-Jutsugi des Fujita Tōko (1806-1855). Ein Beitrag zum politischen Denken der Späten Mito-Schule*. Wiesbaden 1975

Staatskörper wurde von der „wahren großen Lebenskraft von Himmel und Erde“ gestärkt. Damit meinte er die vitale Kraft, die von der Ahnherrin des japanischen Kaiserhauses ausging, der Sonnengöttin Amaterasu: Sie stand als Sonne am Himmel, wirkte aber als Bewohnerin ihres Hauptheiligtums in Ise auch auf Erden. Fujita Tōko war davon überzeugt, dass die Tokugawa-Herrschaft im Prinzip die beste Verkörperung der Macht in Japan war. Er forderte allerdings, dass die Fürsten und Samurai in die Lage versetzt werden sollten, effektiv über die übrige Bevölkerung zu wachen und sie anzuleiten. Da sie wegen ihrer Umsiedlung in die Städte, wegen der alternierenden Residenzpflicht und wegen der nicht seltenen Versetzungen in andere Territorien ihre ländlichen Wurzeln verloren hatten, kritisierte Fujita den Zustand der Krieger als „Topfpflanzen-Samurai“ und schlug vor, sie wieder aufs Land umziehen zu lassen *(dochaku)*.[184]

Fujitas Kritik an diesem Topfpflanzen-Dasein der Samurai passte hervorragend zur Stimmung der Zeit. 1839 randalierten betrunkene Samurai in der Residenz des Fürsten von Kurume, weil sie soeben erfahren hatten, dass das Bakufu ihrem Fürsten die turnusgemäße Rückkehr nach Kurume verweigert hatte; er war für die sogenannte Fürstenfeuerwehr in Edo verantwortlich. Die Aussicht, weitere zwei Jahre von ihren Familien getrennt zu sein und die langweilige Dienstzeit totschlagen zu müssen, frustrierte die Vasallen unendlich. Ein Schriftsteller und ein Maler des Fürstentums, die damals zur Mannschaft des Fürsten gehörten, hielten den Alltag der Samurai im goldenen Käfig der Residenz und dieses skandalöse Benehmen Jahrzehnte später in einer Bildrolle fest.[185]

1840 wollte das Bakufu einen Dreiecks-Transfer dreier Fürsten durchsetzen, wie es ihn seit Mitte des 18. Jahrhunderts bereits mehrmals gegeben hatte. Dabei tauschten die Beteiligten untereinander ihre Territorien, meist, weil einer von ihnen Karriere im Bakufu machen und standesgemäß versorgt werden sollte. Im Jahr 1840 betraf dies die Fürsten von Kawagoe, Nagaoka und Shōnai. Der Fürst von Kawagoe sollte nach Shōnai gehen, der von Nagaoka nach Kawagoe, und der von Shōnai nach Nagaoka. Hintergrund waren die notorischen Geldsorgen des Fürsten von Kawagoe, Matsudaira Naritsune, dem im reichen Shōnai endlich Gelegenheit zur Sanierung der maroden Familienfinanzen gegeben werden sollte. Naritsune hatte geschickterweise einen der vielen Söhne Tokugawa Ienaris anstelle seines eigenen Sohnes als Nachfolger adoptiert, so dass eine Gesundung seiner Finanzen nun im Interesse des Hauses Tokugawa war. In Shōnai, wo die Familie von Fürst Sakai Tadakata ununterbrochen seit 1622 regierte, entfaltete sich nicht ohne Wohlwollen der Herrschaft massiver Widerstand der Grundherren, Bauern und Händler.[186] Gründe, die aus ihrer Sicht gegen den Transfer spra-

[184] Fujita Tōko: „Bushi dochaku no gi“. In: Takasu Hōjirō (Hg.): *Fujita Tōko zenshū* 6, 1936, S. 258-297

[185] Constantine N. Vaporis: „A Tour of Duty: Kurume Hanshi Edo Kinban Nagaya Emaki“. In: *Monumenta Nipponica* 51:3 (1996), S. 279-307

[186] William W. Kelly: *Deference and Defiance in 19th-Century Japan*. Princeton 1985

chen, gab es genug: Sie hätten zunächst alle ihre Schulden bei den Sakai und deren Vasallen begleichen, zudem deren Umzug finanzieren und anschließend Steuererhöhungen durch die neue Herrschaft gewärtigen müssen. Außerdem hatten die Sakai die Region verhältnismäßig glimpflich durch die letzte Hungersnot geführt. Es gelang Vertretern der Bevölkerung, ein direktes Bittgesuch an die Bakufu-Führung zu richten. Unter Führung buddhistischer Geistlicher appellierten sie auch an den Ieyasu-Tempel in Edo-Ueno. Selbst die benachbarten Fürstenhäuser baten sie um Unterstützung, bis sich unter den Bakufu-Räten, aber auch unter den außenstehenden Fürsten erheblicher Unmut über die von Mizuno Tadakuni zu verantwortende Situation verbreitete. Schließlich sagte das Bakufu 1841 den geplanten Transfer ab – das erste Mal in der Geschichte Japans hatte sich der Widerspruch der betroffenen Bevölkerung gegen dieses für die Tokugawa unverzichtbare Instrument feudaler Herrschaft durchgesetzt und dem Ansehen des Shōgun damit eine neue Scharte zugefügt. Die Bevölkerung von Shōnai feierte ihren Sieg mit Freudenfesten und dokumentierte ihn in einer prachtvollen, nicht weniger als 80 Szenen umfassenden, 50 m langen Bildrolle mit dem Titel „Die Brücke der Illusion“ (*Yume no ukihashi*, ein Zitat aus dem klassischen Roman Genji monogatari).

Das Feld der kommerziellen Kultur

Dass sich die Bevölkerung wie in Shōnai aus profanen oder religiösen Gründen in aufwendige (und keineswegs immer friedlich verlaufende) Feiern und Feste stürzte,[187] nahm im 19. Jahrhundert besonders auffällige Formen an. Musik und Tanz spielten dabei immer eine besondere Rolle – und diese wurden immer stärker kommerzialisiert und Moden unterworfen. Bevor die Jugendgruppen der Dörfer ihre Eltern und Verwandten zum Tanzfest einluden, engagierten sie jetzt zunächst Tanzlehrer aus den umliegenden Städten, um professionellen Tanzunterricht zu nehmen. In den Großstädten ermunterte man die Jugendlichen geradezu, sich in Musikgruppen zu engagieren (statt verderblicheren Vergnügungen nachzugehen), die bei den Festen *matsuri-bayashi* aufführten, also rhythmische, tanzbare Musik mit Flöten, Trommeln und Gongs.[188] Händler aus Ōsaka nahmen in ihrer Freizeit und im Ruhestand gern Unterricht im Shamisenspiel. Jung und Alt trällerte die Schlager und Balladen, die ihnen Straßenmusikanten, reisende Nachrichtenhändler *(yomiuri)*[189] oder Schausteller vorsangen. In Teehäusern und Freudenhäusern wurde man unweigerlich mit Musik berieselt; das Spielen der dreisaitigen Laute (Shamisen) gehörte zu den Grundfertigkeiten der Unter-

[187] Takeuchi Makoto: „Festivals and Fights. The Law and the People of Edo“. In: McClain; Merriman; Ugawa: *Edo and Paris*, S. 384-406

[188] William P. Malm: „Shoden: A Study in Tokyo Festival Music. When is Variation an Improvisation?“ In: *Yearbook of the International Folk Music Council* 7 (1975), S. 44-66

[189] Gerald Groemer: „Singing the News: Yomiuri in Japan During the Edo and Meiji Periods“. In: *Harvard Journal of Asiatic Studies* 54 (1994), S. 233-261

haltungskünstlerinnen. Auf gesellschaftliche oder politische Ereignisse wurden Lieder verfasst. Privatleute hielten in ihren Tagebüchern fest, was sie gehört hatten. Gedruckte Sammlungen von Schlagerliedern erschienen in großen Auflagen. Zum Schlüsselwort des Kunstbetriebes wurde der Ausdruck „gerade in Mode“ (*ima hayari*), und der wichtigste Trend war die Kommerzialisierung aller kulturellen Angebote ohne Rücksicht auf den Stand der Kaufwilligen.[190]

Die auffälligste Entwicklung war in der Mitte des 19. Jahrhunderts der Boom von Variétés *(yose)*, in denen professionelle Unterhaltungskünstler eine bunte Mischung aus Schauspiel, Lesungen, Akrobatik, Zaubertricks, Musikdarbietungen u.a. darboten.[191] In Edo gab es 1815 erst 75 davon, 1840 bereits mehr als 200, 1850 fast 400. Sie lagen in den Vergnügungsvierteln *(sakariba)*, die sich in den frühmodernen Städten an marginalen Plätzen gebildet hatten, wo sich viele Menschen unterschiedlicher Gesellschaftsschichten trafen und die sonst geltenden sozialen Kontrollen weniger scharf griffen: vor Tempeln und anderen touristischen Sehenswürdigkeiten, auf Marktplätzen und Brücken am Stadtrand. Dort versammelten sich die Massen auch, wenn es Volksfeste gab, Sumōturniere oder große Feuerwerke. Wo solche Menschenmassen zusammenkamen, gab es unweigerlich auch Kleinkünstler, Schausteller, Prostituierte, Bettler, Marktschreier und Budenhändler. Sie bevölkerten mit den übrigen für den Massenkonsum produzierenden Professionellen wie Unterhaltungsschriftstellern, Ukiyoe-Künstlern, Geschichtenerzählern usw. und deren Umfeld seit dem 19. Jahrhundert das Feld der kommerziellen Unterhaltung. In Edo wurde zunächst das Nihonbashi-Viertel zu einem Schwerpunkt der professionellen Schauspielkunst *(shibai dōgyō)*: Dort befanden sich die beiden vom Bakufu zugelassenen Kabuki-Theater Nakamuraza und Ichimuraza. Kunst und Lebenswandel der Kabukischauspieler beschäftigten die kulturelle Phantasie der Bewohner Edos unaufhörlich. Im Umkreis der Theater blühten auch Puppentheater und Schaustellerei.[192]

Dem konfuzianischen Reformer Mizuno Tadakuni war die kommerzielle Unterhaltungskultur aus moralischen Gründen ein Dorn im Auge, aber auch wegen seines Kampfes gegen Luxus und Verschwendung. 1842 ließ er die beliebten Liebesromane *(ninjōbon)* einziehen und ihre Druckstöcke vernichten. Alle Kabuki-Theater und die mit ihnen assoziierten Unterhaltungskünstler wurden zum Umzug in das Stadtviertel Asakusa veranlasst. Ein Kabuki-Schauspieler, der drei Konkubinen besaß, wurde aus Edo verbannt, weil dies nicht mit seinem Stand vereinbar sei. Außerhalb der „drei Metropolen“ wurden feste Theater verboten. Und in Edo selbst wurden alle bis auf 15 Variétés geschlossen – freilich nicht nur aus moralischen Gründen, sondern auch wegen der geschäftsschädigenden Konkurrenz, die sie für die vom Bakufu offiziell lizenzierten Unterhaltungsstätten

[190] Berry, *Culturally Integrated*, S. 550

[191] Gerald Groemer: „Dodoitsubō Senka and the Yose of Edo“. In: *Monumenta Nipponica* 51 (1996), S. 171-187

[192] Andrew L. Markus: „The Carnival of Edo: Misemono Spectacles From Contemporary Accounts“. In: *Harvard Journal of Asiatic Studies* 45:2 (1985), S. 499-541

des Kabuki und des Puppentheaters darstellten. Auch die verbliebenen durften nur moralisch einwandfreie Vorträge über Shintō, konfuzianische Ethik, Schlachten und Legenden im Programm haben. Musikbegleitung war allerdings untersagt. Nach Tadakunis Sturz wurde das Verbot der Variétés wieder aufgehoben, und die öffentlichen Musikdarbietungen nahmen wieder zu. In kleineren Variétés drängten sich jetzt bis zu 150 zahlende Gäste, in Teehäusern mehr als 300 Zuhörer je Konzert. Die Vorstellungen fanden mit Rücksicht auf die Werktätigen meist abends statt, und die Eintrittspreise waren ihrer geringen Kaufkraft angemessen.

Die Unterhaltungswelt brachte auch erste Pop-Ikonen hervor. Beispielsweise stieg Dodoitsubō Senka zwischen 1830 und 1850 zum Schlagerstar auf. Zunächst war er nur ein Straßenverkäufer, der seine Waren besonders geschickt anpries und dabei als Sänger entdeckt wurde. Eine Reihe von Konzerten in Edo machte ihn 1838 vollends zur Berühmtheit und ließ ihn Unsummen verdienen. Er fiel besonders auf mit Parodien und Imitationen von Kabuki-Schauspielern, mit improvisierten gesungenen Rätseln und lustigen Versen, die er locker zu Geschichten aneinanderreihte.

Offenbar war Dodoitsubō Senka ein weiterer Meister der Verknüpfung. Dies traf den Geschmack der Menschen in Edo. Erfolgreiche Künstler verbanden auf ihre Weise die Traditionen der Metropolen mit Elementen, die sie aus anderen Quellen (v.a. vom Land) bezogen. Geschäftlicher Erfolg war ihr unverhohlenes Ziel, Originalität war das Mittel zum Zweck. In der Sprache von Pierre Bourdieu waren die Künstler innerhalb der Welt der Bürger „ihr eigener Markt“. Dieser Markt der Kultur wirkte als Auswahlmechanismus und zwang die Künstler dazu, sich deutlich voneinander abzuheben, um beim städtischen Publikum bekannt und beliebt zu werden. Über Erfolg und Qualität bestimmten nicht mehr die Regeln einer vom Markt unabhängigen, statuskontrollierten Tradition, sondern der Geschmack und die Ansprüche der Konsumenten. Das städtische Publikum bildete eine „Welt, die nie zuvor auf so brutale Weise ihre Werte und ihren Anspruch geltend gemacht hatte, die Legitimationsinstrumente in Kunst wie Literatur gleichermaßen unter ihre Kontrolle zu bringen …“[193] Dass diese Welt sich betont autonom vom Feld der Politik gab und ihr mit ihren Mitteln sogar widersprach, war die logische Folge ihrer Emanzipationsbemühungen. Die vormoderne Politik strebte nach Ordnung, nicht nach Wettbewerb, und sie war deshalb daran interessiert, den Kanon der anerkannten, „ordentlichen“ Kunstfelder zu regulieren. Die Eingriffe des Feldes der Macht in das Feld der populären Kultur durch Zensur und Verbote bzw. als Sponsor der von den Mächtigen anerkannten Künste zeigen, dass die Kultur noch weit von der beanspruchten Autonomie entfernt war. Fehlte es ihr in diesem Ringen zwischen den Feldern noch an symbolischem Kapital, so beschaffte sie sich durch den kommerziellen Erfolg jedoch zunächst ökonomisches Kapital und entwickelte eine symbolische Kapi-

[193] Bourdieu, *Regeln der Kunst*, S. 99-100

talsorte, die dem Diskurs aller Felder des sozialen Raumes eine neue Wendung geben konnte: Popularität *(jinshin)* als ausschlaggebende Konsekrationsinstanz.

1.6.2 Frauen, Arbeit und Kultur

Die Spielräume, die Frauen in der frühneuzeitlichen Gesellschaft zur Verfügung standen, waren nicht einheitlich und vor allem durch ihren sozialen und ökonomischen Status bestimmt.[194] Innerhalb jeder Gruppe des sozialen Raumes der Frühen Neuzeit galt für Frauen von Rechts wegen, dass die Männer über sie dominierten. Ein Shintōpriester formulierte noch 1872 in aller Prägnanz: „Der Mann ist wie die Nadel, die Frau wie der Faden. Wenn sie dem Manne folgt, ist es gut."[195]

Eines der umstrittensten Dokumente der Tokugawa-Zeit stammte angeblich vom dritten Shōgun Iemitsu aus dem Jahr 1649 (Keian 2). Es wurde seit dem 18. Jahrhundert unter dem Titel „Keian-Rundschreiben" unter der Landbevölkerung verbreitet und erhielt, ungeachtet seiner zweifelhaften Authentizität, den Status einer amtlichen Moralkunde für die Bauern.[196] Es bestand aus 32 Abschnitten; der 14. geht wie folgt auf die Arbeitsteilung zwischen Männern und Frauen ein:

> „Der Mann soll sich auf die Landwirtschaft konzentrieren, die Frau aufs Weben, und abends soll sie die Mahlzeiten bereiten. Mann und Frau sollen beide arbeiten. Es ist jedoch besser, sich von einer Frau zu scheiden, die gut aussieht, jedoch ihren Ehemann vernachlässigt, extravagante Teeparties abhält, auf Wallfahrten geht oder gern Spaß hat. Dies gilt aber nicht für treue Ehefrauen, die viele Kinder haben oder sich sonstwie verdient gemacht haben. Es ist zudem Pflicht, sogar eine hässliche Frau, die sich ständig um den Haushalt ihres Mannes kümmert, mit Zuneigung zu behandeln."[197]

Frauen, die sich in das Leben der Männergesellschaft einmischten, wurden als Störung empfunden. Der Dichter Ōta Nanbo, hauptberuflich Beamter im Bakufu, brachte das männliche Dominanzempfinden auf die zwar scherzhafte, aber dennoch frauenverachtende Formel: „Gäbe es doch auf der Welt überhaupt keine

[194] Yokota Fuyuhiko: „Imagining Working Women in Early Modern Japan". In Tonomura, Walthall, Wakita: *Women and Class*, S. 153-168; Anne Walthall: „The Life Cicle of Farm Women in Tokugawa Japan". In: Gail Lee Bernstein (Hg.): *Recreating Japanese Women, 1600-1945*. Berkeley, Los Angeles, London 1991, S. 42-70; hier S. 43

[195] Zit. n. Zöllner, *Karneval der Krise*, S. 432

[196] Yamamoto Eiji: *Keian no furegaki wa dasareta ka*. Yamakawa Shuppansha 2002; Fukaya Katsumi: „Keian ofuregaki no kōsei to ronri". In: Takizawa Takeo (Hg.): *Chūkinsei no shiryō to hōhō*. Tōkyōdō Shuppan 1991, S. 345-372

[197] Zit. n. Kasayama Haruo u.a. (Hgg.): *Shōsetsu Nihonshi shiryōshū*. Yamakawa Shuppansha, 2. Aufl. 1999, S. 174-176. Vollständige englische Übersetzung in Ooms, *Tokugawa Village Practice*, S. 364-373

Frauen mehr! Dann wären die Herzen der Männer still und heiter."[198] Takizawa Bakin, der Schöpfer des japanischen historischen Romans, schrieb in ähnlichem Sinne: „Der Zweck, eine Frau zu heiraten oder eine Geliebte zu unterhalten, besteht darin, jemand zu haben, der den Staub aus den Kissen schüttelt, nicht darin, sich Spaß im Schlafzimmer zu verschaffen."[199] Frauen sollten nach seiner Vorstellung mehr sein als Sexobjekte, nämlich Gehilfinnen im männlichen Leben. Als Bakin in hohem Alter nahezu erblindet war, half ihm seine Schwiegertochter Omichi (gest. 1858) allerdings bei der Vollendung seines Romans *Hakkenden*, an dem er zwischen 1814 und 1842 arbeitete. Ihr zuliebe baute er auch eine tapfere Heldin in seine Handlung ein. In der Tat erhielten Frauen der Oberschichten im 19. Jahrhundert mehr Bildungschancen und mehr Chancen zur aktiven Betätigung auf dem Feld der Kultur als zuvor. Ein Beispiel war die Samuraitochter Kawai Koume. Sie heiratete den Leiter der fürstlichen Akademie des Fürstentums Kii in Wakayama. In ihrem umfangreichen Tagebuch hielt sie Ereignisse des politischen, geistigen und alltäglichen Lebens fest.[200] Mit Hilfe von Briefen kommunizierte sie mit Verwandten und Freundinnen.

Bei Bauernkindern spielte in den ersten Lebensjahren der Geschlechterunterschied kaum eine Rolle für die Erziehung. Eltern, die es sich leisten konnten, schickten auch ihre Töchter zur Schule, doch selten erhielten sie eine so umfassende und kontinuierliche Schulbildung wie die Jungen der mittleren und vor allem der oberen Schichten der Landbevölkerung. Wohlhabende Bauern in der Umgebung Edos brachten ihre Töchter im 19. Jahrhundert für mehrere Jahre als Dienstmädchen in Fürsten- oder Samurai-Haushalten unter, wo sie den Lebensstil – Umgangsformen, Sprache, Haushaltsführung, Kleidung, Ernährungsgewohnheiten – der führenden Klasse kennenlernten. Die Kosten dafür trugen ihre Eltern.[201] Die meisten Töchter der weniger vermögenden Bauern verdingten sich statt dessen bei Großbauern in anderen Dörfern oder bei Händlern in nahegelegenen Städten. Das ursprüngliche Prinzip, dass die Dörfler – und vor allem die Frauen – das Dorf nur verlassen sollten, falls unbedingt nötig, geriet zunehmend ins Wanken. Hinzu kam, dass nun auch junge Frauen häufiger auf Pilgerreisen gingen. Dies war mit Risiken verbunden, nicht nur im Hinblick auf männliche Übergriffe, sondern auch, weil Frauen als naive, „ängstliche Geschöpfe"[202] galten, die männlicher Führung bedurften und bei Gefahr leicht in Ohnmacht fielen. Die Obrigkeit sah es auch nicht gern, wenn sich Frauen bei

---

198 Zit. n. Kitashima Masamoto: *Bakuhansei no kumon* [= Nihon no rekishi 18]. Chūō Kōronsha 1966, S. 330. Dies ist die Parodie auf ein Gedicht des Dichters Ariwara no Narihira aus der klassischen Anthologie Kokin wakashū, in dem es um die Kirschblüte geht.

199 Leon M. Zolbrod: „Takizawa Bakin, 1767-1848. A Restoration that Failed". In: *Monumenta Nipponica* 21: (1966), S. 1-46, h. S. 24

200 Shiga Yasuharu, Murata Shizuko (Hgg.): *Koume nikki* [= Tōyō bunko 256, 268, 284]. Heibonsha 1974-1976

201 Walthall, „Life Cycle", S. 48

202 So Yasumi Roan, zit. n. Vaporis, *Caveat viator*, S. 475

Volksfesten wie Männer verkleideten – sie taten es im 19. Jahrhundert trotzdem.[203]

Matsuo Taseko genoss als Tochter eines wohlhabenden Bauernhauses in der Provinz Shinano nicht nur eine hervorragende schulische Ausbildung. Sie wurde begeisterte Anhängerin der Hirata-Schule der Nationalphilologie und versuchte auch als Ehefrau eines Dorfschulzen mit beachtlichem Erfolg, die am Kaiserhof gepflegte klassische Dichtkunst zu meistern. Kann man hierin den typischen Versuch einer aufstrebenden Bauernfamilie sehen, ihr ökonomisches Kapital auf kurzem Wege in symbolisches zu verwandeln,[204] so geht ihr späteres politisches Engagement für die Restauration der Kaiserherrschaft noch weit darüber hinaus. 1862 reiste sie nach Kyōto und kam in Kontakt mit der Höflingsfamilie Iwakura, in deren Haus sie schließlich arbeitete.

Kusumoto Ine wurde 1827 als Tochter Philipp Franz von Siebolds mit einer Japanerin in Nagasaki geboren. Nachdem Siebold 1829 das Land verlassen musste, heiratete ihre Mutter einen Kaufmann. Mit 14 wurde Ine von einem der Schüler Siebolds adoptiert. Sie studierte bei ihm Chirurgie und ging mit 18 bei einem anderen Arzt in Okayama in die Lehre, der sie in Geburtshilfe unterwies. Sie wurde von ihm geschwängert und gebar eine Tochter. Ab 1851 lebte sie mit ihrer Tochter wieder in Nagasaki und praktizierte als erste Geburtshelferin im westlichen Stil. 1870 zog sie nach Tōkyō und eröffnete dort eine Praxis. Der Kaiserhof nahm ihre Dienste in Anspruch und verlieh ihr seine symbolische Anerkennung.

Nicht immer endeten die Versuche von Frauen, auf eigenen Füßen zu stehen, glücklich. Einem Extremfall begegneten Bakufu-Polizisten bereits zu Neujahr 1806. Sie ergriffen in der Wegstation Shinagawa am Stadtrand Edos eine nichtsesshafte 25jährige Frau, die sich Koto nannte. Sie gab an, zuvor in einer Pension mit Kost und Logis versorgt worden zu sein – was de facto bedeutete, dass sie für den Wirt als Magd und unlizenzierte Prostituierte *(meshimori onna)* arbeitete. Das Bakufu tolerierte diese Praxis seit 1718, solange sie sich in Grenzen hielt, weil die Wirte die Einnahmen dringend benötigten: Pensionen durften im allgemeinen bis zu zwei und am Stadtrand von Edo, in Shinagawa, Itabashi, Senjū, Yotsuya und Shinjuku auch drei Dirnen beschäftigen. In Wirklichkeit waren es viel mehr, in den 1830er Jahren wurden bei Razzien mehr als 1.300 „überzählige" Dirnen dingfest gemacht. Koto war offenbar auch überzählig, weshalb ihr Wirt sie flugs zur Nichtsesshaften erklärte, um nicht in Schwierigkeiten zu geraten. Koto wurde verhaftet und verhört – und erklärte zum Erstaunen der Beamten, die Tochter eines angesehenen Kyōtoer Adligen zu sein, der als Mittelsmann zwischen Kaiserhof und Bakufu diente. Ihr wirklicher Name sei Emonhime, und sie ziehe seit ihrem 17. Lebensjahr als wandernde Dichterin durch die Lande. Die

203 Zöllner, *Karneval der Krise*, passim

204 Anne Walthall: *The Weak Body of a Useless Woman: Matsuo Taseko and the Meiji Restoration.* Chicago 1998; dies.: „The Cult of Sensibility in Rural Tokugawa Japan: Love Poetry by Matsuo Taseko". In: *Journal of the American Oriental Society* 117:1 (1997), S. 70-86

schockierten Behörden hielten einen solchen Fall von sozialem Abstieg einer wandernden Künstlerin für gar nicht unwahrscheinlich. Gerüchteweise hieß es, sie hätten anschließend Koto alias Emonhime diskret an ihre Familie in Kyōto übergeben.[205]

Frauen und Religion

Nach denselben Mechanismen des Marktes, die auch die populäre Kultur zu beherrschen begannen, gestaltete sich auch das Feld der populären Religion neu, dessen markantes Kennzeichen das Entstehen von „Modegottheiten" *(hayari-gami)* war.[206] Strukturell ähnelten die Prozesse, mit denen solche neuen Kulte begründet und populär gemacht wurden, einander trotz ihrer inhaltlichen Unterschiede. Formal und symbolisch mussten sie darauf achten, möglichst originell zu sein, um sich auf dem Markt der religiösen Möglichkeiten von den Mitbewerbern abzuheben. Nach Tradition wurde kaum gefragt; Inspiration war das wichtigste Kapital. Gerade deshalb eröffnete sich hier ein Wirkungsfeld für Frauen der niederen Schichten, die aus dem ihnen zugewiesenen Haus- und Arbeitsalltag heraustreten wollten.

1802 entstand auf diese Weise der Nyorai-Kult, als eine des Lesens und Schreibens unkundige Hausmagd namens Kino (gest. 1826) Erfahrungen religiöser Besessenheit kommunizierte. Vier Samurai zeichneten ihre Mitteilungen auf, die auf mehr als 300 Erlebnissen Kinos beruhten. Kino erschuf ein eigenes Pantheon, in dem sich bekannte Götter, Buddhas und historische Persönlichkeiten um die Figur des Nyorai (eigentlich einer Erscheinungsform Buddhas) ordneten. Ihr Hauptanliegen war das Leben nach dem Tod.

So bildete sich auch ab 1838 eine eigene neue Religion um Nakayama Miki, der Tenri-Kult.[207] Nakayama hatte in eine Großbauernfamilie eingeheiratet, die aber bald verarmte. Sie offenbarte sich als religiöses Medium und Wunderheilerin und erhielt lokale Anerkennung. Die Gottheit Tenri, die im Zentrum ihres Glaubens stand, war vorher völlig unbekannt gewesen. Ihre Verehrung und der Verzicht auf menschliche Laster sollten den Gläubigen den Weg zu einer glücklichen, idealen Welt eröffnen. Die „Gottesdienstlieder" der Nakayama Miki von 1867 beginnen mit den Worten: „Hilf uns, königliche Gottheit Tenri, das Böse auszutreiben!"[208] Damit meinte sie auch die Unterdrückung der Armen durch die Mächtigen. Ende des 19. Jahrhunderts hatte der Tenri-Kult mehr als 3 Millionen Anhänger.

---

205 Abe, *Edo no autorō*, S. 231-237

206 Miyata Noboru: *Edo no hayari-gami*. Chikuma Shobō 1993

207 Ulrike Wöhr: *Frauen und Neue Religionen. Die Religionsgründerinnen Nakayama Miki und Deguchi Nao*. Wien 1989

208 Nakayama Miki: *Mikagura uta* [= Tōyō bunko 300]. Heibonsha 1977, S. 3

1.6.3 Zwischen Abwehr und Landesöffnung

Das Scheitern der Tenpō-Reform schwächte die Autorität Ieyoshis, der Mizuno Tadakuni rückhaltlos gefördert hatte, auf Dauer. In der Folge geriet das Bakufu völlig unter die Kontrolle der Fürsten. Von 1843 bis 1857 gab Abe Masahiro, Fürst von Fukuyama, im Rat den Ton an, ohne sich auf irgendeine persönliche Bindung zu den Shōgunen zu stützen.

Die Landesverteidigung und Außenpolitik blieben als dringende Fragen auf der Tagesordnung. Abe Masahiro übernahm 1844 auch das Amt eines Kommissars für die Küstenverteidigung und sorgte dafür, dass es mit einem beträchtlichen Beamtenapparat ausgestattet wurde. Als im selben Jahr ein Sondergesandter des holländischen Königs einen Brief überbrachte, in welchem der König unter Hinweis auf die nach dem Opiumkrieg veränderte Weltlage um eine Öffnung Japans für den Westen bat, setzte Abe allerdings durch, dass alles beim Alten blieb: Er antwortete dem König 1845, eine solche Öffnung komme derzeit nicht in Frage, und Holland solle sich mit den bestehenden Handelsbeziehungen auch ohne formelle diplomatische Beziehungen zufriedengeben. Diese Differenzierung zwischen Handels- und diplomatischen Beziehungen reflektierte den seit den ersten russischen Annäherungsversuchen entwickelten japanischen Kenntnis- und Diskussionsstand gegenüber dem Völkerrecht. Wie bitter nötig dieser Lernprozess war, zeigte sich in der Folge Schlag auf Schlag. Denn in der Folge des Opiumkrieges wimmelte es in den ostasiatischen Gewässern jetzt von westlichen Schiffen, von denen etliche sich zufällig oder gewollt Japan näherten.

Am 4. Juni 1846 liefen zwei französische Kriegsschiffe das Königreich Ryūkyū an und forderten die Aufnahme von Handelsbeziehungen und die Erlaubnis zur christlichen Mission. Notgedrungen schloss Ryūkyū den gewünschten Vertrag; die Franzosen zogen am 20. Juli wieder ab, ließen aber einen Missionar zurück. Ryūkyū stand (was die Franzosen nicht wussten) unter der Herrschaft des Fürstentums Satsuma, das sofort in Edo anfragen ließ, was zu tun sei. Das Bakufu teilte Satsuma am 23. Juli mit, dass es die auswärtigen Handelsbeziehungen Ryūkyūs stillschweigend tolerieren werde. Drei Tage vor dieser Antwort waren zwei amerikanische Kriegsschiffe, die sich auf dem Rückweg von China befanden, unter dem Kommando von James Biddle in die Bucht von Edo eingelaufen und forderten Verhandlungen über die Öffnung des Landes für den internationalen Verkehr. Der Kommissar von Uraga teilte ihnen mit, dass dies nicht möglich sei; daraufhin zog sich Biddle am 29. Juli ohne weiteres zurück – und hinterließ im Bakufu den irrigen Eindruck, man sei billig davongekommen. Dass dies eine Illusion war, bewies bereits die Reaktion des Kaiserhofes. Dieser verlangte im Oktober vom Bakufu eine Verstärkung der Küstenverteidigung und – unter Berufung auf den Präzedenzfall von 1807 – ständige Information über die außenpolitische Lage.

Abb. 11: „Bild von der Ankunft eines fremden Schiffes nebst Bild eines Fisches" (Anonym, Mitte 19. Jh.)

Die Entdeckung der japanischen Geschichte

Der Kaiserhof zeigte sich aber nicht nur hinsichtlich der Gegenwart ambitioniert. Er bewies ein auffälliges Interesse am Studium der japanischen Geschichte. Ab 1837 widmeten sich Kaiser und Hofadlige erstmals in der Frühen Neuzeit systematisch der Lektüre der offiziellen Sechs Reichschroniken und einiger anderer historischer Werke, die im japanischen Altertum niedergeschrieben worden waren. Der Lektürekurs dauerte acht Jahre. Der letzte Versuch eines japanischen Kaisers, sich in den Mythen der frühen Geschichtsschreibung unterweisen zu lassen, hatte 1758 zu einem schweren Skandal am Hof geführt. Unter Kaiser Ayahito blieb der Skandal aus. Die Lektüre war offensichtlich Teil einer Reaktivierung antiker Bräuche und Konzepte, die von Ayahito und seinem Vater Tomohito bewusst betrieben wurde. Als Tomohito 1841 starb, erhielt er als erster Kaiser seit 910 Jahren einen posthumen Ehrennamen *(shigō)*, nämlich „*Kōkaku tennō*". Tomohito war der 120. Kaiser der offiziellen dynastischen Zählung. Vom 63. bis zum 119. Kaiser hatte keiner die Bezeichnung „*tennō*" (Himmelskaiser) erhalten; statt dessen verlieh man ihnen posthum den Namen ihres letzten Wohnsitzes mit dem Zusatz „*in*". Dass man im Falle Tomohitos (und aller nach ihm kommenden Kaiser)[209] hiervon

[209] Den Kaisern, die vor Kōkaku ein „-in" als posthumen Namen trugen, wurde 1925 vom Kabinett nachträglich die Bezeichnung „*tennō*" verliehen.

abwich, musste politische Bedeutung haben: Der Kaiserhof fand ganz offenbar die Idee sympathisch, zu seinen Ursprüngen zurückzukehren – als es noch kein Bakufu gab. Bei den Verehrern des Kaisers wirkte die Rückkehr zu dieser antikisierenden Bezeichnung wie ein „Sprachzauber",[210] mit dem der Kaiser aus der Verborgenheit seines Palastes herausgeholt wurde.

Das neue Interesse an der japanischen Geschichte beschränkte sich aber keineswegs auf die herrschenden Kreise. Es gab in der gesamten lesekundigen Bevölkerung reißenden Absatz für Druckwerke, die sich historischen Themen widmeten und auf diese Weise zum japanischen Identitätsdiskurs beitrugen. Dass dieser Diskurs nicht mehr das Privileg der Eliten darstellte, beweist der Erfolg der „Inoffiziellen Geschichte Japans" *(Nihon gaishi)* des Rai San'yō, die 1836 erstmals im Druck erschien, aber auch vielfach per Hand kopiert und verbreitet wurde. Obgleich in klassischem Chinesisch verfasst, wurde dieses Werk wegen seiner an berühmten historischen Figuren und ihren menschlichen Motiven orientierten, eingängigen Darstellung der Zeit der Krieger vom 12. bis zum 17. Jahrhundert äußerst populär. Rai, der in Kyōto eine Schule für Sinologie betrieb und auch als Dichter und Maler im chinesischen Stil hervortrat, war durch und durch Konfuzianer, der historischen Erfolg am Grad der Verwirklichung konfuzianischer Tugenden maß. Er war aber auch davon überzeugt, dass Japan seine eigene Antwort auf die Herausforderungen der Geschichte finden musste. Während er einerseits den aufeinanderfolgenden Kriegerdynastien durchaus Fortschritte auf dem Weg zur Tugendhaftigkeit bescheinigte, musste die japanische Geschichte für ihn jedoch auf die Verwirklichung der nach seiner Ansicht tugendhaftesten aller Herrschaften hinauslaufen – derjenigen des japanischen Kaisers. Rais „Inoffizielle Geschichte" wurde bis in die Meiji-Zeit weit über die Kreise der Krieger hinaus gelesen. Sie passte zwar weder methodisch noch sprachlich, aber doch vom Oberthema her zu den Studien der Nationalphilologen in der Tradition Motoori Norinagas oder Hirata Atsutanes. Ob philologische Studien oder historische Beschreibung: Das Thema war die japanische Identität, die sich an den Problemen der Gegenwart bewähren musste.

Die Nachfrage nach der Geschichte Japans wurde auch durch den kommerziellen Buchhandel entdeckt und bedient. Im Jahr 1849 kam beispielsweise bei Naraya Shōhē in Ōsaka der „2000jährige Ärmel-Spiegel Japans" (Nippon nisennen sode kagami) heraus. Im selben Verlag erschienen, wie aus den Verlagsanzeigen hervorgeht, eine Reihe weiterer Titel ähnlicher Art: Ein „Jahreszahlen-Spiegel zum schnellen Nachschlagen" (Hayabiki nenreki tsūran), der die Jahresdevisen der japanischen Kaiser auflistete und dazu „Anfang und Ende aller Dinge vom Zeitalter der Götter bis heute" nannte, nämlich Schlachten, Gerichtsverfahren, Naturkatastrophen und dergleichen mehr; dazu „die Sehenswürdigkeiten, Ersten Schreine sowie Namen der Bezirke, Burgen, Ämter, berühmte Erzeugnisse, his-

---

[210] Yasumaru Yoshio: „Nihon nashonarizumu no zen'ya, kokutai-ron, bunmei, minshū". In: ders.: *Nihon nashonarizumu no zen'ya*. Asahi Shinbunsha 1977, S. 5-36, hier S. 26

torischen Hauptstädte, Tempel, Schreine, Schlachtfelder, japanische und chinesische Persönlichkeiten“ aller Teile des Landes. Ein weiterer Titel im Verlagssortiment was der „Vollständige kalendarische Spiegel, beidseitig bedruckt“ (Banreki ryōmen kagami), wie es hieß, eine „Chronik von der Schöpfung von Himmel und Erde bis zum Säkulum des gegenwärtigen Kaisers“, kombiniert mit Horoskop-Angaben und einem „ewigen Kalender“ mit laut Werbung „Vielem, was die Vier Stände zu ihrem Vorteil Tag und Nacht in der Tasche haben sollten“. Ebenfalls als Taschenbuch gedacht war die „Vermehrte Ausgabe der Reuse des Ewigen Kalenders“ (Zōho eireki shōsen), die Bauernregeln, Horoskope usw. enthielt. Schließlich wurde auch für die neue Ausgabe einer „Chronik-Handausgabe“, die alles Wesentliche der Geschichte in Kurzform enthalten sollte. Naraya Shōhē verlegte demnach mehrere Titel, welche sich an ein historisch interessiertes Publikum „aller Stände“ oder „aller Häuser“ wandten, wie es in der Verlagsreklame heißt. Diese Schriften fanden offenbar auch guten Absatz, schließlich waren darunter auch Neu- und erweiterte Auflagen. Wie sich aus dem verlegerischen Nachwort des „Ärmel-Spiegels“ ergibt, muss sich auch diese Publikation gut verkauft haben. Es heißt dort nämlich:

> „Diese Schrift hält Anfang und Ende aller Dinge, von Schreinen und Tempeln über hochedle Leute oder Feldherren und Helden bis zu den Meistern der verschiedenen Künste, bemerkenswerten Leuten, Verbrechern und anderen sowie die Epoche, in der sie auftraten, fest. Sie ist wertvoll, um rasch die Zahl der Jahre bis heute zu erfahren. Während wir bisher eine erste Folge und eine zweite Folge verkauft haben, fanden wir überaus gute Aufnahme und druckten sehr hohe Stückzahlen, so dass die Druckstöcke vollständig abgerieben sind. Daher legen wir nun die erste Folge wieder auf, erweitern die zweite und geben eine dritte neu heraus, wobei wir ganz neue Bildern hinzufügen. ...
> Übrigens sind die Bilder in den drei Bänden besonderes interessant; wir haben ausschließlich hochwertige verwandt und auch die Jahreszahlen genau ermittelt.
> Die Vorzüge dieses Buches sind: Erstens, sein Format ist klein. Es enthält viel, darunter solches, was leicht, mild und gefällig ist, doch auch bittere Wahrheiten.
> Wenn Sie an Dingen mit und ohne Eleganz gleichermaßen Gefallen finden, benutzten Sie es als Mitbringsel bei Reisen in ferne Provinzen, als Gegengabe für Abschiedsgeschenke vor Reisen, bei langen Aufenthalten in Gasthäusern oder während Sie an Bord eines Schiffes auf günstiges Reisewetter warten oder wenn ein Fluss gesperrt ist, so dass Sie nicht weiterkommen, als Mittel gegen die trübsinnig machende Langeweile, für Besuche am Krankenbett, als angenehmen Zeitvertreib für den Erzähler und Gesprächsstoff für den Kranken: Wenn diese nämlich aufgeheitert werden, nimmt auch ihre Krankheit von selbst einen guten Verlauf.“

Das Werk erschien also zunächst in Einzelblättern. Wegen der hohen Nachfrage richtete der Verleger eine Buchausgabe ein, für die 1852 eine neue dritte Folge geschaffen sowie die beiden vorangegangenen überarbeitet wurden. Das Werk sollte mit seinen rund 4.000 Einträgen aus politischer und Kulturgeschichte dabei helfen, den Abstand vergangener Ereignisse zur Gegenwart zu messen, und wurde von seinem Verleger als nützlicher Zeitvertreib gepriesen. Wertungen werden in dem Werk nicht ausgesprochen: Es blieb dem Leser überlassen, die Daten seinem eigenen Geschichtsbild anzupassen. Geschichte wurde hier nicht als Abfolge von Problemen und ihren Lösungen präsentiert, sondern als memorierbare Begebenheiten, deren Sinn nicht elaboriert wurde. Nichts wurde in Frage gestellt, weder das Gewesene noch das Seiende. Für die Bevölkerung stellte die Geschichte Japans die vierte Dimension des symbolischen Raumes dar, den man bestaunen und begreifen, aber noch nicht erobern wollte.

Reformversuche in den Fürstentümern

Einige der großen Fürstentümer versuchten nach den Unruhen der 1830er Jahren, ihrer eigenen Finanzmisere durch unkonventionelle Reformen zu begegnen. Gemeinsam war allen diesen Reformversuchen, dass die Fürstentümer sich als Unternehmer und Investoren in Projekte hervortaten, die nicht zur klassischen Landwirtschaft gehörten, und dabei wenig Rücksicht auf die privaten Kaufleute nahmen.

In Chōshū, das einen enormen Schuldenberg aufgehäuft hatte, gelang es Murata Seifū ab 1838, die fürstlichen Schulden innerhalb von acht Jahren zu halbieren: Er zwang Frachtschiffen aus anderen Fürstentümern, die wichtige Handelsgüter wie Reis, Baumwolle oder Salz nach Ōsaka transportierten und unterwegs in Shimonoseki anlegten, hohe Umschlag- und Lagergebühren auf. Im Gegenzug schaffte er Kreditzinsen, welche die einheimischen Bauern belasteten, sowie Monopole auf lokale Spezialprodukte ab. Das Fürstentum übernahm auch formal die Altschulden seiner Vasallen, streckte aber gleichzeitig deren Rückzahlung an die Gläubiger – Großhändler und Großbauern – auf 37 Jahre. Freilich war die Empörung auf deren Seite so groß, dass Murata 1844 zurücktreten musste.

In Satsuma verfuhr Zusho Hirosato nicht weniger drastisch, als er 1827 den Gläubigern seines Fürstentums in Ōsaka erklärte, die Schuldenrückzahlung auf 250 Jahre zu strecken, und die Schuldscheine gleich vor ihren Augen verbrannte, um zu zeigen, wie wenig ihre Ansprüche wert waren. Er baute allerdings den Monopolhandel aus, und mit Hilfe seines Zugriffs auf die Ryūkyū-Inseln konnte Satsuma außer Zucker, Süßkartoffeln und Wachs auch exklusive Exportgüter anbieten. Manche davon kamen auf Schmugglerwegen aus China, und Zusho selbst musste 1848, als diese verbotenen Geschäfte ruchbar wurden, die Verantwortung übernehmen und sich das Leben nehmen.

Zeniya Gohē aus dem Fürstentum Kaga[211] war der Sohn eines Geldverleihers und Sojasoßenbrauers. Er erbte aus dem Pfandgut seines Vaters ein Schiff, mit

211 James L. McClain: „Failed Expectations: Kaga Domain on the Eve of the Meiji Restoration". In: *Journal of Japanese Studies* 14:2 (1988), S. 403-447

dem er eine Karriere als Reeder für Getreide, Kleidung, Holz und Meeresprodukte zwischen der Insel Ezo und Zentraljapan (auf der sogenannten Kitamae-Route) begann. Seine Flotte umfasste schließlich 30 Schiffe, seine Firma Shimizuya besaß 34 Filialen. Außerhalb der Legalität trieb er lukrativen Handel mit Koreanern, Russen und Manjuren. Zusammen mit dem hohen Beamten Okamura Hidezane machte er sich an eine Reform der Finanzen des Fürstentums Kaga, nicht ohne davon selbst enorm zu profitieren. Nach dem Tod Okamuras wurden die Reformen jedoch abgebrochen. Zeniya selbst wurde 1851 wegen eines Umweltskandals inhaftiert: Mit Genehmigung des Fürstentums wollte er an der Küste Neuland gewinnen, doch die einheimischen Fischer fürchteten um ihre Fischgründe und wehrten sich. Als Anwohner an vergiftetem Fisch starben, kam das Gerücht auf, Zeniya und sein Sohn hätten die Fischgründe vergiftet, um die Fischer zu vertreiben. Das Fürstentum griff ein. Zeniya starb im Gefängnis; sein Sohn wurde ans Kreuz geschlagen und das riesige Vermögen der Familie konfisziert.

Im Fürstentum Saga auf Kyūshū war Fürst Nabeshima Naomasa lebhaft an der Einführung westlicher Technologien interessiert und errichtete 1850 eine Geschützschmiede. Nach dem Studium holländischer Fachliteratur gelang es dort 1852 tatsächlich, den ersten westlichen Flammofen in Japan zu bauen und in Betrieb zu nehmen. Flammöfen dienten dazu, Roheisen in Stahl oder Schmiedeeisen umzuschmelzen, und bedeuteten daher einen wichtigen technologischen Meilenstein auf dem Weg zur Industrialisierung.[212] Saga produzierte als erstes Geschütze, die wegen ihrer großen Zuverlässigkeit sofort für die Verteidigung Nagasakis geordert wurden. Die Nachfrage war so groß, dass 1853 ein zweiter Flammofen errichtet wurde; gerade rechtzeitig, um für die turbulente Folgezeit von Nutzen zu sein.

1.7 Die Auflösung der frühmodernen Gesellschaft (1853-1868)

1.7.1 Die Schwarzen Schiffe

Am 26. Mai 1853 erreichte eine aus vier Dampfschiffen bestehende Flotte der US-amerikanischen Kriegsmarine unter dem Kommando von Matthew Calbraith Perry den Hafen von Naha auf Okinawa. Am 2. Juli lief sie wieder aus, um am 8. Juli in Uraga an der Einfahrt zur Bucht von Edo anzukommen. Die japanischen Beamten forderten Perry auf, nach Nagasaki weiterzureisen, doch er

212 Erich Pauer: *Japans industrielle Lehrzeit: die Bedeutung des Flammofens in der wirtschaftlichen und technischen Entwicklung Japans für den Beginn der industriellen Revolution.* Bonn 1983

bestand unter Androhung von Gewalt darauf, einem hohen Bakufu-Beamten einen Brief seines Präsidenten Millard Fillmore zu überreichen (der allerdings bereits seit März 1853 nicht mehr amtierte). Er versprach, nach Aushändigung abzureisen. Die Japaner gaben nach. Am 14. Juli landete Perry im Hafen von Kurihama, traf sich mit den Kommissaren von Uraga und überreichte ihnen den Brief. In diesem Brief bat der Präsident den „Kaiser von Japan" (damit meinte er allerdings den Shōgun) um „Freundschaft, Handel, die Versorgung mit Kohle und Proviant sowie Schutz für unsere Schiffbrüchigen". Der Freihandel, den er eröffnen wolle, werde für beide Seiten äußerst vorteilhaft sein. Er wisse, dass Japans Gesetze solchen Handel verböten. Falls Japan diese Gesetze nicht abschaffen wolle, könne es doch das „Experiment" wagen, sie für fünf oder zehn Jahre versuchsweise aufzuheben. Entsprächen die Ergebnisse nicht den Erwartungen, könne man die alten Gesetze ja wieder in Kraft setzen. Mit der Ankündigung, im nächsten Frühling zurückzukehren, um die Antwort auf diesen Brief abzuholen, reiste Perry am 17. Juli wieder ab. Drei Tage später informierte das Bakufu den Kaiserhof von dem amerikanischen Begehr.

Das Bakufu befand sich gerade in einer äußerst ungünstigen Verhandlungsposition: Am 27. Juli starb der kranke Shōgun Ieyoshi. Sein Sohn Tokugawa Iesada wurde erst am 23. November formell zum neuen Shōgun ernannt. Iesada kränkelte und überließ die Tagespolitik gänzlich Abe Masahiro. Dieser forderte bereits am 5. August die Fürsten und schließlich alle anderen, die sich äußern wollten, auf, zum amerikanischen Verlangen Stellung zu nehmen. Er erhielt rund 700 Antworten; die originellste von einem Bordellbesitzer in Edo-Yoshiwara, der vorschlug, auf die amerikanischen Schiffe zu schleichen, die Seeleute betrunken zu machen und dann mit Fischmessern umzubringen. Zur Belohnung wollte er die Verwaltung Yoshiwaras übertragen bekommen.[213] Wortführer der seriösen Gegner einer Landesöffnung war Tokugawa Nariaki, der Altfürst von Mito. Ihre Argumente waren neben dem Hinweis auf die alten Gesetze der ersten Tokugawa-Shōgune und die Notwendigkeit, Japans besonderen Staatskörper vor den Barbaren zu schützen: Der Außenhandel werde zu einem Abfluss von Gütern führen, die Japan selbst dringend benötigte. Daher werde es zu einer Teuerung kommen. Einzige Nutznießer der Landesöffnung seien deshalb die Kaufleute.

Die Antworten ließen es an Vorschlägen zur Verbesserung der Landesverteidigung nicht fehlen. Fürst Matsudaira Yoshinaga aus Fukui griff die hohen Kosten der alternierenden Residenzpflicht auf, ein besonderes Hassobjekt der Fürsten: Die Residenzpflicht solle gelockert werden, die fürstlichen Familien nach Hause geschickt werden, damit die Repräsentationskosten verringert und statt dessen die Landesverteidigung finanziert werden könne. Doch Abe Masahiro lehnte dies ab.

Es sah dennoch danach aus, als würden sich die Hardliner durchsetzen. Am 7. August ernannte das Bakufu Tokugawa Nariaki zum Berater für die Küsten-

---

213 Konishi Shirō: *Kaikoku to jōi* [= Nihon no rekishi 19]. Chūō Kōronsha 1966, S. 48 f

verteidigung. Nariaki war Wortführer der Gegner einer Landesöffnung. Er riet zu einem entschlossenen Ausbau der Küstenstellungen.

Zu allem Überfluß erschien am 22. August der russische Admiral Evfimii Putjatin mit vier Kriegsschiffen vor Nagasaki und überreichte dem Kommissar von Nagasaki am 21. September ein offizielles Schreiben mit der Bitte um Aufnahme von Beziehungen. Auch darüber wurde der Kaiserhof informiert.

Die unerwarteten Besuche dieser „Schwarzen Schiffe", wie man die westlichen Kriegsschiffe bald nannte, waren spektakulär und führten zu Nervosität in der Bevölkerung. In einem Scherzgedicht hieß es damals: „Wegen vier Dampfschiffen, die uns den Schlaf des Friedens rauben, können wir selbst nachts nicht mehr schlafen."[214]

Der Vogt von Ōsaka verbot am 31. August, wegen der ausländischen Schiffe Reis zu horten. Die Konjunktur drohte einzubrechen. Der schneereiche, kalte Winter hatte ohnehin zu einer schlechten Ernte geführt; Hamsterkäufe wegen Kriegsgerüchten kamen hinzu, die Reispreise, aber auch die Preise für Rüstungsgüter und Waffen explodierten. Letzteres war der Politik geschuldet. Denn das Bakufu entschied sich, den Verteidigungsplan von Tokugawa Nariaki anzunehmen, und bestellte im Oktober bei den Holländern ein Kriegsschiff, Geschütze und militärische Lehrschriften. Nariaki schenkte dem Bakufu im November 74 Kanonen und ließ in Mito einen mit Steinkohle befeuerten Flammofen zur Produktion von Geschützen errichten; er ging 1856 in Betrieb. Im ganzen Land begann indessen die fieberhafte Suche nach Eisenerz- und Steinkohlevorkommen. Im Dezember befahl das Bakufu Mito den Bau von großen Schiffen zum Aufbau einer Kriegsmarine.

Erst am 23. November verließ Admiral Putjatin Nagasaki. Am 3. Januar 1854 kehrte er kurzfristig zurück, doch da die Verhandlungen stockten, reiste er am 5. Februar endgültig ab. Diese Gefahr schien gebannt zu sein.

Doch Kommodore Perry erschien, wie angekündigt, am 13. Februar 1854 erneut und ankerte in der Bucht von Edo – diesmal mit acht Schiffen, um seinem Anliegen Nachdruck zu verleihen. Die Antwort des Bakufu, die Perry am 10. März 1854 ausgehändigt wurde, war hinhaltend. Die japanische Regierung sehe ein, dass es dem Zeitgeist widerspreche, an den alten Gesetzen festzuhalten. Der Tod Ieyoshis und die Einarbeitung seines Nachfolgers hätten jedoch viel Zeit gekostet, so dass eine definitive Antwort noch nicht möglich sei. Die Aufnahme von Kohle, Holz, Wasser und Proviant in einem Hafen der amerikanischen Wahl werde aber gestattet; die Amerikaner sollten einen Hafen dafür benennen. Allerdings werde es ungefähr fünf Jahre dauern, bis die Vorbereitungen

214 „*Taihei no / nemuri wo samasu / jōkisen / tatta shihai de / yoru mo nemurezu.*" – Das Gedicht spielt mit Doppelsinnigkeit, denn „*jōkisen*" war die Bezeichnung einer damals beliebten Teesorte. In der politisch unverfänglichen Auffassung bedeutet das Gedicht dann: „Wegen vier Tassen Tee, die uns den friedlichen Schlaf rauben, können wir selbst nachts nicht schlafen."

dafür getroffen seien. Ab Februar 1855 können man aber gern in Nagasaki Kohle bunkern.

Perry fand dies zwar ermutigend, aber nicht hinreichend, und bestand auf dem Abschluss eines Freundschafts- und Handelsvertrages. Er demonstrierte seine Militärmacht, begann, die Bucht von Edo zu vermessen, und unterstrich seine Forderung schließlich mit der (in Wirklichkeit absurden) Behauptung, bei einer Weigerung der Japaner eine Flotte von 100 Kriegsschiffen gegen Japan aufzubieten. Daraufhin willigte das Bakufu in Verhandlungen ein, die vom 8. bis 28. März dauerten und zum Abschluss eines Friedens- und Freundschaftsvertrages führten, der am 31. März 1854 in Kanagawa unterzeichnet wurde. Von den beiderseitigen Vorteilen oder einer Befristung, wie sie Fillmore in seinem Schreiben in Aussicht gestellt hatte, konnte keine Rede mehr sein. Es handelte sich um einen „Ungleichen Vertrag", eine typische Technik des westlichen Imperialismus. Amerikanische Schiffe durften in Shimoda und Hakodate Verpflegung und Treibstoff aufnehmen; in diesen beiden Häfen sollten Bewegungszonen für die amerikanischen Seeleute eingerichtet werden; amerikanische Schiffbrüchige sollten gut behandelt werden; japanisches Recht sollte auf die Amerikaner nicht angewandt werden; die USA erhielten einseitig die Meistbegünstigung, d.h., dass alle Bedingungen, die Japan später einem anderen Land zugestehen sollte, automatisch auch für die USA galten. Schließlich sollte, „falls erforderlich", ein Konsulat in Shimoda eingerichtet werden. Am 18. April zog Perry hochzufrieden mit seiner Flotte nach Shimoda, reiste einige Tage später nach Hakodate weiter und kehrte im Juni nach Shimoda zurück. Dort unterzeichnete er noch einen Anhang zum Vertrag von Kanagawa, in dem Detailfragen geregelt wurden.

Übrigens übten sich beide Seiten in Verhandlungspsychologie. Die Japaner schickten zur Überraschung der Amerikaner 25 Sumōringer zu deren Unterhaltung, die auf diese „wie große Elefanten" wirkten. Perry durfte den stärksten von ihnen anfassen; eine Demonstration ihrer Kraft und ihrer Kampftechnik folgte. Die Amerikaner waren durchaus beeindruckt, konterten aber mit den von ihnen mitgebrachten Geschenken: Darunter eine funktionsfähige Miniatureisenbahn und eine Telegrafenanlage. In Perrys Expeditionsbericht heißt es: „Dies war ein glücklicher Gegensatz, den eine höhere Zivilisation darbot, zu dem abstoßenden Schauspiel auf Seiten der japanischen Beamten."[215] Dass die Japaner wiederum sich selbst als Vertreter der höheren Zivilisation ansahen, erhellt u.a. aus einem Flugblatt, das die Speisenfolge bei der Bewirtung der Amerikaner wiedergab – und in einem Bild deren Schwierigkeiten, diese Delikatessen zu würdigen, karikierte.

[215] Matthew Perry: *Narrative of an American Squadron to the China Seas and Japan.* Washington 1856, Bd. 1, S. 369-372

Abb. 12: „Bild des Festmahls in Musashi-Yokohama" (Anonym, 1854)

Vergewaltigung als Kulturkontakt

Unterdessen hatte sich auf der Insel Okinawa ein Zwischenfall ereignet, der verdeutlichte, wie konfliktreich die Begegnung zwischen den weißen Fremden und den Einheimischen verlaufen konnte. Perry hatte 1853 eine Gruppe von Seeleuten auf Okinawa zurückgelassen. Am 12. Juni 1854 wurde einer der Männer in Naha tot aufgefunden. Sobald Perry erneut auf Okinawa eintraf, verlangte er eine offizielle Untersuchung. Es stellte sich heraus, dass der Matrose mit zwei Kameraden in ein Haus eingedrungen war, sich an Reiswein betrunken und eine junge Frau zu vergewaltigen versucht hatte. Deren Vater und Nachbarn trieben den Amerikaner zur Küste, wo er ins Wasser fiel und ertrank. Perry nannte seinen Tod „nicht unverdient". Die einheimischen Täter wurden auf eine Insel verbannt.[216] In dem Freundschaftsvertrag, den Perry am 11. Juli 1854 mit dem Königreich Ryūkyū abschloss, hieß es, dass amerikanische Seeleute „nicht mit Gewalt in Häuser hineingehen oder sich mit Frauen vergnügen" sollten.[217] Vor diesem Hintergrund klingt es geradezu zynisch, dass Perry in seinem offiziellen Expeditionsbericht über Okinawa forderte, „die Regierungen der Vereinigten

216 Perry, *Narrative*, Bd. 1, S. 493

217 *Index to the Executive Documents Printed by Order of the Senate of the United States*. Washington 1871, Bd. 1, S. 528

Staaten und Europas sollten diese und andere wehrlose Gemeinschaften in entlegenen Weltteilen vor den Akten der Ungerechtigkeit und Raserei schützen, die von den Besatzungen jener Schiffe, die ferne Meere befahren, nicht selten begangen werden."[218]

Das Quartett der Verträge

Die Politik der Landesabschließung war mit dem Vertrag von Kanagawa gescheitert. Am 25. Mai informierte das Bakufu den Kaiserhof über den Vertragsabschluss. Einen Tag später trat Mito Nariaki tief enttäuscht als Berater des Shōgun zurück.

Doch das Bakufu setzte seine militärischen Anstrengungen fort. Im Mai vollendete der Amtmann von Nirayama, Egawa Hidetatsu, der sich zu einer Autorität auf dem Gebiet der westlichen Militärtechnologie entwickelt hatte, den ersten Bakufu-Flammofen für den Bau von Geschützen. Im Juni lief das erste japanische Schiff westlicher Bauart in der Bakufu-Schiffswerft von Uraga vom Stapel. Auf Vorschlag Shimazu Nariakiras erklärte das Bakufu am 1. September das weiße Banner mit der roten Sonnenscheibe zur offiziellen Flagge aller japanischen Schiffe; gerade rechtzeitig, bevor Holland dem Bakufu ein Kriegsschiff zum Geschenk machte, das unter dem Namen Kankōmaru in Dienst gestellt wurde.

Aber dies alles konnte nicht verhindern, dass im September diesmal vier britische Kriegsschiffe Nagasaki anliefen. Nach kurzen Verhandlungen schloss das Bakufu am 14. Oktober einen Freundschaftsvertrag auch mit Großbritannien ab, der diesem die Nutzung von Nagasaki und Hakodate zugestand. Auch Putjatin zeigte sich wieder; mit der in Japan bereits wohlbekannten „Diana" lief er im Oktober zunächst Hakodate, danach im November Ōsaka an. Ihr völlig unerwartetes und vom Bakufu mit äußerstem Missvergnügen quittiertes Aufkreuzen vor Japans Handelsmetropole wurde Gegenstand einer rasch produzierten Flugschrift, die vom Bakufu ebenso rasch verboten wurde; denn dieser Zwischenfall dokumentierte den blamablen Tatbestand, dass die Regierung nicht einmal in der Lage war, den wirtschaftlichen Lebensnerv des Landes zu schützen. Im Dezember fuhr Putjatin endlich nach Shimoda weiter. Die auf das Erdbeben am 23. Dezember folgende Flutwelle beschädigte die „Diana" so schwer, dass sie im Januar 1855 sank. Das Bakufu erteilte Putjatin jedoch die Erlaubnis, in einer japanischen Werft ein neues Schiff bauen zu lassen, und bestellte gleich ein baugleiches Exemplar für sich selbst: So kamen erstmals japanische Seeleute unter europäischer Anleitung im modernen Schiffsbau zum Einsatz. Am 7. Februar 1855 erhielt auch Russland schließlich seinen Freundschaftsvertrag und durfte nun offiziell Shimoda, Hakodate und Nagasaki anlaufen. Um das Quartett der Verträge zu vervollständigen, unterzeichnet das Bakufu am 30. Januar 1856 auch einen Freundschaftsvertrag mit seinem alten Handelspartner Holland. Wenig später

[218] Perry, *Narrative*, Bd. 2, S. 187

traf, sehr zur Überraschung der Japaner, Townsend Harris als erster amerikanischer Konsul in Shimoda ein.

1.7.2 Moralische und nationale Ökonomien

Ein konventioneller Aufstand

Ende Juni 1853 beschlossen etwa 15.000 Bauern der Region Sanhei im Fürstentum Nanbu im nordwestlichen Japan, kollektiv südwärts in das benachbarte Fürstentum Sendai zu entlaufen.[219] Ganze Dörfer setzten sich nach ausführlichen Beratungen in Marsch, geführt von einer etwa 300köpfigen Führungsgruppe. Ihre Familien und ihre bewegliche Habe nahmen sie mit. Jedes Dorf zog unter einer Fahne mit der Nummer des Dorfes sowie einem Banner mit der Aufschrift „In Not“ aus. Unterwegs erbaten oder erpressten sie sich Almosen und Geschenke, ganz nach der Art einer Massenwallfahrt. Das Fürstentum schickte ihnen Soldaten entgegen, die sie aber überwinden konnten. Etwa die Hälfte der Marschierer trat auf das Territorium von Sendai über und begann unter Vermittlung buddhistischer Geistlicher mit der dortigen Lokalverwaltung zu verhandeln. Sie legten Sendai eine Art Positionspapier vor, mit dem sie klarstellen wollten, dass sie es ernst meinten. Sie verstanden ihren Aufstand als Fortsetzung einer Bauernrebellion von 1847. Damals hatten sie ihren Fürsten Nanbu Toshitada zum Rücktritt zwingen können, der im Zusammenhang mit Wirtschaftsreformen die Abgaben- und Dienstlasten der Bauern erhöht hatte. Nachfolger wurde sein Sohn Toshitomo, mit dem die Bauern gut zurechtkamen. Doch Toshitomo dankte 1849 auf Druck seines Vaters ebenfalls zugunsten seines Bruders Toshihisa ab, und der Altfürst zog im Hintergrund erneut die Fäden. Die Lage der Bauern verschlechterte sich erneut; hinzu kamen die aktuelle Missernte und Teuerung. Daher verlangten die Bauern nun, Toshitomo solle in sein Amt zurückkehren; die entlaufenen Bauern sollten im Fürstentum Sendai Aufnahme finden; und ihre Region sollte Teil der Bakufu-Domäne oder des Fürstentums Sendai werden. Diese Maximalforderungen waren jedoch eher symbolisch zu verstehen, um Nanbu überhaupt an den Verhandlungstisch zu bekommen. Ihr Verhandlungsführer Miura Meisuke überreichte zusätzlich einen umfassenden Katalog konkreter Beschwerden. Die Bauern lehnten darin die letzten Steuererhöhungen und das Erheben der Steuern in Bargeld ab. Außerdem wandten sie sich gegen den vom Fürstentum versuchten massiven Ausbau der Lokalverwaltung. Dieser Ausbau hätte nicht nur Kosten verursacht, sondern auch die Möglichkeiten zur genaueren Erfassung der Agrarproduktion und

[219] Fukaya Katsumi: *Nanbu hyakushō Meisuke no shōgai*. Asahi Shinbunsha 1983; Herbert P. Bix: „Miura Meisuke, or Peasant Rebellion Under the Banner of ‚Distress‘“. In: *Bulletin of Concerned Asian Scholars* 10:2 (1978), S. 18-26; Borton, *Peasant Uprisings*

damit zur umfassenderen Besteuerung verbessert. Zudem wurden zahlreiche der neuen Beamten als sogenannte „örtliche Residenzbeamte“ *(jikata kyūnin)* aus den Reihen reicher Kaufleute und Bauern ernannt, gehörten also der neuen dörflichen Oberschicht an, die von der Umstellung auf Export- und Monopolwirtschaft besonders profitierte und diese als lokale Unternehmer auch wesentlich trugen und finanzierten. Auch die Monopole, die das Fürstentum für Rohseide, Holz, Dünger und Werkzeuge geschaffen hatte, sollten fallen. Ein weiterer Kritikpunkt waren die jüngsten Anstrengungen des Fürstentums zur Industrialisierung: Die Löhne der Arbeiter in den Erzbergwerken des Fürstentums waren ihnen zu niedrig. Sie wollten keine Rinder für den Transport von Kupfer abstellen müssen. Auch wollten sie kein Brennholz mehr für die Herstellung von Schießpulver liefern. Nachdem sich Nanbu zu Verhandlungen bereitgefunden hatte, kehrten die entlaufenen Bauern bis auf 45 Verhandlungsführer in ihre Dörfer zurück. Das Fürstentum stimmte am Jahresende den meisten Forderungen zu. Die Lokalverwaltung sollte nicht im geplanten Umfang erweitert werden. Viele Abgaben- und Steuererhöhungen wurden zurückgenommen. Hinsichtlich der Monopole und der Dienste im Zusammenhang mit den Industrialisierungsanstrengungen blieb Nanbu allerdings unerbittlich. Hier hätte ein Nachgeben die Grundlinien der fürstlichen Politik berührt.

An diesem Bauernprotest war nichts prinzipiell Ungewöhnliches (zumal Nanbu zu den Fürstentümern mit der höchsten Rate an bäuerlichem Widerstand gehörte). Die Drohung mit kollektiver Desertion *(chōsan)*, d.h., Abwanderung von Arbeitskräften, war die schärfste Waffe in Bauernhand, weil sie die wirtschaftliche Existenzgrundlage eines Territoriums bedrohten. Üblicherweise erfolgte sie auf der Ebene eines oder mehrerer Dörfer; dass sich in Nanbu allerdings die Dörfer einer ganzen Region zu einem Protestbund *(ikki)* vereinten und abwanderten, erforderte schon ein hohes Maß an Kooperation und Kommunikation. Die rasche Bereitschaft des Fürstentums Nanbu, mit den offensichtlich einigen Bauern zu verhandeln und auf Bestrafungen zu verzichten, ist ebenso aufschlussreich wie die Eile, mit der die entlaufenen Bauern nach der Zusage von Verhandlungen wieder in ihre Heimat zurückkehrten.

Der interessanteste Aspekt betrifft jedoch die Persönlichkeit ihres Anführers Miura Meisuke. Er stammte selbst aus der bäuerlichen Oberschicht und war im Fuhrgeschäft tätig. 1854 wurde er anläßlich eines anderen Aufstandes, der sich gegen die Großbauern seines Dorfes wandte, zur Flucht gezwungen (ihm selbst wurde Veruntreuung vorgeworfen). Er wurde in Sendai buddhistischer Priester und reiste in der Folgezeit zwischen Nanbu und Kyōto hin und her, bis er 1857 in Nanbu verhaftet wurde. Sieben Jahre später verstarb er im Gefängnis, doch er hinterließ Briefe, Tagebücher und vier Notizbücher, die Licht auf seine Gedankenwelt werfen. Es wird ersichtlich, wie stark seine Gedankenwelt von der Notwendigkeit, Geld zu verdienen, geprägt wurde. Die Landwirtschaft war für ihn nur eine Verdienstmöglichkeit unter anderen. Dabei war ihm klar, dass der Spielraum des einzelnen begrenzt war: „Der Himmel mag gnädig sein; doch weil der

Landesherr keine Gnade kennt, ist alles mühsam."[220] Hier blitzt das Verständnis auf, dass es neben der privaten auch eine politische Ökonomie gab, welche die Rahmenbedingungen des eigenen Handelns diktierte.

Der Körper des Kaisers und die Nation: Yoshida Shōin

Yoshida Shōin war der Sohn eines Samurai im Fürstentum Chōshū. Seine Schulbildung erhielt er bei einem Anhänger der Schule des Yamaga Sokō. Bald wurde selbst er als Lehrer an der Schule des Fürstentums eingesetzt. 1849 und 1850 reiste er ausgiebig in Japan umher; besonders beeindruckte ihn ein Besuch in Nagasaki, wo er sich mit dem westlichen Einfluss auf Japan auseinandersetzte. 1851 begleitete er seinen Fürsten nach Edo. Dort studierte Yoshida bei Sakuma Shōzan, einem Samurai und neokonfuzianischen Gelehrten aus Matsushiro, der seit 1851 in Edo mehr als 500 Schüler, darunter Sakamoto Ryōma und Katsu Kaishū, in westlicher Artillerie unterwies. Sakuma machte den Slogan „Japanischer Geist – Westliche Technik" *(wakon yōsai)* populär, mit dem er zum Ausdruck bringen wollte, dass Japan sich der westlichen Technologien bedienen und sich insofern dem Westen öffnen sollte, um seine Unabhängigkeit zu wahren.[221] Dabei durfte es aber nicht seine geistigen und kulturellen Traditionen aufgeben. Ohne Erlaubnis seines Fürstentums verließ Yoshida allerdings im Januar 1852 die Chōshū-Residenz für eine ausgedehnte Reise in den japanischen Nordosten. Nach seiner Rückkehr plante er zunächst, Japan von Nagasaki aus an Bord eines russischen Schiffes zu verlassen. Doch dieser Plan ließ sich nicht verwirklichen.

Als Perrys amerikanische Flotte nach dem Vertragsabschluss 1854 vor Shimoda ankerte, schlich sich Yoshida Shōin am 24. April an Bord des Flaggschiffes und wollte nach Amerika mitgenommen werden. Die Amerikaner lehnten dies ab, um nicht den Erfolg ihrer Mission zu gefährden. Yoshida stellte sich den Behörden; er und Sakuma, dem man vorwarf, Yoshida dazu angestiftet zu haben, wurden nach Bekanntwerden des Vorfalls in ihren Heimat-Fürstentümern unter Arrest gestellt. Yoshida durfte von 1855 bis 1858 in seinem Heimatdorf an der Privatschule *Shōkasonjuku* („Schule im Dorf Matsushita") lehren. Dort sammelte er Schüler aus dem Kreise der niederen und mittleren Samurai des Fürstentums um sich, denen er seine radikalen politischen Ansichten verkündigte.

Ein Teil dieser Lehren griff auf, was Yamaga Sokō und Aizawa Seishisai früher gelehrt hatten. Yoshida Shōin war sich mit beiden völlig einig, wenn es um die Einzigartigkeit des japanischen Staatskörpers ging. Japans historische Aufgabe war es, als Land der aufgehenden Sonne und „heiliges Reich" der übrigen Welt

[220] Miura Meisuke: „Gokuchūki". In: Shōji Kichinosuke, Hayashi Motoi, Yasumaru Yoshio (Hgg.): *Minshū undō no shisō* [= Nihon shisō taikei 58]. Iwanami Shoten 1970, S. 15-86, hier S. 79

[221] Erich Pauer: „Japanischer Geist – westliche Technik: Zur Rezeption westlicher Technologie in Japan". In: *Saeculum* 38 (1987), S. 19-51

das Licht der Tugend zu bringen. Aber dafür musste „das seit 3.000 Jahren unabhängige und von niemandem unterworfene Großjapan" seine Unabhängigkeit und die Treue zur „seit Ewigkeiten ungebrochenen Linie" der kaiserlichen Dynastie bewahren. Um den Freiheitswillen der Japaner zu erhalten, musste ihnen deutlich werden, dass die Alternative dazu nur die Barbarei sein konnte. Einer seiner Lehrsätze lautete: „Es ist die Pflicht des Herrschers und seiner Vasallen, den Unterschied zwischen Zivilisation und Barbarei *(ka'i no ben)* aufzuklären." Die Barbarei war für Yoshida der Westen – man durfte (und hierin folgte er Sakuma Shōzan und ging über Yamaga und Aizawa hinaus) dessen technische Errungenschaften übernehmen, aber keinesfalls dessen Gesinnung. Dann würden die Götter Japan gewiss einen fähigen Herrscher schicken, der als Verkörperung von *jin* Japan zum Sieg in der Welt führen werde. Dieser Herrscher konnte keineswegs der Shōgun sein, denn „das Reich ist das Reich des Himmelssohnes, ... nicht der Privatbesitz des Bakufu." Das Bakufu hatte seine „höchste Pflicht", nämlich die Barbaren zu bekämpfen, offensichtlich nicht erfüllt. Die Öffnung zum Westen war für ihn eine Notwendigkeit, weil man, um die Barbaren zu besiegen, nicht einfach zu Hause sitzen und abwarten durfte, bis sie nach Japan kamen. 1858 sagte er voraus, dass Japan binnen drei Jahren zur Weltmacht aufsteigen könne, wenn es unter Einsatz moderner Waffen zunächst seine Nachbarländer (dazu zählte er Ezo, Kamtschatka, Ryūkyū, Korea, die Manjurei, Taiwan und die Philippinen) eroberte und anschließend der Welt seine Bedingungen aufzwang. Aber wer sollte die Japaner dazu bringen, das Bakufu zu stürzen und ihre neue Rolle in der Welt einzunehmen? Es war die Leute „aus dem Gras" *(sōmō)*, Samurai und andere ohne Rang und Namen, aber mit der notwendigen Bereitschaft zur Hingabe an die Sache Japans. Yoshida Shōin ging mit dieser Konsequenz über alles hinaus, was Aizawa oder Sakuma jemals für denkbar gehalten hatten. Was er verlangte, musste auf eine grundsätzliche Änderung der politischen Strukturen hinauslaufen.

Fürs buddhistische Vaterland sterben: Gesshō

Zu den Korrespondenzpartnern Yoshida Shōins, die ihm geistige Schützenhilfe leisteten, gehörte zwischen 1855 und 1856 auch ein buddhistischer Geistlicher in Chōshū namens Gesshō (1817-1858).[222] Dieser gehörte einem Zweigtempel des Nishi-Honganji-Tempels an, eines der beiden Zentren der sehr weit verbreiteten Wahren Sekte vom Reinen Land in Kyōto. Im Oktober 1856 verfasste Gesshō bei einem Aufenthalt in Kyōto im Auftrag des Oberhauptes des Nishi-Honganji ein „Memorandum zum Schutz des Buddha-dharma" *(Gohō iken fūji)*. Es wurde nach Gesshōs Tod 1858 vom Nishi Honganji in 10.000 Exemplaren gedruckt und an die Zweigtempel der Sekte in ganz Japan verteilt.[223] Gesshō verwies darin

---

[222] Nicht identisch mit dem Mönch Gesshō (1813-1858) aus Kyōto, der 1858 bei einem gemeinsamen Selbstmordversuch mit Saigō Takamori ums Leben kam.

[223] Peter Kleinen: *Im Tode ein Buddha. Buddhistisch-nationale Identitätsbildung in Japan am Beispiel der Traktate Gesshōs.* Münster, Hamburg, London 2002

auf Tokugawa Nariaki aus Mito, dessen Warnungen vor einer Landesöffnung „alle, die auch nur im geringsten des Lesens mächtig sind, Bauern, Kaufleute, Frauen und Mädchen nicht weniger als die Krieger und Amtsträger, mit Freuden" läsen.[224] Er fordert die Wiederherstellung der monarchischen Macht, denn Japan sei das letzte Land, in dem die buddhistische Lehre und Gemeinde bestehe, und müsse deshalb vor der Versklavung durch die christlichen Barbaren bewahrt werden. Der Shōgun, die Fürsten und alle Krieger müssten Japan schützen. Doch der Shōgun beschwöre durch die Landesöffnung statt dessen die Gefahr eines neuerlichen Eindringens des Christentums herauf. In dieser Situation müsse man die buddhistische Lehre verbessern, um das Volk mit Kampfgeist zu erfüllen. Dann könne man auch die Barbaren vertreiben. Die Priester sollten sich politisch engagieren, um das Land zu beschützen. Gesshō beschwor die Gläubigen, sich unter Einsatz des eigenen Lebens einer Invasion entgegenzustellen. Im Kampf für die gerechte Sache des Kaisers zu sterben, sei der beste Weg zu Ruhm und Buddhaschaft. Er flehe darum, „dass [nämlich noch] das ärmste Mädchen und leidgeprüfteste Weib in dem Wunsch, dem Vaterland zu helfen, ihre [letzte] Haarnadel oder ein Gewand hingebe."[225] In anderen Schriften forderte Gesshō nicht nur die geistige Mobilmachung der Bevölkerung, sondern sogar ihre Beteiligung an Bauernmilizen und ihre Unterweisung in den Kampfkünsten.

In einer Anfang 1855 verfassten geheimen Denkschrift für den Fürsten von Chōshū beschrieb Gesshō den „japanischen Staatskörper" als Kombination der ununterbrochenen kaiserlichen Dynastie und der unverrückbaren Arbeitsteilung *(bun)* zwischen Herrscher und Untertanen. Da die Tokugawa nicht bereit seien, das Land vor den Barbaren zu verteidigen, solle Chōshū mit Erlaubnis des Kaiserhofes die Tokugawa vernichten und anschließend Japan in den Kampf gegen die Barbaren führen, um diese Ordnung wiederherzustellen. Männer mit Talent sollten anstelle der tatenlosen Fürsten in politische Verantwortung kommen und die Missstände beseitigen. Den ausländischen Barbaren und dem nachgiebigen Umgang mit ihnen gab Gesshō schließlich die Schuld an den jüngsten Naturkatastrophen. Er blieb nicht der einzige, der auf einen solchen Zusammenhang kam.

Die moralische Ökonomie der Erdbeben

Am 9. Juli 1854 ereignete sich in Japan ein Erdbeben der Magnitude 6,9. Sein Epizentrum lag in der Umgebung des Suzuka-Passes zwischen den Provinzen Ise und Ōmi. An der Erdoberfläche entstanden bis zu 1,5 m hohe Verwerfungen. In der Stadt Iga-Ueno starben 593 Menschen, und 2.259 Häuser wurden zerstört. In Yokkaichi in der Provinz Ise kamen 157 Personen ums Leben, 342 Häuser gingen verloren. In Nara beklagte man 284 Tote, während 700 bis 800 Häuser einstürz-

[224] Kleinen, *Buddha*, S. 154
[225] Kleinen, *Buddha*, S. 173

ten. Mehr als 110 Menschen ließen ihr Leben in Yamato-Kōriyama. In Ōsaka flüchteten sich viele Menschen auf Boote im Hafen. In der Umgebung von Kyōto wurden bis zu 90 % der Häuser in den Dörfern und Landstädten zerstört, in Oiwake bis zu 80 %, in Yokkaichi alle ohne Ausnahme. Dort wüteten außerdem Brände. Noch weitere Städte in Ise wurden verwüstet. Zahlreiche Menschen sollen auch hier auf Schiffe und Boote geflohen sein. Menschliche Tragödien spielten sich ab: Kinder wurden von ihren Eltern getrennt, Eltern verloren ihre Kinder. Viele, die durch das Beben verschüttet wurden, verbrannten anschließend bei lebendigem Leibe. Überall herrschten Klagen und Leiden. Insgesamt handelte es sich um das schwerste Erdbeben in Japan seit den Verwüstungen in der Umgebung des buddhistischen Pilgerzentrums Zenkōji in der Provinz Shinano 1847.

Solche präzisen Angaben sind nur möglich, weil sich viele Quellen dazu erhalten haben; oftmals in privaten Tagebüchern. So berichtet etwa der Landadlige Yoshikawa Rinosuke aus der Provinz Yamato, bereits am Vortag habe es ein großes Erdbeben und viele Nachbeben gegeben, weshalb alle die Nacht draußen verbracht hätten.[226] So wird verständlich, weshalb die Zahl der Todesopfer trotz der großen Verheerungen an Gebäuden relativ niedrig lag. In Nara und Iga-Ueno, so wusste Yoshikawa, waren Bürger- und Samuraihäuser beschädigt oder gar zerstört worden. In der Nähe barst ein Deich, worauf großer Flutschaden verursacht wurde. Sieben Provinzen waren insgesamt betroffen, und die Nachbeben hielten noch anderthalb Monate an. Das Beben und seine Folgen waren das beherrschende Thema der in der Bevölkerung beliebten Flugschriften. Ein anonymes Druckwerk bezeichnete das Geschehen prägnant als eine „Katastrophe zur Unzeit“.

Am 23. Dezember kam es erneut zu einem schweren Beben. Das Epizentrum lag im Pazifischen Ozean vor der Küste der Provinzen Owari und Tōtōmi. Das Beben der Magnitude 8,4 löste eine Flutwelle (Tsunami) aus, die bis zu zehn Meter Höhe erreichte und für Verwüstungen an der Pazifikküste von der Halbinsel Awa im Kantō bis zur Provinz Tosa auf Kyūshū sorgte und dort 300 Menschenleben forderte. Zwischen Izu und Ise, aber auch in der Chūbu- und Hokuriku-Region wurden außerdem etwa 300 Menschen von den Trümmern ihrer Häuser erschlagen. Insgesamt 8.300 Häuser wurden beschädigt oder fortgespült. Weitere 600 fielen Bränden zum Opfer.

32 Stunden später ereignete sich ein weiteres, noch verheerenderes Beben mit derselben Magnitude, doch diesmal weiter auf See: Deshalb türmte sich der Tsunami stellenweise bis zu 16 Meter hoch und riss 15.000 Häuser ins Meer. Weitere 20.000 Häuser wurden vollständig zerstört, 40.000 zur Hälfte; nochmals 6.000 brannten nieder. Diesmal waren 3.000 Tote zu beklagen. Mit besonderer Wucht traf es diesmal die Provinzen zwischen der Kinki- und der Kantō-Region. Der Shintōpriester Hadano Takao aus Yoshida befand sich damals

226 Hiroyoshi Toshihiko: *Jintarō ichidai-ki, musokunin Yoshikawa-ke kiroku*. Ōsaka: Seibundō Shuppan 1994

gerade auf dem Rückweg von einer Urlaubsreise nach Edo, so dass er in seinem Tagebuch aus eigener Anschauung berichten konnte.[227] In umgekehrter Richtung begegneten ihm unterwegs etliche „Schreckensboten" der angrenzenden Fürstentümer, die ihren Herren in deren Residenzen in Edo über die Schäden berichten sollten. Gierig tauschte Hadano Takao mit ihnen Nachrichten aus. Hadano traf sogar den Boten seines eigenen Fürstentums Yoshida, der am 5. frühmorgens, also unmittelbar nach dem Beben, in Marsch gesetzt worden war und selbst noch nicht genau wusste, wie es um seine Heimat stand. Die beiden sprachen sich daher gegenseitig Mut zu und setzten ihre Reise fort. Tatsächlich fand Hadano die Wegstationen, die er durchquerte, in ganz unterschiedlichem Zustand vor; manche fast unversehrt, andere durch Beben, Feuer oder Flutwelle ruiniert. Viele Menschen nächtigten in Notunterkünften, an der Küste hatte man Frauen, Kinder und Alte aus Angst vor einer neuen Flutwelle in die Berge geschickt. Die wenigen Männer, die zurückblieben, um die Häuser zu bewachen, vermieden es, Feuer zu machen; unermüdlich zogen die Nachtwächter mit ihrem Warnruf vor dem Feuer durch die menschenleeren Siedlungen. Die Reisenden legten sich in Straßenkleidung schlafen, den Passierschein um den Hals gehängt, um jederzeit aufbrechen zu können. Zehn Tage nach der Katastrophe traf Hadano in seinem Heimatort ein und konnte erleichtert feststellen, dass sein Besitz, sein Schrein und seine Verwandten keinen Schaden genommen hatten. Auf dem Gebiet des gesamten Fürstentums Yoshida, so entnahm er einem offiziellen Bericht, beklagte man je 14 Tote durch Erdbeben und Flutwelle; 553 Häuser, 153 Speichergebäude und 27 Kultstätten waren eingestürzt, 4 weitere fortgespült. Um die Not zu mildern, befahl der Fürst den Verkauf von subventioniertem Reis, und die „politisch Engagierten" *(yūshi)* der Region einschließlich Hadano Takao spendeten ihrerseits den Erdbebenopfern Reiskuchen und Sojabohnenmus. Dabei vergaßen sie nicht, auf die Verpackungen einen Hinweis auf die edlen Spender aufzustempeln und derart den guten Zweck zur Eigenwerbung zu nutzen.

Yoshikawa Rinosuke erlebte auch diese Doppelkatastrophe in der Provinz Yamato. Beim ersten Beben wurden sogar dort noch viele Häuser zerstört, das zweite Beben löste eine große Panik aus, und die Menschen lagerten erneut in Notunterkünften. Im Hafen von Ōsaka flüchteten erneut viele Menschen auf Boote im Hafen – zu ihrem Verderben, denn die Flutwelle warf eine Vielzahl großer Schiffe in das Hafenbecken hinein, so dass viele der Boote zerdrückt wurden und mehr als 8.000 Menschen ertranken.

Am Jahresende fasste Yoshikawa die dramatischen Ereignisse dieses Jahres in seinem Tagebuch aus seiner Sicht zusammen:

[227] Hadano Takao kenkyū-kai – daihyō Tasaki Tetsurō: *Bakumatsu Mikawa no kuni kannushi kiroku – Hadano Takao Yorozu kakitome hikae*. Ōsaka: Seibundō Shuppan 1994

„In diesem Jahr wurden nacheinander die Dachziegel von den Dächern geweht, Gebäude vom Sturm umgeblasen, ... es kamen mehrere Schiffe aus Amerika, zwei große Erdbeben, auch danach bebte die Erde Tag und Nacht immer wieder, in den Hafen von Ōsaka lief ein russisches Schiff ein, wieder und wieder gab es Taifune und heftige Gewitter: Es war wahrlich ein Jahr mit den sprichwörtlichen Sieben Plagen. Alle, alle warteten darauf, dass es endlich zuende ging."

Nur 22 Tage nach dem zweiten Beben, am 15. Januar 1855, beschloss der Kaiserhof, die laufende Jahresdevise Ka'ei („ewige Freude") in Ansei („Zufriedenheit mit der Herrschaft") umzubenennen.

Getreu der dem Yin-Yang-Denken entlehnten Bauernregel: „Ein Erdbeben ist die Grundlage für ein Fettes Jahr" erwartete die Bevölkerung vom Neuen Jahr offenbar Wunder. Mitte Mai 1855 verbreitete sich das Gerücht, im Norden der Provinz Ise regne es Amulette des Großschreines von Ise vom Himmel – was als Vorzeichen für eine gute Ernte galt –, und zahlreiche Pilger zogen nach Ise, um der Sonnengöttin und der Erntegöttin dafür zu danken. Sie stellten ihre Pilgerfahrt unter das Motto „Amerika-Tanz".

Abb. 13: Erdbeben in Edo (Anonym, 1855)

Dessenungeachtet ereignete sich am 11. November 1855 ein weiteres Erdbeben der Magnitude 6,9. Sein Epizentrum lag in der Provinz Hitachi nordöstlich von Edo. Noch im Umkreis von 500 km konnte man die Schockwellen spüren, doch die größten Schäden entstanden in den Wohngebieten der Mittel- und Unterschichten der Metropole. Zwischen 5.000 und 10.000 Menschen (zwischen 1 und 2 % der Bevölkerung) starben. Die meisten wurden verschüttet oder von Trümmern erschlagen. Das prominenteste Opfer war der Kopf der Mito-Schule, Fujita

Tōko. Schätzungsweise ein Zehntel aller Bürgerhäuser wurde völlig zerstört oder brannte nieder. Von etwa 50 Brandherden aus vernichteten die Flammen mehr als zwei Quadratkilometer des Stadtgebietes. Gemessen an dem großen Kantō-Erdbeben vom 1. September 1923 forderte das Edo-Erdbeben von 1855 bezogen auf die Einwohnerschaft der Stadt zehnmal mehr Menschenleben und vernichtete zweieinhalb Mal mehr Wohnhäuser. Es handelte sich mithin um eine einzigartige Katastrophe, die folglich enorme Aufmerksamkeit fand und in wahren Bergen zeitgenössischer Quellen dokumentiert wurde. Wiederum besteht ein Großteil von ihnen aus Tagebüchern und Memoiren. Augenzeugenberichte, Briefe, Illustrationen, Informationen aller Art bis hin zu Werbung und der Montageanleitung für einen Erdbebenmelder stellte der Trivialschriftsteller Kanagaki Robun angeblich innerhalb weniger Tage zu einem umfassenden Quellenwerk, dem Ansei kenmonshi, zusammen.[228] Darüber hinaus gibt es noch weitere Quellen in Hülle und Fülle, wie etwa ein Register der Erdbebenopfer oder eine kolorierte Karte der Brandherde. Die erste Flugschrift erschien bereits zwei Tage nach der Katastrophe; ihr folgten zahlreiche weitere, die zunächst Meldungen über Verlauf und Folgen des Bebens brachten.

Danach schlug die Stunde der sogenannten Welsbilder *(namazu-e)*.[229] Von diesen sind rund 400 verschiedene Ausführungen bekannt, die innerhalb der nächsten vier Monate publiziert wurden und vereinzelt in bis zu zwanzig Nachdrucken überliefert sind. Gemeinsam ist ihnen, dass sie den Verursacher des schrecklichen Erdbebens in dem großen Wels sahen, welcher nach dem Volksglauben die Kantō-Region auf seinem Rücken trägt. Im Normalfall wird dieser Wels von einem großen Stein festgehalten, dem sogenannten Keilstein im Kashima-Heiligtum der Provinz Hitachi. Die Welsbilder lassen sich grob in drei Kategorien unterteilen: Zuerst diejenigen, auf denen Götter und Menschen einen Wels einfangen und bändigen. Eine zweite Gruppe von Welsbildern reflektiert die Motive der Welse. Auf einem Bild entschuldigen sich die Welse bei Kashima damit, sie seien wütend auf die Menschen in Edo gewesen. Denn nach langen Jahren ohne schweres Erdbeben seien sie leichtsinnig geworden und hätten prächtige Gebäude errichtet, ohne an die Gefahr zu denken. Dass hinter dem Erdbeben eine bestimmte göttliche Absicht steckte, soll die dritte Gruppe von Welsbildern verdeutlichen. In dem Bild „Die Gottheit Kashima schlägt mit dem Keilstein den Wels zurück" erklärt Gott Kashima den mit dem Wels ringenden Bürgern auf einem Bild: „Glück und Wohlstand kommen vom Himmel. Daher verhält es sich auch bei diesem Erdbeben unbedingt so, dass Himmel und Erde einträchtig das Geld der Reichen wegnehmen und in die Hände der Armen flie-

---

228 Stephan Köhn: *„Berichte über Gesehenes und Gehörtes aus der Ansei-Zeit." Kanagaki Robuns (1829-1894) Bericht über das große Ansei-Erdbeben 1855 als Repräsentant des Genres der „Katastrophendarstellungen"*. 2 Bde. Wiesbaden 2002

229 *Namazue: shinsai to Nihon bunka*. Ribun Shuppan 1995; Cornelius Ouwehand: *Namazu-e and their Themes. An Interpretative Approach to Some Aspects of Japanese Folk Religion*. Leiden 1964

ßen lassen." Auf einem anderen Bild würgt ein Wels einen der verhassten Geldverleiher. Ein Reicher beklagt seine Verluste, der Geldverleiher jammert ebenfalls, doch der Wels fährt sie an: Das Erdbeben sei eine Strafe für ihre Habgier. Die Reichen könnten sich alles leisten, doch „die Armen leiden das ganze Jahr über mit ihren Leidensgenossen, und wieviel Zeit auch vergehen mag: Ihr Los bessert sich nicht. Wer aber Geld hat, gibt damit an, kauft sich – wiewohl Bürger – in den Samurai-Stand ein, lässt Leute für Geld für sich arbeiten und erhält auch noch eine Pension." Die Götter setzten mit diesem Erdbeben nun ein Zeichen, dass auf Erden Friede werden möge. Es sei nun an den Reichen, ihr Scherflein dazu beizutragen. Drastischere Abbildungen zeigen, wie Welse die Begüterten zwingen, Gold und Geld zu erbrechen oder auszuscheiden.

Den Hintergrund solcher Darstellungen bildete die Tatsache, dass der Verlust und der Wiederaufbau von Häusern und Speichergebäuden bei den Reichen hohe Kosten verursachten. Davon profitierten wiederum die Gewerbe der Unterschichten wie Zimmerleute und Bauarbeiter. Über gewinn- und verlustträchtige Professionen wurden regelrechte Ranglisten angefertigt. Da für den Unterhalt der in Notunterkünften lagernden Nichtsesshaften Armenspeisungen abgehalten wurden, mussten Kaufleute und auch Tempel außerdem erhebliche Spendengelder aufbringen. Es gab also für den Moment tatsächlich eine Umverteilung des Geldes. Sie hielt nicht lange an; doch für kurze Zeit vermittelte sie der leidenden Bevölkerung das Gefühl, wie nach einer Weltsanierung[230] obenauf zu sein. So lassen sich die Welsbilder als Ausdruck einer moralischen Ökonomie der städtischen Unterschichten deuten. Denn diese Abbildungen verstanden das Erdbeben als göttlich legitimierten Protest gegen soziale Missstände. „Doch diese Proteste bewegen sich im Rahmen eines volkstümlichen Konsens darüber, was auf dem Markt, in der Mühle, in der Backstube usf. legitim und was illegitim

Abb. 14: „Die Superreichen" (Anonym, 1855)

230 Haga Noboru: *Yonaoshi no shisō*. Yūzankaku Shuppan 1973

sei. Dieser Konsens wiederum beruhte auf einer in sich geschlossenen, traditionsbestimmten Auffassung von sozialen Normen und Verpflichtungen und von den angemessenen wirtschaftlichen Funktionen mehrerer Glieder innerhalb des Gemeinwesens. Zusammengenommen bildete sie das, was man die ‚moralische Ökonomie' der Armen ... nennen könnte."[231] Die städtischen Unterschichten kannten natürlich die alltäglichen Gesetze des Marktes; aber sie glaubten auch an eine außeralltägliche „ausgleichende Gerechtigkeit" und maßen der Naturkatastrophe daher einen Sinn zu, der ihr gestörtes Gerechtigkeitsempfinden angesichts der größer werdenden ökonomischen Unterschiede innerhalb ihres sozialen Raumes zu heilen versprach.

Diesen Sinn offenbarten neben Bildern auch Lieder. Ein Bänkellied schildert, wie das Erdbeben alle Stände der Bewohner von Edo traf, bis hin zu den Eta und Bettlern. Doch die „japanischen Reisgottheiten" aus Ise und die übrigen Götter hätten beschlossen, mit den rechtgläubigen Menschen zusammen „sich mit den fremden Ländern im Kampf zu messen und den hochgepriesenen Götterwind wehen zu lassen. Damals [nämlich im mythischen Zeitalter der Götter] ging der Kampf um das Felsentor [hinter dem sich der Legende nach die Sonnengöttin zornig verborgen hatte], heute aber um das Tor zum Meer. Man mag sich vor Morgengrauen noch so ehrfürchtig [in Richtung der Sonne] verneigen: Ohne den Herrn Kaiser ist die Welt zappenduster." Ungeachtet des Leidens der Menschen müsse Kashima mit dem Erdbeben ein Zeichen setzen, um die Menschen zum entschlossenen Handeln wachzurütteln. „Wenn man den Hafen von Uraga [in der Bucht vor Edo] betrachtet, wo die ausländischen Schiffe haufenweise ihre Segel in den Himmel aufsteigen lassen: Es wäre unseres Götterlandes würdig, ihn stark zu befestigen und, noch ehe man das neue Jahr mit dem Fest des Spiegelöffnens, getrockneten Kastanien und dem Zierhelm hochleben lässt, bumm-bumm zu schießen, ohne die siebenfältigen Schiffe der edlen [japanischen] Recken zu treffen. In diesem Augenblick wird der vielgepriesene Götterwind die haarigen Fremden, um sie getreu dem Sprichwort ‚Das Glück nach innen, die Teufel nach außen' fernzuhalten, in die rollenden Wogen spülen: plitsch-platsch."[232]

Diese heroische Deutung führte allerdings direkt zurück in den politischen Alltag.

1.7.3 Neue Verträge – neue Krise

1855 wurde der Fürst von Sakura, Hotta Masayoshi, zum vorsitzenden Senior-Ältesten, 1856 auch zum neuen Kommissar für Auslandsfragen (einschließlich der Küstenverteidigung) ernannt. Eine der ersten Aufgaben Hottas bestand da-

---

[231] E[dward]. P[almer]. Thompson: *Plebejische Kultur und moralische Ökonomie. Aufsätze zur englischen Sozialgeschichte des 18. und 19. Jahrhunderts.* Frankfurt a.M., Berlin, Wien 1980, S. 69

[232] *Jishin chobokure-bushi.* 1855. Ms. Mitsui-Archiv G500/19

rin, mit dem amerikanischen Konsul Harris über dessen Wunsch nach einem Handelsvertrag zu verhandeln.[233] Im Sommer 1857 starb Abe Masahiro, so dass Hotta der alleinige starke Mann im Bakufu wurde. Er erlaubte Harris im November 1857, dem Shōgun in Edo einen Besuch abzustatten und mit Verhandlungen zu beginnen.

Dabei vernachlässigte Hotta allerdings auch die Stärkung der Landesverteidigung nicht. 1856 wurde eine Bakufu-Schule für modernes Militärwesen in Edo eröffnet, 1857 auch eine Marineschule. Außerdem richtete das Bakufu 1856 ein „Büro für die Erforschung von Barbarenschriften" ein, dessen Mitarbeiter neben der holländischen nun auch die englische, französische und russische Sprache lehren und ausländische Fachliteratur auswerten und übersetzen sollten. 1862 wurde das Büro in „Büro für die Erforschung westlicher Schriften" umbenannt, 1863 als „Amt für die Förderung von Wissen und Gewerbe" *(Kaiseisho)* auf 60 Mitarbeiter ausgebaut, die nun auch westliche Wissenschaften studieren und lehren sollten.

Dennoch gab es heftigen Widerstand von seiten der Fürsten gegen die Verhandlungen mit Harris. Der innerste Kreis der Erbvasallen um die Fürsten von Hikone, Aizu, Kuwana und Himeji sprach sich entschieden dagegen aus. Dagegen sahen die Fürsten von Kaga, Fukui, Satsuma und anderer großer „außenstehender" Territorien ein, dass sich Gespräche nicht vermeiden ließen. Doch sie verlangten größere Mitsprache in der Außenpolitik, Erleichterungen in der alternierenden Residenzpflicht und Entgegenkommen hinsichtlich ihrer Schulden beim Bakufu.

Die Verhandlungen mit Harris zogen sich bis zu einem Punkt in die Länge, an dem Harris mit Abreise und der Entsendung von Kriegsschiffen drohte. Eiligst ernannte das Bakufu nun zwei Elitebeamte zu Bevollmächtigten, die sich mit Harris an die Ausarbeitung eines Handelsvertrages machten. Im Februar 1858 war der Vertrag fertig, doch das Bakufu bat um zwei Monate Pause bis zur Unterzeichnung. Es wollte vorher noch die Zustimmung der Fürsten und des Kaiserhofes einholen. Da stellte sich Mito Nariaki quer: Statt Handel im Inland zuzulassen, wolle er lieber mit japanischen Waren im Ausland handeln. Dafür forderte er einen Kredit in absurder Höhe. Andere Fürsten verlangten, man solle die Zustimmung des Kaiserhofes einholen, um sich abzusichern. Dies schien nur eine Formalie zu sein. Abgesandte des Bakufu reisten mehrfach nach Kyōto, schließlich auch Hotta Masayoshi persönlich, und sorgten durch großzügige Geschenke für gute Stimmung. Doch von Kaiser Osahito (postum Kōmei) angefangen, der seinem Vater Ayahito 1846 auf den Thron gefolgt war, hegten die meisten tonangebenden Höflinge einen selbst mit Geld und guten Worten unüberwindlichen Greuel dagegen, fremde Barbaren ins Land zu lassen. Im Mai teilte der Hof dem Bakufu seine Ablehnung des Handelsvertrages mit.

---

233 Kajima Morinosuke: *Geschichte der japanischen Außenbeziehungen. Bd. 1: Von der Landesöffnung bis zur Meiji-Restauration.* Wiesbaden 1976

Zu dieser bösen Überraschung gesellte sich Streit im Innern des Bakufu. Es ging um die Nachfolge des kranken und kinderlosen Shōgun Iesada. Kandidaten waren Yoshitomi, der zwölfjährige Sohn des Fürsten von Kii, ein Vetter Iesadas – und der 21jährige Hitotsubashi Yoshinobu, ein Sohn von Mito Nariaki. Außer Nariaki setzten sich auch die einflussreichen Fürsten von Fukui (Matsudaira Yoshinaga), Tosa (Yamanouchi Toyoshige), Uwajima (Date Munenari) und Satsuma (Shimazu Nariakira[234]) für Yoshinobu ein, gestützt von wichtigen Bakufu-Beamten und schließlich auch Hotta Masayoshi. Doch diese „Hitotsubashi-Fraktion" – nicht zufällig zum größten Teil außenstehende Fürsten – stieß auf erbitterten Widerstand der Erbvasallen und des Tokugawa-Frauenquartiers. Ihnen war ein manipulierbarer Junge lieber als der erwachsene Sohn des Querulanten und für konfuzianische Strenge bekannten Nariaki. Im Juni setzten sie durch, dass Ii Naosuke, der Fürst von Hikone, zum Groß-Ältesten ernannt wurde und damit protokollarisch über allen anderen Fürsten stand. Er begann sofort das Heft in die Hand zu nehmen. Zunächst forderte er den Kaiserhof auf, die Ablehnung zurückzunehmen. Als Harris jedoch erneut auf der Vertragsunterzeichnung bestand, gab Ii nach und ließ am 29. Juli 1858 in Edo den japanisch-amerikanischen Freundschafts- und Handelsvertrag unterzeichnen, ohne auf die kaiserliche Zustimmung zu warten.

Der Vertrag sollte am 4. Juli 1859 in Kraft treten. Er sah die Öffnung weiterer Häfen und Städte zu folgenden Terminen vor:

Kanagawa (= Yokohama)	4. 7. 1859
Nagasaki	
Niigata	1. 1. 1860
Edo	1. 1. 1862
Hyōgo (= Kōbe)	1. 1. 1863
Ōsaka	

Sechs Monate nach der Öffnung von Kanagawa sollte dafür Shimoda geschlossen werden. Die in den offenen Häfen siedelnden Amerikaner durften dort Grundstücke mieten und Gebäude errichten. Amerikaner konnten sich im Umkreis von 10 *ri* (ca. 39 km) von ihren Siedlungen frei bewegen. Sie durften ihre Religion frei ausüben und dafür Kirchen errichten. Der Export von Reis und der Import von Opium wurden verboten. Die Einfuhrzölle wurden auf 5 % für Nahrungsmittel, Tiere, Rohseide, Bauholz, Dampfmaschinen und Walfangzubehör, 35 % für Spirituosen und 20 % für alle übrigen Waren festgesetzt; der Ausfuhrzoll einheitlich auf 5 %.

234 Robert K. Sakai: „Shimazu Nariakira and the Emergence of National Leadership in Satsuma". In: Albert Craig, Donald Shively (Hgg.): *Personality in Japanese History*. Berkeley 1970, S. 209-233

Nach der Unterzeichnung ließ Ii den Kaiserhof informieren, setzte Hotta Masayoshi als Senior-Ältesten ab und bestimmte Tokugawa Yoshitomi zum Nachfolger Iesadas. Die Hitotsubashi-Fraktion suchte Ii am 3. August außerhalb der offiziellen Audienzzeiten in der Burg Edo auf und warf ihm Eigenmächtigkeit sowohl bei der Vertragsunterzeichnung als auch bei der Nachfolgeregelung vor. Am 4. August wurde Yoshitomi jedoch offiziell von Iesada als Nachfolger adoptiert. Am 13. August bestrafte Ii die Hitotsubashi-Fraktion für den Bruch des Protokolls: Der Fürst von Owari, Tokugawa Yoshikatsu, und der Fürst von Fukui, Matsudaira Yoshinaga, mussten abdanken und wurden unter Arrest gestellt. Mito Nariaki erhielt Arrest, seinen Söhnen Yoshinobu und Yoshiatsu, dem amtierenden Fürsten von Mito, wurde das Betreten der Burg Edo verboten. Einen Tag später starb Iesada. Yoshitomi folgte ihm unter dem Namen Iemochi am 4. Januar 1859 als Shōgun nach. Noch im August erhielten auch Holland, Russland und Großbritannien ähnliche Handelsverträge, im Oktober folgte Frankreich.

Doch die unzufriedenen Fürsten traten nun in Kontakt mit dem gleichfalls unzufriedenen Kaiserhof. Am 14. September 1858 äußerte Kaiser Osahito in einem Geheimschreiben an das Fürstentum Mito sein Missfallen darüber, dass das Bakufu gegen seinen Willen die Handelsverträge mit den auswärtigen Mächten unterzeichnet und Tokugawa Nariaki wegen seiner Kritik hieran bestraft hatte. Diese Koalition konnte dem Bakufu gefährlich werden. Ii Naosuke schickte daher umgehend den Senior-Ältesten Manabe Akikatsu nach Kyōto, der Iis harte Linie dort durchsetzen sollte. Manabe war fest entschlossen, die am Hof und in den Fürstentümern agierenden Gegner des Bakufu und der Landesöffnung auszuschalten; Opponenten wurden in Haft genommen, unter Arrest gestellt (Mito Nariaki, Tokugawa Yoshiatsu) oder zum Rücktritt von ihren Ämtern gezwungen (Hitotsubashi Yoshinobu, Yamanouchi Toyoshige). Später folgten eine Reihe von Todesurteilen und Verbannungen. Im Februar 1859 bewog Manabe schließlich den Kaiser doch dazu, den Ungleichen Verträgen halbherzig zuzustimmen. Am 1. Juli 1859 wurde vereinbarungsgemäß der Hafen von Yokohama bei Kanagawa zum freien Handel mit den fünf Vertragsstaaten geöffnet. Im Februar 1860 schickte das Bakufu das Dampfschiff „Kanrinmaru" unter dem Kommando von Katsu Kaishū[235] nach San Francisco; mit an Bord waren hochrangige Beamte und Nachwuchstalente wie Fukuzawa Yukichi. Es handelte sich um die erste offizielle Überseereise nach der Öffnung des Landes anlässlich des Austauschs der ratifizierten Vertragsdokumente. Vordergründig stellte das Bakufu demnach seine Autorität in der Innen- und Außenpolitik zur Schau. Doch für die Debatte um die Legitimität des bestehenden Systems zeitigte diese Politik verheerende Folgen. Die von Ii und Manabe inszenierte Unterdrückungspolitik wird als „Verfolgung der Ansei-Ära" bezeichnet und rief an unterschiedlichen Orten heftige Reaktionen hervor.

[235] Marion William Steele: *Katsu Kaishū and the Collapse of the Tokugawa Bakufu*. Ph. D. Thesis. Harvard University 1976

Zu den Opfern der Verfolgung gehörten mehrere Samurai aus Mito, der „holländische Arzt" Hashimoto Sanai (ein Vertrauter des abgedankten Fürsten von Fukui), Yoshida Shōin aus Chōshū sowie ein Sohn des Historikers Rai San'yō.

Chōshū

Seit Beginn der Verfolgung bereitete Yoshida Shōin in Chōshū[236] einen Angriff auf Manabe vor. Als sein Plan ruchbar wurde, wurde er jedoch im Januar 1859 verhaftet, nach Edo gebracht und im November 1859, wenige Tage nach Hashimoto Sanai, hingerichtet. Seine jungen Schüler in Chōshū verhielten sich nun unterschiedlich. Ein Teil entschloss sich zum bewaffneten Widerstand gegen das Bakufu; hierzu gehörten Yoshidas Schwager und Lieblingsschüler Kusaka Genzui sowie Irie Ku'ichi. Eine andere Gruppe zog es vor, sich einstweilen zurückzuhalten und auf politischem Wege Einfluss in ihrem Fürstentum zu gewinnen; zu ihnen gehörten Takasugi Shinsaku, Kido Takayoshi, Yamagata Aritomo[237], Itō Hirobumi und Shinagawa Yajirō. Zu ihnen stießen noch Inoue Kaoru und Hirosawa Saneomi. Bis auf Takasugi, der 1867 an einer Krankheit starb, spielten alle aus dieser zweiten Gruppe ab 1868 wichtige Rollen beim Sturz der Tokugawa und der Etablierung der neuen Regierung.

Satsuma

Ohne Zusammenhang mit den Yoshida-Schülern standen die aus den unteren und mittleren Rängen der Samurai stammenden Aktivisten im Fürstentum Satsuma. Saigō Takamori[238] war durch Fürst Shimazu Nariakira, der seine Karriere begünstigt hatte, mit dem nationalistischen Mönch Gesshō zusammengekommen, der auch am Zustandekommen des kaiserlichen Geheimschreibens vom September 1858 beteiligt war. Nach dem Tod Nariakiras änderte sich jedoch die politische Haltung des Fürstentums; Gesshō beging Selbstmord, Saigō entschied sich für ein freiwilliges Exil, aus dem er erst 1862 zurückkehrte. Ōkubo Toshimichi gehörte wie Saigō zur Gruppe der jungen Reformer, die Shimazu Nariakira gefördert hatte, doch verhielt er sich nach 1858 loyal zur neuen Führung des Fürstentums und förderte seinerseits den Finanzexperten Matsukata Masayoshi. Der neue Fürst Shimazu Hisamitsu betraute ihn mit der Aufgabe, die radikalen Samurai zum Stillhalten zu bewegen. Nur eine kleine Gruppe von Samurai, darunter Arima Shinshichi, versagte dem neuen Kurs die Gefolgschaft und verließ das Fürstentum, um bewaffneten Widerstand zu organisieren. Samurai,

---

[236] Albert Craig: *Choshu in the Meiji Restoration, 1853-1868*. Cambridge 1961; Thomas M. Huber: *The Revolutionary Origins of Modern Japan*. Stanford 1981

[237] Roger F. Hackett: *Yamagata Aritomo in the Rise of Modern Japan, 1838-1922*. Harvard 1971

[238] Charles L. Yates: *Saigō Takamori: The Man Behind the Myth*. London, New York 1995; ders.: „Saigō Takamori in the Emergence of Meiji Japan". In: *Modern Asian Studies* 28:3 (1994), S. 449-474

die wie Arima (meist ohne formelle Erlaubnis) aus dem Dienst ihres Fürstentums ausschieden und herrenlos *(rōnin)* wurden, nannte man „entlaufene Samurai" *(dappanshi)*. Ihrem Selbstverständnis nach stellten sie ihre Talente und Loyalität nicht mehr in den Dienst eines einzelnen Fürsten, sondern der durch den Kaiser verkörperten nationalen Sache. Sie waren zugleich die Hauptverantwortlichen für die Attentate und Terrorakte des nächsten Jahrzehnts.

Die Auswirkungen der Landesöffnung

Nach der Hafenöffnung im Juli 1859 wuchs die japanische Ausfuhr besonders von Seidengarn und Seidenraupen, Tee und Kupfer sprunghaft an. Eingeführt wurden dagegen hauptsächlich Zucker, Baumwoll- und Wolltextilien, Metalle, Schiffe und Waffen. Das Bakufu und einige Fürstentümer begannen jedoch bald, sich auch für westliche Maschinen und Industrieanlagen zu interessieren.[239]

Wegen des amerikanischen Bürgerkrieges ging der Außenhandel mit den USA jedoch vorübergehend zurück, so dass Großbritannien zum weitaus wichtigsten Handelspartner wurde.

Der neue Außenhandel brachte erhebliche Verwerfungen auf dem Inlandsmarkt mit sich. Die einheimische Baumwollindustrie, die sich noch auf traditionelle Anbaumethoden und Handspinnerei stützte, brach durch die Einfuhr billiger ausländischer Baumwolle zusammen. Die baumwollverarbeitende Industrie verließ sich notgedrungen auf Importbaumwolle, um konkurrenzfähig zu bleiben. Während Seidenraupenzucht und manuelle Seidenspinnerei wegen des Exportbooms einen enormen Aufschwung durchmachten, stürzte die seidenverarbeitende Industrie in eine schwere Krise, da Rohseide knapp und teuer wurde. Die Tokugawa-Regierung versuchte zwar 1860 durchzusetzen, dass Rohseide und weitere wichtige Ausfuhrprodukte vor dem Export zunächst nach Edo gebracht werden und an die privilegierten Großhändler abgegeben werden mussten, bevor sie exportiert wurden; doch unterliefen dies Rohseiden- und Textilhändler rasch, indem sie sich in Yokohama niederließen und direkt Geschäfte mit den dort ansässigen ausländischen Kaufleuten abschlossen.[240] Die Ausländer durften allerdings nicht unmittelbar am Binnenhandel teilnehmen.

Da in Japan selbst Gold und Silber im Verhältnis 1:10 gehandelt wurden, im Ausland aber 1:15, und da man der Einfachheit halber zugelassen hatte, dass die in- und ausländischen Münzen entsprechend ihrem Metallgehalt und –gewicht konvertiert wurden, flossen bald große Mengen Goldes ins Ausland ab. Dem versuchte die Tokugawa-Regierung zu begegnen, indem sie 1859 eine neue Goldmünze mit nur 33 % Goldgehalt einführte und ein Jahr später eine weitere mit sogar nur noch 13 %. Diese Politik der Münzverschlechterung löste jedoch eine

[239] Thomas C. Smith: „The Introduction of Western Industry to Japan During the Last Years of the Tokugawa Period". In: *Harvard Journal of Asiatic Studies* II (1948), S. 130-152

[240] Ishii Takashi: *Yokohama urikomi akinai Kōshū-ya monjo*. Yokohama: Yūrindō 1984

enorme Teuerung aus. Die Warenpreise stiegen zwischen 1859 und 1867 im Durchschnitt um mehr als 650 %; der Reispreis – ein Leitpreis insbesondere für die städtische Bevölkerung – sogar um mehr als 800 %. Die Inflation geriet in den letzten Jahren der Tokugawa-Herrschaft zu einem drückenden wirtschaftlichen und sozialen Problem.

Der Kampf gegen die Pocken

Das erste Beispiel einer erfolgreichen Kooperation zwischen Japan und dem Westen zum Wohle aller Japaner verdankte das Bakufu der holländischen Medizin und zugleich seinem Engagement für die Landesverteidigung. 1857 engagierte das Bakufu den Holländer Johannes L. C. Pompe van Meerdervoort zur Ausbildung von Militärärzten; er blieb bis 1862 in Japan. 1861 richtete Pompe in Nagasaki das erste, völlig westlich eingerichtete Krankenhaus mit 120 Betten ein. Es war zugleich eine klinische Übungsstation für seine Medizinstudenten. Zur selben Zeit trat der Kampf gegen die Pocken in eine neue Phase. 1858 richteten 80 Ärzte der holländischen Schulrichtung auf eigene Kosten eine Pockenimpfstelle in Edo-Kanda ein, die später nach Edo-Shitaya verlegt wurde: Hier konzentrierte sich die arme und für die Epidemie besonders anfällige Stadtbevölkerung. Seit 1860 wurde die Impfstelle direkt vom Bakufu unterhalten und zum Zentrum der seit 1861 nicht mehr „holländische", sondern „westliche Medizin" genannten Schulrichtung. Hieraus wurde später ein Teil der medizinischen Fakultät der Kaiserlichen Universität Tōkyō.

Die Ermordung von Ii Naosuke und die Versöhnungspolitik

Die Opposition gegen die Tokugawa war noch kaum über die einzelnen Fürstentümer hinaus vernetzt. Auch aus diesem Grund hatte es Fanalwirkung, als am 24. März 1860 entlaufene Samurai aus Mito und Satsuma den Groß-Ältesten Ii Naosuke auf dem Weg zur Burg Edo überfielen und vor dem Sakurada-Tor ermordeten. An der Planung waren auch Samurai aus Fukui beteiligt. Nur zwei der 18 Attentäter kamen mit dem Leben davon; einer starb beim Überfall, zwei weitere erlagen später ihren dabei erlittenen Verletzungen, sieben wurden bis 1862 ergriffen und hingerichtet, einer starb in Gefangenschaft an Krankheit, und die übrigen fünf gaben sich selbst den Tod. Doch ihr Anschlag beseitigte nicht nur den mächtigsten und entschlossensten Kopf des Bakufu; er war auch Auftakt und Muster für kommende Terroraktionen beider Seiten.

Die Ermordung Iis, der besonders kompromisslos vorgegangen war, bewirkte allerdings auch, dass sich der Konflikt zwischen den innenpolitischen Machtblöcken entspannte. Um das Verhältnis zum Kaiserhof zu bereinigen, schlug das Bakufu eine Eheschließung des neuen Shōgun Iemochi mit einer Schwester des Kaisers Osahito, Prinzessin Chikako, genannt Kazunomiya, vor. Der Hof wehrte sich zunächst, doch der seit kurzem einflussreiche Kämmerer des Kaisers Iwakura

Tomomi sah in der Heirat eine Möglichkeit, vom Bakufu eine Annäherung an den fremdenfeindlichen Standpunkt des Hofes zu verlangen. Das Bakufu sicherte auch zu, die Ausländer bis 1868 mit oder ohne Gewalt aus Japan heraushaben zu wollen. Für Irritationen sorgte jedoch, dass das Bakufu laufende Verhandlungen mit Preußen bis zum Vertragsabschluss fortführte.[241] Im Mai 1861 forderte Shōgun Iemochi die Vertragsstaaten erfolgreich dazu auf, die vereinbarte Öffnung der noch nicht geöffneten Vertragsstädte zu verschieben. Tatsächlich gelang es, die Öffnung von Hyōgo und Ōsaka auf den 1. Januar 1868 und von Niigata und Edo auf den 1. Januar 1869 hinauszuzögern.

Japans Ungleiche Verträge

Land	Abschluss
USA, Holland, Großbritannien, Russland, Frankreich	1858
Portugal, Preußen	1860
Schweiz	1864
Belgien, Italien, Dänemark	1866
Schweden, Norwegen, Spanien	1868
Österreich-Ungarn	1869

Auch um die Fürstenopposition bemühte sich die neue Führung des Bakufu erfolgreich. Matsudaira Yoshinaga, Hitotsubashi Yoshinobu und Yamanouchi Toyoshige wurden Ende 1860 begnadigt.

Für die Versöhnungspolitik zwischen Bakufu und Hof fand man das Schlagwort „Einigung von Hof und Kriegern" *(kōbu gattai)*. Sie sollte eine umfassende politische Reform einläuten. Katō Hiroyuki, ein Schüler Sakuma Shōzans, der sich im Bakufu-„Büro für die Erforschung von Barbarenschriften" auf Deutschland-Studien spezialisiert hatte, legte 1861 außenpolitische Betrachtungen („Tonarigusa") vor. Darin berichtete er über Reformen in China und den Aufbau der politischen Systeme in Europa und den USA. Der Niedergang Chinas verdankte sich seiner Ansicht nach der fehlenden nationalen Eintracht. Katō forderte, man müsse in Japan eine Verfassung schaffen und „schnell ein politisches System der Gewaltenteilung zwischen Hoch und Niedrig errichten, ein Parlament einrichten und Politik ausschließlich nach den Maßstäben von Gerechtigkeit und Großzügigkeit durchführen."[242] Ein Beamter aus Chōshū, Nagai Uta, entwarf einen auf

241 Bernd Martin: „Die preußische Ostasien-Expedition und der Vertrag über Freundschaft, Handel und Schiffahrt mit Japan (24. Januar 1861)". In: Gerhard Krebs (Hg.): *Japan und Preußen*. München 2002; Holmer Stahncke: *Die diplomatischen Beziehungen zwischen Deutschland und Japan 1854-1868*. Stuttgart 1987

242 Zit. n. Toriumi Yasushi: *Nihon kindaishi*. Hōsō Daigaku Kyōiku Shinkōkai 1992, S. 36

solche Überlegungen aufbauenden Plan für den zukünftigen Staatskörper, wonach das Bakufu den Ruhm des Kaisers und den Wohlstand des Landes durch Handel in Übersee mehren und dadurch die Landesverteidigung stärken sollte. Sogar in die Verwaltung der Fürstentümer sollte der Shōgun in Zukunft eingreifen dürfen, um diese übergeordneten Ziele (in dem aus China stammenden Slogan „Das Land reicher machen, die Armee stärken“ – *fukoku kyōhei* – zusammengefasst) zu erreichen. Nagais Versöhnungspolitik wurde zur offiziellen Linie seines Fürstentums erklärt, und auch das Bakufu zeigte sich dafür sehr aufgeschlossen. Iemochis Hochzeit mit Kazunomiya fand am 9. Februar 1862 statt und sollte die neue Harmonie besiegeln.

Aber nur vier Tage nach der Hochzeit griffen erneut entlaufene Samurai aus Mito einen hohen Bakufu-Repräsentanten an: der Älteste Andō Nobumasa, der im Bakufu die treibende Kraft hinter der Versöhnungspolitik war, entging zwar leichtverletzt dem Schicksal Ii Naosukes; er trat aber drei Monate später von seinem Amt zurück. Den Hintergrund für seinen Rücktritt bildete der massive Widerstand Satsumas gegen die Versöhnungspolitik. Fürst Shimazu Hisamitsu zog im Mai an der Spitze von 1.000 Soldaten in Kyōto ein, um mit dem Hof direkt darüber zu verhandeln. Auch die ehemaligen Satsuma-Samurai unter Arima Shinshichi wurden nun in Kyōto aktiv und ließen sich nicht länger von Ōkubo im Zaum halten. Um Satsumas politische Pläne nicht durch Marodeure aus den eigenen Reihen zu gefährden, ließ Shimazu Hisamatsu die Querulanten am 21. Mai im Gasthaus Teradaya bei Fushimi umbringen. Damit präsentierte er sich als neue Ordnungsmacht in der Kaiserstadt. Tatsächlich erreichte er in wichtigen Punkten Übereinstimmung mit dem Hof und ließ diesen dem Bakufu im Juli neue Forderungen überbringen: neben der Entlassung Andōs die Ernennung eines Fürstenrats als Vertreter des Kaisers gegenüber dem Bakufu, den Widerruf der von Ii Naosuke verhängten Bestrafungen sowie einen persönlichen Besuch des Shōgun in der Kaiserstadt Kyōto. Das Bakufu gab in allen Punkten nach. Matsudaira Yoshinaga wurde als „Präsident für politische Angelegenheiten“ des Bakufu eingesetzt. Ihm assistierte dabei sein bewährter Mitarbeiter Yokoi Shōnan, der als Verfechter von Landesöffnung, Förderung neuer Industrien und Modernisierung der Armee bekannt war.[243] Hitotsubashi Yoshinobu wurde im August zum „Betreuer“ des Shōgun und Fürst Matsudaira Katamori aus Aizu[244] zum „Gouverneur von Kyōto“. Dies waren alles neue Ämter, die den Einfluss der Fürsten auf die nationale Politik jenseits der Strukturen des Bakufu verstärken sollten. Folgerichtig wurde im Oktober die alternierende Residenzpflicht deutlich reduziert: Die meisten Fürsten außer den „Drei erhabenen Häusern“ der Tokugawa und einigen besonders eng mit dem Bakufu verbundenen Vasallen sollten nur noch alle drei Jah-

243 Yokoi Shōnan, D. Y. Miyauchi: „Kokuze Sanron. The Three Major Problems of State Policy“. In: *Monumenta Nipponica* 23:1-2 (1968), S. 156-186

244 Harold Bolitho: „Aizu, 1853-1868“. In: *Proceedings of the British Association for Japanese Studies* 2:1 (1977), S. 1-17

re einmal für hundert Tage nach Edo kommen, um dort mit dem Shōgun über politische Angelegenheiten zu beraten. Die Fürsten ergriffen die Gelegenheit gern und zogen in Windeseile einen Großteil ihrer Leute aus Edo ab, was zu einem bedeutenden Bevölkerungsrückgang in der Hauptstadt führte.

Mittlerweile wurde in Chōshū Nagai Uta, der Architekt der Versöhnungspolitik, politisch ausgeschaltet und 1863 zum Selbstmord gezwungen. Statt der Loyalität zum Bakufu galten hier seit August 1862 die Loyalität zum Kaiser und die Vertreibung der Fremden als politische Leitlinie. Es gelang Chōshū, eigene Leute an Schlüsselstellen des Kaiserhofes unterzubringen und so dessen Haltung gegenüber Bakufu und Ausland zu bestimmen. Die Versöhnungspolitik wurde am Kaiserhof aufgegeben; Iwakura Tomomi musste seine Ämter abgeben und wurde unter Hausarrest gestellt.

Im Fürstentum Tosa[245] hatten inzwischen landsässige Samurai und Bauernführer 1861 eine Fraktion zur Unterstützung des Kaisers gegründet. Ihr stand Takechi Zuizan vor, zu ihren Mitgliedern gehörten Sakamoto Ryōma[246], Yoshimura Kotarō und Nakaoka Shintarō. Im April verließ Sakamoto ohne Erlaubnis das Fürstentum. Im Mai 1862 ermordeten die anderen den reformfreudigen und Bakufu-freundlichen Vasallen Yoshida Tōyō und setzten in ihrem Fürstentum eine scharfe Anti-Haltung zum Bakufu durch. Zunächst überredeten sie Fürst Yamanouchi Toyonori, ebenfalls nach Kyōto zu ziehen, um in der neuen politischen Szene mitzuspielen. Er traf im September dort ein, ebenfalls von bewaffneten Einheiten begleitet.

Vertreter von Satsuma, Tosa und Chōshū erreichten im November, dass der Kaiser dem Shōgun den Befehl erteilte, die ausländischen Mächte aus Japan zu vertreiben. Der kaiserliche Rat Sanjō Sanetomi verhandelte darüber in Edo und erwirkte im Dezember tatsächlich die Zustimmung des Shōgun. Allerdings ließ sich das Bakufu nicht auf einen genauen Termin für die Vertreibung festlegen. Erst sollte der Shōgun nach Kyōto ziehen und direkt mit dem Hof verhandeln.

Während dieser Vorgänge heizten Terroranschläge von beiden Seiten die Stimmung weiter auf. Insbesondere richtete sich der Terror der Kaisertreuen jetzt verstärkt gegen Ausländer. Schon im Januar 1861 hatten entlaufene Satsuma-Samurai einen holländisch-amerikanischen Dolmetscher in Edo niedergemetzelt, der gerade in Diensten der preußischen Ostasien-Gesandtschaft stand.[247] Im Juli 1861 griffen ehemalige Mito-Vasallen die britische Gesandtschaft an. Im September 1862 töteten Begleiter von Shimazu Hisamitsu im Dorf Namamugi nahe Yokohama einen Briten und verletzten zwei weitere, die den Zug des durchreisenden Fürsten gestört hatten. Großbritannien verlangte daraufhin Wiedergutmachung vom Bakufu und von Satsuma. Takasugi Shinsakus Leute aus Chōshū

---

245 Luke Roberts: *Mercantilism in a Japanese Domain: The Merchant Origins of Economic Nationalism in 18th-Century Tosa*. Cambridge 1998

246 Marius Jansen: *Sakamoto Ryoma and the Meiji Restoration*. Princeton 1961

247 Reinier H. Hesselink: „The Assassination of Henry Heusken“. In: *Monumenta Nipponica* 49:3 (1994), S. 331-351

brannten indes im Januar 1863 die britische Gesandtschaft in Edo nieder. Die Stunde für die Vertreibung der Ausländer schien gekommen.

1.7.4 Das Ende des Tokugawa-Staates

In dieser Atmosphäre brach Shōgun Iemochi am 21. Februar 1863 aus Edo auf, um nach Kyōto zu reisen. Es handelte sich um den ersten Kyōto-Zug eines Shōgun seit 1634. Dass der Shōgun auf Reisen zum Kaiser ging, hatte daher hohe symbolische Bedeutung. Große Politik wurde in den kommenden fünf Jahren in Kyōto gemacht, nicht wie gewohnt in Edo. Die Symbolkraft des Moments blieb nicht verborgen. Im April, kurz vor der Ankunft Iemochis, machten sich Kaisertreue die Mühe, in einem Tempel in Kyōto den Holzstatuen dreier mittelalterlicher Shōgune aus dem Haus Ashikaga die Köpfe zu stehlen und symbolisch wie bei hingerichten Verbrechern auszustellen, mit der Behauptung verbunden, die gegenwärtigen Übeltäter (d.h. die Tokugawa) seien noch viel schlimmer.[248] In diesen Skandal waren neben *Rōnin* auch einheimische Händler, Ärzte und die Dichterin Matsuo Taseko verwickelt. Doch auch der Shōgun ließ sich in Kyōto von einer mehr als 200 Mann starken *Rōnin*-Truppe unter Führung von Kiyokawa Hachirō schützen. Der in seinen politischen Ansichten allzu sprunghafte und wegen zahlreicher Terrorakte gefürchtete Kiyokawa wurde jedoch bald nach Edo zurückbeordert und dort ermordet. An seiner Stelle unterstellten sich weitere *Rōnin* unter dem Kommando von Kondō Isami als „Neue Auswahl-Einheit" *(Shinsengumi)* dem Gouverneur von Kyōto, um auf seiten der Tokugawa am schmutzigen Krieg der Terroristen und Agenten teilzunehmen. Aber auch in Edo und Yokohama verbreiteten *Rōnin*-Banden Angst und Schrecken. Der Kaiser seinerseits demonstrierte seine wiedergewonnene Handlungsfreiheit, indem er Ende April und Ende Mai wichtigen heiligen Stätten in Kyōto Besuche abstattete und dort für die Vertreibung der Ausländer betete. Es war das erste Mal seit 1626, dass ein Kaiser seinen Palast verließ.

Die Verhandlungen zwischen Shōgun und Kaiserhof über die Vertreibung der Fremden gerieten unterdessen ins Stocken. Hitotsubashi Yoshinobu teilte den Fürsten daraufhin einseitig mit, am 25. Juni werde das Bakufu Verhandlungen mit den Ausländern über deren Rückzug aus Japan eröffnen. Um dem Bakufu keine Rückzugsmöglichkeit einzuräumen, eröffnete Chōshū genau an diesem Stichtag mit seinen Küstenbatterien das Feuer auf ausländische Schiffe, die durch die Straße von Shimonoseki fuhren. Wenig später erhielt Takasugi Shinsaku den Auftrag, für Chōshū eine Einheit aus freiwilligen Nicht-Samurai aufzustellen, die man für den erwarteten Endkampf gut gebrauchen konnte. Die Rache des Westens traf jedoch zunächst Satsuma, das sich bis dahin beharrlich geweigert hatte, den Engländern Genugtuung für den Namamugi-Zwischenfall vom vergangenen September zu leisten. Am 15. August 1863 bombardierten britische Kriegsschiffe Satsumas

[248] Anne Walthall: „Off with Their Heads! The Hirata Disciples and the Ashikaga Shoguns". In: *Monumenta Nipponica* 50:2 (1995), S. 137-170

Hauptstadt Kagoshima und setzten weite Teile der Stadt in Brand. In der britischen Öffentlichkeit sorgte diese Art der Kriegführung gegen wehrlose Zivilisten für Empörung; zugleich erkannte man Satsumas Mut und seine unveränderte Bereitschaft an, das Land dem Westen zu öffnen. Am Jahresende schlossen Großbritannien und Satsuma daher Frieden und kooperierten fortan.

Chōshūs Fremdenfeindlichkeit und sein Einfluss am Kaiserhof waren nun aber für Satsuma und das Bakufu vollends unerträglich geworden. Im August gelang es Chōshū, den Hof davon zu überzeugen, ihm die Vertreibung der Fremden anzuvertrauen. Am 25. September wurden Kusaka, Kido und andere Radikale zu Mitgliedern eines neuen kaiserlichen Beratungsgremiums ernannt. Der Kaiser, so wurde vereinbart, sollte am 30. September als Oberbefehlshaber im Kampf gegen die Ausländer in die von den Tokugawa verwaltete Region um Kyōto aufbrechen. Eine rund 1.000 Mann starke Truppe entlaufener Samurai, die sich „Einheit der Himmelsrache" *(Tenchōgumi)* nannte, griff am 29. September den Amtsitz des Bakufu-Amtmanns nahe Kyōto an und erklärte dessen Amtsbezirk zur direkten Domäne des Kaisers. In der folgenden Nacht, am 30. September, folgte jedoch der Gegenschlag: Truppen aus Satsuma und Aizu besetzten den Kaiserpalast, versammelten die Fürsten und verkündeten die Aussetzung der kaiserlichen Rundreise und der Vertreibung der Fremden. Zudem wurden die Chōshū-Leute und die auf ihrer Seite stehenden *Rōnin* und Höflinge, angefangen von Sanjō Sanetomo, aus Kyōto vertrieben. Auch im Fürstentum Tosa wandte sich das Blatt gegen die Radikalen; Takechi Zuizan musste sich im Juli 1865 selbst entleiben. In Mito brach zwischen den Anhängern des Bakufu und ihren Gegnern (der sog. Tengu-Partei[249]) ein monatelanger erbitterter Kampf aus; mehr als 800 Rebellen der Tengu-Partei wollten sich westwärts nach Kyōto durchschlagen. Erst 1865 ergaben sie sich den Truppen des Bakufu; 350 von ihnen wurden hingerichtet.

Neue Verhandlungen mit dem gesäuberten Hof brachten im Februar 1864 die gewünschten Ergebnisse: Kaiser Osahito sprach sich gegen eine Wiedereinführung der direkten Herrschaft des Kaisers aus, erteilte dem Shōgun Lob und den Auftrag, gemeinsam mit den großen Fürsten das Land zu stärken; eine gewaltsame Vertreibung der Ausländer lehnte er ab. Außerdem verlangte er eine Bestrafung Chōshūs und der mit Chōshū verbündeten *Rōnin*. In diese Forderung stimmten die ausländischen Mächte nur allzugern ein. Doch als die großen Fürsten im April von ihren Beraterposten am Kaiserhof zurücktraten, standen die Tokugawa wieder allein.

In Chōshū kamen zur selben Zeit wieder die Radikalen an die Macht. Ihr Plan war die Rückeroberung Kyōtos. Ende Juni begannen die Truppen Chōshūs, auf die Kaiserstadt vorzurücken. Der Feldzug verlief desaströs. In die Stadt eingesickerte *Rōnin* auf Seiten Chōshūs wurden Anfang Juli entdeckt und in einem Gasthaus niedergemetzelt. Immerhin gelang Chōshū-Agenten am 12. August die

[249] J. Victor Koschmann: „Action as a Text: Ideology in the Tengu Insurrection". In: Tetsuo Najita, J. Victor Koschmann (Hgg.): *Conflict in Japanese History: The Neglected Tradition*. Princeton 1982, S. 81-106

Ermordung von Sakuma Shōzan, der im Auftrag des Bakufu mit dem Kaiserhof verhandelte. Die Chōshū-Armee setzte nun am 19. August von drei Seiten zum Sturm auf Kyōto an. Ihre Hauptstreitmacht durchbrach die gegnerischen Stellungen bei Saga westlich von Kyōto. Am Hamaguri-Tor des Kaiserpalastes entwickelte sich am 20. August eine erbitterte Straßenschlacht mit den Verteidigern aus Aizu, Kuwana und Satsuma. Doch schließlich brach der Angriff zusammen. Während andere Truppen aus Chōshū zwei Tage später am Berg Tennōzan aufgerieben wurden, flüchteten sich die Feldherren des Unternehmens nach Chōshū.

Der Kaiser erklärte Chōshū wegen dieses gescheiterten „Aufstandes an den Verbotenen Toren" *(kinmon no hen)* am 24. August zum Feind des Kaiserhofes. Die Tokugawa stellten eilig eine riesige Armee zu seiner Bestrafung auf. Außerdem beschossen am 5. September westliche Kriegsschiffe die Küstenbatterien Chōshūs an der Meerenge von Shimonoseki; ihrer Marineinfanterie gelang es, die Geschützstellungen zu zerstören. Am 8. September kapitulierte Chōshū vor den Westmächten. Die gemäßigten Kräfte übernahmen wieder die Führung des Fürstentums. Die Strafexpedition der Tokugawa unter dem Oberbefehl des ehemaligen Fürsten von Owari, Tokugawa Yoshikatsu, und unter Beteiligung von 21 Fürstentümern rückte indes nicht weiter als bis nach Ōsaka vor. Yoshikatsu ließ sich auf Verhandlungen mit der neuen Führung von Chōshū ein. Im Dezember kapitulierte Chōshū kampflos. Den Feldherren des Aufstandes an den Verbotenen Toren wurde drei Monate später die Selbstentleibung befohlen. Die geflohenen Höflinge wurden ausgeliefert. Die Tokugawa-Armee löste sich wieder auf.

Doch das Blatt wendete sich abermals, als Takasugi Shinsaku, Yamagata Aritomo und Inoue Kaoru (1835-1915) mit eigenen Einheiten im Januar 1865 die Einnahme Shimonosekis gelang; im April erreichten sie, dass der Fürst von Chōshū ein weiteres Mal die Seiten wechselte. Immerhin gab man jedoch die radikalen Pläne zur Vertreibung der Ausländer endgültig auf. Man entdeckte ähnlich wie zuvor bereits Satsuma, dass Auslandskontakte für die Verteidigung des Fürstentums äußerst nützlich sein konnten: Über eine britische Firma in Nagasaki importierte Chōshū hinfort westliche Waffen und Schiffe. Wegen des gerade beendeten amerikanischen Bürgerkrieges stand beides in großen Mengen auf dem Weltmarkt zur Verfügung.

Auch Satsuma stand nun in regem Kontakt mit der westlichen Welt. Es schickte seit 1865 junge Männer zum Studium in den Westen, vereinbarte eine Industriekooperation mit Belgien, ließ mit britischem Kapital eine Baumwollspinnerei eröffnen und eine Zuckerraffinerie planen, kaufte über eine von dem aus Chōshū entlaufenen Sakamoto Ryōma in Nagasaki gegründete Außenhandelsfirma Schiffe und Waffen – und übernahm sich dabei finanziell so sehr, dass es schon 1866 die Gehälter aller Vasallen um 30 Prozent kürzen musste. Großbritannien war allerdings so entgegenkommend, dass es Satsuma für seine Einkäufe und die Versorgung der Stipendiaten Kredit einräumte.

Das ständige Hin und Her in Chōshū machte das Bakufu äußerst misstrauisch. Es verlangte nun eine direkte Unterwerfung des Fürsten vor dem Shōgun und setzte zu diesem Zweck die alternierende Residenzpflicht der Fürsten in

Edo wieder in Kraft. Chōshū verweigerte aber den Gehorsam. Daraufhin kündete das Bakufu eine neue Strafexpedition gegen Chōshū an, diesmal unter der Führung des Shōgun Iemochi selbst. Im Juni erreichte sein Heer Ōsaka. Die Soldaten wurden in Tempeln und Bürgerhäusern zwangseinquartiert – was verständlichen Unmut in der Bevökerung hervorrief. Satsuma intervenierte beim Kaiserhof, um eine Eskalation zu verhindern. Doch im November forderten die westlichen Vertragsstaaten eine Bestätigung ihrer Verträge durch den Kaiser, denn der für den 1. Januar 1868 vereinbarte Termin für die Öffnung Ōsakas und Hyōgos rückte immer näher. Das Bakufu warnte mit drastischen Worten vor den Folgen einer Weigerung, und schließlich bekam das Bakufu sowohl die Zustimmung des Kaisers zu den Verträgen als auch freie Hand für einen neuen Feldzug gegen Chōshū. Ende Dezember rief das Bakufu deshalb seine Vasallen zur Heerfolge auf. Diesmal wurden 32 Fürstentümer mobilisiert. Allerdings gab es unter den Fürsten heftige Vorbehalte gegen diese Strafexpedition; insbesondere Satsuma war diesmal nicht dazu bereit, die Tokugawa zu unterstützen.

Auf Vermittlung Sakamoto Ryōmas, der in Nagasaki sowohl für Satsuma als auch für Chōshū Waffengeschäfte tätigte, kam es im Februar 1866 zu geheimen Verhandlungen zwischen Vertretern dieser beiden Fürstentümer. Im März schlossen Kido Takayoshi für Chōshū und Saigō Takamori sowie Ōkubo Toshimichi für Satsuma ein Geheimbündnis ab. Satsuma sagte darin zu, sich bei Hofe für eine Begnadigung Chōshūs einzusetzen, Maßnahmen zur militärischen Sicherung Kyōtos vorzunehmen und im äußersten Fall gegen die Tokugawa und deren Verbündete zu kämpfen.

Von dieser Absprache ahnte Tokugawa Iemochi nichts, als er im März ein Ultimatum an Chōshū richtete – der Fürst und sein Sohn sollten zurücktreten und alle herrenlosen Samurai aus Chōshū vertrieben werden – und nach dessen Verstreichen im Juli den Befehl zum Angriff auf Chōshū gab. Satsuma hatte zuvor offen erklärt, sich nicht am Feldzug zu beteiligen. Trotz der großen Übermacht der Tokugawa-Truppen verlief der Krieg denkbar schlecht für den Shōgun. Dank taktischem Geschick und überlegener Waffentechnik errang Chōshū eine Reihe kleinerer Siege und konnte den Angriff zurückschlagen. Am 29. August starb Iemochi überraschend 21jährig in seiner Burg in Ōsaka, was den Feldzug weiter ins Stocken geraten ließ. Chōshū begann sogar eine Gegenoffensive. Einen Monat später erklärte sich Tokugawa Yoshinobu zum Kandidaten für die Nachfolge als Shōgun. Am 27. Oktober ließ er den Feldzug nach Waffenstillstandsverhandlungen, die von Katsu Kaishū geführt wurden, schließlich abbrechen. Die militärische Autorität der Tokugawa war mit diesem auf ganzer Linie gescheiterten Feldzug völlig ruiniert.

Hinzu kam Japans erste Verwicklung in eine moderne Weltwirtschaftskrise, denn nach dem 11. Mai 1866, dem „Schwarzen Freitag“, gingen führende in den Ostasien-Handel verstrickte Handelshäuser und Banken bankrott. Japans Außenhandel stockte, die dringend benötigten Einnahmequellen in Übersee versiegten, außerdem mussten die Importzölle auf Druck der Westmächte für die meisten Waren auf 5 % abgesenkt werden. Die allgemeine Teuerung[250] im Land löste schwere Unruhen aus. Ende Juni forderten Bürger in der Hafenstadt Nishinomiya nahe Ōsaka die Abgabe von billigem Reis. Wenige Tage später randalierte die Bevölkerung von Ōsaka. Plünderungen in Edo und Bauernaufstände folgten. 4.000 Arbeiter einer vom Handelshaus Sumitomo betriebenen Kupfermine führten einen Protestmarsch auf Matsuyama durch, weil das Unternehmen ihnen wegen der Teuerung die Nahrungsrationen gekürzt hatte. Sie mussten gewaltsam aufgehalten werden. Sumitomo appellierte vergeblich an das Bakufu, den Arbeitern weiterhin Reis zum Vorzugspreis zu verkaufen: das Bakufu war selbst zu knapp bei Kasse, als dass es noch Subventionen verteilen konnte. Im Frühsommer brachen in Edo Unruhen in der städtischen Unterschicht aus, die sich gegen Reishändler und Pfandleiher richteten und die Stadt für zwei Wochen in einen anarchischen Zustand versetzten. Ende Juli erreichten die Unruhen den Osten Japans und damit den Kernbereich der Tokugawa-Herrschaft. In der Provinz Musashi forderten Bauern Zahlungsaufschub bis zur Herbsternte und zerstörten den Besitz reicher Händler. In wenigen Tagen breitete sich der Aufstand über die gesamte Provinz aus.[251] Dabei halfen den Aufständischen die Informationskanäle innerhalb der ländlichen Gesellschaft.[252] Trotz der Verhaftung der ursprünglichen Anführer fanden sich immer neue, größtenteils anonyme Anführer, die vor allem aus der verarmten und jüngeren Bauernschaft stammten. Banden von Plünderern zogen durch das Land und forderten die Dörfer auf ihrer Route ultimativ auf, sich anzuschließen. Nicht alle waren dazu bereit: In Tama hatte der Amtmann Egawa Hidetatsu Dorfmilizen aufstellen lassen, die aus den dörflichen Eliten stammten und ihre Dörfer nun mit Gewehren und Speeren erfolgreich gegen die Aufständischen verteidigten. Beide Seiten setzten Feuerwaffen ein. Andernorts wurde über die Forderungen verhandelt. Den Schulzen blieb angesichts des Gewaltpotentials der Aufständischen oft keine Wahl, um Schlimmeres für ihr eigenes Dorf zu verhüten. So schlossen sich mehr als 100.000 Menschen den Protesten an.

Wer mitmachte, sollte keine Waffen, sondern Werkzeuge wie Sägen mitbringen, damit man die Speicher der Händler zerstören konnte. Wer an den Hauptstraßen wohnte, sollte für Verpflegung sorgen. Besonders die „Yokohama-Händler“, die lokale Produkte für den Export nach Yokohama beschafften, wurden angegriffen. Die ausgewählten Opfer des Volkszorns wurden aufgefordert, ihre Preise für Reis, Öl oder Sake zu senken und den Plünderern Reis oder Geld zu schenken oder Pfänder und Schuldscheine zurückzugeben. Mindestens 300 Händler erlitten erheblichen Vermögensschaden. Das Bakufu entsandte eigene Truppen und mobilisierte die übrigen betroffenen Fürstentümer. Sie besetzten

250 Peter Frost: *The Bakumatsu Currency Crisis*. Cambridge 1970

251 Patricia Sipple: „Popular Protest in Early Modern Japan: The Bushū Outburst“. In: *Harvard Journal of Asiatic Studies* 37 (1977), S. 273-322

252 Ōta Tomiyasu: „Bakumatsu-ki ni okeru Musashi no kuni nōmin no seiji shakai jōhō dentatsu“. In: *Rekishigaku Kenkyū* 1991:11 (1991), S. 16-26

zunächst nur strategische Schlüsselstellungen, weil die Bewegungsrichtung des Aufstandes unberechenbar war. Schließlich gingen sie mit Waffengewalt gegen die Bauern vor. Die verhafteten Aufrührer wurden bestraft, die meisten allerdings nur mit Geldstrafen. Dem dringenden Wunsch nach Hungerhilfe wurde vielerorts entsprochen.

Die Proteste richteten sich auch diesmal nicht gegen die politische Ordnung an sich, sondern gegen die im Zuge der wirtschaftlichen Umwälzungen weiter verschärften sozialen Konflikte innerhalb der Landbevölkerung. Gerade dort, wo die Besitzunterschiede größer wurden, führte die Abwanderung in nahegelegene Großstädte wie Edo dazu, sie noch zu verstärken. Wenn sich daraus allerdings für die Fürstentümer Einnahmeverluste durch ingesamt sinkende Produktion ergaben, ergriffen diese Gegenmaßnahmen wie Steuererhöhungen, welche die Lage der Zurückgebliebenen noch erschwerten. Die armen und verarmten Bauern fühlten sich daher von ihrer Oberschicht und den Händlern sowie der Obrigkeit ausgebeutet. Deshalb forderten sie seit Mitte des 19. Jhs. eine „Weltsanierung", d.h. die Umverteilung des Reichtums der Oberschicht.[253] Hielten die städtischen Unterschichten bei Erdbeben die mythische Figur des Welses für das gottgesandte Instrument dieser „Weltsanierung", so beriefen sich die bäuerlichen Aufständischen häufig auf Tengu, schwertkundige Fabelwesen, die ihr Zerstörungswerk als eine Art geflügelte Guerilla betrieben.

Den ländlichen Unruhen folgte im Herbst erneute Aufregung in Edo: Die hungernden Armen versammelten sich zu Hunderten bei großen Tempeln und Schreinen und verlangten Geld- oder Sachspenden. Die reichen Händler richteten monatelang kostenlose Armenspeisungen ein. Das Bakufu importierte sogar Reis aus China, um dem Nahrungsmangel abzuhelfen. Der amerikanische Konsul und seine Begleiter wurden mit Steinen beworfen, weil das Volk in ihnen die Hauptschuldigen an der Misere erblickte.

---

253 Die Literatur zu Aufständen und Protestbewegungen in der Frühen Neuzeit ist umfangreich und methodisch differenziert. Vgl. Daishiro Nomiya: „Comparing Protest and Conflict: A Time-Series Analysis of Peasant Unrest in Japan, 1800-1877". In: *International Journal of Japanese Sociology* 7 (1998), S. 65-83; James W. White: *Ikki – Social Conflict and Political Protest in Early Modern Japan*. Ithaca, London 1995; ders.: *The Demography of Sociopolitical Conflict in Japan, 1721-1846*. Berkeley 1992; Sepp Linhart: „Bauernaufstände für ‚Weltverbesserung' im Japan des 19. Jahrhunderts". In: Peter Feldbauer, Hans-Jürgen Puhle (Hgg.): *Bauern im Widerstand*. Wien, Köln, Weimar 1992, S. 79-103; Herbert P. Bix: *Peasant Protest in Japan, 1590-1884*. New Haven 1986; Stephen Vlastos: *Peasant Protests and Uprisings in Tokugawa Japan*. Berkeley 1986; William W. Kelly: *Deference and Defiance in 19th-Century Japan*. Princeton 1985; Hashimoto Mitsuru: „The Social Background of Peasant Uprisings in Tokugawa Japan". In: Tetsuo Najita, J. Victor Koschmann (Hgg.): *Conflict in Modern Japanese History. The Neglected Tradition*. Princeton 1982, S. 145-163; Aoki Michio u.a.: *Ikki (2): Ikki no rekishi*. Tōkyō Daigaku Shuppankai, 2. Aufl. 1981; Sugimoto Yoshio: „Structural Sources of Popular Revolts and the Tōbaku Movement at the Time of the Meiji Restauration". In: *Journal of Japanese Studies* 34:4 (1975), S. 875-889; Aoki Kōji: *Hyakushō ikki no nenji-teki kenkyū*. Shinseisha, 4. Aufl. 1974; Irwin Scheiner: „The Mindful Peasant: Sketches for a Study of Rebellion". In: *Journal of Asian Studies* 32 (1973), S. 579-591

Letzte Reformversuche – und ein Kaisermord?

Die politische Autorität der Tokugawa wurde nach der gescheiterten Strafexpedition und den schweren Unruhen immer offener in Frage gestellt.[254] Auf nationaler Ebene verlangte Shimazu Hisamitsu vom Kaiserhof, die Initiative für politische Reformen zu ergreifen. Der im Hintergrund des Kaisers am Hof die Fäden ziehende Iwakura Tomomi brachte die Idee auf, die politische Gewalt in den Händen des Kaisers zu vereinen und diesem die wichtigen politischen Entscheidungen zu überlassen. Tokugawa Yoshinobu selbst lud die Fürsten zu einer Konferenz nach Kyōto ein; er wollte ihnen mehr Mitsprache und das Recht einräumen, den Shōgun zu wählen. Die meisten Fürsten schlugen die Einladung jedoch aus. Am 10. Januar 1867 wurde Yoshinobu formell zum Shōgun ernannt. Er suchte nun den Rat des französischen Gesandten Léon Roches, denn seit längerem hatte das Bakufu gute Beziehungen zu Frankreich geknüpft und u.a. seine Eliteeinheiten nach französischem Muster ausbilden lassen. In Yokosuka baute das Bakufu mit französischer Hilfe eine Eisenfabrik auf. Roches schlug vor, eine Zentralregierung wie in Frankreich einzurichten – was mit der Abschaffung der Autonomie der Fürstentümer verbunden war. Die fähigen Ratgeber, mit denen sich Yoshinobu zusätzlich umgab – neben Katsu Kaishū v.a. der Älteste und Fürst von Karatsu Ogasawara Nagamichi und die in Holland ausgebildeten Nishi Amane und Tsuda Mamichi – feilten an vielversprechenden Plänen für eine Revitalisierung der Tokugawa-Herrschaft und fanden dafür durchaus Unterstützung am Hof, angefangen vom Kaiser Osahito.

So war es wohl mehr als ein glücklicher Zufall für die Gegner der Tokugawa, dass der 35jährige Kaiser am 30. Januar 1867 starb. Als offizielle Todesursache wurden Pocken diagnostiziert, doch von Anfang an wurde der Verdacht laut, dass der Kaiser einem Giftmord zum Opfer gefallen war – als dessen Hauptverdächtiger Iwakura Tomomi zu gelten hätte. Am 13. Februar wurde sein 14jähriger Sohn Mutsuhito als sein Nachfolger eingesetzt. Dass dieser Junge noch keine ausgeprägten eigenen Meinungen haben konnte, nahm man gern in Kauf. Zum kaiserlichen Regenten wurde der bisherige Kanzler Nijō Nariyuki ernannt, als Ratgeber stellte man dem Kaiser Prinz Arisugawa Taruhito und seinen Großvater Nakayama Tadayasu zur Seite.

Zur selben Zeit unternahm das Bakufu einen weiteren Versuch, sich der westlichen Welt und vor allem den französischen Verbündeten als verlässlicher und stabiler Partner darzustellen. 1867 nahm das Bakufu an der Pariser Weltausstellung teil. Leiter der japanischen Delegation, die in Paris u.a. von Napoleon III. empfangen wurde, war Tokugawa Akitake, ein jüngerer Bruder Yoshinobus und seit 1868 (letzter) Fürst von Mito. Begleitet wurde er von Shibusawa Eiichi, einem engen Mitarbeiter Yoshinobus, der später eine der führenden Unternehmer-

[254] Conrad Totman: *The Collapse of the Tokugawa Bakufu, 1862-1868*. Berkeley 1980 William G. Beasley: *The Meiji Restoration*. Stanford 1973; Paul Akamatsu: *Meiji 1868: Revolution and Counter-Revolution in Japan*. London 1972

persönlichkeiten der Meiji-Zeit wurde. Die Tokugawa ermöglichten auch den Fürstentümern Satsuma und Saga, sich in Paris zu präsentieren. Hier zeigt sich in nuce, dass die Konkurrenz zwischen dem Bakufu und den einzelnen Fürstentümern von dem Wettbewerb um Handelschancen in Übersee mitgeprägt wurde.

Unternehmer in der Krise

Die einheimische Wirtschaft konnte den Bedarf der politischen Akteure an Kapital und moderner Technik zum Ausbau von Rüstung und Industrie nicht decken. Zwar spielten einheimische Unternehmen bei der Finanzierung der Politik durchaus eine wichtige Rolle – Handelshäuser wie Sumitomo und Mitsui gaben den Fürsten immer wieder Kredite – aber sie ließen sich nicht auf die exklusive Unterstützung eines politischen Lagers festlegen.[255] Das Haus Mitsui musste Ende 1864 die erste Strafexpedition gegen Chōshū mit 1 Mio. *ryō* subventionieren und die zweite ein halbes Jahr später mit 20.000 bezuschussen. Insgesamt leistete es bis 1866 mehr als 2,5 Mio. *ryō* „Sonderzahlungen“ *(goyōkin)* für die Tokugawa. Zugleich war es die Hausbank des Fürstentums Satsuma in Ōsaka, pflegte also gute Beziehungen zu beiden Seiten. Der Geldhunger sowohl der Tokugawa als auch später der neuen Regierung traf das Unternehmen dennoch auf dem falschen Fuß. Mitsui war im Zuge der Weltwirtschaftskrise durch Fehlspekulationen seiner Außenhandelskaufleute in eine Existenzkrise geraten. Belief sich die aus den Gewinnen der Textil- und Geldhäuser in Kyōto, Ōsaka und Edo gespeiste Bilanz der für die Kreditvergabe zuständigen Hauptverwaltung *(ōmotokata)* in Kyōto in der ersten Hälfte 1866 noch auf 1,9 Mio. *ryō*, so rutschte sie in der zweiten Hälfte wegen der auf ein Drittel geschrumpften Einnahmen ins Minus und verbesserte sich bis 1869 kaum. 1867 war Mitsui nahezu zahlungsunfähig; weder der Textilhandel noch das Finanzgeschäft versprachen mehr große Gewinne, und ausstehende Schulden konnten kaum noch eingetrieben werden. Ende 1867 setzte sich das Kapital der Mitsui-Hauptverwaltung wie folgt zusammen:[256]

Geschäftsbetrieb	63 %
Textilhandel	(36 %)
Geldgeschäfte	(13 %)
Immobilien	(14 %)
Kredite an Bakufu und Fürsten	18 %
Kredite an Verwandte	14 %

[255] Nakase Toshikazu: „Meiji ishin to Sumitomo, Mitsui, Iwasaki no dōkō (jō, ge) – 1865-68 (Keiō 1-4) nen wo chūshin to shita shiryō-teki bunseki –“. In: *Ōsaka sangyō daigaku ronshū* 61 (1984), S. 115-180

[256] Yamamoto Shirō: „Bakumatsu, ishin-ki ni okeru Mitsui-ke ōmotokata no sonzai keitai“. In: *Mitsui bunko ronsō* 2 (1968), S. 13-90, hier S. 18

Davon stellten die Immobilien überwiegend totes Kapital dar, da sie zum größten Teil für Amtsgebäude des Bakufu dienten und nicht frei verfügbar waren; die Kredite an Bakufu, Fürsten und Verwandte konnte man beinahe sicher verlorengeben. Ein Teil der vorhandenen Reserven musste an die eigenen Textilgeschäfte in Ōsaka und Edo als Kredite vergeben werden, die nach den Erdbeben und Großbränden der letzten Jahre erheblichen Instandsetzungsbedarf hatten. Japans große Unternehmen hatten in dieser politischen Krisenzeit genug mit sich selbst zu tun – für eine aktive Rolle in der Politik fehlten ihnen jedoch die Mittel.

Ējanaika: Das Volk tanzt

Auch die übrige Bevölkerung außerhalb des Feldes der politischen Macht hatte nicht die Mittel, um in die politischen Vorgänge einzugreifen. Die Phantasie, um sich mit der Situation auf ihre eigene Weise auseinanderzusetzen, fehlte ihr jedoch nicht. Ab dem Sommer 1867 häuften sich in Mitteljapan Fälle von „Amulettregen“, d.h., man behauptete, Amulette gefunden zu haben, die vom Himmel herabgestiegen seien.[257] Anstelle einer Massenwallfahrt wie 1830 verband sich dieses Phänomen mit einer Tanzmode, die sich schließlich über 37 der 66 Provinzen verbreitete. Wo Amulette entdeckt wurden, veranstalteten die Finder Feiern, die meist von den Dörfern oder Stadtvierteln zum Anlass für ein gemeinsames Fest mit Tanz, Musik und karnivalesken Elementen wie Verkleidung, Cross-Dressing und prächtigen Umzügen. Wo gefeiert wurde, herrschte für Tage oder gar Wochen Volksfeststimmung; das normale Arbeitsleben kam zum Erliegen. Nach dem Refrain eines häufig gesungenen Liedes nannte man diesen Ausbruch aus der alltäglichen Welt „Ējanaika“ („Wird schon gut sein“). An den Feiern beteiligten sich Menschen aller Schichten und Stände sowie Religionsgemeinschaften. Einerseits feierten sie im eigenen Interesse (der Erhalt eines Amuletts galt als göttliche Auszeichnung), andererseits stellten sie durch die Öffentlichkeit der Feiern die Einheit der lokalen Gemeinschaft in Dorf oder Stadtteil symbolisch her und trugen somit zur „Weltsanierung“, also zur Versöhnung der sozialen Gegensätze, bei. Freude über die inzwischen wieder sinkenden Warenpreise mischte sich mit der Sorge über die politischen Wirren und insbesondere über die Folgen der Landesöffnung; fremdenfeindliche Parolen waren unüberhörbar. Während viele religiöse Gemeinschaften die Gelegenheit nutzten, um für sich selbst Werbung zu machen und Pilger zu ihren heiligen Stätten zu bewegen, überwog allgemein die Auffassung, dass die japanischen Götter mit dem Amulettregen ein Zeichen für ihre besondere Verbundenheit mit dem Schicksal des „heiligen Reiches“ Japan setzen wollten. Informationen über die Feiern, die dabei auftretenden Moden und Mirakel und Interpretationen dieses Phänomens wurden durch zahlreiche Medien im ganzen Land verbreitet. Es handelte sich – was niemand wissen konnte – um die letzte Manifestation der volksreligiösen Vielfalt im frühmodernen Japan.

---

[257] Zöllner, *Karneval der Krise*

Abb. 15: Prototyp einer Ējanaika-Hausfeier in Kyōto (Anonym: „Miyo no sakae", 1867)

Der Shōgun tritt zurück

Angesichts des neuen Elans, den das Bakufu unter Yoshinobu zeigte, sahen Satsuma, Chōshū und Iwakura Tomomi ihre eigenen Ambitionen zur Beseitigung der Tokugawa-Hegemonie gefährdet. Saigō Takamori überredete daher die ehemals als Mitglieder des Fürstenrats für den Kaiser waltenden Yamanouchi Toyoshige, Date Munenari und Matsudaira Yoshinaga, sich im Mai mit Shimazu Hisamitsu in Kyōto zu treffen und eine gemeinsame Haltung gegenüber dem Bakufu zu formulieren. Zu ihren Forderungen gehörten die Begnadigung Chōshūs und eine Öffnung Hyōgos nur unter der Aufsicht des Hofes. Yoshinobu konterte dies mit dem Vorschlag, erst den Hafen von Hyōgo vertragsgemäß zu öffnen und anschließend, wenn alles plangemäß verlief, Chōshū zu begnadigen. Dieser Formulierung stimmte Ende Juni auch der Kaiser sehr zum Missfallen der Fürsten zu. Wieder einmal schien sich Yoshinobu durchgesetzt zu haben.

Mittlerweile kursierten aber bereits zwei Pläne, die auf die grundlegende Infragestellung der Shōgun-Hegemonie hinausliefen. Plan A war radikal und wurde von Ōkubo, Kido und Iwakura geschmiedet und in einem neuen Geheimbund zwischen Satsuma und Chōshū Mitte Oktober besiegelt. In einem kaiserlichen Geheimedikt, das beiden Fürstentümern am 8. November ausgehändigt wurde, wurde der Shōgun zum Feind des Kaisers deklariert und Chōshū begnadigt; die beiden Fürstentümer wurden aufgefordert, die Macht der Tokugawa zu brechen. Satsuma und Chōshū begannen alsbald mit ihren militärischen Vorbereitungen. Das Chōshū benachbarte Fürstentum Hiroshima schloss sich dem Bündnis an. Das kaiserliche Geheimedikt hatte jedoch ein entscheidendes Manko: Es trug weder Paraphe noch Siegel des Kaisers noch Datum und war unter Umgehung des kaiserlichen Regenten Nijō Nariyuki von drei Hofministern ausgestellt worden. Es war rechtlich wertlos und ein reines Propagandainstrument.

Plan B stützte sich auf die Hilfe des Fürstentums Tosa. Im Frühjahr war die von Sakamoto Ryōma gegründete Außenhandelsgesellschaft offiziell als „Hilfsflotte“ *(Kai'entai)* dem Fürstentum Tosa beigetreten und schmuggelte eifrig Waffen und Nahrungsmittel in das offiziell unter Embargo stehende Chōshū. Sakamoto und sein Freund Nakaoka Shintarō brachten die Tosa-Samurai Itagaki Taisuke, der für die militärische Rüstung Tosas zuständig war, und Gotō Shōjirō mit Saigō Takamori zusammen; im Juli trat Tosa dem Geheimbund von Satsuma und Chōshū bei. Nakaoka stellte nun für Tosa auch ein „Hilfsheer“ *(Rikuentai)* auf, das in Kyōto für den Fall eines Staatsstreichs in Stellung ging. Doch statt der militärischen Option entwickelte Sakamoto gegenüber Gotō den Vorschlag, Tokugawa Yoshinobu solle freiwillig auf sein Amt als Shōgun verzichten und die politische Führung formell dem Kaiser zurückgeben. Zukünftig solle ein Zwei-Kammer-Parlament alle Staatsangelegenheiten beraten und entscheiden. Als Beamte sollten talentierte Menschen aus Adel, Fürsten und Volk berufen werden. Rechts-, Militär- und Finanzwesen sollten westlichen Standards gemäß modernisiert werden. Gotō Shōjirō brachte Yamanouchi Toyoshige tatsächlich dazu, eine Denkschrift mit fast demselben Inhalt zu verfassen und Ende Oktober dem Shōgun Yoshinobu in Kyōto zu überreichen. Yoshinobu ging überraschend schnell darauf ein, weil er hierin einen Weg sah, zumindest Tosa, Fukui und Owari auf seine Seite zu bringen. Am 8. November verkündete er seinen Entschluss vor 40 Fürsten in der Nijō-Burg, und am 9. November 1867 meldete er dem Hof förmlich die „Rückgabe der Staatsgeschäfte“ *(taisei hōkan)*. Der Hof nahm dies am folgenden Tag an, berief eine Fürstenkonferenz ein und übertrug Yoshinobu nun mit dem Amt eines Ministers des Innern die Führung der Staatsgeschäfte bis zu einer endgültigen Entscheidung. Wieder hielt Yoshinobu scheinbar das Heft des Handelns in seiner Hand. Nishi Amane legte ihm im Dezember einen Verfassungsentwurf vor, der dem Sakamoto-Gotō-Plan sehr nahe kam und für die Tokugawa äußerst annehmbar erschien, weil er an den bisherigen Machtverhältnissen zwischen Shōgun und Kaiser kaum etwas änderte: Tennō und Taikun (eine alternative Bezeichnung für den Shōgun) sollten als Doppelspitze herrschen. Eine nationale Regierung und ein Zwei-Kammer-Parlament sollten eingerichtet werden. Die erste Kammer sollte aus den Fürsten, die zweite aus gewählten Vertretern der Samurai aller Fürstentümer bestehen. Der Taikun sollte den militärischen Oberbefehl führen, während sich der Tennō auf zeremoniale Pflichten konzentrierte. Sitz der Regierung sollte Ōsaka, also sozusagen neutraler Boden sein.

Auch die konservativen Fujiwara-Sippen am Kaiserhof einigten sich im Dezember unter Vorsitz des kaiserlichen Regenten Nijō Nariyuki auf einen Plan zur „Wiederherstellung der monarchischen Gewalt", der ihnen ihre traditionelle Übermacht am Hof sichern sollte – selbstverständlich ohne auf die Pläne der Tokugawa einzugehen.

Für Iwakura und seine Verbündeten hatte daher nun die Stunde für Plan A geschlagen. Am 8. Dezember lief Saigō Takamori mit seinen Einheiten auf vier Kriegsschiffen aus Kagoshima aus. Am 18. traf er in Kyōto ein. Unterdessen schiffte sich eine 1.200 Mann starke Armee aus Chōshū ein, um bei Nishinomiya westlich von Ōsaka an Land zu gehen. Der Plan war offenbar, dass Saigō den jungen Kaiser (dem man den Codenamen „Juwel" gegeben hatte) aus Kyōto entführen und über Nishinomiya auf dem Seeweg nach Hiroshima verbringen sollte. Das Bakufu ahnte von diesem Plan nichts, auch wenn es seinen Agenten am 10. Dezember gelungen war, Sakamoto Ryōma und Nakaoka Shintarō in Kyōto aufzuspüren und zu ermorden.

Der Staatsstreich

Was in den nächsten Tagen an Putschvorbereitungen folgte, lässt sich bis heute nur unvollständig erschließen.[258] Denn 1870 zog die neue Regierung alle Originale der Tagebücher wichtiger Höflinge und späterer Regierungsmitglieder mit der Behauptung ein, daraus eine offizielle Geschichte erstellen lassen zu wollen. Diese Aufzeichnungen sind jedoch seither spurlos verschwunden. Alle bis heute veröffentlichten Abschriften enden geheimnisvollerweise vor dem entscheidenden 3. Januar 1868.

Am 31. Dezember bat Iwakura den Großvater des Kaisers, Nakayama Tadayasu, den Kaiser binnen drei Tagen zur Zustimmung zu seinem Plan zu bewegen. Tadayasu, als Anhänger der Versöhnung von Hof und Bakufu bekannt, entgegnete schroff, das könne Iwakura nicht allein bestimmen. Am 1. Januar griff Iwakura zum Mittel der Erpressung: Nakayama solle sich an einen „geheimen Vorfall" der jüngsten Vergangenheit erinnern. Damit meinte er offenbar Nakayamas Mitwirkung an dem unter sehr zweifelhaften Umständen zustandegekommenen kaiserlichen Geheimbefehl zur Beseitigung des Bakufu vom 30. Oktober. Nakayama lenkte sofort ein und versprach, sein Bestes zu tun. Am 2. Januar 1868 beschloss der Hofrat unter Leitung des Regenten Nijō tatsächlich, den Fürsten von Chōshū und die 1864 nach Chōshū geflohenen Adligen zu begnadigen und Iwakura aus dem Hausarrest zu entlassen, so dass er wieder Zutritt zum Kaiser hatte. Abends versammelte Iwakura die Vertreter von Satsuma, Tosa, Hiroshima und erstmals auch der Fürstentümer Owari und Fukui und weihte sie in den Putschplan ein. Nakayama hatte Iwakura offenbar einen kaiserlichen Befehl verschafft, der die vor dem Palast stationierten Bakufu-treuen Wachen aus Aizu (am

---

258 Inoue Isao: *Ōsei fukko*. Chūkō Shinsho 1991

Kuge-Tor) und Kuwana (am Hamaguri-Tor) zum Wachwechsel um Mitternacht aufforderte.

Am Morgen des 3. Januar war das Wetter in Kyōto kühl; gelegentlich fiel Schnee. Gegen acht Uhr rückten 3.000 Mann aus Satsuma, Hiroshima, Owari und Fukui mit mehr als zehn Geschützen unter Führung von Saigō Takamori zum Kaiserpalast aus und besetzten ihn ohne nennenswerten Widerstand; die Truppen aus Aizu und Kuwana waren tatsächlich abgerückt, ohne Argwohn zu schöpfen. Im Palast herrschte helle Aufregung. Eine Einheit aus Hiroshima drang bis zum Thronsaal des Kaisers vor, um diesen zu „beschützen". Eine kaiserliche Sänfte wurde bereitgestellt, um ihn, falls nötig, aus dem Palast zu entführen. Der 15jährige Kaiser selbst musste an diesem Tag mehrfach ärztlich behandelt werden; offenbar stand er unter Schock. Seinem Regenten Nijō dagegen wurde der Zutritt zum Palast verwehrt. Um 11 Uhr verlas der Kaiser eine Erklärung über die Wiederherstellung der monarchischen Gewalt *(ōsei fukko)*, die ihm Iwakura Tomomi überreicht hatte. Die Erklärung stammte aus der Feder eines Mitarbeiters von Iwakura, doch Iwakura hatte dessen Entwurf in einem wichtigen Punkt verändert: Statt auf eine Renovation wie zur Zeit des Kaisers Go-Daigo im 14. Jahrhundert zu verweisen, bezog sich der Text nun auf die legendäre Gründung des Kaisertums durch den Urkaiser Jinmu. Der Grund dafür lag nahe: Unter Jinmu gab es, anders als zur Zeit Go-Daigos, weder ein Bakufu noch eine Hofaristokratie, welche den Umsturzplänen Iwakuras im Weg stehen konnten; die einzige verbliebene Autorität war die des Kaisers. Der Kaiser verkündete die Abschaffung der bisherigen Ämter von Regent und Kanzler sowie des Bakufu. Er setzte eine neue Regierung ein, deren Präsident *(sōsai)* Arisugawa Taruhito wurde. Zu Staatsräten *(gijō)* ernannte er neben zwei kaiserlichen Prinzen mit Nakayama Tadayasu, Saga Sanenaru und Nakamikado Tsuneyuki ausgerechnet jene drei Höflinge, die den Geheimbefehl zum Sturz des Bakufu gefälscht hatten, sowie die Altfürsten der fünf am Staatsstreich beteiligten Fürstentümer Satsuma, Tosa, Hiroshima, Owari und Fukui. Schließlich bestellte er noch acht Beigeordnete *(san'yo)*, darunter natürlich Iwakura Tomomi. (Die Zahl der Beigeordneten wurde später noch bedeutend erweitert.)

Um 17 Uhr begann eine Konferenz der neuen Regierung im sogenannten Kleinen Palast in stummer Anwesenheit des Kaisers. Ausgewählte Samurai der putschenden Fürstentümer, darunter Gotō Shōjirō für Tosa und Ōkubo Toshimichi für Satsuma, durften als Gäste teilnehmen. Yamanouchi Toyoshige aus Tosa kritisierte die putschähnlichen Umstände und die Nichtberücksichtigung Tokugawa Yoshinobus heftig und forderte eine Fürstenkonferenz unter Leitung Yoshinobus. Iwakura widersprach ihm: Dies alles sei der Wille des Kaisers. Als die kontroverse Aussprache bis Mitternacht ohne Ergebnis blieb, drohte Saigō Takamori in einer Beratungspause mit der Anwendung von Gewalt. Daraufhin verstummte Yamanouchi, und Yoshinobu wurde zum Verzicht auf seine Ämter und auf seine Territorien aufgefordert. Der Staatsstreich war perfekt.

Tokugawa Yoshikatsu und Matsudaira Yoshinaga wurde es überlassen, ihrem Verwandten Yoshinobu von seiner Entmachtung zu berichten. Sie hielten das letzte Wort in dieser Angelegenheit allerdings ebenso wie Yamanouchi Toyoshige noch nicht für gesprochen.

2. Japans Moderne (1868-1952)

2.1 Der offene Raum (1868-1889)

2.1.1 Die Meiji-Renovation

Der Boshin-Bürgerkrieg

Die unter Staatsstreich-Bedingungen durchgeführte, aber vom Kaiser legitimierte Entmachtung und Enteignung der Tokugawa rief Widerstand bei den Tokugawa-Anhängern hervor. Der ehemalige Shōgun selbst ließ Verhandlungsbereitschaft erkennen und zog sich aus Kyōto nach Ōsaka zurück.

Eine Reihe kleinerer bewaffneter Zwischenfälle führte schließlich doch zur entscheidenden militärischen Konfrontation. Die Residenz des Fürstentums Satsuma in Edo, dem man Verrat an den Tokugawa anlastete, wurde von Tokugawa-Anhängern niedergebrannt. Nun rückten 15.000 Truppen der Tokugawa auf Kyōto vor. Am 27. Januar 1868 trafen die Armeen der Tokugawa und ihrer treuesten Parteigänger, der Fürsten von Aizu und Kuwana, bei Toba und Fushimi vor den Toren Kyōtos auf die Streitmacht von Satsuma und Chōshū, die erstmals unter Feldstandarten des Kaisers kämpfte. Als Symbol für die Abkunft des Kaisers von der Sonnengöttin waren die Standarten mit einer goldenen Sonnenscheibe geschmückt, teilweise auch mit dem Namen der Sonnengöttin Amaterasu.

Die viertägige Doppelschlacht endete mit einer Niederlage der Tokugawa. Tokugawa Yoshinobu floh auf dem Seeweg von Ōsaka nach Edo. Jede Aussicht, mit Hilfe von Tosa, Fukui und Owari doch noch eine zentrale Rolle für die Tokugawa im neuen Staat auszuhandeln, war damit zunichte. Kaiser Mutsuhito und seine neue Regierung erklärten den ehemaligen Shōgun zum Feind des Kaisers, entzogen ihm seine Würden und Ämter am Hof und unterstellten seine gesamte Domäne der kaiserlichen Verwaltung. Gegenüber den ausländischen Vertragsstaaten erklärte die neue Regierung am 8. Februar jedoch, die abgeschlossenen internationalen Verträge einhalten zu wollen. Damit wollte sie sich der Neutralität der ausländischen Mächte versichern; denn nach wie vor standen französische Militärberater im Dienste der Tokugawa, so dass eine Intervention Frankreichs wie zehn Jahre zuvor in Vietnam oder in China nicht ausgeschlossen schien.

Tokugawa Yoshinobu war wie die Mehrheit seiner Anhänger jedoch gar nicht gewillt, sich mit letzter Konsequenz zur Wehr zu setzen. Als der französische Gesandte Léon Roches ihm am 12. Februar die Unterstützung seines Landes anbot, lehnte Yoshinobu ab; eine ausländische Einmischung in den Bürgerkrieg wollte er vermeiden. Am 18. Februar erklärten die ausländischen Mächte schließlich ihre Neutralität. Dennoch kam es am 8. März bei der Hafenstadt Sakai nahe

Abb. 16: Kaiserliche Feldstandarte für die Satsuma- und Chōshū-Truppen mit Anrufung des Namens der Sonnengöttin

Ōsaka zu einem blutigen Schusswechsel zwischen Truppen aus dem gegen die Tokugawa agierenden Fürstentum Tosa und französischen Soldaten. Nach Protesten Roches wurden elf der Soldaten aus Tosa zur Sühne hingerichtet; die neue kaiserliche Regierung sowie der Fürst von Tosa entschuldigten sich für den Vorfall und zahlten eine Entschädigung für die Hinterbliebenen der getöteten Franzosen.

Die unter dem Kommando von Saigō Takamori stehende kaiserliche Ost-Armee stieß auf ihrem Marsch von Kyōto nach Edo nur auf sporadischen Widerstand. Am 6. April erreichte Saigō nach Verhandlungen mit Katsu Kaishū, dem von den Tokugawa die Verteidigung von Edo aufgetragen worden war, die kampflose Übergabe der Burg Edo. Katsu Kaishū betonte bei dieser Gelegenheit, dass die Tokugawa um der nationalen Einheit willen lieber auf ihre Macht verzichten als einen Bürgerkrieg in Kauf nehmen wollten:

„Seit Ausbruch der sogenannten Auslandskrise haben die Tokugawa nicht allein für sich Ratschlag gehalten, sondern dem [gesamten] Kaiserreich Mitteilung gemacht und nicht an den eigenen Vorteil gedacht, damit es uns nicht erging wie Indien und China. Der edle Fürst [Tokugawa Yoshinobu] wird auf keinen Fall zulassen, dass man in dieser Situation in der Hauptstadt des Reiches [Edo] aus Sorge um Aufstieg oder Niedergang des eigenen Hauses kämpfen und unsere Bürger [dabei] töten wird.“[1]

Allerdings erreichte Katsu auch, dass der „Feind des Kaisers“ Tokugawa Yoshinobu per-

1 Zit. n. Toriumi, *Nihon kindaishi*, S. 23. Neben Toriumi folgt meine Darstellung der allgemeinen Verläufe im wesentlichen, wo nicht anders angegeben: Mitani Hiroshi; Yamaguchi Teruo-

sönlich unangetastet blieb und das Haus Tokugawa weiterhin über erheblichen Grundbesitz verfügen durfte. Die Tokugawa räumten Edo am 3. Mai; der ehemalige Shōgun Yoshinobu zog sich am selben Tag zu seinen Verwandten nach Mito zurück. Doch zur großen Enttäuschung der in die Burg Edo einrückenden kaiserlichen Truppen fehlte von dem dort angeblich gelagerten Goldschatz der Tokugawa jede Spur. Bis heute ist ein ungeklärtes Rätsel, wo er verblieben ist. Wahrscheinlich wurde er von Finanzbeamten der Tokugawa auf geheimen Wegen rechtzeitig aus der Stadt gebracht und so gut versteckt, dass er seither nicht mehr aufzufinden war.

Nicht alle Tokugawa-Getreuen schickten sich freilich ohne weiteres in ihre Niederlage. Der ehemalige Kommissar für auswärtige Angelegenheiten des Bakufu, Kawaji Toshiakira, setzte seinem Leben am 7. April, einen Tag nach dem Beschluss zur Übergabe Edos, mit einem Pistolenschuss ein Ende. Drei Monate lang hatten die Kaiserlichen Edo dennoch nicht wirklich im Griff. Bedrohlich war, dass rund 3.000 Samurai, die sich die „Truppe zur Erhellung der Pflicht" *(shōgitai)* nannten, die für die Tokugawa höchst symbolträchtige Kan'eiji-Tempelanlage von Ueno besetzt hielten.[2] Am 4. Juli musste Ueno von den Kaiserlichen gestürmt und blutig erobert werden; der Kan'eiji-Tempel wurde eingeäschert.

Wenige Tage später mussten die Tokugawa mit ihrem gesamten Gefolge und Personal – rund 100.000 Menschen – die Stadt verlassen. Es wird geschätzt, dass Edo seit der Lockerung der alternierenden Residenzpflicht 1862 bis zur Meiji-Renovation insgesamt fast die Hälfte seiner eine Million Einwohner verlor. Die verbliebenen Widerständler zogen sich jetzt in den unwegsamen japanischen Nordosten zurück, wo sich eine Allianz der Tokugawa-Getreuen bildete. Für mehrere Monate kam es dort zu heftigen Kämpfen mit den Kaiserlichen. Im Oktober 1868 liefen zudem acht Dampfschiffe der Tokugawa-Marine unter dem Kommando von Enomoto Takeaki mit 2.500 Mann Besatzung und begleitet von fünf französischen Beratern aus der Bucht von Edo aus und schlugen sich nach Hakodate auf Ezo durch. Dort übernahmen sie rasch die Kontrolle über die gesamte Insel. Während der Hauptwiderstand auf Honshū im Herbst zusammenbrach, als nacheinander das Fürstentum Yonezawa am 19. Oktober, nach einmonatiger Belagerung und heldenhaftem Widerstand Aizu-Wakamatsu am 8. November und als letztes auch Shōnai am 10. November vor den Kaiserlichen

mi: *19 seiki Nihon no rekishi – Meiji ishin wo kangaeru –*. Hōsō Daigaku Kyōiku Shinkōkai 2000; Amakawa Akira; Mikuriya Takashi: *Nihon seijishi: 20 seiki no Nihon seiji*. Hōsō Daigaku Kyōiku Shinkōkai 2003; Hara Akira: *Nihon keizai-shi*. Hōsō Daigaku Kyōiku Shinkōkai 1997; Ōhama Tetsuya; Kumakura Isao: *Kindai Nihon no seikatsu to shakai*. Hōsō Daigaku Kyōiku Shinkōkai 1989; Nakamura Takafusa*: Lectures on Modern Japanese Economic History 1926-1994*. Tōkyō: LTCB International Library Foundation 1994

2 Marion William Steele: „The Rise and Fall of the Shōgitai: A Social Drama". In: Tetsuo Najita, J. Victor Koschmann (Hgg.): *Conflict in Japanese History: The Neglected Tradition*. Princeton 1982, S. 128-144

Abb. 17: Der Kampf der Shōgitai (Kobayashi Kiyochika 1877)

kapitulierten, ließ sich Enomoto im Januar 1869 zum Präsidenten der Republik Ezo ausrufen. Freilich blieb diese Staatsgründung international folgenlos, denn die ausländischen Mächte gaben am 9. Februar ihre Neutralität auf und erkannten damit die Ansprüche von Kaiser Mutsuhito an. Im Juni stürmten kaiserliche Truppen Enomotos Stellungen in Hakodate; dieser ergab sich am 27. Juni.

Damit war der Bürgerkrieg zwischen den Kaiserlichen und den Anhängern der Tokugawa beendet. Nach dem sechzigteiligen ostasiatischen Elemente- und Tier-Zyklus war 1868 ein Jahr der älteren Erde und des Drachens *(boshin)*; deshalb wird der Krieg als Boshin-Krieg bezeichnet. Auf beiden Seiten fielen insgesamt weniger als 10.000 Soldaten; außerdem kamen etwa 3.000 Zivilisten ums Leben (darunter rund 200 Frauen aus Aizu). Verglichen mit den beinahe gleichzeitigen Bürgerkriegen in Nordamerika (US-Bürgerkrieg: ca. 600.000 Opfer) oder Europa (Aufstand der Pariser Commune: ca. 30.000 Opfer) handelte es sich also um einen gemäßigten und verhältnismäßig unblutigen Machtkampf. Angesichts der außenpolitischen Bedrohung durch die westlichen Mächte war keiner Seite daran gelegen, die Auseinandersetzung auf die Spitze zu treiben.

Die Motive

In den öffentlichen Argumentationen der Träger des Meiji-Staatsreiches, aber auch deren, die ihnen seit den 1820er Jahren geistig den Weg bereitet hatten, fin-

Abb. 18: Burg Aizu-Wakamatsu nach Beschuss durch die Kaiserlichen (Fotografie, 1873)

det sich durchaus jene „spezifische Art von Pathos, welches sich in einer durch Sprach-, Konfessions-, Sitten- oder Schicksalsgemeinschaft verbundenen Menschengruppe mit dem Gedanken einer ihr eigenen, schon bestehenden oder von ihr ersehnten politischen Machtgebildeorganisation verbindet“: Mit diesen Worten definierte Max Weber den Begriff der „Nation“.[3] Da sich nationales Pathos durchaus auch auf der Seite der Anhänger der Tokugawa fand, bestand in dieser Hinsicht überhaupt kein Antagonismus innerhalb des Feldes der Macht. Umstritten war, wer die japanische Nation in Zukunft führen sollte. Zweifellos waren die großen „Außenstehenden“, aber auch die Zweigfamilien der Tokugawa mit der Art, wie die „Erbvasallen“ die Politik dominierten, nicht mehr einverstanden. Die „Erbvasallen“ waren die großen Verlierer des Staatsstreiches; ihre Zeit war bereits nach der Ermordung Ii Naosukes abgelaufen. Sie waren nicht nur materiell zu sehr abhängig von den politischen Strukturen der Tokugawa, sondern ihr gesamter Habitus wurde durch eine „latente psychische Disposition“

3 Max Weber: *Wirtschaft und Gesellschaft*. Tübingen, 5. Aufl. 1980, S. 244

(Maruyama Masao)[4] bestimmt, die ihnen bis zuletzt eine Entscheidung für Rebellion oder Revolution verwehrte.

Auf beiden Seiten, insbesondere aber bei den Trägern des Staatstreiches, drängten sich ehrgeizige junge Leute in den Vordergrund, denen unter normalen Umständen derart weitreichende Befugnisse nie zugestanden worden wären. Sie hielten nichts von Distinktionen durch Rang und Würden, weil diese ihren eigenen Ambitionen nur im Wege gestanden hätten. Da ein Aussitzen der außenpolitischen, aber auch der inneren Probleme ganz offensichtlich nicht möglich war, gab ihre Bereitschaft zum autonomen Handeln ohne Rücksicht auf Herkommen und Protokoll den Ausschlag. Dass dies immer noch riskant war, zeigt sich an der großen Zahl von Morden und Hinrichtungen.

Über die Gedankengänge und Absichten der japanischen Politiker jener Zeit sind wir recht gut informiert, weil sie erhebliche Mengen an Quellenmaterial – Akten, Briefe, historiographische und autobiographische Darstellungen – hinterlassen haben, die schon früh systematisch gesammelt und ediert wurden. Wie die allgemeine Bevölkerung die Umbruchswirren erlebte, ist weniger gut untersucht.[5] Der „gemeine Mann“ kannte die politische Lage im Groben und orientierte sich im übrigen an eilig verbreiteten Nachrichten und Gerüchten, die naturgemäß nicht immer zuverlässig waren. Der folgende Eintrag in einer privaten Chronik aus Arita im Fürstentum Kii (das auf der Seite der Tokugawa stand) lässt deutlich die lokale Perspektive des Erlebens, in der Schilderung und Bewertung zusammenfallen, und zugleich die recht große Ungenauigkeit der verfügbaren Informationen erkennen:

„Zur Zeit des 2. Tages des 1. Monats [26. Januar 1868] erhob sich in Kyōto Unruhe. Es heißt aber, gekämpft worden sei bei Fushimi. In der Partei des Westens standen außer Chōshū, Satsuma und Tosa viele kleine Fürsten; auf der Seite des Shōgun angefangen von Aizu die großen Fürsten außer dem Fürsten Tōdō [Takayuki] von Kuwana [richtig: Tsu], dem Gouverneur von Izumi. Sie beschossen einander, und als die Anhänger des Shōgun den Sieg fast errungen hatten, übte Tōdō, der Gouverneur von Izumi, Verrat. Nunmehr von zwei Fronten bedroht, erlitt die Partei des Ostens eine große Niederlage, löste sich in alle Winde auf und floh.
Auch in unseren Ort kamen gegen den 11. oder 12. Tag des 1. Monats [4./5. Februar] sieben- oder achthundert Männer der Truppen aus Kuwana und Aizu geflohen, bestiegen an unserer Küste Schiffe nach Yuranouchi und wandten sich von dort nach Ise ...
Am 7. des 1. Monats [31. Januar] geriet die Burg von Ōsaka durch Kriegshandlungen in Brand. Die Bürger von Ōsaka flohen sofort zu Bekannten. Nur die jungen Männer blieben zurück. Es handelte sich wirklich um große Unruhen.

---

4 Maruyama Masao: *Loyalität und Rebellion*. München 1996, S. 29

5 S. aber Marion William Steele: *Alternative Narratives in Modern Japanese history*. New York 2003; George Macklin Wilson: *Patriots and Redeemers in Japan. Motives in the Meiji Restoration.* Chicago, London 1992

Gegen Ende des 1. Monats landeten Ausländer in kleinen Booten in Sakai ... Gerade einmal vier Provinzbeamte und Samurai töteten mit ihren Gewehren zehn Ausländer. Deshalb hieß es, in Sakai sei eine Schlacht ausgebrochen, und alle gerieten in helle Aufregung."[6]

In der Provinz Mikawa, einem Stammland der Tokugawa, hielt ein für seine konservative Haltung bekannter Shintō-Priester in seinem Tagebuch vor allem den Eindruck von Konfusion fest:

„Am 3. Tag dieses 1. Monats [27. Januar] ist ein großes Heer mit Aizu (Fürst Matsudaira [Katamori], Gouverneur von Echigo) und Kuwana (Fürst Matsudaira [Sadaaki], Gouverneur von Etchū) an der Spitze, außerdem mit Artillerie, nach Kyōto aufgebrochen, ist bis Fushimi vorgerückt und hat das Feuer eröffnet. Daraufhin gerieten sie mit denjenigen Fürsten aneinander, welche den Kaiserpalast bewachten, angefangen mit Satsuma, Chōshū und Tosa. Das Ost-Heer erlitt eine schwere Niederlage und floh nach Ōsaka. Am selben 7. [31. Januar] Tag zog sich zunächst der ehemalige Shōgun mit einem Dampfschiff aus Ōsaka zurück. Auch die übrigen großen und kleinen Fürsten verstreuten sich auf der Flucht in alle Winde. Seit dem 12. Tag desselben Monats [5. Februar] gingen immer mehr Flüchtlinge an Land. Auch unser Fürst kam mit einigen Leuten aus Ise per Schiff zurück in sein Schloss. Sogar die Krieger der verschiedenen Fürstentümer fliehen zuhauf. Es herrscht wirklich ein riesiges Durcheinander."[7]

Nachdem am Sieg der Kaiserlichen nicht mehr zu zweifeln war, mussten sich die Menschen notgedrungen mit den neuen Verhältnisse abfinden. Für eine ganze Weile blieb die Skepsis jedoch groß. Eine Zeitung in Edo veröffentlichte im Juli 1868 ein anonymes Gedicht, in dem Trauer über das Verlorene mit Ungewissheit über die Zukunft und einer Mahnung zur Wehrhaftigkeit gegenüber der ausländischen Bedrohung verknüpft wird:

„Der Shōgun hat auf sein Amt verzichtet, ihm folgen die Fürstentümer. Alles Volk hofft, dass Friede wird. Die Herzöge versammeln sich und reformieren das Reich. Wer besitzt Macht ohne Streitwagen? Die mächtigen Fürstentümer fordern den Untergang der Würde des Bakufu heraus. Schmerzlich lässt der Gegenwind die Feldzeichen einrollen. Wer weiß das Verhalten der Ausländer zu ergründen? Man muss das Meer wachsam beobachten im Sattel des Streitrosses."[8]

Während die neugegründeten Zeitungen mit ihren kleinen Auflagen und ihrem großstädtischen Charakter jedoch nur eine Minderheit des lesekundigen Publi-

6 *Bakumatsu nendai-ki*. Manuskript im Besitz der Okayama-Universität, Kuromasa bunko 24-16

7 *Bakumatsu Mikawa no kuni kannushi kiroku*, S. 420

8 Zit. n. Zöllner, *Karneval der Krise*, S. 303

kums hauptsächlich in der Umgebung von Edo erreichen konnten, fand in den Monaten des Bürgerkrieges ein Medium große Verbreitung, das in Form und Inhalt einmalig war und nur unter den damaligen anarchischen Bedingungen entstehen konnte. Von Frühling bis Herbst 1868 entstanden etwa 100 Farbholzdrucke, die aus zwei oder drei Blättern zusammengesetzt waren und keinesfalls qualitativ hochwertig ausgefertigt waren: Gravur, Druck, Farben und Papier zeugten von eiliger Herstellung für ein Massenpublikum. Bei diesem Publikum hatten die Drucke auch durchschlagenden Erfolg – wegen ihres Inhalts. Alle Bilder beschäftigen sich vordergründig mit Kinderspielen, nämlich Raufereien, Fangspielen, Kampfsport, Szenen aus dem jahreszeitlichen Festbrauchtum usw. Alle Bilder stellen Kämpfe um Sieg und Niederlage dar; fast immer gibt es dabei zwei konkurrierende Gruppen von Kindern oder Jugendlichen. Tränen fließen, Schmerzensschreie werden laut; aber auch Anfeuerungsrufe, Drohungen, Freudengeschrei und die übrigen unter Kindern üblichen Arten der verbalen Auseinandersetzung lassen sich beobachten. Diese Thematisierung von Kinderspielen war für die damalige darstellende Kunst durchaus originell. Aber darum ging es auf diesen Bildern nicht eigentlich. Die Bilder lassen sich nur mit dem Wissen um damals bekannte Codes und Symbole entschlüsseln, nicht nur mit Rücksicht auf die Zensur, sondern auch, weil die urbane Leserschaft sollte Verrätselungen durchaus schätzte.[9]

Die Bürger empfanden Umsturz und Bürgerkrieg offenbar nicht als unmittelbar existenzbedrohend, sondern sahen sich als Beobachter in einem Kräftemessen, das bei aller Gewalttätigkeit nach durchschaubaren Regeln abzulaufen schien. Vor den so plötzlich von der Macht vertriebenen Tokugawa hatten sie freilich kaum noch Respekt im Sinne von Furcht. Insbesondere Yoshinobu, der den Kampf sehr schnell aufgegeben hatte, hatte für sie nicht nur jeden Schrecken, sondern auch jede Größe verloren, weshalb er auf vielen Bildern als kleines, verängstigtes Kind an der Hand von Frauen oder größeren Jugendlichen verspottet wird. Der Kaiser wird auf der anderen Seite ebenso als kleines Kind in den Händen großer Jugendlicher (Sinnbilder für Satsuma und Chōshū) abgebildet; auch dies keine Fehleinschätzung der realen Kräfteverhältnisse. Aus der Sicht der (zumeist anonymen) Illustratoren waren die Kräfte beider Seiten gleich verteilt, und einen Vorrang hinsichtlich Legitimität oder Popularität genoss keine Partei. Ideologische Untertöne fehlen in diesen Bildern völlig und spielten für die sich an ihnen erfreuende Bevölkerung sichtlich keine Rolle. Von nationaler Begeisterung, von euphorischer Aufbruchstimmung konnte gar keine Rede sein. Die Gunst der Betrachter verteilte sich am ehesten noch nach regionalen Gesichtspunkten: Ähnlich wie bei einem modernen Baseball- oder Fußballturnier unterstützte man diejenige Partei, die der eigenen Heimat am nächsten stand. Die Bürger von Edo registrierten mit Wohlgefallen, dass ein Teil der Tokugawa-Getreuen, allen voran Aizu und Kuwana, entschiedenen Widerstand leistete. Ihre Sympathien waren durchaus auf

[9] Iijima Kagetsu: „Ishin no gūi-ga". In: *Edo bunka* 4:3 (1930:03), S. 1-9

ihrer Seite. Aber viele Chancen auf den Sieg räumten sie ihnen nicht mehr ein. Eines der Bilder stammt von dem Ukiyoe-Künstler Utagawa Hiroshige III. (1842-1894) und stellt eine Schlammschlacht dar. Links oben steht auf einem Schlammhaufen Tokugawa Yoshinobu und verkündet: Ich bin der einzige Feldherr auf dem Hügel! Seine Leute, darunter natürlich die ihm auch in der Wirklichkeit bis zum Schluss treu ergebenen Herren von Aizu, Shōnai und Tayasu, greifen die Kaiserlichen an, die sich vor einem Gerüst verteidigen. An der Wand des Speichergebäudes, das für die Stadt Edo stehen soll und vor dem die Schlacht stattfindet, befindet sich ein Graffito, das die Burg Edo zeigt, und ein anderes in Form eines Schirmes, wie er in japanischen Kritzeleien anstelle des in Europa üblichen Herzens für Liebespaare üblich ist *(aiaigasa)*. Statt der Namen eines Liebespaares steht dort allerdings zu lesen: Jungs aus Edo, verliert bloß nicht! Ganz offenbar wurden hier die in Edo ansässigen Tokugawa angefeuert. Aber zur Hilfe eilte ihnen die Bevölkerung dennoch nicht. Mancherorts, wie in Fujisawa unweit Edos, trug man das Bakufu sogar symbolisch zu Grabe.[10]

Abb. 19: „Kinder-Schlammschlacht" (Utagawa Hiroshige III., 1868)

[10] Zöllner, *Karneval der Krise*, S. 286 f

Der kaiserliche 5-Artikel-Eid

Parallel zur Bekämpfung der Tokugawa-Anhänger stellte sich der kaiserlichen Regierung die Aufgabe, die Verwaltung des Landes neu zu organisieren. Rhetorisch hielt man sich dafür an Slogans, welche die „Restauration" *(fukko)* oder „Renovation" *(ishin)* der kaiserlichen Macht versprachen. Mit der „höchsten öffentlichen Autorität" *(kōgi)* des Kaisers sollten „das verdorbene Alte vollständig abgewaschen" und „alle Dinge erneuert" werden, wie es in der kaiserlichen Erklärung vom 3. Januar hieß. Viele der damals in Schlüsselstellungen der neuen Regierung geratenen Beigeordneten und sonstigen Beamten waren für japanische Verhältnisse ungewöhnlich jung; die meisten in ihren Dreißigern. Sie bildeten, ohne dass dies anfangs so beabsichtigt war, den Kern der politischen Elite bis zum Beginn des 20. Jahrhunderts und werden deshalb in der Forschung häufig als „Meiji-Oligarchie" bezeichnet. Der Grund für den Erfolg dieser jungen Männer lag darin, dass sie zugleich die Arbeit der neuen Regierung bestimmten und durch ihre Verwurzelung in den diese Regierung tragenden Fürstentümern (vor allem Satsuma, Chōshū und Tosa) das alte, föderale System mit dem neuen, von ihnen selbst errichteten zentralistischen System verklammerten. Aus strukturellen Gründen war daher klar, dass weder der Kaiser noch die Fürsten im neuen System wirkliche, persönliche Macht entfalten konnten, weil keiner von ihnen auf ähnliche Weise integrierend wirken konnte. Zunächst aber mussten sich die Jungen in der Regierung freie Hand verschaffen, indem sie bestimmte Grundsatzentscheidungen zu ihren Gunsten herbeiführten. Was zugleich bedeutete: zuungunsten der vor allem auf der Ebene der Staatsräte vertretenen Fürsten und Hofaristokraten.

Was nach der Niederschlagung des Tokugawa-Widerstandes die oberste politische Priorität der kaiserlichen Regierung haben sollte, war völlig unstrittig: Es ging um die Wahrung von Japans staatlicher Unabhängigkeit und um den Widerruf der Ungleichen Verträge. Nur auf dieser Grundlage hatte sich die Koalition aus Fürsten und Hofadligen für den Staatsstreich zusammengefunden, und nur mit dieser Perspektive waren auch die in die Opposition geschickten bisherigen Anhänger der Tokugawa zu einer Zusammenarbeit zu bewegen. In der Vorstellung der jungen Funktionäre bedeutete die „Wiederherstellung" der kaiserlichen Herrschaft zugleich aber auch die Entscheidung für einen staatlichen Zentralismus, wie ihn Japan seit langer Zeit nicht mehr gesehen hatte. Denn nur dann konnte die Regierung im Namen des Kaisers das notwendige Reformprogramm wirkungsvoll verfolgen. In der Realität bestand der bisherige feudale Föderalismus aber noch unvermindert weiter: Die neue Regierung war substantiell nichts anderes als ein Bündnis aus Hofadligen und den führenden Fürstentümern. Entscheidungen in den wesentlichen Angelegenheiten mussten die großen Fürstentümer zustimmen, die in ihren inneren Angelegenheiten immer noch faktisch unabhängig waren.

Hinzu kam, dass die vom Kaiser eingesetzten Staatsräte in wichtigen Fragen uneins waren. Die Tosa-Fukui-Gruppe um Yamanouchi Toyoshige und Matsudaira Yoshinaga war durchaus für Reformen und für eine Öffnung zum Westen. Außerdem lehnten sie den Krieg gegen die Tokugawa ab. Die von Nakayama angeführte Gruppe von Höflingen hingegen hegte unverändert starkes Misstrauen gegen den Westen und sperrte sich gegen weitgehende Reformen. Gemeinsam war den Staatsräten jedoch ein durchaus begründetes Misstrauen gegenüber den Beigeordneten unter Iwakura sowie den aus den Fürstentümern entsandten Politikern wie Kido und Ōkubo. Yamanouchi Toyoshige beklagte sich nicht ohne Grund, dass diese Koalition der Jungen den Kaiser „gestohlen" habe; die Staatsräte hatten kaum Zugriff auf den Monarchen. Als Ōkubo und Iwakura listig vorschlugen, der Kaiser solle nach Ōsaka umziehen, war ihnen klar, dass der Kaiser damit noch stärker dem aristokratischen Umfeld am Hof entfremdet werden sollte, das ihn und seine Vorfahren seit Jahrhundert manipuliert hatte.

Die Jungen um Kido, Ōkubo und Iwakura befürchteten, dass der in ihren Augen notwendige radikale Umbau Japans und der Aufbau eines starken Staatsapparates sich auf dieser provisorischen Grundlage nicht verwirklichen ließen. Ihnen kam es darauf an, die Mitwirkungsmöglichkeiten der Fürsten und des alten Hofadels so weit wie möglich zu beschneiden. Ihre Gegner spielten ihnen unfreiwillig eine Vorlage zu, die den entscheidenden Durchbruch brachte.

Anfang Februar 1868 entwarf der Beigeordnete Yuri Kimimasa aus Fukui ein Grundsatzpapier der neuen Regierung mit fünf Prinzipien, nämlich: (1) Berücksichtigung des Volkswillens *(jinshin)*; (2) Einheit von Elite *(shi)* und Volk *(min)*; (3) weltweite Suche nach Wissen als Grundlage des Kaisertums; (4) Befristung der Amtszeiten für aus den Fürstentümern entsandte kaiserliche Räte; (5) Entscheidungen über alle Angelegenheiten auf der Grundlage öffentlicher statt privater Diskussionen.

Einige Tage später überarbeitete der Beigeordnete Fukuoka Takachika aus Tosa Yuris Entwurf. Dessen fünften Punkt, Entscheidungen nach öffentlicher Diskussion, stellte er ganz an den Anfang und konkretisierte ihn: das Entscheidungsgremium sollte eine Konferenz der Fürsten sein. Dort sollte auch dieses Grundsatzpapier vorgelegt werden. Fukuoka trat demnach für ein föderales Staatsmodell ein, wie es im Prinzip damals bereits bestand. Alle übrigen Punkte entsprachen Yuris Entwurf. Doch auch diese Fassung sagte der Regierung nicht zu; denn genau dieses Modell des Status Quo, das bezeichnenderweise von Vertretern der „gemäßigten" Tosa- und Fukui-Fraktion stammte, war nicht im Interesse der „Radikalen" unter den Beigeordneten.

Anfang April erarbeitete daraufhin Kido Takayoshi eine endgültige Fassung. Aus Fukuokas erstem Punkt strich er das im Sinne der Tosa-Fukui-Fraktion Wesentliche, nämlich die Fürstenkonferenz. Der zweite und dritte Punkt blieben inhaltlich unverändert, tauschten aber ihre Reihenfolge. An vierter Stelle fügte Kido das Versprechen ein, „einengende Bräuche der Vergangenheit" abzuschaffen (was für die Hofaristokratie nichts Gutes bedeuten konnte). Es folgte die weltweite Wissensbeschaffung. Yuris vierten und Fukuokas fünften Punkt, nämlich die befristete Bestallung von Vertretern der Fürstentümer in der kaiserlichen Regierung, unterschlug er dagegen gänzlich. Damit waren die Würfel gegen den bisherigen Föderalismus gefallen. An der Schlussredaktion waren auf der Seite des Hofadels noch Iwakura Tomomi und Sanjō Sanetomi beteiligt, denn der Text sollte eine kaiserliche Proklamation werden. Der endgültige Text des 5-Artikel-Eides besaß folgenden Wortlaut:

1. Wir wollen eine Konferenz *(kaigi)* aus nah und fern einberufen und alle politisch bedeutsamen Angelegenheiten in öffentlicher Erörterung beschließen.
2. Obrigkeit und Untertanen sollen einmütig sein und die Staatsgeschäfte für alle gedeihlich führen.
3. Es ist nötig, vom Hof- und Kriegeradel bis hin zum gemeinen Volk alle gleichermaßen ihre Lebensziele verfolgen zu lassen, die allgemeine Zufriedenheit *(jinshin)* zu steigern und sie nicht verzagen zu lassen.
4. Die althergebrachten engen Gebräuche wollen Wir zerstören und Uns statt dessen auf den offenbaren Weg von Himmel und Erde *(tenchi no kōdō)* stützen.
5. Wir wollen Wissen in der Welt suchen und damit die Grundlage des Kaisertums beträchtlich stärken.[11]

Der Text war abstrakt und vieldeutig und erfuhr – was angesichts seiner Vorgeschichte nicht verwundert – unterschiedliche Auslegungen; gerade deshalb war er konsensfähig. Man darf nicht übersehen, dass manche der in diesem Dokument benutzten Ausdrücke eher Slogans als konkrete Begriffe darstellten, die sich erst im Laufe der folgenden politischen Praxis inhaltlich füllten. Das Wort „Konferenz" *(kaigi)* im ersten Punkt ist z.B. in den 1880er Jahren im Sinne von „Parlament" und der gesamte Punkt deshalb als das Versprechen, ein Parlament (oder mehrere?) einzurichten, verstanden worden – was vielleicht gar nicht gemeint war. Desgleichen konnte man „öffentliche Erörterung" *(kōron)* später als „öffentliche Diskussionen" im Sinne der Presse- und Meinungsfreiheit verstehen und darin eine Ermutigung zum politischen Pluralismus sehen. Kidos eigene Absicht war wohl eher, die Politik entgegen der Absicht Fukuokas aus dem Kreis der eher konservativ eingestellten und auf Wahrung ihrer eigenen Privilegien bedachten Fürsten herauszuholen und damit das föderale Modell zu durchkreuzen. Die Einmütigkeit von Obrigkeit und Untertanen hat man später als Beschreibung einer einheitlichen „Nation" verstanden; zur Zeit der Abfassung gab es allerdings noch keine politische Begrifflichkeit für dieses Schlüsselkonzept der Moderne. Punkt 3 stellte zuallererst eine Aufforderung an die Beamten dar, unparteiisch zu handeln und keine Privilegien zu verteilen. Damit ist weniger gemeint, daß die staatliche Bürokratie von sich aus intervenieren und Wirtschaft und Sozialleben aktiv för-

11 Tsuda Keishi (Hg.): *Kinjō tennō aimin taii*, Bd. 1. Kyōto: Nakagawa Hiromune. 1876, Bl. 1.

dern sollte (wie dies im modernen Nationalstaat selbstverständlich ist), als vielmehr, im Sinne der althergebrachten Vorstellung vom konfuzianischen Herrscher mit seinen guten Beamten für das Volk zu sorgen. Der vierte Punkt ist, vor allem in seinem zweiten Halbsatz, ebenfalls unterschiedlich interpretiert worden. Viele lasen darin eine Abkehr von den „engen Gebräuchen" der „Landesabschließung" unter den Tokugawa und interpretierten den „offenbaren Weg von Himmel und Erde" als Öffnung Japans für das universale Natur- und Völkerrecht und dessen aufklärerische, rationalistische Grundlagen. Andere hielten diese Lesart für zu eng und betrachteten sie als Ankündigung weitreichender Reformen, die der japanische Kaiser als Medium der „Götter des Himmels und der Erde" durchzuführen hatte. In konservativer Auffassung wäre der „offenbare Weg" in Wirklichkeit der „kaiserliche Weg", zu dem Japan jetzt zurückkehren sollte.

Wahrscheinlich hätten sich nicht einmal die Verfasser dieser Urkunde auf eine einheitliche Interpretation einigen können – aber darin, eine grobe Richtung für die Japans Zukunft anzugeben, waren sie dennoch überaus erfolgreich.

So bewusst vieldeutig die Urkunde auch als Text ist, so wichtig waren die Umstände ihrer Proklamation durch den jungen Kaiser Mutsuhito.[12] Sie ereignete sich am 6. April 1868 im Kaiserpalast in Kyōto; am selben Tag also, an dem Saigō Takamori und Katsu Kaishū in letzter Minute den geplanten Angriff der Kaiserarmee auf die Tokugawa-Burg in Edo abwenden konnten (was in Kyōto allerdings noch nicht bekannt sein konnte). Am Nachmittag versammelten sich mehr als 400 kaiserliche Beamte, ausgesuchte Höflinge und die mit dem Kaiser verbündeten Fürsten in der großen Audienzhalle des Palastes. Ritualbeamte vollzogen Reinigungsriten und riefen die Götter des dort installierten Schreines herbei. Der 15jährige Kaiser, begleitet von Sanjō Sanetomi und Iwakura Tomomi, betrat den Raum und setzte sich auf eine von drei Seiten abgeschirmte Matte in der Raummitte. Sanjō rief vor dem Schrein die Götter an und verkündete den Wunsch des Kaisers, direkt zu herrschen, das Chaos im Land zu beseitigen und alle zu bestrafen, die gegen den nachfolgenden Eid verstießen. Der Kaiser verbeugte sich vor dem Schrein. Anschließend verlas Sanjō vor dem Schrein die Urkunde mit den fünf Artikeln und die Schlussformel:

„Wir wollen unseren Staat auf unerhörte Weise reformieren und gehen dem Volk dabei höchstpersönlich voran. Wir schwören bei den Gottheiten von Himmel und Erde, die politischen Leitlinien hierfür in großem Maßstab festzulegen und damit den Weg für Schutz und Sicherheit des ganzen Volkes zu weisen. Das Volk seinerseits stütze sich auf diese Botschaft und strenge sich im Geist der Zusammenarbeit an!"

Nun erhoben sich nacheinander die Gäste, verbeugten sich vor den Göttern und vor dem Kaiser, knieten vor dem Schreibtisch nieder und unterzeichnen dort einen Eid, dessen Gegenstand die treue Erfüllung des kaiserlichen Willens bildete. Nachdem die Staatsräte unterzeichnet hatten, verließen der Kaiser, Sanjō und Iwakura

12 John Breen: „The Imperial Oath of April 1868: Ritual, Politics, and Power in the Restoration". In: *Monumenta Nipponica* 51:4 (1996), S. 407–429; Shibahara Takuji: *Sekaishi no naka no Meiji ishin*. Iwanami Shoten 1977, S. 83-87

den Raum. Damit wurde sehr deutlich, dass es in der Zeremonie vor allem um die Einbindung der Staatsräte ging. Zum Abschluss wurden die Schreingötter wieder rituell verabschiedet. Der gesamte Akt dauerte insgesamt rund vier Stunden.

An Treueschwüre in religiöser Einbettung waren die Fürsten und Vasallen gewöhnt. So hatten es auch die Tokugawa stets gehalten. Dass der Kaiser, bisher als Wahrer der religiösen und schöngeistigen Traditionen bekannt, hier jedoch eine politische Grundsatzerklärung abgeben und sich von seinen Leuten sozusagen abzeichnen ließ, war neu. Dem Kaiser war eine neue Rolle zugeschrieben worden, und gleichzeitig war demonstriert worden, dass diese nur symbolisch war: Für ihn handelten und sprachen seine Regierung und seine Beamten. Letztlich waren sie es, denen gegenüber die Fürsten und Höflinge ihre Treue bekunden mussten.

2.1.2 Das provisorische Imperium

Nach der klassischen, vom Legalismus geprägten ostasiatischen Staatslehre, die sich an Erfahrungen der chinesischen Geschichte orientierte, gab es zwei grundsätzliche Modelle, um die Verwaltung eines Reiches zu organisieren:

Entweder fanden sich starke, in vielen Belangen autonome Regionalherrscher zu einem Bund zusammen, der durch einen Oberherrscher mit verhältnismäßig wenigen Kompetenzen geleitet wurde. Dieses Modell nannte man auf japanisch *Hōken*-System, was heute allgemein als „feudal" übersetzt wird, aber eigentlich „föderalistisch" bedeutet. Im modernen Sinne wäre darunter ein Bundesstaat zu verstehen.

Oder aber ein Zentralherrscher vereinte große Macht an seinem Hof und ließ die Regionen und Provinzen durch von ihm abhängige Statthalter oder Beamte verwalten. Dieses Modell hieß *Gunken*-System nach den Bezeichnungen für die unteren Einheiten der Lokalverwaltung, die sich als „Bezirke und Kreise" übersetzen lassen. Gemeint ist ein zentralistisches Staatsmodell, ein Einheitsstaat.

In der legalistischen Theorie galt der starke Zentralherrscher als das Ideal, weil er Recht und Gesetz im ganzen Land unbestechlich Geltung verschaffen sollte und weil er das Land im Kriegsfall verteidigen sollte. Chinas Herrscher hielten sich lange an diese Idee.

Japan übernahm das zentralistische Modell im 7. Jahrhundert aus China, doch die theoretische Allgewalt des Tennō fand von Anfang an ihre Grenzen an der angestammten Macht lokaler Größen. Seit dem 12. Jahrhundert bestand der kaiserliche Zentralstaat nur noch auf dem Papier. Statt dessen lösten sich unterschiedliche Ausformungen des föderalistischen Modells ab, deren letztes die Tokugawa-Herrschaft von 1600 bis 1867 darstellte. Wegen der großen faktischen Macht der Tokugawa gab es allerdings auch einheimische Theoretiker, die das System als Mischung aus Föderalismus und Zentralismus und deswegen als besonders stabil und beispielhaft verstanden.

Aus unterschiedlichen Gründen änderte sich diese positive Einschätzung nach 1868. Erstens schien das vorrangige Ziel, die nationale Unabhängigkeit durch rasche Modernisierung zu bewahren, nur durch eine Zentralregierung zu gewährleisten zu sein. Teilautonome Zwischengewalten wie Fürsten oder Provinzen drohten die politische Konsensfindung zu erschweren. Zweitens wollte man die nach wie vor vorhandenen Machtbastionen der Tokugawa und ihrer verbliebenen Anhänger in den Fürstentümern rasch schleifen, um den Machtwechsel endgültig abzusichern. Drittens ließ sich Zentralismus zu jener Zeit als modern im Sinne westlicher Staatslehre vertreten. Das große Vorbild war dabei bis 1871 Frankreich unter Napoleon III., während sowohl das bundesstaatlich-zersplitterte Deutschland wie auch die nach dem Sezessionskrieg um ihre Einheit ringenden USA mit ihren föderalen Modellen wenig attraktiv erschienen. Großbritanniens Staatsaufbau war ohnehin unnachahmlich. Viertens konnte man auf bereits im Altertum eingeführte Institutionen zumindest der Form nach zurückgreifen, deren Legitimität außer Frage stand. Unter den gegebenen Umständen schien dieser Rückgriff das einfachste und zudem die eindeutigste Abkehr vom System der Tokugawa zu sein.

Am 17. Juni 1868 verkündete die neue Regierung daher eine provisorische Verfassung *(seitaisho)*, deren Kernsatz lautete: „Die Gewalt im Reiche fällt gänzlich an die kaiserliche Kanzlei *(dajōkan)* zurück." Dies bedeutete in westlichen Begriffen, dass Legislative, Exekutive und Jurisdiktion in einer Hand liegen sollten (die Kanzlei sollte im Namen des Kaisers regieren).

Um auch im bislang von den Tokugawa beherrschten Osten des Landes Popularität zu gewinnen, benannte die neue Regierung am 3. September 1868 Edo in Tōkyō („Östliche Hauptstadt") um und beschloss, dass der Kaiser dorthin umziehen sollte. Zur Erklärung verwies Gotō Shōjirō darauf, die alte Hauptstadt Kyōto sei geographisch mit Japans Füßen zu vergleichen, Edo/Tōkyō mit Japans Bauch und der Nordosten mit Japans Kopf; deshalb müsse der Kaiser in die Mitte, also nach Tōkyō.[13] Da man seit längerem über den künftigen „Staatskörper" Japans debattierte, erschien dies als ein durchaus plausibles geopolitisches Argument.

Als symbolischen Ausdruck für den Beginn eines neuen Zeitalters und zur Feier der Volljährigkeit des Kaisers am 12. Oktober setzte die Regierung außerdem für den 23. Oktober 1868 den Beginn einer neuen kaiserlichen Regierungsdevise fest, nämlich Meiji (nach einer Stelle im Yijing: „Der Weise ... wendet sich dem Licht zu und herrscht"). Gleichzeitig legte sie fest, dass es nur noch eine solche Regierungsdevise je Kaiser geben sollte. Einen Monat später siedelte Kaiser Mutsuhito im Triumphzug nach Tōkyō über und bezog am 26. November seinen Palast in der ehemaligen Burg der Tokugawa. Um sich bei der Bevölkerung beliebt zu machen, wurden die Einwohner von Edo am 19. und 20. Dezember bei einem allgemeinen Volksfest mit kostenlosem Sake bewirtet. Als die Vorsteher der Stadtviertel dem Palast die leeren Sakefässer zurückbrachten, war damit nach japanischem Brauch das neue Bündnis zwischen Kaiser und Stadtbevölkerung besiegelt. Die Regierung zog allerdings erst im April 1869 offiziell nach Tōkyō.

---

13 Marion William Steele: „Edo in 1868 – The View from Below". In: *Monumenta Nipponica* 45:1 (1990), S. 127-155; hier S. 146

Die Abschaffung der Fürstentümer

Die Regierung richtete in der ehemaligen Domäne der Tokugawa bereits 1868 zentral verwaltete Städte *(fu)* und Präfekturen *(ken)* ein und holte 1869 die Stellungnahmen der Fürstentümer (die jetzt offiziell *han* hießen) zu einer möglichen Umwandlung des föderalen in ein zentralistisches System ein. Für die Errichtung eines zentralistischen Einheitsstaates sprachen sich jedoch nur 102 Fürstentümer aus, 113 waren für das bisherige föderale System.[14] Um der neuen Regierung die Durchsetzung eines zentralstaatlichen Systems zu ermöglichen, kündigten die tragenden Kräfte der neuen Regierung, nämlich die Fürstentümer Satsuma, Chōshū, Tosa und Hizen im März auf Vorschlag von Ōkubo Toshimichi an, ihre Lehensregister an den Kaiser „zurückzugeben". Am 25. Juli 1869 akzeptierte Kaiser Mutsuhito diesen Schritt und befahl den übrigen Fürsten, ihrem Vorbild zu folgen. Aus den Fürsten wurden jetzt vom Kaiser ernannte Gouverneure *(chiji)*, die ein Zehntel der projektierten Einkünfte ihres ehemaligen Fürstentums als Gehalt erhielten. Dies war jedoch nur ein Zwischenschritt auf dem Weg zum Einheitsstaat.

Die Widerstände von Seiten der Fürsten und der Bevölkerung gegen die Zentralisierung waren erheblich. Am 6. Februar 1869 befahl der Kaiser dem Fürsten von Shōnai, der bis zuletzt zu den Tokugawa gehalten hatte, in ein kleineres Territorium umzuziehen. Die Einwohner von Shōnai organisierten dagegen wie 1840 Proteste und brachten im August 1869 die ungeheure Summe von 700.000 *ryō* auf, um diesen Umzug zu verhindern. Sie waren unter den Sakai gut gefahren und sahen keine Notwendigkeit, dies aufs Spiel zu setzen. In anderen Gegenden, z.B. in der Domäne des Hauses Tayasu in der Provinz Kai, nutzte die Regierung jedoch Bauernproteste, um die betroffenen Regionen ihrer eigenen Verwaltung zu unterstellen.[15] 1871 wurde zudem als neue gesamtjapanische Währung der Yen eingeführt, der sich in Größe und Wert zunächst am mexikanischen Silberdollar orientierte; damit waren die bisherigen Standards von Gold, Silber und Kupfer abgeschafft; Fiskal- und Geldpolitik wurden zum Monopol der neuen Regierung.

Am 29. August 1871 verkündete der Kaiser die Auflösung der Fürstentümer und Einrichtung von Präfekturen. Die ehemaligen Fürsten wurden als Gouverneure abgesetzt und nach Tōkyō beordert, um ihnen keine Gelegenheit zum Widerstand zu geben. Die Regierung setzte zuverlässige Gouverneure als kaiserliche Beamte ein. Ab 1872 begann eine weitgehende Neuordnung der Präfekturen, in deren Verlauf viele Fürstentümer und ehemalige Provinzen neu zugeschnitten wurden. Zunächst gab es noch 75, am Ende nur noch 47 Präfekturen, deren Leitungsbeamte ihre Weisungen direkt von der Regierungszentrale erhielten. Die di-

---

14 Ursula Koike-Good: *Die Auflösung der Samuraiklasse und die Samuraiaufstände: ein Beitrag zur japanischen Geschichte von 1868 bis 1878*. Bern, Berlin usw. 1994, S. 21

15 Reinhard Zöllner: „Die staatliche Entwicklung der Provinz Kai". In: Ernst Lokowandt (Hg.): *Zentrum und Peripherie in Japan*. München 1992, S. 30-58

rekte Herrschaft der Zentralregierung über das ganze Land war damit erreicht. Kido Takayoshi vermerkte damals in seinem Tagebuch: „Damit wandeln sich endlich die siebenhundert Jahre alten verdorbenen Bräuche, und man kann sagen, dass wir endlich die Grundlage für die Gleichberechtigung mit den übrigen Ländern der Welt geschaffen haben."

Die überrumpelten ehemaligen Fürsten und ihre Anhänger leisteten dagegen keinen Widerstand. Die meisten von ihnen hatten in den Jahren zuvor enorme Schulden aufgehäuft, um modern ausgerüstete Armeen, westliche Schiffe, ausländische Berater und neue Industrien zu finanzieren.[16] Nun sahen sie zu, wie die Zentralregierung alle vor 1843 entstandenen Schulden annullierte und den verbliebenen, immer noch enormen Rest von 35 Millionen Yen übernahm. Die Fürsten wurden außerdem persönlich sehr großzügig abgefunden. Viele von ihnen teilten auch die Meinung der neuen Regierung, dass Japan sich ohne einen starken Einheitsstaat gegen den Westen nicht würde behaupten können. Und auch nach traditioneller Vorstellung fühlten sie sich als Diener ihrer Herrschaft, denen ihr Fürstentum lediglich anvertraut war. Auch unter den Tokugawa hatte es ja immer wieder Versetzungen von Fürsten und Aufhebungen von Fürstentümern gegeben.

Mancherorts, wie in Okayama und Shimane, lehnte sich allerdings die Bevölkerung auch jetzt noch dagegen auf, dass ihr altgewohnter Fürst nach Tōkyō übersiedeln musste – erfolglos wie zur Zeit der Tokugawa zumeist auch.

Für die moderne japanische Gesellschaft hatte die Durchsetzung des Einheitsstaates einschneidende Folgen. Sie erleichterte die Planung und Umsetzung der Modernisierung in vielen Bereichen erheblich und half dabei, die Lebensverhältnisse zu vereinheitlichen und Ressourcen und Chancen gleichmäßiger zu verteilen. Sie vergrößerte auf der anderen Seite die Abhängigkeit der Lokalverwaltungen von der Zentralregierung, schwächte den Willen zur Autonomie und erforderte die Einführung einer strikten bürokratischen Disziplin, die durch hierarchisches und normatives Denken geprägt war. Schließlich trug sie auch dazu bei, dass strukturelle Korruption zu einem permanenten Problem des modernen Japan wurde, weil die Entscheidungsstrukturen sehr übersichtlich waren und der Korruption auf einem höheren Level der Verwaltung von den unteren Ebenen nicht gewehrt werden konnte.

Die Neuordnung der Stände

Im Juli 1869 wurden der bisherige erbliche Kriegerstand und der bisherige Hofadel abgeschafft. An seine Stelle traten der neue Hochadel (*kazoku*), in den Hofadel und Fürsten erhoben wurden, und zwei Kategorien des Niederadels, nämlich Ritteradel (*shizoku*) und Gemeinadel (*sotsu*), denen die Vasallen der Fürsten

[16] Vgl. Margaret Mehl: *Carl Köppen und sein Wirken als Militärinstrukteur für das Fürstentum Kii-Wakayama (1869-1872)*. Bonn 1987

im Januar 1870 je nach ihrem vorherigen Status zugeordnet wurden. Bauern, Handwerker und Händler fasste man im Stand der Bürger (*heimin*) zusammen. Im Oktober 1870 erhielten alle Bürger das Recht, sich einen Familiennamen zuzulegen. Außerdem wurden Ehen zwischen den Ständen erlaubt. Samurai durften nunmehr nach bürgerlicher Art die Haare kurz tragen, ihre Schwerter ablegen und ihren Beruf frei wählen. Die Sonderstände der Eta und Hinin wurden abgeschafft. Doch wurden sie vielerorts vorschriftswidrig als „Neubürger" (*shinheimin*) standesamtlich registriert; gegen ihre Emanzipation gab es örtlich Auflehnung, und trotz rechtlicher Gleichberechtigung blieb ihre alltägliche Diskriminierung vor allem in Westjapan bestehen. Zu dieser Zeit setzte sich die japanische Bevölkerung wie folgt zusammen:[17]

	Hochadel	Ritteradel/ Gemeinadel	Geistliche	Bürger	Eta	Hinin
Anzahl	2.251	1.925.597	374.398	27.265.638	443.093	77.358
Anteil (%)	0,008	6,400	1,244	90,614	1,473	0,257

Dies ergab insgesamt 30.088.335 Menschen. Hinzu kamen noch 1.066 zum Tode Verurteile, die nicht näher klassifiziert wurden, sowie 28 Mitglieder des Kaiserhauses. Allerdings waren in dieser Statistik noch nicht alle Präfekturen enthalten.

1877 verfasste ein Japaner namens Kinoshita Masahiro ein Buch, das er „Vergleichende Erörterungen über die Renovation und das ehemalige Bakufu" nannte. Darin stellte er Vorteile und Nachteile der Reformen seit 1868 gegenüber. Zur Reform des Adels bemerkte er als vorteilhaft: „Sie [die Adligen] werden alle Vasallen des Hofes und brauchen nicht mehr zu befürchten, dass ihre Herren ihnen ihren Sold rauben und sie mit dem Tode bestrafen ... Die Gelehrsamkeit der Adligen dient endlich praktischen Zwecken." Auch die neue Freiheit der Berufswahl begrüßte er. Es gab natürlich auch Schattenseiten, u.a.: „Man darf Bürgerliche nicht nach Gutdünken töten."[18] Der Staat hatte sein Gewaltmonopol im gesamten sozialen Raum durchgesetzt.

Divisektion und Aufbau des „Staatsshintō"

Die Meiji-Regierung stand anfangs stark unter dem Einfluss von Anhängern der Nationalphilologie wie Kamei Koremi, dem Hirata-Schüler Ōkuni Takamasa und Fukuba Yoshishizu, die einen von allen ausländischen Einflüssen „restaurierten" Shintōismus *(fukko shintō)* unter Führung des Kaisers als geistige

[17] Kobayashi Shigeru: *Jinken no rekishi: Dōwa kyōiku shidō no tebiki*. Yamakawa Shuppansha, 2. Aufl. 1982, S. 207

[18] Kinoshita Masahiro: *Ishin kyū-baku hikaku-ron*. Iwanami Shoten 1993

Grundlage der japanischen Nation etablieren wollten.[19] Die neue Regierung proklamierte die „Einheit von religiösen Riten und Regierungstätigkeit“ *(saisei itchi)*. 1869 wurde die „Behörde für Shintō-Rituale“ (Jingikan) geschaffen und in der Verwaltungshierarchie noch über die Regierungsbehörde (Dajōkan) gestellt. Ein wichtiger Schritt zur geistigen Erneuerung Japans sollte die Divisektion sein, die „Trennung von Göttern und Buddhas“ *(shinbutsu bunri)*, die auf eine Zerstörung der durch die Herrschenden unkontrollierbaren Volksreligion hinauslief.[20] Die Zentralregierung verhängte einige Gebote zur Trennung shintōistischer und buddhistischer Kulte und Verbote unliebsamer Religionen wie Christentum und Bergasketen-Sekte. Einige Fürstentümer gingen noch weit darüber hinaus. Satsuma erlaubte nur noch Bestattungen nach Shintō-Ritus. Toyama ließ nur einen Tempel je buddhistische Sekte zu. In Sanuki wurden alle buddhistischen Mönche zwangslaisiert und alle Einwohner zu Shintō-Anhängern erklärt. Auf der Insel Sado wurde die Zahl der Tempel von mehr als 500 auf 80 reduziert. Im ganzen Land kam es zur Zerstörung von Buddhahallen und Standbildern. 1869 wurde auch der Kaiserpalast von buddhistischen Symbolen gesäubert. Auch religiöse Volksfeste und Bräuche, die sexuell anstößig erschienen, wie Nacktprozessionen, Phalluskulte und gemischte Bäder wurden verboten.

Das Christentum war bereits in der Mitte des 19. Jahrhunderts, als die Landesöffnung auf der Tagesordnung stand, Gegenstand heftiger Polemik geworden.[21] Man warf den Christen unter Hinweis auf chinesische Quellen vor, unter dem Vorwand der Mission in fremde Länder einzudringen, Krankheiten zu verbreiten, Menschen zu töten und ihr Land zu rauben. Dass Jesus in einem Stall geboren wurde, nahm man als Beweis dafür, dass er von Eta abstamme und deshalb von Sittlichkeit und Anstand nichts verstehen könne. Dessenungeachtet begann ab 1860 die christliche Mission in den geöffneten Häfen und Städten. 1865 wurde entdeckt, dass auf der Inseln Kyūshū sogenannte „versteckte Christen“ *(kakure kirishitan)* die Verfolgungen der letzten zwei Jahrhunderte überstanden hatten. Im Dorf Urakami bei Nagasaki waren 1867 mehr als 90 % der Haushalte christlich. Nach massiven Versuchen, sie zu unterdrücken, und buddhistischen sowie shintōistischen Bekehrungsversuchen gestand man ihnen schließlich zu, ihren Glauben zu praktizieren. Hintergrund waren die französischen und britischen Interventionen zugunsten der japanischen Christen. Von Herzen kam dieses Zugeständnis jedoch nicht.

Andererseits wurde eine orthodoxe Tradition der Nationalphilologie geschaffen, die um die zur Zeit der Meiji-Renovation längst verstorbenen Schlüsselfiguren

---

19 Katsurajima Nobuhiro: *Bakumatsu minshū shisō no kenkyū: Bakumatsu kokugaku to minshū shūkyō*. Kyōto: Bunrikaku 1992; Yasumaru, „Nihon nashonarizumu no zen'ya“.

20 Klaus Antoni: „Die ‚Trennung von Göttern und Buddhas‘ (shinbutsu-bunri) am Ōmiwa-Schrein in den Jahren der Meiji-Restauration“. In: ders., Maria-Verena Blümmel (Hgg.): *Festgabe für Nelly Naumann*, Hamburg 1993, S. 21-52

21 Tokushige Senkichi: „Ishin zengo no kirisuto-kyō mondai to shisō tōitsu undō“. In: *Shirin* 15-16 (1930-1931), S. 15:503-531, 16:48-81

Motoori Norinaga und Hirata Atsutane kreiste.[22] Beider Lehren, so widersprüchlich sie auch im einzelnen waren, wurden nun als Vorläufer für Kaiserverehrung und Säuberung des japanischen Lebens und Denkens von „nicht-japanischen" Elementen interpretiert. 1879 wurde beiden ein gemeinsamer Shintō-Schrein beim Grab Norinagas in Matsusaka errichtet. Der Kaiserhof verlieh Norinaga 1883 postum den vierten und 1905, nach dem Russisch-Japanischen Krieg, den dritten Hofrang – eine ungewöhnlich hohe Ehre für den Sohn eines Kaufmanns.

1871 wurden alle Shintō-Schreine klassifiziert. An der Spitze stand das Heiligtum der Sonnengöttin Amaterasu in Ise. Alle Bürger sollten sich in ihren lokalen Schreinen registrieren lassen. Schreine wurden zu Orten erhoben, an denen nationale Riten stattfinden sollten. Ihre Priester sollten von der Regierung ernannt werden.

Unweit des Kaiserpalastes wurde im August 1869 ein Shintō-Schrein mit dem Namen Shōkonsha („Schrein zur Anrufung der Seelen") errichtet, der den während des Boshin-Krieges verstorbenen Kaisertreuen geweiht war.

Der Versuch, mit dieser und anderen Einrichtungen eine nationale Zivilreligion zu etablieren, die über den übrigen Religionen stand, deren höchster Priester der Tennō war und deren Befolgung zur staatsbürgerlichen Pflicht erklärt wurde, wurde in der späteren Forschung als „Staats-Shintō" bezeichnet.[23] Freilich wurden viele Details der „Theologie" und die Verbindlichkeit bestimmter Glaubenssätze – z.B. von der angeblichen Göttlichkeit des Kaisers selbst – nie endgültig geklärt.

Die Kolonisation Hokkaidōs

Der symbolische Raum Japans veränderte auch seine geographischen Grenzen. Er legte dabei eine innere Peripherie an, also ein „Gebiet innerhalb eines Staates ..., in dem die Bedingungen so organisiert sind, dass sie Personen zugute kommen, die im Zentrum leben."[24]

Im September 1869 wurde die Insel Ezo in Hokkaidō („Nordmeerregion") umbenannt und damit symbolisch zum nördlichen Grenzgebiet Japans erklärt. Zur Erschließung dieser ersten inneren Peripherie schuf die Regierung eine Entwicklungs-

---

22 Susan L. Burns: *Before the Nation: Kokugaku and the Imagining of Community in Early Modern Japan.* Durham 2003

23 Peter Fischer: „Versuche einer Wiederbelebung von Staatsreligion im heutigen Japan unter besonderer Berücksichtigung der Entwicklungsgeschichte des Staats-Shintō". In: Peter Schalk (Hg.): *Zwischen Säkularismus und Hierokratie. Studien zum Verhältnis von Religion und Staat in Süd- und Ostasien.* Uppsala 2001, S. 209-247; Klaus Antoni: *Shintō und die Konzeption des japanischen Staatswesens (kokutai).* Leiden 1998; Helen Hardacre: *Shinto and the State, 1868-1988.* Princeton 1991; Maruyama Masao: *Denken in Japan.* Frankfurt a.M. 1988; Ernst Lokowandt: *Die rechtliche Entwicklung des Staats-Shintō in der ersten Hälfte der Meiji-Zeit, 1868-1890.* Wiesbaden 1978

24 Hans-Heinrich Nolte, in: ders. (Hg.): *Innere Peripherien in Ost und West.* Stuttgart 2001, S. 7-31, hier S. 15

behörde mit Sitz in Sapporo. Im Verlaufe der Kolonisation wurde die bisherige Ökologie der Insel völlig umgestaltet, um die Voraussetzungen für eine landwirtschaftliche Erschließung nach westlichen (v.a. amerikanischen) Vorstellungen zu schaffen.[25] Damals war Hokkaidō von 20.000 Ainu und 100.000 Japanern bewohnt. Der gesamte Grund und Boden wurde zunächst verstaatlicht. Ab 1872 wurden Neusiedlern Wohnflächen und landwirtschaftliche Nutzflächen kostengünstig verkauft. Gezielt wurden ehemalige Samurai als Wehrbauern angeworben. Jährlich zogen nun etwa 10.000 Siedler auf die Insel. Um den Zuzug nach Hokkaidō zu beschleunigen, wurde ab 1886 kostenloses Land für Neulanderschließung, Weideflächen und Fischreviere zugeteilt. Daraufhin stieg die Zuwanderung auf etwa 50.000 Japaner jährlich. Die Ainu wurden nach und nach aus ihren angestammten Lebensräumen vertrieben und verloren die Möglichkeiten, ihrer traditionellen Jagd und Fischerei nachzugehen. Unterernährung und damit verbundene Krankheiten wie Tuberkulose setzten ihnen so zu, dass die Regierung 1899 ein Gesetz zum Schutz der „ehemaligen Erdmenschen von Hokkaidō“ erließ. Mit dieser Bezeichnung wurde den Ainu symbolisch der Besitz einer eigenen Kultur und Lebensweise verweigert.

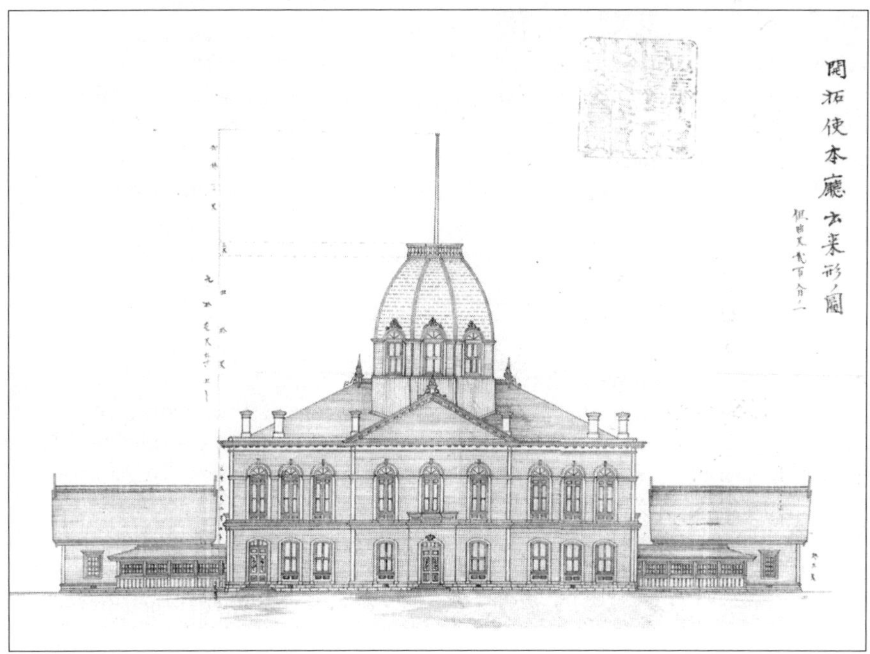

Abb. 20: Bauplan des Hauptgebäudes der Hokkaidō-Entwicklungsbehörde (Bauzeit 1872-1873)

[25] Brett L. Walker: „Meiji Modernization, Scientific: Agriculture, and the Destruction of Japan’s Hokkaido Wolf“. In: *Environmental History* 9:2 (2004), S. 248-274

Der Bauplan für das Hauptgebäude der Entwicklungsbehörde von 1872 zeigt, wie westliche Standards der Repräsentation staatlicher Macht im zentralen Kuppelbau flankiert wurden von Bauelementen, die aus der traditionalen Herrschaftsarchitektur bekannt waren.[26] Diese Übergangsarchitektur bildete gewissermaßen die Brücke zwischen der Vergangenheit und der Zukunft und zwischen Japan und der Fremde. Der Holzbau brannte allerdings bereits 1879 ab.

Die Architektur bezeichnet diesen Stil heutzutage als „pseudowestlich" *(giyōfū)*. Er findet sich beispielsweise im Bau der Ersten Mitsui-Bank in Tōkyō, das Shimizu Kisuke (1815-1881) 1871 bis 1872 erbaute, oder an der 1876 von Tateishi Seijō in Matsumoto errichteten Kaichi-Schule. Dort kombinierten die Architekten ebenfalls westliche Grundstrukturen mit japanischen Elementen, die vor allem in den Dächern hervortreten.

Diese Verfremdung findet sich an vielen Bauten der Zeit. Eindrucksvolle Beispiele schuf der britische Architekt Josiah Conder, der seit 1877 für die japanische Regierung arbeitete. Conder versah 1881 das erste Kunstmuseum in Tōkyō-Ueno mit indisch-islamischen Fensterformen, um seine westliche Architektur asiatisch zu machen. Als Außenminister Inoue Kaoru ein repräsentatives Regierungsgästehaus brauchte, entwarf ihm Conder das Rokumeikan („Haus der röhrenden Hirsche"), dessen Fassade wiederum mit „sarazenischen" Elementen geschmückt war.[27] Es wurde 1883 fertiggestellt und diente bis 1887 als Ballsaal und Ort zur Einübung westlicher Umgangsformen. Die Verblendung westlicher und östlicher Elemente machte das Betreten eines öffentlichen Gebäudes zum Grenzübertritt. Seit den 1890er Jahren überwogen jedoch Gebäude im rein westlichen Stil.

Außenpolitisches Abenteurertum

Mit dem Abschluss des Vertrages mit Österreich-Ungarn am 14. September 1869 billigte die neue Regierung den 15. und zugleich letzten Ungleichen Vertrag mit einer westlichen Macht. Die Beziehungen zum Westen waren damit, wenn auch höchst unbefriedigend, geklärt. Die frühe Außenpolitik des modernen Japan kann man kurz als „Abenteurertum"[28] bezeichnen; sie folgte den expansionistischen Konzepten, die bereits zu Beginn des Jahrhunderts entworfen worden waren.[29] Zunächst versuchte Japan, über Tsushima die Beziehungen mit Korea nach der Art der Ungleichen Verträge neu zu regeln. Korea lehnte dies schon aus formalen Gründen ab, weil es nicht dazu bereit war, mit einem japanischen „Kaiser"

---

26 Bibliothek der Hokkaidō-Universität, *Hoppō Shiryō*, Zurui 128

27 Toshio Watanabe: „Josiah Conder's Rokumeikan: Architecture and National Representation in Meiji Japan". In: *Art Journal* 55:3 (1996), S. 21-27

28 Mitani Hiroshi in: ders., Yamaguchi Teruomi: *19 seiki Nihon no rekishi – Meiji ishin wo kangaeru*. Hōsō Daigaku Kyōiku Shinkōkai 2000, S. 116

29 Wieland Wagner: *Japans Außenpolitik in der frühen Meiji-Zeit (1868-1894). Die ideologische und politische Grundlegung des japanischen Führungsanspruchs in Ostasien*. Stuttgart 1990

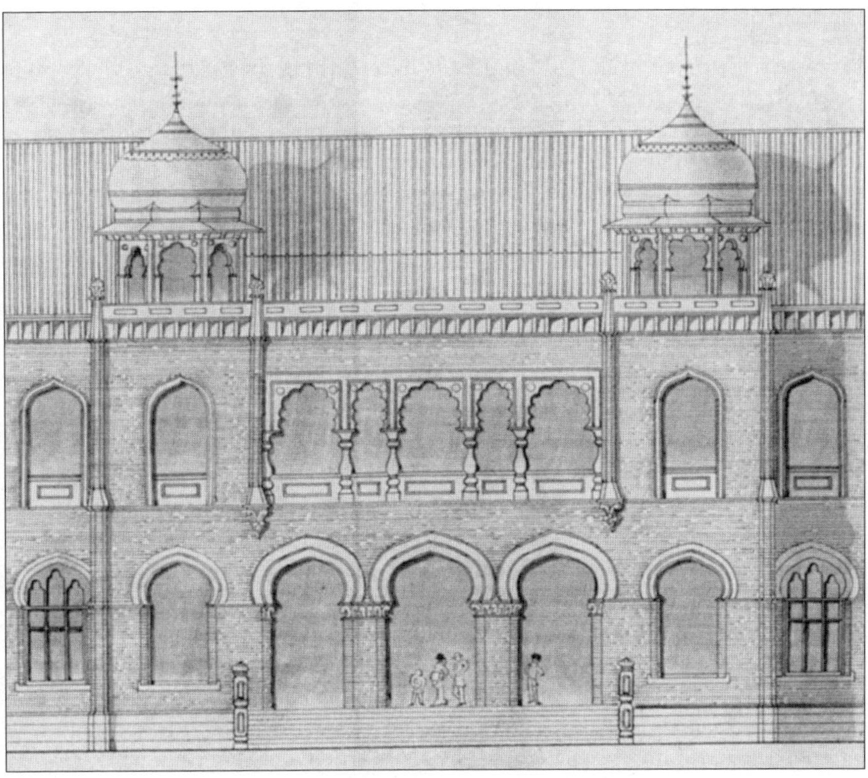

Abb. 21: Bauplan des Kunstmuseums in Ueno (Josiah Conder, 1877/Auszug)

zu verhandeln (den gab es für Korea nach wie vor nur in China), weil es auf diese Weise in einer untergeordneten Beziehungen zu Japan hätte stehen müssen. Kido Takayoshi schlug Iwakura deshalb vor, Koreas „Unhöflichkeit“ durch eine Strafexpedition zu sühnen. Gleichzeitig konnte man einen solchen Feldzug nutzen, um das militärische Potential der Fürstentümer dorthin abzulenken. Die Idee für eine solche Strafaktion hatte sich im Kontakt mit Kaisertreuen im Fürstentum Tsushima entwickelt und schloss ein, den koreanischen Hafen Pusan als Einfallstor zur Destabilisierung Koreas zu nutzen. Kido wurde zwar zum Sonderbotschafter für China und Korea ernannt, musste jedoch wegen einer Rebellion in seiner Heimat im Lande bleiben. Der Kontakt zu Korea wurde nach der Abschaffung der Fürstentümer 1871 noch schwieriger, weil jetzt Tsushima als von beiden Seiten akzeptierter Mittler ausfiel. Vor dem japanischen Handelsstützpunkt in Pusan ließ die koreanische Regierung eine provozierende Inschrift anbringen, in der Japan vorgeworfen wurde, das westliche System übernommen zu haben: Durfte man die Japaner jetzt noch Japaner nennen?

Die Iwakura-Mission

Knapp drei Monate nach Auflösung der Fürstentümer bereiste eine vielköpfige Gesandtschaft unter Leitung von Iwakura Tomomi von Ende 1871 bis Herbst 1873 die USA und Europa. Mit dabei waren Ōkubo Toshimichi, Kido Takayoshi, Itō Hirobumi und viele weitere Spitzenfunktionäre der neuen Regierung. Ihr Ziel war die Aufnahme von Verhandlungen über die Aufhebung der Ungleichen Verträge mit dem Westen. Die westlichen Vertragsstaaten lehnten Revisionsverhandlungen zwar ab, weil Japans Reformen noch nicht den westlichen Ansprüchen genügten. Zugleich nahmen die Japaner aber sehr sorgfältige Beobachtungen über den Westen in allen seinen Aspekten vor, die zu einer wertvollen Inspiration für eigene Entwicklungen wurden. In zwölf Ländern – elf Monate brachte die Delegation allein in den USA und Großbritannien zu und verriet damit eine besondere Vorliebe für die angelsächsische Welt – sammelte man Informationen zu Schlüsselthemen moderner Staatlichkeit im Gewand westlicher Zivilisation, u.a. zum Staatsapparat, der Funktionsweise der Parlamente und lokalen Selbstverwaltungen, Fabriken, Banken, Schulen, Krankenhäuser, Museen, Gefängnisse und Armenhäuser. Über den Verlauf der Reise gab 1878 der gleichfalls mitgefahrene Historiker Kume Kunitake[30] einen umfassenden offiziellen Bericht[31] heraus, dem auch die Daheimgebliebenen viele Details über Lebensstile und Technik des Westens entnehmen konnten.

Neben den offiziellen Delegierten nahm man etwa 60 Auslandsstipendiaten (darunter 5 Frauen) mit auf die Reise. Viele machten nach Rückkehr rasch Karriere und übernahmen Funktionen, für die zuvor ausländische Experten *(o-yatoi gaikokujin)* gegen hohe Gehälter angeheuert werden mussten. Zu ihnen gehörten Nakae Chōmin, der nach Frankreich ging, um später in Japan als „Rousseau des Ostens" Karriere zu machen; Kaneko Kentarō, der in Harvard Jura studierte und später als Verfassungsexperte und Minister wirkte; Dan Takuma, der am soeben gegründeten Massachusetts Institute of Technology lernte und zum Konzernchef von Mitsui und Industriebaron aufstieg; Makino Nobuaki, ein Sohn Ōkubo Toshimichis, der nach seinem Studium in Amerika als Diplomat arbeitete und später zum Minister und zur zentralen Figur des Kaiserlichen Palastamtes aufstieg; sowie Tsuda Umeko, die als Achtjährige eine schulische Ausbildung in den USA begann und als 18jährige nach Japan zurückkehrte, um dort Pionierarbeit in der Frauenbildung zu leisten.

---

30 Marlene J. Mayo: „The Western Education of Kume Kunitake, 1871-6". In: *Monumenta Nipponica* 28:1 (1973), S. 3-67

31 Vollständige englische Übersetzung: Kume Kunitake: *The Iwakura Embassy: 1871-1873; a true account of the Ambassador extraordinary and plenipotentiary's journey of observation through the United States of America and Europe*. 5 Bde. Chiba 2002. Der die deutschsprachigen Länder betreffende Teil liegt auf deutsch vor: Peter Pantzer (Hg.): *Die Iwakura-Mission: das Logbuch des Kume Kunitake über den Besuch der japanischen Sondergesandtschaft in Deutschland, Österreich und der Schweiz im Jahre 1873*. München 2002

Außenpolitischer Eigensinn

Am 13. September 1871 nahm Japan mit dem Abschluss eines Freundschaftsvertrages mit der chinesischen Qing-Dynastie (Vertrag von Tianjin) erstmals seit der Frühen Neuzeit direkte diplomatische Beziehungen mit China auf. Der Vertrag beruhte auf der völligen Gleichberechtigung beider Partner und stellte für die chinesische Diplomatie damit eine epochale Wende dar. Japan wurde allerdings schon lange nicht mehr als Tributstaat betrachtet, und eine Beistandsklausel eröffnete sogar die Möglichkeit, Japan als Verbündeten gegen den Westen einzusetzen.

Im Dezember 1871 ermordeten taiwanesische Ureinwohner 54 Besatzungsmitglieder eines vor ihrer Küste gestrandeten Schiffes aus dem Königreich Ryūkyū. Das Königreich war im Vorjahr der japanischen Präfektur Kagoshima (ehemals Fürstentum Satsuma) angegliedert worden, wurde aber im Sommer 1872 zur eigenen Präfektur deklariert, als deren „Unterkönig" *(han'ō)* der ehemalige König eingesetzt wurde.[32] Nach japanischem Verständnis unterstand Ryūkyū bereits seit dem 17. Jahrhundert Satsuma und damit Japan. Nach chinesischem Verständnis war das Königreich dagegen unverändert ein chinesischer Tributstaat. Japans Botschafter in China verlangte nun im Namen Ryūkyūs Wiedergutmachung von China. Dies lehnte China allerdings nicht nur wegen des strittigen Status der Ryūkyū-Inseln ab, sondern auch, weil es sich bei den Übeltätern um „Barbaren außerhalb seiner Reichweite" handele. Ein erster heftiger diplomatischer Streit zwischen Japan und China bahnte sich an, dessen Hintergrund bereits die Frage nach der neuen Struktur der bisherigen chinesischen Weltordnung bildete. Der Streit verschärfte sich, als der japanische Sonderbotschafter, der 1873 zum Austausch der ratifizierten Vertragsurkunden nach Beijing kam, sich weigerte, den protokollarisch vorgeschriebenen Kotau zu leisten.

Eine weitere außenpolitische Krise brach aus, als im Sommer 1872 das peruanische Schiff „Maria Luz" aus Macao den Hafen von Yokohama anlief. Die „Maria Luz" hatte 231 chinesische Kontraktarbeiter (sog. Kulis) zum Abtransport nach Amerika an Bord, von denen einer floh und von einem britischen Schiff gerettet wurde. Er beklagte sich über unmenschliche Arbeits- und Lebensbedingungen. Der zuständige Gouverneur Ōe Taku leitete daraufhin auf englische Bitten eine Untersuchung wegen Sklavenhandels ein, beschlagnahmte das Schiff und ordnete die Freilassung aller Kulis und ihre Rückkehr nach China an. Im November 1872 verbot zudem die japanische Regierung den Handel mit Menschen und die bis dahin vor allem für Prostituierte und Geisha üblichen, langfristigen Arbeitsverträge, die praktisch auf eine befristete Leibeigenschaft hinausliefen.[33] Die peruanische Regierung legte 1873 scharfen Protest ein, weil in Japan selbst Menschenhandel durchaus erlaubt sei, und forderte eine Entschädigung. Der Konflikt mit Peru wurde 1875 vom russischen Zaren zugunsten Japans entschieden.

---

[32] Mit *han'ō* bezeichnet das Japanische sonst die Rājas (Könige) der von der britischen Kolonialherrschaft abhängigen Teilreiche Indiens.

[33] Das Tokugawa-Bakufu hatte Menschenhandel bereits 1711 verboten, zugleich aber unbefristete und erbliche Dienstverhältnisse auf privatvertraglicher Basis zugelassen.

Das Reformjahr 1872

Während die Mission mit einem Teil der Meiji-Elite im Ausland unterwegs war, verfolgten die daheimgebliebenen Ōkuma Shigenobu, Yamagata Aritomo, Etō Shinpei und Inoue Kaoru einen raschen Modernisierungskurs auf vielen Gebieten von Politik, Wirtschaft und Gesellschaft. Das allein im Jahr 1872 vorgelegte Reformtempo war ungeheuer. Im März wurde das Verbot, Grund und Boden auf ewig zu verkaufen, aufgehoben. Im Juni nahm der erste japanische Bahnhof in Yokohama seinen Betrieb auf. Die Inbetriebnahme der neuen Eisenbahnstrecke zwischen Tōkyō-Shinbashi und Yokohama folgte im November. Moderne Kommunikationstechnik hielt ihren Einzug mit dem im September verlegten Telegrafenkabel zwischen Shimonoseki auf Honshū und der Insel Kyūshū. Das neue Medium der Fotografie wurde erstmal ab Juli für offizielle Zwecke eingesetzt, indem nämlich die Verbrecherfotografie eingeführt wurde. Äußerst symbolträchtig war, dass im Dezember westliche Kleidung bei offiziellen Anlässen formell vorgeschrieben wurde. Den Militärs fiel diese Umstellung am leichtesten; ihre Uniformen waren schon seit geraumer Zeit westlichen Vorbildern angepasst. Aber auch für Zivilisten – vor allem Männer – im Rampenlicht des öffentlichen Lebens wurden seit dieser Zeit Frack und Anzug zu Symbolen ihres Status.

Wichtige Entscheidungen fielen auch im Bildungswesen. Im Juli wurde die erste Pädagogische Hochschule gegründet, mit der die Lehrerbildung vorangebracht werden sollte. Im September verkündete die Regierung die Grundzüge des Schulwesens *(gakusei)*: Im gesamten Land wurden 8 Oberschulbezirke, in jedem Oberschulbezirk 32 Mittelschulbezirke und in jedem Mittelschulbezirk 210 Grundschulbezirke eingerichtet. Je 600 Einwohner sollte es einen Grundschulbezirk geben. Insgesamt sollten demnach mehr als 50.000, in den meisten Fällen in eine vierjährige Unter- und eine vierjährige Oberstufe geteilte Grundschulen entstehen, deren Gebäude genauso wie die Lehrmethoden und die Inhalte vor allem der naturwissenschaftlich-technischen Fächer westlichen Vorbildern folgten. Freilich blieb dies noch für lange Jahre oft nur bloße Theorie, weil sowohl für die Gebäude als auch für die Lehrer das Geld fehlte und man sich vielerorts wie bisher mit Tempel- oder Privatgebäuden zufriedengeben musste. Als Hauptaufgabe des Schulwesens nannte die Regierung, anwendungsbezogene Bildung für alle vermitteln zu wollen. Eine ausdrückliche Schulpflicht war damit allerdings noch nicht verbunden; die Schulbesuchsquote erreichte etwa 30 Prozent, nicht zuletzt, weil die Schüler Schulgeld bezahlen mussten. Mancherorts, wo Bauern gegen Grundsteuer und Wehrpflicht protestierten, gingen auch Schulen in Flammen auf – mit dem neuen Lehrstoff konnte man in der agrarischen Gesellschaft noch nicht viel anfangen. In dieser in der Theorie ehrgeizigen, aber unterfinanzierten und daher nie vollendeten Form blieb das System bis 1879 in Kraft.

Auf dem Weg zur Gewaltenteilung

Kaiser und Regierung hatten 1868 versprochen, politische Entscheidungen durch öffentliche Diskussionen begleiten zu wollen. Dass dies nötig war, um die nationale Einheit zu wahren, galt als unumstritten. Zur Verwirklichung gab es aber verschiedene Ansätze. Zunächst wurde 1869 eine Kammer von Vertretern der Fürstentümer zur Beratung über Vorschläge der Regierung und zur Vorlage eigener Vorschläge geschaffen *(kōgisho)*. Doch die Kammer erwies sich als reaktionärer Bremsklotz für die Regierung: Sie lehnte wichtige Vorhaben der Regierung ab oder diskutierte diese gar nicht erst. Dazu gehörten die Einrichtung von Handelsgesellschaften mit internationaler Beteiligung, die Steuerreform, die Abschaffung des Samurai-Privilegs des Schwertertragens, die Abschaffung der Kollektivhaftung bei Verbrechen, die Liberalisierung des Handels mit Grund und Boden und das Verbot der Sklaverei. Die Regierung löste die Kammer bereits im Sommer 1869 entnervt auf und ersetzte sie durch eine Deputiertenversammlung *(shūgiin)*, in der Abgesandte der Fürstentümer nur über Fragen beraten sollten, welche die Fürstentümer direkt betrafen. Diese Deputiertenversammlung bestand zwar bis 1873 fort, wurde aber nach der Abschaffung der Fürstentümer 1871 im wesentlichen funktionslos.

Statt dessen wurden im August drei Beratungsinstanzen geschaffen, die bereits den Geist der modernen Gewaltenteilung atmeten: Erstens der Hauptausschuss *(seiin)*, in dem Minister und Räte saßen und die letztgültigen Entscheidungen fällten. Es handelte sich also um eine Art Kabinett. Zweitens der interministerielle „Ausschuss zur Rechten" *(u'in)*. Dies sollte eine Versammlung hoher Beamter der verschiedenen Fachministerien sein, in der Gesetzentwürfe vorbereitet und unter Gesichtspunkten der Exekutive diskutiert wurden. In der Praxis bewährte sich dieser Ausschuss allerdings nicht und wurde 1875 aufgelöst. Drittens gab es den „Ausschuss zur Linken" *(sa'in)*. Dieser war ein beratendes Organ für alle Fragen der Gesetzgebung. Mitglieder waren von der Regierung benannte Beamte. Der Ausschuss zur Linken nahm seine Arbeit 1872 auf und bewies sofort, dass er eigenständiges Denken auch gegenüber der Regierung nicht scheute. Schon in der Jahresmitte beriet der Ausschuss auf Anregung von Saigō Takamori, Itagaki Taisuke und Ōkubo Toshimichi eine Denkschrift für den allmählichen Übergang zum Konstitutionalismus und legte der Regierung einen „Beschluss über die Einrichtung eines Unterhauses" vor. Die Regierung akzeptierte diesen Vorschlag und beauftragte den Ausschuss mit konkreten Vorbereitungen, nämlich mit der „Prüfung der Vorbereitung eines nationalen Parlaments". Die Regierung steckte auch gleich Zeitplan und Rahmen dafür ab. Bereits im Frühling 1873 sollten Vertreter der 75 Präfekturen gewählt und ins nationale Parlament entsandt werden. Das aktive Wahlrecht sollten steuerzahlende Männer ab 21 Jahren erhalten, das passive ab 25 Jahren. Bauern sollten dabei mindestens 10 *koku* Steuern pflichtig sein, Bürger sollten über Grundbesitz für mindestens 1.000 Yen verfügen. Wegen der Spaltung der Regierung im Jahr 1873 wurde dieser Plan jedoch nicht umgesetzt.

Die Einführung des westlichen Kalenders

Die schlechte Finanzlage der Regierung wirkte allerdings kaum als Reformbremse; im Gegenteil, manche Reform wurde von ihr erst richtig angestoßen. Ōkuma Shigenobu, der damalige Finanzminister, erinnerte sich in seinen Memoiren, wie eine der einschneidendsten Reformen überhaupt, die Einführung des westlichen Sonnenkalenders, zustande kam:

> „Die Staatskasse teilte uns damals [1872] mit, dass sie aufgrund verschiedener Sachverhalte finanziell höchste Not leide und es sogar für äußerst schwierig halte, die Kosten eines gewöhnlichen Jahres zu bestreiten. Es gebe daher überhaupt keinen Spielraum. Doch drohte uns tatsächlich schon für das herannahende folgende Jahr ein Jahr mit einem Schaltmonat, wodurch gegenüber einem gewöhnlichen Jahr die Ausgaben um ein Zwölftel anwachsen mussten. Um diesen Schaltmonat zu beseitigen und dadurch der Finanznot Abhilfe zu schaffen, blieb uns nichts übrig, als den Kalender zu ändern."[34]

Die Regierung handelte kurzentschlossen: Die Einführung des Sonnenkalenders verkürzte nicht nur das kommende Haushaltsjahr um einen Monat, sondern auch der verkürzte 12. Monat davor umfasste nur zwei Tage bis zum Kalenderwechsel, so dass auch dieses im laufenden Haushalt eingeplante Gehalt nicht ausgezahlt werden musste.

Der westliche Kalender wurde im Eilverfahren eingeführt. Am 9. Dezember 1872 (9. Tag des 11. Monats Meiji 5) verkündete die Regierung, dass aus dem 3. Tag des 12. Monats des laufenden Jahres nach dem traditionellen Kalender der 1. Januar des folgenden Jahres nach dem Sonnenkalender werden sollte. Der Kaiser machte seiner Ahnengöttin, der Sonnengöttin Amaterasu, und der Erntegöttin Toyoke in deren Doppelheiligtum in Ise noch am selben Tage davon Mitteilung: „In diesem Jahr gibt es wieder eine Kalenderreform. Wir geben das Alte auf und werfen das Lästige fort, doch Wir legen die Grundlage für das, was sein muss."[35]

Versehentlich führte die japanische Regierung allerdings den Julianischen Kalender ein, ohne wie im Gregorianischen Kalender die durch 100, aber nicht ohne Rest durch 400 teilbaren Jahre zu Nicht-Schaltjahren zu erklären. Dieser Fehler wurde erst 1898 korrigiert, um das Jahr 1900 entsprechend ansetzen zu können.

Entscheidend für den Erfolg der Reform war allerdings, ob die Bevölkerung sie akzeptierte. Sobald der führende Verfechter der japanischen Aufklärung Fukuzawa Yukichi von der bevorstehenden Kalenderreform erfuhr, warf er eine Aufklärungsschrift über den neuen Kalender auf den Markt, die das Bedürfnis der Bevölkerung nach genauer Information stillen sollte. Fukuzawa lobte die Re-

---

34 Zit. in Okada/Tsunoyama, a.a.O. 139.

35 *Meiji ishin shiryō senshū* 2 (Hg.: Tōkyō Daigaku Shiryō Hensanjo). Tōkyō 1972, Nr. 107, S. 255

form als etwas, „was auch in 10 Millionen Jahren noch zum Nutzen der Welt" sein werde, und nannte ihre Kritiker „ungebildete, analphabetische Idioten".[36] Trotz der unbestreitbaren Vorteile des wesentlich einfacher zu berechnenden Sonnenkalenders hielt sich der alte Kalender als zweiter Standard vor allem auf dem Lande noch lange und ist bis heute noch nicht völlig außer Gebrauch gekommen. Kinoshita Masahiro erkannte die Ursache dafür in seinem Vergleich von Alt und Neu 1877 vollkommen richtig:

„Die Vorzüge und Nachteile der beiden Kalender brauchen eigentlich nicht erörtert zu werden. Doch das Volk in fernen Gegenden oder an abgelegenen Küsten hält den Sonnenkalender für unpraktisch, und dort gibt es äußerst viele Leute, welche den alten Kalender benutzen."[37]

Die Regierung trug allerdings ihr Teil dazu bei, dass die Kalenderreform nicht einfach eine Übernahme einer westlichen Praxis wurde, sondern japanische Züge erhielt. Am 15. Dezember 1872 bestimmte die Regierung, dass nicht die Geburt Jesu, sondern die Thronbesteigung des legendären ersten Kaisers Jinmu im Jahr 660 v. Chr. den Ursprung der neuen Zeitrechnung bilde.[38] D.h., das neue Jahr wurde nicht einfach das Jahr 1873 nach Christus, sondern 2533 nach Jinmu. Auch wurden die bisherigen Regierungsdevisen beibehalten, d.h., das neue Jahr war zugleich das 6. Jahr der Ära Meiji. Anstelle traditioneller jahreszeitliche Festtage *(sekku)* wurden außerdem neue politische Feiertage eingeführt, nämlich Kaisergeburtstag (3. November) und Thronbesteigung des legendären Kaisers Jinmu (11. Februar).[39] Auch dies, so wusste Kinoshita Masahiro 1877, setzte sich nicht sofort durch, weil sie dem Lebensrhythmus der Landbevölkerung nicht entsprachen:

„Die Leute vom Lande müssen auf Kommando also wirklich alles anders machen. Doch in fernen Regionen feiert man nach wie vor die fünf *Sekku*, und man hört auch nichts davon, dass die Beamten deswegen Gewissensbisse hätten."[40]

Mit dem neuen Kalender wurde auch die Siebentagewoche eingeführt. Sie blieb aber ohne große Folgen, bis 1876 der Sonntag offiziell zum Ruhetag und der Sonnabend zum halben Ruhetag für Beamte erklärt wurden. Die Bevölkerung zumindest in den Städten, wo sich die neue Zeitrechnung am schnellsten durchsetzte, nahm dies dankbar an. In der satirischen Wochenzeitung *Maru Maru Chinbun* vom 9. März 1878 wurde der neue Ruhetag bereits gepriesen:

„Auf den Sonntag warten. Das ist die Stelle, wo man sein Leben ins Reine bringen kann."[41]

Schließlich wurde mit dem Sonnenkalender und der Siebentagewoche auch die Einteilung des Tages in 24 gleichlange Stunden eingeführt (vorher waren es nur

---

36 Fukuzawa Yukichi: *Kairekiben*. Keiō gijuku 1873 (ohne Seitenzählung)
37 Kinoshita, *Hikaku-ron*, S. 164
38 *Meiji ishin shiryō senshū* 260
39 *Meiji ishin shiryō senshū* 262
40 Kinoshita a.a.O. 165.
41 Shimizu Isao (Hg.): *Maru maru chinbun* 1. Tōkyō 1988, S. 36

zwölf, deren Länge je nach Jahreszeit variierte). Diese statische Uhrzeit fand bald überall dort Eingang, wo leicht messbare Zeiteinheiten eine besondere Rolle spielten: in Schulen, Militär, Eisenbahnwesen und Fabriken. Öffentliche Uhrentürme wurden in den Städten errichtet, aber Bahnhofs- und Schulgebäude trugen ebenfalls dazu bei, den Lebensrhythmus der modernen Nation zu synchronisieren. Auf dem Land dauerte auch diese Umstellung länger. Den Menschen in Tōkyō signalisierte zwischen 1871 und 1929 jeden Tag ein Schuss aus der „Mittagskanone" des Kaiserpalastes, wann es 12 Uhr und damit Zeit fürs Mittagessen war.

Abb. 22: Mittagskanone des Kaiserpalastes in Tōkyō (1873)

Die allgemeine Wehrpflicht

Noch fehlte der neuen Regierung eine eigene Armee, um ihre zentralistischen Ansprüche auch im Konfliktfall durchzusetzen. Satsuma, Chōshū und Tosa stellten zunächst Truppen für die kaiserliche Garde ab, und der Armeevizeminister Ōmura Masujirō aus Chōshū begann damit, die Einführung einer bäuerlich-bürgerlichen Wehrpflichtarmee vorzubereiten. Er wurde aber Ende 1869 von einem Gegner dieses Planes ermordet. Andererseits erhoben sich im Februar 1870 auch mehr als 1.000 Soldaten aus Chōshū, die sich gegen ihre Demobilisierung wehrten, und mussten gewaltsam unterdrückt werden. Ōmuras Landsmann und

Nachfolger Yamagata Aritomo setzte nach der Rückkehr von einer Studienreise bei europäischen Armeen dessen Planung jedoch fort. Am 28. Dezember 1872 wurde per kaiserlichem Erlass die dreijährige Wehrpflicht ohne Ansehen des Standes für alle Männer ab 20 Jahre eingeführt. Das Kriegsdienst-Privileg der ehemaligen Samurai war damit beseitigt, die kaiserliche Armee sollte eine Volksarmee werden. Diese moderne Armee sollte ursprünglich nach dem Vorbild Frankreichs aufgebaut werden, nach dessen Niederlage gegen Preußen 1871 allerdings orientierte man sich lieber an Preußen/Deutschland, das damals über die modernste Armee in Europa verfügte. Neben ihrem militärischen Potential hatte die kaiserliche Armee auch eine bedeutende Rolle bei der Erziehung moderner Staatsbürger und wurde zu einer tragenden Säule des Nationalstaates. Allerdings gab es bis 1889 noch zahlreiche Ausnahmetatbestände, so dass von den 20jährigen Wehrpflichtigen nur etwa 15 % tatsächlich Wehrdienst leisten mussten: Unter anderem waren Haushaltsvorstände und deren Erben, einzige Söhne oder Enkel und alle, die 270 Yen Ablöse zahlten, vom Wehrdienst befreit. Folgerichtig wurde die Wehrpflicht vielerorts als „Blutsteuer" zu Lasten der Unterschichten aufgefasst, und 1873 bis 1874 gab es 16 Aufstände in Japan, in denen Zehntausende von Bürgern gegen die Wehrpflicht erfolglosen Widerstand leisteten.

Die Abfindung der Samurai

Die ehemaligen Samurai verloren durch die Einführung der allgemeinen Wehrpflicht ihre letzte Daseinsberechtigung als Kriegerstand; sie waren überflüssig geworden. Mit der Auflösung der Fürstentümer 1871 übernahm die Zentralregierung auch die Verantwortung für die Besoldung der Krieger. Diese Soldzahlungen machten rund 30 % der gesamten Staatsausgaben aus. Die Regierung zahlte daher ab 1873 zunächst ehemaligen Samurai, die einen bürgerlichen Beruf ergriffen oder freiwillig auf ihren Sold verzichteten, Abfindungen in Höhe mehrerer Jahresgehälter. Darauf ließen sich fast 230.000 Bezugsberechtigte ein. Die Soldzahlungen der übrigen wurden Schritt für Schritt gekürzt, bis sie 1876 völlig eingestellt und in niedrig verzinste Staatsanleihen zum selben Nennwert umgewandelt wurden, die bis 1906 nach Auslosung ausgezahlt wurden. Im laufenden Haushalt verschaffte man sich dadurch Spielraum. Doch beliefen sich die Schuldverschreibungen auf insgesamt 174 Millionen Yen. Insgesamt wurden rund 313.000 Kriegeradlige mit durchschnittlich 557 Yen abgefunden. Die Höhe richtete sich im Einzelfall nach dem Status. Fürsten erhielten im Schnitt ein kleines Vermögen von mehr als 60.000 Yen, das sie z.B. als Startkapital für Banken oder Eisenbahngesellschaften einsetzen konnten. Niederadlige erhielten dagegen lediglich 415 Yen. Wegen der einsetzenden Inflation reichte dies für viele nicht zum Lebensunterhalt aus. Ein Teil der Betroffenen wurde Beamter, Lehrer oder Journalist. Die Regierung unterstützte 1879 bis 1890 Existenzgründer mit Land und Krediten bei dem Versuch, als Kleinunternehmer in der Seidenraupenzucht oder Seidenspinnerei, Weberei, Textil- und Zuckerproduktion, Holzwirtschaft oder Viehzucht Fuß zu fassen. Insbesondere warb sie 1875-1882

Wehrbauern für die Kolonisation der Insel Hokkaidō an. Wer keinen bürgerlichen Beruf ergriff oder wegen mangelnder Erfahrung mit Fehlinvestitionen Schiffbruch erlitt, sank in Armut ab und fand sich in der Masse der Lohnarbeiter wieder.

Das Verbot vom 28. März 1876, Schwerter zu tragen, beraubte die ehemaligen Samurai ihres letzten Privilegs. Als soziale Gruppe brachen sie nun rasch auseinander.

Der Geist der Aufklärung

Der Gouverneur von Kanagawa, Ōe Taku, nahm nicht nur im Falle der „Maria Luz" 1872 zugunsten der Rechtlosen Stellung. Er hatte sich bereits vorher für die Beseitigung der Diskriminierung der japanischen Randgruppen der Eta und Hinin eingesetzt, die, nun als „neue Bürger" oder „Leute aus (Sonder-) Siedlungen" *(burakumin)* bezeichnet, trotz der formalen Aufhebung ihres Status noch lange um ihre gesellschaftliche Gleichberechtigung kämpfen mussten. Damit gehörte Ōe zur wachsenden Gruppe von Angehörigen der politischen und intellektuellen Elite, die von unterschiedlichen Standpunkten aus Ideen der Aufklärung, des Liberalismus und des Utilitarismus verfochten. Fukuzawa Yukichi, der 1872 so sehr für die Annahme des westlichen Kalenders eintrat, stand in der ersten Reihe dieser japanischen Aufklärer.

Fukuzawa entstammte einer niedrigrangigen Samurai-Familie im Fürstentum Nakatsu auf Kyūshū und litt als Junge unter der Arroganz der Höhergestellten und unter der Armut seiner Familie. Nach 1854 studierte er Holländisch und westliche Artillerie in Nagasaki, danach drei Jahre westliche Medizin und Naturwissenschaft in Ōsaka. 1858 wurde er Holländisch-Lehrer seines Fürstentums in dessen Residenz in Edo. 1859 begann er Englisch zu lernen. 1860 reiste er im Auftrag des Bakufu nach San Francisco, besorgte dort „Webster's Dictionary" und ließ sich mit einer jungen Weißen ablichten. Danach wirkte er im Übersetzungsdienst des Bakufu. 1867 begleitete er eine zweite Gesandtschaft in die USA und fungierte als Dolmetscher in Washington und New York; er kaufte dort so viele westliche Bücher wie ihm möglich. Anschließend reiste er durch Europa und besuchte Frankreich, Großbritannien, die Niederlande, Deutschland, Russland und Portugal. Darüber verfasste er einen Beststeller namens „Die Zustände im Westen" *(Seiyō jijō)* und übersetzte J. H. Burtons „Political Economy". Burton folgte Adam Smith. Fukuzawa lernte von ihm, dass Freiheit ein jedem Menschen vom Himmel verliehenes Menschenrecht sei. Allerdings musste wahre Freiheit mit Zivilisation verbunden sein. Fukuzawa erkannte: „Manche glauben, dass im Vergleich zum Leben in der Gesellschaft, die den einzelnen in seinen Neigungen eher einschränkt, das Leben der Barbaren, die noch ein Nomadenleben führten und demzufolge durch nichts eingeschränkt wurden, die höchste Freiheit des Menschen bedeute. Aber dies ist nur ein Teil der Wahrheit, denn die Freiheit der Barbaren ist eine Freiheit, in der man vor Hunger stirbt."[42]

---

42 Annette Schad-Seifert: *Sozialwissenschaftliches Denken in der japanischen Aufklärung. Positionen zur „modernen bürgerlichen Gesellschaft" bei Fukuzawa Yukichi.* Leipzig 1999, S. 103

1867 gründete er eine eigene Schule in Edo (die heutige Keiō-Universität), unterrichtete Politik, Journalismus, westliche Philosophie und Technik als im Sinne der modernen Zivilisation nutzbringende angewandte Wissenschaften *(jitsugaku)*. Trotz mehrerer Angebote ließ er sich von der neuen Regierung nicht in Dienst nehmen.

Von Anfang 1872 bis Ende 1876 veröffentlichte Fukuzawa 17 Heftchen unter dem Titel „Ermunterung zum Lernen" *(Gakumon no susume)*, die enormen Absatz fanden. Ganz an den Anfang stellte er den programmatischen Satz: „Der Himmel hat keinen Menschen über anderen Menschen geschaffen und keinen Menschen unter anderen Menschen." Er trat für Gleichberechtigung und die Selbständigkeit des verantwortlichen Individuums ein, weil nur auf dieser Grundlage eine selbstbewusste und starke Nation entstehen konnte. Anregungen für diese Thesen fand er vor allem bei angelsächsischen und französischen Philosophen; den Konfuzianismus lehnte er rundweg ab. Andere Vertreter der Aufklärung wie der Rousseau-Experte Nakae Chōmin, der Deutschland-Experte Katō Hiroyuki, die in Holland beim politischen Ökonomen Simon Vissering ausgebildeten und wie dieser zum Freimaurertum gekommenen Tsuda Mamichi und Nishi Amane oder Nakamura Masanao, der eine gründliche konfuzianische Ausbildung erhalten hatte und sich später als Übersetzer von Samuel Smiles und John Stuart Mill dem Utilitarismus zuwandte, hatten jeweils ihre eigenen Quellen. Jedenfalls setzten sie sich in Publikationen, öffentlichen Vorträgen und Reden für die Autonomie des Einzelnen und die Abschaffung zahlreicher überkommener Bräuche ein, die sie als Überreste des Feudalismus markierten. Viele ihrer Argumente waren eklektizistisch und gingen mitunter an der sozialen Wirklichkeit des damaligen Japan vorbei. Aber sie waren für Japan neu und erweiterten den Horizont weiter Leserschichten.

Im August 1873 gründete der Diplomat Mori Arinori[43] eine eigene intellektuelle Gesellschaft, die er nach dem laufenden Jahr der Meiji-Ära „Meiji-6-Gesellschaft" *(Meirokusha)* nannte. Sie bot ihren 30 intellektuellen Mitgliedern das Forum zur freien Diskussion von gesellschaftspolitischen und philosophischen Fragen und westlicher Theorien und Lehren. In einer eigenen Zeitschrift,[44] die 1874 bis 1875 herausgegeben wurde, stellten die Mitglieder ihre bisweilen sehr kontroversen Standpunkte dar. Eine der wichtigsten Fragen warf Mori selbst auf, als er im Mai 1874 eine fünfteilige Artikelserie „Über Ehefrauen und Konkubinen" begann. Er nannte die bisherige Behandlung der Frauen durch ihre Männer ungerecht und unmoralisch und forderte ihre Gleichbehandlung. Am 6. Februar 1875 ging Mori mit gutem Beispiel voran: Er schloss mit seiner Frau den ersten modernen Ehevertrag. Trauzeuge war Fukuzawa Yukichi.

---

43 Ivan Parker Hall: *Mori Arinori*. Cambridge 1973

44 William Reynolds Braisted (Hg.): *Meiroku zasshi. Journal of the Japanese Enlightenment.* University of Tokyo Press 1976

Das Krisenjahr 1873

Über das Reformtempo, doch auch über außenpolitische Fragen herrschten inzwischen jedoch innerhalb der politischen Elite unterschiedliche Meinungen. Im Mai 1873 kehrte Ōkubo Toshimichi von der Iwakura-Mission nach Japan zurück, im Juli Kido Takayoshi, im September alle übrigen. Die Heimkehrer brachten frische Eindrücke von europäischen und US-Regierungssystemen mit und traten für rasche und ehrgeizige Reformen ein. Dieser Reformeifer ging manchen zu weit. Doch die latenten Meinungsverschiedenheiten innerhalb des Feldes der politischen Macht entzündeten sich an der Frage einer Strafexpedition gegen Korea.[45]

Itagaki Taisuke, Saigō Takamori und Etō Shinpei forderten erneut eine bewaffnete Intervention, um sich für die koreanischen Provokationen zu rächen und die Öffnung Koreas zu erzwingen. Saigō, der mehr und mehr zum Sprachrohr jener ehemaligen Samurai wurde, die mit Statusverlusten und wirtschaftlichen Problemen vor einer materiellen und geistigen Existenzkrise standen, schlug vor, als Gesandter nach Korea zu gehen. Er wollte dort einen politischen Eklat provozieren, in der Hoffnung, ermordet zu werden, um Japan den Anlass für eine Strafexpedition zu verschaffen.

Doch Ōkubo, Kido und Itō hielten die Sicherung der inneren Stabilität für vorrangig und lehnten Saigōs Plan ab und legten am 17. Oktober 1873 vorübergehend ihre Ämter nieder. Iwakura schaltete daraufhin den Kaiser ein, der verkündete, der Saigō-Plan sei aufzugeben. Nun verließen Saigō, Itagaki und Etō die Regierung. Die Reformer waren damit unter sich. Im November übernahm Ōkubo die Leitung des neuen Innenministeriums *(naimushō)* und wurde damit endgültig zum wichtigsten Mann der Regierung.

Die Einführung der Grundsteuer

Die Finanzierung des Einheitsstaates und der ihn flankierenden Reformen sowie die Abfindung der alten Machteliten waren teuer. Daher musste die Arbeit der Zentralregierung auf eine solide finanzielle Basis gestellt werden. Der ganz überwiegende Teil der Staatseinnahmen beruhte bisher auf den Ernteabgaben der Bauern. Doch wegen der lokal unterschiedlichen Praktiken der Steuererhebung und Steuersätze war eine Haushaltsführung auf dieser Grundlage kompliziert und wegen der ständigen Reispreisschwankungen schwer planbar. Zudem erforderten Einzug, Lagerung und Transport von Naturalabgaben einen hohen Verwaltungsaufwand. Außerdem fand man es ungerecht, dass nach dem bisherigen System nur die Agrarproduzenten (und nicht die Grundbesitzer) Steuern bezahlten. Daher entschied sich die neue Regierung für eine Landreform und die Ein-

45 Marlene Mayo: „The Korean Crisis of 1873 and Early Meiji Foreign Policy“. In: *Journal of Asian Studies* 31:4 (1972), S. 793-819; Donald Calman: *The Nature and Origins of Japanese Imperialism: A Reinterpretation of the Great Crisis of 1873*. London: Routledge, 1992

führung der Grundsteuer.[46] Zunächst wurde 1871 den Bauern freigestellt, was sie auf ihren Feldern anbauen wollten. Sodann wurde im März 1872 das aus Tokugawa-Zeiten herrührende Verbot aufgehoben, Grund und Boden zu verkaufen. Im selben Jahr begann die Ausgabe von Grundbesitzzertifikaten (*chiken*), die zunächst nur eine Anerkennung darstellten, dass die Bauern, die ein bestimmtes Land bestellten, auch dessen Grundherren waren. (Unter den Tisch fiel dabei das Problem der Landpächter, die vorher gewohnheitsrechtlich als Eigentümer des Landes galten, ab jetzt aber rechtlich schlechter gestellt waren. In den Folgejahren sollte dies dramatisch Folgen zeitigen.) Schließlich erging am 28. Juli 1873 der Grundsteuer-Erlass: Für jedes Ackerland wurde ein Grundwert festgesetzt, von dem der Eigentümer (bei Pachtland also der Pachtherr) jährlich 3 % als Steuer zu bezahlen hatte. In der Praxis wurde der Grundwert berechnet nach der Höhe der bisher entrichteten Abgaben. Aber die Rechenbasis war jetzt anders: die Steuer war in der festgesetzten Höhe unabhängig vom realen Ernteertrag und vom Reispreis fällig – also auch bei Missernten, für die zuvor Ausnahmeregelungen bestanden hatten!

Die Durchführung der Reform, d.h. vor allem die Ausgabe von Grundbesitzzertifikaten mit Angabe der Steuerschuld, dauert einige Jahre und stieß auf erhebliche Widerstände: 1876 gab es deswegen mehrere Aufstände der Bauern, zu deren Unterdrückung die Regierung Polizeitruppen aufbieten musste. Der Steuersatz wurde auf Anraten Ōkubos daher ab 1877 auf 2,5 % gesenkt. Damit lag die Belastung etwa ein Fünftel niedriger als unter den Tokugawa. Da zugleich bis in die 1880er Jahre der Reispreis bedeutend stieg, verringerte sich die reale Belastung der Grundeigentümer noch weiter. Nur die Pächter profitierten hiervon nicht, da sie ihre Abgaben an die Pachtherren weiterhin in Naturalien lieferten. Als später die Reispreise deutlich sanken, konnten viele selbständige Bauern die Grundsteuer nicht mehr erwirtschaften und mussten Pächter werden. Lag das Verhältnis von Eigenland zu Pachtland am Beginn der 1880er Jahre bei 63 zu 37 Prozent, so verschob es sich binnen fünfzig Jahren auf 52 zu 48 Prozent.

Die Zentralregierung verfügte jetzt über eine solide finanzielle Quelle für Bargeld. Außerdem war die Grundlage für eine marktorientierte Agrarwirtschaft gelegt. Bis 1910 blieb die Grundsteuer die größte Einzelsteuer im nationalen Haushalt. 1875 betrug ihr Anteil 85 %, 1905 immerhin noch 32 % der gesamten Staatseinnahmen.

Die Landwirtschaft

Dass die Landwirtschaft zu dieser Zeit nicht höher belastet werden konnte, geht aus einem Bericht hervor, den der Deutsche Max Fesca in offiziellem Auftrag

46 Kozo Yamamura: „The Meiji Land Tax Reform and its Effects“. In: Marius B. Jansen, Gilbert Rozman (Hgg.): *Japan in Transition from Tokugawa to Meiji*. Princeton 1986, S. 382-399

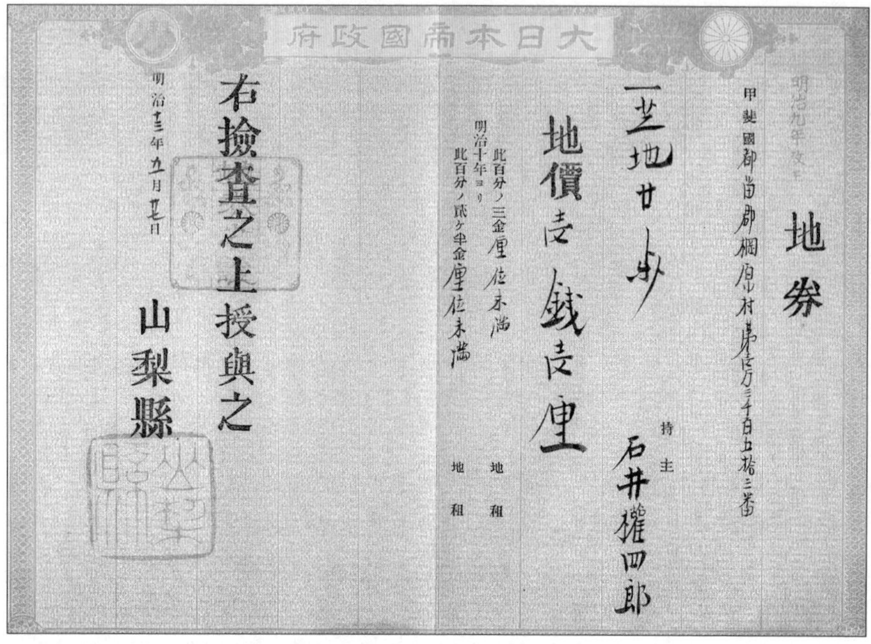
大日本帝國政府

地券

甲斐國都留郡棡原村第壱万三千百五拾三番

一 芝地廿歩

持主 石井權四郎

地價壱錢壱厘

此百分ノ三金厘位未満 地租

明治十年ヨリ
此百分ノ貳ヶ半金厘位未満 地租

右検査之上授與之

明治十三年五月廿七日

山梨縣

Abb. 23: Grundbesitzzertifikat aus der Präfektur Yamanashi (1880)

über die Provinz Yamanashi verfasste.[47] Die hohe Steuerlast der Bauern und hohe Zinsen (auf Land betrug der Hypothekenzins jährlich 15 % oder mehr) machten für den durchschnittlichen Bauern eine kapitalintensive Bewirtschaftung unmöglich, statt dessen musste er auf Arbeitsintensität setzen. Besonders ungünstig war es um Pächter bestellt: Im allgemeinen verblieb nur ein Fünftel des Rohertrages abzüglich Bewirtschaftungskosten bei ihnen. Fesca schlug vor, zur Entlastung der Pächter den Grundbesitz schwächer zu besteuern, billigere Kredite zu vergeben und die Pachtverhältnisse durch Pachtkontrakte zu regulieren.

Im übrigen litt die Landwirtschaft unter der schlechten Verkehrsinfrastruktur. Die meisten Landtransporte erfolgten mit Packpferden. Auf den besten Straßen konnte Reis nur etwa 60 km weit transportiert werden, bis die Transportkosten gleich dem Verkaufserlös waren (in Deutschland kam Weizen mindestens 3 bis 20 Mal so weit, je nach dem Verkehrsmittel). Daher empfahl Fesca dringend eine Verbesserung der Infrastruktur.

47 M[ax]. Fesca: „Die landwirthschaftlichen Verhältnisse der Kai-Provinz in Beziehung zu denen des japanischen Reichs. Unter Mitwirkung von N. Tsuneto." In: *Mitteilungen der Gesellschaft für Natur- und Völkerkunde Ostasiens* 4:34 (1886), S. 163-179

2.1.3 Die Parlamentarismus-Debatte

Die „Denkschrift über den Konstitutionalismus"

Kido Takayoshi veröffentlichte 1873 ein Memorandum, mit dem er die Diskussion um die künftige Verfassung des Landes vorantreiben wollte. Darin forderte er die Errichtung eines modernen Gesetzeskodex einschließlich Verfassung und wichtiger Gesetzbücher und die rasche Einführung der politischen „Zivilisation". Nach der Spaltung der Regierung folgte ihm im November auch der Innenminister Ōkubo mit einer „Denkschrift über den Konstitutionalismus". Er verhandelte darüber mit Itō Hirobumi, der den Auftrag erhalten hatte, ein geeignetes politisches System für Japan auszusuchen. In seiner Denkschrift definierte Ōkubo sein Politikverständnis:

> „Demokratie besteht darin, dass das Land nicht einem einzelnen gehört, sondern das Wohl des Staates in ganzer Breite verfolgt wird, dass die Freiheit der Menschen vollständig erreicht wird, dass die Gesetze gewahrt werden, dass bei der Ernennung der Führung nichts falsch gemacht wird, dass wirklich das wahre Wesen der göttlichen Prinzipien vollständig verwirklicht wird."[48]

Doch gleichzeitig warnte er unter Hinweis auf das Schicksal der Französischen Republik vor Parteienegoismus, der dem Land Verderben brächte. Dass eine vom Volk abgehobene Elite die Macht an sich ziehe und Freiheit und Rechte der Bürger beschneide, sei nur als „vorübergehende ultima ratio" für den Fall zulässig, dass das Volk unwissend und unaufgeklärt sei. Deshalb müsse auch Japan sich schließlich von einer monarchischen Despotie zu einer demokratischen Ordnung entwickeln. Als Weg für den Übergang empfahl er eine konstitutionelle Monarchie, welche die Einheit von Monarch und Volk herstellte. Ōkubo wies darauf hin, dass in Großbritannien, bei ähnlichen geographischen Verhältnissen, unter den Bürgern Selbständigkeit und Eigenverantwortung verbreiteter seien und dass es Kennzeichen guter Politik sei, dies zu stärken und die Talente der Bürger zu nutzen. In Japan habe man in der Vergangenheit die Talente behindert und die Rechte unterdrückt. Ōkubo ging es demnach um einen von der Politik geleiteten zivilisatorischen Erziehungsprozess; darin traf er sich mit den Ideen der japanischen Aufklärung, wie sie Fukuzawa Yukichi propagierte.

Kido und Ōkubo wollten dabei nichts überstürzen. Zunächst musste ein Grundkonsens über die politischen Prinzipien verhandelt werden. Wie sie traten viele der führenden Politiker für einen politischen Gradualismus ein, der politische Entwicklungen vom Fortschritt der „Aufklärung" des allgemeinen Volkes

[48] Zit. n. Toriumi, *Nihon no kindaishi*, S. 39

abhängig machte. Es handelte sich also um einen elitären Politikansatz, der Partizipation im Feld der Macht von bestimmten Bedingungen abhängig machte.

Die Petition für die Einrichtung eines Parlaments

Dass die Regierung solche Überlegungen anstellte, war kein Geheimnis und regte auch die übrigen Mitglieder der Elite zu Meinungsäußerungen an. Am 17. Januar 1874 legten acht prominente Oppositionelle dem „Ausschuss zur Linken" eine Petition für die Einrichtung eines vom Volk gewählten Parlaments vor. Vier der Unterzeichner waren im Oktober im Streit über die Korea-Politik mit Ōkubo und Kido aus der Regierung ausgeschieden: Itagaki Taisuke, Gotō Shōjirō (beide aus Tosa), Etō Shinpei und Soejima Taneomi (beide aus Saga). Hinzu kamen noch vier Beamte, die aus anderen Gründen mit der Regierungspolitik unzufrieden waren: Furusawa Urō (aus Tosa, der den Entwurf der Petition verfasste), Okamoto Kenzaburō (ein Freund Sakamoto Ryōmas, auch aus Tosa), Komuro Shinobu (aus Tokushima) und der inzwischen zum Gouverneur von Tōkyō aufgestiegene Yuri Kimimasa (aus Fukui). Ihrem Ärger über die bestehenden Verhältnisse machten sie in den ersten Sätzen der Petition in klaren Worten Luft:

> „Wenn wir untertänigst bedenken, bei wem in diesen Zeiten die politische Macht liegt, so liegt sie nicht oben beim Kaiserhaus, auch nicht unten beim Volk, sondern einzig bei den Beamten ... Sie erlassen Befehle für alles Mögliche, die am Morgen ausgegeben und am Abend revidiert werden. Politik machen sie zu ihren eigenen Gunsten ... Selbst ein Dreikäsehoch weiß, dass auf diese Weise der ersehnte Frieden im Reich nicht entstehen kann."
> Um die Gefahr abzuwenden. dass der Staat zusammenbreche, müsse daher ein vom Volk gewähltes Parlament eröffnet werden, um die Diktatur der Beamten zu beenden und Sicherheit und Glück des Volkes zu gewährleisten. „Wenn wir jetzt ein vom Volk gewähltes Parlament errichten, bedeutet dies, dass zwischen Regierung und Volk Einigkeit im Fühlen verwirklicht werden wird, ja sie werden sich zu einem Körper vereinigen, und unser Land wird erstmals wirklich stark werden, und unsere Regierung wird erstmals wirklich stark werden."
> „Alle diejenigen im Volk, welche die Pflicht haben, der Regierung Steuern zu entrichten, besitzen das Recht, die Regierungsangelegenheiten im voraus kennenzulernen und zu entscheiden." Das Argument, dass das Volk noch „ungebildet und nichtaufgeklärt" und ein Parlament daher verfrüht sei, sei falsch: Um Bildung und Aufklärung zu fördern, sei gerade ein Parlament nötig. Auch der Verweis darauf, dass man in Europa und Amerika Hunderte von Jahren gebraucht habe, bis man Parlamente eingerichtet habe, sei unsinnig: „Wenn wir jetzt darauf warten müssten, bis wir selbst das Prinzip der Dampfkraft erfunden hätten, und erst danach Dampfmaschinen benutzten dürften, oder wenn wir warten müssten, bis wir das Prinzip des elektrischen Stromes erfunden hätten, und erst danach Telegrafenlei-

tungen legen dürften, dann müsste unsere Regierung in der Tat ihre Hände in den Schoß legen."[49]

Mit anderen Worten: Man konnte nicht nur westliche Technik importieren; man konnte – und im Interesse der Nation: musste – auch westliche Ideen wie den Parlamentarismus übernehmen.

Mit der Veröffentlichung dieser Petition im Amtsblatt des Ausschusses begann am folgenden Tag eine öffentliche Debatte, an der sich auch die Presse beteiligte. Auch viele Beamte aus den mittleren Rängen äußerten sich. Die Diskussion wurde offen und ohne Scheuklappen geführt. Erstmals entstand mit Hilfe der Presse tatsächlich eine öffentliche Meinung, so dass die Regierung ihr Privileg verlor, als deren Sprachrohr aufzutreten. So schlug die Geburtsstunde der „vierten Macht" im Staate, noch ehe die „dritte Macht" richtig etabliert war.

Ein Teil der politischen Elite hielt die Eröffnung eines Parlaments für verfrüht; dazu gehörten Katō Hiroyuki, Nishi Amane und Mori Arinori. Andere, wie Tsuda Mamichi und Ōi Kentarō, stimmten den Petenten jedoch zu. Katō Hideyuki vertrat den gradualistischen (anders gesagt: paternalistischen) Standpunkt: Erst musste man das Volk erziehen, danach durfte ein Parlament kommen; sonst drohte dem Gemeinwesen Schaden. Daher schlug er vor, die Meinungsfreiheit und das Schulwesen zu fördern und den Parlamentarismus stufenweise einzuführen: Zunächst sollten Präfekturparlamente eingerichtet werden, am Ende ein nationales Parlament. Ōi Kentarō war anderer Ansicht: Selbst wenn die Bevölkerung unaufgeklärt und unwissend sei, sei ein vom Volk gewähltes Parlament das beste Mittel gegen die Beamtentyrannei.

Die Notwendigkeit des Parlamentarismus wurde also nicht grundsätzlich angezweifelt, ebensowenig die aktuelle Rückständigkeit Japans. Der größte Teil der herrschenden Elite folgte jedoch der konfuzianischen, paternalistischen Idee der „Veränderung durch Belehrung" *(kyōka)*, derzufolge die Niedrigerstehenden durch die Höherstehenden zum Besseren erzogen werden konnten.[50]

Kampf den Barbaren

Iwakura und Ōkubo betrachteten die Außenpolitik immer noch als geeignetes Feld, um innenpolitische Spannungen abzuleiten. Da die Verhandlungen mit China wegen einer Entschädigung für die ermordeten Ryūkyūaner ohne Ergebnis geblieben waren, setzten sie für Februar 1874 eine Strafexpedition gegen Taiwan an. Wegen der Samurai-Rebellion in Saga wurde die Aktion jedoch verschoben. Im April begannen die Vorbereitungen unter dem Kommando von

---

49 *Minsen gi'in setsuritsu kenpakusho*. In: Uda Tomoi; Wada Saburō (Hgg.): *Jiyūtō-shi*, Bd. 1. Gosharō 1910, S. 86-92

50 Sheldon Garon: *Molding Japanese Minds: The State in Everyday Life*. Princeton 1997

Saigō Tsugumichi, einem Bruder Saigō Takamoris, erneut. Insgeheim sollte auch die Gründung von Siedlerkolonien auf der Insel vorbereitet werden. Großbritannien und die USA warnten heftig vor der Invasion, und Kido Takayoshi trat am 18. April aus Protest ein weiteres Mal von seinen Regierungsämtern zurück. Einen Tag später befahl die Regierung Saigō, das Unternehmen erneut aufzuschieben. Doch Saigō weigerte sich. Anfang Mai gab ihm Ōkubo endgültig grünes Licht. Am 17. Mai verließ Saigōs Flotte Nagasaki. Fünf Tage später gingen 3.600 japanische Truppen auf Taiwan an Land und begannen ihren Straffeldzug gegen die Ureinwohner. Dabei fielen zwölf Japaner. Weitere 561 starben in den folgenden Monaten an Malaria und weiteren Krankheiten, während sie den Verlauf der erneuten Verhandlungen zwischen China und Japan abwarteten. Wegen der heftigen chinesischen Reaktion auf die Intervention gab die japanische Regierung die Pläne für eine Besiedelung der Insel auf. Am 31. Oktober stimmte die Qing-Regierung zu, für die getöteten Ryūkyūaner eine Entschädigung von 100.000 *ryō* und für die Expeditionskosten 400.000 *ryō* zu zahlen. Dabei waren der japanischen Armee rund 5 Millionen *ryō* Kosten entstanden. Finanziell handelte es sich also um ein Verlustgeschäft für Japan. Diplomatisch hatte es bewiesen, dass es sich der alten chinesischen Regionalordnung widersetzen konnte. Militärisch hatte es sich ein erstes Mal in der Interventionspolitik der imperialistischen Mächte geübt und zugleich propagandistisch deren Stereotyp vom Kampf gegen die Feinde der Zivilisation erprobt. Zudem zeigte sich hier erstmals, dass sich der „Kampf gegen die Barbarei“ mit modernen ethnozentrischen Konzepten verbinden ließ, die neben der bewaffneten Unterwerfung auch Besiedlung und Kolonisierung unterentwickelter Gebiete mit der eigenen Rasse legitimierten, wie es für den japanischen Expansionismus typisch wurde.[51] Die japanischen Medien spielten bei dieser Propaganda bereitwillig mit, u.a. durch in die Invasionstruppen „eingebettete“ Reporter.[52] Noch während die Kampagne lief, baten nicht weniger als 14.552 ehemalige Samurai, sich den Truppen anschließen zu dürfen. Andere spendeten insgesamt mehr als 56.000 Yen sowie fast 7.000 *koku* Reis.[53]

Am 4. April 1879 wurden die Ryūkyū-Inseln in die Präfektur Okinawa umgewandelt; der ehemalige König verlor dabei sämtliche bisherigen Privilegien. Die ryūkyūanischen Adligen wandten sich hilfesuchend nach China, das am

51 Michael Weiner: *Race and Migration in Imperial Japan*. London, New York 1994; Kevin M. Doak: „Building National Identity through Ethnicity: Ethnology in Wartime Japan and After“. In: *Journal of Japanese Studies* 27:1 (2001), S. 1-39

52 Robert Eskildsen: „Of Civilization and Savages: The Mimetic Imperialism of Japan's 1874 Expedition to Taiwan“. In: *American Historical Review* 107:2 (2002), S. 388-418; Leonard Gordon: „Japan's Abortive Colonial Venture in Taiwan, 1874“. In: *Journal of Modern History* 37:2 (1965), S. 171-185

53 Gotō Arata: „Taiwan shuppei to shizoku – Jūgunnegai oyobi gunshi kennō wo chūshin to shite“. In: Terasaki Osamu, Tamai Kiyoshi: *Senzen Nihon no seiji to shimin ishiki*. Keiō Tsūshin 2005, S. 23-43

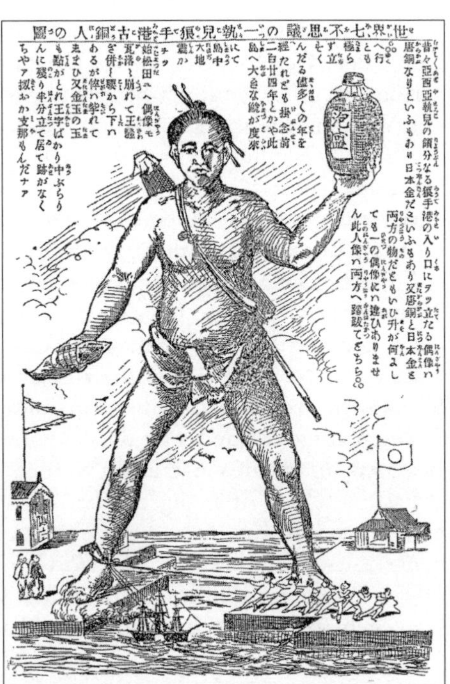

Abb. 24: Der Koloss von Ryūkyū (Anonym, Maru Maru Chinbun 24. 5. 1879)

20. Mai vergeblich gegen die endgültige Einverleibung protestierte. Die satirische Zeitschrift Maru Maru Chinbun kommentierte dies am 24. Mai 1879 mit einer Karikatur, die zeigte, wie Japaner den als unzivilisierten Naturmenschen dargestellten „Koloss von Ryūkyū", der bislang mit je einem Bein zu Japan und zu China gehört hatte, völlig auf ihre Seite hinüberzogen. Nach Hokkaidō, aber vor Taiwan wurde Okinawa zur neuen inneren Peripherie Japans.

Die Bewegung für Selbständigkeit

Im April 1874 gründeten Oppositionelle unter Führung von Itagaki Taisuke und Kataoka Kenkichi in ihrer Heimatstadt Kōchi eine politische Vereinigung, die sie „Gesellschaft der Selbständigen" (Risshisha) nannten. Sie einte der Glaube, dass jeder Mensch angeborene Rechte besitze und daher ein Anrecht auf Selbstverwaltung und Selbständigkeit habe. Die Zusammenarbeit selbständiger Männer sollte zum Wohlstand der Nation beitragen.

Strenggenommen einte sie noch eher ihre landsmannschaftliche und geburtsständische Herkunft. Die „Gesellschaft" verstand sich nur bedingt als politische Bewegung für das ganze Volk. Sie hatte ein konkretes Hauptanliegen, nämlich: den nach der Abschaffung der Stände verarmten Samurai wirtschaftlich zu helfen. Das zweite Anliegen stellte Aufklärungsarbeit dar, um westliche Lehren und Wissen auszubreiten. Die Berufung auf die „Selbständigen" knüpfte an einen Bestseller an, den Nakamura Masanao 1870-1871 unter dem Titel „Selbständige aus dem Westen" (Saigoku risshihen) aus dem Englischen ins Japanische übertragen hatte: Samuel Smiles' „Self Help" (1863). Einer der entscheidenden ersten Sätze in dieser Sammlung von illustren Beispielen erfolgreiche Männer lautete: „Der Geist der Selbsthilfe ist die Wurzel alles echten Wachstums im Individuum; und er stellt, im Leben Vieler an den Tag gelegt, die wahre Quelle für nationale

Kraft und Stärke dar."[54] Deshalb formulierte Ueki Emori, einer der führenden Köpfe der „Gesellschaft", 1880: „Ein guter Bürger ist, wer über Wissen und Mut verfügt, wer den Geist der Selbständigkeit und Unabhängigkeit und das Gefühl von Vaterlandsliebe und Loyalität besitzt ..."[55]

Ähnliche Vereine verbreiteten sich rasch im ganzen Land. Im Februar 1875 versammelten sich auf Einladung der „Gesellschaft der Selbständigen" Vertreter aller gleichgesinnten Vereine in Ōsaka und gründeten die „Patriotische Gesellschaft" (Aikokusha) als ihren Dachverband. Itagaki übernahm den Vorsitz.

Freilich gelang es der Regierung, die Opposition flugs zu integrieren: Ōkubo Toshimichi überzeugte Itagaki und Kido Takayoshi, im März wieder Ämter in der Regierung zu übernehmen. Teil des Geschäfts war jedoch, dass Kaiser Mutsuhito am 14. April 1875 „die allmähliche Errichtung einer konstitutionellen Staatsform" versprach. Außerdem sollten die Ausschüsse zur Linken und zur Rechten aufgelöst und statt dessen ein Ältestenrat, ein Gerichtshof und lokale Beamtenparlamente eingerichtet werden.

Fast im selben Atemzug, nämlich im Juni, erließ die Regierung allerdings auch eine Presseverordnung und ein Gesetz gegen Verleumdungen, mit denen regierungskritische Äußerungen in Wort und Bild bei Androhung von bis zu drei Jahren Gefängnis und bis zu 1.000 Yen Geldbuße unter Strafe gestellt wurden. Ganz geheuer war der Regierung das Meinungsklima nicht mehr.

Der Messeboom

Am 21. August 1877 öffnete die erste landesweite Inlandsmesse in Tōkyō-Ueno ihre Pforten. Schirmherr war Innenminister Ōkubo. Die Messe war ein großartiger Erfolg. Mehr als 16.000 Aussteller stellten rund 84.000 Produkte zur Schau. Während der 102 Ausstellungstage kamen 454.000 Besucher. Die Gesamtkosten betrugen die ungeheure Summe von 126.000 Yen. Ein neun Meter hohes Windrad, eine riesige Fontäne und vor allem das neue Kunstmuseum mit zusätzlichen Gebäuden für Maschinen, Landwirtschaft, Tiere und Gartenbau lockten das Publikum an.[56] Ziel der Veranstaltung, der noch weitere Inlandsmessen in Ueno (1881), Ōsaka (1891) und Kyōto (1895) folgten, sollte in erster Linie sein, das Interesse an fortschrittlicher Technik zu wecken. Die Besucherzahlen sprachen für sich: 1881 waren es mehr als 820.000, 1890 bereits 1 Million, 1895 1,1 Million Menschen.

---

[54] Zit. n. der Online-Version http://www.econlib.org/library/YPDBooks/Smiles/smlSH1.html#Chapter %201 (Stand: 21.8.2005). Vgl. Sarah Metzger-Court: „Economic Progress and Social Cohesion: ‚Self-Help' and the Achieving of a Delicate Balance in Meiji Japan". In: *Japan Forum* 3:1 (1991), S. 11-21

[55] Zit. n. Maruyama, *Loyalität und Rebellion*, S. 83

[56] Sasaki Suguru: *Nihon kindai no shuppatsu* [= Nihon no rekishi 17]. Shūeisha 1992, S. 27-33

Dass die japanische Industrie im Weltmaßstab noch nicht viel zu bieten hatte, war den Japanern allerdings ebenfalls klar. An der Wiener Weltausstellung 1873 beteiligten sie sich mit Erzeugnissen des traditionellen Kunstgewerbes: Lackwaren, Textilprodukten, Keramik, Elfenbeinschnitzerei und dergleichen, was in den Augen der Europäer Japan zu einem exotischen, industriefernen Land machte. Auf die Ausstellung von Malerei im europäischen Stil verzichtete Japan von vornherein, weil hier die Befürchtung herrschte, sich damit lächerlich zu machen. Selbst Ukiyoe-Holzschnitte galten als vulgär und daher wenig präsentabel.[57]

Industriepolitik

Bis zum Ende des 19. Jahrhunderts waren Rohseide, Tee, Kupfer und Steinkohle die wichtigsten Exportprodukte Japans. Ihr Anteil an der Ausfuhr sank aber kontinuierlich von fast 80 % im Jahr 1860 auf nicht einmal 40 % im Jahr 1900. Geschuldet war dies der ersten Phase der Industrialisierung, die durch den Aufbau von Leichtindustrie (vor allem Textilindustrie), Bergbau und moderner Kommunikationsinfrastruktur (Eisenbahn, Schiffahrt und Telegrafie) gekennzeichnet war. Ansätze für dies alles fanden sich bereits seit den 1850er Jahren unter dem alten Regime, und es ist keine Frage, dass Japans Industrialisierung auch ohne die Meiji-Renovation stattgefunden hätte. Sie wäre allerdings regional sehr viel heterogener ausgefallen, möglicherweise vergleichbar mit der Situation im gleichzeitigen Deutschen Reich.

Japans Hauptexportprodukte 1860-1900 (in Mio. Dollar)[58]

Produkt	1860		1870		1880		1890		1900	
Rohseide	2,595	66 %	4,431	30 %	8,607	30 %	13,859	24 %	44,657	22 %
Tee	0,309	8 %	4,431	30 %	7,32	26 %	6,068	11 %		
Kupfer	0,209	5 %					5,378	10 %	12,922	6 %
Steinkohle			0,298	2 %	1,086	4 %	4,796	8 %	20,032	10 %
Gesamt	3,954	100 %	14,543	100 %	28,395	100 %	56,604	100 %	204,430	100 %

Die Meiji-Regierung übernahm ab 1868 mit großer Begeisterung die vom Tokugawa-Bakufu und den einzelnen Fürstentümern eingerichteten modernen Fabriken, Werften und Bergwerke. Mit hohen Investitionen wurden neue staatliche Unternehmen gegründet, westliche Technik gekauft und ausländische Ingenieure

57 Sasaki, *Nihon kindai no shuppatsu*, S. 31 f

58 Nach Okazaki Tetsuji, Taniyama Esuke, Nakabayashi Masaki: *Nihon no saiki keizai hatten ni okeru kyōdōtai kankei no yakuwari: Bunken tenbō*. CIRJE, Faculty of Economics, University of Tokyo, CIRJE-J-133, Juni 2005, S. 16

Abb. 25: Inlandsmesse in Tōkyō-Ueno (Utagawa Hiroshige III., 1877)

verpflichtet, die das betriebswirtschaftliche und technische Know-how vermitteln sollten. In diesen Pionierbetrieben wurden moderne Produktionsmethoden eingeführt. Zu den herausragenden Projekten gehörten eine 1871 gegründete Schiffswerft in Hyōgo, die 1872 ins Leben gerufene Seidenspinnerei in Tomioka und seit 1873 die Kohlenmine in Miike. Ein wichtiger Schritt war 1872 die Zulassung von Nationalbanken nach amerikanischem Vorbild: Sie waren private Unternehmungen, die das Recht hatten, in bestimmten Grenzen (anfangs gegen Silberdeckung) Geldnoten auszugeben. Die erste Bank gründete Shibusawa Eiichi 1873 mit Geld von Mitsui; 1879 gab es bereits 153 von ihnen.

1874 äußerte sich Ōkubo Shigenobu in einer Denkschrift über Industrieförderung:

„Stärke und Schwäche eines Staates rühren mehr oder weniger aus Armut und Wohlstand seiner Bevölkerung her. Armut und Wohlstand der Bevölkerung wiederum hängen vom Umfang der Produktion ab. Doch der Umfang der Produktion hängt davon ab, ob die industriellen Fertigkeiten der Bevölkerung auf dem neuesten Stand sind oder nicht. Noch aber ist deren Quelle nicht ohne Förderung durch Regierung und Verwaltung zu erreichen."[59]

[59] Zit. n. Toriumi, *Nihon no kindaishi*, S. 31

Demnach sollte die Politik der Wirtschaft helfen, um einen starken Staat garantieren zu können. Dabei wurde dem Aufbau einer modernen Infrastruktur Vorrang gegeben; darunter fielen die Eisenbahn, aber auch Seewege und der Telegraf. Großkonzerne wie Mitsui, Mitsubishi und Sumitomo profitierten von staatlicher Förderung, konnten Kapital bilden und wurden zu Stützen des privatwirtschaftlichen Wachstums.

Brot, Bier und die innere Peripherie

Am 4. April 1875 machte Yamaoka Tesshū dem Kaiser bei einem Kirschblütenfest ein besonderes Geschenk: Ein Hefeteig-Gebäck, das mit einer süßen Masse aus rotem Bohnenmus gefüllt war. Das war soeben von Kimura Yasubē erfunden worden, einem ehemaligen Samurai, der auf der Ginza-Straße in Tōkyō eine Bäckerei eröffnet hatte. Er nannte seine Erfindung *Anpan* (aus *an*ko = Bohnenmus und *pan* = Brot).[60] Sie ist bis heute in Japan beliebt. Die Hauptsache war jedoch eine andere. Yamaoka, der früher Lehrer an der offiziellen Militärschule des Bakufu und ein enger Mitarbeiter Katsu Kaishūs war, hatte in den 1860er Jahren den Begriff Bushidō („Weg des Kriegers") erfunden und definiert als „etwas, was vom Geist ausgeht und sich zur Form bewegt". Der Zusammenhang zwischen *Anpan* und Bushidō war zweifach: Hier hatte ein ehemaliger Krieger eine Idee in die Tat umgesetzt und damit eine japanische Idee mit westlichen Mitteln (Brot) zu einer perfekten Synthese geformt. Und zweitens war *Anpan* ein kalorienreiches, wohlschmeckendes, haltbares, billiges, leicht zu transportierendes Nahrungsmittel – gerade richtig für die moderne Armee. *Anpan* gehörte fortan zur Grundausstattung des japanischen Soldaten, der sich an hartes Brot nie gewöhnen mochte.

Im Juni 1877 schenkten Kolonisten – die meisten von ihnen waren ehemalige Samurai – aus der Stadt Sapporo Kaiser Mutsuhito eine Kiste selbstgebrautes Bier. Ab Herbst desselben Jahres ging es als „Sapporo-Bier" in den Verkauf. Wieder hatte sich erwiesen, dass Samurai Unternehmergeist besaßen. Vor allem aber taten sie etwas für eine bessere Ernährung der Massen.

[60] Ōyama Mahito: *Ginza Kimuraya anpan monogatari.* Heibonsha 2001

Preisbeispiele für die 1870er und 1880er Jahre[61]

Ware	Einheit	Preis (Sen)	Jahr	Dienst-leistung	Einheit	Preis (Sen)	Jahr
Anpan	Stück	0,5	1874	Hand-werker	Tag	45	1877
Manjū-Kloß	Stück	0,5	1877	Tagelöhner	Tag	21	1880
Soba-nudeln	Portion	1,0		Professor, Tōkyō-Universität	Monatliche Unterrichts-einheit	100	1879
Bier	633 ml	16					
Sake	1,8 l	4,5		Polizist	Monat	600	1881
Reis	1 kg	5,1		Miet-wohnung	Monat	8	1879
Sojapaste	1 kg	4	1879	Zeitung	Monat	18	
Hühnerei	1 kg	27		Haarschnitt		8	1882
Rindfleisch	1 kg	30	1880	Postkarte		1	1883

Anpan und Bier waren Teil der Ernährungsrevolution des modernen Japan; ihre Verbindung zum Kaiser, der bislang nur als Schutzpatron des Sake aufgetreten war, kam nicht zufällig. Beide Nahrungsmittel wurden ohne Reis hergestellt. Reis aber galt bisher in Japan als das edelste Lebensmittel. Der Kaiser wollte dies ändern. 1872 wurde das am Kaiserhof seit dem Altertum geltende Verbot von Fleisch aufgehoben. Nun sollten dem Kaiser Rind- und Schafsfleisch routinemäßig, Schwein, Hirsch und Hase gelegentlich vorgelegt werden. Wenige Wochen später versuchten Anhänger einer esoterischen Shintō-Sekte in den Palast einzudringen, um zu verhindern, dass der Kaiser Fleisch zu sich nahm. Sie behaupteten, seit die Barbaren nach Japan eingedrungen seien, äßen die Japaner nur noch Fleisch und verschmutzen dadurch ihr Land.[62] Fleischgenuss (meist von Wildschwein) kam in Oberschicht und Volk während der Frühen Neuzeit durchaus vor, doch gab es so gut wie keine Fleischproduktion: Die herrschende buddhistische Lehre und der nativistische Mythos vom Reis als Seele Japans sprachen dagegen.[63] Noch in den frühen Grundschulfibeln des Kultusministeriums war zu

61 Nach Sasaki, *Nihon kindai no shuppatsu*, S. 45

62 Harada Nobuo: *Rekishi no naka no kome to niku*. Heibonsha 2005, S. 22-25

63 Majima Ayu: „Eating Meat, Seeking Modernity: Food and Imperialism in Late Nineteenth and Early Twentieth Century Japan". In: *ICU hikaku bunka* 34 (2002): 95-121; Klaus Vollmer: „Kegare und der Hunger nach Fleisch. Anmerkungen zu Ideologie, Wissenschaft und Alltagskultur in der Edo-Zeit". In: Ulrich Apel, Josef Holzapfel, Peter Pörtner (Hgg.): *Referate des 10. Deutschsprachigen Japanologentages vom 9. bis 12. Oktober 1996 in München*. München 1996 (CD-Version)

lesen: „Japaner essen für gewöhnlich Getreide und Fisch. Westliche Menschen essen für gewöhnlich Fleisch von Tieren und Vögeln."[64] Die Grenze zwischen Japanern und Ausländern zog hier der Fleischgenuss.

Dies musste sich ändern, nicht nur um der modernen Ernährunglehre willen, welche durch Fleischgenuss größere, kräftigere und gesündere Körper versprach. Es ging vielmehr um den Körper des Staates insgesamt: In den inneren Peripherien, die Japan seit den 1870er Jahren erwarb und erschloss – Hokkaidō, Okinawa, Taiwan und Korea – wurde weniger Wert auf die Reisproduktion gelegt, und es gab hier auch keine ideologischen Vorbehalte gegen Fleischgenuss.[65] Wer die Grenzen Japans ausdehnen wollte, musste anfangen, Fleisch, Brot und Bier als Nahrungsmittel zu akzeptieren.

2.1.4 Alte und neue Kameraden

Rebellionen und Revolution

Im Februar 1874 erhob sich Etō Shinpei mit 12.000 unzufriedenen Samurai in der Präfektur Saga. Nach wenigen Tagen wurde die Rebellion von Regierungstruppen niedergeschlagen. Saigō Takamori ermöglichte Etō die Flucht, doch dieser wurde unterwegs aufgegriffen und am 13. April enthauptet. Saigō selbst gründete 1874 in seiner Heimat Kagoshima (ehemals Satsuma) eine Privatschule als Sammelbecken der Unzufriedenen. Neben landwirtschaftlichen Projekten und moralischer Erbauung stand hier auch militärische Ausbildung auf dem Programm. Dies alles geschah in enger Abstimmung mit der Lokalverwaltung.

Als 1876 die letzten Samurai-Privilegien abgeschafft und die Soldzahlungen eingestellt wurden, kam es in mehreren Gegenden Japans zu Aufständen unzufriedener Samurai. Schwerpunkte waren Kyūshū und das ehemalige Chōshū: Gegenden also, deren Samurai entscheidend zum Sturz der Tokugawa beigetragen hatten, deren Samurai-Bevölkerung aber auch überdurchschnittlich hoch war. Diese Rebellionen wurden rasch und blutig niedergeworfen. Vorsorglich wollte die Zentralregierung auch ein Waffenlager in Kagoshima räumen, weil die Unzufriedenheit der um Saigō gescharten Samurai bekannt war. Doch Saigōs Leute waren schneller und stahlen die Waffen. Im Februar 1877 brachen 23.000 schlecht ausgerüstete Krieger unter Saigōs Führung zu einem Marsch auf Tōkyō auf. Dies war der Beginn des „Südwest-Krieges" (Satsuma-Rebellion). Viele kleine Gruppen von Aufständischen im ganzen Land griffen nun ebenfalls zu den Waffen. Doch die Rebellen blieben erfolglos. Ihre Belagerung der Burg Kumamoto scheiterte. Die Regierung schickte Saigōs Heer mehr als 60.000 eigene Soldaten unter Nogi Maresuke und Kuroda Kiyotaka entgegen, die deutlich besser bewaffnet waren und nach monate-

64 *Shōgaku nyūmon*. Tōkyō: Komori Sōjirō 1876, S. 21
65 Harada, *Rekishi no naka no kome to niku*, S. 268 f

langen Kämpfen im September 1877 in Kagoshima den entscheidenden Sieg errangen. Saigō Takamori gab sich am 24. September den Tod. Der Gouverneur von Kagoshima und 21 weitere Beteiligte wurden exekutiert.[66]

Nach dem „Südwest-Krieg" kam es zwar zu keinen größeren Erhebungen mehr. Doch Ōkubo Toshimichi selbst wurde im Mai 1878 von sechs ehemaligen Samurai ermordet, die seine „Beamtentyrannei" beseitigen wollten. Alle Attentäter wurden enthauptet.

Eine Meuterei von mehr als 200 kaiserlichen Leibgardisten, die im August 1878 zum Sturm auf den provisorischen Kaiserpalast in Tōkyō ansetzten, wurde bereits nach weniger als drei Stunden unterdrückt. Dennoch war die Armeeführung höchst alarmiert. 55 Meuterer wurden hingerichtet; davon waren nur vier ehemalige Samurai. Es handelte sich also um einen Aufstand bürgerlicher und bäuerlicher Soldaten. Klassisch war das Motiv, das sie nannten: zu geringer Sold und keine Belohnung für ihren Einsatz im Südwestkrieg. Neu war ein Motiv, das sie zwar nicht nannten, das ihnen aber einer ihrer Majore als Lehrer vermittelt hatte: Eine Revolution, die eine schlechte Regierung beseitigen wolle, sei nichts Böses.[67] Es war das erste Mal, dass die moderne Armee ihr revolutionäres Potential offen zeigte.

Armeeminister Yamagata Aritomo reagierte im Oktober 1878 mit einem Erlass an die Soldaten. Darin prägte er seinen Soldaten ein, ihre Tugenden seien Treue, Mut und Gehorsam. Politische Äußerungen seien ihnen verboten. 1882 ergänzte der Kaiser in einem Edikt für das Militär, die Soldaten seien Soldaten des Kaisers und daher ihm gegenüber zum Gehorsam verpflichtet; die politischen Geschäfte seien davon zu trennen. Dies war anders gemeint, als es später verstanden wurde: Hier ging es um die Abwehr liberalen und revolutionären Gedankenguts, um die politische Neutralität der Armee, d.h. ihre bedingungslose Verfügbarkeit für den Staat, zu garantieren. Fünfzig Jahre später wurde dies genau andersherum interpretiert: dass die Armee nur dem Kaiser zum Gehorsam verpflichtet war, nicht aber der zivilen Regierung.

Kriegsgedenken

Der Shōkon-Schrein in der Nähe des Kaiserpalastes in Tōkyō, der ursprünglich der Pflege des Andenkens der Toten des Boshin-Bürgerkrieges geweiht war, wurde bereits 1875 umgewidmet, als auch die Seelen der seit 1853 getöteten Kaisertreuen dort umsorgt werden sollten. 1877 kamen die mehr als 5.000 Gefallenen des Südwestkrieges hinzu. 1879 wurde das Heiligtum schließlich in Yasukuni-Schrein (*yasukuni* = „friedliches Land") umbenannt. Es entsprach der shintōistischen Vorstellung, dass die Seelen friedlos verstorbener Krieger rituell besänftigt werden mussten, und erfüllte gleichzeitig den Zweck einer zentralen

[66] Koike-Good, *Auflösung der Samuraiklasse*, S. 158-200
[67] Sasaki, *Nihon kindai no shuppatsu*, S. 43-50

Abb. 26: Schlacht vor Kumamoto, April 1877 (Daiso Kazutoshi, 1877)

Heldengedenkstätte.[68] Als eine Maßnahme zur Integration des Militärs in den symbolischen Raum der Moderne und zur Versöhnung der Bürgerkriegs-Opfer wurde 1881 auf Wunsch des Militärs und mit Unterstützung der Regierung auf dem Gelände des Yasukuni-Schreins in Tōkyō ein Museum zum Andenken an den Südwestkrieg eröffnet.[69] Der von einem italienischen Architekten entworfe-

68 Klaus Antoni: *Der himmlische Herrscher und sein Staat. Essays zur Stellung des Tennō im modernen Japan*. München 1991

69 Kinoshita Naoyuki: „Sensō hakubutsukan no hajimari." In: *Kansei no kindai: 1870-1910 nendai 2* [= Iwanami kōza kindai Nihon no bunkashi 4]. Iwanami Shoten 2002, S. 115-146. Tsubouchi Yūzō: *Yasukuni*. Shinchōsha 1999 beschreibt, wie der Schrein von einem zunächst öffentlichen Raum zu einem nationalistischen Symbol wurde.

ne Bau erhielt nach einem Wort des daoistischen Philosophen Xunzi („Wo ein Edler wohnt, ist ein erlesener Ort, und auf Reisen ist er gewiß zusammen mit Gelehrten. Dadurch wehrt er Bösheit ab und zieht Rechtschaffenheit an.“) den Namen Yūshūkan. Dort sollten Waffen aus dem Krieg, strategische Schriften sowie Votivtafeln *(ema)* ausgestellt werden. Die Namen der Toten wurden auf Gedenksteinen festgehalten. Im Jahr 1883 befanden sich folgende historische Bilder im Museum:[70]

[70] Nach *Yūshūkan reppin mokuroku 1*. Verlag des Heeresministeriums 1883, S. 109-111, und Kinoshita, „Sensō hakubutsukan no hajimari“, S. 131 f

Titel	Jahr	Anmerkung
1 Notkrankenhaus Ōsaka	1878	Besuch des Kaisers im Krankenhaus, gestiftet von einem Militärarzt, gemalt von Goseda Hōryū
2 Gestrandetes Schiff		Bild von der Schlacht vor Burg Kagoshima
3 Nächtlicher Kampf		Dito, gestiftet von einem Lehrerverband
4 Krieg		Dito
5 Abrieb vom Shintō-Grabstein des Herrn Ōmura [Masujirō]		Geschrieben von Prinz Arisugawa
6 Rüstung	1879	Gestiftet von zwei Privatmännern, gemalt von Takahashi Yuichi
7 Nächtlicher Kampf		Schlacht bei Kumamoto
8 Krieg		Schlacht bei Uekizaka, gestiftet von einem Lehrerverband
9 Krieg	1878	Seeschlacht, gestiftet vom Polizeipräsidium
10 Nächtlicher Kampf		Artilleriestellung vor Kumamoto
11 Preußisch-französischer Krieg		
12 Dito		
13 Bild eines ausländischen Adligen		
14 Dito		
15 Dito		Bild des Ōishi Shinzaburō, gestiftet von einem Privatmann
16 Schlacht des Maeda Toshiie bei Marune		Gestiftet von einem Privatmann
17 4 Fotografien von Wunden während des Südwest-Krieges		Gestiftet vom Militärmedizinischen Hauptamt
18 Gemälde von Schwertern, Hellebarden und Spießen		Gestiftet vom Polizeipräsidium

Es fällt auf, dass neben japanischen Szenen in zwei Bildern auf den preußisch-französischen Krieg verwiesen wurde. Das japanische Heer orientierte sich in Ausbildung und Strukturen stark am preußischen Vorbild. Zudem sah man den Südwest-Krieg offenbar auch als eine Art nationaler Einigungskrieg, wie dies 1870-1871 in Deutschland der Fall gewesen war. Die beiden Künstler, deren Bilder hier identifiziert wurden, waren Takahashi Yuichi, einer der bekanntesten Maler im westlichen Stil, sowie Goseda Hōryū, der für seine Yokohama-Bilder bekannt war. Ein weiterer Künstler steuerte noch Ölgemälde lebender Generäle im westlichen Stil bei. So verbanden sich die Bilder der Lebenden mit dem bildhaften und materiellen Andenken an die Toten; gestiftet wurde diese Verbindung durch die Auftraggeber, zu denen neben Staat und Militär auch die Nachkommen und engagierte Einzelpersonen gehörten. Das Museum wurde zu einem Raum, in dem die körperliche Erfahrung der Gefallenen vergesellschaftet wurde.[71] Die Wirkung, die eine solche Gedenkstätte auf die Besucher ausübte, war allerdings kaum kontrollierbar. Ein Schüleraufsatz von 1890, der Eindrücke einer Klassenreise ins Museum wiedergab, erging sich beispielsweise in seitenlangen, minuziösen Schilderungen der ausgestellten Geschütze und Schusswaffen, bevor er knapp schloss: „Es gibt auch Bilder aus dem Südwest-Krieg, die zu Herzen gehen und einen die dramatischen Kämpfe vor dem geistigen Auge sehen lassen. Und es gibt auch Bilder von Graf Yamagata, Graf Saigō und vielen anderen Offizieren."[72]

Schrein und Museum wurden nach allen weiteren Kriegszügen auf dieselbe Weise erweitert und stellen bis heute eine zentrale Weihestätte des japanischen Staatskörpers dar.

Doch hinter dem ehrenden Gedächtnis steht die Bedeutung des Militärs als „integraler Teil von Japans Modernisierungsprozess" (Nobutaka Ike).[73] Die Armee war ein großer Modernisierer: Sie half bei der Integration der Menschen aller Schichten in den symbolischen Raum, wurde das Sprungbrett des Patriotismus und des modernen Lebensstils: Westliche Kleidung (Uniformen), Lese- und Schreibkenntnisse, die Benutzung von Eisenbahn, Kraftfahrzeugen, Telegrafie, Telefonie, Taschenuhren, Fotoapparaten, Filmkameras, das Singen im Chor, das Spielen westlicher Musik, moderner Sport und modernisierter Kampfsport, Aufenthalte im Ausland, ja sogar Bräuche wie die Hochzeitsfeier nach Shintō-Ritus[74] – all dies war vor allem für jene Menschen mit der Armee verbunden, die aus nichtstädtischen Milieus stammten. Gleichzeitig war sie der große Umvertei-

71 Kinoshita, „Sensō hakubutsukan no hajimari", S. 136

72 Anonym: „Yūshūkan jūran no ki". In: *Yōnen bunpan*. Gakureikan 1890, S. 99-108; hier S. 108. Die Herausgeber lobten diesen Aufsatz, weil er „sich an die Tatsachen hielt und nichts ausließ" (ebd. S. 100).

73 Nobutaka Ike: „War and Modernization". In: Robert E. Ward (Hg.): *Political Development in Modern Japan*. Princeton 1968, S. 189-211, hier S. 189

74 Ōbayashi Taryō: „Der Ursprung der shintōistischen Hochzeit". In: Klaus Antoni (Hg.): *Rituale und ihre Urheber. Invented Traditions in der japanischen Religionsgeschichte* (Hamburg 1997), S. 39-48

ler: Die Kriege der Armee dienten dem „Transfer von Unterdrückung“ (Maruyama Masao),[75] sie zerrissen, von den Familien angefangen, soziale Strukturen, verschoben materielle und kulturelle Werte und ersetzten diese durch die Teilhabe am symbolischen Raum, die sich in Einrichtungen wie dem Yasukuni-Schrein und dem Yūshūkan-Museum, aber auch ungezählten Statuen und Gedenktafeln im ganzen Land darstellte. Zu den ersten öffentlichen Statuen gehörte ein Standbild für den Rebellen Saigō Takamori im Park von Tōkyō-Ueno, unweit der Stelle, an der die Shōgitai-Rebellen ihr letztes Gefecht gaben. Auch das moderne Japan pflegte seine Schwäche für gescheiterte Helden.[76]

Regionaler Imperialismus

Mit Kanonenbootpolitik erzwang Japan die diplomatische Öffnung Koreas und schloss mit ihm am 27. Februar 1876 den Vertrag von Kanghwa, einen Ungleichen Vertrag nach dem Muster jener Verträge, die Japan mit den westlichen Mächten abgeschlossen hatte: Die Japaner erhielten Exterritorialität und Zollfreiheit; drei koreanische Häfen (darunter Pusan) wurden für Japan geöffnet. Japanische Händler durften dort mit japanischer Währung bezahlen. Außerdem betrachtete Japan Korea als unabhängig von China – eine eklatante Provokation der chinesischen Suzeränitätsansprüche.

Der Taewŏn'gun (Großprinz) Yi Haung, der Vater des Königs, ergriff 1882 die Macht, um die Landesöffnung rückgängig zu machen; doch auf Bitten der Königin Min intervenierte China gegen den Taewŏn'gun. Der Preis dafür war eine erneute Anlehnung des Königshauses an China. Aber auch Japan griff ein und besetzte Seoul. Im Vertrag von Chemulp'o vom 30. August 1882 verpflichtete sich Korea zu Entschädigungszahlungen an Japan und erlaubte die Stationierung japanischer Truppen in Seoul.

China steuerte nun im Hintergrund den Aufbau einer modernen Verwaltung und Armee, sicherte sich aber gleichzeitig die Kontrolle über die Außenwirtschaft. Ab 1882 vermittelte China Verträge mit den USA, Großbritannien, Deutschland, Italien, Russland, Frankreich und Österreich-Ungarn.

Kim Okkyun war ein Hofadliger, für den Japan das Vorbild für eine erfolgreiche Übernahme der westlichen Zivilisation darstellte. Seit 1882 arbeitete er eng mit Fukuzawa Yukichi und dessen Schülern zusammen. Mit Unterstützung des japanischen Gesandten führte Kim im Dezember 1884 einen Staatsstreich durch, der aber von chinesischen Truppen niedergeschlagen wurde. Kim floh daraufhin nach Japan (Kōshin-Zwischenfall). Dabei kam es zu einem Zusammenstoß zwischen chinesischen Truppen und der Wache der japanischen Botschaft.

---

75 Zit. nach Ike, „War and Modernization“, S. 204

76 Vgl. Ivan Morris: *Samurai oder Von der Würde des Scheiterns. Tragische Helden in der Geschichte Japans.* Frankfurt a. M. 1989

Itō Hirobumi vereinbarte mit Chinas Außenminister Li Hongzhang im Vertrag von Tianjin eine Deeskalation; Japan und China versprachen, sich vor neuerlichen Interventionen gegenseitig zu benachrichten. 1885 wurden Kims mehr als 130 japanische Helfer aus dem liberalen Lager, darunter Ōi Kentarō, in Ōsaka verhaftet und zu teilweise langjährigen Haftstrafen verurteilt. Aus Enttäuschung über die koreanische Haltung publizierte Fukuzawa Yukichi am 16. März 1885 einen Aufsatz, in dem er forderte, Japan solle sich „weg von Asien" bewegen und seine falschen Freunde dort aufgeben.[77]

2.1.5 Der Weg zur Verfassung

Bewegung für Freiheit und Volksrechte

Die von Itagaki und seinen Gesinnungsgenossen organisierten Selbsthilfe-Vereine rangen in den 1870er Jahren heftig um eine Haltung zu den Samurai-Rebellionen. Die einen wollten Saigō Takamoris Kampf unterstützen; die anderen setzten darauf, ihrer Forderung nach der Eröffnung eines Parlaments durch eine Petition Nachdruck zu verleihen. Diese Petition wurde von der „Gesellschaft der Selbständigen" im Juni 1877 dem Kaiser übergeben. Darin wurde die gegenwärtige Regierung scharf kritisiert. Die wichtigsten Kritikpunkte waren: Die praktizierte Despotie der Regierung widerspreche dem 5-Artikel-Throneid von 1868 und dem Verfassungsversprechen von 1875. Die Finanzpolitik sei gescheitert, die Steuern zu hoch. Japans Diplomatie sei erfolglos. Um die Unabhängigkeit des Staates und die Sicherheit des Volkes zu stärken, sei es das Beste, ein vom Volk gewähltes Parlament einzurichten. Der Kaiser lehnte jedoch, wie nicht anders zu erwarten, ab.

Ōkubo setzte vor seiner Ermordung noch drei neue Gesetze durch, mit denen ab Frühjahr 1879 Regionalparlamente in allen Präfekturen eingerichtet werden sollten. Wahlberechtigt waren alle Männer ab 20 Jahren, die mindestens fünf Yen Grundsteuer bezahlten. Diese Parlamente sollten das Haushaltsrecht für regionale Steuern erhalten. Die Bürgerrechtler nutzten diese Regionalparlamente als Vehikel für ihre nationalen Forderungen. Sie verbündeten sich dabei mit Großbauern und Grundbesitzern. So veränderte sich der Charakter der Bewegung von einer Samurai-Initiative zu einer Bewegung, die auf die ganze Gesellschaft abzielte. 1879 kritisierte auch Fukuzawa die Entfremdung zwischen Beamten und Volk und nannte den Wettbewerb als freies Spiel der Kräfte die Triebkraft von Zivilisation und Fortschritt. Der „Kampf ohne Waffen" zwischen Regierung und Opposition im Parlament sowie Regierungswechsel nach englischem Vorbild seien der beste Weg, um den Gegensatz zwischen Beamten und Volk zu überbrü-

---

[77] Miwa Kimitada: „Fukuzawa Yukichi's ‚Departure from Asia'. A prelude to the Sino-Japanese war". In: *Monumenta Nipponica*, Special Issue (1968), S. 1-26

cken, Politik und Gesellschaft zu stabilisieren und den zivilisatorischen Fortschritt zu sichern.

Einen ersten Höhepunkt erlebte die Volksrechts-Bewegung 1880. Im März versammelten sich die Delegierten von 87 Untergliederungen der „Patriotischen Gesellschaft", die 87.000 Mitglieder in 24 Präfekturen vertraten, zur Gründung einer „Union für die Durchsetzung des Parlaments" in Ōsaka. Im April wollten Kataoka und andere Repräsentanten der Regierung in Tōkyō eine neue Petition übergeben, doch die Regierung verweigerte die Annahme. Immer mehr Regionalparlamente übernahmen aber die Forderungen der Union. Insgesamt wurden rund 70 Petitionen in diesem Sinne beschlossen. Nachdem Finanzminister Ōkuma Shigenobu im März 1881 dem Kabinett seine eigene Petition vorlegte, erstellten viele Bürgerrechtler von April bis Juni 1881 „private" Verfassungsentwürfe. Die meisten verfolgten ein Konsensmodell in Form einer konstitutionellen Monarchie nach angelsächsischem Muster, in der es ein von Teilen des Volkes gewähltes Parlament geben sollte. Ein an den USA orientiertes Konfliktmodell legte dagegen Ueki Emori vor: Beim Monarchen sollte die Exekutive liegen, beim Parlament die Legislative. Auch konservative Vorschläge, die auf ein monarchistisches Modell hinausliefen, wurden vorgelegt.[78]

Erneute Spaltung der Regierung

Gegenüber dem gestiegenen Druck durch die Bürgerrechtsbewegung befand sich die Regierung in einer schwachen Position. Dem Südwest-Krieg, der immense Kosten verursacht hatte, folgte eine Inflation: Dies war gut für die Bauern, deren reale Belastung sank, aber übel für die Staatsfinanzen. Inoue Kaoru, Itō Hirobumi und Ōkuma Shigenobu bestanden auch nach der Ermordung Ōkubos auf der Fortführung der begonnenen Reformen. Doch die Regierung fand zu keiner gemeinsamen Linie. Dies galt auch in der Frage des Parlamentarismus. Verschiedene Regierungsmitglieder vertraten unterschiedliche Ansichten.

Im März 1881 reichte Ōkuma seinerseits eine Petition zur Einrichtung eines Parlamentes ein. Er orientierte sich am angelsächsischen Modell, wie es auch Fukuzawa Yukichi vorschwebte. Das Parlament sollte sich auf Parteien stützen. Das Kabinett sollte dem Parlament verantwortlich sein und von der Mehrheitsfraktion gestellt werden. Es sollte zwischen politischen Beamten, die beim Wechsel der Regierung ausgetauscht wurden, und Fachbeamten, die davon unberührt blieben, getrennt werden, um die Kontinuität der Verwaltung zu gewährleisten. Der Kaiser sollte 1881 oder 1882 eine Verfassung verkünden. 1882 sollte eine allgemeine Wahl folgen, 1883 die Eröffnung des neuen Parlamentes.

Itō nannte Ōkumas Vorschläge, insbesondere den knappen Zeitplan, „unglaublich progressiv". Er sah darin Verrat an den Bestrebungen der „Aufgeklär-

[78] Reinhard Zöllner: „Engrafted System. Mori Arinori's Representation Proposals". In: *Monumenta Nipponica* 46:3 (1991), S. 293-327

ten" in der Regierung, sich gegen die „Konservativen" (im wesentlichen ehemalige Satsuma-Samurai, angeführt durch Kuroda Kiyotaka) in Senat und Regierung zu behaupten und dennoch nicht unter den Einfluss der Opposition zu geraten.

Zur selben Zeit decken liberale Zeitungen einen Skandal um die Privatisierung der Liegenschaften und Unternehmungen der Hokkaidō-Entwicklungsbehörde auf. Der Leiter der Behörde war Kuroda Kiyotaka. Er beabsichtigte, wertvolle Stücke aus der Privatisierungsmasse zu Schleuderpreisen an Angehörige der Behörde und vor allem an seinen Landsmann Godai Tomoatsu zu verkaufen. Godai war nach einer kurzen Zeit als Beamter zu einem der mächtigsten Unternehmer in Ōsaka geworden. Die öffentliche Kritik verteilte sich nun auf zwei große Themen und schweißte Inoue und Itō mit der Satsuma-Fraktion zusammen. Im Juli 1881 stellte Iwakura Tomomi unter seinem Namen eine Denkschrift über die Verfassung vor, die in Wirklichkeit aus der Feder Inoue Kaorus stammte und eine entschiedene Stellungnahme gegen Ōkubos Ideen darstellte. Darin wurde der angelsächsische Parlamentarismus kritisiert und eine Hinwendung zur preußischen Staatslehre gefordert; Japan sollte dem Vorbild Preußens folgen, ohne den Spielraum für spätere Entwicklungen aufzugeben. Der Kaiser sollte zahlreiche wichtige Rechte behalten, darunter die Ernennung von Offizieren und Beamten sowie die Verkündung von Kriegserklärungen und internationalen Verträgen. Das Parlament sollte aus zwei Kammern bestehen. Die Regierung sollte dem Parlament nicht verantwortlich sein. Falls das Parlament keinen neuen Haushalt genehmigte, sollte der Vorjahreshaushalt weitergelten. Die meisten dieser Überlegungen gingen tatsächlich in die spätere Verfassung ein.

Diesem Memorandum folgte am 12. Oktober 1881 ein kaiserlicher Erlass: 1890 sollte das nationale Parlament eingerichtet werden. Ōkuma wurde aus seinen Ämtern entlassen. Zugleich wurde die Privatisierung der Hokkaidō-Entwicklungsbehörde eingestellt, und Kuroda legte sein Amt als Leiter der Behörde nieder. Es kam daraufhin zu einer Rücktrittswelle von Ōkuma-Anhängern in der Regierung: Postminister Maejima Hisoka und hohe Beamte wie Yano Fumio, Inukai Tsuyoshi und Ozaki Yukio gingen in die Opposition.

Die „Vereine für Selbständigkeit" organisierten sich jetzt in Form einer politischen Partei. Am 18. Oktober gründeten sie die Liberale Partei (Jiyūtō), deren Präsident Itagaki Taisuke wurde. Ōkuma Shigenobu folgte im April 1882 mit der „Konstitutionellen Fortschrittlichen Partei" (Rikken Kaishintō).

Matsukata-Deflation

Die Wirtschaftspolitik dieser Phase wurde von Matsukata Masayoshi dominiert, der von 1881 bis 1892 Finanzminister war. Südwest-Krieg und Handelsdefizit hatten eine Inflation verursacht, die Matsukata mit Einnahmensteigerungen und Ausgabensenkungen sowie einer Stabilisierung der Währung bekämpfen wollte. 1882 ließ er die Bank von Japan gründen, ein Jahr später durften die privaten Nationalbanken keine Geldscheine mehr drucken und wurden zu normalen Geschäftsbanken. 1885 führte Matsukata den Silberstandard ein; alle neuen Banknoten und Münzen wurden durch die Bank von Japan ausgegeben. Die Inflation schlug in Deflation um. Die sinkenden Preise für Reis und Rohseide führten dazu, dass viele Bauern ihr Land verkaufen und Pächter werden mussten. Außerdem begann die Regierung 1882 mit dem Verkauf ihrer Staatsbetriebe an Privatleute. Finanzkräftige Großunternehmer und Kaufleute konnten dadurch zu günstigen Preisen in die Industrialisierung einsteigen. Es kam zu einem Gründerboom, der zunächst die Textilindustrie und das Eisenbahnwesen betraf. Die Einführung des mechanischen Webstuhls revolutionierte die Produktion und machte japanische Baumwolle auf dem Weltmarkt konkurrenzfähig. Das private Eisenbahnnetz war 1891 bereits doppelt so lang wie das staatliche. Matsukatas Politik war demnach aus der Sicht der Gesamtwirtschaft und des Staates überaus erfolgreich.

Bauernunruhen und die Liberalen

Doch den Preis für Matsukatas Erfolg zahlten die Bauern. Unterstützt durch liberale Politiker protestierten im November 1882 Bauern in der Präfektur Fukushima (ehemals Aizu) gegen die steigende Belastung mit Straßenbaugebühren und andere Steuern und stießen mit der Polizei zusammen. Mehrere Liberale wurden wegen umstürzlerischer Umtriebe zu Gefängnisstrafen verurteilt, Hunderte von Bauern sollten Bußgelder zahlen. Im März 1883 wurden liberale „Verschwörer" in der Präfektur Niigata entdeckt und inhaftiert. Als sich unter dem Einfluss von Hoshi Tōru die Liberale Partei 1884 dazu entschied, nur noch mit friedlichen Mitteln gegen die Regierung zu kämpfen, setzte eine Gruppe von radikalen Abweichlern ihren Kampf im Untergrund fort. Im September 1884 schlugen sie auf dem Kaba-Berg in der Präfektur Ibaraki ihr Hauptquartier auf, zogen Fahnen auf, welche zum Sturz der Regierung aufriefen, raubten Geld und verteilten Flugschriften. Die Polizei umstellte den Hügel. Sieben der Radikalen wurden hingerichtet, sieben weitere erhielten lebenslange Haft. Im Oktober löste sich die Liberale Partei vorsichtshalber auf.

Im November erhoben sich Tausende verarmter Bauern aus der Chichibu-Region in der Präfektur Saitama. Sie litten besonders unter Matsukatas Deflationspolitik. Der Reispreis, von dem ihr Lebensunterhalt abhing, war von 12,5 Yen je *koku* im Jahr 1881 auf 4,8 Yen 1884 gesunken.[79] Wiederum angeleitet von liberalen Radikalen, gründeten die Aufständischen die „Partei der armen Menschen von Chichibu" und sammelten Waffen für ihre Verteidigung. Ihre Forderungen waren langfristiger Zahlungsaufschub für Kredite, Verringerung der Verwaltungskosten, Aufhebung der kostspieligen Dorfschulen für drei Jahre sowie Steuerermäßigung. Die Bauerntruppen griffen Polizeireviere, Behörden und Gerichte an, vernichte-

[79] Sasaki, *Nihon kindai no shuppatsu*, S. 167. Vgl. Irokawa Daikichi: *Meiji no bunka*. Iwanami Shoten 1997, S. 171-222

ten deren Akten, brannten die Häuser von Zinswucherern nieder, zerstörten deren Schuldscheine und erpressten Geld von den Reichen – gegen Quittungen mit der Aufschrift „Revolutionäres Hauptquartier“. Nach wenigen Tagen umstellten Truppen der Militärpolizei die aufständische Region. Die Bauerntruppen lösten sich rasch auf, bei Scharmützeln starben 32 Bauern. Sechs ihrer Führer wurden zum Tode verurteilt, mehr als 4.000 auf andere Weise bestraft.

Lokalverwaltung und Selbstverwaltung

Eine Karikatur der satirischen Zeitschrift Maru Maru Chinbun vom 5. September 1882 zeigte einen völlig überlasteten Lokalbeamten, der durch die von der Zentralregierung in Gang gehaltene bürokratische Maschinerie in schiere Verzweiflung geriet: Steuereinzug, kommunale Rechnungslegung, Schulwesen, Volksgesundheit, Bürgereingaben, Umsetzung der Wehrpflicht und standesamtliche Aufgaben wurden ihm allein aufgebürdet.

Abb. 27: Verzweifelter Lokalbeamter (Kobayashi Kiyochika, Maru Maru Chinbun 5. 9. 1882)

Die nach deutschem Vorbild gestaltete neue Kommunalordnung vom April 1888 bescherte den Gemeinden dann endlich ein gewisses Maß an Selbstverwaltung und entlastete die Bürokratie. Alle männlichen Steuerzahler, die wenigstens 25 Jahre alt waren und zwei Yen direkte Steuern entrichteten, durften alle vier Jahre den Gemeinde- oder Stadtrat wählen, der wiederum den Bürgermeister und die Gemeindeverwaltung wählte. In den Kommunen waren beides angelegte

Ehrenämter; es war demnach klar, dass nur vermögende Bauern diese Aufgaben übernehmen konnten. Der Präfekturgouverneur musste die Wahl der Bürgermeister und Gemeindeverwaltungen bestätigen. Die städtischen Bürgermeister erhielten ein Gehalt und wurden vom Innenminister auf Vorschlag der Stadträte ernannt. In den Kommunen gab es bis 1921 ein Zweiklassenwahlrecht, in den Städten ein Dreiklassenwahlrecht, das 1921 bis 1926 in ein Zweiklassenwahlrecht umgewandelt wurde und danach wegfiel.

Die Presse als „Freund des Volkes"

Die ersten Zeitungen entstanden noch in der Endphase der Tokugawa-Herrschaft.[80] Nach der Meiji-Renovation förderte die Regierung das Zeitungswesen nach Kräften, doch stets mit dem Hintergedanken, allzu kritische Äußerungen zu unterbinden. Anfangs kaufte die Regierung große Teile der Auflage der ihr genehmen Zeitungen für ihre Beamten. Außerdem wurde der Postversand von Zeitungen und Manuskripten subventioniert. Zeitungen wurden auch als Lehrmaterial in Schulen verwandt, in Schaukästen ausgehängt und in öffentlichen Lesungen vorgestellt. Ehemalige Samurai gingen gern in den Journalismus; Fukuzawa Yukichi, der eine eigene Journalistenschule gründete, war nur einer von ihnen. Dies führte allerdings auch dazu, dass viele Redakteure vor allem außerhalb der

Abb. 28: Werbung für die Zeitung Shizuoka Min'yū Shinbun (1891)

[80] Albert A. Altman: „The Press and Social Cohesion During a Period of Change: The Case of Early Meiji Japan". In: *Modern Asian Studies* 15:4 (1981), S. 865-876; ders.: „The Press". In: Marius B. Jansen, Gilbert Rozman (Hgg.): *Japan in Transition From Tokugawa to Meiji*. Princeton 1986, S. 231-247; ders.: „Shinbunshi: The Early Meiji Adaptation of the Western-Style Newspaper". In: William G. Beasley (Hg.): *Modern Japan. Aspects of History, Literature and Society*. Berkeley, Los Angeles 1975, S. 52-66; James L. Huffman: *Politics of the Meiji Press: The Life of Fukuchi Gen'ichirō*. Honolulu 1980; Oku Takenori: *Taishū shinbun to kokumin kokka: ninki tōhyō, jizen, sukyandaru*. Heibonsha 2000; Yamamoto Taketoshi: *Kindai Nihon no shinbun dokusha-sō*. Hōsei Daigaku Shuppankyoku 1987

Metropolen politisch zu ihren ehemaligen Standesgenossen, den Liberalen, hielten. In den 1870er und 1880er Jahren waren diese liberalen Zeitungen wichtige Sprachrohre der Bürgerrechtsbewegungen. Am bedeutendsten war die „Gesellschaft der Freunde des Volkes“ (Min'yūsha), welche Tokutomi Sohō[81] 1897 ins Leben rief. Sie gab nicht nur die „Nationalzeitung“ (Kokumin Shinbun) heraus, sondern ebenso Zeitschriften, die auch Familien und Frauen in nationalliberalem Sinne aufklären sollten.

Freilich waren diese politischen Zeitungen nicht die auflagenstärksten Blätter. Die Zeitungen Yomiuri Shinbun (mit Sitz in Tōkyō), Asahi Shinbun und Mainichi Shinbun (beide in Ōsaka) hielten Distanz zu den politischen Parteien, berichteten in verständlicherer Sprache, nahmen auch unterhaltende Elemente auf und waren preiswerter. Schon 1884 hatte die Yomiuri eine Jahresauflage von mehr als 5 Millionen. Die Berichterstattung über die zahlreichen Kriegszüge trug zur weiteren Popularität der Zeitungen bei. Die Zeitungen selbst waren (nicht zuletzt deshalb) dabei überwiegend auf der Seite der Kriegsbefürworter zu finden.

Die Vorbereitung der Verfassung

Im März 1882 reiste Itō Hirobumi mit den Mitgliedern der von ihm geleiteten Verfassungs-Enquêtekommission zu einer ausgedehnten Forschungsreise nach Europa. Seine Mitarbeiter waren Fachleute verschiedener Ministerien. Sechs Monate verbrachte die Kommission in Deutschland, zweieinhalb Monate in Österreich, zwei Monate in Großbritannien. Hinzu kamen Kurzbesuche bei der Krönungsfeier des russischen Zaren in Frankreich, sowie Italien und Belgien als Beispielen moderner Monarchien.

Der Zweck der Reise war die ins Detail gehende Vorbereitung der geplanten japanischen Verfassung, die sich fast ausschließlich an deutschen Rechtslehren orientieren sollte.[82] In Berlin waren der Staatsrechtsprofessor Rudolf von Gneist und dessen Schüler Albert Mosse Hauptgesprächspartner. In Wien hörten die Kommissionsmitglieder bei Lorenz von Stein enzyklopädische Vorlesungen über Staat, Verwaltung, Wahlen, Parteien und andere Fragen der modernen Staatslehre.

Die Japaner begegneten vielen typischen Vorbehalten, ob ein nichteuropäischer und nichtchristlicher Staat überhaupt konstitutionell geführt werden konnte. Kaiser Wilhelm I. empfahl Itō, erst einmal eine absolutistische Verwaltung zu installieren, danach erst ein Parlament. Die europäischen Skeptiker verwiesen auf

[81] John D. Pierson: *Tokutomi Soho, 1863-1957, a Journalist for Modern Japan*. Princeton 1980

[82] Junko Andō: *Die Entstehung der Meiji-Verfassung. Zur Rolle des deutschen Konstitutionalismus im modernen japanischen Staatswesen*. München 2000; Paul-Christian Schenck: *Der deutsche Anteil an der Gestaltung des modernen japanischen Rechts- und Verfassungswesens*. Stuttgart 1997

Abb. 29: Kaiser Mutsuhito beim Aufbruch zu einer Rundreise (Utagawa Hiroshige III., 1876)

das schlechte Beispiel der Türkei: Deren Verfassung von 1876 wurde nach nur einem Jahr wieder aufgehoben. Itō ließ sich dadurch jedoch nicht irritieren. Er engagierte Mosse als Berater der japanischen Regierung in Tōkyō[83] und ließ Stein

[83] Junko Andō: „Albert Mosses Beitrag zum Aufbau des japanischen Rechtssystems". In: *Zeitschrift für Japanisches Recht* 5:9 (2000), S. 48-60; Ishii Shirō (Hg.): *Albert und Lina Mosse: Fast wie mein eigen Vaterland: Briefe aus Japan 1886-1889*. München 1995

bis zu dessen Tod 1890 in zahlreichen Fragen zur Gesetzgebung und Staatslehre um Rat fragen.[84]

[84] Takii Kazuhiro: *Doitsu kokkagaku to Meiji kokusei: Shutain kokkagaku no kiseki.* Kyōto 1999; Reinhard Zöllner: „Lorenz von Stein und Japan". In: Albert von Mutius (Hg.): *Lorenz von Stein 1890-1990. Akademischer Festakt zum 100. Todestag*. Heidelberg 1992, S. 29-40; Reinhard Zöllner: „‚Appreciating critic'. Lorenz von Steins Japan-Korrespondenz. Auswahl und Kommentar". In: *Nachrichten der Gesellschaft für Natur- und Völkerkunde Ostasiens* 147-148 (1990), S. 9-74

Der Körper des Kaisers

Im August 1883 kehrte Itō nach Tōkyō zurück. Dort machte er sich zunächst an die Reform des kaiserlichen Palastes. Bislang hatten dort konfuzianische Erzieher wie Motoda Nagazane und Sasaki Takayuki den Ton angegeben, d.h., dem Kaiser in erster Linie eine moralische Erziehung angedeihen lassen, die ihn von praktischer Politik so weit wie möglich fernhielt und ihn nur symbolische Auftritte unter sorgfältiger Lenkung durch Palastbeamte absolvieren ließ. Ein zentrales Element dieses Symbolismus waren die kaiserlichen Rundreisen (*junkō*, umgangssprachlich *omiyuki*), mit denen Mutsuhito vom Land Besitz ergriff. Er führte sechs große Rundreisen durch, davon allein vier in den Jahren 1876 bis 1881, als Motoda und Sasaki mit besonderem Nachdruck daran arbeiteten, ihre Version des Kaisertums durchzusetzen.

Große Rundreisen Kaiser Mutsuhitos

Ziele	Beginn	Ende
Westjapan, Kyūshū	28. 6. 1872	15. 8. 1872
Nordostjapan	2. 6. 1876	21. 7. 1876
Zentraljapan	30. 8. 1878	9. 11. 1878
Tōkyō bis Kōbe	16. 6. 1880	23. 7. 1880
Nordostjapan, Hokkaidō	30. 7. 1881	11. 10. 1881
Westhonshū	26. 7. 1885	12. 8. 1885

Natürlich reiste der Kaiser mit mehrhundertköpfigem Gefolge. Er legte in Schulen und Tempeln Rast ein, vor allem aber in den Häusern wohlhabender Bürger, die sich die standesgemäße Bewirtung des kaiserlichen Gastes ungeheure Geldsummen kosten ließen. Für sie war es eine einmalige Gelegenheit, in den Genuss des höchsten symbolischen Kapitals zu gelangen. Ihre Mitbürger bevölkerten die Straßen, durch die der Kaiser ziehen sollte, und schwenkten Fähnchen mit dem Sonnenbanner. Der Kaiser trat in der Öffentlichkeit jetzt bärtig und in westlicher Uniform auf, ritt auf einem Schimmel und wirkte gegenüber dem schwächlichen Jüngling, den er zur Zeit des Staatsstreiches abgegeben hatte, wie verwandelt. Er war nicht mehr nur ein verblasstes Symbol über den Wolken.[85] Der Kaiser selbst *war* jetzt der neue Staatskörper; sein Körper war vergesellschaftet.

[85] Sasaki, *Nihon kindai no shuppatsu*, S. 52-60

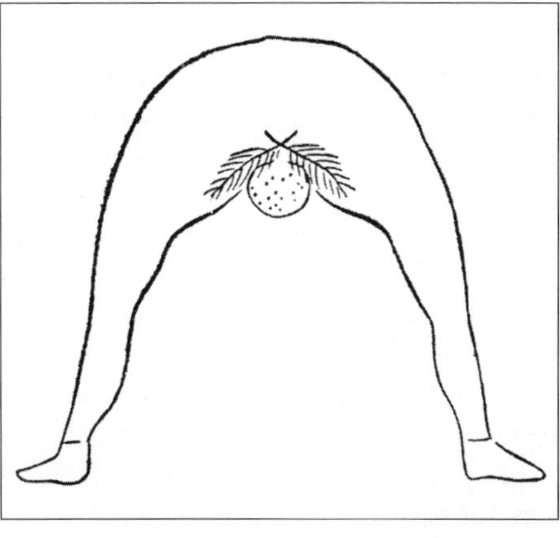

Abb. 30: Der Kaiser verbeugt sich in alle vier Richtungen (Anonym, Maru Maru Chinbun 7. 1. 1882)

Konsequenterweise wurde der Herausgeber der satirischen Zeitschrift Maru Maru Chinbun dafür bestraft, dass er am 7. Januar 1882 eine anonyme Karikatur veröffentlichte, die sich über den kaiserlichen Körper lustig machte: Sie zeigte ihn unbekleidet von hinten, während er sich bei rituellen Neujahrsfeiern verbeugte.

Doch Itō wollte aus dem Kaiser noch mehr machen als nur ein Symbol, nämlich einen politisch integrierten Kaiser. Im März 1884 übernahm Itō gegen den Widerstand konservativer Hofkreise das Amt des Palastministers und begann mit einer gründlichen Reform der kaiserlichen Agenda. Statt Reiten und konfuzianischer Gelehrsamkeit übte sich Mutsuhito jetzt in Vorlesungen über Staatskunde und Verfassungswesen. Der Kaiserhof wurde mit diesem Schritt der Exekutive unterworfen und verlor seine Autonomie als Mitspieler im Feld der Macht.

Der Hochadel als Reservoir des symbolischen Kapitals

Im Juli 1884 sorgte Itō außerdem für eine Reform des Hochadels. Wie in Deutschland oder Großbritannien sollte der japanische Adel wichtige gesellschaftliche Führungspositionen in Politik, Armee und Diplomatie ausfüllen. Der Hochadel wurde nach dem britischen Vorbild in eine Hierarchie mit fünf Rängen aufgeteilt, die vom Freiherrn (Baron) über den Vizegrafen (Viscount), Grafen (Count) und Markgrafen (Marquis) bis zum Fürsten (Duke) anstieg. Die bisherigen Hofadligen und Fürsten wurden entsprechend ihrer Gehaltshöhe umtituliert. Die entscheidende Neuerung war, dass Itō verdiente Politiker mit Rängen vom Grafen an abwärts in den Hochadel aufnehmen ließ. In diesen Rängen fanden sich zunächst viele Funktionäre der Regierung wieder, und mehr als die Hälfte der ersten 100 Geadelten stammte aus Satsuma und Chōshū. Ab 1887 wurden aber auch Bürgerrechtsaktivisten und ehemalige Beamte des Tokugawa-Bakufu geadelt. Auf diese Weise dienten die Adelstitel der symbolischen Integration der alten und der neuen politischen Elite. Außerdem bildete der neue Hochadel den Kern des künftigen Oberhauses; denn dieses sollte ein Adelsparlament und eine verlässliche Stütze der Monarchie werden.

Das Kabinettssystem

Teil der Zerstörung der alten höfischen Strukturen war, dass im Dezember 1885 anstelle der alten Dajōkan-Regierung ein Kabinett mit Fachministerien unter Leitung eines Premierministers eingeführt wurde. Das Dajōkan stellte ein beratendes Gremium der Leiter der Ministerien dar, dessen Beschlüsse an die drei hochadligen, aber fachlich völlig unbeschlagenen Minister und von dort an den Kaiser zur Genehmigung gingen. Dieser Weg war umständlich und machte es vor allem nötig, aus der höfischen Gesellschaft hervorgegangene Adlige wie Sanjō Sanetomi oder Iwakura Tomomi einzubinden. Das neue Kabinett sollte ein wirkungsvoller Gegenspieler des nationalen Parlamentes werden. Jeder einzelne Minister wurde dem Kaiser verantwortlich, der Premierminister war nicht mehr als ein Primus inter pares. Itōs erstes Kabinett umfasste zehn Minister, davon jeweils vier aus den ehemaligen Fürstentümern Chōshū und Satsuma, einen aus Tosa und einen, der ehemals dem Bakufu gedient hatte. Der Palastminister (ebenfalls Itō) gehörte dem Kabinett nicht an. Der Kaiser erhielt noch einen ständigen persönlichen Berater mit dem Titel eines Inneren Ministers; dieses Amt bekleidete zunächst Sanjō Sanetomi, der vorher an der Spitze des Dajōkan gestanden hatte.

Die Verfassung

Itō Hirobumi, Inoue Kowashi, Itō Miyoji und Kaneko Kentarō, alle vier aus Kyūshū gebürtig, berieten ab November 1886 mit den deutschen Rechtsgelehrten Hermann Roesler und Albert Mosse über Entwürfe einer Verfassung für Japan. Roesler stand seit 1878 im Dienst der Regierung.[86] Im April und Mai 1887 verfertigte Inoue Kowashi die Entwürfe A und B, hinzu kam ein eigener Entwurf Roeslers. In Klausurtagungen auf der Insel Natsushima erstellten die vier Japaner zwischen Juni und September daraus den „Natsushima-Entwurf". Dieser wurde mehrmals korrigiert und im April 1888 als endgültiger Verfassungsentwurf dem Kaiser vorgelegt. Zur formellen Beratung darüber wurde ein Geheimer Staatsausschuss *(sūmitsuin)* gegründet. Itō legte sein Amt als Premierminister nieder (sein Nachfolger wurde Kuroda Kiyotaka) und übernahm den Vorsitz des Geheimen Staatsausschusses; Inoue Kowashi wurde sein Sekretär. Weitere Mitglieder waren zuverlässige Senatoren und Beamte. Außer der Verfassung wurde auf Anregung Lorenz von Steins auch der Entwurf des Kaiserlichen Hausgesetzes diskutiert. Ab dem 18. Juni 1888 fanden nichtöffentliche Beratungen in Anwesenheit des Kaisers statt. Die Stellung des Kaisers rechtlich zu definieren, erwies sich als das schwierigste Problem. Itō nannte den Kaiser gleich auf der Eröffnungssitzung die „Achse" des neuen Staates. In Japan gebe es keine Staatsreligion wie Christentum, daher diene der Kaiser als universales, einigendes Band. Die Verfassung begann mit ei-

[86] Johannes Siemes: *Hermann Roesler und die Einführung des deutschen Staatsrechts in Japan.* Tōkyō 1962

nem Abschnitt über den Kaiser. Artikel 1 behauptete, der Kaiser herrsche in ununterbrochener Linie seit ewigen Zeiten über Japan. Artikel 3 erklärte den Kaiser für heilig und unverletzlich. Artikel 4 machte den Kaiser zum Staatsoberhaupt, das über allen Gewalten stand. In den Artikeln 5 bis 16 folgte eine konkrete Beschreibung der kaiserlichen Rechte: vor allem Genehmigung, Ausführung und Verkündung von Gesetzen; Einberufung, Eröffnung und Auflösung des Parlaments; Erlass von Notverordnungen; Ernennung der Beamten und Richter; Oberbefehl über die Armee; Ausrufung von Krieg und Frieden, Abschluss internationaler Verträge; sowie Begnadigungen. Doch zugleich beschränkte der Entwurf die Rechte des Kaisers; er herrschte „im Rahmen der Verfassung". An dieser Beschränkung der monarchischen Gewalt übten einige Ausschussmitglieder heftige Kritik. Itō konterte, die Verfassung sei exakt dazu da, um die Monarchenmacht einzuschränken. Seine Auffassung setzt sich mit einer symbolischen Einschränkung durch. Im Artikel 5 sah der Entwurf vor, dass das Parlament kaiserlichen Amtshandlungen seine „Genehmigung" erteilen musste. Da dies impliziert hätte, dass das Parlament über dem Kaiser stand, wurde dies in „Zustimmung" verändert.

Man verständigte sich noch auf weitere interessante Veränderungen. Aus dem vorgeschlagenen Landesnamen „Kaiserreich Japan" wurde in Anlehnung an das Beispiel Großbritanniens „Kaiserreich Großjapan". Doch auf Vorschlag Inoue Kaorus hieß es in der englischen Fassung bescheiden „Empire of Japan".

Aber auch die Rechte des Parlaments wurden gegenüber dem Entwurf erweitert: Es durfte nicht nur wie vorgeschlagen Gesetzentwürfe der Regierung diskutieren und genehmigen oder Gesetze ändern und aufheben, sondern jetzt auch eigene Entwürfe einbringen. Das Parlament war nach der Verfassung nicht machtlos. Es musste Haushalt, Gesetzen und neuen Steuern zustimmen. Doch darüber stand die Kompetenz des Kaisers. Der Kaiser unterzeichnete schließlich die Gesetze und konnte in Notfällen sogar ohne das Parlament Verordnungen erlassen. (Allerdings kam es bis 1945 nie vor, dass ein vom Parlament beschlossenes Gesetz nicht vom Kaiser unterzeichnet wurde, und die wenigen kaiserlichen Notverordnungen wurden ausnahmslos der nächsten Parlamentssitzung zur nachträglichen Genehmigung vorgelegt.)

Wenn das Parlament keinen Haushalt billigte, blieb der Haushalt des Vorjahres in Kraft. Die deutschen Ratgeber, die nicht mit allen Bestimmungen des Entwurfes einverstanden waren – insbesondere die Stellung des Kaisers bereitete ihnen Kopfzerbrechen –, wollten das Haushaltsgenehmigungsrecht eigentlich noch weiter einschränken. Hintergrund waren ihre Erfahrungen aus dem preußischen Verfassungsstreit von 1866, als das preußische Parlament Bismarck Militärausgaben verweigert hatte und dieser unter Berufung auf die Souveränität des Königs mit dem alten Haushalt weiterregierte. Doch Inoue Kowashi nannte dies einen mit dem Konstitutionalismus unvereinbaren despotischen Zustand und setzte sich damit durch.

Nicht auf den ersten Blick erkennbar war eine fundamentale Besonderheit der Verfassung. Sie ging nämlich von einem anderen Begriff der Gewaltenteilung aus

Abb. 31: Ministerunterschriften unter der Verfassungsurkunde; v.l.n.r.: Enomoto Takeaki, Mori Arinori, Ōyama Iwao, Matsukata Masayoshi. Der am Tag der Verfassungsverkündung ermordete Mori unterzeichnete als einziger in Kursivschrift – als Ausdruck seines Eigensinns?

als in der angelsächsisch-französischen Staatslehre. Verstand man dort unter den „Drei Gewalten" Exekutive, Legislative und Jurisdiktion, so waren die drei Gewalten der Meiji-Verfassung in Anlehnung an Lorenz von Stein Kaiser, Regierung (Exekutive) und Parlament (Legislative). Jenseits von Exekutive und Legislative, ja sogar außerhalb der Verfassung besaß der Kaiser Kompetenzen, die seine Stellung einmalig machten. Dies betraf insbesondere seinen Oberbefehl über das Militär, aber auch der kaiserliche Haushalt und der Geheime Staatsausschuss gehörten zu diesen außerverfassungsmäßigen Elementen. Die Verfassung regelte eben nur einen Teil des symbolischen Raumes. Sie war hochgradig auf Konsens innerhalb des Feldes der Macht angelegt, bot aber wenig konkrete Hilfe für den Konfliktfall.

Am 31. Januar 1889 kamen die Beratungen zum Abschluss. Zusammen mit Hausgesetz, Parlamentsgesetz, Wahlgesetz und der Verordnung über das Oberhaus wurde der Verfassungstext am 5. Februar in Reinschrift vorgelegt und vom Kaiser und den Kabinettsministern sowie Itō unterzeichnet.

Die Opposition formiert sich neu

Bereits mit der Ankündigung der ersten Wahl zum neuen Parlament begannen sich die politischen Lager in Japan zu formieren. Im Oktober 1886 riefen Hoshi Tōru und Nakae Chōmin oppositionelle Gleichgesinnte in Tōkyō zur Gründung eines liberalen Wahlkampfbündnisses zusammen. Denn die Opposition sollte nach den Worten Hoshis angesichts der bevorstehenden Parlamentseröffnung „die kleinen Meinungsunterschiede aufgeben und den großen Gemeinsamkeiten folgen". Ein Jahr später, im Oktober 1887, gründete sich auch tatsächlich die „Bewegung für die Solidarität der großen Gemeinsamkeiten" unter Führung des erst im Mai zum Grafen geadelten Gotō Shōjirō. Zur selben Zeit gelang es dieser liberalen Allianz mit publizistischer Unterstützung, in vielen Präfekturparlamenten die „Bewegung der Petition der drei großen Anliegen" zu initiieren. Diese drei Anliegen waren die

Senkung der Grundsteuer, die von den Bauern als zu hoch empfunden wurde; die Meinungs- und Versammlungsfreiheit; sowie die Revision der aus ihrer Sicht gescheiterten Geheimdiplomatie mit den Westmächten. Die Petition wurde im Oktober 1887 dem Senat übergeben; 20 Präfekturen forderten im Dezember den Senat zur Beratung darüber auf. Während diese Petitionsbewegung einerseits die liberalen Kräfte einte, führte sie andererseits zu einer harten Konfrontation mit der Regierung. Itōs Kabinett erließ am 26. Dezember 1887 eine „Verordnung zur Wahrung des inneren Friedens". Sie stellte geheime Vereinigungen und Versammlungen unter freiem Himmel unter Strafe und erlaubte es, Personen, welche innere Unruhen planten oder die öffentliche Sicherheit gefährdeten, aus einem Umkreis von rund 12 km um den Kaiserpalast zu bannen. Unter diesen Bann fielen insgesamt 570 Oppositionspolitiker; darunter Gotō, Nakae und Ozaki Yukio als die führenden Köpfe der *sōshi* („Rowdies") genannten oppositionellen Aktivisten, die Tōkyō folglich binnen drei Tagen verlassen mussten. Obwohl Gotō im folgenden Jahr zunächst außerhalb der Hauptstadt intensiv für die „Bewegung" warb, trat er im März 1889 als Postminister in die Regierung Kuroda ein. Einen Monat später spaltete sich die „Bewegung" in einen Flügel unter Kōno Hironaka, der auf die Gründung einer politischen Partei hinarbeitete und schließlich unter dem Namen „Klub der großen Gemeinsamkeiten" (Daidō Kurabu) zur Wahl antrat, und einen anderen unter Ōi Kentarō, der für eine lockere Allianz der Liberalen eintrat, dann aber doch 1890 erneut eine „Liberale Partei" (Jiyūtō) ins Leben rief. Schließlich trat auch Itagaki Taisuke wieder mit dem Plan einer „Patriotischen Partei" (Aikokutō) auf. Bei der Parlamentswahl kandidierte das liberale Lager also in drei Parteien gespalten.

Bei aller Heftigkeit der Auseinandersetzung in einzelnen politischen Fragen waren jedoch die meisten Oppositionellen mit der Meiji-Verfassung prinzipiell einverstanden. Ihnen war nämlich bewusst, dass Japan mit der Verfassung nach westlichem Vorbild eine wesentliche Bedingung erfüllte, um in die Ränge der westlichen Nationen aufzusteigen. Dies war unabdingbar, um die von ihnen nachdrücklich verlangte Revision der Ungleichen Verträge zu erreichen. Innenpolitisch wiederum sah die Opposition die Chance, nach Einführung der Verfassung über Wahlen und Kabinettsbildungen an der Macht zu partizipieren. Deshalb engagierten sich die liberalen Kräfte im Wahlkampf hauptsächlich mit dem Ziel, ein Parteienkabinett nach eigenen Vorstellungen oder wenigstens ein dem Parlament gegenüber verantwortliches Kabinett zu schaffen.

Der Staatskörper

Die Idee des Staatskörpers *(kokutai)* beruhte auf organologischen Vorstellungen, die in West und Ost verbreitet waren, aber Ende des 19. Jahrhunderts unter dem Einfluss der deutschen Staatslehren, insbesondere Lorenz von Steins, in einer modernen Form Verbreitung fanden.[87] Einer von Steins japanischen Schülern,

[87] Reinhard Zöllner: „Lorenz von Stein und kokutai". In: *Oriens Extremus* 33:1 (1990), S. 65-76

der Politiker Kaeda Nobuyoshi, zeichnete 1885 für Stein das Bild eines männlichen Körpers als Gleichnis eines Staates und ordnete den einzelnen Körperteilen Teile der Gesellschaft zu: Den Beinen das Volk, den Fäusten Heer und Marine, den Schultern Ober- und Unterhaus, dem Bauch die einzelnen Ministerien und dem Kopf den kaiserlichen Haushalt.[88]

In einer Veröffentlichung von 1890 zogen Kaeda und Terashi Munenori den Vergleich zwischen dem Körper eines einzelnen Menschen und dem Körper des Staates noch weiter:

„Ein perfektes Individuum wird man dadurch, dass ein Mensch durch Vererbung einen Körper hat und ganz eigene geistige Erkenntnis besitzt. Genauso wird ein Staat dadurch zu einem Staat, der einen eigenständigen Charakter bewahren kann, dass er durch Vererbung Territorium und Volk besitzt und einen ganz eigenen Staatskörper fest aufrichtet."[89] Sie widmeten sogar ein ganzes Kapitel ihres Buches dem Vergleich zwischen Körper und Staat, in dem Kaeda zwei Varianten seines Staatskörper-Bildes veröffentlichte: der eine Körper hat zwar kräftige Arme (also Militär), kann sich aber kaum auf den Beinen halten: Dies passierte, wenn man die Bedürfnisse des Volkes vernachlässigte; hier waren Bevölkerungsdichte, Wissen und Tugend, Wohlstand, Qualität der politischen Führung und der psychische Zustand des Volkes von Bedeutung. Der zweite Körper besaß ausgeglichen kräftige Gliedmaßen und stellte daher das Ideal des Staates dar.[90]

Die Rede vom Staatskörper war durchaus nicht metaphorisch gemeint. Im Jahr 1889 veröffentlichte Gotō Shinpei, der seit 1883 für Fragen der Volkshygiene im Innenministerium zuständig war und zu einem der wichtigsten Politiker aufsteigen sollte, sein Werk „Prinzipien der staatlichen Hygiene" (Kokka eisei genri), in dem er den Zusammenhang zwischen Staat und Körper, Volksgesundheit und physischem Wohlergehen des einzelnen herausstellte.[91] Gotō schrieb darin:

„In Lorenz von Steins Analyse des Staates ist der Staat nicht nur der höchste Organismus, er ist auch der höchstentwickelte menschliche Körper ... Der Staat als ein menschlicher Körper entsteht aus den physiologischen Beweggründen der einzelnen Menschen, die seine Körperzellen bilden."[92]

Der moderne Staat brauchte „kräftige Füße"; er setzte anders als der frühmoderne auf die progressive Reproduktion der Bevölkerung. Eigene, mit Akribie erhobene Statistiken und aus dem Ausland übersetzte wissenschaftliche Diskurse legitimierten die zu diesem Zweck ergriffenen Maßnahmen und Vorschriften. Im Jahr 1881 betrug

---

88 Reinhard Zöllner: „Ein Staat nimmt Gestalt an – Lorenz von Stein und Japan". In: Dieter Lohmeier (Hg.). *Schleswig-Holstein. Geschichte und Kultur im Spiegel der Landesbibliothek.* Heide 1995, S. 124-125

89 Kaeda Nobuyoshi, Terashi Munenori: *Shigi kōan*. Tōkyō 1890, S. 7

90 Vgl. Takii, *Doitsu kokkagaku to Meiji kokusei*, S. 224-226

91 Sabine Frühstück: „Managing the Truth of Sex in Imperial Japan". In: *Journal of Asian Studies* 59:2 (2000), S. 332-358. Vgl. Susan L. Burns: „Constructing the National Body: Public Health and the Nation in Meiji Japan". In: Timothy Brook; André Schmid (Hgg.): *Nation Work: Asian Elites and National Identities*. Ann Arbor 2000, S. 17-50

92 Gotō Shinpei: *Kokka eisei genri*. Tōkyō 1889, S. 91 f

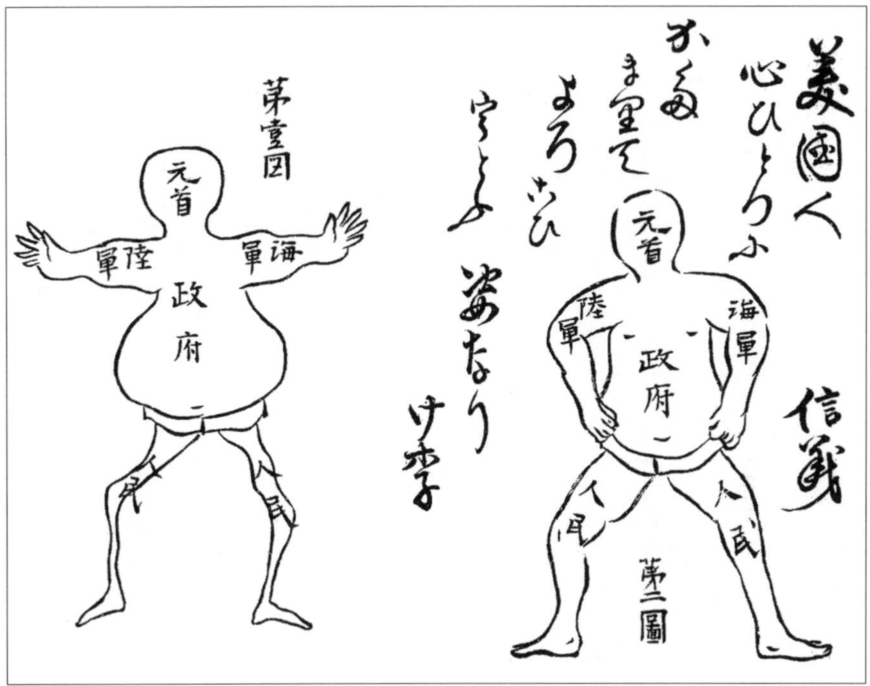

Abb. 32: Zwei Staatskörper (Kaeda/Terashi: Shigi kōan, S. 85 und 87)

Japans Gesamtbevölkerung beispielsweise etwas mehr als 36 Millionen Menschen. Der Anteil der Frauen lag jetzt bei 49,33 %. Interessanterweise lag er im Adel deutlich über 50 %; offenbar waren die Lebenserwartung adliger Frauen und (wegen der kriegerischen Auseinandersetzungen) die Sterblichkeit adliger Männer höher.

Bevölkerungsstruktur 1881[93]

	Kaiserhaus	Hochadel	Niederadel	Gemeine	Gesamt
Männer	21	1.426	964.000	17.457.827	18.423.274
Frauen	18	1.720	969.888	16.964.094	17.935.720
Gesamt	39	3.146	1.933.888	34.421.921	36.358.994

Eine Statistik aus dem Jahr 1883 gibt näheren Aufschluss über die damalige Sozialstruktur, weil sie ausgeübte Tätigkeiten und die Zugehörigkeit zu Ober-, Mittel- und Unterschicht in Zusammenhang setzt:[94]

93 Nach Sasaki, *Kindai Nihon no shuppatsu*, S. 61

94 Ōhama/Kumakura, *Kindai Nihon no seikatsu to shakai*, S. 126

	Oberschicht		Mittelschicht		Unterschicht		Gesamt	
Beruf	**%**	**Zahl**	**%**	**Zahl**	**%**	**Zahl**	**Zahl**	**%**
Bauern	10	1.685.596	30	5.056.789	60	10.113.578	16.855.963	45,58
Handwerker	5	39.634	15	118.901	80	634.140	792.675	2,14
Kaufleute	60	865.534	30	432.767	10	144.256	1.442.557	3,90
Verschiedene	10	203.128	30	609.384	60	1.218.768	2.031.280	5,49
Beamte	50	11.131	50	11.131	0	0	22.262	0,06
Priester	50	6.641	50	6.640	0	0	13.281	0,04
Soldaten	0	0	100	31.258	0	0	31.258	0,08
Gefolgsleute	0	0	0	0	100	14.874	14.874	0,04
Mönche, Nonnen	20	13.319	80	53.275	0	0	66.594	0,18
Gelehrte	50	6.074	50	6.073	0	0	12.147	0,03
Fischer	5	1.317	0	0	95	25.026	26.343	0,07
Mietlinge	0	0	0	0	100	345.451	345.451	0,93
Unbekannt	13	2.014.022	29	4.478.671	58	8.834.723	15.327.416	41,45
Summe	*13*	*4.846.396*	*29*	*10.804.889*	*58*	*21.330.816*	*36.982.101*	*100*

Die Kategorie „Unbekannt" umfasste dabei offenbar die noch nicht erwerbstätigen Kinder. Die Lebenshaltungskosten der Oberschicht (13 % der Bevölkerung) betrugen im Mittel 110,825 Yen, in der Mittelschicht (29 %) 60,45 Yen und in der Unterschicht (58 %) 20,15 Yen. Umgerechnet ergab dies folgende Verbraucherstatistik:

	Bevölkerung	**%**	**Ausgaben je Kopf**	**Gesamtkonsum (Tsd. Yen)**	**%**
Oberschicht	4.846.396	13%	110,825	537.102	33%
Mittelschicht	10.804.889	29%	60,45	653.156	40%
Unterschicht	21.330.816	58%	20,15	429.816	27%
Summe	*36.982.101*	*100%*	*43,807*	*1.620.073*	*100%*

Demnach trug die Oberschicht ein Drittel des gesamten privaten Konsums und damit etwas mehr als die zahlenmäßig mehr als viermal größere Unterschicht.

Die langfristige Bevölkerungsentwicklung zwischen 1872 und 2000[95] zeigt, dass die japanische Bevölkerung in dieser Zeit von knapp 35 auf knapp 127 Mil-

95 Nach Angaben des Statistischen Büros der japanischen Staatskanzlei (http://www.stat.go.jp/data/chouki/zuhyou/02-01.xls), Stand: 29.8.2005

lionen anwuchs, während die Bevölkerungsdichte von 91 auf 340 Menschen je Quadratkilometer stieg.

Jahr	Gesamt (Tsd.)	Männer (Tsd.)	Frauen (Tsd.)	Frauen-anteil	Wachstum in 10 Jahren	Bev.-Dichte je km²
1872	34.806	17.666	17.140	49,2 %		91,2
1880	36.649	18.559	18.090	49,4 %	6,6 %	96,0
1890	39.902	20.153	19.749	49,5 %	8,9 %	104,5
1900	43.847	22.051	21.796	49,7 %	9,9 %	114,8
1910	49.184	24.650	24.534	49,9 %	12,2 %	128,8
1920	55.473	27.812	27.661	49,9 %	12,8 %	145,3
1930	64.450	32.390	32.060	49,7 %	16,2 %	168,6
1940	71.933	35.387	36.546	50,8 %	11,6 %	188,0
1950	84.114	41.241	42.873	51,0 %	16,9 %	225,9
1960	94.301	46.300	48.001	50,9 %	12,1 %	252,7
1970	104.665	51.369	53.296	50,9 %	11,0 %	280,3
1980	117.061	57.594	59.467	50,8 %	11,8 %	314,1
1990	123.611	60.697	62.914	50,9 %	5,6 %	331,6
2000	126.926	62.111	64.815	51,1 %	2,7 %	340,4
2010	128.057	62.328	65.730	51,3 %	0,9 %	343,4

Die Dynamik der demographischen Entwicklung lässt sich anhand dieser Darstellung zugrundeliegenden Einteilung in Abschnitte zu 21 Jahren gut erkennen:

Phase	Mittleres jährliches Wachstum (%)
1872-1888	0,74 %
1889-1909	1,05 %
1910-1930	1,31 %
1931-1951	1,48 %
1952-1972	1,10 %
1973-1993	0,72 %
1994-2010	0,22 %

Dies bedeutet, dass Japans Bevölkerung nach der vollen Entfaltung der Moderne jährlich um 1 bis 1,5 % wuchs, dieses Wachstum in der spätmodernen Phase jedoch enorm gedrosselt wurde. Besonders auffällig ist, dass die Bevölkerung in der Phase des Kriegszustandes zwischen 1931 und 1951 am raschesten wuchs – trotz der Verluste im Krieg. Der Krieg machte auch die Frauen zur Mehrheit in der Bevölkerung: Der Anteil der Frauen lag erstmals 1937, als der zweite chinesisch-japanische Krieg ausbrach, über 50 % und seither nie wieder darunter.

Das Ziel der progressiven Reproduktion verband sich damit, Konzepte von Körperlichkeit durchsetzen, die als reproduktionsförderlich angesehen und meist aus dem Westen übernommen wurden. Dazu gehörte die Regulierung von Sexualverhalten, Hygiene, Kleidung, Haartracht, Krankheiten und ärztlicher Versorgung.[96] 1872 wurde in Tōkyō untersagt, sich in der Öffentlichkeit nackt, mit entblößtem Oberkörper oder in Unterhosen zu zeigen.[97] Pornographie wurde von Anbeginn an streng verboten und verfolgt. 1879 hielt der deutsche Arzt Erwin Baelz erste Vorlesungen über Geisteskrankheiten; im selben Jahr wurde die erste öffentliche Nervenheilanstalt in Tōkyō eingerichtet. Der Staat begann, Geisteskranke für unmündig zu erklären und aus dem sozialen Raum auszusperren. Seit 1907 wurden auch Leprakranke zwangsisoliert. Seit den 1890er Jahren verängstigten Ärzte unter Berufung auf ausländische Forschungsergebnisse die Jugendlichen und ihre Eltern mit Schreckensmeldungen über die Folgen der Masturbation, die man zum Auslöser von Nervenleiden und anderen Krankheiten erklärte. In der Folge schickten Eltern ihre heranwachsenden Söhne lieber ins Bordell, als sie an diesem angeblich unheilbaren Übel zugrunde gehen zu lassen. Auch homosexuelle Handlungen wurden als abartig definiert und über die Konstruktion der homosexuellen Identität aus dem sozialen Raum verbannt. Auch der in Europa und Amerika geführte Diskurs über Eugenik und Volksgesundheit wurde übernommen.[98]

Bisweilen schuf der moderne Staat die Missstände selbst, die er zu beseitigen vorgab. 1876 wurden alle Prostituierten zur ärztlichen Inspektion ihrer Geschlechtsteile verpflichtet, um die nach der Landesöffnung aus dem Westen eingeschleppte Syphilis zu bekämpfen. 1877 brach unter den am Südwest-Krieg teilnehmenden Soldaten auf Kyūshū eine Choleraepidemie aus, die durch die Heimkehrer in weite Teile Japans verschleppt wurde. Die Bevölkerung verspottete die Soldaten daher als „Vorboten der Cholera".[99] 1885 wurde die Pockenschutzimpfung in Japan zur Pflicht gemacht und mit ihrer flächendeckenden Durchführung begonnen. Diese Schutzimpfungen haben wahrscheinlich jedoch selbst drei verheerende Pockenepidemien mitverursacht, die 1885-1887 32.000 Tote, 1892-1894 24.000 Tote und 1896-1897 16.000 Tote forderten – die gerade

96 Frühstück, „Managing the Truth of Sex".

97 Komori Yūichi: „Sabetsu no kansei". In: *Kansei no kindai: 1870-1910 nendai 2* [= Iwanami kōza kindai Nihon no bunkashi 4]. Iwanami Shoten 2002, S. 1-46, hier S. 5

98 Yuehtsen Juliette Chung: *Struggle for National Survival: Eugenics in Sino-Japanese Contexts, 1896-1945*. New York 2002

99 Komori, „Sabetsu no kansei", S. 17 f

eben geimpften unter Fünfjährigen stellten dabei mehr als die Hälfte der Todesopfer. Vermutlich war der Impfstoff nicht sauber genug produziert und machte ausgerechnet die Geimpften anfälliger für das Virus. Eine weitere Pockenwelle brach 1908 in den der Präfektur Hyōgo aus, obwohl fast vier Fünftel der Bevölkerung bereits geimpft waren; eine letzte nach dem Zweiten Weltkrieg. In diesen Fällen war die Impfrate in den stärker betroffenen Regionen vergleichbar mit derjenigen in den schwächer betroffenen Regionen. Allem Anschein nach änderten die aufwendig durchgesetzten Schutzimpfungen nichts Grundsätzliches daran, dass Menschen, die in dichtbesiedelten Räumen mit hoher Mobilität von Menschen und Waren leben (also vor allem in Städten), auch mit besonders hoher Wahrscheinlichkeit ansteckenden Krankheiten zum Opfer fallen.[100]

Zur körperlichen Ertüchtigung der Japaner wurden in den Schulen Turnen und Gymnastik nach westlichem Vorbild eingeführt. Der moderne Sport wurde zu einem wichtigen Faktor des Modernisierungsprozesses,[101] insbesondere, seit Japan unter Vermittlung des einflussreichen Pädagogen Kanō Jigorō Baseball als Mittel der friedlichen Auseinandersetzung mit den USA entdeckt, mit Jūdō und Kendō Kampfsportarten mit volkspädagogischen Elementen in den Schulsport integriert und sich der Olympischen Bewegung angeschlossen hatte.[102]

Erfolglose Vertragsverhandlungen

An den Ungleichen Verträgen störte die japanische Regierung in erster Linie, dass Japan seine Zollhoheit eingebüßt hatte. Dadurch entstand hoher wirtschaftlicher Schade; nicht nur, weil Japan an den niedrigen Einfuhrzöllen kaum verdiente, sondern auch, weil es seine einheimische Industrie nicht vor preiswerten Importwaren schützen konnte. Zweitens waren die Ausländer exterritorial und der Konsulargerichtsbarkeit unterstellt. Deshalb hatten japanische Behörden keinen polizeilichen und oft auch keinen administrativen Zugriff auf ausländische Kaufleute. Drittens bevorzugte die Meistbegünstigungsklausel die Vertragspartner einseitig, denn Japan wurde die Meistbegünstigung verweigert.

Der Iwakura-Mission war allenthalben bedeutet worden, dass eine Revision der Verträge erst in Frage kam, sobald Japan sich westlichen Standards angepasst hatte. Dies betraf vor allem das Rechtswesen. Erste Versuche Iwakura Tomomis und des Außenministers Terashima Munenori in den 1870er Jahren, über eine

---

100 Ichikawa Tomio: „Kindai Nihon ni okeru tennentō oyobi shutō no tōkei bunseki 1900-1951". In: *Monbu kagakushō gakujutsu sōsei kenkyū: rekizō ōsaringu tsūru ni yoru kiken kanri kenkyū Working Paper Series* No. 03-003 (2003) (http://www.fcronos.gsec.keio.ac.jp/wp2003/wp03_003.pdf; Stand: 5.8.2005)

101 John Horne: *Sport and Nation in Japan*. London 2002

102 Andreas Niehaus: *Leben und Werk Kanō Jigorōs*. Würzburg 2003; Reinhard Zöllner: „Jūdō im Prozess von Akkulturation und Globalisierung." In: Uwe Mosebach (Hg.): *Jūdō in Bewegung*. Bonn 2003, S. 171-192; Donald Roden: „Baseball and the Quest for National Dignity in Meiji Japan". In: *American Historical Review* 85:3 (1980), S. 511-534

Aufhebung zu verhandeln, scheiterten. Außenminister Inoue Kaoru ging das Problem umfassender an. Ihm war klar, dass Japan die Aufhebung der Verträge erst erreichen würde, „wenn sich unser Kaiserreich und sein Volk verändern und gänzlich wie die Staaten Europas bzw. wie die Menschen in Europa werden."[103] Er verhandelte auf diplomatischen Kanälen und legte 1887 einen Vorschlag für die Revision der Verträge vor. Darin sah er vor, dass Japan binnen zwei Jahren Gesetzbücher nach westlichem Vorbild errichten sollte und dass Ausländer im japanischen Binnenland nach Belieben Handel treiben und siedeln durften. Dafür sollte ihre Exterritorialität nach drei Jahren aufgehoben werden. Die japanischen Gerichte sollten gemischt mit ausländischen und japanischen Richtern besetzt werden. Alle Verträge sollten auf 17 Jahre befristet sein.

Doch Inoues Plan stieß in Regierung und Öffentlichkeit auf entschiedene Ablehnung. Einerseits wollte man das Landesinnere nicht dem Zugriff der Ausländer anheimgeben. Andererseits schien die Berufung ausländischer Richter die japanische Souveränität zu beschädigen. Ein außenpolitischer Zwischenfall verschärfte die Kontroverse. Im Oktober 1886 sank ein britisches Dampfschiff, die „Normanton", vor der Kii-Halbinsel. Die britische Besatzung rettete sich, alle 25 japanischen Passagiere sowie zwölf Inder ertranken. Eine britische Untersuchungskommission sprach den Kapitän des Schiffes zunächst von jeder Schuld frei. Weil die öffentliche Empörung über diesen Freispruch hohe Wogen schlug, verklagte die japanische Regierung den Kapitän beim britischen Konsul; er wurde schließlich zu drei Monaten Haft verurteilt. Inoues Vorschlag war nun jedoch nicht mehr durchsetzbar, die Verhandlungen wurden ausgesetzt und Inoue trat zurück. Sein Nachfolger Ōkuma Shigenobu unternahm 1888 einen neuen Anlauf, wobei er mit wenigen Änderungen auf Inoues Vorlage zurückgriff. Doch die Londoner „Times" veröffentlichte den geheimgehaltenen Plan, was wiederum Aufregung und Widerstand in Japan verursachte. Auch Ōkuma gab auf: Im Oktober 1889 wurde er von einem Mitglied der nationalistischen Schwarzmeergesellschaft (Gen'yōkai) mit einer Bombe angegriffen, verlor dabei sein rechtes Bein und trat als Minister zurück.

2.2 Der imperiale Staat (1889-1910)

2.2.1 Verfassung und Parlament

Die Verkündung der Verfassung

In einer feierlichen Zeremonie erfolgte am 11. Februar 1889, dem Gedenktag der Thronbesteigung des legendären ersten Kaisers Jinmu, die Verkündung der Verfassung durch Kaiser Mutsuhito. Der Tag begann jedoch denkbar schlecht: ein

---

[103] Zit. nach Toriumi, *Nihon kindaishi*, S. 73

Attentäter verletzte Kultusminister Mori Arinori tödlich, einen der unabhängigsten Denker in der Regierung; angeblich, weil dieser bei dem Besuch des Shintō-Heiligtums von Ise ein Sakrileg begangen hatte. Das Attentat wurde jedoch geheimgehalten, bis die Proklamation vorbei war.

Das Programm der Zeremonie wurde von dem Deutschen Ottmar von Mohl entworfen. Mohl, königlich-preußischer Kammerjunker und Diplomat, war 1887 bis 1889 auf Vermittlung der deutschen Regierung Kammerherr am japanischen Kaiserhof, um im Sinne Itōs bei der Modernisierung des Hofes zu helfen. Mohl schildert den Ablauf des 11. Februar wie folgt:

„Die Feier begann mit einem im kaiserlichen Ahnentempel im Palaisgarten abgehaltenen Schinto-Gottesdienst. Der Kaiser, wie immer bei solchen Gelegenheiten, mit seiner ganzen Umgebung in weisssseidene Gewänder gehüllt, leistete den Eid auf die Verfassung und forderte den Segen seiner Ahnen auf die neue Staatsverfassung herab. Der Kaiser begab sich hierauf mit dem Hofe in europäischer Uniform in feierlichem Zuge in den prachtvollen, für den Zweck besonders hergerichteten Thronsaal, worin bereits die Kaiserin und die Prinzessinnen des Hauses rechts vom Thron, die Prinzen und, im Anschluss an sie, das diplomatische Korps links davon Aufstellung genommen hatten. Der Tenno verlas vom Throne mit lauter, deutlicher Stimme die Proklamation über Verleihung der Verfassung an das japanische Volk. Der Saal bot einen imposanten Anblick dar. Gegenüber dem Kaiser standen in langen Reihen die höchsten Behörden und hervorragendsten Persönlichkeiten von Japan, die Elemente, aus welchen das Ober- und Unterhaus gebildet wurde. Die Kaiserin, zur Rechten des Kaisers, befand sich mit den Prinzessinnen und den Damen des Gefolges auf einer etwas erhöhten Estrade. Sie trug ein europäisches Brillantendiadem und ebensolche Rivière zu einer rosa Toilette; sie und die sie umgebenden Prinzessinnen waren geschmückt mit dem japanischen Damenorden. Diese Gruppe von fürstlichen Frauen und eleganten Erscheinungen machte einen sehr hübschen Eindruck. Die Herren des Hofstaates waren hinter den Majestäten an den Wänden des Saales aufgestellt. Das diplomatische Korps, in seltener Vollständigkeit, mit seinen bunten Uniformen und Kostümen belebte das Bild. Der Kaiser selbst trug Feldmarschalluniform mit japanischen Orden. Als er seine Rede unter lautloser Aufmerksamkeit der sehr zahlreichen Versammlung beendigt hatte, ertönte aus dem nur durch grosse Glaswände vom Innern des Thronsaals geschiedenen Palaisgarten von mehreren Militärmusiken die japanische Nationalhymne; der Donner der Salutschüsse der im Hafen von Yokohama und Tokyo befindlichen japanischen Kriegschiffe verband sich mit dem Feuer der Artillerie, welche in Tokyo 101 Schuss abgab. Unter diesen feierlichen Eindrücken verliess der Kaiser den Thronsaal und zog sich zurück bis zum Beginn der auf 1 Uhr festgesetzten Parade."

Nun wurde das Attentat auf Mori bekannt, doch da der Kultusminister noch bis zum folgenden Tag am Leben blieb, wurde die Feier wie geplant fortgesetzt. Um 13 Uhr nahmen der Kaiser und die Kaiserin eine Truppenparade ab. Um 19 Uhr gaben sie ein Hofdiner für 400 in- und ausländische Gäste im Schloss, dem ab

Abb. 33: Umfahrt des Kaiserpaares (Hashimoto Chikanobu 1889)

21 Uhr ein Konzert mit klassischer japanischer Hofmusik folgte. Tags darauf wurde die Bevölkerung einbezogen:

> „Auch das Volk sollte seinen Anteil haben; es war daher eine Umfahrt des Kaiserpaares durch die Stadt Tokyo nach dem Uennopark geplant. Zahlreiche Triumphbögen waren auf dem Wege, welchen der Kaiser passieren sollte, errichtet, und Hunderttausende von Menschen standen ehrerbietig zu beiden Seiten des kaiserlichen Weges. Es lief alles nach Wunsch ab, und die Majestäten zeigten sich gemeinschaftlich ihren treuen Untertanen. Es war bis jetzt nicht Sitte gewesen, dass Kaiser

und Kaiserin in demselben Wagen fuhren und sich den Blicken des Publikums aussetzten, so dass auch hierin ein Abschnitt in den Sitten und Gewohnheiten des kaiserlichen Hofes zu beachten war. Zum Andenken an diesen epochemachenden Staatsakt wurde eine Medaille geschlagen und den sämtlichen Teilnehmern der Feier durch den Kaiser verliehen. Am Abend desselben Tages fand ein grosses Fest bei dem Ministerpräsidenten, Grafen Kuroda, statt, welches auf meinen Rat, bei der hochpolitischen Bedeutung dieser Tage, wegen Moris Tode nicht abgesagt worden war."[104]

---

[104] Ottmar von Mohl: *Am japanischen Hofe*. Berlin 1904, S. 222-228

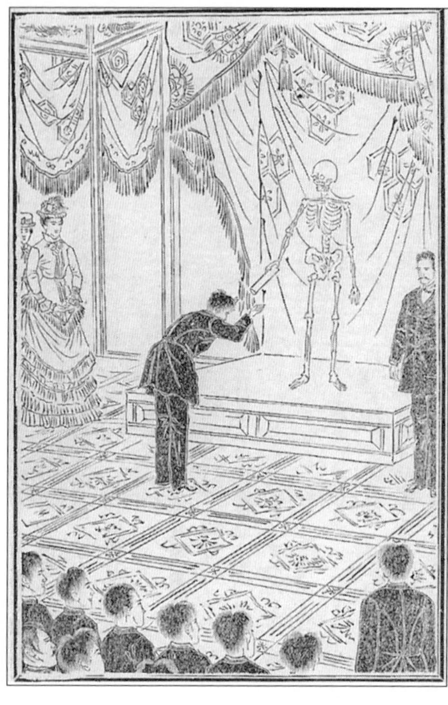

Abb. 34: Karikatur auf die Verfassungsverkündung (Adachi Ginkō: Dai Nihon tonchi kenpō happushiki, Tonchi kyōkai zasshi, 28. 2. 1889)

Premierminister Kuroda Kiyotaka verkündete bei dieser Gelegenheit die „Überparteilichkeit" seiner der Regierung – in der Absicht, den Einfluss der Parteien auf die Regierungsgeschäfte zu minimieren. Daher gewann er auch den oppositionellen Gotō Shōjirō für ein Regierungsamt. Auch Itō Hirobumi äußerte sich in ähnlichem Sinne. Mit der Verfassungsproklamation ging eine Amnestie einher, deretwegen sogar Regierungsgegner wie Ōi Kentarō wieder auf freien Fuß kamen.

Die Überparteilichkeitskampagne hatte jedoch nur sehr begrenzten Erfolg. Dies zeigte sich schon an dem Skandal, welchen der Journalist Miyatake Gaikotsu[105] auslöste, als er in seiner satirischen Zeitschrift am 28. Februar eine Karikatur auf die Proklamation veröffentlichte: Auf ihr wurde die Verfassungsurkunde dem Volk nicht durch den Kaiser überreicht, sondern durch ein Skelett. Damit wollte Miyatake zum Ausdruck bringen, dass das Kaisertum gewissermaßen ein lebender Leichnam war.[106] Er wurde wegen Majestätsbeleidigung zu einer Gefängnisstrafe verurteilt und seine Zeitschrift verboten.

Die Parlamentseröffnung

Am 1. Juli 1890 fand termingerecht die erste Wahl zum japanischen Unterhaus statt; mithin die erste Wahl nach westlichem Wahl- und Verfassungsrecht in einem asiatischen Staat überhaupt. Das aktive Wahlrecht besaßen alle Männer, die mindestens 25 Jahre alt waren und wenigstens 15 Yen direkte Steuern (also

105 Yoshino Takao: *Miyatake Gaikotsu: Minken e no kodawari.* Yoshikawa Kōbunkan 2000

106 Zu den politischen Karikaturen der Neuzeit vgl. Peter Duus: „Presidential Address: Weapons of the Weak, Weapons of the Strong – The Development of the Japanese Political Cartoon". In: *Journal of Asian Studies* 60:4 (2001), S. 965-997; Shimizu Isao: *Manga tanjō. Taishō demokurashī kara no shuppatsu.* Yoshikawa Kōbunkan 1999; ders.: *Fūshi manga jinbutsuden.* Maruzen 1991

Grund- oder Einkommensteuern) im Jahr leisteten sowie ihren Wohnsitz in einer japanischen Präfektur hatten. Auf Hokkaidō, Okinawa und den Ogasawara-Inseln fanden allerdings keine Wahlen statt, da die dortige Lokalverwaltung noch nicht endgültig aufgebaut war.

Jeder der 300 Wahlkreise entsandte einen Abgeordneten ins nationale Parlament. Das passive Wahlrecht wurde allen aktiven Wahlberechtigten zugestanden, die mindestens 30 Jahre alt waren. Nicht gewählt werden durften Beamte, Richter und Geistliche. Aktive Soldaten und Matrosen durften weder wählen noch kandidieren und wurden damit ein weiteres Mal bewusst aus dem Feld der Staatsbürger herausgenommen.

Das Zensuswahlrecht entsprach dem bis zur Mitte des 19. Jahrhunderts im Westen verbreiteten Standard. Letztlich durften nur etwa 450.000 Japaner wählen, darunter überwiegend Großbauern (die also mindestens 2,14 ha Land besaßen). Dies entspricht einer Quote von 1,14 % der Gesamtbevölkerung, was im internationalen Vergleich nicht wenig war; in Frankreich betrug die Quote 1846 gerade einmal 0,67 %.

Abb. 35: Der Tag der Wahlen (Georges Bigot 1890)

Der heftige Wahlkampf endete mit einem eindrucksvollen Sieg der liberalen Opposition. Der „Klub der großen Gemeinsamkeiten" zählte 55, die „Patriotische Partei" 35, die „Liberale Partei" 17 Abgeordnete. Zusammen mit einer weiteren liberalen Partei aus Kyūshū schlossen sich die Liberalen im August 1890 zur

„Konstitutionellen Liberalen Partei“ (Rikken Jiyūtō) zusammen und verfügten über insgesamt 130 Sitze im Unterhaus. Zusammen mit den 41 Sitzen der Konstitutionellen Progressiven Partei (Rikken Kaishintō) verfügte das Bürgerrechtslager daher über die Mehrheit der 300 Abgeordnetenmandate.

Die offiziell angestrebte Überparteilichkeit der Regierung entpuppte sich bald als Illusion, weil die Regierung nunmehr ohne eine eigene Mehrheit im Parlament keinen Haushalt, keine Gesetze und keine Steuern beschließen konnte. Im ersten Kabinett nach der Parlamentswahl, dem Yamagata Aritomo als Premierminister vorstand, wurde folgerichtig Mutsu Munemitsu Minister, der ehemals wegen Rebellion im Gefängnis gesessen hatte und als entschiedener Kritiker der Überparteilichkeits-Idee bekannt war.

Der Kampf ums „friedliche Miteinander"

Liberale und Progressive forderten nach der Eröffnung des Parlamentes am 25. November 1890 eine drastische Senkung der Staatsausgaben und eine deutliche Entlastung der Steuerzahler, ihrer Wählerschaft also. Regierung und Abgeordneten-Mehrheit standen vor ihrer ersten Konfrontation, die mit einem Kompromiss beigelegt wurde, der eine beträchtliche Kürzung der Staatsausgaben vorsah.

Gleich im Januar 1891 brannte allerdings das von deutschen Architekten entworfene und soeben erst fertiggestellte Abgeordnetenhaus ab. Ōkumas Konstitutionelle Fortschrittliche Partei schloss sich mit der Konstitutionellen Liberalen Partei zur Liberale Partei (Jiyūtō) unter Itagaki Taisuke zusammen. Gemeinsam lehnten sie im Dezember Ausgaben für die militärische Aufrüstung entschieden ab und beschlossen einen deutlich abgemagerten Staatshaushalt. Daher löste der neue Premierminister Matsukata Masayoshi im Dezember 1891 erstmals das Parlament auf; im Februar 1892 fanden Neuwahlen statt. Die Regierung mischte sich nach Kräften in den Wahlkampf ein, der mehr als 100 Todesopfer und Verletzte forderte; doch ihre Anhänger verfehlten die Mehrheit erneut. Itō Hirobumi, der seit August 1892 zum zweiten Mal als Premierminister amtierte, bemühte sich notgedrungen um eine Verständigung mit der liberalen Mehrheit. Als es Anfang 1893 wiederum zu Streit um ein Flottenbauprogramm kam, wandte sich Kaiser Mutsuhito im Februar mit einem (natürlich von seiner Regierung formulierten) kaiserlichen Erlass an die Öffentlichkeit, in dem er zum „friedlichen Miteinander“ aufforderte und davor warnte, das Staatswohl durch Parteienstreit zu gefährden. Die Regierung rang sich zu einer Verwaltungsreform durch. Sechs Jahre lang sollten ein Zehntel aller Beamtengehälter sowie 300.000 Yen aus dem Haushalt des Kaisers selbst in den Flottenbau gesteckt werden. Im Gegenzug stimmte die Liberale Partei Itagakis dem Haushalt mit geringfügigen Kürzungen zu. Auf diese Weise näherten sich Itō und die Liberalen einander an; da aber Ōkumas Progressive den Plan nach wie vor ablehnten, zeigten sich erste Risse zwischen Liberalen und Progressiven. Die politische Szene änderte sich jedenfalls grundlegend: Die Beteiligung der politischen Parteien (zuallererst der Liberalen) an den

Regierungsgeschäften wurde denkbar; zudem begann sich die Affinität der Liberalen für die Kriegsmarine zu entwickeln. Nach dem ersten japanisch-chinesischen Krieg kam es dann tatsächlich zur Bildung einer Koalition aus dem alten „Fürstenlager" und der Liberalen Partei.

Die *Genrō*

Als altgediente Staatsmänner, die das besondere Vertrauen des Kaisers genossen und als überparteilich galten, kristallisierte sich in den 1890er Jahren eine Gruppe von Politikern heraus, die jenseits des verfassungsmäßigen Rahmens in die Politik und in Angelegenheiten des Kaiserhauses eingriffen und zu ihren Lebzeiten bei entscheidenden Fragen nicht übergangen werden konnten, auch wenn sie teilweise keine formellen Ämter ausübten. Zu diesen sogenannten *genrō* („elder statesmen") gehörten:

Name	**Lebensdaten**	**Herkunft**
Inoue Kaoru	1835-1915	Chōshū
Matsukata Masayoshi	1835-1924	Satsuma
Yamagata Aritomo	1838-1922	Chōshū
Kuroda Kiyotaka	1840-1900	Satsuma
Itō Hirobumi	1841-1909	Chōshū
Ōyama Iwao	1842-1916	Satsuma
Saigō Tsugumichi	1843-1902	Satsuma
Katsura Tarō	1847-1913	Chōshū
Saionji Kinmochi	1849-1940	Hofadel

Es bedarf fast keiner Erwähnung, dass bis auf den Jüngsten, Saionji Kinmochi, alle *genrō* entweder aus Satsuma oder Chōshū stammten.

Die Beamtenschaft

Bereits in der letzten Phase der Frühen Neuzeit taten sich auf beiden Seiten des politischen Spektrums Samurai hervor, die den Einsatz für ihre Nation für wichtiger hielten als die Loyalität zu einem Fürstentum oder einer Statusgruppe;[107] doch gerade diese für die modernen Beamten typische „Treulosigkeit" erregte bei

[107] Masamichi Inoki: „Civil Bureaucracy". In: Robert E. Ward, Dankwart A. Rustow: *Political Modernization in Japan and Turkey*. Princeton 1970, S. 283-300

vielen der rebellierenden Samurai Abscheu.[108] Tatsächlich waren es zunächst vor allem Funktionäre aus Satsuma und Chōshū, welche die Schlüsselpositionen der neuen Bürokratie besetzten. Zwischen 1868 und 1872 betrug ihr Anteil an den Führungspositionen 23 %, 1874 waren es noch 20 %.

Kaiserliche Beamtenränge unter dem Dajōkan-System

Rang	Ernennung durch	Einsatzgebiet
Chokunin	Kaiser	Zentralregierung
Sōnin	Kaiser auf Vorschlag des Dajōkan	Zentral- und Lokalverwaltung
Hannin	Dajōkan	Lokalverwaltung
Hanbu	Personalamt	unterste Exekutive

Allerdings endete diese Bevorzugung 1887 mit der Einführung von Staatsprüfungen für Beamtenanwärter. Außer für Leitungspositionen, die nach wie vor vom Kaiser direkt ernannt wurden *(chokunin)*, kamen seit 1893 Laufbahnbestimmungen zur Anwendung, die auf landsmannschaftliche Herkunft, Stand oder Parteizugehörigkeit keine Rücksicht mehr nahmen. Dahinter steckte auch ein politisches Kalkül: Die Überparteilichkeit der Beamtenschaft sollte das Feld der Exekutive vor dem parteipolitischen Zugriff bewahren. Alle diese Regelungen – die Soldordnung von 1886, die Pensionsordnung von 1889 – wurden dem Zugriff des Parlaments entzogen und dem Geheimen Staatsausschuss überlassen.

2.2.2 Individuationsprozesse

Maruyamas Typen der Individuation

Der Sozialwissenschaftler Maruyama Masao entwarf in den 1960er Jahren ein Modell, um zu erklären, welche Grundhaltungen einzelne Menschen im modernen sozialen Raum typischerweise einnehmen.[109] Er nahm an, dass die Diskrepanz zwischen den im symbolischen Raum vertretenen Weltanschauungen und der persönlichen Disposition ihrer Träger besonders dort, wo diese Weltanschauungen nicht auf einheimischen Entwicklungen beruhten, sondern aus dem Westen importiert wurden, sehr auffällig ist: So konnte jemand zugleich für die Demokratie eintreten und als Persönlichkeit höchst autoritär sein. Nach Maruyama gibt es einen Zusammenhang zwischen den Typen von Persönlichkeiten in einer

[108] Maruyama, *Loyalität und Rebellion*, S. 30

[109] Maruyama Masao: „Patterns of Individuation and the Case of Japan: A Conceptual Scheme". In: Marius B. Jansen (Hg.): *Changing Japanese Attitudes Toward Modernization*. Princeton 1965, S. 489-531

Gesellschaft und dem sozialen System. Daher untersuchte Maruyama „Muster der Individuation“, die deswegen im Modernisierungsprozess eine wichtige Rolle spielten, weil beim Übergang von der traditionalen in die moderne Gesellschaft dem Einzelnen besonders viel abverlangt wurde. Denn ob der Einzelne es wollte oder nicht: Er wurde aus den traditionalen und sozialräumlichen Bindungen entlassen, die ihm vorher Verhaltenssicherheit und Habitus vorschrieben, und musste sich in ein eigenes Verhältnis zum größer gewordenen, nationalen sozialen Raum bringen. Diesen Prozess nannte Maruyama Individuation, also die Bildung von Individuen. Er unterschied dabei vier Grundmuster, die sich aus zwei möglichen verhaltensorientierenden Achsen ergeben: jemand konnte sich im eigenen Interesse an andere Individuen (oder Gruppen) anschließen (dies nannte Maruyama assoziativ), oder er konnte sich von ihnen distanzieren (dissoziativ); jemand konnte sich stark mit dem „Mittelpunkt der politischen Autorität“ identifizieren (zentripetal) oder aber davon Abstand suchen (zentrifugal). So bildeten sich vier Idealtypen von Individuation:

	assoziativ	**dissoziativ**
zentripetal	Demokratisierung (gleichheitsorientiert)	Atomisierung (fremdbestimmt, entwurzelt)
zentrifugal	Individualisierung (freiheitsorientiert)	Privatisierung (selbstbezogen)

Je nachdem, welche Typen in einer Gesellschaft vorherrschen, verändert sich nach Maruyama die gesamtgesellschaftliche Situation entscheidend. Revolutionäre Dynamik oder Massenbewegungen entstehen, wenn zentripetale Tendenzen vorherrschen; oligarchische Herrschaftsstrukturen (einschließlich struktureller Korruption) haben eine Chance, wenn zentrifugale Tendenzen überwiegen. Revolutionäre Ideologien sind demnach vorrangig an dauerhafter Gleichheit im sozialen Raum und systematischer Beteiligung am Feld der Macht interessiert, Weltsanierungs-Ideologien dagegen an einmaliger Umverteilung und symbolischer Legitimierung dieser Umverteilung. Zentrifugale Einstellungen führten dagegen zu einer Abkehr vom symbolischen Raum, zur Betonung der eigenen Unabhängigkeit bzw. zum Desinteresse an politischen Fragen. Individualistisches Verhalten war unter den Samurai als der sozialen Elite schon früher bekannt. Doch den Beginn des modernen, die gesamte Gesellschaft erfassenden Individuationsprozesses in Japan datierte Maruyama in die 1890er Jahre. Insbesondere nach dem gewonnenen Krieg gegen China verstärkte sich der Modernisierungsdruck in Wirtschaft und Gesellschaft. Seit 1897 entstanden Gewerkschaften und Arbeiterbewegung bis hin zur Gründung der (sofort verbotenen) ersten Sozialdemokratischen Partei 1901; auch proletarische Massenmedien traten auf. Erste Kritik an den schädlichen Auswirkungen des angeblich westlichen Individualismus wurde laut. Jedoch überwog in dieser Zeit in der Gesellschaft offenbar der Hang zur Privatisierung und Atomisierung sowie zum Materialismus im eigenen Interesse, der sich durchaus auf westliche Quellen (wie den britisch-amerikanischen Liberalismus) stützte, aber im Prinzip Egoismus meinte. Zum „atomisierten" Typ gehörten v.a. die Arbeiter im Bergbau und in der Stahl- und Schiffbauindustrie, die in dieser Zeit häufig Wanderarbeiter waren und wegen des explodierenden Bedarfs an Arbeitskräften noch nicht in feste Strukturen integriert waren. In der Literatur der Zeit zeigten sich dagegen deutliche Tendenzen zur Individualisierung. Dahinter stand das Phänomen, dass der symbolische Raum in Form von staatlicher Lokalverwaltung, Sozialfürsorge, Bildungswesen, Militär und deren halbstaatlichen Helfern wie Hōtokukai (seit 1906 unter Beteiligung von Bürokraten, Unternehmern und Gelehrten gegründete Selbsthilfeorganisationen, die im Geiste Ninomiya Sontokus Bauern und Landpächtern zur Seite stehen sollten) und die seit 1910 in allen Dörfern eingerichteten Reservistenvereinigungen *(zaigō gunjinkai)* immer stärker auf Kosten unabhängiger Institutionen in den sozialen Raum expandierte. Diese Expansion nahm man hin, solange sie den eigenen Interessen nicht im Wege stand, ohne sich emotional an den Staat gebunden zu fühlen. So beobachtete Tokutomi Sohō 1894 in der Gesellschaft „kühle Teilnahmslosigkeit gegenüber dem Staat, brennende Aufmerksamkeit für das Individuum."[110] Das Ergebnis war zwar erstens eine formale Stabilisierung der Herrschaft der bestehenden Eliten, weil sich kein revolutionäres Potential entwickelte, zweitens aber eine Verkürzung der symbolischen Imagination auf die mit dem Kaisertum verbundenen Komplexe, die wiederum subversiv wirken konnte, wenn dessen Symbolkraft schwand.

Die Kommunion des Kaisers

Premierminister Yamagata Aritomo regte 1890 an, etwas Vergleichbares wie die kaiserlichen Vorschriften für Soldaten (s. S. 229) auch für das Bildungswesen zu schaffen. Die Formulierung eines entsprechenden kaiserlichen Ediktes dauerte vier Monate.[111] Ein erster Entwurf aus dem Kultusministerium führte Ehrfurcht vor dem Himmel und den Göttern sowie Treue zum Kaiser ins Feld. Inoue Kowashi wies dies zurück: Religion wollte er heraushalten. Die endgültige Fassung händigte der Kaiser seinen Ministern am 30. Oktober 1890 aus. Drei Gedankengänge beherrschten den Text: dass die Tugend Japans seit ewigen Zeiten mit dem Kaiserhaus verbunden war; dass Treue zum Kaiser und zu den Vorfahren den Staatskörper florieren lassen sollte und die Untertanen, wenn es dringend erforderlich war, pflichtschuldig und tapfer dienen sollten – falls man sie also zu den

110 Zit. n. Maruyama, *Loyalität und Rebellion*, S. 135

111 NHK: *Tennō to kenpō: kenpō 100 nen. Tennō wa dō ichizukerarete kita ka.* Kadokawa Shoten 1990, S. 165-177

Waffen rief; und dass dies der Wille schon der vergangenen Kaiser gewesen sei, an den auch Kaiser Mutsuhito gebunden war. Der Kultusminister ließ eine gedruckte Version dieses Textes an alle Schulen verteilen. Sie wurde zusammen mit Fotografien des Kaiserehepaares in kleinen Schreinen (*hōanden*) auf dem Schulgelände aufbewahrt. Das Kultusministerium legte im Juni 1891 fest, wie mit dem Edikt umgegangen werden sollte: An den kaiserlichen Feiertagen sollten sich Schüler, Lehrer und Ortsvorsteher in einer Aula versammeln. Die kaiserlichen Fotografien *(goshin'ei)* hingen mit einem Vorhang verhüllt an der Stirnseite des Raumes. Der Vorhang wurde unter Verbeugungen enthüllt, man sang die Nationalhymne Kimigayo. Anschließend wurde der Erlass, natürlich unter Verbeugungen, verlesen. Danach hielt der Schulleiter eine Ansprache. Es folgte ein passender Choral. Die Fotografien wurden wieder unter Verbeugungen verhüllt, und alle verließen den Saal.

Abb. 36: Regeln für Zeremonien (1891)

Ganz offensichtlich war die Zeremonie wie ein christlicher Gottesdienst gestaltet: Parallel zu Enthüllung von Kelch und Hostienschale, Choral, Schriftlesung, Predigt, Choral, Verhüllung von Kelch und Hostienschale. Wie beim Abendmahl die Hostie zum Leib Jesu wird, wurde das Bild des Kaisers im Moment seiner Enthüllung zum Leib des Kaisers; der Kaiser war realpräsent. Der Erlass war sein Neues Testament. Interpretierte man den Akt shintōistisch, so folgte er gleichfalls einer klassischen Struktur: Herbeirufen der Gottheit *(kamimukae)*,

Ritualgebet *(norito)*, Verabschieden der Gottheit *(kamiokuri)*. Auch hierbei war die Gottheit vorübergehend realpräsent.

Deshalb musste dieses Bild auch wie der laut Verfassung heilige und unantastbare Körper des Kaisers geschützt werden. Ein Lehrer starb 1896, als er versuchte, das Kaiserbild seiner Schule vor einem Tsunami zu retten. Ein anderer kam aus demselben Grund 1921 bei einem Brand ums Leben. Allerdings gab es auch Fälle, in denen Lehrer aus Groll auf den Schulleiter oder aus anderen Gründen die Bilder stahlen oder verbrannten.

Der Christ Uchimura Kanzō erkannte den religiösen Hintergrund der Zeremonie bereits im Februar 1891. Er weigerte sich, sich wie vorgeschrieben vor dem Erziehungserlass zu verbeugen. Einen Monat später wurde er aus dem Dienst entlassen.

Christen als Vaterlandsverräter

Der Uchimura-Skandal löste eine Kontroverse über die Vereinbarkeit von Japanertum und Christentum aus. Bereits die Ermordung Mori Arinoris 1889 hatte möglicherweise einen christenfeindlichen Hintergrund; Mori galt als erklärter Sympathisant des Christentums, und nach Ottmar von Mohl „wurde als Ursache in japanischen Kreisen kolportiert, der in Amerika erzogene Minister Mori habe sich den Grimm der Schintopriester des Tempels von Ise zugezogen, weil er das Allerheiligste mit Stiefeln betreten und den schützenden Vorhang mit seinem Spazierstock aufgehoben habe. Wenn auch diese Erzählung von dem Gouverneur der Provinz Ise am folgenden Tage als unrichtig bestritten wurde, so gibt sie dennoch einen Massstab für die in Japan herrschende Stimmung.“[112] In seinem durch Uchimuras Haltung veranlassten Kommentar zum kaiserlichen Erziehungserlass aus dem Jahr 1891 führte Inoue Tetsujirō eine Attacke gegen das Christentum. Die japanischen Christen – von denen anfangs viele ehemalige Samurai waren – fügten sich nicht leicht in den symbolischen Raum ein, weil sie Loyalitäten über dessen Grenzen hinweg anerkannten. Der Schriftsteller Hirotsu Ryūrō griff das Dilemma 1897 in seinem Roman „Der Vaterlandsverräter“ (Hikokumin) auf. Dessen Held, ein christlicher Journalist und Kirchenältester, spaltete seine Gemeinde, weil er nur Gott als Herrn akzeptieren wollte. Uchimura Kanzō erkannte 1899: „Wenn ich vor Patriotismus brenne, so ist das die Zeit, wo ich über die Verhältnisse in unserem Land sprechen will; aber wenn ich über die Verhältnisse in unserem Land spreche, dann riskiere ich, als Landesverräter behandelt zu werden. Deshalb bemühe ich mich, meinen Patriotismus möglichst zu unterdrücken und ein braver und treuer Untertan zu sein.“[113] Dem Christen Nitobe Inazō gelang es, in seinem ursprünglich auf englisch verfassten Werk „Bushido“ eine Vereinbarkeit christlicher mit überlieferten Samurai-Werten zu

[112] Mohl, *Am japanischen Hofe*, S. 224
[113] Zit. n. Maruyama, *Loyalität und Rebellion*, S. 107

konstruieren und Pflicht, Loyalität sowie Nächstenliebe zum Beitrag der japanischen Kultur zum Weltkulturerbe zu erklären. Auf diesem Weg konnten sich die Christen ihren Raum in der japanischen Gesellschaft schaffen.

Die Ōmoto-Religion

Im Jahr 1892 entstand aus Protest gegen die Missstände in der Welt eine neue volksreligiöse Sekte, die sich Ōmoto-Religion nannte.[114] Gründerin war Deguchi Nao, eine verarmte Bäuerin und Mutter von elf Kindern, die einen Umbau der Gesellschaft *(tatenaoshi)* unter göttlicher Anleitung in Aussicht stellte. Unter ihrem Schwiegersohn Onisaburō entwickelte die Sekte den Anspruch, als „wahre Staatsreligion" besser als der staatlich propagierte Shintō zur Versöhnung der Gegensätze innerhalb Japans und der Welt beitragen zu können. Wegen dieser Kritik wurde die Religion in den 1920er Jahren zunächst unterdrückt. Sie baute jedoch hervorragende Verbindungen zu radikalen Militärs auf, begann mit deren Hilfe in der Manjurei und Mongolei ein Projekt zur Weltmission und entwickelte schließlich den Gedanken, ein Weltkrieg solle zu der angestrebten großen Reinigung führen. Förderer der Ōmoto-Religion waren u.a. die ultranationalistischen Politiker Uchida Ryōhei, der Gründer der Amur-Gesellschaft, der Putschist Hashimoto Kingorō, Admiral Takeshita Isamu und Ueshiba Morihei, der Gründer des Aikidō. Ueshiba begleitete Deguchi 1924 auf dessen abenteuerlicher Reise durch die Mongolei, wo mit Unterstützung der japanischen Guandong-Armee eine Art Ōmoto-Staat ausgerufen werden sollte. Im Oktober 1931 wurde er auf Deguchis Vorschlag Leibwächter Hashimotos. Nach der Vorstellung der Ōmoto-Religion sollte der Kaiser die direkte Herrschaft übernehmen, um die japanische Gesellschaft zu einem Familienstaat umzubauen. Unter dem Vorwurf, die japanischen Mythen zu verdrehen, wurde die Ōmoto-Religion jedoch 1935 verboten: Ihr radikaler Nationalismus bedrohte die etablierte Ordnung.

2.2.3 Der erste chinesisch-japanische Krieg

Revision der Ungleichen Verträge

Außenpolitisch war Japan noch weit von einer sicheren Position in Ostasien entfernt. Der europäische Imperialismus wurde unverändert als existentielle Bedrohung aufgefasst. Premierminister Yamagata Aritomo stellte 1890 in einem Brief fest, die Schätze und Rohstoffe Asiens lägen vor Europa „wie ein Stück Fleisch unter Tigern."[115] Im März 1890 brachte er eine außenpolitische Denkschrift ins

[114] Ulrich Lins: *Die Ōmoto-Bewegung und der radikale Nationalismus in Japan*. München, Wien 1976

[115] Zit. n. Toriumi, *Nihon kindaishi*, S. 72

Kabinett ein. Darin unterschied er zwischen der Grenzlinie der japanischen Souveränität (gleichbedeutend mit den territorialen Grenzen) und Japans Interessenlinie, die auch die Nachbarstaaten umschloss, sofern diese direkt mit der Sicherheit des Landes verbunden waren; dazu zählte er Korea. Falls diese Interessenlinie unter den Einfluss fremder Mächte geriet, sei Japans Unabhängigkeit gefährdet. Für besonders gefährlich hielt er den russischen Einfluss. Sobald die geplante Transsibirische Eisenbahn fertiggestellt sei, könne Russland rasche Truppenbewegungen im Osten vornehmen. Dadurch sei die Stabilität in der Region bedroht. Anders als nach dem ersten Opiumkrieg sah sich Japan jetzt also nicht mehr direkt als leichte Beute für den Westen oder als dessen Sprungbrett nach Asien. Die Befürchtung war vielmehr, dass es dem Westen gelingen würde, Japans Nachbarn so weit zu schwächen, dass Japan isoliert und handlungsunfähig würde.

1891 gewährte Frankreich dem Zarenreich einen Großkredit zum Bau der Transsibirischen Eisenbahn, mit der Russland endlich eine moderne Verbindung zu seinem sibirischen Osten bis nach Wladiwostok schaffen wollte. Aus der finanziellen Unterstützung wurde später ein Militärbündnis. Japan suchte Handlungsfreiheit, um sich gegen diese Entwicklung zu stemmen. Eine wesentliche Voraussetzung dafür stellte die Revision der Ungleichen Verträge dar. Außenminister Mutsu Munemitsu machte sich 1892 erneut an Verhandlungen, doch hatte sich Japans Position gegenüber den 1880er Jahren deutlich verbessert: Es besaß Verfassung und Parlament, Bürgerliches und Handelsgesetzbuch waren beinahe fertig. Damit bestand kein Grund mehr, Japan nicht als modernen, gleichberechtigten Staat anzuerkennen. Großbritannien, das selbst besorgt war über Russlands Ausdehnung in Asien, zeigte sich bereit zu ernsthaften Verhandlungen und verzichtete als erstes auf die Exterritorialität. Daraufhin nahm Botschafter Aoki Shūzō im November 1893 in London Revisionsverhandlungen auf. Für die japanische Regierung wollte er die Abschaffung der Konsulargerichtsbarkeit, Zollerhöhungen für bestimmte Produkte wie Baumwollgarn und Baumwolltuche, völlige Bewegungs- und Handelsfreiheit im jeweiligen Gastland und die gegenseitige Meistbegünstigung erreichen.

Die Nationalliberalen unter Ōi Kentarō lehnten die damit einhergehende Öffnung des Binnenlandes jedoch weiterhin ab und reichten im Parlament einen Gegenentwurf ein. Itō verurteilte dies als Rückfall in die „Vertreibt die Barbaren-Ideologie" der 1850er Jahre. 1893 und 1894 musste das Parlament wegen dieser Frage jedoch aufgelöst werden; die Wahl 1894 führte zu einem deutlichen Zuwachs an Sitzen für die Liberalen.

Dennoch gelang Aoki im Juli 1894, einen neuen Handelsvertrag mit Großbritannien abzuschließen. Die USA und die übrigen westlichen Mächte schlossen sich, teils zähneknirschend, an. Die Zollhoheit gestanden sie Japan allerdings erst 1911 zu.

Krieg als Geburtsstunde der Nation

Seit Februar 1894 breitete sich in Korea ein Aufstand der unterdrückten Tonghak-Religion aus. Diese kritisierte einerseits übermäßige Besteuerung und Korruption im Lande und war andererseits anti-christlich, anti-westlich und anti-japanisch eingestellt. Im Juni bat die koreanische Regierung Koreas Schutzmacht China um eine militärische Intervention zur Unterdrückung dieser Rebellion. Sie teilte dies auch Japan mit. Japan schickte daraufhin ebenfalls Truppen nach Korea, griff aber nicht aktiv ein.

China und Japan verhandelten nun erneut über Reformen in Korea. Japan forderte die Loslösung Koreas aus der chinesischen Tributherrschaft. China lehnte dies ab. Daraufhin inszenierte Japan einen Staatsstreich in Korea. Eine militärische Konfrontation mit China war die Folge. Ab dem 25. Juli 1894 brachen offene Feindseligkeiten aus. Am 1. August erklärte der japanische Kaiser China offiziell den Krieg.

Regierung und Opposition standen hinter dem Krieg. Auch die Unterstützung aus der Bevölkerung war uneingeschränkt. Dass im März 1894 der japanfreundliche koreanische Reformpolitiker Kim Okkyun in Shanghai ermordet und sein Leichnam in Korea zur Schau gestellt worden war, wurde weithin als unannehmbare Provokation und Barbarei angesehen. Uchimura Kanzō sprach von einem „Pflichtkrieg", Fukuzawa Yukichi von einem „Krieg zwischen Aufklärung und Barbarei". Japan erzielte unerwartet rasche Erfolge. Die chinesische Armee war zwar zahlenmäßig überlegen, aber schlecht ausgebildet und ausgerüstet. Im September errang die japanische Flotte einen Sieg über die chinesische. Im Oktober 1894 überschritten japanische Truppen den Grenzfluss zwischen Korea und China, den Yalu, und trugen den Krieg auf chinesisches Territorium. Im November eroberten sie Harbin und Dalian und hatten damit die Liaodong-Halbinsel besetzt. Im Februar 1895 folgte ein weiterer Sieg zur See, und japanische Einheiten landeten jenseits des Gelben Meeres auf der Shandong-Halbinsel. Militärisch war der Krieg damit entschieden.

In den Augen westlicher Beobachter wie des in Japan ansässigen Karikaturisten Georges Bigot[116] (1860-1927) stellte der Konflikt nur einen der im Zeitalter des Imperialismus üblichen Konflikte zwischen zwei Mächten um die Herrschaft über ein drittes Land dar.[117] Für Bigot wurde aus dem Krieg eine „Fischpartie", deren Beute Korea war. Doch in Japan besaß der Krieg einen viel weitergehenden Stellenwert als Geburtshelfer des nationalstaatlichen Selbstbewusstseins.[118] Die japanische Presse begleitete den erfolgreichen Kriegszug in

---

[116] Shimizu Isao: *Bigō ga mita Nihonjin*. Kōdansha, 8. Aufl. 2004

[117] George Alexander Lensen: *Balance of Intrigue: International Rivalry in Korea and Manchuria 1884-1899*. 2 Bde. Tallahasee 1982

[118] Vgl. Donald Keene: „The Sino-Japanese War of 1894-5 and Its Cultural Effects in Japan". In: Donald H. Shively (Hg.). *Tradition and Modernization in Japanese Culture*. Princeton 1971, S. 121-175

Abb. 37: Eine Fischpartie (Georges Bigot 1894)

Wort und Bild mit hohem Enthusiasmus. Namhafte Künstler stellten sich in den Dienst der Kriegspropaganda, darunter insbesondere solche, die wie Kobayashi Kiyochika zwar regierungskritisch waren, aber als Anhänger des liberalen Lagers doch für ein japanisches Engagement auf dem Kontinent eintraten. Kobayashi beherrschte traditionelle wie moderne Genres: Bei Kawanabe Kyōsai hatte er japanische Malerei gelernt, Shimooka Renjō schulte ihn in der Fotografie, und der Brite Charles Wirgman, der Herausgeber des „Japan Punch", führte ihn in die Kunst der Karikatur ein. Kobayashi wurde gleichzeitig der „letzte Ukiyoe-Künstler" und ein Meister des karikaturistischen Formats. Seine ernsthaften Kriegsbilder aus China zeichneten sich durch eine fotografische Dramatik und Intensität aus. Ungeheuren Erfolg und nachhaltigen Eindruck hinterließ seine Karikaturenserie „Hoch lebe Japan: Hundertmal ausgewählt, hundertmal ausgelacht" (Nippon banzai hyakusen hyakushō), in der er die chinesischen Gegner erbarmungslos und nach allen Regeln der Kunst der Lächerlichkeit preisgab. Dadurch entstand in der Öffentlichkeit der Eindruck, Japan habe sich seinen Sieg über einen unterentwickelten Gegner leicht verdient. In einer Abbildung zertrampelt ein starker japanischer Soldat chinesische Spielzeugschiffe und –soldaten, während ein Chinese hilflos wie ein Kind dabeisitzt und weint.

Abb. 38: Japanischer Soldat zerstört chinesisches Kriegsspielzeug (Kobayashi Kiyochika 1894)

Kiyochikas Bilder fielen auch ausländischen Beobachtern auf. Der Amerikaner D.P.B. Conkling nahm sie 1896 als Beweis dafür, „dass selbst in der Kunst die Japaner zu europäischen Methoden greifen."[119] Conkling bezeugte übrigens, dass diese Bilder selbst an entlegenen Orten Japans zu sehen waren:

„Am nächsten Tag [Sommer 1895] jedoch erwartete mich in einem noch ferneren Dorf eine noch größere Überraschung: Denn auffällig an einer nackten Wand war ein leibhaftiges Poster, umringt von einer bewundernden Menschenmenge; und einige weitere Tage bewiesen, dass diese künstlerische Innovation, wenn man sie so nennen darf, allgemein verbreitet und höchst beliebt war. Jedes Teehaus besaß seine Serie, und alle Läden in den Einkaufsstraßen waren voll davon; und wo immer ein Poster in Sicht war, gab es mit Sicherheit auch eine bewundernde Menschenansammlung. ... Das Interesse der Menschen am Krieg, der damals am Laufen war, war naturgemäß grenzenlos, und diese Cartoons halfen dabei, es zu erhöhen."[120]

Die Visualisierung des Krieges machte auch vor den Kinderzimmern nicht Halt. Würfelspiele zeigten japanische Soldaten aller Ränge und Waffengattungen und ließen für die Kinder Krieg als planvolles, zum Ziel führendes Gemeinschaftsunternehmen erfahrbar werden. Die eigenen Soldaten trugen westliche Uniformen, kurzgeschnittene Haare und ordentliche Bärte. Sie wurden als größer und kräftiger abgebildet als die Chinesen. Diese wiederum stellte man als rückständig dar, bezopft und in vormodernen und uneinheitlichen Uniformen – also völlig unvorbereitet auf einen modernen Krieg.

Bald schon bildete sich ein Kanon heroischer Einzeltaten, die der Jugend zum Vorbild dienen sollten, aber auch international verbreitet wurden. Schon im No-

[119] D.P.B. Conkling: „Japanese War Posters". In: *The Century; A Popular Quarterly* 51:6 (1896), S. 936-939, hier S. 939

[120] Conkling, „Japanese War Posters", S. 936

vember 1894 erschien ein zweisprachig englisch-japanischer Bilderband über den Krieg, in dessen englischem Text es hieß: „Nie zuvor in der Geschichte Japans haben sich die wahren Eigenschaften des Volkes klarer gezeigt als im gegenwärtigen Krieg mit China. Erzählungen mutiger Taten, rührende Hingabe für die Vorgesetzten und vor allem treueste Loyalität und Patriotismus hört man von den Soldaten und Matrosen und von den Familien, die ihre einzige Stütze auf dem Schlachtfeld verloren haben … Es ist dieser Geist, nicht eine zufällige Überlegenheit in Bewaffnung oder Zahl, welcher die Schlachten gewonnen hat, wo auch immer sie gefochten wurden.“[129] So wurde der Regimentstrompeter Shirakami Genjirō alias Kiguchi Kōhei, der am 29. Juli 1894 in Korea fiel, auf Bildern, Denkmälern und in Schulbüchern dafür gerühmt, bis zum letzten Atemzug die Trompete geblasen zu haben. Andere Japaner wurden zu Helden deklariert, weil sie Flüsse durchschwammen, Festungen erobern oder Feuer löschten. Außerdem handelten sie menschlich und halfen der Zivilbevölkerung. Ein Offizier, so wurde kolportiert, behandelte einen chinesischen Kriegsgefangenen gut und erhielt deshalb wertvolle Informationen von diesem. Ein anderer rettete ein Kleinkind während einer Schlacht vor chinesischen Soldaten und brachte es seiner chinesischen Mutter zurück. Die Chinesen hingegen wurden im allgemeinen als feige und verzagt dargestellt.

Neben Bildern wurden in diesem Krieg auch erstmals Kriegslieder in großer Zahl komponiert und gesungen. Kaiser Mutsuhito selbst, der als Oberbefehlshaber der Streitkräfte den Kriegsverlauf im Hauptquartier des Generalstabes in Hiroshima verfolgte, dichtete im September 1894 ein Loblied auf den Sieg der japanischen Flotte im Gelben Meer.

Die Weltpresse folgte dem japanischen Eigenlob weitgehend unkritisch. Die New Yorker „Nation“ beispielsweise hob hervor, dass Japan hervorragend auf den Krieg vorbereitet war. Insbesondere „die militärischen Karten von China sind Beispiele für Exzellenz, wenn wir die Lage in China und die Schwierigkeit, akkurate topographische Informationen zu erhalten, bedenken. Alle Straßen und Entfernungen sind so präzise gezeichnet, Städte und sogar Dörfer so detailliert beschrieben, dass man sich nur wundern kann, wie die Japaner all diese Kenntnisse erwerben konnten … Vielleicht hat sich nie zuvor der Wert von Organisation und sozialer Kohäsion zwingender bewiesen als in der Auseinandersetzung zwischen China und Japan.“[122]

---

121 *Nisshin sensō shashin shofu / The Japnese-Chinese War* [!]. Tōkyō: Hashio Toranosuke, S. 15. Vgl. auch F. Warrington Eastlake; Yoshiaki Yamada: *Heroic Japan. A History of the War Between China and Japan.* Yokohama, Shanghai, Hongkong, Singapore 1896

122 G.D.: „Victorious Japan“. In: *The Nation*, 16. Mai 1895, S. 377

Friedensvertrag und Tripelintervention

Im März 1895 begannen unter Führung von Premierminister Itō und Außenminister Mutsu[123] Friedensverhandlungen mit China. Die japanische Kriegsbilanz lag bei mehr als 17.000 Toten und rund 200 Millionen Yen Kriegskosten. Dies entsprach etwa der Höhe von zwei regulären Jahreshaushalten und musste aus japanischer Sicht unbedingt durch Reparationszahlungen und Landgewinne ausgeglichen werden. Am 17. April wurde der Friedensvertrag von Shimonoseki unterzeichnet. China akzeptierte Koreas Unabhängigkeit, trat die Liaodong-Halbinsel, Taiwan und die Pescadoren ab, verpflichtete sich zur Zahlung von 200 Millionen Tael (310 Millionen Yen) Reparationen und musste mehrere Provinzen und Handelsstädte für japanische Aktivitäten öffnen.

Bevor dieser Vertrag jedoch in Kraft trat, intervenierten Russland, Frankreich und das Deutsche Reich massiv zugunsten Chinas. Sie forderten die Rückgabe der Liaodong-Halbinsel. Japan willigte trotz heftiger Bedenken ein und gab die Halbinsel für 30 Millionen Tael an China zurück. China zahlte 1896 in Gold, was der Regierung die Entscheidung erleichterte, den Yen im Oktober 1897 vom Silber- auf den Goldstandard umzustellen.

Die öffentliche Meinung Japans war wegen der Tripelintervention aufgebracht. Gegen die drei intervenierenden Mächte, besonders aber Deutschland, wuchs eine nachhaltige Antipathie.

Besetzung Taiwans

Da die chinesische Regierung Taiwan ohne weiteres an Japan abtrat, rief die chinesischstämmige Oberschicht der Insel im Mai 1895 eine unabhängige Republik aus. Damit sollte die japanische Übernahme verhindert werden. Doch Japan begann zügig mit der Besetzung Taiwans, dessen Regierung ins festländische Exil floh. Chinesische Schwarzflaggen-Piraten leisteten den Japanern zwar Widerstand, doch nach einem knappen halben Jahr, am 3. November 1895, erklärte Japan die Übernahme der Insel für vollendet. In den Bergen leisteten allerdings einheimische Minderheitsvölker noch lange Widerstand.

Taiwan war Japans erste formale Kolonie. Sie wurde von einem japanischen Administrator *(sōtoku)* verwaltet, der bis 1919 stets ein Militär war und die legislative und exekutive Gewalt in seiner Person vereinte. Unter Gotō Shinpei, der 1898 bis 1906 den zivilen Zweig der Kolonialverwaltung leitete, begann der Umbau der taiwanesischen Infrastruktur und Wirtschaft nach den Vorstellungen von und zum Nutzen der japanischen Wirtschaft und Gesellschaft. Der koloniale Raum wurde mit den Mitteln des modernen Imperialismus erschlossen und gestaltet. Die wichtigste Maßnahme war die Einführung des Baojia-Überwa-

[123] Mutsu Munemitsu: *Kenkenroku. A Diplomatic Record of the Sino-Japanese War, 1894-95.* University of Tokyo Press 1995

chungssystems nach altchinesischem Vorbild. Jeweils zehn Haushalte wurden zu einem Block *(jia)* zusammengefasst, je zehn Blöcke zu einem Oberblock *(bao)*. Jeder Block und jeder Oberblock besaßen einen eigenen Vorstand, der die zugehörigen Haushalte überwachen und beaufsichtigen sollte sowie Kontakt zur Polizei und zur Steuerbehörde hielt. Die Lokalverwaltung wurde damit enorm entlastet und kostengünstig. Eine Besonderheit des japanischen Kolonialreichs war, dass die japanische Verfassung nur im Mutterland (dem „Innenland", *naichi*) in seinen Grenzen von 1889 galt. Die nach 1889 hinzugekommenen „Außenlande" *(gaichi)* standen also unter Sonderrecht.

Rückschläge in Korea

Japan konnte China zwar zur Anerkennung der „Unabhängigkeit" Koreas zwingen, doch seine Vormacht in Korea war nicht gesichert: Korea versuchte eine Annäherung an Russland, um sich vor dem japanischen Zugriff zu wehren. Im Juli 1895 wurden die japanfreundlichen Kräfte am Königshof vertrieben. Mit Unterstützung des japanischen Botschafters fand daraufhin am 8. Oktober 1895 ein Staatsstreich statt. Japanische Truppen besetzten Königspalast, töteten Königin Min und setzten eine japanfreundliche Regierung ein. Doch diese brach nach hundert Tagen zusammen, als im Februar 1896 mit Hilfe des russischen Botschafters ein neuer Staatsstreich erfolgte. König Kojong und sein Sohn flohen in die russische Botschaft und bildeten dort eine russlandfreundliche Regierung. Diese berief russische Militärberater und vereinbarte, dass Russland im Gegenzug für wirtschaftliche Privilegien den koreanischen Königshof schützen sollte. Japans Einfluss schwand. Immerhin griff der Unabhängigkeitsgedanke tatsächlich auf die koreanische Bevölkerung über. 1897 proklamierte sich der König zum Kaiser des Kaiserreichs Groß-Han. Damit machte Korea klar, dass es sich als gleichberechtigt mit den benachbarten Kaiserreichen China und Japan verstand. Wirtschaftlich wuchs allerdings Japans Einfluss in Korea spürbar: Japanische Unternehmer gründeten Eisenbahngesellschaften, und 1905 wurde die Filiale der von Shibusawa Eiichi geleiteten Ersten Bank (Daiichi Ginkō) zur koreanischen Zentralbank und Hüterin des Banknotenwesens. Damit waren wichtige Schritte zu einer informellen Beherrschung Koreas getan.[124]

Die imperialistischen Mächte in China

Chinas Niederlage gegen Japan beschleunigte das Vordringen der imperialistischen Mächte. 1896 schlossen China und Russland einen Geheimvertrag ab. Danach durfte Russland in Nordchina eine Eisenbahn bauen. 1897 besetzte

124 Peter Duus: *The Abacus and the Sword: The Japanese Penetration of Korea, 1895-1910*. Berkeley 1995; Hilary Conroy: *The Japanese Seizure of Korea, 1868-1910: A Study of Realism and Idealism in International Relations*. Philadelphia 1960

Deutschland unter dem Vorwand eines Mordes an deutschen Missionaren die Shandong-Halbinsel und pachtete 1898 formell die Bucht von Jiaozhou; dort entstand die „Musterkolonie" Qingdao. 1898 pachtete Russland die Hafenstadt Lushun (Port Arthur) und Dalian auf der Liaodong-Halbinsel, um dort einen Militärstützpunkt aufzubauen. Großbritannien erwarb den Hafen Weihaiwei auf der Shandong-Halbinsel sowie die Kowloon-Halbinsel gegenüber Hongkong. Frankreich wiederum pachtete 1899 die Guangzhou-Bucht. Die Mächte sicherten sich auch diverse Eisenbahn-Baurechte. Selbst die USA waren nach der Annexion Hawaiis im Juli 1898 und dem Erwerb der Philippinen und Guams nach dem Krieg mit Spanien an einer Einflussnahme in Ostasien interessiert. 1899 forderten sie von den übrigen imperialistischen Mächten, in China solle eine Politik der „Offenen Tür" herrschen, d.h., dass die jeweiligen Interessenzonen grundsätzlich auch für wirtschaftliche Aktivitäten der übrigen Mächte geöffnet sein sollten. Auf diese Linie einigte man sich schließlich.

Am chinesischen Hof selbst unterstützte der Guangxu-Kaiser im Sommer 1898 einen Reformversuch unter Führung von Kang Youwei und Liang Qichao, mit dem unter dem Schlagwort „Selbststärkung durch Gesetzesreformen" westliche Gesetze und Institutionen eingeführt werden sollten. Doch im September 1898 machte die Kaiserinwitwe Cixi mit Hilfe des General Yuan Shikai dieser sogenannten „100-Tage-Reform" ein Ende. Die Reformpolitiker flohen nach Japan.

Panasianismus und die Konstruktion Ostasiens

Die Reformpolitiker der asiatischen Nachbarstaaten fanden Ende des 19. Jahrhunderts viel Sympathie und Kooperationsbereitschaft unter japanischen Intellektuellen und liberalen Politikern. Die japanische Armee entwickelte den Begriff „Ostasien" (*Tōa*, mit China, Japan, Korea) zur Beschreibung ihres potentiellen Operationsgebietes, der „Verein für die gemeinsame ostasiatische Schriftkultur" (Tōa Dōbunkai) bildete in China Tausende von Japanern zu China-Experten aus. Vergleichsraster zur Gegenüberstellung westlicher Untugenden (wie Individualismus, Egoismus, Materialismus) und östlicher Tugenden (Naturbezogenheit, Gruppenbezogenheit, Spiritualität, Treue zu Familie und Herrscher) wurden populär. Der Vorsitzende des „Vereins für die gemeinsame ostasiatische Schriftkultur", Konoe Atsumaro – Vater des späteren Premierministers Konoe Fumimaro – brachte den japanischen Panasianismus[125] 1900 auf die Formel, Ostasien sei Ostasien, und die Lösung seiner Probleme solle in der Verant-

[125] Takeuchi Yoshimi: *Japan in Asien*. München 2005; Sven Saaler: „Pan-Asianismus im Japan der Meiji- und der Taishō-Zeit: Wurzeln, Entstehung und Anwendung einer Ideologie". In: Iwo Amelung u.a. (Hgg.) (2003): *Selbstbehauptungsdiskurse in Asien: China – Japan – Korea*. München 2003, S. 127-157; David G. Egler: „Pan-Asianism in Action and Reaction". In: Harry Wray, Hilary Conroy (Hgg.): *Japan Examined*. Honolulu 1983, S. 229-236; Fritz Opitz: *Japans panasiatisches Programm: von Kita Ikkis „Neuorganisationsplan" zu Konoes „Wohlstandssphäre"*. Berlin 1980

wortung der Ostasiaten liegen. Als immer deutlicher wurde, dass weder Qing-China noch Korea bereit waren, sich japanischen Vorstellungen gemäß zu entwickeln, und Reformansätze unterdrückten, mehrten sich die Stimmen in Japan, die eine gewaltsame Intervention und Annexion mit dem Ziel einer Einigung Ostasiens befürworteten.[126]

2.2.4 Konkurrenz im Feld der Macht

Parteien an der Macht

Die chinesischen Reparationszahlungen wurden für den Ausbau der Armee, den Aufbau der Stahlproduktion, die Vervollständigung der Infrastruktur (Eisenbahn, Kommunikation, Bildungswesen, Flussregulierung) sowie die Kolonisierung Taiwans verwendet. Der Haushaltsentwurf für 1896 lag doppelt so hoch wie vor dem Krieg. Deshalb war die Zustimmung des Unterhauses wichtig für Finanzierung aller Modernisierungsvorhaben, denn sonst hätte nur auf Grundlage des viel niedrigeren Vorjahres-Haushaltes regiert werden können. Da auch die Opposition an einer raschen Verteilung der Kriegsgewinne interessiert war, gelang es Premierminister Itō im November 1895, die Liberalen zur Unterstützung seiner Politik zu bewegen. Im April 1896 trat Itagaki Taisuke als Innenminister in die Regierung ein; damit kam erstmals eine Koalition Itōs mit Liberalen zustande.

Daraufhin tat sich die Satsuma-Fraktion der Regierung mit Ōkumas ehemaligen Fortschrittlichen zusammen, die eine neue Partei unter dem Namen Progressive Partei (Shinpotō) bildeten, und löste Itō ab. Im September 1896 wurde Matsukata Masayoshi neuer Premierminister; sein Außenminister war Ōkuma Shigenobu. Nun waren beide große Oppositionsparteien als regierungsfähig anerkannt.

1898 scheiterte Itō jedoch mit dem Versuch, Liberale und Progressive in ein gemeinsames Kabinett zu holen. Schließlich bildete er ein neues Kabinett wieder ohne die Beteiligung der parlamentarischen Parteien. Die neue Regierung versuchte eine Anhebung der Grundsteuer durchzusetzen, um die Staatseinnahmen zu erhöhen. Der Grundsteuersatz war im Gegensatz zu anderen Steuern seit 1877 unverändert geblieben, und der Anteil der Grundsteuer am Gesamthaushalt betrug 1897 nur noch 17 %; vor dem Krieg hatte er bei rund 70 % gelegen. Da der Reispreis seit 1888 stetig gestiegen war und 1897 2,4 Mal höher war als 1888, waren die Bauern real deutlich entlastet worden. Auch die Industrie forderte eine gerechtere Lastenverteilung durch eine höhere Grundsteuer: Die zweite Phase der Industrielle Revolution, nämlich der kostenintensive Aufbau der Schwerindustrie mit Eisenbahn-, Kohle- und Stahlindustrie hatte gerade begonnen. Staatlich gefördert wurden bereits die neuen einheimischen Schiffahrtsgesellschaften, aber

126 Reinhard Zöllner: „Die Konstruktion ‚Ostasiens'". In: Sebastian Lentz; Ferjan Ormeling (Hgg.): *Die Verräumlichung des Welt-Bildes*. Stuttgart 2008, S. 219-239

auch die Schiffswerften von Mitsubishi und Kawasaki, die den Bau immer neuer Dampfschiffe ermöglichten. Seit 1893 wollte die Regierung die Stahlindustrie aufbauen und gründete 1896 mit Geldern aus den chinesischen Reparationszahlungen die Eisenhütte Yawata auf Kyūshū. Die Produktion begann dort aber erst 1906. All dies war teuer, Kredite waren knapp, und das Bankenwesen war noch sehr unzulänglich.

Doch die liberalen Parteien stützten sich überwiegend auf das riesige Wählerpotential der Großbauern und lehnten daher eine Erhöhung der Grundsteuer ab. Im Juni 1898 scheiterte Itōs Grundsteuergesetz im Unterhaus. Liberale und Progressive schlossen sich nun zu einer gemeinsamen Partei namens Kenseitō („Partei für Verfassungspolitik") zusammen. Itō reagierte darauf mit Neuwahlen. Die Kenseitō gewann im August allerdings fast 80 % der Sitze im neuen Parlament.

Itō wollte nun eine eigene Partei gründen, stieß jedoch auf Ablehnung der *genrō* und trat zurück. Als Nachfolger schlug er entweder Ōkuma oder Itagaki vor, was die *genrō* mangels geeigneter Alternativen schließlich zuließen. Im Juni 1898 kam daraufhin das erste Parteienkabinett in der japanischen Geschichte zustande. Bis auf die Minister für Heer und Marine waren nur Mitglieder der Kenseitō im Kabinett vertreten. Ōkuma wurde Premierminister und Außenminister, Itagaki Innenminister. Doch intern war die Partei in ihren liberalen und progressiven Flügel gespalten. Zudem wurde sie mit Machtansprüchen der Exekutive konfrontiert. Im August kritisierte der progressive Kultusminister Ozaki Yukio in einer Rede vor dem Parlament zudem die Rolle des Großkapitals in der Politik: Falls man in Japan eine Republik einführe, würden Mitsui und Mitsubishi sicher die Präsidentschaftskandidaten stellen. Ihm wurde daraufhin Majestätsbeleidigung vorgeworfen; im Oktober trat er als Minister zurück. Seine Partei konnte sich nicht auf einen Nachfolger einigen und spaltete sich im November entlang der alten Lager in Kenseitō (die ehemaligen Liberalen) und Kensei Hontō („Wahre Partei für Verfassungspolitik", die ehemaligen Progressiven). Letztlich konnten sich die Parteien also gegenüber den etablierten Kräften von Beamtenschaft und Satsuma-Chōshū-Seilschaft im politischen Feld noch nicht eigenständig behaupten.

Die ehemaligen Liberalen innerhalb der Kenseitō unterstützten jetzt Yamagata Aritomo als neuen Premierminister und stimmten einer auf 5 Jahre befristeten Erhöhung der Grundsteuer von 2,5 auf 3,3 % und einer für die Geschichte des japanischen Wahlrechts bedeutsamen Reform zu: Jetzt wurden alle volljährigen Männer, die wenigstens 10 Yen direkte Steuern bezahlten, aktiv wahlberechtigt. Passiv wählbar waren jedoch alle volljährigen Männer ohne Rücksicht auf ihren Steuerzahlerstatus. Die bestehenden „Kleinwahlkreise" wurden durch Großwahlkreise ersetzt, die jeweils mehrere Abgeordnete ins Parlament entsandten. Yamagata hoffte dadurch die Dominanz der liberalen Parteien zu brechen. Die Erhöhung der Grundsteuer blieb übrigens nahezu wirkungslos: Schon im gleichen Jahr 1898 nahm der Staat mehr Geld über die Alkohol- als über die Grundsteuer ein. Denn die Konsumsteuern waren jetzt auf dem Vormarsch: ein Tabakmonopol und die Zuckerverbrauchssteuer folgten bis 1901.

Itō Hirobumi betrieb inzwischen weiterhin die Gründung einer eigenen Partei und gewann Hoshi Tōru, einen der führenden Köpfe der Kenseitō. Hoshi war eine der kontroversesten Gestalten unter den Politikern der Meiji-Ära. Ursprünglich Englischlehrer, ließ er sich in Großbritannien zum Rechtsanwalt ausbilden, trat 1881 der Liberalen Partei bei und beteiligte sich an deren großen Aktionen. Wegen eines Verstoßes gegen die Zensurbestimmungen kam er 1887 ins Gefängnis, wurde 1892 amnestiert und in das Parlament gewählt und Präsident des Unterhauses, wo er 1894 die Beteiligung der Liberalen an der Regierung verfocht. Er galt als skrupelloser Politiker, der die Interessen seiner Wählerklientel über alles stellte. Zudem stand er mehrfach unter dem Verdacht der Bestechlichkeit, wurde 1894 wegen Korruptionsvorwürfen aus dem Parlament ausgeschlossen und in einem ähnlichen Zusammenhang 1901 schließlich ermordet.

Im September 1900 vereinte Itō große Teile der Kenseitō in seiner neuen Organisation, die er getreu seiner Überparteilichkeits-Idee nicht als „Partei" *(tō)* bezeichnete, sondern als „Verein der Freunde konstitutioneller Politik" *(Rikken Seiyūkai)*. Itō führte den Vorsitz, Hoshi Tōru und Kataoka Kenkichi übernahmen Parteiämter. Außerdem war der Journalist Hara Takashi von der einflussreichen Tageszeitung Ōsaka Mainichi dabei. Altpolitiker wie Saionji Kinmochi und Kaneko Kentarō sowie Unternehmer unterstützten die Neugründung ebenfalls. Der „Verein" verfügte über die Mehrheit im Unterhaus und bildete im Oktober erneut ein Parteienkabinett. Alle Minister bis auf die für Heer und Marine gehörten dem Seiyūkai an. Die Parteien waren endgültig im Zentrum der Macht angekommen.

Bürokratischer Eigensinn

Nicht nur oppositionelle Journalisten wie Kōtoku Shūsui, der vom „Tod des Liberalismus" sprach, fanden den Seitenwechsel der Liberalen beklagenswert. Unter Führung von Yamagata Aritomo igelten sich die Seilschaften der Beamten und Militärs, denen Parteipolitik ein Greuel war, im Oberhaus ein und leisteten dem Seiyūkai Widerstand. Schon 1901 gelang ihnen mit der Bildung des ersten Kabinetts unter Premierminister Katsura Tarō[127] die Rückkehr an die Regierungsmacht. Für die Folgezeit wurde der Wechsel zwischen Kabinetten unter Führung des Seiyūkai und solchen, die von Yamagata oder Katsura gestützt wurden, typisch.

Der Ekel der Beamten vor den Parteipolitikern trug ebenso epische Züge wie früher der Abscheu der Samurai vor den modernen Beamten. Dies war nicht weiter verwunderlich, da es sich bei den Altliberalen wie Itagaki ja tatsächlich um Erben der Samurai handelte. Die Beamten verstanden sich als Leistungselite. Unter ihnen gaben die Absolventen der (Kaiserlichen) Tōkyō-Universität, insbe-

---

127 Stewart Lone: *Army, Empire and Politics in Meiji Japan: The Three Careers of General Katsura Tarō*. New York 2000

sondere der Juristischen Fakultät, den Ton an. Schon Itagakis Ernennung zum Innenminister hatte unter ihnen einen Schock ausgelöst. Nun scharten sie sich um Yamagata, der als letzter der *genrō* mannhaft gegen den Parteieneinfluss kämpfte. 1899 kam es unter ihm als Premierminister zu einer Änderung des Beamtenrechtes: Für bürokratische Spitzenpositionen wurden die Qualifikationsmaßstäbe verschärft, um eine parteipolitische Lenkung verhindern. 1900 verordnete die Regierung außerdem, dass die Heeres- und Marineminister aktive hohe Offiziere sein mussten. Auf diese Weise versuchten die Beamten, die Grenzen im Feld der Macht auszubauen.

Entdeckung der verborgenen Gesellschaft

Gegen Ende des 19. Jahrhunderts begann die japanische Presse, gesellschaftskritische Themen in Reportageform aufzugreifen. Nicht alle Artikel mündeten in politische Agenden; viele dokumentierten vielmehr ein Interesse an einer anderen, der Mehrheit der Leser unbekannten Lebensweise am unteren Rande des sozialen Raumes. Die Chōya Shinbun berichtete 1886 über die erbärmlichen Lebensverhältnisse in den Armenvierteln Tōkyōs: Dort lebten Rikscha-Kulis, Bauarbeiter, Nudelverkäufer, Papierlumpensammler, Tagelöhner und Bettler auf engstem Raum, mit wenig Sonnenschein bei trotzdem recht hohen Mieten und kargem Essen, stets gefährdet durch Brände, Schlechtwetter und Epidemien. Der anonyme Reporter gab sich erstaunt: „Ich bin wirklich sehr überrascht, was für Unterschiede zwischen Arm und Reich es im selben Volk gibt.“[128] Schnell waren Orte identifiziert, an denen man menschenunwürdige Armut finden konnte: Zu den alten marginalen Brennpunkten wie Nihonbashi und Kyōbashi, Kanda und Azabu kam in Tōkyō das Shitaya-Viertel nahe dem Bahnhof Ueno hinzu, der die Anlaufstelle für Zuwanderer aus den nordöstlichen Landesteilen war. Hier lebten nach einer Reportage von 1890 „die ärmsten der armen Händler“,[129] die sich mit kleinen Gewerben, vor allem aber als Rikschakulis oder Lumpensammler durchschlugen. In Shitaya lebten mehr Frauen als Männer, was den Reporter zu der Annahme verleitete, Jungen würden absichtlich ausgesetzt, denn Mädchen seien in dieser Gesellschaft mehr wert als Jungen (weil man sie in die Prostitution verkaufen konnte). Es ging dort also ganz anders zu als in der bürgerlichen Welt. Nicht nur deshalb war dieser soziale Randbereich gefährlich: Die armen Stadtviertel waren, wie ein weiterer Reporter 1891 vermutete, „Brutstätten der Cholera“[130] und damit für die gesamte Gesellschaft gefährlich. Außerdem lebten die Menschen dort nicht nach den Regeln rationalen Wirtschaftens: „Wer auch nur ein bisschen Geld bekommt, gibt es sofort aus. Hier herrscht der üble Brauch des ‚Bei mir wird kein Geld alt.‘“[131] Ein Reporter der von Fukuzawa Yukichi ge-

---

[128] Nakagawa Kiyoshi (Hg.): *Meiji Tōkyō kasō seikatsu-shi.* Iwanami Shoten 1994, S. 13

[129] Nakagawa, *Kasō seikatsu-shi*, S. 39

[130] Nakagawa, *Kasō seikatsu-shi*, S. 82

[131] Nakagawa, *Kasō seikatsu-shi*, S. 87

gründeten Jiji Shinpō beschrieb 1896 die Armen Tōkyōs als Nachkommen der Eta- und Hinin-Gesellschaften zur Zeit der Tokugawa. Gemäß seiner Zählung gingen die Männer in den Elendsvierteln folgenden Berufen nach:[132]

Papierlumpensammler		788
Sandalenflicker		873
Altglassammler		2.795
Altpapierkäufer		3.362
Mietfuhrwerk-Zieher		31.455
Rikscha-Kulis	mit eigener Rikscha	10.864
	Angestellte	2.111
	mit gemieteter Rikscha	28.455
Gesamt		80.703

Jugendliche Obdachlose – meist Waisen oder ausgesetzte Kinder – fanden nach seiner Beobachtung Zuflucht in Banden, die sie zu Bettlern oder Dieben ausbildeten und von Männern oder Frauen geleitet wurden; sie hatten eigene Reviere und besaßen einen eigenen Sittenkodex. Der Reporter nannte die Welt der Armen daher „eine verborgene Gesellschaft".[133]

1899 erschien als eigenständige Publikation das Werk „Die Gesellschaft der Unterschichten Japans" des Journalisten Yokoyama Gennosuke, in dem er seine Reportagen zur Sozialen Frage aus Tōkyō und Ōsaka einschließlich Betrachtungen zum Pächterproblem und zu den diskriminierten Minderheiten zusammenfasste.[134]

Mit besonderem Elan wandte sich seit 1895 die Heilsarmee der „Unterseite des modernen Japan"[135] zu. Sie half entlassenen Häftlingen und Armen und bekämpfte die Prostitution. Ihr japanischer Leiter Yamamuro Gunpei beschrieb 1903 in seinem Buch über „Praktiziertes Christentum", weshalb Arme auch in der modernen Gesellschaft ausgegrenzt wurden:

„Niemand hat es auf der Welt so schwer wie ein Armer ... Ein Armer wird von den anderen verspottet, er hat kaum gesellschaftlichen Umgang, er wird nicht ordentlich versorgt, wenn er krank ist, er kann seinen Kindern kein Stipendium bezahlen, auch wenn er sie studieren lassen will. Die Gesellschaft misst den

132 Nakagawa, *Kasō seikatsu-shi*, S. 96, 98
133 Nakagawa, *Kasō seikatsu-shi*, S. 107
134 Yokoyama Gennosuke: *Nihon no kasō shakai*. Iwanami 1994 (zuerst 1899)
135 Mikiso Hane: *Peasants, Rebels and Outcastes: The Underside of Modern Japan*. New York 1982

Wert eines Menschen nach dem Gewicht seiner Geldbörse, die Qualität eines Menschen wird gemessen an der Höhe seines Monatslohns oder seines Einkommens."[136]

Die so auffällige Ausleuchtung der dunklen Ecken des sozialen Raumes in den Printmedien bediente das Bedürfnis der gehobenen Leserschichten (also des aufsteigenden Mittelstandes und Bildungsbürgertums), soziales Wissen als kulturelles Kapital zu speichern.[137] Wer in der Gesellschaft mitreden wollte, musste die moderne Semantik ihrer Selbstbeschreibung kennen.

Zur sozialen Semantik gehörte seit jener Zeit die Vokabel „Arbeitskampf". 1897 gründeten sich in Bergbau und Maschinenbau die ersten Gewerkschaften, bald folgten Eisenbahn und Druckgewerbe. Nach jedem der modernen Kriege kam es zu großflächigen Arbeitskämpfen in Rüstungsbetrieben, Bergwerken und Schiffswerften. Und in der Landwirtschaft wurde das Problem der Pachtbauern immer drängender. 1887 hatte ihr Anteil an der Bauernschaft bei weniger als 40 % gelegen, 1908 war er jedoch auf rund 45 % gestiegen, und nur noch jeder dritte Bauer bewirtschaftete ausschließlich seinen eigenen Grund und Boden. Jeder vierte wirtschaftete nur auf Pachtland. Die Höfe waren extrem klein – drei Viertel der Bauern besaßen nicht mehr als einen Hektar Land. Die Pachtzinsen waren hoch, viele Bauerntöchter mussten deshalb in der Textilindustrie hinzuverdienen. Die Pachtherren indes verloren immer mehr ihr Interesse an der Landwirtschaft, weil die Profite aus den neuen Industrien deutlich höher waren.

Der Ashio-Umweltskandal

Die Industrialisierung ging einher mit Umweltschäden. Einem besonders schweren Fall ging jahrelang der Bürgerrechtler Tanaka Shūzō[138] nach, der seit 1890 sechs Wahlperioden ununterbrochen in das Unterhaus gewählt wurde. Tanaka stammte aus einer Großbauernfamilie in der Präfektur Tochigi. Dort wurde seit dem 17. Jahrhundert in der Ortschaft Ashio eine Kupfermine betrieben. Diese Mine wurde 1877 von Furukawa Ichibē als wichtiger Baustein seines Bergbau-, Strom- und Maschinenkonzerns modernisiert und erweitert; Kupfer war eines der wichtigsten Exportgüter Japans. Bis 1885 wurden neue Kupfervorkommen entdeckt, und Ashio wurde zur führenden Kupfermine Asiens ausgebaut. Die giftigen Abwässer und Gase der Kupferhütten verschmutzten jedoch den Watarase-Fluss; 1885 kam es erstmals zu einem Fischsterben. Erste Zeitungsberichte

136 Yamamuro Gunpei: *Jikkōteki Kirisutokyō*. Tōkyō: Kyūseigun Nihon hon'ei, 4. Aufl. 1911, S. 83 (zuerst 1903)

137 David R. Ambaras: „Social Knowledge, Cultural Capital, and the New Middle Class in Japan, 1895-1912". In: *Journal of Japanese Studies* 24:1 (1998), S. 1-33

138 Makihara Takeo: „Tanaka Shōzō: Hichisha to chisha no hazama ni". In: *Kansei no kindai: 1870-1910 nendai 2* [= Iwanami kōza kindai Nihon no bunkashi 4]. Iwanami Shoten 2002, S. 79-114; Yui Masaomi: *Tanaka Shōzō*. Iwanami Shoten 1984; F. G. Notehelfer: „Japan's First Pollution Incident". In: *Journal of Japanese Studies* 1:1 (1974), S. 351-383

darüber vermuteten bereits einen Zusammenhang mit der Kupfermine. Der Abbau von Brennholz sowie schwefelsaurer Regen vernichteten die umliegenden Wälder und begünstigten Überschwemmungen, so dass das umliegende Land nicht nur in Tochigi, sondern auch in den Nachbarprovinzen kontaminiert wurde. Die Existenzgrundlage der Bauern im Flusstal wurde zerstört, zudem litten viele an Vergiftungen; Todesfälle häuften sich.

Die Betroffenen initiierten eine Protestbewegung. Seit 1891 kämpfte Tanaka im Unterhaus für die Aufklärung des Skandals und die Stillegung der Mine. Im selben Jahr gab die Bewegung eine Publikation über den Skandal heraus, die jedoch verboten wurde. 1897 belagerten 800 Betroffene das Landwirtschafts- und Handelsministerium. Daraufhin wurden erste Auflagen erlassen, die den Schwefelausstoß der Mine verringern sollten, jedoch nur vorübergehend Wirkung zeigten. Das Präfekturparlament von Tochigi verlangte 1898 sogar die Stillegung der Mine. Im Dezember 1901 appellierte Tanaka direkt an den Kaiser und erreichte damit höchste Publizität für den Fall. Die Regierung setzte nun Untersuchungen an, die zu dem Beschluss führten, den Watarase-Fluss zu regulieren, um die Überschwemmungen zu beenden. Der Regulierung sollte das Dorf Yanaka zum Opfer fallen, in dem Tanaka und viele Aktivisten der Bewegung wohnten. Die Einwohner protestieren, doch 1907 ließ die Regierung Yanaka mit Gewalt räumen und schaltete damit den größten Widerstandsherd aus. Tanaka war nicht der einzige, der in dem Umweltskandal Korruption witterte. Am Ende seines erfolglosen Kampfes verlor er seinen Glauben an das Feld der Macht, das er statt der Verfassung dem Sozialdarwinismus huldigen sah: „Die Sünde in einer Gesellschaft und Politik, in der nur der Stärkere überlebt, lässt sich damit vergleichen, dass Raubtiere, weil ihnen die Jäger alle kleinen Tiere wegfangen und aufessen, wenn ihre Nahrung zur Neige geht, Tiere fressen müssen … Der Mensch frisst Menschenfleisch.“[139]

2.2.5 Gleichberechtigter Imperialismus

Der „Nordchinesische Zwischenfall"

Am Ende des 19. Jahrhunderts stieg in China eine nationalreligiöse, nativistische Bewegung auf, die sich „in Rechtschaffenheit vereinigte Milizen“ (Yihetuan, in westlichen Darstellungen: „Boxer“) nannte. Sie predigte die gewaltsame Vertreibung des Christentums und der westlichen Fremden. In der Shandong-Provinz fand sie besonders viele Anhänger. Ab 1900 verbreitete sie sich auch in Tianjin und Beijing. Westliche Kirchen und Krankenhäuser wurden zerstört, Eisenbahnen angegriffen, Ausländer getötet. Die Regierung Cixis zeigte Sympathie mit den fremdenfeindlichen Motiven; Regierungstruppen belagerten das Viertel der

[139] Makihara, „Tanaka Shōzō: Hichisha to chisha no hazama ni“, S. 109

ausländischen Gesandten in Beijing. Die imperialistischen Mächte schickten deshalb eine internationale Schutztruppe. Das größte Kontingent stellte dabei auf Bitten Großbritanniens Japan. Es wurde damit international als bündnisfähig anerkannt. Im August 1900 besetzten die Alliierten Beijing. Straffeldzüge gegen Boxerhochburgen schlossen sich an. Zur selben Zeit formulierte ein anonymer japanischer Diplomat den Standpunkt seiner Regierung in völliger Übereinstimmung mit der imperialistischen Sichtweise des Westens:

> „Alle diese bedauerlichen Zwischenfälle sind zu einem sehr großen Teil der Unkenntnis der Außenwelt auf seiten der Chinesen geschuldet. Sie müssen daher aufgeklärt, erzogen und für ihre Unkenntnis und Raserei bestraft werden."[140]

Im „Boxerprotokoll" von 1901 versprach die chinesische Regierung umfangreiche Wiedergutmachungsleistungen – Japan erhielt bis 1917 fast 50 Mio. Yen – und erlaubte den ausländischen Mächten, eigene Schutztruppen in Beijing zu stationieren. In Japan wurde dieser „Boxeraufstand" meist als „Nordchinesischer Zwischenfall" bezeichnet und erregte verhältnismäßig wenig öffentliche Aufmerksamkeit. Diplomatisch eröffnete der Einsatz jedoch die Chance für die Aufnahme in den Kreis der westlichen Mächte.

Das britisch-japanische Bündnis

Russland benutzte die günstige Gelegenheit und stationierte mehr als 10.000 Soldaten in der Manjurei. Japan zeigte sich darüber besorgt, weil dies seine eigenen Herrschaftsansprüche über Korea zu gefährden schien. Auch Großbritannien fürchte eine russische Expansion in Asien. Großbritannien suchte ein Gegengewicht und näherte sich daher an Japan an.

In der japanischen politischen Führung standen sich zwei Lager gegenüber. Die eine Seite wollte sich mit Großbritannien gegen Russland verbünden, um Korea und Manjurei für die eigenen Interessen sichern zu können. Diese Meinung vertraten Premierminister Katsura Tarō, Außenminister Komura Jutarō, Marineminister Yamamoto Gonbē und im Hintergrund natürlich Yamagata Aritomo. Die andere Seite wollte mit Russland eine Verständigung suchen und war bereit, die eigenen Ansprüche in Korea und der Manjurei mit dem Zarenreich zu teilen. Diese Position vertrat Itō Hirobumi auf Anraten Inoue Kaorus. Noch während Itō in Russland darüber verhandelte, entschied jedoch das Kabinett anders. Im Dezember 1901 befand Komura in einer Denkschrift an die *genrō*, nach Prüfung

140 A Japanese Diplomat: „The Japanese View of the Situation in China". In: *The North American Review* 171, Nr. 525 (August 1900), S. 198-207, hier S. 200

Abb. 39: Hinrichtung eines Chinesen durch japanische Soldaten (Underwood & Underwood, 1901)

der Lage in China und Korea sei ein Bündnis mit Großbritannien für Japan am vorteilhaftesten. Itō gab schließlich klein bei.

Der erste Bündnisvertrag zwischen Großbritannien und Japan wurde am 30. Januar 1902 unterzeichnet und in der Folge zweimal der veränderten geopolitischen Lage in Ostasien angepasst. In der ersten Fassung von 1902 nannten die Vertragsstaaten als ihr Hauptziel den Status Quo und Frieden im „Fernen Osten", insbesondere die Unabhängigkeit des chinesischen und des koreanischen Kaiserreiches. Japan meldete seine besonderen politischen und wirtschaftlichen Interessen in Korea an. Beide Länder versprachen, Neutralität zu wahren, falls das jeweils andere Land von einer dritten Macht angegriffen würde, und dem anderen Land zur Hilfe zu kommen, falls es von einer Mehrzahl von Mächten angegriffen würde. Unausgesprochen richtete sich dieser Vertrag gegen Russland, das Japans Ansprüche in Korea am stärksten in Frage stellte.[141]

Der liberale Mainstream und die Expansion: Takekoshi Yosaburō

Takekoshi Yosaburō studierte bei Fukuzawa Yukichi und wurde nach seinem Vorbild liberaler Journalist. 1886 trat er zum Christentum über. Er arbeitete für den von Tokutomi Sohō geleiteten Min'yūsha-Verlag. Wie viele seiner liberalen Freunde begrüßte er den ersten chinesisch-japanischen Krieg als notwendig für Japans weitere Entwicklung; doch er blieb seiner liberalen Grundhaltung treu. Er verfasste eine Reihe außerordentlich populärer Werke über die Geschichte des Alltags, der Sitten und zur Wirtschaftsgeschichte, immer auf der Suche nach den „Fußspuren des Volkes". Als 1898 Saionji Kinmochi Kultusminister wurde, machte er Takekoshi zu seinem Sekretär. Beide planten, den Kaiserlichen Erziehungserlass von 1890 zu liberalisieren, und erlangten auch das Einverständnis des Kaisers. Der politische Widerstand war jedoch so groß, dass sie den Plan fallenließen. Statt dessen veröffentlichte Takekoshi seine und Saionjis Vorstellungen 1901 in einer „Volksfibel" (Jinmin dokuhon). Bis zu einer Neubearbeitung 1913 wurde sie 46 Mal nachgedruckt. In diesem Buch fällt ein Kapitel mit der Überschrift „Die Ziele des Krieges" besonders auf. Darin führte Takekoshi drei legitime Gründe für Krieg auf: Die Verletzung von Japans Ehre, Interessen oder Sicherheit. Unter Hinweis auf den Krieg gegen China fand er es zwar verständlich, dass sich das Volk über den Sieg freute. „Doch", so ermahnte er die Leser, „ihr dürft nicht vergessen, dass Krieg nicht immer angenehm, sondern auch schrecklich und traurig ist."[142] Japan dürfe sich nicht für unbesiegbar halten, und jeder Krieg bringe ökonomische Not und Trauer mit sich. Krieg dürfe niemals aus leichtfertigen Gründen angefangen werden. Vor allem aber dürfe ein Krieg nicht zum Ziel haben, ein anderes Volk zu zerstören. „Ihr dürft die Bevölkerung eines Feindstaates nicht angreifen, ausgenommen diejenigen, die euren Truppen gewaltsam Widerstand leisten."[143]

Die Warnung vor dem Krieg bedeutete jedoch keine Absage an den Kolonialismus. Takekoshi rief selbst 1908 eine Zeitschrift mit dem Titel „Die koloniale

---

141 Ian H. Nish: *The Anglo-Japanese Alliance: the diplomacy of two island empires, 1894-1907*. London 1966

142 Takekoshi Yosaburō: „Jinmin dokuhon". In: *Keiō gijuku Fukuzawa kenkyū sentā kindai Nihon kenkyū shiryō 2*. Keiō Gijuku Fukuzawa Kenkyū Sentā 1988, S. 47

143 Takekoshi, „Jinmin dokuhon", S. 49

Welt" (Shokumin Sekai) ins Leben und rechtfertigte Japans Expansion: Japan war überbevölkert und brauchte daher Raum in Übersee. In die zweite Ausgabe seiner „Volksfibel" fügte er 1913 ein Kapitel über „Mut zur Ausdehnung in Übersee" ein. Darin nannte er China „den besten Markt" für Japans Überschuss an Menschen, Kapital und Waren, während Südostasien voller Rohstoffe steckte. „Loszugehen und sich in Übersee zu engagieren ist vom Gesichtspunkt des Individuums ein Weg, um seinem Glück nachzustreben; vom Gesichtspunkt des Staates aus bedeutet es die Ausdehnung der Grenzen Japans. Deshalb hoffe ich, dass unsere Jugend sich ihr widmen wird."[144]

Takekoshi dachte also an eine friedliche Expansion durch Auswanderung. Für den liberalen Mainstream war diese Vorstellung typisch. Und sie war ein Geschäft.

Emigration

Der 1901 ermordete liberale Politiker Hoshi Tōru war nicht zufällig auch als Unternehmer im Emigrations-Geschäft aktiv. 1891 gründete er mit Itagaki Taisuke zusammen eine „Genossenschaft für die Auswanderung nach Übersee" (Kaigai Imin Dōshikai), die ausreisewilligen Japanern professionell beistehen sollte. Hintergrund war, dass die Regierung seit 1885 Bauern zur Emigration nach Hawaii ermutigte, wo sie mit befristeten Arbeitsverträge in der Landwirtschaft beschäftigt wurden; Japans Regierung bürgte für sie. Das lukrative Geschäft der Anwerbung, Vermittlung und Beförderung der Emigranten wurde privaten Auswanderungsgesellschaften *(imin gaisha)* überlassen.[145] Die Liberalen waren hieran besonders interessiert, weil sie über gute Verbindungen sowohl zur Bauernschaft (ihrer Wählerklientel) als auch zur Marine verfügten. Seit 1896 gab es ein eigenes Gesetz zum Schutz der Auswanderer. Von dieser Zeit an bis 1906 erreichte die Auswanderung in die USA und Hawaii ihren Höhepunkt (1906 waren es 26.000 Menschen), doch auch Mexiko, Peru, die Philippinen, Brasilien und Argentinien waren beliebte Ziele. Nachdem die USA ab 1924 keine japanischen Einwanderer mehr aufnahmen, wandten sich die meisten nach Brasilien und in den 1930er Jahren in die Manjurei. Lebten 1909 etwa 280.000 Japaner in Übersee, so waren es 1919 530.000 und 1929 760.000. Die meisten von ihnen stammten aus dem Südwesten Honshūs, aus Kyūshū und aus Okinawa. Die Motivation für die Auswanderung waren die unbefriedigenden Lebensverhältnisse auf dem Land. Nach wie vor waren arme Bauern im wesentlichen damit beschäftigt, für ihr Überleben zu wirtschaften. Zwischen 1904 und 1909 wandten Bauernfamilien im Bezirk Tosa in der Präfektur Kōchi durchschnittlich folgende Yen-Beträge für ihren Lebensunterhalt auf:[146]

144 Takekoshi, „Jinmin dokuhon", S. 223

145 Alan Takeo Moriyama: *Imingaisha: Japanese emigration companies and Hawaii, 1894-1908.* Honolulu 1985; Weiner: *Race and Migration*

146 *Tosagun tōkei yōran.* Kōchi 1911, S.30 f

	1904-1909	**%**
Essen	122	60
Wohnen	17	8
Kleidung	22	11
Energie	13	6
Anderes	30	15
Summe	*203*	*100*

Im selben Zeitraum konnte man jedoch mit Lohnarbeit nur folgende Tageslöhne (in Sen) erzielen:

Tageslöhne 1904-1909 in Sen

Zimmermann	68
Tagelöhner	50
Rikschafahrer	47
Landarbeiter	43
Textilarbeiterin	32
Seidenspinnerin	31
Landarbeiterin	26

Landarbeit wurde damit sowohl bei Männern als auch bei Frauen mit Abstand am schlechtesten bezahlt. Wer kein eigenes Land besaß und sich als Landarbeiter verdingte, konnte damit allein auf keinen Fall eine Familie ernähren.

2.2.6 Der russisch-japanische Krieg

Kriegshetze

Russland postierte 1903 an der Grenze zu Korea Truppen und begann mit dem Aufbau von Militärstützpunkten auf koreanischem Territorium. Japans Regierung bot nun an, Russlands Zugriff auf die Manjurei zu akzeptieren, wenn Russland sich dafür von Korea fernhielt. Darüber wurde ab August 1903 in St. Petersburg verhandelt.

Die Aufrüstung der japanischen Armee ging indes weiter. Das Kabinett Katsura bezog Kapital über Staatsanleihen und Profite von Staatsunternehmen; der oppositionelle Seiyūkai unterstützte diese Politik des gleichzeitigen Verhandelns und Aufrüstens. Die öffentliche antirussische Stimmung im Land wurde allerdings von Oppositionellen und Journalisten aufgeheizt. Große meinungsbildende Zeitungen wie die Ōsaka Asahi und die Tōkyō Asahi forderten eine harte Haltung gegenüber Russland und griffen die Regierung an. Als im Oktober 1903 bekannt wurde, dass Russland den vereinbarten Rückzug seiner Truppen nicht verabredungsgemäß durchgeführt hatte, riefen viele Medien nach Krieg. Boulevardblätter wie die Yorozu Chōhō kritisierten Premierminister Katsura als schwächlich, riefen zum Sturz der Regierung auf und verlangten den Rücktritt des als friedfertig geltenden Itō Hirobumi als Vorsitzender des Geheimen Staatsausschusses. Nur die regierungsfreundlichen Blätter Tōkyō Nichi Nichi Shinbun und Kokumin Shinbun sowie die unternehmerfreundliche Tōyō Keizai Shinpō äußerten Bedenken gegen diese Kriegshetze. Uchimura Kanzō sowie die Sozialisten Kōtoku Shūsui und Sakai Toshihiko verließen aus Protest die Redaktion der Yorozu Chōhō und sprachen sich als Pazifisten gegen einen Krieg aus.

Der Kriegsverlauf

Obwohl Japan bei den Verhandlungen mit Russland betonte, die Manjurei liege außerhalb seiner Interessensphäre, kam es zu keiner Einigung. Am 4. Februar 1904 trafen sich die *genrō* sowie die wichtigsten Minister und die Armeeführung mit dem Kaiser und beschlossen den Krieg gegen Russland. Zwei Tage später brachen sie die diplomatischen Beziehungen mit Russland ab. Am 8. Februar gingen japanische Truppeneinheiten in Korea an Land und begannen mit der Sicherung des Landes. Zugleich wurde die russische Flotte vor Port Arthur angegriffen und immobilisiert. Erst am 10. Februar erging die Kriegserklärung an Russland.[147]

Japan wollte einen schnellen Krieg führen, um Russlands ostasiatische Streitmacht zu vernichten und günstige Friedensbedingungen herauszuarbeiten. Der Außenpolitiker Kaneko Kentarō wurde in die USA geschickt, um seinen Studienfreund, den US-Präsidenten Theodore Roosevelt, inoffiziell um Friedensvermittlungen zu bitten.

Schon aus Kostengründen hatte es Japan eilig. Die Kriegskosten konnte es allein mit Steuererhöhungen nicht bestreiten. Daher musste es Anleihen im Ausland aufnehmen. Deshalb reiste Takahashi Korekiyo als Präsident der Bank von Japan sofort nach Ausbruch des Krieges in die USA und nach Großbritannien, um Geld einzuwerben. Er musste dabei für Japan ungünstige Konditionen hinnehmen, weil die Welt einen russischen Sieg erwartete. Allerdings fand er die bereitwillige Unterstützung der jüdischen Finanzwelt in den USA, die an der Unterdrückung der Juden in Russland Anstoß nahm. Als der Krieg für Japan günstig verlief, wurde es leichter, Kreditgeber zu finden. Die Gesamtkosten

---

[147] Denis Ashton Warner: *The Tide at Sunrise: A History of the Russo-Japanese War, 1904-1905*. London, Portland 2002; Ian H. Nish: *The Origins of the Russo-Japanese War*. London 1985

Japans für den Krieg beliefen sich auf etwa 1,7 Milliarden Yen, fast neunmal so viel wie für den Krieg gegen China. Davon konnte Japan beinahe die Hälfte durch Auslandsanleihen finanzieren.

Großbritannien gab Japan im Sinne des Bündnisvertrages diskrete Hilfe. Es verhinderte, dass Russland neue Kriegsschiffe kaufen konnte, und sorgte im Gegenteil dafür, dass Japan zwei neue Kreuzer erhielt. Als die russische Ostseeflotte sich auf den langen Weg in den Pazifik machte, erschwerten ihr britische Agenten und Beamte die Reise nach Kräften.

Der Krieg verlief für die Japaner erfolgreich.[148] Es gelang ihnen zunächst, die Russen über ihre militärischen Ziele im Unklaren zu lassen und dadurch Verwirrung zu stiften. Dazu trug bei, dass sie, von ihren schnellen Erfolgen selbst überrascht, ihre Einsatzpläne mehrfach änderten. Eine japanische Armee rückte durch Korea nordwärts, überschritt den Yalu, gewann dort im Mai 1904 eine Schlacht und drang in Manjurei ein. Dort schlug sie die Russen im August 1904 bei Liaoyang. Eine andere Armee unter Nogi Maresuke besetzte in einem monatelangen, blutigen Kampf die Liaodong-Halbinsel. Besonders heftig umkämpft war Port Arthur, das die Japaner von Juli 1904 bis Januar 1905 bestürmten; von 130.000 eingesetzten Mann verloren sie dabei 59.000. Rechnet man alle Aktionen vor Port Arthur zusammen, summierten sich die japanischen Verluste dort auf 100.000, die russischen auf 34.000.[149] Nun folgte die letzte große Landschlacht bei Shenyang (Mukden), von der Armeeführung als das „Sekigahara des russisch-japanischen Krieges“ angekündigt. Auf japanischer Seite kämpften 250.000 Mann, 992 Geschütze und 268 Maschinengewehre. Ihnen gegenüber standen 292.000 Russen mit 1.386 Geschützen und 56 Maschinengewehren. Die Schlacht begann am 22. Februar; am 8. März gab der russische Befehlshaber Kuropatkin die Schlacht verloren und zog seine Truppen zurück. Die russischen Verluste (Tote und Verwundete) beliefen sich auf rund 90.000 Mann, die japanischen auf 70.000. Die Japaner machten 20.000 Kriegsgefangene. Russlands Ostseeflotte wurde im Mai 1905 von Admiral Tōgō Heihachirō in einer großen Seeschlacht vor Tsushima abgefangen und fast vollständig vernichtet.[150]

Trotz der Erfolge war der Krieg für Japan überaus anstrengend und verlustreich. Mehr als 1 Million Soldaten wurden ins Feld geschickt, viele fielen oder wurden verwundet. Auch die Stimmung zu Hause war kaum mit der im Krieg gegen China zehn Jahre zuvor vergleichbar. Zwar erschienen auch diesmal wieder zahlreiche Propagandabilder, und auch Kobayashi Kiyochika knüpfte an seine erfolgreiche „Hundertmal ausgewählt, hundertmal gelacht“-Serie von Karikaturen an. Doch diesmal erschienen die russischen Soldaten genauso groß, ja sogar größer als und fast so gefährlich wie die Japaner.

148 Yokote Shinji: *Nichiro sensōshi*. Chūō Kōronsha 2005

149 Yokote, *Nichiro sensōshi*, S. 158 f

150 Immer noch lesenswert ist Frank Thiess: *Tsushima. Die Geschichte eines Seekrieges*. Ndr. Reinbek 1987 (zuerst 1936)

Abb. 40: Japanische Soldaten behandeln einen Russen mit Moxibustion (Kobayashi Kiyochika 1904)

Es handelte sich um einen Krieg zwischen zwei modernen Armeen, der mit Artillerieduellen, Sturmangriffen auf mit Minen und Stacheldraht verschanzte Stellungen und Nahkampf in den Schützengräben einen eindringlichen Vorgeschmack auf die Hölle des Ersten Weltkrieges vermittelte. Die bekannteste autobiographische Schilderung des Landkrieges wurde von dem Offizier Sakurai Tadayoshi unter dem bezeichnenden Titel „Fleischkugeln“ (Nikudan) veröffentlicht; der deutsche Übersetzer gab ihr nicht zu Unrecht den Untertitel „Menschenopfer“.[151]

Der Krieg machte müde und traurig. Das bekannteste Kriegslied entstand 1905 und trug den Titel „Der Kamerad“ (Sen'yū). Sein Text stammte von Mashimo Hisen, die Melodie von Miyoshi Waki. Es sollte sich um einen sentimentalen Brief handeln, den ein Soldat an die Eltern seines fernab der Heimat gefallenen und zur Ruhe gebetteten Kameraden schrieb. Die ersten beiden der insgesamt vierzehn Strophen lauteten:

„Hier, unter der roten Abendsonne in der fernen Manjurei, viele hundert Meilen entfernt vom Vaterland, liegt mein Kamerad unter Steinen am Feldesrand.

Traurig, wenn ich es bedenke: Der Held, der gestern uns allen voranstürmte und die Feinde rücksichtslos züchtigte, soll jetzt hier ruhen?“

Im Liedtext wird aber auch deutlich, dass der Gefallene und sein Freund sich erst bei der Abreise aus Japan kennenlernten und Kameradschaft schlossen – Zigaretten teilten, einander ihre Briefe zeigten und ihre Lebensgeschichten erzählten und schließlich auch versprachen, dass der Überlebende für ein anständiges Begräbnis des Gefallenen sorgen sollte. Der moderne Krieg erschloss im Namen

[151] Sakurai Tadayoshi: *Niku-dan – Menschenopfer. Tagebuch eines japanischen Offiziers während der Belagerung und Erstürmung von Port Arthur*. 2. Aufl. Freiburg i. Br. 1913

Abb. 41: Schlachtszene (Anonym)

der Nation neue geographische und soziale Räume. Das Lied wurde von Straßensängern verbreitet und während Japans manjurischen Kampagnen in den 1930er und 1940er Jahren wiederum populär.[152]

Freilich fiel internationalen Beobachtern auf, dass Russen und Japaner die Bevölkerung der vom Krieg überzogenen Teile Koreas und der Manjurei nicht schonten. Die öffentliche Meinung in Europa und Amerika war tendenziell japanfeindlich, auch wenn die japanische Regierung Anstrengungen unternahm, um ihr Image zu verbessern.[153] Stereotyp und in deutlicher Anknüpfung an den „Boxerkrieg" wurden Bilder verbreitet, die zeigten, wie Japaner feindliche Agenten exekutierten. Die Weltöffentlichkeit sprach jetzt von „Grausamkeiten".

---

152 Edgar W. Pope: *Songs of the Empire: Continental Asia in Japanese Wartime Popular Music.* Dissertation, University of Washington 2003, S. 253-256

153 Robert B. Valliant: „The Selling of Japan. Japanese Manipulation of Western Opinion, 1900-1905." In: *Monumenta Nipponica* 29:4 (1974), S. 415-438

Le Petit Journal

Le Petit Journal

5 Centimes SUPPLÉMENT ILLUSTRÉ 5 Centimes

ABONNEMENTS

Le Petit Journal militaire, maritime, colonial ... 10 cent.

Le Petit Journal agricole, 5 cent. La Mode du Petit Journal, 10 cent.

Le Petit Journal illustré de la Jeunesse ... 10 cent.

Le Supplément illustré

DIMANCHE 23 AVRIL 1905

Numéro 753

CRUELLES REPRÉSAILLES DES JAPONAIS EN MANDCHOURIE

Exécution de fonctionnaires chinois accusés de sympathie pour les Russes

Abb. 42: Hinrichtung von Chinesen (Le Petit Journal, 23. 4. 1905)

Der Krieg der Medien

Die Weltöffentlichkeit nahm lebhaften Anteil an den Ereignissen. Auf beiden Seiten analysierten westliche Militärbeobachter die Manöver, als handele es sich um einen Testlauf für einen europäischen Krieg. Europäische und amerikanische Korrespondenten hielten den Krieg in Wort und Bild fest, sogar das Medium des Films kam zum Einsatz. Japaner führten dokumentarische Kriegsfilme in Bangkok und Singapur vor und warben für ihr Vaterland. In Japan wurden Diaschauen veranstaltet. Zeitungen wie die Zeitung Asahi Shinbun druckten während des Krieges erstmals Fotografien ab. Wegen des großen Interesses in der Bevölkerung konnten die großen Zeitungen ihre Auflage enorm steigern: Die Kokumin Shinbun vervierfachte ihre Auflage auf 73.000, die Hōchi Shinbun ebenfalls von 90.000 auf 340.000.[154]

Noch stärker als zuvor bestimmten Informationsvorsprünge über taktische und politische Vorteile im Krieg. Japanische Spione durchstreiften schon vor dem Krieg als Fotografen getarnt die Manjurei und sammelten Informationen über die russischen Truppen. Japans Regierung hatte seit 1896 mit britischer

154 Yamamuro Nobu'ichi: *Nichiro sensō no seiki – rensa shiten kara miru Nihon to sekai –*. Iwanami Shoten 2005, S. 155 f

Abb. 43: Kamerateam des Pariser „Le Petit Journal" in der Manjurei (Le Petit Journal, 5. 6. 1904)

technischer Hilfe von Kyūshū über Okinawa und Taiwan eine unterseeische Telegrafenleitung bis nach Fuzhou verlegen lassen. Nachrichten aus Korea wurden über Telegrafenstationen auf den Inseln in der Straße von Tsushima drahtlos übermittelt. Damit hatte sich Japan auch für den Kriegsfall rasche Kommunikationsmöglichkeiten mit Asien und Europa gesichert.[155] Auch die japanischen Zeitungen schickten zahlreiche Korrespondenten auf das Festland. Da das Militär jedoch bereits am 5. Januar 1904 eine strikte Zensur für Nachrichten vom Kriegsschauplatz verhängt hatte, blieb die japanische Öffentlichkeit über das wahre Bild des Krieges schlecht informiert. Schon am 7. Januar bat die Ōsaka Mainichi ihre Leser um Verständnis, denn auf Befehl des Militärs

„wird es bezüglich Heer und Marine zukünftig viel geben, was wir nicht veröffentlichen dürfen, selbst wenn wir genau darüber Bescheid wissen."[156]

Man sah die Zensur den Zeitungen deutlich an: Anstelle von Schriftzeichen wurden an den beanstandeten Stellen Auslassungszeichen oder Leerräume gesetzt. Zur selben Zeit wurde auch die militärische Zensur über private Telegram-

155 Ishii Kanji: *Jōhōka to kokka, kigyō*. Yamakawa Shuppansha 2002, S. 18-32

156 Zit. n. Takeyama Kyōji: *Hōdō denpō ken'etsu mitsushi*. Asahi Shinbunsha 2004, S. 42

me verhängt: Truppen- und Schiffsbewegungen durften nicht übermittelt werden. Das Telegramm war damals aber selbst für Nachrichtendienste und Zeitungsredaktionen das wichtigste Medium. 1903 gab es im ganzen Land lediglich 35.000 Telefonanschlüsse, ein Anruf von Tōkyō nach Ōsaka kostete 1,60 Yen und war damit mehr als 50 Mal teurer als ein Brief (3 Sen) und mehr als 100 Mal teurer als eine Postkarte (1,5 Sen). Außerdem war das Telefonnetz sehr lückenhaft; Ferngespräche waren in viele Regionen noch gar nicht möglich. Dagegen war das Telegrafennetz zur Zeit des russisch-japanischen Krieges bereits hervorragend ausgebaut. Ein normales Telegramm in Katakana-Silbenschrift kostete 15 Sen für die ersten 15 Zeichen und 5 Sen für jeweils fünf weitere Zeichen. Eiltelegramme kosteten das Dreifache. Demnach war ein Telegramm mindestens zehnmal teurer als eine Postkarte – kostete aber eben auch nur ein Zehntel eines Telefongesprächs.

Ausbau des Telegrafenwesens[157]

	1885 (*: 1887)	1900 (*: 1902)
Kabelnetz (km)	9.000	24.000
Telegrafenbüros	*300	*2.192
Telegramme (Mio.)	2,5	14,2

Die militärische Zensur von Telegrammen war technisch sehr einfach. Die Stationen leiteten die unter die Zensur fallenden Passagen schlicht nicht weiter. Anfangs erhielten die Empfänger noch Benachrichtigungen, an welchen Stellen Auslassungen vorgenommen wurden; später unterließ man dies. Die Zensur einer Nachricht vom Kriegsschauplatz erfolgte insgesamt an drei Stellen: Erstens im sendenden Telegrafenbüro, zweitens im empfangenden Telegrafenbüro. An beiden Stellen konnte die Nachricht gänzlich oder teilweise gesperrt werden. Und drittens musste die Redaktion vor der Veröffentlichung die Freigabe von der Zensurbehörde erhalten. Die Aufzeichnungen eines einzelnen Telegrafenbüros in Marugame auf der Insel Shikoku zeigen, dass zwischen Januar 1904 und September 1905 von 38 Nachrichtentelegrammen über den Kriegsverlauf 16 (42 %) vollständig und 11 weitere teilweise gesperrt wurden. D.h., dass nur 11 (29 %) unzensiert durchkamen.[158] Um nichts Anstößiges zu berichten, ergingen sich die Korrespondenten daher in lyrischen Beschreibungen der Kampfplätze und Ästhetisierungen der japanischen Heroen, aus denen keine konkreten

[157] Nach Takeyama, *Hōdō denpō ken'etsu mitsushi*, S. 53
[158] Takeyama, *Hōdō denpō ken'etsu mitsushi*, S. 184 f

Details über die Kriegslage erkennbar wurden.[159] Die Zensur bewirkte folglich nicht nur den Ausfall von Information. Sie verursachte Desinformation.

Die Friedensverhandlungen von Portsmouth

Japans militärische Erfolge waren teuer bezahlt. Die Versorgungslage der Armee war schlecht. Der Krieg konnte nicht mehr lange fortgeführt werden. Nach der Seeschlacht von Tsushima erging deshalb eine offizielle Bitte an US-Präsident Theodore Roosevelt um Vermittlung. Die USA übernahmen diese Aufgabe nicht ohne Hintergedanken; sie wollten verhindern, dass Russland oder Japan in der Manjurei eine Hegemonie errichteten, und waren deshalb an einem Frieden interessiert, der beide Seiten gleichmäßig belastete.

Der 9. Januar 1905 ging als „Blutiger Sonntag" in die russische Geschichte ein: Tausende friedlicher Demonstranten in St. Petersburg, die ein Ende des Krieges forderten, starben im Kugelhagel des zaristischen Militärs. Die danach aufkeimende revolutionäre Stimmung gegen Despotie und Krieg machte es auch Russland unmöglich, den Krieg weiterzuführen. Vom 10. August bis zum 5. September verhandelten deshalb unter Vorsitz von Theodore Roosevelt Komura Jutarō für Japan und Sergej Witte für Russland im amerikanischen Portsmouth. Nicht alle japanischen Kriegsziele wurden erreicht. Japan forderte die Insel Sachalin (Karafuto) und Reparationszahlungen, Russland lehnte dies zunächst ab. Der ausgehandelte Kompromiss sah vor, dass keine Reparationsleistungen erfolgten und nur die Südhälfte Sachalins ab dem 50. Breitengrad an Japan fiel. Hinzu kam, dass Russland Japans Vorherrschaft in Korea anerkannte, seine Pachtgebiete auf Liaodong-Halbinsel sowie seine Rechte an der Ostchinesischen Eisenbahn und außerdem noch Fischereirechte an den Küsten der Manjurei und Kamtschatkas abtrat. Am 5. September 1905 wurde der Friedensvertrag von Portsmouth unterzeichnet.

Aufstand der Medien und der Massen

Schon Tage vor der Unterzeichnung wurde die japanische Öffentlichkeit allerdings von den meisten Massenmedien gegen die Verhandlungsergebnisse aufgehetzt. Die Ōsaka Asahi forderte am 1. September in reißerischer Aufmachung, der Kaiser solle den unwürdigen Vertrag nicht unterzeichnen, das Kabinett auswechseln und den Krieg fortführen. Die Zeitung Hōchi Shinbun behauptete am 2. September: „Die *genrō* verkaufen das Volk, die Regierung entehrt den Kaiser". Karikaturen wie „Die Tränen des Skeletts" aus der Ōsaka Asahi begleiteten die Kampagne und verwiesen auf den Opfergang der japanischen Soldaten. Besonders gerügt wurde, dass Japan keine finanzielle Wiedergutmachung erhalten soll-

[159] Takeyama, *Hōdō denpō ken'etsu mitsushi*, S. 258-267

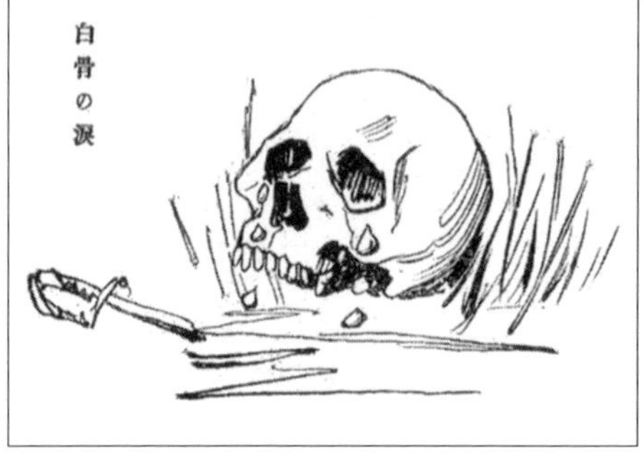

Abb. 44: „Die Tränen des Skeletts" (Ōsaka Asahi Shinbun, 1. 9. 1905)

te. Die regierungsnahe Kokumin Shinbun verteidigte dagegen erwartungsgemäß den Friedensvertrag, stellte damit jedoch nur eine Minderheitenmeinung dar.[160] Oppositionelle Politiker organisierten für den Tag der Vertragsunterzeichnung eine Großdemonstration im Hibiya-Park (vor dem Kaiserpalast). Die Polizei sperrte den Park ab, doch Zehntausende von Demonstranten verschafften sich gewaltsam Zutritt. An mehreren Orten in Tōkyō schlug der Volkszorn in Gewalttätigkeiten um. Der Amtssitz des Innenministers wurde zerstört, ebenso das Redaktionsgebäude der Kokumin Shinbun, 70 % aller Polizeistationen in Tōkyō, christliche Kirchen, die als pazifistisch galten, und Straßenbahnen. Es kam zu Brandstiftung und Schießereien mit der Polizei. Die Unruhen, an denen sich vor allem Angehörige der städtischen Unterschichten beteiligten, setzten sich am 6. September fort. Schließlich wurde über Tōkyō der Notstand verhängt und die Armee zur Wiederherstellung der Ordnung eingesetzt. Die hauptsächlich für die Aufstachelung der Bevölkerung verantwortlichen Zeitungen wie Yorozu Chōhō und Tōkyō Asahi wurden verboten.

Für die Massenmedien war der Krieg ein Verkaufsschlager. Wegen der Zensur blieb das Bild der Bevölkerung von diesem Krieg verzerrt und unrealistisch. Als die Regierung den Krieg beenden wollte, hatte sie die Bevölkerung durch die Zensur ungewollt in das Lager der „vierten Gewalt" getrieben, die aus dem Krieg ihr eigenes Geschäft machte. Die linksgerichtete Zeitung Chokugen („Gerade heraus gesagt"), eine Nachfolgerin von Kōtoku Shūsuis „Volkszeitung", urteilte am 10. September: „Man muss wohl sagen, dass das japanische Volk, ohne es zu wissen, dabei ist, eine revolutionäre Stimmung zu entwickeln." In den Kategorien Maruyamas betrachtet, handelte es sich bei den Hibiya-Unruhen allerdings um ein Symptom der Atomisierung, also einer zentripetal-dissoziativen Orientierung der Unterschichten: Sie wollten ins Zentrum der Macht, und sie wollten eine Umverteilung; aber zum eigenen Nutzen. Insofern standen sie näher an Weltsanierungs-Ideen als an einer revolutionären Situation. Politisch bewirkten sie jedoch nichts, da sich Regierung und parlamentarische Opposition in der Frage des Friedensvertrages einig waren.

---

160 Takeyama, *Hōdō denpō ken'etsu mitsushi*, S. 267-270; Ishii Kanji: *Jōhōka to kokka, kigyō*, S. 25-32

Die nötige parlamentarische Unterstützung der Mehrheitspartei Seiyūkai für den Friedensvertrag mit Russland und die wegen der hohen Kriegskosten unumgänglichen Steuererhöhungen hatte sich Premierminister Katsura allerdings nur mit dem Versprechen erkaufen können, dem Seiyūkai danach die Macht zu überlassen. Das Kabinett Katsura trat deshalb am 7. Januar 1906 zurück. Als Parteivorsitzender des Seiyūkai wurde Saionji Kinmochi am selben Tag neuer Premierminister. Das erste große Projekt der Regierung Saionji war die Verstaatlichung der Eisenbahnen, um das gesamte Eisenbahnnetz für Militärtransporte nutzen zu können. Das Parlament nahm den Plan im März an. Die Verstaatlichung wurde im Oktober wirksam.

Internationale Auswirkungen

Die russische Niederlage gegen eine asiatische Macht zerstörte den Ruf der Unbesiegbarkeit des weißen Mannes. Vor allem aber etablierte sie Japan als Kolonial- und Hegemonialstaat in Ostasien – und machte es dadurch mittelfristig zum Feind der neuen asiatischen Nationalismen, die in China, Korea und Vietnam aufkamen. Japan trat zwar als der „Champion des Ostens“ auf, der die Interessen der „gelben Rasse“ gegen die „Weißen“ vertrat. Gleichzeitig entmündigte es alle anderen „gelben“ Völker jedoch durch diesen Anspruch.

Japans Beziehungen zum Westen traten jetzt jedenfalls in eine neue Phase. Der britisch-japanische Bündnisvertrag wurde am 12. Juli 1905, noch vor dem Frieden von Portsmouth, revidiert; der Charakter des Bündnisses veränderte sich deutlich.[161] Es ging jetzt nicht mehr nur um Interessenwahrung. Diesmal wurden als Hauptziele der Friede (nicht der Status Quo) im „Östlichen Asien“ sowie Indien, die Unabhängigkeit und Einheit Chinas (nicht Koreas) und die Wahrung der territorialen Rechte der Vertragspartner in diesen Regionen genannt. Großbritannien akzeptierte Japans Interessen und Interventionsrecht in Korea, während Japan die britischen Interessen in Indien anerkannte. Großbritannien wollte trotz rassistischer Vorbehalte Japan zum Schutz seiner indischen Besitzungen verpflichten. Für den (noch nicht ganz beendeten) Krieg Japans gegen Russland versprach Großbritannien strikte Neutralität; in Zukunft jedoch sollte der militärische Bündnisfall bereits eintreten, wenn einer der Vertragsstaaten von einer dritten Macht angegriffen wurde. Der Abschreckungscharakter des Vertrages wurde also noch gestärkt. Doch das für zehn Jahre vereinbarte Bündnis verlor bereits bald nach seinem Abschluss beträchtlich an Bedeutung, nachdem der russisch-japanische Krieg vorbei war.

Zunächst verschaffte sich Japan mit dem Taft-Katsura-Memorandum vom 29. Juli 1905 auch die amerikanische Rückendeckung für seine Vorherrschaft über Korea. Am 17. November zwang es Korea, seine außenpolitische Vertre-

[161] Ian H. Nish: *Alliance in decline: a study in Anglo-Japanese relations, 1908-23*. London 1972

tung und sein Post- und Telekommunikationswesen an Japan abzugeben. Am 1. Februar 1906 wurde Itō Hirobumi zum ersten Generalresidenten *(tōkan)* der japanischen Regierung in Seoul; Korea war damit ein Protektorat Japans geworden und praktisch entmündigt. Der koreanische Kaiser Kojong äußerte dagegen zwar Widerspruch und versuchte sich an 1907 die Zweite Haager Friedenskonferenz zu wenden. Er fand jedoch kein Gehör und musste 1907 zugunsten seines Sohnes Sunjong abdanken. Japan plazierte eigene Beamte innerhalb der koreanischen Regierung und löste im August 1907 die koreanische Armee auf. Im gleichen Jahr richtete Itō die Orientalische Entwicklungsgesellschaft (Tōyō Takushoku Kaisha) ein.

Ferner wurde im Juni 1906 zur Ausnutzung der von Russland abgetretenen Ostchinesischen Eisenbahn die halbstaatliche Südmanjurische Eisenbahngesellschaft (Mantetsu) gegründet und im November mit 200 Millionen Yen Kapital versehen; die Hälfte davon stammte von der japanischen Regierung. Erster Präsident wurde Gotō Shinpei, der bis dahin die zivile Verwaltung Taiwans geleitet hatte. Im April 1907 nahm sie ihren Betrieb mit einem Schienennetz von über 1.000 Kilometern auf. Doch außer dem Schienenverkehr gehörten zu ihren Geschäftsbereichen auch die Ausbeutung der reichen Bodenschätze sowie die landwirtschaftliche Erschließung der Manjurei. Daraus erwuchs rasch ein gewaltiger Konzern, zu dessen Schutz Japan 1907 eigene Schutztruppen in der Manjurei stationierte, die seit 1919 in der Guandong-Armee zusammengefasst wurden.

Eine Reihe internationaler Verträge zwischen imperialistischen Mächten stabilisierte die Lage weiter zu Japans Gunsten. Im Juni 1907 schlossen Frankreich und Japan einen Kooperationsvertrag. Darin kamen beide Länder überein, ihre Interessen in Asien gegenseitig anzuerkennen. Japan schloss somit Vietnam aus dem Definitionsbereich seiner ostasiatischen Politik aus und verwies vietnamesische Studenten, die in Japan gegen die französische Kolonialherrschaft agiert hatten, des Landes. Am 30. Juli 1907 wurde der erste russisch-japanische Kooperationsvertrag unterzeichnet. Offiziell enthielt dieser ein Bekenntnis zum Status Quo und zur Erhaltung der staatlichen Einheit Chinas. In einem geheimen Zusatz wurde allerdings geregelt, dass Japan seine Interessen in Korea und der südlichen Manjurei, Russland dagegen in der Äußeren Mongolei und der nördlichen Manjurei verfolgen durfte. Da sich Russland und Großbritannien einen Tag später ebenfalls auf eine gegenseitige Anerkennung ihrer asiatischen Interessen verständigten, entfiel der Hauptzweck des zweiten japanisch-britischen Bündnisses, nämlich der Schutz vor Russland. Die japanische Hauptsorge zielte jetzt auf das Verhältnis zu den USA.

Die „Gelbe Gefahr"

Die amerikanischen Interessen gegenüber Japan richteten sich in erster Linie auf die Manjurei. Die USA schlugen 1905 eine gemeinsame Verwaltung der Eisenbahn in der südlichen Manjurei vor, doch Außenminister Komura lehnte dies ab.

1909 erfolgte ein weiterer amerikanischer Vorstoß, alle Eisenbahnrechte in der Manjurei an China zurückzugeben und von den ausländischen Mächten gemeinsam verwalten zu lassen. Auch dies wiesen Japan und Russland zurück und schlossen am 4. Juli 1910 einen zweiten bilateralen Vertrag, in dem sie ihre bereits zuvor vereinbarten Interessenssphären nochmals bekräftigen.

Beträchtlich getrübt wurden die amerikanisch-japanischen Beziehungen jedoch durch die Propaganda von einer „Gelben Gefahr". Sie führte zu einer anhaltenden antijapanischen Stimmung in den USA und Teilen Europas (z.B. Deutschlands).[162] Besonders im Westen Kaliforniens kam eine Bewegung gegen die (in Wahrheit kaum ins Gewicht fallende) japanische Einwanderung und nach Japans Sieg über Russland sogar zu Ausschreitungen gegen Japaner. 1906 wurden japanischstämmige Schulkinder in San Francisco vom Besuch öffentlicher Schulen ausgeschlossen. Die japanischen Einwanderer – jährlich etwa 10.000 gegenüber einer Million europäischer Immigranten – galten als preiswerte und genügsame Arbeiter, was die amerikanischen Gewerkschaften höchst beunruhigte. Sie fielen auch durch ihre anderen Sitten auf, beispielsweise arbeiteten sie auch sonntags und übertraten damit Tabus in christlich orientierten Gesellschaften.

Ähnliche Stimmungen entwickelten sich in den britischen Dominions, die sich durch das britisch-japanische Bündnis nicht beruhigen ließen. Kanada vereinbarte 1908 eine Immigrationsobergrenze mit Japan. Südafrika schloss 1906 asiatische Arbeiter von Führungspositionen im Bergbau aus und begann damit die Apartheidpolitik. Australien und Neuseeland lebten bis 1945 in ständiger Furcht vor einer japanischen – friedlichen oder gewaltsamen – Invasion, lehnten sich an die USA als Beschützerin ihrer pazifischen Interessen an oder verlangten und erreichten von Großbritannien die Ausstattung mit eigenen Kriegsschiffen gegen eine japanische Aggression.

Die japanische Trotzreaktion auf die „Gelbe Gefahr" war die Konstruktion einer „Weißen Gefahr", die aus globalem Kapitalismus, Imperialismus und christlicher Mission erwuchs, bzw. in der positiven Wendung eines „Gelben Segens", der den asiatischen Völkern durch Japans Widerstand gegen die „Weißen" zuteil wurde.[163] In einer Parodie auf das von Kaiser Wilhelm II. verbreitete Propagandagemälde „Völker Europas, wahrt eure heiligsten Güter", welche die beliebte Zeitschrift Taiyō abdruckte, kämpften nicht die europäischen zivilierten Staaten gegen die angebliche „Gelbe Gefahr" aus dem Osten in Gestalt eines sinistren Buddhas, sondern westliche Despotie, Tyrannei, Massaker, Stagnation, rassistisches Vorurteil, religiöse Intoleranz, Aberglaube und Unwissenheit gegen die Lichtgestalt der japanischen Sonnengöttin.[164]

---

[162] Ute Mehnert: *Deutschland, Amerika und die ‚gelbe Gefahr'. Zur Karriere eines Schlagworts in der Großen Politik, 1905-1917*. Stuttgart 1995

[163] Yamamuro, *Nichiro sensō no seiki*, S. 137-154

[164] Yamamuro, *Nichiro sensō no seiki*, S. 141

Bildung als kulturelles Kapital

Um die Volksbildung war es noch in den 1880er Jahren nicht gut bestellt, doch danach ging es rapide voran. 1880 besuchten nur 29 % der schulfähigen Kinder die Grundschule, 1895 waren es jedoch bereits 49 % und 1905 85 %. Die Quote stieg bis 1920 auf 94 %.[165] 1900 konnten 26 % aller Rekruten überhaupt nicht schreiben, 1905 15 %, 1910 nur noch 11 %.[166] Gab es 1885 erst 15.000 Mittelschüler, so waren es 1895 30.000 und 1904 bereits 100.000.[167] Es war jedoch nicht leicht, in eine der wenigen Oberschulen vorzurücken: 1901 bewarben sich 2,7 Kandidaten auf einen der 1.400 Plätze, 1915 waren es 4,6 Bewerber für jeden der 2.100 Plätze.[168] Entsprechend hart wurde der Wettbewerb; die Kandidaten mussten sich gründlich auf die Aufnahmeprüfungen vorbereiten. Hier lagen die Ursprünge der sogenannten „Prüfungshölle" des japanischen Bildungssystems.

Im April 1877 schlossen sich zwei mit Unterstützung des Tokugawa-Bakufu gegründete Bildungsstätten, das Kaiseisho und die Medizinische Akademie, zur Tōkyō-Universität zusammen. 1886 wurde sie zur Kaiserlichen Universität umgestaltet und seither zum Flaggschiff der Bildungsgesellschaft.

Bereits 1899 stellte Toyama Masakazu die These auf:

> „Im zukünftigen japanischen Reich werden, gleich ob in der bürokratischen Gesellschaft oder im Privatbereich, nur solche Menschen die Positionen mit der höchsten Stellung und Verantwortung bekleiden, welche einen angemessenen Bildungsstatus besitzen."[169]

Der Verfasser musste es wissen: Er war nicht nur erster Soziologieprofessor, sondern auch Rektor der Kaiserlichen Universität Tōkyō. Zudem war Toyama auch japanischer Kultusminister und Mitglied des Oberhauses. Das Buch, in dem Toyama diese Voraussage traf, übte heftige Kritik an der Hegemonialisierung der japanischen Politik durch Politiker vom Schlage Yamagata Aritomos, deren einzige Legitimierung die Herkunft aus bestimmten militärisch-geographischen Zusammenhängen war. Zu Beginn des 20. Jahrhunderts war die akademische Elite Japans bereits selbstbewusst genug, sich mit öffentlichen Stellungnahmen gegen ihre Regierung zu stellen. Die Professoren waren gut bezahlt, ihre Absolventen gelangten in wichtige Verwaltungsposten. 1902 gingen von rund 3.500 Abgängern der Tōkyō-Universität gut 2.500 in den Staatsdienst, ein Drittel als Lehrer, etwas weniger als Ingenieure, die übrigen als Verwaltungsbeamte, Richter oder Ärzte. Die Professorenschaft der Tōkyō-Universität behauptete ihre akademi-

165 Amano Ikuo: *Gakureki no shakaishi: kyōiku to Nihon no kindai*. Heibonsha 2005, S. 162
166 Amano, *Gakureki no shakaishi*, S. 204
167 Amano, *Gakureki no shakaishi*, S. 213 f
168 Amano, *Gakureki no shakaishi*, S. 252
169 Zit. n. Amano, *Gakureki no shakaishi*, S. 20

sche Freiheit mit großer öffentlicher Unterstützung gegen die Regierung, als eine Gruppe von ihnen zwischen 1900 und 1905 in Zeitungsartikeln die Regierung zu einem härteren außenpolitischen Kurs gegen Russland aufforderte. Die Regierung Katsura verwahrte sich gegen die ungebetenen professoralen Ratschläge und entließ schließlich im August 1905 den Wortführer der Gruppe und setzte den Universitätsrektor ab. Die Professorenschaft solidarisierte sich jedoch parteiübergreifend mit den Betroffenen, die Regierung musste am Ende einlenken und der Kultusminister zurücktreten.[170]

Der bedeutendste Romancier jener Jahre, Natsume Sōseki, beschrieb die Welt des nach Teilhabe an der politischen Macht strebenden Bildungsbürgertums 1905-1906 in seinem satirischen Roman „Meine Wenigkeit ist ein Kater“ (Wagahai wa neko dearu), deren Held als Kater eines Englischlehrers das Wirken und den Wandel ökonomischen und kulturellen Kapitals im sozialen Raum miterlebte.[171] An einer Stelle heißt es: „Ich brauche zwar kein Geld oder Vermögen, aber statt dessen einen Status, der meiner Person anhaftet. – Mit Status ist ja wohl Doktortitel gemeint.“ Natsume war zu dieser Zeit selbst Englischprofessor an der Tōkyō-Universität, konnte aber nach seinen literarischen Erfolgen als professioneller Schriftsteller leben. Er wusste aus eigener Erfahrung, dass man Armut durch Bildung kompensieren konnte, um im sozialen Raum aufzusteigen. Spätestens seit den 1920er Jahren war der Bildungsweg die entscheidende Weichenstellung für soziale Karrieren; man nannte Japan daher eine „Bildungsweggesellschaft“ *(gakureki shakai)*.

Neben den Kaiserlichen Universitäten in Tōkyō, Kyōto (1897 gegründet), Sendai (1907), Fukuoka (1910), Sapporo (1918), Ōsaka (1931), Nagoya (1939) und den Kolonie-Metropolen Seoul (1924) und Taibei (1928) gab es eine Vielzahl privater Universitäten, deren wichtigste die von Fukuzawa Yukichi gegründete Keiō- (1890) und die von Ōkuma Shigenobu begründete Waseda-Universität (1902) waren. Viele Privatuniversitäten standen unter der Schirmherrschaft prominenter Persönlichkeiten aus Politik und Wirtschaft. Dies erleichterte ihren Absolventen den Eintritt in attraktive Berufe. Anders als bei den Kaiserlichen Universitäten, die bewusst zur Ausbildung von Beamtennachwuchs gedacht waren, gingen die meisten Absolventen von Privatuniversitäten jedoch in die Privatwirtschaft.

Sozialismen und Repression

Bereits vor dem russisch-japanischen Krieg hatte es erste Bestrebungen gegeben, den Sozialismus in Japan zu organisieren. Zur Abwehr sozialistischer und gewerkschaftlicher Bestrebungen ließ die Regierung Yamagata daher 1900 ein „Po-

170 Byron K. Marshall: „Professors and Politics: The Meiji Academic Elite“. In: *Journal of Japanese Studies* 3:1 (1977), S. 71-97

171 Natsume Sōseki: *Ich der Kater*. Frankfurt a. M. 1996. Leider gibt der Titel der Übersetzung die Ironie des japanischen Originals nicht wieder.

lizeigesetz über die innere Sicherheit" verabschieden. Danach mussten die Gründung politischer Vereinigungen sowie große öffentliche Versammlungen bei der Polizei angemeldet werden. Frauen durften politischen Vereinigungen nicht beitreten. Konspirative Organisationen wurden untersagt. Katayama Sen, Kōtoku Shūsui, Nishikawa Kōjirō (ein Schüler Uchimura Kanzōs) und andere riefen 1901 eine „Sozialdemokratische Partei" (Shakai Minshutō) ins Leben, die allerdings zwei Tage später verboten wurde; die Mainichi Shinbun hatte die Gründungsproklamation veröffentlicht und wurde nun dafür bestraft. Die Antikriegsbewegung ebenso wie die Massenunruhen von Hibiya wirkten nun als Katalysatoren für öffentliche sozialkritische Diskurse und die Bildung einer sozialistischen Bewegung.[172] Die Bewegung speiste sich aus zwei Flügeln: Materialisten und christlichen Sozialisten. Kōtoku Shūsui und Sakai Toshihiko gründeten 1904 einen „Volksverlag" (Heiminsha), der bald eine Wochenzeitschrift unter dem Titel „Volkszeitung" (Heimin Shinbun) herausbrachte. Im April 1904 publizierten die beiden erstmals eine Übersetzung des „Manifests der Kommunistischen Partei" von Marx und Engels, die von der Zensur prompt verboten wurde. Nach dem Ende des Krieges intensivierten sich die linken Aktivitäten. Im Januar 1906 wirkte Sakai Toshihiko an der Gründung der Sozialistischen Partei Japans (Nihon Shakaitō) mit. Die Sozialisten nutzten „Volksverlag" und „Volkszeitung" als ihr Sprachrohr. Ōsugi Sakae[173] beteiligte sich an der Gründung einer Esperanto-Gesellschaft, die sich als ein Arm des linken Internationalismus verstand.

Im Februar 1906 wurden mit Unterstützung der Sozialisten Forderungen nach dem allgemeinen Wahlrecht formuliert und dem Unterhaus als Petition überreicht. Doch Kōtoku Shūsui brachte auch die Notwendigkeit der „direkten Aktion" anstelle des Parlamentarismus ins Spiel. Ōsugi und andere begeisterten sich für anarchische Ideen. Im März beteiligten sich die Sozialisten an einer Großdemonstration gegen Strompreiserhöhungen in Tōkyō. Dabei kam es zu Ausschreitungen gegen städtische Einrichtungen und Elektrizitätsunternehmen, die von der Polizei unterdrückt wurden. Arbeiter in den Großstädten, den Rüstungsbetrieben und im Bergbau begannen mit Arbeitsniederlegungen und Demonstrationen für Lohnerhöhungen sowie gegen das traditionelle, ausbeuterische Vorarbeitersystem zu kämpfen.

Im März 1906 veröffentlichte der Schriftsteller Shimazaki Tōson seinen naturalistischen Roman „Das gebrochene Gebot"[174], in dem er die Gewissensnöte eines jungen Lehrers auf dem Lande darstellte, der versuchte, seine Herkunft von

---

172 Maik Hendrik Sprotte: *Konfliktaustragung in autoritären Herrschaftssystemen. Eine historische Fallstudie zur frühsozialistischen Bewegung im Japan der Meiji-Zeit.* Marburg 2001

173 Herbert Worm: *Studien über den jungen Ōsugi Sakae und die Meiji-Sozialisten zwischen Sozialdemokratie und Anarchismus unter besonderer Berücksichtigung der Anarchismusrezeption.* Hamburg 1981

174 Deutsche Übersetzung von Jürgen Berndt: *Ausgestoßen.* Frankfurt a.M. 1987. Vgl. René Andersson: *Burakumin and Shimazaki Tōson's „Hakai": Images of Discrimination in Modern Japanese Literature.* Lund 2000

den diskriminierten Eta zu verbergen; als er dies nicht durchhalten konnte, wanderte er in die USA aus. Das Werk erregte sofort großes Aufsehen, wurde aber auch kritisiert, weil es die Lösung dieser sozialen Frage in der Emigration fand.

Im Mai 1906 gab Kita Ikki sein Hauptwerk „Thesen zum Staatskörper und zum wahren Sozialismus“ heraus und zeigte damit, dass der Sozialismus nicht notwendigerweise in linken Anarchismus mündete. Kita war während seines Studiums an der Waseda-Universität Ōkumas mit evolutionistischen und sozialistischen Ideen in Berührung gekommen. Nun kritisierte er die vergangenen und gegenwärtig herrschenden Vorstellungen von Staat und Kaiser als Manipulation des Volkes und des Kaisers im Interesse der herrschenden Klasse. Er forderte, Kaiser und Volk sollten gemeinsam einen nationalen Sozialismus errichten. Dafür sollte die Wirtschaft konsequent verstaatlicht werden. Kita, ein entschiedener Anhänger des Panasianismus,[175] trat im selben Jahr der 1905 von Sun Yatsen in Tōkyō gegründeten revolutionären Schwurgemeinschaft (Tongmenhui) bei.

Das von der Furcht vor einer Revolution getriebene Feld der Macht begegnete diesen Herausforderungen mit ratlosen Repressionen. Im Juni 1906 erließ Kultusminister Makino Nobuaki ein erstes Edikt zur „Abwehr des Sozialismus“. Streikende Arbeiter in den Rüstungsbetrieben wurden entlassen. Innenminister Hara Takashi ließ im Oktober erneute Unruhen wegen Strompreiserhöhungen in Tōkyō mit Militäreinheiten unterdrücken. Die „Sozialistische Partei“ wurde im Februar 1907 verboten. Im Juni gründete Katayama Sen daraufhin die „Sozialistische Volkspartei Japans“, die freilich gleichfalls schon zwei Tage nach ihrer Gründung verboten wurde; nicht anders erging es dem von Katayama im Dezember initiierten „Volksverein“. Als am 22. Juni 1908 ein sozialistischer Aktivist aus der Haft entlassen wurde, zogen Ōsugi, Sakai und andere nach einer Begrüßungsfeier mit roten Fahnen und anarchistischen Parolen umher. Sie stießen mit der Polizei zusammen und wurden wegen Widerstands gegen die Staatsgewalt inhaftiert und zu Gefängnisstrafen verurteilt. Man warf der Regierung Saionji nun vor, die sozialistischen Umtriebe nicht konsequent bekämpft zu haben. Im Juli 1908 musste Saionji daher als Premierminister zurücktreten. Nächster Premierminister wurde erneut Katsura Tarō, der eine Regierung aus militärischen und zivilen Technokraten bildete und gegen die Sozialisten mit eiserner Faust vorging. Den Höhepunkt der Verfolgung bildete der sogenannte Hochverratsprozess. Am 25. Mai 1910 wurde ein Mann wegen Sprengstoffbesitzes verhaftet. Er gestand, einen Bombenanschlag auf den Kaiser vorbereitet zu haben, und verriet die Namen seiner Mitverschwörer. Darunter befand sich Kanno Suga, die mit Kōtoku Shūsui in wilder Ehe lebte. Mehrere hundert Sozialisten wurden nun verhaftet, 26 davon wegen Hochverrats vor Gericht gestellt. Am 18. Januar 1911 ergingen 24 Todesurteile, von denen der Kaiser zwölf zu lebenslanger Haft reduzierte. Ungeachtet internationaler Proteste wurden die übrigen Delin-

---

175 Opitz, *Japans panasiatisches Programm*

quenten bereits am 24. und 25. Januar hingerichtet; außer den eigentlichen Verschwörern auch Kōtoku, an dessen Unschuld kein Zweifel besteht. Das Polizeipräsidium von Tōkyō richtete nun eine Sonderabteilung der Staatspolizei *(tokkō)* ein, die bis 1945 speziell gegen „Gedankenverbrechen“, d.h. als staatsgefährdend betrachtete Umtriebe ermittelte.

Am 29. September 1908 wurde die Polizei zudem ermächtigt, leichtere Verbrechen ohne Gerichtsverfahren selbst zu ahnden. Aus den Regeln, die bis 1948 in Kraft blieben, ging hervor, dass damit vor allem Verbrechen gegen die Ordnung im sozialen Raum gemeint waren; darunter auch solche, die bei kollektiven Protesten oder Arbeitskämpfen häufig vorkamen. Mit bis zu 30 Tagen Haft konnte bestraft werden, wer vagabundierte, illegal der Prostitution nachging oder Menschen zu einem Treffen zwang oder erpresste. Mit höchstens 30 Tagen Haft oder 20 Yen Buße konnte belangt werden, wer bettelte, den freien Wettbewerb durch Erpressung störte, Menschen an der Arbeit hinderte, in Zeitungen und Zeitschriften irreführende Werbung publizierte, Abonnements oder Inserate für Zeitungen oder Zeitschriften erpresste, in der Öffentlichkeit betrunken war oder sich prügelte, Fahrzeuge falsch parkte, Feste, Feiern oder Theateraufführungen störte, Gerüchte oder Lügen verbreitete, unberechtigt Titel, Amtsbezeichnungen oder Orden führte, Alkohol panschte, faules Obst und Fleisch verteilte, heilige Stätten, Friedhöfe oder Denkmäler verschmutzte oder „sich oder anderen in den Körper Zeichen einritzte“. Mit dieser letzten Regelung waren Tätowierungen (*irezumi*) gemeint, die seit der Frühen Neuzeit als körperliches Erkennungsmerkmal von Verbrechern oder Arbeitern der Unterschicht galten. Im Prinzip handelte es sich dabei um eine Fortschreibung der seit den 1870er Jahren geltenden polizeilichen Aufgaben. „Der Staat ist eine Familie: Die Regierung ist Vater und Mutter, das Volk ein Kind, die Polizei sein Kindermädchen“, hieß es 1876 in einer bis heute als vorbildlich geltenden Lehrschrift.[176] Die Allgegenwart der Polizei im öffentlichen Leben wurde nicht als Bedrohung, sondern als Behütung verstanden. Sichtbares Symbol dieser Fürsorglichkeit wurden ab 1888 die in den japanischen Städten meist an Straßenkreuzungen angelegten „Wechselwachen“ *(kōban)*, die als Außenstellen der Polizeireviere rund um die Uhr im Schichtbetrieb mit meist vier Polizisten besetzt waren. Ihre Aufgabe waren neben der Regelung des Verkehrs die Beobachtung und Überwachung der angrenzenden Stadtviertel und Rat und Hilfe in jeder Lebenslage. Ihnen entsprachen Stationen *(chūzaisho)* in ländlichen Gegenden. Zweimal im Jahr sollten die Beamten alle Haushalte, Schulen, Betriebe und anderen Einrichtungen ihres Gebiets besuchen und nach Wohn- und Lebensumständen befragen *(junkai renraku)*. Dieses System, das Vertrauen durch Kontrolle schaffen sollte, ist bis heute in Kraft. 1960 dichtete Satō Yoshimi das Kinderlied „Der Hundepolizist“ (Inu no omawarisan), in dem es meisterhaft beschrieben wird: Ein Hund, der Polizist ist, fragt ein wei-

[176] Herbert Worm: „Die Polizei als Kindermädchen der Nation. Anmerkungen zur Modernisierung der Meiji-Polizei“. In: *Oriens Extremus* 33 (1990), S. 141-152, hier S. 141

nendes Kätzchen, das sich verlaufen hat, nach seinem Zuhause und nach seinem Namen, doch das Kätzchen kann keine Antwort geben. Der Polizist gerät daraufhin in größte Verlegenheit, denn es ist seine Aufgabe, seinen Schützlingen zu helfen. Der Text wurde von Ōnaka Megumi vertont und ist heute eines der beliebtesten Kinderlieder.

Abb. 45: Kōban (Tōkyō-Chiyoda, erbaut vor 1912)

Im März 1908 wurde in Tōkyō-Shinjuku eine 27jährige nach einem Besuch im Badehaus überfallen, vergewaltigt und ermordet. Die Polizei verhaftete daraufhin den Gärtner Ikeda Kametarō, in der Bevölkerung unter dem Spitznamen „Kame mit den vorstehenden Zähnen" bekannt. Er hatte die Angewohnheit, heimlich nackte Frauen beim Baden in öffentlichen Badehäusern zu beobachten, um sich sexuell zu erregen. Ikeda bestritt seine Schuld an dem Mord zwar, wurde jedoch im August 1908 zu lebenslanger Haft verurteilt. Überführt werden konnte Ikeda nicht, doch seine Perversion reichte aus, ihn zum Verdächtigen zu machen. Tatsächlich nahmen, wie auch im Falle der im gleichen Jahr verbotenen Tätowierung, die staatlichen Reglementierungen des Körpers damals deutlich zu. In der satirischen Zeitschrift Kokkei Shinbun nahm ein Karikaturist 1906 das Verbot der Pornographie aufs Korn, indem er das Bild eines nackten Frauenkörpers so sehr zerschnipselte, dass es nicht mehr anstößig wir-

Abb. 46: Zerschnittener Frauenkörper (Anonym, Kokkei Shinbun 20. 4. 1906)

ken konnte. Pervers, so seine Meinung, war nicht das Bild – sondern höchstens die Phantasie der Zensoren. Doch das Verstecken des weiblichen Körpers vor den Augen der männlichen Öffentlichkeit war in erster Linie ein Mittel, um Frauen aus dem öffentlichen Leben auszugrenzen.[177]

Das Ende der Industriellen Revolution

1904 nahm das Stahlwerk von Yawata (Kyūshū) seine Produktion auf; in der Ausbauphase, ab 1911, sollte es jährlich 300.000 Tonnen Stahl liefern. Auch eine Reihe privater Stahlwerke begannen zu produzieren. Durch die gewaltigen Aufrüstungspläne von Heer und Marine bestand eine enorme Nachfrage nach Stahl. Die Werften und Geschützschmieden waren inzwischen so gut ausgebaut, dass Japan sich auf dem Binnenmarkt mit Schiffen und Waffen versorgen und wertvolle Devisen sparen konnte. Auch gut die Hälfte der Eisenbahnenwagons und Lokomotiven, die für die nun verstaatlichten Linien benötigt wurden, wurden im Lande hergestellt. Japan verfügte über eine konkurrenzfähige Textilwirtschaft, Kohlebergbau und Schwerindustrie; seine Abhängigkeit vom Ausland war erheblich gesunken. Für Japan war die Industrielle Revolution abgeschlossen.

---

177 Ilse Lenz: *Kapitalistische Entwicklung, Subsistenzproduktion und Frauenarbeit. Der Fall Japan.* Frankfurt a. M., New York 1984, S. 119

2.3 Imperialismus und Demokratie (1910-1931)

2.3.1 Die inneren Peripherien

Sprungbrett nach China: Entwicklungskolonialismus in Korea

Gegen die schleichende Unterwerfung Koreas erhob sich im Land bewaffneter Widerstand, den die Japaner mit Gewalt zu unterdrücken versuchten. Bis 1910 kamen dabei etwa 18.000 Koreaner ums Leben. Am 26. Oktober 1909 tötete der Katholik und Widerstandskämpfer An Chunggun Itō Hirobumi in Harbin. Japan bereitete nun den vollständigen Anschluss Koreas vor.[178] Am 22. August 1910 besiegelte ein weiterer Vertrag den vollständigen Verzicht des koreanischen Kaisers auf Souveränität und die Übernahme sämtlicher Regierungsgewalt durch Japan. Damit wurde Korea unter dem Namen Chōsen völkerrechtlich Bestandteil Japans. Japan setzte nun wie auf Taiwan einen Administrator *(sōtoku)* ein und begann mit dem Aufbau kolonialer Strukturen. Jeder Bezug auf Korea wurde nun konsequent aus dem dritten Vertrag über das britisch-japanische Bündnis von 1911 getilgt. Parallel verhandelte Japan über einen neuen Handelsvertrag, der mit der Wiederherstellung der japanischen Zollhoheit den endgültigen Schlusspunkt hinter die Epoche der Ungleichen Verträge setzen sollte.

Die dritte Fassung des britisch-japanischen Bündnisses wurde am 13. Juli 1911 unterzeichnet. Neben Korea wurden auch Russland und Indien nicht mehr erwähnt; implizit wurden zudem die USA, an die sich Großbritannien gerade annäherte, vom Bündnisfall ausgenommen. Im Kern ging es nur noch um die Absicherung der britischen Besitzungen in Ostasien gegen japanische Ansprüche. In dieser abgeschwächten Form blieb das Bündnis bis zum Inkrafttreten des Viermächteabkommens zwischen Japan, Großbritannien, Frankreich und den USA am 17. August 1923 bestehen. Der Enthusiasmus für das Bündnis mit einer europäischen Macht war in Japan deutlich gedämpft. Neben notorischen Anhängern des Panasianismus wie Uchida Ryōhei von der Amurgesellschaft und Tōyama Mitsuru von der Schwarzmeergesellschaft hielten auch Nationalliberale wie Inukai Tsuyoshi, Gotō Shinpei und Ozaki Yukio die Zeit für gekommen, dass Japan als ostasiatische Regionalmacht auf eigenen imperialistischen Füßen stehen sollte.

---

[178] Stewart Lone: „The Japanese Annexation of Korea 1910: The Failure of East Asian Co-Prosperity". In: *Modern Asian Studies* 25:1 (1991), S. 143-173. – Bis heute sind die japanischen und koreanischen Interpretationen dieser Ereignisse nicht miteinander vereinbar. Die koreanischen Historiker sprechen von einer illegalen und gewaltsamen Besetzung, während die meisten japanischen Historiker von einem völkerrechtlich wirksamen Anschluss *(heigō)* ausgehen. Die Konsequenzen, die dies für die Beurteilung japanischen Handelns während der Kolonialzeit und mögliche Entschädigungsforderungen hat, liegen auf der Hand.

Der Eroberung des symbolischen Raumes Koreas folgte ein langfristiges Experiment im sozialen Raum.[179] Korea war keine Siedlungskolonie: 1910 lebten 171.000 Japaner in Korea; dies entsprach 1,3 % der Bevölkerung. Die Zahl stieg bis 1939 auf 650.000, aber auch dies waren nur 2,9 % der Gesamtbevölkerung. Japans Hauptinteresse an Korea war wirtschaftlicher Natur. Die koreanische Halbinsel war Japans Sprungbrett in die Manjurei, nach China und nach Sibirien und damit von höchstem geostrategischem Wert.

Bevölkerung Koreas

Jahr	Gesamt	davon Japaner
1910	13.000.000	171.000
1939	24.000.000	650.000

Die ersten beiden Administratoren, die Generale Terauchi Masatake und Hasegawa Yoshimichi, gingen mit eiserner Hand an die „geistige Strangulierung"[180] Koreas. Die alte Yangban-Elite verlor ihre Privilegien. Die koreanische Kultur wurde missachtet, die koreanische Sprache aus dem öffentlichen Leben verdrängt. 1911 wurde Japanisch als Unterrichtssprache an den Schulen eingeführt. 85 % aller Richter waren Japaner. Archäologen und Kunsthistoriker gestalteten Koreas Vergangenheit zu musealen Sammelobjekten um,[181] immer auf der Suche nach Beweisen für die Überlegenheit ihrer eigenen Kultur, aber immerhin sorgfältig in ihren Methoden.

Anlässlich der Beisetzung von Ex-Kaiser Kojong bereiteten koreanische Intellektuelle heimlich eine Unabhängigkeitserklärung vor, die sie am 1. März 1919 im ganzen Land verlesen ließen. Ihre Landsleute schwenkten koreanische Flaggen und ließen die koreanische Unabhängigkeit hochleben. Administrator Hasegawa ließ Zehntausende Koreaner festnehmen. Tausende kamen um. Razzien in Gegenden, wo Widerstandskämpfer vermutet wurden, waren begleitet von Plünderungen, Hinrichtungen, Gewalttätigkeiten und Misshandlungen aller Art. Besonders unerbittlich verfolgten die Japaner koreanische Christen, deren Widerstand gegen die Kolonialmacht hartnäckig war.

Die Entfremdung zwischen Japanern und Koreanern hatte einen ersten Höhepunkt erreicht, als im August 1919 Admiral Saitō Makoto neuer Administrator

[179] David Brudnoy: „Japan's Experiment in Korea". In: *Monumenta Nipponica* 25:1-2 (1970), S. 155-195

[180] Brudnoy, „Japan's Experiment in Korea", S. 168

[181] Kim Brandt: „Objects of Desire: Japanese Collectors and Colonial Korea". In: *Positions: east asia cultures critique* 8:3 (2000), S. 711-746; Pai Hyung Il: „The Creation of National Treasures and Monuments: The 1916 Japanese Laws on the Preservation of Korean Remains and Relics and Their Colonial Legacies". In: *Korean Studies* 25:1 (2001), S. 72-95

wurde. Er bemühte sich um Entspannung. Koreaner durften Zeitungen in ihrer Landessprache veröffentlichen, die Prügelstrafe wurde abgeschafft, der Umgangston der Behörden und Schulen wurde ziviler, japanische Beamte sollten Koreanisch lernen. Saitō versprach Gleichbehandlung und Gleichbezahlung im öffentlichen Dienst und Respekt vor der koreanischen Kultur und Religion. Vieles davon blieb unverwirklicht. Die Wirtschaft Koreas wurde auf bescheidenem Niveau gehalten. Gefördert wurden Landwirtschaft (damit Korea Reis nach Japan exportieren konnte), Bergbau und Leichtindustrie, vor allem die Textilindustrie, die ebenfalls ausdrücklich auf den Export orientiert wurde. 1910 produzierte Korea 10 Millionen *koku* Reis; bis 1924 stieg die Produktion durch die Umstellung auf japanische Produktionsmethoden auf 15 Millionen.[182] Die Koreanische Industriebank (Chōsen Shokusan Ginkō) war das wichtigste Instrument zur Förderung der einheimischen Unternehmerschaft. Japanische Unternehmen besaßen 70 % des gesamten koreanischen Aktienkapitals, rein koreanische etwa 10 %; da sie sich für ihre Investitionen nur selten Geld auf dem privaten Kapitalmarkt besorgten, waren sie von den Vorgaben staatlicher Wirtschaftslenkung abhängig. Immerhin entstand damals eine in den modernen Kapitalismus eingebundene koreanische Unternehmerschicht. In Wonsan begann man Erdöl zu fördern. Das Eisenbahnnetz wurde auf hohem Niveau ausgebaut, viele Straßen wurden angelegt.

Infrastrukturverbesserungen, Fortschritte in der medizinischen Versorgungen und Zuwächse in der Landwirtschaft trugen sicher dazu bei, den Lebensstandard zu erhöhen.

Nach 1920 siedelte eine beträchtliche Zahl von Koreanern nach Japan über, um dort zu arbeiten. Die meisten von ihnen arbeiteten in schlechtbezahlten Stellungen als Kulis, Fabrikarbeiter oder Bergleute. Während der Jahre 1939 bis 1945 wurden rund 725.000 Koreaner zur Arbeit in japanischen Unternehmen zwangsverpflichtet; davon mehr als 400.000 im Bergbau.

Koreanische Bevölkerung in Japan[183]

Jahr	Anzahl
1904	229
1915	3.989
1920	30.175
1925	133.716
1930	298.091
1935	625.678
1938	799.865

182 Harada, *Rekishi no naka no kome to niku*, S. 40

183 Kobayashi, *Jinken no rekishi*, S. 146

In den späten 1920er Jahren erzielte kommunistische Propaganda vor allem unter Studenten Erfolge. Gewaltfreie Demonstrationen mischten sich mit Boykotts und Terroranschlägen. Doch verglichen mit den folgenden Jahren ging es zu Saitōs Zeiten geradezu friedlich zu.

Der vierte Administrator war General Ugaki Kazushige, einer der Radikalen im Militär, der stark auf polizeiliche Kontrolle setzte. In den 1930er Jahren wurde Korea jedoch auch als Ausgangsbasis für die Erschließung der Manjurei zunehmend bedeutsam. Hierbei spielte die Koordination der koreanischen Kolonialverwaltung mit der Guandong-Armee in der Manjurei eine wichtige Rolle.

Ugakis Nachfolger wurde 1936 General Minami Jirō. Er vertrat die Auffassung, dass Japaner und Koreaner „in Gestalt, Blut und Fleisch ein Körper" werden mussten. Der Slogan „Mutterland und Korea sind ein Körper" *(Naisen ittai)* wurde in den Schulen gelehrt und flächendeckend plakatiert. Koreanisch wurde 1939 als Schulfach abgeschafft.[184]

1939 wurde auch befohlen, dass Koreaner sich zusätzlich zu ihrem gewohnten Sippennamen (der sich bei der Heirat nicht änderte) einen gemeinsamen Familiennamen zulegen mussten *(sōshi)*, unter dem sie in den Standesamtsregistern geführt wurden. Damit wollte Japan seine eigenen familienrechtlichen Vorstellungen durchsetzen und die als vormodern betrachteten konfuzianischen Lineagestrukturen durchbrechen. Wer zwischen Februar und August 1940 nicht von sich aus einen Familiennamen registrierte, wurde entsprechend japanischem Recht unter dem Familiennamen des männlichen Haushaltsvorstandes (d.h., Vaters, Ehemannes usw.) eingetragen. Drei Viertel aller Koreaner meldeten sich selbst. Gleichzeitig wurde nachdrücklich angeregt, dass sich die Bevölkerung anstelle ihrer alten Namen unter japanischen Namen registrieren sollte *(kaimei)*. Knapp achtzig Prozent der Koreaner taten dies auch. Prominente Koreaner wie Generalleutnant Hong Sa Ik, der in der japanischen Armee Karriere machte und nach dem Krieg als Kriegsverbrecher hingerichtet wurde, Park Sung Kong, der zweimal in Tōkyō zum Unterhausabgeordneten gewählt wurde, oder die auch in Japan reüssierende Tänzerin Choe Sung Hui hielten allerdings folgenlos an ihren koreanischen Namen fest.

Drehscheibe für Südostasien: Der Glücksfall Taiwan

Taiwan war neben seiner strategischen Bedeutung ursprünglich als landwirtschaftlicher Ergänzungsraum Japans entworfen worden.[185] Die Kolonialverwaltung vermaß

---

[184] Mark Driscoll: „Imperial Subject Formation between Colonial Seoul and Metropolitan Tokyo". In: *Asiatische Studien* 53:2 (1999), S. 231-240; Gi-Wook Shin; Michael Robinson (Hgg.): *Colonial Modernity in Korea*. Cambridge 1999; C. I. Eugene Kim, Doretha E. Mortimore (Hgg.): *Korea's Response to Japan: The Colonial Period, 1910-1945*. Kalamazoo 1977

[185] Yōichi Kibata: „Die Kolonialpolitik Großbritanniens und Japans". In: *Zeitschrift für Geschichtswissenschaft* 5 (1999), S. 413-429

die Insel, kaufte Land und Wälder auf, führte eine Landreform durch, erschloss neue Nutzflächen, verbesserte die Bewässerungssysteme, setzte fortschrittliche Agrartechnologien ein und erreichte auf diese Weise beträchtliche Produktionssteigerungen bei bestimmten, im Innenland knappen Erzeugnissen wie Zucker und Reis. Wirtschaftlich interessante Produktionszweige wie der Anbau von Tabak und Opium oder die Produktion von Salz und Kupfer wurden zu staatlichen Monopolen erklärt. Bei der Erschließung und Bewirtschaftung halfen japanische Großkonzerne. Fast der gesamte Handel der Insel wurde mit Japan abgewickelt. Dafür wurde die Verkehrsinfrastruktur – Schiene, Straße und Schiffahrt – ausgebaut. Diese staatlichen und privaten Investitionen führten allerdings zu einer fortschreitenden Industrialisierung der Insel. Ab den 1930er Jahren wurden auch die Metall- und Chemieindustrie ausgebaut, während die Rolle des Nahrungsergänzungsproduzenten auf die japanischen Südseeinseln übertragen wurde.[186] Der Industrielle Hoshi Hajime konzentrierte sein pharmazeutisches Unternehmen in Taiwan auf die Herstellung von Chinin aus Chinarindenbaum-Plantagen. Dabei half Hoshi seine enge Freundschaft mit dem ersten Leiter der zivilen Verwaltung, Gotō Shinpei, als dessen Finanzier Hoshi galt. Hoshi unterhielt enge Beziehungen zu Amerika und Deutschland, wo er mit dem Chemiker Fritz Haber zusammenarbeitete und als Mäzen für die deutsche Japanwissenschaft wirkte.

Je weiter sich Japan schließlich nach Südostasien und Südchina orientierte und von dort Agrarprodukte, Rohstoffe, Erze und Kohle bezog, desto wichtiger wurde Taiwans Rolle als Umschlagplatz: Rohstoffe wurden hier zwischenverarbeitet, Lebensmittel, Rohstahl und Aluminium produziert, die zur Endproduktion bzw. zum Verbrauch nach Japan weitergeleitet wurden. Die 1899 gegründete Bank von Taiwan spielte eine Schlüsselrolle bei der Finanzierung dieser Aktivitäten und beim Kapitalexport. Im Zweiten Weltkrieg diente Taiwan als Marine- und Luftwaffenstützpunkt; Hafen- und Werftanlagen und Flugplätze wurden erweitert und eine Flugzeugindustrie geschaffen. Für Japans regionale Vormachtstellung war Taiwan zugleich ein Glücksfall und eine unabdingbare Voraussetzung.

Während der Kolonialzeit stieg die Inselbevölkerung von drei auf fünf Millionen Einheimische an, hinzu kamen noch 300.000 Japaner. Eine Schlüsselrolle spielte hierbei die verbesserte ärztliche Versorgung. Die Japaner förderten die Entstehung einer modernen einheimischen Ärzteschaft, die einerseits fest in das Projekt der Kolonialisierung eingebettet war, andererseits die naturwissenschaftlich-technische Moderne verkörperte, aus welcher der wirksamste Widerstand gegen das Kolonialregime erwachsen konnte.[187] 1928 wurde die Kaiserliche Uni-

---

[186] Hiromitsu Iwamoto: *Nanshin: Japanese Settlers in Papua and New Guinea 1890-1949*. Canberra 1999; Mark R. Peattie: *Nan'yō: The Rise and Fall of the Japanese in Micronesia, 1885-1945*. Honolulu 1988; Tadao Yanaihara: *Pacific Islands Under Japanese Mandate*. New York 1977 (zuerst 1940); Ramon H. Myers; Mark R. Peattie (Hgg.): *The Japanese Colonial Empire, 1895-1945*. Princeton 1984

[187] Ming-cheng Miriam Lo: *Doctors within Borders: Profession, Ethnicity, and Modernity in Colonial Taiwan*. Berkeley 2002

versität Taibei eröffnet, aber natürlich war hier wie an den staatlichen Schulen sowie seit 1937 auch im Rundfunk Japanisch die offizielle Sprache. Ab 1939 wurde auch den Taiwanern nahegelegt, sich japanische Familiennamen zuzulegen *(kaimei)*.

2.3.2 Vom sozialen Raum zum sozialen Staat

Die Bürokratie als Motor des Sozialstaates

Im März 1911 stimmte das Unterhaus einem Antrag auf Einführung des allgemeinen Männerwahlrechts mit Mehrheit zu. Das Oberhaus jedoch ließ das Gesetz scheitern.

Doch erwies sich die Bürokratie als die treibende Kraft bei der Umwandlung des sozialen Raumes in einen sozialen Staat. Im selben Monat wurde auf Initiative der Ministerien für Inneres sowie für Landwirtschaft und Handel ein Fabrikgesetz verabschiedet, das 1916 in Kraft trat und Kinderarbeit unter zwölf Jahren und Nachtarbeit verbot, die Arbeitszeit regulierte und Schutzbestimmungen für Frauen und Jugendliche enthielt.[188] 1922 wurde die gesetzliche Krankenversicherung eingeführt, ein Jahr später das Mindestalter für Fabrikarbeiter geregelt und die tägliche Arbeitszeit auf elf Stunden festgelegt. 1927 erging das Schlafsaalgesetz, 1929 das Verbot der Nachtarbeit, 1931 das Unfallhilfegesetz, und 1936 wurde die Rentenversicherung eingeführt. Alle diese Maßnahmen waren dem Geiste nach paternalistisch, gingen aber auf akkurate Wahrnehmungen gesellschaftlichen Wandels zurück.

Seit 1917 gab es beispielsweise deutlich mehr Arbeitskämpfe als zuvor. 1920 feierten die Gewerkschaften erstmals den Internationalen Tag der Arbeit und forderten dabei die Einführung eines Mindestlohns; 1921 erstritten sie sich das Recht auf kollektive Verhandlungsführungen. Die großen Unternehmen der neuen Industrien versuchten eine Stabilisierung der Beziehungen zu ihren Arbeitern, indem sie Industriearbeiter und Angestellte, deren Ausbildung teuer und deren Fachwissen gefragt war, langfristig an sich banden. So ersetzten die Prinzipien von lebenslanger Anstellung bei Aufstieg nach Beschäftigungsalter (Senioritätsprinzip) mit Kranken- und oft auch Rentenversicherung sowie Bonuszahlungen die alten Vorarbeitersysteme.[189] Dadurch verlor die Gewerkschaftsbewegung an

188 Maik-Hendrik Sprotte: „Sozialpolitik als herrschaftsstabilisierender Faktor: Meiji-zeitlicher Frühsozialismus, Wohltätigkeitsgesellschaft (Saiseikai) und Fabrikgesetz (Kōjō Hō)". In: Wolfgang Seifert, Asa-Bettina Wuthenow (Hgg.): *Anbauten Umbauten – Beiträge zur Japanforschung. Festgabe für Wolfgang Schamoni zum 60. Geburtstag von seinen Schülern, Mitarbeitern und Kollegen.* München 2003, S. 351–370; Mariko Asano Tamanoi: „Japanese Nationalism and the Female Body: A Critical Reassessment of the Discourse of Social Reformers on Factory Women". In: *Women and Class*, S. 275-298

189 Andrew Gordon: *The Evolution of Labor Relations in Japan: Heavy Industrie, 1853-1955.* Cambdrige 1985

Brisanz. Die kleinen Unternehmen konnten solche Leistungen allerdings nicht bieten.

Urbanisierung

Eine Karikatur der satirischen Zeitschrift Ōsaka Pakku aus dem Jahr 1917 zeigt Scharen von Menschen, die mit Kind und Kegel ihr Heimatdorf verließen, das noch alle Anzeichen des gewohnten, überschaubaren Lebens trug, und in die anonyme, schlotbewehrte, riesige Stadt aufbrachen. Auf diesem Marsch in die Stadt verwandelten sich die abgebildeten Menschen von sorgsam gezeichneten, mit eigenen Merkmalen ausgestatteten Einzelwesen in eine graue Masse. Die Bildunterschrift lautete:

> „Angezogen von dem dichten Qualm legen die Landbewohner Pflug und Hacke nieder und drängen in die Städte. Dass dies heute unablässig so geschieht, gehört zu den sozialen Problemen, mit denen man sich beschäftigen muss. Ihr beherzten Patrioten: muss man es nicht wahren Patriotismus nennen, wenn ihr diese Leute aufklärt und nicht in die Irre gehen lasst?"[190]

Doch dieser Prozess ließ sich nicht aufhalten oder gar umkehren. Die städtische Bevölkerung wuchs unaufhörlich. Der Anteil der Stadtbevölkerung lag 1920 bei 18 % der Gesamtbevölkerung, 1940 bei 38 %, 1965 bei 68 % und 1995 bei 78 %. Nur der Zweite Weltkrieg sorgte vorübergehend für einen Rückzug aufs Land. In der Zeit zwischen 1920 und 2000 sank außerdem die Zahl der Kommunen und Städte auf ein Drittel, während die Zahl der Städte (mit mindestens 30.000 Einwohnern) allein sich verachtfachte.[191]

	Zahl der Kommunen und Städte	**Gesamtbevölkerung**	**Zahl der Städte**	**Städtische Bevölkerung**	**Anteil**
1920	12.244	55.963.053	83	10.096.758	18,0 %
1925	12.018	59.736.822	101	12.896.850	21,6 %
1930	11.864	64.450.005	109	15.444.300	24,0 %
1935	11.545	69.254.148	127	22.666.307	32,7 %

[190] Rekishi-gaku kenkyū-kai (Hg.): *Nihon-shi shiryō 4: Kindai.* Iwanami Shoten, Neudr. 1980, S. 391

[191] Nach Angaben des Statistischen Büros der japanischen Staatskanzlei (http://www.stat.go.jp/data/chouki/zuhyou/02-10.xls), Stand: 29.8.2005

	Zahl der Kommunen und Städte	Gesamt-bevölkerung	Zahl der Städte	Städtische Bevölkerung	Anteil
1940	11.190	73.114.308	168	27.577.539	37,7 %
1945	10.536	71.998.104	206	20.022.333	27,8 %
1950	10.500	84.114.574	254	31.365.523	37,3 %
1955	4.877	90.076.594	496	50.532.410	56,1 %
1960	3.574	94.301.623	561	59.677.885	63,3 %
1965	3.435	99.209.137	567	67.356.158	67,9 %
1970	3.331	104.665.171	588	75.428.660	72,1 %
1975	3.257	111.939.643	644	84.967.269	75,9 %
1980	3.256	117.060.396	647	89.187.409	76,2 %
1985	3.254	121.048.923	652	92.889.236	76,7 %
1990	3.246	123.611.167	656	95.643.521	77,4 %
1995	3.233	125.570.246	665	98.009.107	78,1 %
2000	3.230	126.925.843	672	99.865.289	78,7 %
2005	2.217	126.926.000	751	110.264.000	86,3 %

Das Leben in der Stadt war für den modernen Menschen daher kein Ausnahmefall mehr, sondern wurde mehr und mehr zu Regel. Drei Ballungsräume entfalteten besonders große Anziehungskraft: Erstens die Keihin-Region um Tōkyō und Yokohama; dort lebten 1898 knapp 4 %, heute fast 10 % aller Japaner. Zweitens die Keihanshin-Region um Kyōto, Ōsaka und Kobe. Hier wohnten 1898 etwa 3 %, heute etwa 5 % der Bevölkerung. Drittens wuchs die seit den 1920er Jahren kräftig industrialisierte Region um Nagoya von 0,6 % auf fast 1,8 % des Bevölkerungsanteils an. Zusammengenommen lebten in diesen drei Ballungszentren also 1898 rund 8 %, hundert Jahre später aber 17 % aller Japaner. Der Hauptgrund, warum so viele Menschen in die Städte zogen und dauerhaft dort blieben, war natürlich, dass sie dort besser bezahlte Arbeitsplätze fanden. Dagegen konnte das Land nichts bieten, trotz Agrarutopisten wie Mushanokōji Saneatsu, der 1918 eine Kommune mit dem Namen „Das neue Dorf“ *(atarashiki mura)* gründete und dort eine aus christlichen Friedenserwartungen gespeiste, bessere Welt ohne Klassenkampf und Marktgedanken aufbauen wollte.[192]

[192] Mushanokōji Saneatsu: „Atarashiki mura to seisō“. In: *Fukkokuban Atarashiki mura* 3. Fuji Shuppan Ndr. 1988 (zuerst 1920), S. 72-73; Koon-ki Ho: „Japanese in Search of Happiness: A Survey of the Utopian Tradition in Japan“. In: *Oriens Extremus* 34:1-2 (1991), S. 202-214; Christoph Brumann: „Utopische Kommunen in Japan“. In: Peter Pörtner (Hg.): *Japan-Lesebuch II*. Tübingen 1990, S. 185-195

Um den Gegensatz von Stadt und Land zu versöhnen, entwickelte das Innenministerium 1908 ein Programm zur „Verbesserung des Landes“, dessen Kerninhalt die Anlage sogenannter Gartenstädte *(den'en toshi)* war.[193] Nach dem Vorbild Großbritanniens sollten „saubere und friedliche Heime“ für die Familien der Arbeiter in suburbanen Siedlungen entstehen, zu deren Ausstattung Begegnungszentren, Sportanlagen, Klubgebäude und Kleingärten gehörten. Gewerkschaften, Genossenschaften und Kulturvereine sollten für ein harmonisches, gemeinschaftsbezogenes Leben sorgen. Doch im Mittelpunkt des Arbeiterlebens sollte die Familie stehen, deren Heim als Hort der Gemütlichkeit dienen sollte. Ein gesunder Staat, so hieß es, müsse gesunde Siedlungen haben, in denen gesunde Familien lebten. Den Mittelpunkt des Familienlebens sollte der Esstisch im Speisezimmer bilden. Die gemeinsame Mahlzeit stärkte den Zusammenhalt der modernen Familie.

Tatsächlich entstanden bald Siedlungen dieser Art am Stadtrand Tōkyōs, beispielsweise Shibuya und Shinjuku, typischerweise um die Endbahnhöfe der neuen Vorortlinien herum. Eine Untersuchung kam 1918 zu dem Schluss: „Die Verlängerung der innerstädtischen Eisenbahnen ... hat das Pendeln zwischen der Innenstadt von Tōkyō und den angrenzenden Orten und Dörfern bequemer gemacht ... Da diejenigen, welche zur Arbeit in die Stadt fahren, nun dafür nur eine angemessene Zeit aufwenden müssen und die Mieten verglichen mit der Innenstadt günstig sind, erleben diese Viertel in jüngster Zeit eine enorme Zunahme von Neubewohnern.“[194]

Die Folge war eine dramatische Zersiedelung der Landschaft. Außerdem stellten die Bauern im Umfeld der Metropolen stärker auf den Gemüseanbau um, denn Vitamine waren in der Großstadt besonders gefragt; aber auch Hühner und Schweine wurden gezüchtet. Großgrundbesitzer, Großbauern und Bankiers legten Wasserleitungen, Kanalisation und Straßen an oder investierten in Holzplantagen und Gartenbetriebe. 1913 stellte ein Schriftsteller, Tokutomi Roka (ein Bruder von Tokutomi Sohō), der 1907 in ein Dorf am Stadtrand Tōkyōs gezogen war (das heute zum Stadtteil Setagaya gehört), fest, wie weit die Verwobenheit von Stadt und Land und vor allem die Marktorientierung bereits gediehen war (aus „Mimizu no tawagoto“, „Regenwurm-Geplapper“):

„Das früher reine Bauerndorf wird immer mehr zu einem Gemüsegarten als Anhängsel der Großstadt. Weil jetzt die Keiō-Bahnlinie fertiggestellt wird, steigen im Vorgriff darauf auch die Bodenpreise ins Astronomische ... Jedesmal, wenn ich Männer in westlicher Kleidung und weißen Socken sehe, die gekommen sind, um nach Land für eine Fabrik zu suchen, runzle ich die Stirn. Kurzum, Tōkyō rückt jeden Tag näher ... Ich staune, wie versessen alle, die vor zehn Jahren hier im Dorf aktiv

193 Ōhama/Kumakura, *Kindai Nihon no seikatsu to shakai*, S. 111-123
194 Ōhama/Kumakura, *Kindai Nihon no seikatsu to shakai*, S. 117 f

> waren, nun aufs Geldverdienen sind. Die Gegend von Mitama war seit jeher für Parteienzank und Glücksspiel berüchtigt. Jetzt aber gibt es bei Wahlkämpfen keine Toten mehr ... Seit einigen Jahren ist es mit der Glücksspielstimmung vorbei, die Spieler sind nach Tōkyō umgezogen, ... heute arbeiten alle im Dorf mit voller Kraft."[195]

Wer es sich leisten konnte, ließ sich am Stadtrand auf einem bewaldeten Bergrücken mit schöner Aussicht nieder, z.B. in Shinagawa, das vor 1932 außerhalb des Verwaltungsbereiches und damit der Steuersätze Tōkyōs lag. Ähnliche Steueroasen waren ursprünglich die Nobelviertel Akasaka, Azabu und Aoyama westlich von Tōkyō, die nach 1888 auf einem ehemaligen Truppenübungsplatz entstanden. Shibusawa Eiichi gründete 1918 mit befreundeten Unternehmern die Modellsiedlung Den'en-Chōfu, die „ohne den Schmutz der Großstadt" und ohne Vermischung von Wohn- und Geschäftsvierteln geplant wurde. Eine Vororteisenbahn bildete die Zentralachse, um welche die Bebauung in konzentrischen Kreisen herumgeführt wurde. Die Westseite diente mit erstklassigen Häusern als Wohnbereich, die Ostseite war für Geschäfte vorgesehen. Wohnen sollten hier Unternehmer und Bildungsbürger. Im heutigen Stadtviertel Ōta entstand dagegen „Unser Dorf", initiiert von einem Unternehmer, der seine Fabrik in den Mittelpunktes der Siedlung stellte. Die Fabrik war umgeben mit Spiel- und Sportplätzen, Firmenwohnungen, Gartenanlagen und Schulen. Arbeiter und Unternehmer sollten einander brüderlich begegnen, sich, wie es in der Siedlungszeitschrift hieß, „an der Natur erfreuen, ohne sich von der Kultur zu entfernen, die Arbeit lieben und das Leben genießen".[196]

Die Idylle war für die Arbeiterschaft jedoch die Ausnahme. Die meisten lebten in Mietshäusern und zogen allein deswegen in die Stadtrandsiedlungen, weil die Mieten in der Innenstadt unaufhörlich stiegen. Die Mechanismen des Marktes griffen hier, wo sie in der Mitte des 19. Jahrhunderts noch versagt hatten.

Der Turmbau zu Asakusa

Der achteckige, zwölfgeschossige Turm von Asakusa wurde 1890 erbaut, maß 52 m und fiel dem großen Kantō-Erdbeben von 1923 zum Opfer. Als das lange Zeit höchste Gebäude in Tōkyō wurde er zu einem Wahrzeichen der architektonischen Moderne. Der Eintritt kostete Geld. Da der hier installierte Fahrstuhl – der erste in einem japanischen Gebäude – schon ein Jahr nach der Eröffnung aus technischen Mängeln stillgelegt werden musste, musste man den Turm über Treppen besteigen. An den Wänden waren Bilder der 100 schönsten Frauen von Tōkyō ausgestellt, ein zusätzlicher Reiz für die Besucher. Aber nicht alle fanden

[195] Ōhama/Kumakura, *Kindai Nihon no seikatsu to shakai*, S. 119 f

[196] Ōhama/Kumakura, *Kindai Nihon no seikatsu to shakai*, S. 121

Abb. 47: Der Turm von Asakusa (Ichiyōsai Kunimasa IV., 19. Jh.)

das Projekt selbst erbaulich. Kodama Kagai urteilte 1911 darüber in seinen „Impressionen aus Tōkyō" (Tōkyō Inshōki):

> „Auf der Welt gibt es in London, Paris, Berlin und auch Amerika eine ganze Reihe berühmter Türme. Doch auch in unserem Tōkyō-Asakusa gibt es diesen lächerlichen zwölfstöckigen Turm. Er trägt den edlen Namen ‚Wolkentrutz-Turm' (Ryōunkaku).
> ... Aus den Fenstern im höchsten Geschoss dieses zwölfgeschossigen Turmes haben sich bisher insgesamt drei Männer und Frauen zu Tode gestürzt. Was für ein überaus tragisches Menschenschicksal, ausgerechnet auf der infernalischen, verdorbenen Erde von Tōkyō-Asakusa zu sterben und seinen Leichnam vorzuführen. Hier ist das Stadtviertel, das von Prostituierten, Streit, Taschendieben, dazu Bordellen, Alkohol und Schminke, Spektakeln, Vergnügungen und Lastern aus aller Herren Länder vollgefüllt ist. Wer hier stirbt und sich bloßstellt, der dürfte es wohl schwierig haben, ein Buddha zu werden. Dem jüngsten Gerücht nach ist es jetzt wohl nicht gestattet, aber unter den heiligen Laternen ist die Hölle, an der sich Tag und Nacht Hunderte von Dirnen postieren. Neuerdings ist der Film groß in Mode, und man macht dafür kräftig Werbung.

Ach, wenn man von Tragik spricht: Hat es wohl jemals etwas Tragischeres gegeben als die Leute, die sich vom zwölften Stock stürzen? Dies ist wohl die raffinierteste Methode der modernen Selbsttötung, für den Film ein geradezu sensationeller Stoff. ... Der Mensch in der jüngst kompliziert gewordenen Zivilisation hegt selbst in dem kurzen Augenblick, in dem er alles aufs Spiel setzt, nämlich wenn er auf undeutliche Weise zur Selbsttötung schreitet, irgendwelche Hintergedanken und Ideen. Selbst in dem kritischen Moment, in dem er auf der Schwelle zwischen Leben und Tod steht, wird er von irgendwem gefesselt und denkt daran, seinen Tod zu einem ruhmreichen Ereignis zu machen. ... Wer sich vom zwölfgeschossigen Turm stürzt, ist ein idealer Repräsentant des Selbstmörders nach der modernsten Mode."

Die Unzufriedenheit mit der Anomie und Anonymität, der Inhaltsleere und Oberflächlichkeit des modernen Lebens, repräsentiert durch die Bauten der Großstadt, war unüberhörbar.[197] Sie führte Schriftsteller wie Akutagawa Ryūnosuke zu hoffnungsloser Kritik an der Zivilisation und zum Ruf nach der Überwindung der Moderne. Auch Akutagawa wählte den Freitod, allerdings durch Schlafmittel. In seiner Erzählung „Der Wasserkobold"[198] (Kappa) beschrieb er die moderne Gesellschaft als korrupt, zynisch, vom Geld beherrscht und bar aller Werte.

Indizes der Moderne

Was sich in der japanischen Gesellschaft damals zutrug, war keine ungebrochene „Verwestlichung" oder Individualisierung. Bildende Kunst,[199] Film, Fotografie,[200] Musik, Tanz, Design, Architektur oder Literatur, aber auch die Lebensstile[201] der „modern girls" und „modern boys" *(moga mobo)* waren „Indizes der Moderne" (John Clark), die strategisch gewählt waren.[202] Gleichzeitig wuchs das Bedürfnis nach „erfundenen Traditionen", mit denen das Neue im sozialen

---

197 Reinhard Zöllner: „Japan – Die informationsvermittelte Moderne." In: *Thesis: Wissenschaftliche Zeitschrift der Bauhaus-Universität Weimar* 6 (1998), S. 74-85

198 Eine erste Übersetzung ins Deutsche erschien bereits 1934: Akutagawa Ryūnosuke: *Der Kappa.* Tōkyō: Schōbundō 1934. Vgl. Anne Gentes: *Untersuchung zur Evaluation von Übersetzungen – am Beispiel von Akutagawa Ryunosuke: Kappa.* München 2004

199 Gennifer Weisenfeld: „Mavo's Conscious Constructivism: Art, Individualism, and Daily Life in Interwar Japan". In: *Art Journal* 55:3 (1996), S. 64-73

200 Anne Wilkes Tucker u.a.: *The History of Japanese Photography.* New Haven 2003

201 Sepp Linhart: „Das Entstehen eines modernen Lebensstils in Japan während der Taishō-Periode (1912-1926)". In: *Saeculum* (1974), S. 115-127

202 William Gardener: *Advertising Tower: Japanese modernism and modernity in the 1920s.* Cambridge 2006; Elise K. Tipton; John Clark (Hgg.): *Being Modern in Japan: Culture and Society from the 1910s to the 1930s.* Honolulu 2000; Sharon Hamilton Nolte: „Individualism in Taishō Japan". In: *Journal of Asian Studies* 43:4 (1984:08), S. 667-684; Sharon A. Minichiello (Hg.): *Japan's Competing Modernities: Issues in Culture and Democracy, 1900-1930.* Honolulu 1998

Raum symbolisch verankert und angeeignet werden sollte.[203] Hilfswissenschaften wie die von Yanagita Kunio begründete Volkskunde[204] oder die Soziologie,[205] aber auch Geschichtswissenschaft, Kunstgeschichte und Philosophie schufen eine Semantik, die eine „Präsenz des Vergangenen" (Andrew E. Barshay) suggerierte. Westliche Interpreten der japanischen Kultur sekundierten dabei nach Kräften. Dem Soziologen Kurt Singer grauste es, in Japan „die Spuren von Hast und Gewinnsucht vorzufinden und die erst seit zwei Generationen eingedrungenen Elemente der westlichen Zivilisation im Widerstreit mit den Resten uralter heimischer Lebensformen".[206] Der Architekt Bruno Taut fand es angemessen, die „ewige Schönheit" japanischer Ästhetik an einer halbvergessenen kaiserlichen Gartenvilla zu entdecken und in den Wohnbauten der Japaner wiederzufinden. Der bedeutsamste Ansatz zu einer Kritik der Moderne stammte allerdings von einem japanischen Architekten und Industriedesigner, Kon Wajirō. Er entwickelte nach dem Erdbeben von 1923 eine eigene „Modernologie" *(kōgengaku)*, deren Bezeichnung eine bewusste Parallele zur Archäologie *(kōkogaku)* darstellte.[207] Sie sollte durch empirische Feldforschung die alltägliche Lebenspraxis *(seikatsu)* und deren Wandel in der gegenwärtigen Gesellschaft erfassen und beschreiben. Kon verfertigte beispielsweise Inventare von japanischen Wohnungen mit Skizzen und Beschreibungen der Einrichtungsgegenstände, beobachtete Menschen beim Picknick oder hielt fest, wie Passanten auf der Straße gekleidet waren. Ihn interessierte auch, wie sich die Signifikanz der Gebrauchsgegenstände in verschiedenen sozialen Kontexten veränderte. Im Frühsommer 1925 stellte er z.B. fest, dass 67 % der von ihm auf der Nobelstraße Ginza beobachteten männlichen Passanten westlich gekleidet waren, jedoch nur ein Prozent der Passantinnen.[208] Seine Analysen veröffentlichte Kon in Zeitschriften und gab damit Orientierungshilfe im sozialen Raum, in dem die Qual der richtigen Wahl in vielerlei Hinsicht tagtäglich bestand.

---

203 Stephen Vlastos (Hg.): *Mirror of Modernity: Invented Traditions of Modern Japan*. Berkeley 1998; Klaus Antoni (Hg.): *Rituale und ihre Urheber. Invented Traditions in der japanischen Religionsgeschichte*. Hamburg 1997; Klaus Antoni: „Tradition und ‚Traditionalismus' im modernen Japan – Ein kulturanthropologischer Versuch –". In: *Japanstudien* 3 (1991), S. 105-128

204 Yanagida Kunio: „Ihre Vorgeschichte, Entwicklung und gegenwärtige Lage". In: *Folklore Studies* 3:2 (1944), S. 1-76

205 Kawamura Nozomu: „Sociology and Socialism in the Interwar Period". In: Thomas J. Rimer (Hg.): *Culture and Identity. Japanese Intellectuals During the Interwar Years*. Princeton 1990, S. 61-82; Ulrich Möhwald: *Soziologie der japanischen Familie? Ariga Kizaemons Beitrag zur Erforschung ländlich-familialer Strukturen 1933-1943*. Bochum 1984

206 Kurt Singer: *Spiegel, Schwert und Edelstein. Strukturen des japanischen Lebens*. Frankfurt a.M. 1991, S. 6; vgl. hierzu Achim Eschbach, Viktoria Eschbach-Szabo, Ikeda Nobuo (Hgg.): *Interkulturelle Singer-Studien*. München 2002

207 Miriam Silverberg: „Constructing the Japanese Ethnography of Modernity". In: *Journal of Asian Studies* 51:1 (1992), S. 30-54

208 Silverberg, „Ethnography of Modernity", S. 38

Medien im vertrauten und im sozialen Raum

Die Wirksamkeit von Informationsmedien ist in erster Linie eine Vertrauensfrage. Außerhalb moderner Medien spielten durch persönliche, vor allem mündliche Kommunikation (dafür bildete sich das bezeichnende Neuwort *kuchi-komi*) verbreitete Informationen und Gerüchte im modernen Japan eine erhebliche Rolle für die Bildung der öffentlichen Meinung,[209] weil das Gefühl weitverbreitet war, dass die Medien nicht die ganze Wahrheit über den Zustand der Gesellschaft verbreiteten. Wobei Gesellschaft hier nicht der von Fukuzawa und anderen im modernen Sinne konstruierte und vom symbolischen Raum überwölbte soziale Raum *(shakai)* war, sondern der „vertraute Raum" *(seken)*,[210] den es in der Wahrnehmung der Menschen „schon immer" gegeben hatte und in dem Politik oder die Regeln des Marktes als Störung, nicht als Verheißung erschienen.

Als neue Massenmedien[211] durchdrangen nun Film und Rundfunk den sozialen Raum. Ab 1896 fanden in Japan erste Versuche mit der Filmkunst statt.[212] Die ersten Vorführungen erfolgten durch reisende Schausteller. 1903 wurde das erste Filmtheater „Denkikan" im Vergnügungsviertel von Tōkyō-Asakusa eingerichtet. 1912 wurde *Nihon Katsudō Shashin* („Japanische bewegte Fotografien", kurz *Nikkatsu*) gegründet. Nikkatsu produzierte bis 1942 Filme, die in der Gegenwart spielten *(gendaigeki)*, in Tōkyō und historische Filme *(jidaigeki)* in Kyōto. 1920 folgte als zweite Gesellschaft Shōchiku, das auf dieselbe Weise seine „modernen" und „historischen" Produktionen zwischen Tōkyō und Kyōto teilte. Weitere Filmstudios und Filmvertriebe entstanden in den 1930er Jahren.

Nach dem Ersten Weltkrieg geriet der Film als Massenmedium in das Blickfeld des Staates. 1917 wurden für Tōkyō die ersten Bestimmungen für Filmtheater erlassen. Sie mussten mit westlichen Stühlen mit Armlehnen eingerichtet werden und unterschieden sich demnach deutlich von den bisher gewohnten Theaterstätten. In der Stummfilm-Ära mussten die Filmerklärer *(benshi)* für ihre Arbeit charakterlich geeignet sein. Alle Filme mussten vorab der Zensur vorgelegt werden. Bis 1937 erhielten 95 % aller Filme anstandslos eine Vorführgenehmigung. Bean-

---

[209] Matsuyama Iwao: *Uwasa no enkin-hō*. Seidosha 1993. Speziell zum Zweiten Weltkrieg s. John W. Dower: *Embracing Defeat. Japan in the Wake of World War II*. New York, London 1999, S. 101-154

[210] Inoue Tadashi: *Seken-tai no kōzō. Shakai shinri-shi e no kokoromi*. NHK 1975

[211] Sasaki Takashi: *Media to kenryoku* [= Nihon no kindai 14]. Chūō Kōronsha 1999; Reinhard Zöllner: „Japan – Die informationsvermittelte Moderne". In: *Thesis: Wissenschaftliche Zeitschrift der Bauhaus-Universität Weimar* 6 (1998), S. 74-85; Gregory J. Kasza: *The State and the Mass Media in Japan 1918-1945*. Berkeley 1993; Susan J. Pharr, Ellis S. Krauss (Hgg.): *Media and Politics in Japan*. Honolulu 1996

[212] Linhart, „ Entstehen eines modernen Lebensstils"; Zöllner, „Informationsvermittelte Moderne"; Peter High: „The Dawn of Cinema in Japan". In: *Journal of Contemporary History* 19:1 (1984), S. 23-57; Donald Richie: *Japanese Cinema: An Introduction*. Hongkong 1990; Darrell William Davis: *Picturing Japaneseness: Monumental Style, National Identity, Japanese Film*. New York u.a. 1996

standet wurden vor allem unziemliche Darstellungen des Kaiserhauses, gegen Nation und Staat gerichtete Inhalte, Thematisierung von Klassenkampf oder Kriminalität, Grausamkeiten, Angriffe auf Religionen und Pornographie. Tatsächlich richteten sich bis 1937 die allermeisten Beanstandungen gegen Pornographie, Gewaltverherrlichung und Darstellungen, die dem „gesunden Menschenverstand" widersprachen. Totalverbote waren allerdings sehr selten. Nicht jugendfreie Filme für Zuschauer ab 15 Jahren durften nur abends gezeigt werden, wobei Männer und Frauen in getrennten Bereichen sitzen sollten. Außerdem war verboten, vor den Kinos laut um Zuschauer zu werben. 1917 hatten fast 99 % der Schüler der fünften und sechsten Grundschulklassen in Tōkyō schon einmal ein Kino besucht. 1926 zählten die Filmtheater bereits 154 Millionen Zuschauer; in den 1940er Jahren waren es mehr als 400 Millionen. Japan war bald der drittgrößte Filmproduzent nach Amerika und Deutschland; fast 90 % aller gezeigten Filme waren inländische Produktionen. Wenn ausländische Filme gezeigt werden sollten, musste zunächst ihr Szenario – mit sämtlichen sprachlichen Äußerungen und Beschreibungen fast aller Geräusche – sowie allen vorgesehenen Untertiteln dem Innenministerium zur Zensur vorgelegt werden. In der Untertitelung wurden oft die von den japanischen Regisseuren für verzichtbar gehaltenen Äußerungen ausgelassen; der japanische Betrachter erhielt in den Untertiteln eine auf ihn zugeschnittene Interpretation des Films. Dabei wurde jedoch die Dynamik des Films beachtet: Befand sich die sprechende Person z.B. am linken Bildschirmrand und rede eine Person rechts von ihr an, erschienen die Untertitel am rechten Bildrand. Bei Liebespaaren setzte man den Text zwischen die Liebenden. Sprach jemand lauter oder schrie sogar, wurden die Schriftzeichen größer.

Die Politik hielt den Film für ein im großen und ganzen braves und nützliches Medium, das genau diejenigen Werte verbreitete, die aus der Sicht des Feldes der Macht erwünscht waren. Intellektuell war am frühen Film wenig. Der große Theoretiker der japanischen visuellen Medien, Imamura Taihei, kritisierte den damaligen japanischen Film, weil er den Blick für die gesellschaftlichen Realitäten versperrte und die Flucht in die Natur anstelle der Auseinandersetzung mit gesellschaftlichen Konflikten setzte.[213]

Seit 1936 wurden Kulturfilme mit patriotischem Auftrag vom Staat besonders gefördert. Nach Ausbruch des chinesisch-japanischen Krieges gab es mehr Wochenschauen; Zeitungsverlage beteiligten sich an Nachrichtenfilmgesellschaften. Ab 1938 wurde die Filmproduktion streng vom Staat kontrolliert und eine Zensur vor Drehbeginn eingeführt.

Nach dem Zweiten Weltkrieg stiegen die Kinobesucherzahlen erneut an, bis andere Formen der Freizeitgestaltung, an erster Stelle das Fernsehen, überwogen.

---

[213] Imamura Taihei: „The ‚Japanese Spirit' as it Appears in Movies". In: Katō Hidetoshi (Hg.): *Japanese Popular Culture: Studies in Mass Communication and Cultural Change*. Rutland, Tokyo 1959, S. 137-150

Dass der Rundfunk[214] in Japan bis zum Zweiten Weltkrieg staatlich war, lag an der politischen Interpretation des Gesetzes über die drahtlose telegrafische Kommunikation von 1915: Das in den 1920er Jahren neu entstandene Radio wurde nicht als Massenmedium, sondern als Kommunikationsmedium eingeordnet und fiel damit unter das staatliche Monopol. Das Radioprogramm sollte vorwiegend aus Nachrichten, Informations- und Bildungssendungen, Kulturprogrammen und Wettervorhersagen gestaltet werden, um die Bürger nicht von der Arbeit abzulenken. Auch Werbung war verboten. 1925 nahmen die ersten Radiostationen ihren öffentlichen Sendebetrieb auf. 1926 schlossen sie sich zum „Japanischen Sendeverband" (Nihon Hōsō Kyōkai, abgekürzt NHK) zusammen, der auf Mittelwelle sendete. Wer NHK empfangen wollte, musste ein Abonnement abschließen. 1930 abonnierten NHK etwa 780.000 Haushalte (6 % der Gesamtbevölkerung), 1945 jedoch 5,7 Millionen (39 %).[215]

Die Inhalte der Programme mussten der staatlichen Kontrollanstalt vor der Ausstrahlung bekanntgegeben werden. Seit 1926 gab es in allen Radiostationen Unterbrecherschalter, mit denen das Kommunikationsministerium laufende Sendungen sofort abbrechen lassen konnte. Der Rundfunk sollte überparteilich sein. Kritik am Staat oder an politischen Parteien war verboten. Um die gesamte Bevölkerung zu erreichen, wurden nach dem Ausbruch des zweiten chinesisch-japanischen Krieges auf öffentlichen Plätzen, in Bahnhöfen und Parkanlagen Radioempfänger installiert.

Der Körper der Frauen

Das offizielle Frauenbild der Zeit wurde in die Formel gekleidet, Frauen sollten „gute Ehefrauen und weise Mütter" sein *(ryōsai kenbo)*. In einem Lehrbuch für den Ethikunterricht von 1900 hieß es dazu:

> „Wenn man Ehefrau wird, muss man sich von Herzen bemühen, seinem Gatten und den Schwiegereltern zu dienen, die Kinder zu erziehen und anzuleiten, für das Gesinde zu sorgen, in allem sparsam zu sein und das Wohlergehen des Hauses zu fördern. Wenn man einmal in ein Haus eingeheiratet hat, muss man es als sein eigenes Haus betrachten, morgens früh aufstehen, abends spät schlafen gehen, in der Hausarbeit aufgehen, seinem Gatten helfen und darf in keiner Not das Haus verlassen."[216]

Dieses Familienideal wurde im familienrechtlichen Teil des 1898 in Kraft getretenen Bürgerlichen Gesetzbuches festgeschrieben. Um dessen Einführung hatte es heftige Kontroversen gegeben; Konservativen gingen die darin gewährten indivi-

---

214 Gregory J. Kasza: „Democracy and the Founding of Japanese Public Radio". In: *Journal of Asian Studies* 45:4 (1986), S. 745-768

215 Katō, *Japanese Popular Culture*, S. 219

216 Zit. n. Watanabe Kenji: *Jitsubutsu, ezu de manabu Nihon kin-gendai-shi*. Chirekisha 1994, S. 67

duellen Freiheiten zu weit. Doch tatsächlich wurden darin Frauen in wesentlichen Belangen ihres Lebens – Heirat, Wohnort, Berufsausübung – der Vormundschaft ihres männlichen Haushaltsvorstandes unterworfen. Dies ging so weit, dass der Haushaltsvorstand Mädchen sogar in die Prostitution verkaufen konnte.

Neben der inländischen Armutsprostitution wurden japanische Mädchen und Frauen v.a. durch Vermittlung chinesischer Händler in großer Zahl an Bordelle in Übersee – China, Hongkong und Singapur, Südostasien, Hawaii und Sibirien – vermittelt; man nannte sie *Karayuki-san*, „Chinagängerinnen". 1910 gab es rund 22.000 von ihnen. In Singapur allein arbeiteten 1905 mehr als 600.[217] Ab 1920 begannen die japanischen Auslandsvertretungen jedoch, diesen mit ihren Vorstellungen von Volksgesundheit und moderner Weiblichkeit nicht vereinbaren Frauenhandel zu unterbinden.

Zu Beginn des 20. Jahrhunderts wandten sich Frauen immer entschiedener gegen ihre Vereinnahmung durch die Männerwelt. Fukuda Hideko, vorübergehend die Frau des Bürgerrechtlers Ōi Kentarō, gründete 1907 eine Zeitschrift mit dem Titel „Frauen der Welt" (Sekai fujin) und verlangte für Frauen das Recht, sich politisch zu betätigen. Die Schriftstellerin Hiratsuka Raichō veröffentlichte im Juni 1911 die erste Ausgabe der Zeitschrift Seitō („Blaustrumpf"), die sich vehement für die Gleichberechtigung der Frauen einsetzte.[218]

Abb. 48: Frauenberufe (Anonym, Kokkei Shinbun, 20. 9. 1908)

[217] James Francis Warren: *Ah Ku and Karayuki-San: Prostitution in Singapore (1870-1940)*. Singapore 2003; Yamazaki Tomoko: *Sandakan Brothel No. 8: An Episode in the History of Lower-Class Japanese Women*. Armonk 1999

[218] Hiratsuka Raichō: „Genshi josei wa taiyō de atta. Seitō hakkan ni saishite". In: *Seitō* 1:1 (1911:08:28), S. 37-52; Horiba Kiyoko: *Seitō no jidai; Hiratsuka Raichō to atarashii onna-tachi*. Iwanami Shoten 1988; Noro Kayoko, Ruth Reichert: „Hiratsuka Raichō Autobiographie: „Im Anfang war die Frau die Sonne". In: *Ottemon kei'ei ronshū* 1:1 (1995), S. 431-498

Die 1920er Jahre entdeckten die „neue Frau“ *(shin fujin)* außerhalb des Haushaltes aber auch als Konsumentin[219] und damit als Ansprechpartnerin für Werbung und Propaganda. Frauen arbeiteten,[220] sie lasen, sie gingen ins Kino oder ins Café, sie studierten – und sie kauften ein. Typische Berufe, in den Frauen tätig waren, wurden Anstellungen in der Leichtindustrie (besonders als Weberinnen), als Lehrerin oder als Verkäuferin. Weniger typisch, aber durchaus im sozialen Raum sichtbar waren Schriftstellerinnen wie Hiratsuka Raichō und Yosano Akiko, die Frauenrechtlerinnen Yamakawa Kikue und Takamure Itsue oder die Journalistin und Schulgründerin Hani Motoko.[221]

Ein neuer Kaiser – eine neue Ära

Am 29. Juli 1912 starb Kaiser Mutsuhito; er erhielt den postumen Namen seiner Regierungsdevise, also Meiji. Sein Sohn Yoshihito folgte ihm nach. Als neue Devise wählte man Taishō (nach einer Stelle im Yijing: „Großes Gelingen durch Korrektheit“ [Übers. Richard Wilhelm]). Erstmals in der japanischen Geschichte übernahmen es die Zeitungen als das führende Massenmedium, der Bevölkerung die Nachricht vom Thronwechsel zu übermitteln. Tagelang erschienen sie mit Trauerrändern auf der Titelseite. Ähnlich wie bei den Interdikten der Frühen Neuzeit kam es zu Einschränkungen des geselligen Lebens und des Unterhaltungsbetriebes.

Volksgrund-Herrschaft

Der Rechtshistoriker Miura Hiroyuki betrachtete 1919 „Die Soziale Frage in der nationalen Geschichte“ vom Altertum bis zur Tokugawa-Zeit und kam in dieser ersten sozialgeschichtlichen Abhandlung aus japanischer Feder zu dem Schluss:

„Während die auf der Kehrseite und in den Unterschichten der Gesellschaft fließende Unterströmung langsam anschwillt, werden auch die Angehörigen der Oberschichten, die auf der Oberseite Macht besaßen, irgendwann davon fortgeschwemmt und nach und nach von den Unterschichten abgelöst ... Man kann

---

219 Dina Lowy: *The Japanese New Woman*. Piscataway 2007; Barbara Hamill Sato: *The New Japanese Woman: Modernity, Media, and Women in Interwar Japan*. Durham Press 2003; Richmod Bollinger: La donna è mobile. Das modan gāru *als Erscheinung der modernen Stadtkultur*. Wiesbaden 1994.

220 Janet Hunter: „Women's Labour Force Participation in Interwar Japan“. In: *Japan Forum* 2:1 (1990), S. 105-125

221 Yamakawa Kikue: *Women of the Mito Domain: Recollections of Samurai Family Life*. University of Tokyo Press 1992; Andrea Germer: „Die ‚Neue Weiblichkeit‘: Takamure Itsues gynozentrischer Feminismus“. In: Mae/Lenz, *Bilder – Wirklichkeit – Zukunftsentwürfe*, S. 103-125; Chieko Irie Mulhern: „Hani Motoko – The Journalist-Educator“. In: dies. (Hg.): *Heroic with Grace. Legendary Women of Japan*. New York, London 1991, S. 208-264

sagen, dass auf der Kehrseite der großen Ereignisse, welche die Grenzen zwischen den Epochen unserer Geschichte bilden, mit Sicherheit große soziale Fragen verborgen liegen."[222]

Es war demnach nur eine Frage der Zeit, dass auch die Unterschichten an der Macht beteiligt werden mussten. Wie Miura dachten viele. Yoshino Sakuzō, Christ und seit 1914 Professor für politische Geschichte an der Kaiserlichen Universität Tōkyō, publizierte ab 1916 in der vielbeachteten Zeitschrift Chūō Kōron Aufsätze, in denen er seine Theorie einer japanischen Version der Demokratie entwickelte. Für Yoshino gab es zwei demokratische Varianten. Die westliche Variante der direkten Volksherrschaft *(minshu shugi)* sah vor, dass die Souveränität des Staates juristisch beim Volk lag. Die japanische Verfassung schloss dies aus. Aber möglich war in Japan statt dessen, das Wohl des Volkes als das grundlegende Ziel der Aktivitäten der staatlichen Souveränität zu definieren. Yoshino nannte dies „Volksgrund-Herrschaft" *(minpon shugi)*. Daher übte Yoshino Kritik an dem politischen Management, das den Willen des Volkes missachtete. Damit zielte er auf die exklusiven Seilschaften, die Tyrannei der Bürokratie und die übrigen Umstände, die das Feld der Macht für die Bevölkerung unerreichbar machten. Yoshino fand mit seinen Thesen große Zustimmung in der Publizistik und bei der Jugend. Das gestiegene Interesse an Teilhabe am Feld der Macht spiegelte sich auch in der wachsenden Beteiligung an den Unterhauswahlen. Abgesehen von den beiden ersten Wahlen 1890 und 1892, als das Interesse an dem neuartigen und langersehnten Privileg des Wählens naturgemäß besonders hoch war, lag die Wahlbeteiligung nie höher als zwischen 1912 und 1924 – auch nicht nach 1945. Dabei führten Wahlrechtsänderungen zu einem deutlichen Anstieg der Zahl der Wahlberechtigten, so dass 1924 jeder vierte japanische Mann wählen durfte.

Beteiligung an Unterhauswahlen 1890-1942[223]

Wahltag	Mandate	Kandidaten	Wahlberechtigte	Wahlbeteiligung (%)
1.7.1890	300	1.243	450.872	93,73
15.2.1892	300	900	434.594	91,59
1.3.1894	300	729	440.113	88,76
1.9.1894	300	749	460.483	84,84
15.3.1898	300	608	452.637	87,5
10.8.1898	300	556	502.292	79,91
10.8.1902	376	679	982.868	88,39

[222] Miura Hiroyuki: *Kokushijō no shakai mondai.* Iwanami Shoten 1990, S. 19

[223] Nach Angaben des Statistischen Büros der japanischen Staatskanzlei (http://www.stat.go.jp/data/chouki/zuhyou/27-07-a.xls), Stand: 29.8.2005

Beteiligung an Unterhauswahlen 1890-1942

Wahltag	Mandate	Kandidaten	Wahl-berechtigte	Wahlbe-teiligung (%)
1.3.1903	376	537	958.322	86,17
1.3.1904	379	551	762.445	86,06
15.5.1908	379	520	1.590.045	85,29
15.5.1912	381	566	1.506.143	89,58
25.3.1915	381	611	1.546.411	92,13
20.4.1917	381	619	1.422.126	91,92
10.5.1920	464	841	3.069.148	86,72
10.5.1924	464	1.085	3.288.405	91,18
20.2.1928	466	965	12.408.678	80,33
20.2.1930	466	840	12.812.895	83,34
20.2.1932	466	708	13.103.679	81,67
20.2.1936	466	876	14.304.546	78,64
30.4.1937	466	826	14.402.497	73,31
30.4.1942	466	1.077	14.594.287	83,16

Diese Phase, die sich vollständig mit der Taishō-Ära deckte, wird deshalb als „Taishō-Demokratie“ bezeichnet.[224] In seinen 1915 auf englisch veröffentlichten Memoiren charakterisierte Hayashi Tadasu, einer der führenden Diplomaten der Meiji-Ära, die Haltung der damaligen Öffentlichkeit wie folgt:

„Das Interesse der Öffentlichkeit in Japan an auswärtigen Angelegenheiten ist ziemlich lau; ich könnte tatsächlich beinahe sagen, es ist gleichgültig. Wenn jedoch etwas geschieht, das das Publikum dazu zwingt, auswärtigen Angelegenheiten etwas Aufmerksamkeit zu schenken, dann scheint die Öffentlichkeit sofort in einen Rausch zu geraten, als ob sie sich mit Alkohol betrunken hätte, und benimmt sich, als wäre sie nicht mehr zu Unterscheidungen in der Lage, gerade so, wie ein Betrunkener den Unterschied zwischen Sake (Reiswein) und Wasser nicht mehr machen kann.“[225]

[224] Harald Meyer: *Die „Taishō-Demokratie“: Begriffsgeschichtliche Studien zur Demokratierezeption in Japan von 1900 bis 1920*. Bern 2005; Bernard S. Silberman, Harry D. Harootunian (Hgg.): *Japan in Crisis. Essays on Taishō Democracy*. Princeton 1974; Robert A. Scalapino: *Democracy and the Party Movement in Prewar Japan. The Failure of the first attempt*. Berkeley, Los Angeles 1975 (zuerst 1953)

[225] A.M. Pooley (Hg.): *The Secret Memoirs of Count Tadasu Hayashi*. New York 1915, S. 226

Die zunehmende Partizipation breiter Bevölkerungskreise an den öffentlichen Diskursen führte demnach dazu, dass nationalistische und imperialistische Agitation und Demokratisierungsprozesse Hand in Hand gingen. Jedenfalls war dies der Fall, solange das Militär ein eigenständiger Agent im Feld der Macht[226] und der japanische Liberalismus mit dem Projekt des Nationalstaats verkettet war.[227]

Im Dezember 1912 stürzte das zweite Kabinett Saionji, weil es sich weigerte, zwei von der Armee geforderte zusätzliche Heeres-Divisionen einzurichten: Der Heeresminister trat zurück, und Saionji konnte nicht, wie vorgeschrieben, einen Nachfolger aus den Reihen der aktiven Offiziere finden, weshalb er schließlich aufgeben musste. Katsura Tarō wollte nun ein weiteres Mal ein Kabinett aus Militär und Beamten bilden, stieß aber auf starke Opposition der Parteien, Geschäftswelt und Presse, die eine „Bewegung zum Schutz der Verfassung" ausriefen und Protestkundgebungen veranstalteten. Katsura musste deshalb bereits im Februar 1913 zurücktreten und wollte nun kleinere parlamentarische Gruppen in einer eigenen Partei vereinen, um sich breiteren parlamentarischen Rückhalt zu schaffen. Er schuf zwar noch den „Freundeskreis des Konstitutionalismus" (Rikken Dōshikai), starb aber bald darauf. Sein Nachfolger als Parteiführer wurde Katō Takaaki, ein Schwiegersohn des Mitsubishi-Konzernchefs Iwasaki Yatarō. Der „Freundeskreis" wurde zum parlamentarischen Gegenspieler des Seiyūkai.

Nach Katsura wurde Admiral Yamamoto Gonbē mit Hilfe des Seiyūkai Premierminister. Im Januar 1914 erfuhr die japanische Öffentlichkeit, dass Mitarbeiter von Siemens in Berlin gerichtlich verurteilt worden waren, weil sie japanische Marineoffiziere bestochen hatten, die für Marinebeschaffungen zuständig waren. Die Empörung schlug erneut hohe Wogen. Aufgebrachte Bürger demonstrierten vor dem Parlament und verlangten den Rücktritt der Regierung; sie griffen regierungsnahe Zeitungshäuser an und lieferten sich Straßenschlachten mit den Sicherheitskräften. Das Oberhaus kürzte den Marinehaushalt empfindlich. Innenminister Hara Takashi überstand zwar Ende Februar einen Misstrauensantrag im Unterhaus, doch am 14. März trat das Kabinett geschlossen zurück.

Nachfolger wurde auf Vorschlag der *genrō* der altgediente und populäre Ōkuma Shigenobu, dessen zweite Amtszeit bis zum April 1916 dauerte. Den Ton gab in der Regierung allerdings der „Freundeskreis" an, dessen Vorsitzender Katō Takaaki Außenminister wurde. Der Wahlkampf für die Unterhauswahl im März 1915 wurde höchst modern geführt: Erhebliche Spendengelder flossen und erlaubten professionelle Kampagnen. Erstmals reisten die Kandidaten in Zügen umher und hielten vom Zug aus „Fensterreden" an den Bahnhöfen. Die Reden des Premierministers wurden auf Schallplatten verteilt. Der „Freundeskreis" gewann die Wahl haushoch und wurde erstmals vor dem Seiyūkai stärkste Partei.

226 Sven Saaler: *Zwischen Demokratie und Militarismus: die kaiserlich-japanische Armee in der Politik der Taishō-Zeit*. Bonn 2000

227 Germaine A. Hoston: „The State, Modernity, and the Fate of Liberalism in Prewar Japan". In: *Journal of Asian Studies* 51:2 (1992), S. 287-316

Ōkuma genehmigte anschließend die Aufstellung der neuen zwei Divisionen, die das Heer seit langem verlangte.

2.3.3 Demokratischer Imperialismus

Revolution in China

In China veränderte sich die politische Lage unterdessen dramatisch. Im Oktober 1911 entwickelte sich eine Rebellion unter Militäreinheiten in Wushan zu einer landesweiten Revolution. Am 1. Januar 1912 wurde Sun Yatsen in Nanjing zum Interimspräsidenten der neuen Republik China ausgerufen. Nur eine Woche später eilten Inukai Tsuyoshi und Tōyama Mitsuru, die Sun aus seiner japanischen Zeit kannten, zu einem Treffen mit ihm nach Nanjing. Der chinesische Kaiser wurde im Februar zum Rücktritt gezwungen; damit war das Ende der Manju-Dynastie besiegelt. Der bis dahin kaisertreue Feldherr Yuan Shikai ließ sich in Beijing im März selbst zum Präsidenten ausrufen. Suns Nationalisten konnten sich mit einem zweiten Revolutionsversuch 1913 nicht durchsetzen, einigten sich schließlich mit Yuan und erkannten dessen Präsidentschaft an. Yuan Shikai regierte als Diktator und hielt bis zu seinem Tod die Macht in der Hand. Aber das neue China war von Zentralstaatlichkeit und gesicherter Ordnung noch weit entfernt.

Im Juni 1914 wurde das von einem serbischen Nationalisten verübte Attentat auf den österreichischen Thronfolger in Sarajewo, der Hauptstadt Bosniens, zum Auslöser für den Ersten Weltkrieg. Ende Juli erklärte Österreich Serbien den Krieg. Im August folgte das mit Österreich verbündete Deutschland. Russland, Frankreich und Großbritannien unterstützten Serbien. Als britischer Bündnispartner war damit auch Japan auf alliierter Seite in den Krieg verwickelt. Die britische Regierung bat Japan um Hilfe bei der Bekämpfung der deutschen Hilfskreuzer, bewaffneter Handelsschiffe also, die den angelsächsischen Frachtverkehr bedrohten. Großbritannien wollte also lediglich Japans Mitwirkung an der alliierten Seekriegsführung.

Japan betrachtete den Krieg in Europa jedoch als günstige Gelegenheit, seine regionale Vormacht in Ostasien weiter auszubauen. Japans Regierung beschloss unter Führung von Premierminister Ōkuma Shigenobu und Außenminister Katō Takaaki den Krieg gegen Deutschland.[228] Unter Berufung auf das britisch-japani-

[228] Frederick R. Dickinson: *War and National Reinvention: Japan in the Great War, 1914–1919*. Cambridge, London 1999; Hayashima Akira: *Die Illusion des Sonderfriedens – Deutsche Verständigungspolitik mit Japan im Ersten Weltkrieg*. München 1982; Volker Ullrich: „Die deutschen Verständigungsversuche mit Japan 1914/1915. Beitrag zu den deutschen Sonderfriedensbestrebungen im Ersten Weltkrieg". In: *Saeculum* 33 (1982), S. 359-37; Hans Hansen: *Die Einwirkung des Weltkrieges auf die Fernostprobleme*. Berlin 1940; Charles Nelson Spinks: „Japan's Entrance into the World War". In: *Pacific Historical Review* 5 (1936), S. 297-311

sche Bündnis hielt das Kabinett alle Maßnahmen für geboten, mit denen der deutsche Einfluss in Ostasien, der die japanischen und britischen Interessen stören konnte, zunichte gemacht wurde.

Am 15. August 1914 stellte die japanische Regierung dem Deutschen Reich ein Ultimatum: Es sollte seine Schiffe und Truppen aus Ostasien zurückziehen und Qingdao sowie seine übrigen Rechte an China zurückgeben. Deutschland reagierte nicht. Daraufhin folgte am 23. August die japanische Kriegserklärung an Deutschland. Von September bis November dauerte der Feldzug gegen die deutschen Stellungen in Qingdao und auf Shandong-Halbinsel. Er endete mit der Kapitulation der deutschen Truppen. Im Oktober eroberte Japan auch die deutschen Südsee-Inseln.

Nach dem leichten Sieg über Deutschland unternahm die japanische Regierung den Versuch, ihre Interessen in China aggressiv durchzusetzen, während die übrigen Mächte durch den Krieg in Europa abgelenkt waren. In der Nacht des 18. Januar 1915 übergab Japans Gesandter 21 Forderungen an Chinas Präsidenten Yuan, feinsinnig auf Papier verfasst, dessen Wasserzeichen Kriegsschiffe und Maschinengewehre darstellten. Die Forderungen waren in fünf Kapitel gegliedert und sollten geheim behandelt werden. Ihr Inhalt wurde allerdings bereits innerhalb einer Woche allgemein bekannt. Die Forderungen konzentrierten sich auf folgende Komplexe:

(1) Die Übergabe der ehemals deutschen Besitzungen und Rechte in Shandong an Japan und die Genehmigung zum Bau einer neuen Eisenbahnlinie dort.
(2) Die Verlängerung der Pachtrechte für Port Arthur und Dalian sowie der Südmanjurischen Eisenbahn auf 99 Jahre (vertragsgemäß wären diese Rechte in den 1920 und 1930er Jahren ausgelaufen) sowie die Übertragung von Bodenschatz- und Bergbaurechten in der Südmanjurei sowie der östlichen Inneren Mongolei.
(3) Gemeinsame chinesisch-japanische Verwaltung des chinesischen Unternehmens Hanyeping, das mit dem Abbau von Eisenerz und Kohle in Nordchina betraut war und mit japanischem Geld finanziert wurde.
(4) Keine Übergabe oder Verleihung weiterer Häfen oder Inseln an der chinesischen Küste ans Ausland.
(5) Die Einstellung japanischer Regierungsberater, Zusammenarbeit mit der japanischen Polizei in den Provinzen, Rüstungskäufe und Kreditaufnahmen in Japan.

Chinas Regierung reagierte ablehnend. Den Westen informierte Japan zunächst unvollständig über seine Forderungen: Kapitel 5 wurde ausgelassen, der Rest stark verkürzt vermittelt.

Die USA legten heftigen Widerspruch ein, weil sie das Scheitern ihrer Politik der Offenen Tür befürchteten. Selbst in Japan wurde Kritik von Yamagata Aritomo und seinen Anhängern laut. Japans Regierung nannte daher das am weitesten gehende fünfte Kapitel nur eine Wunschvorstellung, milderte die übrigen Forderungen ab, überreichte im April eine revidierte Fassung der Forderungen, stellte

China am 7. Mai ein Ultimatum und erzwang auf diese Weise am 8. Mai 1915 die chinesische Zustimmung zu den ersten vier Kapiteln. Einzelvereinbarungen sollten die Umsetzung regeln. Durch diese unverhohlene Erpressungspolitik machte sich Japan im Westen und in China zur Zielscheibe wachsender Kritik.

Der neue Premierminister Generalfeldmarschall Terauchi Masatake, der ab Oktober 1916 einem überparteilichen Kabinett vorstand, schlug jedoch China gegenüber nach dem Tod von Yuan Shikai einen versöhnlichen Kurs ein. Er half der neuen chinesischen Regierung aus ihrer Finanzmisere heraus. Japan gab dem Regime in Beijing einen fast zinslosen Kredit über 145 Millionen Yen; hinzu kamen Bankkredite in Höhe von 355 Millionen Yen. Offiziell stellte dies Wirtschaftshilfe für den Aufbau von Telegrafie und Eisenbahnen sowie die Förderung von Forstwirtschaft und Bergbau dar. Tatsächlich dienten die Kredite aber als Militärhilfe, um die opponierende Regierung von Sun Yatsen in Kanton zu bekämpfen. Daher wurde die Kreditvergabe im Ausland als einseitige Einmischung in die chinesische Innenpolitik kritisiert. Zur Entspannung der Lage tauschten am 2. November 1917 US-Außenminister Robert Lansing und Japans Sonderbotschafter Ishii Kikujirō Erklärungen über China aus, in denen die territoriale Einheit Chinas und die Politik der Offenen Tür anerkannt sowie entgegenstehende Sonderrechte verworfen wurden.

Die Manjurei als kolonialer Grenzraum

Die Manjurei umfasste die heutigen Provinzen Heilongjiang, Liaoning und Jilin im Nordosten Chinas. Unter der Qing-Dynastie, die selbst aus der Manjurei stammte, durften Han-Chinesen bis zur zweiten Hälfte des 19. Jahrhunderts hier nicht siedeln. Als dieses Verbot aufgehoben wurde, zogen jährlich zwischen 500.000 und zwei Millionen Han-Chinesen als Siedler und Arbeitskräfte in den nur dünn besiedelten, aber rohstoffreichen Raum um. Bald bildeten die Han-Chinesen die größte ethnische Gruppe.

Seit Ende des 19. Jahrhunderts wanderten auch verstärkt koreanische Siedler in die Manjurei ein und stellten bald die Bevölkerungsmehrheit in der Jiandao-Region (kor. Kando). Nach der Errichtung des japanischen Protektorats über Korea suchten auch Widerstandskämpfer in den grenznahen Gebieten Zuflucht und Ausgangsstellungen für Aktionen in Korea. Japanisches Militär übernahm zunächst die Aufgabe, sie in der Manjurei zu verfolgen, doch nach schwierigen Verhandlungen mit der Qing-Regierung stellte das Außenministerium 1909 für seine neuerrichteten Konsulate nahe der manjurisch-koreanischen Grenze eine eigene Konsularpolizeitruppe auf, die gemeinsam mit der chinesischen Polizei für die Sicherheit der japanischen, koreanischen und chinesischen Einwohner sorgen sollte.[229] Das Zusammenspiel erwies sich als äußerst schwierig und ineffizient.

[229] Erik W. Wesselstrom: „Rethinking the Colonial Conquest of Manchuria: The Japanese Consular Police in Jiandao, 1909-1937". In: *Modern Asian Studies* 39:1 (2005), S. 39-75

Nach dem Sturz der Qing-Dynastie gab es innerhalb der manjurischen und mongolischen Aristokratien, die durch das Bannersystem eng miteinander verwoben waren, Bestrebungen, sich von China unabhängig zu machen und einen gemeinsamen Staat namens Manmō zu gründen. Er sollte aus der Manjurei und zumindest Teilen der Mongolei bestehen. Militärische Aufstände scheiterten jedoch, und es gelang auch nicht, die Japaner für das Konzept zu begeistern. Faktisch waren die Manjus nur noch eine Minderheit im eigenen Land und erschienen den Japanern nicht als zukunftsträchtige Verbündete. Wichtiger war ihnen die Bekämpfung des koreanischen Widerstandes. Nachdem die chinesische Regierung 1915 die japanischen 21 Forderungen angenommen hatte, vergrößerte sich der Handlungsspielraum der Jiandao-Konsularpolizei. Doch nach der Unabhängigkeitserklärung des koreanischen Widerstandes von 1919 mehrten sich auch Partisanenüberfälle in Korea, nach denen sich die Widerständler ins manjurische oder russische Grenzgebiet zurückzogen. Auch in Jiandao selbst kam es zu Überfällen. Nach einem Überfall auf die Stadt Hunchun im September 1920, bei dem Japaner und Koreaner getötet und Plünderungen begangen wurden, überschritten japanische Armee-Einheiten wiederholt die Grenze für Polizeiaktionen, in deren Verlauf zahlreiche Verdächtige verhaftet und standrechtlich exekutiert wurden. Diese Aktionen fanden den Beifall der japanischen und koreanischen Siedler, doch protestierte die chinesische Seite gegen diese Verletzung ihrer Souveränität. Deshalb stellte die Armee ihre Aktionen 1921 ein. Statt dessen baute das Außenministerium im April 1921 die Konsularpolizei erheblich aus und richtete dort auch eine Abteilung der politischen Sonderpolizei *(kōtō)* ein.

Zaibatsu

Der Erste Weltkrieg hatte Japan nach einer kurzen kritischen Phase einen kräftigen Wachstumsschub beschert, weil die Alliierten in Japan große Mengen an Rüstungsgütern bestellten und Japan in die asiatischen Märkte der mit sich selbst beschäftigten Europäer vordringen konnte. Von 1915 bis 1918 verdreifachten sich die japanischen Exporte, Japan erzielte enorme Handelsüberschüsse. Japan wurde von einem Schuldnerland um 1920 zu einem Gläubigerland und häufte einen beträchtlichen Vorrat an Devisen an. Zunächst dominierte die Textilbranche den Außenhandel: Ein Viertel der Ausfuhren war Rohseide, ein knappes weiteres Viertel entfiel auf Seiden- und Baumwollstoffe sowie Garn. Zugleich stiegen die Exporte in die USA deutlich an, während sie nach Europa zurückgingen. Der Leichtindustrie ging es deutlich besser als zuvor; sogar die Bauern, die Seidenraupen züchteten oder Zuckerrüben anbauten, profitierten vom Krieg. Noch schneller kamen allerdings die japanischen Reedereien und Schiffbauer zu Geld, weil der Krieg weltweit einen Mangel an Schifffrachtskapazitäten verursachte. Neben Kawasaki und Mitsubishi engagierten sich jetzt auch die Konzerne Mitsui, Suzuki, Asano und Kuhara in dieser Branche. Die praktisch über Nacht zu fabelhaftem Wohlstand gelangten Reeder nannte man „Schiffsneureiche“ *(fune narikin)*;

sie wurden bald zur Zielscheibe beißender Sozialkritik. Die Unternehmer verdienten auch an der kriegsbedingten Inflation, weil wegen guter Ernten die Reispreise zunächst niedrig blieben und die Arbeitslöhne ebenfalls kaum stiegen. Die ökonomische Kluft zwischen Reich und Arm vergrößerte sich zusehends.

Der Zusammenbruch des deutschen Farbenkartells begünstigte den Aufbau der japanischen Chemieindustrie. Die industrielle Farbenproduktion und die Düngemittelproduktion wurden von Mitsui und Sumitomo vorangetrieben. Auch die Stahlproduktion stieg, blieb aber nach wie vor von Importen abhängig. Der Energieverbrauch wuchs sprunghaft, entsprechend wurde mehr Kohle gefördert. 1917 wurden erstmals mehr Maschinen mit Elektrizität als mit Dampf betrieben; 1919 gab es elektrisches Licht in mehr als der Hälfte der japanischen Fabriken. Das Stromversorgungsnetz wurde erweitert, die Zahl der Kraftwerke verdoppelt.

Zu dieser Zeit bildeten sich in der japanischen Wirtschaft oligopolische Strukturen heraus, die von Großkonzernen beherrscht wurden, die man als zusammenfassend als „Finanzclique" *(zaibatsu)* zu bezeichnen begann. Im Kern waren alle diese Konzerne wie in der Frühen Neuzeit Familienunternehmen mit einer geschlossenen Holding an der Spitze einer pyramidalen, durch Kapitalverflechtung gekennzeichneten Unternehmensgruppe, zu der mindestens eine Bank, Handelsgesellschaft und produzierende Unternehmen in diversen Branchen der Leicht- und Schwerindustrie sowie der Dienstleistungen gehörten.[230] Eine Schlüsselrolle übernahmen dabei Generalhandelshäuser *(sōgō shōsha)*, welche die Waren- und Leistungsströme der vielfach verflochtenen Unternehmungen untereinander koordinierten und sie beim Marketing im In- und Ausland berieten. Die drei großen *zaibatsu* waren Mitsui, Mitsubishi und Sumitomo; die kleineren waren Yasuda, Furukawa, Ōkura, Asano und Suzuki. Sie alle gehörten zu den Profiteuren staatlichen Handelns – sei es durch Kriege, Kolonialerwerb, Infrastruktur- oder Industriepolitik – und waren ihrerseits in der Lage, ihr wirtschaftliches Kapital bis zum Extrem in politisches Kapital umzuwandeln. Trotz konvergierender Strukturen besaß jeder Konzern seine eigenen Schwerpunkte und Strategien.

Nach der Krise am Ende der Frühen Neuzeit hatte sich Mitsui durch die Ausweitung seiner traditionellen Bank-, Handels- und Textilgeschäfte und den Einstieg in den Bergbau – insbesondere auf Hokkaidō – saniert. Die 1889 vom Staat erworbene Kohlenmine von Miike auf Kyūshū war die größte in Japan. Versicherungen, Eisen-, Stahl- und Metallproduktion, internationale Handelsschiffahrt, Werften und ein starkes Engagement in der Kolonialwirtschaft machten den Konzern groß: Mitsui importierte Zucker aus Taiwan und Indien, Holz aus Korea, Taiwan und den Philippinen, Soja aus der Manjurei, Gummi aus Süd-

[230] Randall Morck; Masao Nakamura: *A Frog in a Well Knows Nothing of the Ocean. A History of Corporate Ownership in Japan.* 2004 (http://www.nber.org/books/corp-owner03/morck-nakamura10-4-04.pdf, Stand: 30.8.2005)

ostasien und Baumwolle aus Indien. Es förderte Kohle auf Südsachalin und Taiwan und produzierte Zement in Qingdao, Dairen (Dalian), Korea und Taiwan. Sein Generalhandelshaus war Mitsui Bussan.

Mitsubishi wurde von Iwasaki Yatarō gegründet, einem Samurai aus Tosa, dem sein Landsmann Gotō Shōjirō dabei half, mit Regierungsaufträgen in den Überseehandel sowie die Reederei einzusteigen. Seine Dampfschiffahrtgesellschaft profitierte während der vielen Kriege und Expeditionen von den japanischen Truppentransporten und vom Postverkehr. Bergbau, Seiden- und Eisenindustrie, die berühmte Schiffswerft von Nagasaki sowie das Versicherungsgeschäft, Eisenbahnen und eine Großbank folgten. Die Politiker und Premierminister Katō Takaaki und Shidehara Kijūrō waren Schwiegersöhne des Konzernchefs.

Sumitomo war der einzige *zaibatsu*-Konzern, dessen Unternehmenssitz nicht in Tōkyō, sondern in Fortführung der frühmodernen Tradition in Ōsaka lag. Der Konzern hatte hervorragende Verbindungen zum Hochadel und damit zur Politik; der *genrō* Saionji Kinmochi war ein Bruder des Konzernchefs Sumitomo Toyoatsu. Sumitomo begann mit Bergbau und Kupferhandel, verdiente Geld mit Tee- und Seidenexporten, stieg in die Schiffahrt und den Überseehandel und später in die Industriedünger-, Glas- und Elektrokabelproduktion ein.

Zu den kleineren *zaibatsu* gehörte Yasuda, gegründet von Yasuda Zenjirō aus einer Familie von Kaufleuten aus der Provinz Ōmi. Eine besondere Stärke Yasudas lag im Versicherungswesen. Der Bankier und spätere Finanzminister Takahashi Korekiyo war ein Hauptberater des Konzerns.

Furukawa Ichibē, dessen Verwicklung in den Ashio-Umweltskandal schon beschrieben wurde (s. S. 283), hatte genau wie Yasuda noch zu Zeiten der Tokugawa als Geldwechsler angefangen, war jedoch bald in den Export von Rohseide eingestiegen, reüssierte danach im Bergbau und arbeitete erfolgreich mit Shibusawa Eiichi sowie dem späteren Außenminister Mutsu Munemitsu (dessen Sohn er adoptierte) zusammen. Die Kupferproduktion von Ashio ermöglichte Furukawa den Einstieg ins Kupferkabelgeschäft und damit die Beteiligung an der Elektrifizierung des Landes. Die Elektro- und die Chemiebranche waren Furukawas Spezialitäten. Nach Ichibēs Tod führte der spätere Innen- und Premierminister Hara Takashi den Konzern. 1923 bildete der Konzern als Joint Venture mit Siemens den Elektrokonzern Fuji Denki (der Name Fuji entstand aus den Anfangssilben der beiden Partnerunternehmen).

Ōkura Kihachirō, der „Händler des Todes“, war in der Endphase der Tokugawa-Zeit als Waffenhändler zu Geld gekommen und investierte in den Überseehandel, insbesondere mit Korea, Indien, China und der Manjurei. An seinen Gewinnen aus dem Rüstungs- und Munitionshandel ließ er auch führende Vertreter der Militär-Fraktion wie Yamagata Aritomo und Katsura Tarō teilhaben, die ihm dafür immer neue Rüstungsaufträge verschafften. Das Kaiserliche Hotel in Tōkyō, eine Großbrauerei und die Nisshin-Ölwerke (ein wichtiger Bestandteil der japanisch-chinesischen Wirtschaftsbeziehungen) gehörten u.a. ebenfalls zu seinem Konzern.

Asano Sōichirō wurde als Kohlenhändler reich, weil er Aufträge zur Versorgung öffentlicher Gebäude erhielt, und kam dadurch auf die Idee, über die 1884 gegründete Asano-Zementfabrik selbst in die Baubranche einzusteigen. Asano wurde zum Zementkönig von Japan, ging danach jedoch auch neben der Schwerindustrie in die Massenproduktion von Konsumgütern wie Autos, Bier, Elektrogeräten und Schallplatten.

Suzuki begann 1877 als Handelshaus im Zuckerhandel und profitierte zunächst von den Zuckerimporten aus Taiwan; 1899 erwarb es darauf das Monopol und stieg in die Schiffbauindustrie ein, um den Transport bewältigen zu können. Der Konzern diversifizierte unter dem Konzernchef Kaneko Naokichi und profitierte enorm vom Ersten Weltkrieg: 1915 übertraf das Ergebnis seines Handelshauses im Außenhandel das von Mitsui Bussan. Daraufhin tat es sich zur Finanzierung seines expandierenden Geschäftes mit der Bank von Taiwan zusammen. Ungeheure Gewinne aus dem Handel mit den japanischen Kolonien, China und Großbritannien folgten. Freilich waren auch die Kredite, die Suzuki zur Finanzierung aufnahm, beträchtlich, was den späteren Untergang des Konzerns herbeiführte.

Seit den 1880er Jahren schlossen sich Unternehmer in Verbänden zusammen, die Einfluss auf die Wirtschaftspolitik nehmen sollten. Interessiert waren sie zunächst vor allem an Fragen der Zoll-, Währungs- und Kolonialpolitik. Nach dem ersten chinesisch-japanischen Krieg suchte die Regierung regelmäßig das Gespräch mit der Wirtschaft, um zu einvernehmlichen Strategien zu kommen.[231] Das Selbstbewusstsein der Unternehmer war damals so deutlich gestiegen, dass beispielsweise der Mitsui-Konzern der Regierung jegliche Vorzugsbehandlung verweigern konnte. 1922 gründete sich der Unternehmerverband Nihon Keizai Renmeikai (Nikkeiren).

Nach 1905 gingen junge Unternehmer häufiger selbst in die Politik.[232] Vor allem aber unterstützten sie bürgerliche Parteien: Mitsubishi band sich an Katsura Tarō und die mit ihm verbündeten Parteien bis hin zur Minseitō, Mitsui unterstützte den Seiyūkai. 1930 war jeder dritte Abgeordnete im Parlament bei Unternehmen beschäftigt. 12 % der Unterhausabgeordneten und sogar 28 % der Mitglieder des Oberhauses waren Angestellte von *zaibatsu* oder hatten dort nahe Verwandte. Das Minseitō-Kabinett von Hamaguchi Osachi bot ein besonders eindrucksvolles Bild: Der Außenminister war mit den Iwasaki, der Besitzerfamilie von Mitsubishi, verschwägert, der Justizminister war Firmenchef eines Mitsubishi-Unternehmens, der Vize-Heeresminister Vorstandsmitglied, die Söhne des Kultus- und des Handelsministers waren bei Mitsubishi angestellt. Der Präsident der Südmanjurischen Eisenbahn war ein Verwandter der Iwasakis. Der Kolonial-

231 Arthur E. Tiedemann: „Big Business and Politics in Prewar Japan". In: James W. Morley (Hg.): *Dilemmas of Growth in Prewar Japan*. Princeton 1971, S. 267-316

232 Karl Peter Fuchs: *Die Jitsugyō Dōshikai („Vereinigung gleichgesinnter Geschäftsleute") (1923-1932): Analyse der von dem Industriellen Mutō Sanji gegründeten einzigen Unternehmerpartei in der Parteiengeschichte Japans*. Hamburg 1971

minister stand für die Konkurrenz: Sein Bruder gehörte zu Mitsui.[233] Welche genauen Folgen dies für das politische Alltagsgeschäft hatte, ist allerdings schwer messbar. Korruptionsskandale betrafen meist kleinere Unternehmen, denn die Großen waren so sehr mit der bürgerlichen Politik verflochten, dass sie darauf gar nicht angewiesen waren.

Die Grundherren: Niedergang einer Elite

Zu den Verlierern der Industrialisierung zählten in Japan die Grundherren, die im 19. Jahrhundert noch die stolzen Stützen von Politik und Wirtschaft gewesen waren. Seit den 1920er Jahren war ihr soziales Prestige weitgehend zerstört.[234] Dabei befanden sich um 1908 etwa 45 % des Ackerlandes im Eigentum von Pachtherren. Die wie in der Frühen Neuzeit patriarchalischen Beziehungen zwischen Grundherren und Pächtern wirkten wie ein stabiles System: Die Pachtherren förderten Kultur und Bildungswesen ihrer Gemeinden, halfen beim Einsatz neuer Technologien der Schädlingsbekämpfung oder des Düngens oder beim Anbau neuer Produkte, gaben Kredite und die Gelegenheit zu lukrativen Nebenverdiensten in Seidenraupenzucht oder Hausdiensten. Dafür ließen sie sich von ihren Bauern in die Parlamente wählen und kontrollierten die Lokalpolitik. Die Pacht blieb hinter den gestiegenen Reispreisen zurück, so dass es auch den Bauern besser ging. Die Lage änderte sich, als den Grundherren klar wurde, dass es rentabler war, die Landwirtschaft aufzugeben und in andere Wirtschaftszweige zu investieren. Sie verpachteten ihren gesamten Grundbesitz, kauften Aktien und zogen selbst in die Städte um, wo sie ihren Familien ein attraktiveres Leben und bessere Chancen für Bildung und Beruf bieten konnten. Für den sozialen Raum des Landes hatte diese Entwicklung dramatische Folgen: Die bislang von den Großbauern übernommenen sozialen und kulturellen Funktionen und Gemeinschaftsaufgaben gingen auf staatliche und halbstaatliche Kollektive – Polizei, Genossenschaften, freiwillige Feuerwehren, Reservistenvereinigungen, Hōtokukai (s. S. 266) – über, so dass die private Lebensinitiative in den Hintergrund trat.

Zwischen den Pachtherren und ihren Pächtern verschlechterten sich nun die Beziehungen; zwischen 1917 und 1941 zählte die Regierung 72.000 sogenannte Pächter-Konflikte *(kosaku sōgi)*.[235] Auslöser waren vor 1931 meist Missernten, danach die Versuche von Pachtherren, säumige oder aufsässige Pächter von ihrem Land zu vertreiben. Die Pächter wurden in diesen Kämpfen von den lokalen Organisationen unterstützt, die mit den Grundherren um die soziale Kontrolle der Bauern konkurrierten, und sie traten kollektiv auf. Die Pachtherren waren dagegen meist chancenlos, sofern sie sich nicht ihrerseits zu Grundherrengenos-

---

[233] Tiedemann, „Big Business“, S. 282

[234] Ann Waswo: *Japanese Landlords. The Decline of a Rural Elite*. Berkeley, Los Angeles, London 1977

[235] Waswo, *Japanese Landlords*, S. 94

senschaften zusammenschlossen. Die Regierung war einerseits vor allem alarmiert, weil eine Instabilität der Reisproduktion und damit der Reispreise immer noch soziale Unruhe auslösen konnte. Andererseits war sie fiskalisch nicht mehr auf die Grundsteuer angewiesen und forcierte die landwirtschaftliche Entwicklung der Kolonien, so dass ihre Rücksichtnahme auf die Interessen der Pachtherren begrenzt war. 1920 wollte der Landwirtschaftsminister die Pächter rechtlich deutlich besser stellen als zuvor, musste dies aber nach einem durch Presseveröffentlichungen ausgelösten Sturm der Entrüstung seitens der kleinen Grundherren aufgeben. Ab 1926 regte der Staat statt dessen die Gründung von „Harmoniegenossenschaften" *(kyōchō kumiai)* an, in denen solche Konflikte gütlich besprochen werden sollten, und vergab günstige Kredite. 1927 diskutierte das Oberhaus gar, ob und in welchem Umfang man zur Lösung der Frage den Grundbesitz verstaatlichen sollte. Die Weltwirtschaftskrise machte diese Pläne ab 1927 illusorisch. Arbeitslose Wanderarbeiter kehrten zudem aus den Städten in ihre Heimatdörfer zurück und drückten die Preise auf dem Arbeitsmarkt. Gute Ernten und Lebensmittelimporte aus den Kolonien ließen den Reispreis sinken und stürzten dadurch die einheimische Landwirtschaft in eine tiefe Krise. Agrarlobbyisten und physiokratisch eingestellte Militärs schafften es 1930 zwar noch, das landwirtschaftliche Entwicklungsprogramm für Korea und Taiwan zu stoppen. Doch ab 1931 erhielten verarmte Bauern massive Anreize, um in die Manjurei auszuwandern, und nach Einführung der Kriegswirtschaft wurden 1939 die Pachtrenten eingefroren. 1942 beschloss der Staat, allen Reis zu Festpreisen aufzukaufen und den Produzenten – nicht den Grundherren – den Löwenanteil des Erlöses zukommen zu lassen.

Die Gleichmacher

Im März 1922 gründeten Angehörige der diskriminierten Bevölkerungsschicht *(burakumin)* eine Organisation für ihren Kampf um Emanzipation, die sie „Gleichmacher-Gesellschaft" (Suiheisha) nannten. Sehr rasch fanden sich im ganzen Land Gleichgesinnte.[236] Allerdings spalteten sich die „Gleichmacher" ähnlich wie die Gewerkschaften rasch in ein linkes Lager, das mit der Arbeiter- und Bauernbewegung zusammengehen wollte, und ein rechtes Lager, das 1926 einen sehr viel kleineren eigenen Verband („Japanische Gleichmacher-Gesellschaft") gründete. Die „Gleichmacher" prangerten öffentlich an, wenn sie sich diskriminiert fühlten, und verlangten schriftliche Entschuldigungen, mitunter auch die Entlassung der Verantwortlichen. Diese Methode hieß *kyūdan* und wurde von den Behörden oft als Erpressung unter Gewaltandrohung bewertet und verfolgt. Mancherorts stießen sie dabei mit rechtsgerichteten Organisationen zusammen. Das Innenministerium zählte zwischen 1923 und 1930 im jährlichen Mittel

[236] Ian Neary: *Political Protest and Social Control in Pre-War Japan: The Origins of Buraku Liberation*. Manchester 1989

748 Fälle von Diskriminierungsfragen, zwischen 1931 und 1942 jedoch nur noch 561. Ihren Höhepunkt hatte die Gleichmacher-Bewegung in den 1920er Jahren, als sie mehr als 50.000 Mitglieder aus allen Lagern zählte; in den 1930er Jahren ging diese Zahl auf 40.000 zurück, entsprechend verringerte sich das Niveau der Aktivitäten. In besonders betroffenen Regionen bemühten sich die staatlichen und privaten Organe der Selbstverwaltung ohnehin, unter dem Schlagwort der harmonischen Integration *(yūwa)* die Lebensbedingungen der Diskriminierten zu verbessern und ihrer Bewegung die Spitze zu nehmen. Nach Angaben des Innenministeriums lag der Anteil der *burakumin* landesweit bei knapp 1,5 % der Bevölkerung:[237]

Jahr	***burakumin***	**Anteil an Gesamtbevölkerung**	**Siedlungen**
1920	829.676	1,48	4.890
1935	1.003.290	1,45	5.388

Allerdings war er in manchen Teilen Japans sehr viel höher. In der Kinki-Region sowie auf Shikoku erreichte er beinahe 4 %. Dafür war das Problem im Nordosten praktisch nicht existent.

In Korea entstand 1923 eine Bewegung für die Gleichberechtigung der Paekchon genannten Minderheit, die ebenso mit den „Gleichmachern" kooperierte wie die Interessenvertretung der koreanischen Arbeiter in Japan.

Die Sibirische Expedition

In Russland endete indes die Zarenherrschaft zunächst in der Märzrevolution und im November 1917 nach der bolschewistischen Revolution mit der Einführung einer Räterepublik. Die Sowjetregierung beendete mit dem Separatfrieden von Brest-Litowsk am 3. März 1918 zum Erschrecken Frankreichs und Großbritanniens den Krieg gegen Deutschland und Österreich-Ungarn. In Russisch-Ostasien vertrieben jedoch 15.000 Soldaten der Tschechoslowakischen Legion, die auf der Seite der Antibolschewisten kämpften, am 29. Juni 1918 die bolschewistischen Truppen aus Wladiwostok, um ihre Rückkehr nach Europa abzusichern. Sofort landeten kleine britische, japanische, chinesische, französische und amerikanische Einheiten zur Unterstützung der Tschechen. Wenige Tage später erklärten die Briten, Franzosen und Japaner, Wladiwostok stehe unter ihrem Schutz. Die Briten gaben die Anregung zu dieser Intervention, um die Tschechoslowakische Legion in Sicherheit bringen zu können, die enormen Waffenlager in Wladiwostok zu sichern und antikommunistische Bestrebungen zu stärken.[238] Ein britisches

[237] Kobayashi, *Jinken no rekishi*, S. 208-211
[238] James William Morley: *The Japanese Thrust into Siberia*. New York 1954

Regiment aus Hongkong, ein französisches Regiment aus Indochina sowie kleinere Einheiten aus China, Italien, Kanada, Polen, Rumänien und Serbien fanden sich zusammen. Auch die im April 1918 in den Krieg eingetretenen USA beteiligten sich schließlich mit 9.000 Mann in zwei Regimentern von den Philippinen und luden die Japaner ein, ihrerseits 7.000 Mann zu entsenden. Zwar gab es auch in Japan Stimmen gegen eine Teilnahme. Die Regierung Terauchi entschloss sich dennoch im August 1918 zur Beteiligung: Die japanische Armee zeigte Interesse an der Usurpation Ostsibiriens, um den anhaltenden Widerstand der dorthin emigrierten Koreaner zu brechen und um die Transsibirische Eisenbahn zu kontrollieren. Statt 7.000 entsandten die Japaner über 70.000 Truppen. Damit stellten die Japaner mit Abstand das größte Kontingent. Die britisch-französische Bitte, westlich des Urals durchzubrechen und eine neue Ostfront gegen Deutschland zu eröffnen, lehnten Amerikaner und Japaner allerdings ab. Die Tschechen und Japaner vertrieben die Rotgardisten aus der Umgebung Wladiwostoks. Nördlich von Wladiwostok errichteten derweil „weiße" Kosakentruppen mit Unterstützung der Briten, Franzosen und Japaner eine eigene Herrschaft in Nikolsk. Terror und Partisanenkämpfe folgten, die auch den japanischen Einheiten schwere Verluste zufügten, bis im Januar 1920 wieder die Bolschewisten die Macht übernahmen und Wladiwostok von den „weißen" Gebieten in Transbaikalien abschnitten. Kurz darauf übernahmen die Bolschewisten auch die Herrschaft über Wladiwostok selbst. Im Februar fiel auch die Kosaken-Hochburg Chabarowsk am Zusammenfluss von Amur und Ussuri. Da die „weiße" Herrschaft nun überall kollabierte, flohen zahlreiche Sympathisanten und japanische Zivilisten entlang der Transsibirischen Eisenbahn nach Wladiwostok. Japanische Truppen sicherten die großen Bahnhöfe. Am 11. März überfielen Partisanen die Stadt Nikolajewsk an der Amurmündung, löschten zwei dort stationierte japanische Kompanien aus und nahmen über 100 weitere japanische Zivilisten gefangen (im Mai zogen sie sich vor anrückenden japanischen Truppen zurück, metzelten aber zuvor alle Gefangenen sowie zahlreiche russische Einwohner nieder). Nachdem sich die amerikanischen Truppen am 1. April aus Wladiwostok zurückgezogen hatten, schlugen die Japaner am 4. April zurück und besetzten Wladiwostok. Nach mehreren Tagen bewaffneter Auseinandersetzungen besetzten sie auch Nikolsk, Chabarowsk und andere wichtige Städte sowie den Nordteil Sachalins. Ende April verständigten sie sich mit der Führung der Fernöstlichen Republik, die Lenin als Pufferstaat einrichten ließ, um die Sowjetunion vor dem japanischen Zugriff zu schützen. Die Fernöstliche Republik bestand aus Baikalien, Transbaikalien, Amurgebiet, Küstengebiet, Kamtschatka und dem Nordteil von Sachalin (den allerdings die Japaner noch bis 1925 besetzt hielten). Die Rückkehr der Tschechoslowakischen Legion, die den formalen Vorwand für die Expedition geboten hatte, hielten die Japaner nun nach Kräften auf, um weiter im Land bleiben zu können. Im Mai 1921 rührte sich wieder „weißer" Widerstand und richtete eine antibolschewistische Enklave zwischen Wladiwostok und Spassk ein. Die Sowjetunion setzte dagegen eine Division der Roten Armee in Marsch. Nachdem die japanische Armee im August 1922 ihren Rückzug angekündigt hatte, kam es Mitte Oktober zu einer letzten militärischen Konfrontation der „Weißen" mit den „Roten". Nach der Niederlage der „Weißen" flohen deren Überlebende nach Wladiwostok und setzten unter japanischem Schutz nach Wonsan in Korea über. Am 25. Oktober 1922 verließen die letzten japanischen Einheiten Wladiwostok.

Das „Pseudo-Parteienkabinett"

Nach der Ankündigung der japanischen Teilnahme an der Sibirischen Expedition explodierten die Reispreise in Japan, weil die Reishändler darauf spekulierten, dass die Expeditionstruppen mit Proviantreis versorgt werden mussten. Am 3. August 1918 überfielen Hunderte von Hausfrauen in Fischerdörfern der Präfektur Toyama die örtlichen Reishändler. Es folgten Proteste und Aufstände in 368 Städten und Gemeinden im ganzen Land, die von Polizei und Militär unterdrückt werden mussten.[239] Da die Presse über die Unruhen nicht berichten durfte, breitete sich die Kunde davon über Mundpropaganda aus. Die Regierung Terauchi, die vom Seiyūkai, seit April 1917 wieder Mehrheitspartei im Parlament, nur halbherzig unterstützt wurde, trat wegen der Unruhen zurück. Neuer Premierminister wurde im September 1918 Hara Takashi, der Führer des Seiyūkai.

Sein Kabinett bestand bis auf den Heeres-, Marine- und Außenminister aus Seiyūkai-Mitgliedern. Hara selbst war aus dem Adel ausgeschieden, um als Bürgerlicher politische Karriere machen zu können, doch stammte er aus einer hochrangigen Vasallen-Familie des ehemaligen Fürstentums Nanbu. Damit war er der erste Premierminister aus Reihen der ehemaligen Tokugawa-Anhänger. Zugleich war er auch der erste Premierminister, der ein Mandat im Unterhaus besaß. Ursprünglich diente er als Beamter im Außenministerium, wurde dann Journalist und Chef der einflussreichen Tageszeitung Ōsaka Mainichi. Unter Saionji und Yamamoto bekleidete er das Amt des Innenministers, seit 1914 war er als Nachfolger Saionjis Seiyūkai-Präsident. Es sah also so aus, als habe endlich die Parteipolitik das Feld der Macht erobert.

Bei näherem Hinsehen konnte man Haras Kabinettsliste aber auch völlig anders interpretieren. Von seinen acht Ministern stammte nur einer nicht aus den Reihen der Beamtenschaft, von den sieben Staatssekretären nur vier. Formal waren die Beamten alle Mitglieder des Seiyūkai – aber ihre Verbindung zur Partei war äußerst dünn. Es handelte sich also um ein „Pseudoparteienkabinett".[240] In Wirklichkeit waren die Beamten an die Macht gekommen.

Hara hatte große, aber teure Pläne, die er, auf eine stabile parlamentarische Mehrheit und wachsende Unterstützung in der Beamtenschaft und in der Wirt-

239 Michael Lewis: *Rioters and Citizens. Mass Protest in Imperial Japan*. Berkeley, Los Angeles, Oxford 1990; Kobayashi, *Jinken no rekishi*, S. 127 f

240 Shimizu Yūichirō: „Taishōki ni okeru seitō to kanryō – Kanryō no seitō sanka to sono ishiki wo chūshin ni –". In: Terasaki Osamu, Tamai Kiyoshi: *Senzen Nihon no seiji to shimin ishiki*. Keiō tsūshin 2005, S. 145-192, hier S. 171 f

schaft gestützt, während seiner dreijährigen Amtszeit energisch anging. Sein erstes Ziel war eine Bildungsreform. Er sorgte für die Einrichtung zusätzlicher Oberschulen und Berufsfachschulen. Es folgten die Förderung der Wirtschaft und der Ausbau des Verkehrs- und Kommunikationswesens sowie der Landesverteidigung. Diese Vorhaben führten dazu, dass die jährlichen Staatsausgaben von rund 600 Millionen Yen 1916 bis 1921 auf fast 1,5 Milliarden Yen stiegen. Möglich war dies, weil Japan wegen des Weltkriegsbooms im Geld schwamm – und weil 1919 die Einkommensteuer eingeführt wurde, die bald mehr Einnahmen brachte als die Grundsteuer.

Die Pariser Friedenskonferenz

Im November 1918 endete der Erste Weltkrieg mit dem Sieg der Alliierten. Auf der Grundlage der von US-Präsident Woodrow Wilson im Januar 1918 vorgelegten 14 Punkte für den Frieden begannen im Januar 1919 Friedensgespräche der Kriegsparteien. Für Japan nahmen der *genrō* Saionji Kinmochi und der ehemalige Außenminister Makino Nobuaki als Generalbevollmächtigte teil. Japans Verhandlungsziele waren die Übernahme der Shandong-Provinz, der deutschen Südseebesitzungen nördlich des Äquators (jap. Nan'yō, „Südsee") sowie die Aufnahme von Antirassismus-Bestimmungen in die Satzung des Völkerbundes. Doch jeder dieser Punkte war unter den Großmächten strittig.

Die Gründung des Völkerbundes war eine Idee des amerikanischen Präsidenten Wilson. Der Völkerbund sollte ein Organ zur Durchsetzung des Weltfriedens werden. Japan verlangte daher, dass die Gleichberechtigung aller Menschen aller Hautfarben zum Grundprinzip werden musste. Dieser Wunsch resultierte aus seinen vorhergehenden Erfahrungen mit der „Gelben Gefahr"-Hysterie und antijapanischen Gesetzgebungen in den USA und den britischen Dominions. Als einzige nichtweiße Großmacht wäre Japan sonst auch in einer prekären Situation gewesen. Die japanische Forderung wurde parteiübergreifend und von der Presse im Inland unterstützt.

Ein erster japanischer Formulierungsvorschlag für die Antidiskriminierungs-Formel lautete:

„Die Überzeugung von der Gleichheit aller Völker ist das grundlegende Prinzip des Völkerbundes. Die vertragschließenden Länder sagen daher zu, in den Ländern, welche Mitglied sind, möglichst schnell gegenüber jedem Ausländer in jeder Frage Gleichheit und Gerechtigkeit walten zu lassen und keine Diskriminierungen auf rechtlicher oder faktischer Grundlage einzurichten, die auf Rasse oder Staatsangehörigkeit beruht."[241]

---

[241] Zit. n. Toriumi, *Nihon kindaishi*, S. 117. Vgl. Klaus Schlichtmann: „Perceptions on Japan and the „Versailles-Washington Treaty System" (Berusaiyu-Washinton taisei) with Comments on Japan among Imperialist Powers in Asia/Pacific and her Experiment with the Universal Principle of Racial Equality". In: *Sophia International Review* 20 (1998), S. 83-90; Shimazu Naoko: *Japan, Race, and Equality: The Racial Equality Proposal of 1919*. London, New York 1998

Die USA lehnten diese Formel schließlich ab, weil sie nach diesem Prinzip Einmischungen in ihre innere Angelegenheiten befürchteten: Rassendiskriminierung sahen sie als inneramerikanisches Problem an. Großbritannien lehnte ebenfalls ab, weil seine Dominions aus Angst vor Einwanderungswellen vehement dagegen protestierten.

Anschließend versuchte Makino, in die Präambel der Satzung wenigstens die Formulierung einzufügen:

„Wir erkennen die Gleichheit aller Staaten sowie das Prinzip der gleichberechtigten Aufnahme ihrer Völker an."

Elf der 16 Gründungsstaaten akzeptierten dies, doch erneut lehnten die USA und Großbritannien ab, und wegen der gebotenen Einstimmigkeit war der japanische Vorstoß gescheitert.

In Japan machte sich deshalb Enttäuschung breit. Manche rieten zum Abbruch der Pariser Friedenskonferenz und zu Japans Rückzug aus Völkerbund. Premierminister Hara zog es angesichts der übrigen wichtigen Themen jedoch vor, weiterzuverhandeln.

Japans Forderung, die deutschen Südseebesitzungen als Treuhandgebiet des Völkerbundes zu übernehmen, wurde dagegen erfüllt. China verlangte jedoch unter Berufung auf das Selbstbestimmungsrecht der Völker und seine territoriale Integrität die sofortige Rückgabe Shandongs. Die USA schlugen vor, diese Frage später zu regeln. Japan bestand aber auf dieser Forderung. Sie wurde gegen den Widerstand Chinas weitgehend erfüllt; China weigerte sich daraufhin, den Versailler Friedensvertrag zu unterzeichnen.

Am 4. Mai 1919 brachen in Beijing schwere antijapanische Studentenunruhen aus und breiteten sich über ganz China aus. Bereits am 1. März hatte auch die koreanische Unabhängigkeitsbewegung in Seoul die Unabhängigkeit proklamiert. Japan schickte Truppen zur Unterdrückung und ernannte einen Militär zum neuen Administrator. Beide Protestbewegungen ruinierten jedoch Japans internationalen Kredit.

Am 28. Juni 1919 wurde der Versailler Friedensvertrag unterzeichnet. Der US-Senat stimmte dem Vertrag allerdings zunächst nicht zu, so dass er erst am 10.1.1920 in Kraft treten konnte. Deutschland verlor einen Teil seines Territoriums in Europa und alle überseeischen Besitzungen, musste militärisch stark abrüsten und enorme Reparationszahlungen leisten. Den Völkern Europas wurde das Selbstbestimmungsrecht zugestanden; den asiatischen Völkern jedoch nicht. Japan gewann einiges Territorium und den Rang einer internationalen Großmacht. Im neuen Völkerbund war Japan neben Großbritannien, Frankreich und Italien ständiges Mitglied im Führungsrat. Japan präsentierte sich international als Sprecher der „farbigen" Völker, verfolgte aber gleichzeitig seine eigennützigen Ziele in Ostasien.

Wahlrechtsreform

Die Frage nach einer Wahlrechtsreform gehörte inzwischen fest zur politischen Agenda. Der 1919 entstandene erste Gewerkschaftsdachverband forderte neben dem Achtstunden-Arbeitstag auch das allgemeine Wahlrecht. Sogar Beamte im Innenministerium befürworteten dessen Einführung. Der Seiyūkai setzte 1919 wenigstens durch, dass die Hürde zur Wahlberechtigung von zehn auf drei Yen gesenkt wurde. Dadurch verdoppelte sich die Wahlbevölkerung. Doch 1920 übernahmen die großen Oppositionsparteien Kenseikai („Verein für konstitutionelle Politik", seit 1916 der Nachfolger von Ōkumas „Freundeskreis") und Kokumintō („Nationale Partei") die Forderung nach einem allgemeinen Wahlrecht. Premierminister Hara wollte langfristig, nicht aber im Augenblick zustimmen; er löste das Unterhaus auf. Dass der Seiyūkai zuvor wieder Kleinwahlkreise eingeführt hatte, erleichterte es ihm, bei der Neuwahl von 1920 mit 278 von 464 Sitzen die absolute Mehrheit im Unterhaus zu erlangen. Allerdings errang die Opposition die Mehrheit in den Großstädten. Hara hatte nur für den Moment gesiegt.

Die Washingtoner Konferenz

In Japan herrschte nach der Pariser Konferenz Ernüchterung über die eigenen außenpolitischen Möglichkeiten. Die Regierung Hara bemühte sich, internationales Vertrauen zu erwerben, insbesondere die Beziehungen zu den USA zu verbessern und eine Isolation Japans zu verhindern. Als im Juli 1921 die USA Frankreich, Großbritannien, Italien und Japan zu Abrüstungsgesprächen und Verhandlungen über pazifische und Fernostfragen nach Washington einluden, nahm die Regierung deshalb an, obwohl sie befürchtete, dass USA dabei die japanische Chinapolitik auf die Tagesordnung setzen wollte. Die japanische Regierung war bereit, einer militärischen Abrüstung „zur Errichtung des ewigen Weltfriedens" zuzustimmen. Kurz vor Konferenzbeginn wurde Premierminister Hara jedoch Opfer eines Attentats: Ein Jugendlicher ermordete ihn im Bahnhof Tōkyō wegen „Parteienegoismus", offenbar aus Enttäuschung über Haras Haltung in der Wahlrechtsfrage. Das Kabinett blieb dennoch im Amt, neuer Premierminister wurde Takahashi Korekiyo; die politische Linie der Regierung änderte sich nicht.

Die Washingtoner Konferenz begann im November 1921. Für Japan nahmen Marineminister Katō Tomosaburō, Botschafter Shidehara Kijūrō[242] und der Präsident des Oberhauses, Tokugawa Iesato (als Nachfolger Yoshinobus Oberhaupt des Hauses Tokugawa), teil. US-Außenminister Hughes schlug überraschend vor, keine neuen Schlachtschiffe mehr bauen und veraltete zerstören zu lassen. Katō Tomosaburō erklärte Japans prinzipielles Einverständnis. An Flottenabrüs-

242 Klaus Schlichtmann: *Shidehara Kijūrō: Staatsmann und Pazifist – eine politische Biographie*. Hamburg 1997

tung war Japan interessiert, weil Schiffe teuer waren. Ein ehrgeiziges Flottenbauprogramm hatte dazu geführt, dass die Militärausgaben im Haushalt 1921 49 % aller Staatsausgaben ausmachten. Da sich die Wirtschaft seit 1920 in einer Rezession befand, musste die Regierung dringend den Haushalt sanieren. Den Rüstungswettlauf mit den USA konnte Japan nicht gewinnen. Doch die Verhandlungen in Washington waren schwierig. Frankreich lehnte Einschränkungen für kleinere Kriegsschiffe ab. Japans Marine bestand darauf, 70 % der Stärke der USA-Flotte unterhalten zu dürfen. Die USA boten 60 %. Japan stimmte schließlich mit einigen Bedingungen zu.

Am 6. Februar 1922 unterzeichneten Frankreich, Großbritannien, Italien, Japan und die USA das Washingtoner Flottenabkommen. Danach durften die USA und GB je 525.000 Tonnen, Japan 315.000 Tonnen, Frankreich und Italien je 175.000 Tonnen schwere Kriegsschiffe unterhalten. Neue Schlachtschiffe sollten nicht mehr gebaut werden. Die Höchstgrenze je Schlachtschiff wurde auf 35.000 Tonnen, das zulässige maximale Geschützkaliber auf 16 Zoll (40,6 cm) festgelegt.

Außenpolitische Hauptthemen waren China und das britisch-japanische Bündnis, an dem keine der beiden Seiten mehr essentiell interessiert war. Auf britischen Vorschlag schlossen daher Frankreich, Großbritannien, Japan und USA im Dezember 1921 ein Vier-Mächte-Abkommen. Es sah die gegenseitige Anerkennung der Besitzungen im Pazifikraum und die Einrichtung von gemeinsamen Konferenzen zur Lösung von Konflikten vor. Gleichzeitig wurde das Ende des britisch-japanischen Bündnisses für 1923 beschlossen. Zur Lösung der China-Frage brachten die USA vier Prinzipien ins Spiel: nämlich die Anerkennung der Souveränität, Unabhängigkeit und territorialen Unverletzlichkeit Chinas sowie die Chancengleichheit aller internationalen Mächte in China. Diese Prinzipien wurden akzeptiert. Der Vertreter Chinas forderte zudem die Revision der bestehenden Verträge zwischen den Mächten, die Aufhebung der Ungleichen Verträge, den Rückzug aller ausländischen Truppen und die Rückgabe der Pachtgebiete. Er kritisiert Japans 21 Forderungen von 1915 scharf und verlangte die Rückgabe der Shandong-Halbinsel. Japan lehnte dies alles ab, widerrief aber immerhin ausdrücklich das zurückgestellte fünfte Kapitel der damaligen Forderungen. Schließlich fand sich ein Kompromiss: Japan gab seine Rechte an der Shandong-Eisenbahn zurück und versprach, seine Truppen aus Shandong abzuziehen. Auch Großbritannien und Frankreich erklärten den Verzicht auf Teile ihrer chinesischen Besitzungen. Großbritannien bestand aber auf Hongkong. Am 6. Februar 1922 wurde das Neun-Mächte-Abkommen über China von Belgien, China, Frankreich, Großbritannien, Italien, Japan, den Niederlanden, Portugal und den USA unterzeichnet.

Die öffentliche Meinung begrüßte die Abrüstung. Im März 1922 stimmte auch das Oberhaus dem Abrüstungsvertrag zu. Im Juni 1922 musste Premierminister Takahashi wegen parteiinterner Schwierigkeiten jedoch zurücktreten. Dem Seiyūkai mangelte es an einer überzeugenden Führungspersönlichkeit; die folgenden drei Kabinette wurden von Nicht-Parteipolitikern geleitet. Mit Unterstützung des Oberhauses und der Mehrheitsfraktion Seiyūkai wurde Katō Tomosaburō, gerade aus Washington zurückgekehrt, zum neuen Premierminister und zugleich Marineminister gemacht. Im August trat das Flottenabkommen in Kraft. 14 japanische Kriegsschiffe wurden versenkt oder zerlegt. Der Bau von sechs weiteren Schiffen wurde gestoppt; teilweise wurden sie jedoch zu Flugzeugträgern umgebaut. Marine und Schiffswerften bauten Personal ab. Nun folgte auch eine Abrüstung des Heeres: Die Truppenstärke wurde um 60.000 Mann reduziert. Vier Divisionen wurden aufgelöst. Daher ging der Militärhaushalt nach 1921 beträchtlich zurück.

Katō Tomosaburō starb im September 1923; sein Kabinett trat wegen seiner Erkrankung bereits Ende August zurück. Neuer Premierminister wurde Yamamoto Gonbē, der ein „Kabinett der Fachleute" ins Leben rief. Yamamoto trat sein Amt am 2. September 1923 an – einen Tag nach dem verheerenden Erdbeben in der Kantō-Region. Um die Bewältigung der Folgen dieser Katastrophe kümmerte sich vor allem der in Fragen des inneren Aufbaus aus seiner Zeit in Taiwan und der Manjurei erprobte Innenminister Gotō Shinpei.

Das große Kantō-Erdbeben

Von dem Erdbeben, das sich am Mittag des 1. September 1923 mit einer Magnitude von 7,9 ereignete, waren vor allem die Präfekturen der Kantō-Region betroffen, daneben auch Shizuoka und Yamanashi. Rund 140.000 Menschen starben oder gingen verloren. 120.000 Gebäude wurden durch das Beben, 450.000 weitere durch die anschließenden Brände zerstört. Wie in der Frühmoderne kam es auch diesmal wieder zu schweren Verwerfungen im sozialen Raum.[243]

Der Amerikaner Charles Blauvelt bereiste zur Zeit des Kantō-Erdbebens Japan. In seinem Tagebuch hielt er fest, wie er das Beben erlebte:[244]

> „*1. September*
> Im Imperial Hotel Tōkyō. Unterhielt mich hier in meinem Zimmer Nr. 310 im dritten Stock mit Herrn Okamoto und Herrn Takaki von O. & Co. Ltd., als wir gegen 11:55 Uhr ein fürchterliches Erdbeben fühlten. Das ganze Gebäude schwankte und zitterte, Stühle und die Betten glitten durchs Zimmer, und wir hatten alle Angst. Sobald das Erdbeben vorbei war, rannten wir auf die Straße. Ich ließ mir die Zeit, mein Zimmer und meinen Koffer zu verschließen. Die Hallen waren dunkel, und alle Gäste waren dabei, auf die Straße zu gehen. Der Fußboden in den Hallen und die Treppen waren übersät mit Putz, aber das Gebäude schien wenig beschädigt zu sein.
> Die Straßen füllten sich rasch mit verängstigten Menschen, und die Gebäude um uns herum waren eingestürzt oder übel geborsten. Wir stiegen in Herrn O.s. Wagen und

---

243 Gregory Clancey: *Earthquake Nation. The cultural policies of Japanese seismicity, 1868-1930.* Berkeley 2006

244 http://www.transpect.com/japan_diary/ (Stand: 25.7.2005), Übertragung aus dem Englischen von Reinhard Zöllner

machten uns auf den Weg zum Ueno-Park, wo er wohnt. Feuer brachen an sechs oder acht Orten, an denen wir vorbeikamen, aus und brannten mit entsetzlicher Gewalt. Herr Takaki verließ uns nahe dem Büro von O. & Co. Ltd., und ungefähr zur gleichen Zeit kam ein zweites, jedoch nicht so starkes Beben. Nach unserer Ankunft an Herrn O.s. Haus schien das Feuer die ganze Stadt erfasst zu haben. Die Feuer brannten Tag und Nacht weiter. Flüchtlinge zogen zu Hunderttausenden an dem Haus vorbei. Die meisten Frauen trugen Säuglinge, die Männer und Kinder trugen große Bündel mit Bettzeug oder Kleidung oder schoben Rikshas oder irgendeine mit Haushaltsgegenständen gefüllte Vorrichtung. Wahrscheinlich ihre gesamte Habe. Man nutzte einen Teil von Herrn O.s. Haus als Krankenhaus und behandelte viele Leute. ...

2. September

Das Feuer brannte die ganze Nacht, und nirgendwo gab es etwas zu essen. Die Vorräte in Tōkyō und Yokohama waren sämtlich zerstört. Vom Brunnen auf dem Grundstück eines nahegelegenen Tempels konnte man Wasser holen, doch ging es wegen der heftigen Nachfrage allmählich zur Neige. ...

Das Feuer wütete den ganzen Tag und kam bis zum Abend sehr nahe an uns heran. ... Boten waren zum Rand des Ueno-Parks geschickt worden, um einen letzten Bericht über das Feuer zu machen. Sie kamen mit der Auffassung zurück, dass das Feuer noch ziemlich weit vom Park entfernt war. Bald darauf wurde verbreitet, dass die Miliz in voller Stärke dort angekommen war und alles in ihrer Macht Stehende tat, um diesen Bezirk zu retten. ... Nach einer halben Stunde hieß es, das Feuer sei jetzt unter Kontrolle, doch es sah überhaupt nicht danach aus. Wenig später hieß es, es seien viele Koreaner in der Nachbarschaft, die Gebäude mit Kerosin und Dynamit in Brand setzten. Dies versetzte uns erneut in Panik. Wir blieben in höchster Anspannung bis 9:30 Uhr, als das Feuer tatsächlich unter Kontrolle schien und der Wind sich gedreht hatte, so dass er es auf das verbrannte Gelände zurückwehte. Wir hielten die ganze Nacht über Wache. Es hieß, dass drei Koreaner gefasst worden seien, die Dynamit besaßen.

3. September

Das Feuer brannte die ganze Nacht hindurch, doch schien es heute morgen weiter weg und weniger bedrohlich zu sein. Wir hörten, dass alle erwähnten sieben Koreaner während der Nacht ganz nahe von uns aufgegriffen worden seien, von denen alle Dynamit oder Gift oder Kerosin mit sich geführt hätten und jeder bewaffnet gewesen sei. Es wurde berichtet, dass insgesamt mehrere hundert in der Stadt ergriffen worden seien. ..."

Tatsächlich führten die haltlosen Gerüchte zu einem Pogrom sogenannter Bürgerwehren gegen die koreanische Bevölkerung, an dem neben organisierten Kriminellen, Reservisten und Feuerwehrleuten sogar Polizisten beteiligt waren. In der Präfektur Kanagawa und in Tōkyō wurden Tausende Koreaner ermordet. In Kameido verhafteten Militär und Polizei am 3. September linke Aktivisten und mehr als 700 Koreaner und töteten eine Anzahl von ihnen. Sie wurden dafür gerichtlich nicht belangt. Opfer des Terrors wurden auch der Sozialist Ōsugi Sakae, seine Frau und ein Neffe, die am 16. September von Militärpolizisten ermordet wurden. Der hauptverantwortliche Polizist wurde dafür leicht bestraft.

Abb. 49: Zerstörte Firmengebäude in Yokohama (Anonyme Fotografie, 1923)

Die marxistische Zeitschrift „Der Sämann“ *(Tane maku hito)* kritisierte die Ausschreitungen, vor allem aber übte sie Kritik an der bisherigen Stadtplanung, der sie die Mitschuld an der hohen Zahl der Erdbebenopfer gab:

„Wir verlangen, dass auch in der Stadtplanung als aktuellem Problem anstelle einer klassenbezogenen Planung eine an Gleichheit orientierte Planung tritt. Wer wagte zu behaupten, der größte Teil der Brandopfer seien nicht Angehörige der besitzlosen Klasse gewesen?“[245]

In der Tat sind seit jeher die Wohnviertel der Arbeiter und Kleinhändler in der sogenannten Unterstadt *(shitamachi)* Tōkyōs wegen ihres geologischen Untergrundes erdbebenanfälliger und wegen der weniger sicheren Bebauung – bis zum Zweiten Weltkrieg überwogen hier Holzbauten – auch feuergefährdeter als die „vornehmen“ Stadtteile im Westen der Stadt, wo sich der obere Mittelstand, die Beamtenschaft und die Wohlhabenden eingerichtet hatten.

Koalitionsregierung und allgemeines Wahlrecht

Premierminister Yamamoto sah sich umgehend einer Konfrontation mit dem Seiyūkai gegenüber und musste schon im Dezember 1923 zurücktreten; letzten

[245] Zit. n. Watanabe Kenji: *Jitsubutsu, ezu de manabu Nihon kin-gendai-shi.* Chirekisha 1994, S. 89

Anlass bot ein anarchistischer Anschlag auf den Kaiserpalast. Von Januar bis Juni 1924 war Kiyoura Keigo sein Nachfolger, ein Mann Yamagatas, den Saionji wohl als Übergangslösung bis zu einer Neuwahl unter neuem Wahlrecht ins Spiel gebracht hatte. Die Oberhaus-Mehrheit stützte ihn zwar, aber bei den Parteien stieß dieser Rückfall in die Technokraten-Zeit auf entschiedenen Widerstand. Allerdings spaltete sich der Seiyūkai; die Gegner Takahashi Korekiyos gründete eine eigene Partei, die „Wahre Partei der politischen Freunde“ (Seiyū Hontō). Seiyūkai, Kenseikai und der „Progressive Klub“ (Kakushin Kurabu, die Nachfolgepartei der Kokumintō) verbündeten sich pathetisch zur zweiten „Bewegung zum Schutz der Verfassung“. Bei der Unterhauswahl im Mai 1924 gewannen die drei „Bewegungsparteien“ insgesamt mehr als 60 % der Sitze. Die Seiyū Hontō wurde nur zweitstärkste Partei. Daher trat im Juni das Kabinett Kiyoura zurück. Als Führer der stärksten Partei folgte nun auf Vorschlag Saionjis Katō Takaaki. Er bildete ein Koalitionskabinett der Bewegungsparteien. Vier Minister gehörten dem Kenseikai an, zwei dem Seiyūkai, einer dem „Progressiven Klub“. Drei weitere, nämlich der Heeres- und Marineminister sowie der Außenminister, Katōs eigener Schwager Shidehara Kijūrō, waren parteilos. Das neue Kabinett beschloss im März 1925 das allgemeine Wahlrecht für Männer; ausgenommen waren allerdings Sozialhilfeempfänger. Außerdem wurden mittelgroße Wahlkreise eingeführt; ein Kompromiss, mit dem auch die kleineren Parteien leben konnten.

Doch im gleichen Atemzug wurde auf Initiative des Justizministeriums am 22. April 1925 auch ein Gesetz zur Wahrung der öffentlichen Ordnung verkündet.[246] Es richtete sich gegen sozialistische, kommunistische, anarchistische und internationalistische Bestrebungen, obwohl deren Parteien (die sogenannten proletarischen Parteien) bis Mitte der 1930er Jahre bei Wahlen kaum eine Rolle spielten. Parteigründungen sollten streng kontrolliert werden.

Shidehara-Diplomatie

Shidehara Kijūrō, ein Karrierediplomat und Schwiegersohn der Familie Iwasaki (Mitsubishi), wurde 1924 im Kabinett seines Schwagers Katō Takaaki Außenminister. Er blieb dies auch nach Katōs Tod unter dessen Nachfolger Wakatsuki Reijirō und nach einer Unterbrechung von April 1927 bis Juni 1929 auch in den Kabinetten von Hamaguchi Osachi und Wakatsuki bis Dezember 1931. Daher konnte er seine „Shidehara-Diplomatie“ langfristig verfolgen; sie zielte auf internationale Kooperation, Verständigung und Ausgleich unter Wahrung japanischer Interessen.

Zu Shideharas Leistungen gehörte der Grundlagenvertrag mit der UdSSR im Januar 1925, der die Wiederherstellung der 1917 abgebrochenen diplomatischen Beziehungen bedeutete. In diesem Zusammenhang zog sich Japan aus dem

---

246 Richard H. Mitchell: „Japan's Peace Preservation Law of 1925: Its Origins and Significance“. In: *Monumenta Nipponica* 28:3 (1973), S. 317-345

Nordteil Sachalins zurück. Die Shidehara-Diplomatie traf sich mit Entspannungsbemühungen der USA und Europas. Die USA waren seit langem vor China der größte Handelspartner Japans. Seit den 1920er Jahren gingen etwa 40 % der japanischen Exporte dorthin, und Japan bezog 30 % seiner Importe von dort. Japans wichtigstes Ausfuhrprodukt war Rohseide, deren Hauptabnehmer die USA waren. Allerdings erschwerte die Verschärfung der amerikanischen Einwanderungsgesetze die Annäherung. Seit 1921 mussten Chinesen, Inder, Japaner und Mongolen in Kalifornien von den Weißen getrennte Schulen besuchen. 1922 entschied das Oberste US-Gericht, dass Japanern nicht die US-Staatsbürgerschaft verliehen werden durfte. Im selben Jahr wurde ein Gesetz erlassen, wonach alle Frauen, die nicht für die US-Staatsangehörigkeit qualifizierte Männer heirateten, ihre US-Staatsbürgerschaft verloren. Die japanische Immigrantenquote wurde 1924 für 28 Jahre auf Null gesetzt. Die japanische Öffentlichkeit war über diese Regelungen empört.

Gegenüber China verzichtete Japan in Shideharas Amtszeit auf gewaltsame Einmischung. Shidehara lehnte Interventionen zugunsten chinesischer Feldherren ab, wie sie die Armee forderte. Doch einen Verzicht auf bereits bestehende japanische Rechte wollte er ebensowenig leisten. Ein ernstes Problem stellten die Kontrolle koreanischer Widerstandskämpfer sowie der Schutz japanischer und koreanischer Siedler in der Manjurei dar.[247] 1924 waren fast 500 Konsular-Polizisten in Jiandao stationiert, darunter rund 100 Koreaner. Nach wie vor waren die Chinesen mit diesen Maßnahmen nicht einverstanden. Shidehara bestand auf einer Verhandlungslösung. Am 11. Juni 1925 gelang es dem Polizeichef des Administrators von Korea, Mitsuya Miyamatsu, mit dem Warlord der Manjurei, Zhang Zuolin, ein geheimes Abkommen zu schließen, wonach die chinesische Polizei konsequent und in Zusammenarbeit mit den Japanern gegen verdächtige Koreaner vorgehen und insbesondere die Rechtsprechung über alle koreanischen Siedler ausüben sollte. Die Chinesen übernahmen diese Aufgaben mit sehr großem Eifer, doch nutzten sie das Abkommen bald, um sämtliche Koreaner in der Region mit Repressionen zu belegen. Koreaner durften kein Land erwerben, mussten eigene Schulen schließen und durften nicht ins Innere der Manjurei umsiedeln. Offenbar sah der erstarkende chinesische Nationalismus in den koreanischen Siedlern Speerspitzen einer schleichenden japanischen Invasion.

In Japan fand inzwischen wieder ein Thronwechsel statt. Am 25. Dezember 1926 starb Kaiser Yoshihito (postum Taishō), und sein Sohn Hirohito folgte ihm auf den Thron. Wegen einer schweren Erkrankung Yoshihitos war Hirohito allerdings bereits seit 1921 Regent für seinen Vater. Zur neuen Regierungsdevise wurde Shōwa (nach einer Stelle aus dem Shujing: „Das gemeine Volk glänzt im Licht, alle Lande bringt er in Harmonie zusammen") bestimmt. Die sich abzeichnende innere Einigung Chinas durchkreuzte jedoch alle Friedensphantasien. 1926 begann Chiang Kaisheks Guomindang-Armee ihren Feldzug

247 Esselstrom, „Rethinking the Colonial Conquest of Manchuria", S. 50-68

nach Norden, um die dortigen Warlords zu unterwerfen. 1927 drang sie bis zum Yangzi-Fluss vor und besetzte dabei im Januar von Großbritannien beanspruchtes Gebiet. Eine britische Bitte um eine gemeinsame Intervention lehnte Shidehara ab. Im März eroberten Chiangs Truppen Nanjing und richteten Verwüstungen im ausländischen Viertel an; auch das japanische Generalkonsulat wurde angegriffen. Wieder beteiligte sich Japan nicht sich an einem alliierten Rachefeldzug.

Gegen diese Haltung erhob sich im Inland Widerspruch: Das Militär, die oppositionellen Nationalliberalen des Seiyūkai und nationalistische Organisationen forderten eine Intervention und kritisierten Shidehara Chinapolitik als Diplomatie der Schwäche. Als das Außenministerium Anfang 1927 versuchte, in der südlich an Jiandong angrenzenden Andong-Region ein neues Konsulat einzurichten, kam es im April und Mai zu antijapanischen Kundgebungen in der Manjurei.

Da löste ein Bankenskandal das Ende der Regierung Wakatsuki aus. Der Skandal hatte zwei Ursachen. Die erste ging auf das Große Kantō-Erdbeben von 1923 zurück. Damals hatte die Regierung die Fälligkeit von Diskontwechseln aus der Erdbebenregion um zwei Jahre verlängert und die Bank von Japan angewiesen, diese aufzukaufen. Damit sollten Firmen- und Bankenpleiten verhindert werden. Bis Ende 1926 war diese Rediskontierung allerdings erst zu zwei Dritteln abgeschlossen. Die Regierung wollte das Problem gesetzlich lösen, doch die Opposition forderte die Offenlegung der Namen der betroffenen Banken. Als die Namen an die Öffentlichkeit gelangten, gerieten die Anleger in Panik und wollten im März 1927 ihre Guthaben auflösen. Einige Banken mussten daraufhin den Betrieb einstellen. Hinzu kam die Krise der Bank von Taiwan, die der Hauptgläubiger des Suzuki-*zaibatsu* war. Als im März der Zuckerpreis jäh verfiel, konnte Suzuki seine Verbindlichkeiten nicht mehr begleichen. Die Bank von Taiwan lehnte daraufhin weitere Kredite an den Konzern ab, woraufhin Suzuki seinen Bankrott erklärte. Schließlich musste die Bank von Taiwan die Regierung um Hilfe bitten. Die Regierung entwarf eine Kaiserliche Verordnung, die Hilfe für die Banken ankündigte, und legte sie dem Geheimen Staatsausschuss zur Genehmigung vor. Doch dieser lehnte die Vorlage ab; die Gegner von Shideharas Chinapolitik nutzten die Gelegenheit, um die Regierung zu stürzen. Das Kabinett trat tatsächlich zurück. Am 18. April, am selben Tag, als Chiang Kaishek die Bildung einer Nationalregierung in Nanjing verkündete, musste die Bank von Taiwan ihren Betrieb einstellen. Eine neue Finanzpanik griff um sich.

Neuer Premierminister und zugleich Außenminister wurde im April 1927 Tanaka Giichi vom Seiyūkai. Finanzminister Takahashi Korekiyo verhängte sofort ein Schuldenmoratorium und ließ alle Banken für zwei Tage schließen; eiligst wurde frisches Geld gedruckt, um die Anleger auszahlen zu können. Im Mai teilte die Bank von Japan Sonderkredite aus, für welche die Regierung bürgte, und stabilisierte damit die Banken. Innerhalb der nächsten Jahre kam es jedoch zu Fusionen und einer Konzentration im Bankensektor. Davon profitierten in erster Linie die *zaibatsu*-Banken.

In der Innenpolitik musste Tanaka zunächst die Wahl am 20. Februar 1928 überstehen, bei der alle volljährigen Männer wahlberechtigt waren. An dieser Wahl nahmen erstmals sogenannte proletarische Parteien der Linken teil, die jedoch nur bescheidenen Zuspruch fanden. Die Wahl zeichnete sich dadurch aus, dass wegen der Vervielfachung der Wählerschaft jetzt anstelle der bisherigen Hausbesuche Wahlplakate eingesetzt wurden. Die Asahi Shinbun schrieb sogar einen Wettbewerb für die schönste Wahlparole und einen weiteren für das schönste Plakat aus; manche Kandidaten bedienten sich aus diesem Fundus, andere ließen Maler und Karikaturisten ans Werk. Im ganzen Land wurden etwa 30 Millionen Poster gehängt.[248]

Tanaka gewann die Wahl. 1928 und 1929 setzte er zur Bekämpfung der Linken und der Kommunisten zwei große Verhaftungswellen in Gang. Außenpolitisch folgte er Shideharas Linie – wenngleich mit dem Unterschied, dass er bereit war, zum Schutz der Japaner im Ausland auch Gewalt einzusetzen. Als Chiang Kaishek im April in Nanjing gegen die Kommunisten putschte und einen erneuten Feldzug nach Norden unternahm, wobei sich seine Truppen der Provinz Shandong näherten, entsandte die Regierung Tanaka im Mai 1927 und im April 1928 Truppen nach Shandong. 1928 kam es dabei zu einem Zusammenstoß mit Chiangs Armee.

Zhang Zuolin verlor 1928 die Kontrolle über Beijing an die Guomindang-Armee und zog sich in die Manjurei zurück. Chiang Kaishek erklärte die Einheit Chinas für wiederhergestellt und forderte die ausländischen Mächte auf, ihre Truppen aus China abzuziehen, die Ungleichen Verträge aufzuheben und die Pachtgebiete zurückzugeben. Die japanische Guandong-Armee, die auf der Liaodong-Halbinsel stationiert war und bereits gegen das Mitsuya-Abkommen protestiert hatte, wollte nun freie Hand haben und inszenierte am 4. Juni 1928 einen Mordanschlag auf Zhang Zuolin. Doch folgte diesem Attentat keine Intervention. Das Ergebnis des Attentats war aus japanischer Sicht kontraproduktiv. Zhangs Sohn Xueliang verbündete sich im Dezember 1928 mit Chiang Kaishek. So geriet die Manjurei unter Einfluss von Chiangs Nationalregierung. Japans Interessen dort waren akut bedroht.

Als bekannt wurde, dass die Guandong-Armee hinter der Ermordung Zhangs steckte, forderte der *genrō* Saionji Kinmochi die Bestrafung der Verantwortlichen. Tanaka musste dies zugestehen und meldete dies dem Kaiser. Doch sein eigenes Kabinett und die Armeeführung widersprachen. Die Täter wurden nur disziplinarrechtlich belangt. Der Kaiser rügte Tanaka, der daraufhin im Juli 1929 zurücktrat. Sein Nachfolger wurde Hamaguchi Osachi von der Minseitō („Demokratische Partei"), dem Zusammenschluss von Kenseikai und Seiyū Hontō. Finanzminister Inoue Junnosuke verfolgte eine Deflationspolitik, um die Nachwehen der Finanzpanik zu bekämpfen; der Staatshaushalt und die Beamtengehäl-

[248] Tamai Kiyoshi: „Dai ikkai fusen ni okeru senkyo postā dōnyū katei". In: Terasaki Osamu, Tamai Kiyoshi: *Senzen Nihon no seiji to shimin ishiki.* Keiō tsūshin 2005, S. 193-219

ter wurden gekürzt. Die Ergebnisse waren verheerend, weil sie sich mit der Weltwirtschaftskrise trafen, die am 24. Oktober 1929 ausbrach. Aktienpreise, Warenpreise und Produktion brachen ein. Unternehmen gingen bankrott, es kam zu Massenentlassungen, Lohnkürzungen und erbitterten Arbeitskämpfen. Im Juli 1930 fiel der Preis für Rohseide plötzlich auf den Stand vom Ende des 19. Jahrhunderts; damit erreichte die Rezession auch die Textilindustrie. Eine exzellente Reisernte ließ auch den Reispreis verfallen und stürzte die Landwirtschaft in eine Krise. Sie wurde noch verschärft, als die Ernte des folgenden Jahres katastrophal ausfiel. Im Nordosten brach eine Hungersnot aus.

Nicht viel erfolgreicher war Außenminister Shidehara. Die Ausgangslage in China hatte sich wegen der Erfolge Chiang Kaisheks und dessen „Revolutionsdiplomatie“ völlig verändert. Shidehara wies die Konsularpolizei in der Manjurei 1930 an, Konflikte mit der chinesischen Polizei nach Möglichkeit zu vermeiden. Doch am 30. Mai 1930 überfielen etwa 700 chinesische und koreanische „Banditen“ japanische Siedlungen in Jiandao, plünderten und zerstörten die Häuser von Koreanern, die mit den Japanern zusammenarbeiteten, und warfen Granaten und Brandsätze in japanische Amtsgebäude. Weitere schwere Zwischenfälle folgten. Während Shidehara unverändert ablehnte, die Konsularpolizei deutlich zu verstärken, schickte der Administrator von Korea, Saitō Makoto, auf eigene Faust Polizeitruppen in die Manjurei. Tatsächlich gelang die Befriedung der Region zunächst, ohne die Kooperation mit den Chinesen nachhaltig zu stören.

Verlust der politischen Führung

Obwohl zwischen 1924 und 1932 nur Parteienkabinette gebildet wurden, war die Macht der zivilen Politiker alles andere als unumstritten. Ihr Problem war zunächst ein Legitimationsproblem. Bis auf 1924, als die Dreiparteien-Koalition gebildet wurde, gab es keinen Machtwechsel durch Wahlen. Stets verbündete sich die bisherige Opposition mit außerparlamentarischen Kräften, bildete eine Regierung und eroberte bei der nächsten Wahl die Mehrheit im Unterhaus. Regierungen wurden also nicht durch das Volk gewählt, sondern lediglich – und zwar ohne Ansehen ihrer politischen Leistungen – bestätigt. Zudem waren die Parteien eng mit Finanzwelt und Großindustrie verknüpft, um Wahlkämpfe und politische Vorhaben finanzieren zu können. Dadurch gerieten sie in den begründeten Verdacht der Korruption. Die Presse schürt das Misstrauen gegenüber den bürgerlichen Parteien, indem sie das System pauschal als timokratisch, also vom Geld beherrscht darstellte. Als Konkurrenten der Parteien, die von diesen Vorwürfen frei waren, boten sich Militär und nationalistische Organisationen an, deren Motive als „sauber“, uneigennützig und national gesinnt betrachtet wurden. Expansionistische Propaganda, vor allem von seiten des Manjurischen Jugendbundes (Manshū Seinen Renmei), fand großen Widerhall in der einheimischen Presse.

Der Verlust der politischen Kontrolle offenbarte sich ab Januar 1930 auf der Flottenkonferenz in London. Sie war eine Fortführung der Washingtoner Konferenz und sollte die Abrüstung der kleineren Kriegsschiffe regeln. Im März fanden die Unterhändler nach zähen Verhandlungen einen Kompromiss. Das Kräfteverhältnis der amerikanischen zur japanischen Flotte wurde zwar wie von den Japanern gewünscht auf 10:7 festgelegt, bei Kreuzern aber nur auf 10:6, und die Obergrenze für die U-Boot-Tonnage wurde von 78.000 auf 52.700 Tonnen reduziert. Außenminister Shidehara und Premierminister Hamaguchi erklärten sich einverstanden, und auch der Marineminister, der selbst an der Konferenz teilgenommen hatte, stimmte dem Ergebnis zu; doch der Oberbefehlshaber der Marine lehnte es ab.

Im April 1930 wurde der Vertrag signiert. Die Marineleitung ging an die Öffentlichkeit: Das Einverständnis der Regierung übergehe die Marine und verstoße gegen den in der Verfassung festgehaltenen kaiserlichen Oberbefehl. Der oppositionelle und traditionell marinefreundliche Seiyūkai schloss sich der Kritik der Marine an und wollte Premierminister Hamaguchi stürzen. Gestützt auf eine komfortable Mehrheit im Unterhaus gab Hamaguchi jedoch nicht nach: Im Oktober 1930 unterzeichnete Kaiser Hirohito den Vertrag. Im November verübte ein nationalistischer Jugendlicher ein Attentat auf Hamaguchi; dieser starb im August 1931 an den Folgen. Wakatsuki Reijirō wurde sein glückloser Nachfolger.

2.4 Japan im Kriegszustand (1931-1952)

2.4.1 Die Manjurei-Affäre

Hohe Offiziere der Guandong-Armee traten seit längerem für die gewaltsame Besetzung von Mongolei und Manjurei ein. Führender Vertreter dieser Idee war Ishiwara Kanji[249], der seit 1928 die strategische Planung der Guandong-Armee verantwortete. Im Mai 1931 verfasste er eine „Private Ansicht über die manjurisch-mongolische Frage“ (Manmō mondai shiken). Darin befand er, die Manjurei und die Mongolei seien für die Verteidigung Japans, die Kontrolle Koreas, die Lenkung Chinas und die Rettung der japanischen Wirtschaft unverzichtbar. Ishiwara forderte, Manjurei und Mongolei zu annektieren. Dies war für ihn angesichts der Weltlage eine nationale Überlebensfrage:

> „Die Welt, die nach dem Großen Europäischen Krieg dabei ist, fünf Supermächte zu bilden, wird ganz sicher weiter voranschreiten und am Ende einem einzigen System angehören. Wo die Kontrolle über das Zentrum dieses Systems liegt, wird in einem Kampf um die Vorherrschaft zwischen dem Repräsentanten des Westens, den USA, und dem Meister des Ostens, Japan, entschieden werden. Deshalb muss unser Land unverzüglich die Grundlagen einer nationalen Politik verwirklichen, indem es

[249] Mark Peattie: *Ishiwara Kanji and Japan's Confrontation with the West.* Princeton 1975

sich den Status eines Meisters des Ostens erwirbt. Um die gegenwärtige Lage zu überwinden und die Meisterschaft des Ostens zu erringen, müssen wir unsere Machtsphäre unverzüglich im nötigen Umfang erweitern."[250]

Freilich war die Annexion von Manjurei und Mongolei nur eine von mehreren Optionen. Ihre Schattenseite bestand darin, dass die Eingliederung der verschiedenen Ethnien in den japanischen Staat noch schwieriger als im Falle Koreas geworden wäre. Seit den 1920er Jahren wurde auch das Konzept eines gemeinsamen manjurisch-mongolischen Staates (Manmō) aufgegriffen, das nach der chinesischen Revolution von der einheimischen Aristokratie entworfen worden war. Dabei wollte man sich auf das vom Völkerbund anerkannte Selbstbestimmungsrecht der Völker berufen. Die merkwürdige Mongolei-Fahrt des Führers der Ōmoto-Religion, Deguchi Onisaburō, von 1924 gehörte in diesen Zusammenhang (s. S. 269). Insbesondere der Manjurische Jugendbund verfolgte diese Idee und verhandelte darüber mit mongolischen Führern. Das Konstrukt erwies sich aber als nicht tragfähig, da es nicht in der Lage war, die Han-chinesische Bevölkerungsmehrheit oder die koreanisch-japanischen Minderheiten sinnvoll zu integrieren. Zudem befürchtete man, dass der mongolische Nationalismus auf die Äußere Mongolei übergreifen und somit zu einer Konfrontation mit der Sowjetunion führen konnte. Manmō hätte damit absehbare neue Konfliktlinien eröffnet.

Stattdessen setzte sich die Idee eines Vielvölkerstaates durch, der unter dem Slogan „Harmonie der fünf Rassen" Japaner, Koreaner, Mongolen, Manjuren und Chinesen vereinen sollte. Dieser Staat, für den man den Namen „Manjuland", chines. Aussprache: Manzhuguo, jap.: Manshūkoku, korean.: Manjuguk, fand, sollte sich als Pufferstaat von der chinesischen Nationalregierung trennen, eine gemeinsame Identität aller dort lebenden ethnischen Gruppen auf der Basis ihrer Gleichheit schaffen und gleichwohl den Japanern eine Vorrangstellung einräumen – offensichtlich widersprüchliche Ziele.

Nach monatelangen Vorbereitungen täuschten Soldaten der Guandong-Armee am 18. September 1931 einen Bombenanschlag auf einen Gleisabschnitt der Südmanjurischen Eisenbahn nahe Mukden (Shenyang) vor. Die Schuld dafür wurde offiziell chinesischen Banditen gegeben. Sofort griff die Guandong-Armee die Stellungen Zhang Xueliangs an und besetzte Mukden, Zhangchun und Jili.

Die Regierung Wakatsuki ahnte nichts von der Intrige der Armee, wollte den Konflikt begrenzen und dementierte umgehend territoriale Interessen in Nordostchina.

Mittlerweile hatte Hashimoto Kingorō, ein Offizier im Generalstab, eine Verschwörerzelle gebildet, die für Oktober einen Staatsstreich vorbereitete. An der Finanzierung des Planes beteiligte sich die Guandong-Armee, bekannte nationa-

---

250 Rekishi-gaku Kenkyūkai (Hg.): *Nihon-shi shiryō 5: Gendai*. Tōkyō 1997, S. 9

listische Politiker wie Ōkawa Shūmei (wie Hashimoto Anhänger der Ōmoto-Sekte) und Inoue Nisshō waren involviert; doch deckte die Militärpolizei (Kenpeitai) die Verschwörung wenige Tage vor dem geplanten Putsch auf und nahm Hashimoto in Schutzhaft.

Im November 1931 brachte die Guandong-Armee gegen den Willen des Kabinetts den ehemaligen chinesischen Kaiser Pu Yi in die Manjurei und setzte eine manjurische Regierung unter Pu Yis Führung ein. Premierminister Wakatsuki wollte nun mit dem oppositionellen Seiyūkai eine Notkoalition bilden, doch Außenminister Shidehara und Finanzminister Inoue widersprachen. Schließlich trat im Dezember das gesamte Kabinett zurück. Neuer Premierminister wurde Inukai Tsuyoshi vom Seiyūkai.

Die Guandong-Armee besetzte inzwischen den größten Teil der Manjurei. Das internationale Echo war verheerend. Im Dezember 1931 richtete der Völkerbund eine Untersuchungskommission unter Leitung des Briten Lytton ein. Im Januar 1932 lehnten die USA territoriale Veränderungen in China ab. In China kam es zu schweren Ausschreitungen gegen japanische Einrichtungen und zu einer antijapanischen Boykottbewegung. Als im Januar 1932 Bettelmönche der japanischen Nichiren-Sekte in Shanghai angegriffen wurden (einer von ihnen kam ums Leben), griff die japanische Marine am 29. Januar mit Marineinfanterie chinesische Truppeneinheiten an. Zugleich wurde Shanghai von See und Luft aus bombardiert. Im Februar entsandte die Regierung Inukai zusätzliche Truppen. Nach schweren, verlustreichen Kämpfen endete die Intervention am 2. März durch ein Abkommen mit Chiang Kaishek.

Einen Tag vorher gründete die Guandong-Armee den Staat Manzhuguo. Staatsoberhaupt wurde Pu Yi. Die Regierung Inukai lehnte eine Anerkennung ab. Doch Inukai Tsuyoshi wurde am 15. Mai 1932 ermordet. Sein Nachfolger Saitō Makoto führte nun eine Regierung der nationalen Einheit, in der die zivilen Politiker den Widerstand gegen die Expansionspläne der Armee aufgaben. Das Unterhaus beschloss im September 1932 einstimmig, Manzhuguo anzuerkennen. Einen Monat später erstattete die Lytton-Kommission dem Völkerbund Bericht. Der Bericht stellte die ethnischen Konflikte und Interessen der verschiedenen Seiten ausführlich dar, entdeckte aber keine Hinweise für ein tragfähiges Streben nach nationaler Selbstbestimmung und empfahl daher keine Anerkennung als Staat. Stattdessen sollte die Manjurei Selbstverwaltung innerhalb Chinas erhalten, die durch die japanische Polizei überwacht werden sollte. Der Völkerbund stimmte diesem Bericht am 24. Februar 1933 zu; nur Japan war dagegen, und Siam enthielt sich. Botschafter Matsuoka Yōsuke kündigte daraufhin im März 1933 Japans Austritt aus dem Völkerbund an (er wurde 1935 wirksam). Damit schockierte er die Weltgemeinschaft und wurde zum Vorbild für Deutschland und Italien, die den Bund im Oktober 1933 bzw. Dezember 1937 verließen.

Die Guandong-Armee setzte unterdessen ihren Vormarsch in der Provinz Rehe (Jehol) bis kurz vor Beiping fort. Am 31. Mai 1933 schloss sie mit Chiang Kaishek ein Waffenstillstandsabkommen. Südlich der Großen Mauer wurde eine demilitarisierte Pufferzone eingerichtet. Rehe geriet als vierte chinesische Provinz unter japanischen Einfluss, und die Existenz Manju Guruns wurde von der chinesischen Regierung vorerst hingenommen.

Die Haltung der japanischen Öffentlichkeit und Politik gegenüber der Manjurei-Krise war vielfältig und uneinheitlich, insgesamt jedoch gleichgültig.[251] Trotz militanter Presse-Berichterstattung mochte darin kaum jemand eine nationale Schicksalsfrage sehen. Die schwere Wirtschaftskrise machte der Bevölkerung genug zu schaffen. Verschlimmert wurde die Lage der bürgerlichen Parteien, als die schwere Wirtschaftskrise der 1920 und 1930er Jahre besonders auf dem Land Armut und Hunger verursachte. Die Parteien fanden keine schnellwirkenden Rezepte und verloren weiter an Autorität. In Militärkreisen verbreitete sich ein radikaler, gegen die Großkonzerne gerichteter Physiokratismus *(nōhon shugi)*, der zahlreiche Berührungspunkte mit der marxistischen Kapitalismuskritik aufwies, statt eines Internationalismus allerdings die Lösung der japanischen Agrarprobleme durch Migration in Japan unterworfene Siedlungsräume propagierte.

Die These vom japanischen Sonderweg des Kapitalismus

Die kommunistische Bewegung in Japan war angesichts der anhaltend schlechten Wahlergebnisse der „proletarischen" Parteien auch nach Einführung des allgemeinen Männerwahlrechts an einer grundlegenden Analyse der sozialen Lage Japans interessiert, um ihre Strategie weiterzuentwickeln. Ein Mittel hierfür waren Untersuchungen über die Lage der Industriearbeiter, die das Büro der Kommunistischen Partei Japans in den 1930er Jahren vielerorts durchführen ließ. Die Ergebnisse waren nicht sonderlich ermutigend, wie sich an dem Beispiel der Kyōto Orimono Kabushiki Gaisha, einer großen Textilfabrik in Kyōto, vom Oktober 1930 zeigen lässt.[252]

Die Firma hatte 785 Beschäftigte, davon 325 Männer und 460 Frauen. Die Frauen arbeiteten überwiegend an mechanischen Webstühlen, während die Männer für die anspruchsvollere Handweberei oder technische Aufgaben eingesetzt wurden. Der tägliche Arbeitslohn betrug deshalb für Männer 0,95 bis 2 Yen, für Frauen nur 0,60 bis 0,95 Yen. Die tägliche Arbeitszeit betrug zehn Stunden und dauerte einschließlich Pausen von 6:30 Uhr bis 17:30 Uhr. Pausen wurden von 9:15 bis 9:30 Uhr, 12:00 bis 12:30 Uhr und 15:00 bis 15:30 Uhr abgehalten. Monatlich wurden 25 bis 27 Arbeitstage bezahlt. Der Sonntag war frei. Anders als vielerorts üblich erhielten Frauen keinen Menstruationsurlaub. Wer ein halbes Jahr ohne Fehlzeit arbeitete, erhielt eine Sonderzulage von zwei Yen; wer nicht mehr als zwölf Fehltage hatte, einen Yen. Fehlerhafte Webarbeiten wurden je Stück mit 0,50 Sen Lohnabzug bestraft. Gehaltserhöhungen gab es fast nie. Ausbildungsplätze gab es ebenfalls nicht. Auch einen Sportplatz für gemeinsame Gymnastik besaß der Betrieb nicht.

---

251 Sandra Wilson: *The Manchurian Crisis and Japanese Society, 1931-33*. London 2002

252 Dokumentiert in http://www.sw.osakafu-u.ac.jp/~swlib/nagao_c6/c0509.html

180 Beschäftigte waren in der 1926 auf Initiative von Yoshino Sakuzō gegründeten Generalliga der Japanischen Arbeiter (Nihon Rōdō Sōdōmei), einer „rechten“ Gewerkschaft, organisiert. Sie waren auch Abonnenten der Shakai Minshū Shinbun, des Sprachrohrs der im selben Jahr entstandenden Sozialistischen Volkspartei (Shakai Minshūtō). 15 gehörten dem Jugendverband der bürgerlichen Minseitō an. Einmal im Monat hielt ein Priester aus dem nahegelegenen buddhistischen Honganji-Tempel eine Predigt zur moralischen Erbauung. Die Firma übte zumindest auf die im firmeneigenen Wohnheim lebenden Beschäftigten Druck aus, daran teilzunehmen. Völlig offensichtlich herrschte hier kein revolutionsfreundliches Niveau. Aber war es feudalistisch, wie manche behaupteten?

Als 1927 die innerparteiliche Opposition der KPdSU das von Marx en passant ins Spiel gebrachte Konzept einer „Asiatischen Produktionsweise“ entdeckte, wollte sie damit indirekt Kritik an Stalin üben; Stalin ließ diese Diskussion unterbinden. Die Kommunistische Partei Japans jedoch griff die These 1932 (zumindest teilweise) auf, um damit die „orientalischen“ Besonderheiten Japans zu begründen.[253] Sie behauptete, in Japan sei die Geschichte von der asiatischen über die Sklavenhalter-, Feudal- und absolutistische Produktionsweise verlaufen; es sei daher eine doppelte Revolution nötig. Die Meiji-Renovation sei eine unvollendete bürgerliche Revolution gewesen, die zunächst im Bündnis mit fortschrittlichen bürgerlichen Kräften vollendet werden müsse, bevor eine sozialistische Revolution erfolgen konnte. Die „Lehrgangs-Fraktion“ (Kōzaha, benannt nach dem 1932-1933 erschienenen Werk „Lehrgang der Geschichte des japanischen Kapitalismus“) oder „Feudalismus-Fraktion“ (Hōkenha) der KPJ behauptete nun, der japanische Kapitalismus besitze eine völlig andere Qualität als in Europa, denn außerökonomische Zwänge und Überreste des Feudalismus hätten statt einer weltgeschichtlich normalen klassenkämpferischen Situation zur Errichtung eines starken staatlichen Repressionsapparates geführt, der das Proletariat dauerhaft unterdrücke und in einem Zustand feudalistischer Unterdrückung halte. Dem widersprach eine Minderheitsfraktion, die der marxistischen Zeitschrift „Arbeiter und Bauern“ nahestand und deshalb als „Arbeiter- und Bauern-Fraktion“ (Rōnōha) bezeichnet wurde: Der japanische Kapitalismus sei dem europäischen im Prinzip sehr ähnlich. Außerökonomische Zwänge seien konkret gar nicht nachweisbar. Die sogenannte Kapitalismuskontroverse zwischen beiden Fraktionen dauerte bis in die 1950er Jahre an und beschäftigte die meisten japanischen Intellektuellen, da sie zum überwiegenden Teil marxistisch beeinflusst waren. Auch zahlreiche Historiker beteiligten sich; insbesondere die „Lehrgangs-Fraktion“ prägte auf dem Wege von Übersetzungen stark die internationale Wahrnehmung der japanischen Wirtschaft.[254] Nach dem Zweiten Welt-

[253] Distelrath, *Produktionsweise*, S. 29-33

[254] Frühe Beispiele waren Tsuchiya Takao, Kurt Singer (Hg.): *An Economic History of Japan*. [= The Transactions of The Asiatic Society of Japan 2:15]. Tokyo 1937; E. Herbert Norman: „Die Meiji-Restauration“. In: Ulrich Menzel (Hg.): *Im Schatten des Siegers: Japan*. Bd. 2. Frankfurt a.M. 1989, S. 9-76 (engl.: 1940)

krieg wurde die Diskussion unter Verwendung von Theorieteilen Max Webers fortgeführt und Japans angeblich „despotische Industrialisierung“ (Ōtsuka Hisao)[255] auf außerökonomische Besonderheiten in der Gesellschaftsstruktur, Psychologie, Religions- oder Ideengeschichte zurückgeführt. Eine wichtige Rolle übernahm dabei das Webersche Konzept der „Gemeinschaft“ (jap. *kyōdōtai*) als eines quasi-idyllischen Raumes, in dem die Marktgesetze durch emotionale Geborgenheit aufgehoben waren. Im Grunde dienten diese Argumente nur dazu, zu beweisen, dass Japan nicht im Bourdieuschen Sinne modern war, dass also nicht der gesamte soziale Raum den Regeln des Marktes unterworfen war. Diese Beweisführung war notwendig, um nicht zuzugeben, dass Modernisierung keinesfalls zwangsläufig zu fortschreitender Demokratisierung im westlichen oder marxistischen Sinne führen musste. Die Behauptung eines japanischen „Sonderweges“ war nötig, um das „Projekt Moderne“ als linkes, d.h. progressives Konzept mit der Hoffnung auf eine evolutionäre oder revolutionäre Umwälzung des Feldes der Macht zu retten.

Abb. 50: Japanische Sojasoßenhandlung (Tōkyō-Minato, 1933)

[255] Zit. n. Distelrath, *Produktionsweise*, S. 47. Zur Weberrezeption s. Wolfgang Schwentker: *Max Weber in Japan: eine Untersuchung zur Wirkungsgeschichte 1905-1995*. Tübingen 1998; Sebastian Conrad: „Arbeit, Max Weber, Konfuzianismus. Die Geburt des Kapitalismus aus dem Geist der japanischen Kultur?“ In: Hartmut Berghoff, Jakob Vogel (Hgg.): *Wirtschaftsgeschichte als Kulturgeschichte. Dimensionen eines Perspektivwechsels.* Frankfurt a. M. 2004, S. 219-239

2.4.2 Das Militär übernimmt den Staat

Terror, Putsch, Indoktrination

Dass die Hoffnung auf revolutionäre Veränderungen jedoch keineswegs nur auf der Linken anzutreffen war, bewies sich in der von Terror und Putschversuchen geprägten ersten Hälfte der 1930er Jahre. Die Rechte schaffte durch „direkte Aktionen", Agitation und öffentliche Diskurse, was der Linken nie gelungen war: zentrifugale Stimmungen (Atomisierung) in zentripetale umzuwandeln und das Feld der Macht dadurch zu beherrschen.

1931 und 1932 kam es zu Terroranschlägen und Putschversuchen. Im Februar und März 1932 wurden zunächst der ehemalige Finanzminister Inoue Junnosuke und der Vorsitzende der Mitsui-Holdinggesellschaft, Dan Takuma, durch Aktivisten der „Blutliga" (Ketsumeidan) ermordet. Die „Blutliga" stand unter der geistigen Führung von Inoue Nisshō. Inoue war nach 1910 bis 1920 in der Manjurei im Dunstkreis der Südmanjurischen Eisenbahn tätig, wandte sich ab 1924 der nationalistisch-buddhistischen Nichiren-Sekte zu und predigte schließlich den Terrorismus, begleitet von antikapitalistischer Propaganda.

Am 15. Mai 1932 versuchten Seekadetten einen Putsch. Beteiligt waren auch junge Offiziersschüler des Heeres, Anhänger des Physiokratismus sowie Mitglieder der „Blutliga". Sie besetzten den Amtssitz des Premierministers und töteten Premierminister Inukai. Auch Banken, die Parteizentrale des Seiyūkai und das Polizeipräsidium wurden angegriffen. Zudem wurde die Stromversorgung in Tōkyō lahmgelegt. In ihren Verlautbarungen bezeichneten die Putschisten Parteien, Hochfinanz und hohe Beamte als privilegierte Klasse und forderten in der Sprache der Linken „direkte Aktionen" zu deren Sturz. Die Revolte wurde rasch unterdrückt, die Putschisten jedoch unter dem Druck der Straße – die Reservistenverbände hatten 700.000 Unterschriften gesammelt – nur zu milden Strafen verurteilt.

Nach der Ermordung Inukais wäre eigentlich Suzuki Kisaburō als Vorsitzender der Mehrheitspartei Seiyūkai der geborene Nachfolger gewesen; doch das Heer lehnte ein neues Parteienkabinett ab, und ohne einen Heeresminister konnte kein Kabinett gebildet werden. Daher wurde Admiral Saitō Makoto neuer Premierminister. Seine Minister wählte er aus Seiyūkai und Minseitō, Beamtenschaft, Finanzwelt und Oberhaus und deklarierte eine „Regierung der nationalen Einheit". Bis 1945 kam kein weiteres Parteienkabinett mehr zustande.

Aber auch der ideologische Druck des Militärs nahm zu. 1932 weigerten sich zwei katholische Studenten der von Jesuiten gegründeten Sophia-Universität, wie von ihrem militärischen Ausbilder gefordert den Yasukuni-Schrein zu besuchen.[256] Dort sollte der während des Shanghai-Zwischenfalls gefallenen Soldaten

---

[256] Hans Martin Krämer: *Unterdrückung oder Integration? Die staatliche Behandlung der katholischen Kirche in Japan, 1932 bis 1945*. Marburg 2002

gedacht werden. Das Militär brandmarkte ihr Verhalten als Verrat am Geist der Wehrerziehung. Schließlich wandte sich der katholische Erzbischof von Tōkyō an Kultusminister Hatoyama Ichirō und erhielt am 30. September die Antwort:

> „Studenten, Schüler und Kinder zu Schreinen gehen zu lassen, beruht auf pädagogischen Gründen. Die ehrfürchtige Verbeugung, die man dabei von Gruppen von Studenten, Schülern oder Kindern verlangt, bedeutet nur, dass man patriotische Gesinnung und Treue ausdrückt."[257]

Damit war festgelegt, dass jeder unabhängig von seiner Religion die Pflicht hatte, an solchen Aktivitäten teilzunehmen; damit hätte die Universitätsleitung leben können. Die Presse berichtete jedoch im Oktober ausführlich über den Vorfall und formte daraus eine Kampagne gegen den mangelnden Patriotismus der Christen, in die Reservistenvereinigungen, nationalistische Gruppen sowie shintōistische und buddhistische Priester einstimmten. Nach diesen Veröffentlichungen und dem vom Heeresministerium verfügten Abzug ihres militärischen Ausbilders gingen die Neueinschreibungen an der Sophia-Universität um 60 % zurück. Die Universität beeilte sich, den Schaden zu reparieren und einen patriotischen Unterricht zu gewährleisten.

1932 vereinten sich die „rechten" Proletarierparteien „Alljapanische Massenpartei der Arbeiter und Bauern" und „Sozialistische Volkspartei" zur „Sozialistischen Massenpartei" (Shakai Taishūtō), die sich gegen Kapitalismus und Kommunismus gleichermaßen wandte. Dazu passend schworen 1933 fast alle der seit 1928 inhaftierten Kommunisten in einer „Konversion" öffentlich dem Komintern-Kurs ab, drückten ihre Unterstützung für die Expansion in die Manjurei aus oder traten gar für einen nationalen Sozialismus mit dem Kaiser als Mittelpunkt ein. Auch außerhalb der Gefängnisse gab es gemeinsame Aktionen linker und rechter Bewegungen. Als Vaterfigur dieser Idee einer nationalen Revolution und spirituellen Erneuerung galt Araki Sadao, der 1931 bis 1934 Heeresminister war und Schlüsselstellungen der Armeeführung mit seinen Parteigängern, der sogenannten „Fraktion vom Kaiserlichen Weg" *(kōdōha),* besetzte. Araki genoss große Popularität bei den jüngeren Offizieren. Im Heeresministerium wie auch im Oberkommando des Heeres sammelten sich dagegen Arakis Gegner, die sich mit einflussreichen Mitspielern in Palastamt, Parteien und Wirtschaft verbündeten, um den Aktionismus und Populismus der Araki-Leute zu kontrollieren; deshalb nannte man sie die „Kontrollfraktion" *(tōseiha).* Im Oktober 1934 veröffentlichten sie ein Pamphlet, in dem sie die Vision eines hochgerüsteten, kriegsbereiten Staates entwarfen. Dem entsprach, dass Japan im Dezember 1934 den Washingtoner Flottenvertrag kündigte und sich im Januar 1936 auch von der Londoner Abrüstungskonferenz zurückzog. Damit war der Weg für ein Wettrüsten mit Großbritannien und vor allem den USA frei.

[257] Zit. n. Nishiyama Toshihiko: „Jinja sanpai to shūkyō kōi no kitei no shiisei" (http://peace-appeal.fr.peter.t.nishiyama.catholic.ne.jp/senseki-2.htm), Stand: 31.8.2005

Die Kontroverse zwischen den Fraktionen im Militär spitzte sich zu, als im Februar 1935 ein ehemaliger Militär im Oberhaus scharfe Kritik an dem Staatsrechtslehrer Minobe Tatsukichi, selbst Mitglied des Oberhauses, übte. Dieser hatte seit 1912 die Auffassung vertreten, der Kaiser sei das höchste Organ der Verfassung. Dies entsprach durchaus der Interpretation des japanischen Staatskörpers *(kokutai)* zur Zeit, als die Verfassung geschaffen wurde. Die Kritik rieb sich jetzt daran, dass der Kaiser damit der Verfassung untergeordnet wurde. Reservistenverbände, nationalistische Gruppen und auch die Fraktion des kaiserlichen Weges schlossen sich der Kritik an. Sie reduzierten das Konzept des Staatskörpers auf die Person und Dynastie des Kaisers und leugneten, dass er in ein organisches Ganzes eingebunden war. Nach heftigen Angriffen trat Minobe von seinem Sitz im Oberhaus zurück; seine Bücher wurden verboten. Die Regierung musste ihre Zustimmung zum neuen Kokutai-Konzept erklären und die Organtheorie verwerfen.

Wenig später spitzte sich der Konflikt zwischen den beiden Fraktionen innerhalb der Militärführung zu. Junge Offiziere bezeichneten Repressalien seitens der Kontrollfraktion als „Beamtenfaschismus". Am 26. Februar 1936 kam es zu einem neuerlichen Putschversuch: Mehr als 1.000 Soldaten der „Fraktion des kaiserlichen Weges" besetzten den Amtssitz des Premierministers und das Regierungsviertel in Tōkyō. Palastminister Saitō Makoto, Finanzminister Takahashi Korekiyo und der Heeresinspekteur wurden getötet, der Oberkämmerer des Kaisers Suzuki Kantarō schwer verletzt. Die Putschisten riefen eine „Shōwa-Renovation" aus. Kaiser Hitohito war aufgebracht über die Mordakte und befahl der unschlüssigen Heeresleitung die Niederschlagung des Putsches. Die Marine hatte sich ohnehin sofort gegen den Putsch gestellt. Nach vier Tagen brach der Putsch zusammen. Im Gegensatz zu 1932 wurden diesmal strenge Strafen verhängt, weil die Kontrollfraktion endgültig mit der anderen Seite abrechnen wollte: 17 Hinrichtungen wurden verfügt, darunter auch die von Kita Ikki, obwohl dieser gar nicht in den Putsch verwickelt war. Als geistigen Ziehvater der Rebellen – von ihm stammte die Rhetorik des nationalen Sozialismus – zog man ihn dennoch zur Verantwortung. Die Heeresleitung wurde gesäubert. Der neue Premierminister Hirota Kōki stützte sich stark auf das Heer. Der Putsch verhalf also der Kontrollfraktion zu politischer Dominanz im Staat.

Kritik am Großkapital

Die Stimmung im Volk blies den Großkonzernen ab 1932 ins Gesicht. Die Ermordung Dan Takumas begriff die Wirtschaftswelt als Fanal. Mit Imagekampagnen wie zur Zeit der Tokugawa versuchte man die Stimmung aufzubessern: Mitsui gründete eine Stiftung für Arbeitslose, an der sich auch Mitsubishi und Sumitomo beteiligten. Alle Angehörigen des Hauses Mitsui wurden aus Vorstandsposten entfernt, und den Verkauf großer Aktienpakete kündigte man als Sozialisierung des Unternehmens an.

Doch es kam noch schlimmer. Während der Wirtschaftskrise 1927 war der Suzuki-Konzern zusammengebrochen. Die Bank von Taiwan, einer der Ecksteine des japanischen Kolonialismus, besaß jedoch ein riesiges Aktienpaket einer Suzuki-Tochterfirma, des Kunstseidenproduzenten Teikoku Jinken (kurz Teijin), und musste dieses an die Bank von Japan abgeben, um nicht selbst unterzugehen. Das Finanzministerium behielt sich die Entscheidung über deren Verkauf vor. Da die Aktie im Wert stieg, überredeten Mitglieder eines Arbeitskreises, an dem Mitsui-Lobbyisten beteiligt waren, Kultusminister Hatoyama Ichirō dazu, sich beim Finanzminister für den Verkauf zu verwenden. Die Zeitung Jiji Shinpō machte diesen Plan jedoch im Januar 1934 publik. Der Präsident der Jiji Shinpō, Mutō Sanji, der selbst jahrelang aktiver Politiker und Kritiker der Regierung gewesen war, wurde im März 1934 ermordet, doch die Staatsanwaltschaft nahm im April eine Reihe wichtiger Politiker fest. Das gesamte Kabinett Saitō trat im Juli zurück. Es schloss sich ein großer Prozess gegen 16 Beteiligte an, der im Dezember 1937 zwar mit Freisprüchen für alle Angeklagten endete, aber in der Öffentlichkeit erhebliche Zweifel an der moralischen Integrität der Parteien wachrief.

Informelle Beherrschung der Manjurei

Anders als im Falle Taiwans oder Koreas wählte Japan in Nord- und Nordostchina den Weg der informellen Herrschaft.[258] Manju Gurun wurde mit allen Mitteln propagandistischer Kunst zu einem eigenen symbolischen Raum gestaltet.[259] Eine Schlüsselrolle spielte dabei 1934 die Erhebung Pu Yis zum Kaiser von Manju Gurun, der in der Öffentlichkeit als Partner des japanischen Kaisers auftrat – in Wirklichkeit jedoch völlig von den Japanern abhing. Für eine internationale Anerkennung einer Annexion hätte ohnehin keine Aussicht bestanden.

Die japanische Einwanderung in die Manjurei verlief vor der Gründung Manju Guruns schleppend.[260] 1914 lebten hier etwa 122.000 Japaner, 1926 232.000, 1929 271.000. Dies entsprach jeweils etwas mehr als einem Drittel aller Auslandsjapaner. Viele gehörten der Verwaltung oder dem Militär an oder arbeiteten für die Südmanjurische Eisenbahn und deren Tochterunternehmen.

---

[258] Peter Duus, Ramon Myers, Mark Peattie (Hgg.): *The Japanese Informal Empire in China, 1895-1937*. Princeton 1989; Barbara J. Brooks: *Japan's Imperial Diplomacy: Consuls, Treaty Ports, and War in China, 1895-1937*. Honolulu 2000; Yoshihisa Tak Matsusaka: *The Making of Japanese Manchuria, 1904-1932*. Cambridge 2001; Mariko Asano Tamanoi: „Knowledge, Power, and Racial Classifications: The Japanese in Manchuria". In: *Journal of Asian Studies* 59:2 (2000), S. 248-276

[259] Prasenjit Duara: *Sovereignty and Authenticity: Manchukuo and the East Asian Modern*. Lanham 2003

[260] Louise Young: *Japan's Total Empire, Manchuria and the Culture of Wartime Imperialism*. Berkeley 1999; Kevin McDowell: „Japan in Manchuria: Agricultural Emigration in the Japanese Empire, 1932-1945" [= http://www.arts.monash.edu.au/cgi-bin/inc/print?page=/eras/edition_5/mcdowellarticle.htm]. 2003 (Stand: 29.8.2005)

Bis 1936 schnellte diese Zahl zwar auf 436.000 hoch, doch entsprach auch dies nur 36 % aller Japaner im Ausland. Die japanische Seite kaufte oder beschlagnahmte nun Land und stellte es Siedlern zur Verfügung, die ab 1936 in massiven Kampagnen zur Erschließung der Manjurei angeworben wurden.[261] Die Regierung versprach daneben finanzielle Anreize und warb mit romantisierender und die Siedler zu patriotischen Pionieren heroisierender Propaganda unter den von Existenznot bedrohten japanischen Bauern. 1939 hielten sich schließlich 1,3 Millionen Japaner in Manzhuguo auf; davon waren jedoch immer noch nur etwa 200.000 Siedler. Ihnen standen je eine Million Koreaner und Mongolen, 38.000 Russen und etwa 37 Millionen Han-Chinesen und Manjus gegenüber. Trotz der Ideologie der Gleichheit der „Fünf Rassen" wurden die Japaner in Wirklichkeit vielfach bevorzugt. Die übrigen Ethnien nahmen die Rolle von Hilfskräften ein.[262] Wirklich geklärt wurde das Verhältnis der Ethnien zueinander jedoch bis zum Ende nicht; die „Harmonie der Rassen" existierte im kolonialen Alltag zumeist nicht.[263]

Das Ziel der japanischen Armee war mittlerweile, auch die chinesischen Nordprovinzen von China zu lösen.[264] Im Juni 1935 sagte die chinesische Regierung zu, ihre Truppen aus den Provinzen Hebei und Chahar abzuziehen und antijapanische Aktivitäten zu unterdrücken. In der Provinz Rehe installierte die japanische Armee im November 1935 eine Selbstverwaltung, die japanische Investoren begünstigte. Bald blühte dort auch der Opiumhandel. Das Kabinett Hirota akzeptierte die Pläne der Armee im August 1936 und legte sich darauf fest, „die Hegemonialpolitik der [westlichen] Mächte in Ostasien zu eliminieren" und dafür „die enge Kooperation zwischen Japan, Manzhuguo und China" zu stärken. Die Ausweitung des japanischen Einflusses in Südostasien sollte hinzukommen.[265]

Doch im November 1935 wurde ein Attentat auf den als japanfreundlich geltenden Außenminister Wang Jingwei versucht. Studenten und städtische Arbeiter gründeten Widerstandsbewegungen. Japan verstärkte seine Truppenpräsenz und vermutete dahinter eine zentrale Lenkung aus der Sowjetunion. Zur Abwehr der Kommunistischen Internationale schloss Japan im November 1936 mit dem nationalsozialistischen Deutschland den Antikomintern-Pakt, ein Propagandabündnis, dessen Bedeutung im Ausland überschätzt wurde. Italien trat dem Pakt erst im November 1937 bei.

---

261 Kazuko Kuramoto: *Manchurian Legacy: Memoirs of a Japanese Colonist.* East Lansing 1999

262 Es verdient Erwähnung, dass zwei der späteren südkoreanischen Präsidenten in der Regierung (Choi Kyu-ha) bzw. Armee (Park Chung-hee) Manju Guruns dienten, während die Familie eines dritten (Chun Doo-hwan) sich in der Manjurei niedergelassen hatte.

263 Robert Cribb, Li Narangoa (Hgg.): *Imperial Japan and National Identities in Asia, 1895-1945.* Richmond 2003

264 Marjorie Dryburgh: *North China and Japanese Expansion, 1933-1937: Regional Power and the National Interest.* Richmond 2000

265 Kabinettsbeschluss vom 7.8.1936, zit. n. Rekishi-gaku kenkyū-kai (Hg.): *Nihon-shi shiryō 5: Gendai.* Iwanami Shoten 1997, S. 73

Am 12. Dezember 1936 setzte Zhang Xueliang, der sich nach seiner Vertreibung aus der Manjurei der Guomindang angeschlossen hatte, Chiang Kaishek in Xian gefangen und zwang ihn, den Krieg gegen die Kommunisten zu beenden, um gemeinsam gegen Japan zu kämpfen. Japans neuer Außenminister Satō Naotake bot nun der chinesischen Regierung einen Rückzug aus Chinas Norden und umfangreiche wirtschaftliche Kooperation an, um den drohenden Krieg abzuwenden. Am 4. Juni 1937 kam jedoch Konoe Fumimaro an die Macht, ein Adliger, der als Gegner von Abrüstung und Pazifismus, aber auch als Reformer und Saubermann galt.

2.4.3 Der zweite chinesisch-japanische Krieg

Der Ausbruch von Feindseligkeiten

In der Nacht des 7. Juli 1937 führten japanische Truppen an der Lugou-Brücke (Marco-Polo-Brücke) nach Beiping ein Nachtmanöver durch und gerieten dabei in einen Schusswechsel mit chinesischen Truppen.[266] Die Armee griff am nächsten Morgen chinesische Stellungen östlich der Brücke an. Die Scharmützel endeten rasch, am 11. Juli wurde ein Waffenstillstandsvertrag geschlossen. Doch Kabinett Konoe wertete den Zwischenfall am selben Tag als „planmäßigen bewaffneten Angriff Chinas auf Japan“ und kündigte öffentlich die Verlegung von fünf Divisionen nach China an. Bürgerliche Parteien, Wirtschaft und Presse erklärten ihre Unterstützung.

Auch die chinesischen Kommunisten riefen landesweit zum Kampf gegen Japan auf. Am 17. Juli 1937 forderte auch Chiang Kai-shek seine Landleute auf, „unserem Endsieg nachzujagen“.

Am 28. Juli 1937 setzte das japanische Heer zum Großangriff auf Beiping an. Nachdem am 9. August zwei japanische Marineoffiziere in Shanghai ermordet worden waren, schickte Japan zwei weitere Divisionen dorthin. Seit dem 13. August 1937 kämpften chinesische und japanische Truppen an zwei Fronten gegeneinander. Eine Kriegserklärung gab es nicht. Japan besetzte die Innere Mongolei und setzte dort eine Marionettenregierung ein. Der Kampf um Shanghai und das Umland gestaltete sich viel langwieriger und verlustreicher. Immer neue Truppen mussten aufgeboten werden. Shanghai fiel am 12. November, aber es dauerte einen Monat, bis die Japaner auch die 300 km entfernte Hauptstadt Nanjing erobern konnten. Nach der Eroberung der Stadt richteten die Japaner chinesische Kriegsgefangene und Männer, die sie für Soldaten hielten, in großer Zahl hin. Es kam zu Plünderungen, Vergewaltigungen und Greueltaten in einem Ausmaß, das internationale Beobachter und Journalisten erschütterte. Die Guomindang nutzte das Geschehen sofort zu intensiver und wirkungsvoller Propa-

[266] Usui Katsumi: *Nitchū sensō*. Chūō Kōronsha 2000

ganda gegen Japan in den angelsächsischen Ländern. Heute noch ist es unter der Bezeichnung „Großes Nanjing-Massaker" ein Eckstein des chinesischen Nationalismus und Antijapanismus. Eine genaue Aufklärung der Greuel unterblieb während des Krieges und wurde erst 1946 im Zusammenhang mit Kriegsverbrecherprozessen versucht. Inzwischen ist es der historischen Forschung gelungen, zahlreiche Einzelaspekte jenseits von Propaganda und Mythenbildung aufzuhellen.[267] Die genaue Zahl der Todesopfer wird bis zu einem gewissen Grade abhängig von mehr oder weniger plausiblen Definitionen und Annahmen bleiben, dürfte aber für den Zeitraum 1937 bis 1938 in Nanjing und Umgebung

Abb. 51: Hingerichteter Chinese (bei Shanghai 1937)

[267] Forschungsüberblicke geben Fei fei Li, Robert Sabella, David Liu (Hgg.): *Nanking 1937: Memory and Healing*. Armonk 2002; David Askew: „New Research on the Nanjing Incident". In: *Japan Focus*, http://japanfocus.org/article.asp?id=109, 2004 (Stand: 29.8.2005); John A. Tucker: „The Nanjing Massacre: A Review Essay". In: *China Review International* 7:2 (2000), S. 321-335; Daqing Yang: „Convergence or Divergence? Recent Historical Writings on the Rape of Nanjing". In: *American Historical Review* 104:3 (1999), S. 842-865; Joshua Fogel (Hg.): *The Nanjing Massacre in History and Historiography*. Berkeley 2000; Kasahara Tokushi: *Nankin Jiken to Nihonjin: sensō no kioku wo meguru nashonarizumu to gurobarizumu*. Kashiwa Shobō 2002. Wichtige Quellen enthalten: Erwin Wickert (Hg.): *John Rabe. Der gute Deutsche von Nanking*. Stuttgart 1997; Zhang Kaiyuan (Hg.): *Eyewitnesses to Massacre: American Missionaries Bear Witness to Japanese Atrocities in Nanjing*. Armonk, New York 2001; Hua-ling Hu: *American Goddess at the Rape of Nanking: The Courage of Minnie Vautrin*. Carbondale 2000; Timothy Brook (Hg.): *Documents on the Rape of Nanjing*. Ann Arbor 1999. Seriöse Darstellungen sind Masahiro Yamamoto: *Nanking: Anatomy of an Atrocity*. Westport 2000; Hata Ikuhiko: *Nankin jiken – gyakusatsu no kōzō*.

„zwischen 50.000 und 75.000 erreicht haben, von denen 20.000 bis 50.000 ungesetzlich getötet wurden.“[268]

Der erbitterte Widerstand der Chinesen verhinderte rasche Erfolge Japans. Die Chinesen wichen ins Landesinnere zurück, daher mussten ihnen die japanischen Truppen planlos folgen und dadurch die Frontlinie immer weiter ausdehnen.

Hingegen wurde die japanische Öffentlichkeit zunächst in dem Glauben gelassen, es handele sich bei dem Waffengang um einen begrenzten und rasch zu beendenden „Zwischenfall“, wie es ihn in kleinerem Maßstab schon zuvor immer wieder gegeben hatte. Eine in der Ausgabe vom 1. November 1937 der Frauenzeitschrift Fujin Kurabu enthaltene „Illustrierte Karte, um den China-Zwischenfall und die japanisch-sowjetischen Beziehungen mit einem Blick zu verstehen“ markierte beispielsweise die Konfliktzonen Manjurei und China mit Manga-Männchen und Bomben, Schiffen, Flugzeugen usw., doch die meisten abgebildeten Chinesen und Koreaner gingen friedlichen Geschäften nach und ließen sich durch den Krieg nicht stören.

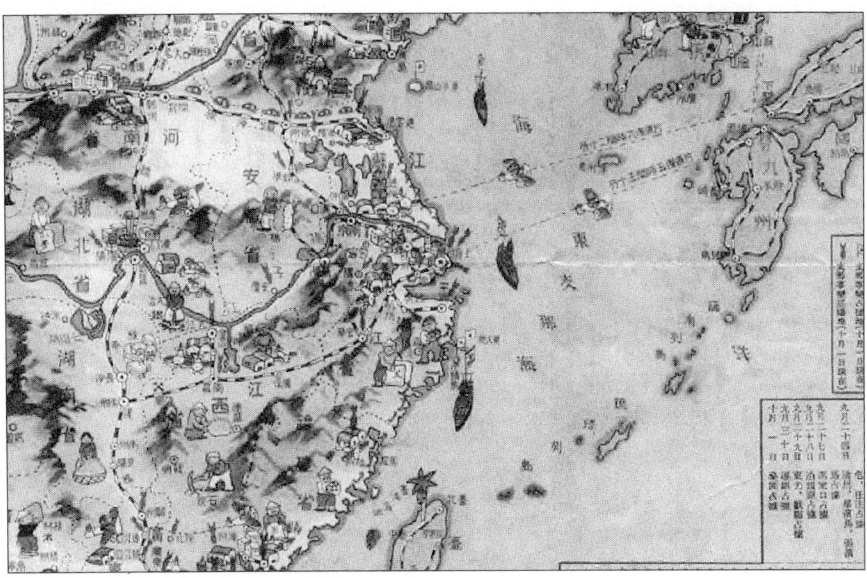

Abb. 52: Karte des China-Zwischenfalls (Fujin Kurabu, 1. 11. 1937)

Chūkō Shinsho 1986; Kasahara Tokushi: *Nankin jiken*. Iwanami Shinsho 1997. Ein gelungenes Beispiel für Mythenbildung ist Iris Chang: *Die Vergewaltigung von Nanking: das Massaker in der chinesischen Hauptstadt am Vorabend des Zweiten Weltkriegs*. Zürich, München 1999

268 Masahiro Yamamoto: *The History and Historiography of the Rape of Nanking*. Ph. Diss., University of Alabama, Tuscaloosa 1998, S. 219

Wer allerdings genauer hinsah, erkannte auf der Karte auch die Flugzeiten, die feindliche Bomber bis in die japanischen Metropolen brauchten. Offenbar sollten die Hausfrauen auch bereits darauf vorbereitet werden, dass Japan selbst nicht ungefährdet war.[269] Bombenkrieg war ein neues Element der Kriegführung, das die Japaner von Anbeginn an mit großer Wirkung in China einsetzten, was aus dieser Karte deutlich hervorging.

Die Generalmobilmachung

Diese Karte für Hausfrauen war Teil jener Maßnahmen, mit denen das japanische Volk für den Krieg mobilisiert werden sollte. Dazu wurden im Feld der Macht neue Strukturen geschaffen, die weit über die Grenzen der verfassungsmäßigen Ordnung hinaus in den sozialen Raum eingriffen. Im Oktober 1937 wurde ein Planungsamt der Staatskanzlei gegründet, das dem Premierminister unterstand und über die betroffenen Fachministerien hinweg Untersuchungen und Entscheidungen in nationalen Angelegenheiten anordnen durfte. Es wurde mit Militärs, reformfreudigen Beamten und zivilen Fachleuten, darunter vielen ehemaligen Linken, besetzt. Das Planungsamt entwarf ein „Gesetz zur nationalen Generalmobilmachung" der Bevölkerung, das erhebliche Einschränkungen der persönlichen Freiheiten, der Marktwirtschaft und des Parlamentarismus vorsah. Daher stieß es bei der Wirtschaft und den etablierten Parteien auf großen Widerstand, während die Sozialisten darin einen willkommenen Schritt zur Einführung des Sozialismus sahen. Im März beriet das Unterhaus über das Gesetz, und die Militärs, die den Abgeordneten das Gesetz erklären sollten, demonstrierten offen ihre Verachtung für den Parlamentarismus. Nishio Suehiro, der Führer der Sozialistischen Massenpartei, hingegen stellte Premierminister Konoe in einer Rede lobend in eine Reihe mit Hitler, Mussolini und Stalin. Daraufhin kam es zu heftigen Tumulten im Parlament. Das Militär übte erheblichen Druck auf die Parlamentarier aus, die das Gesetz schließlich im März annahmen. Artikel 1 lautete:

> „Die Generalmobilmachung gemäß diesem Gesetz bedeutet, dass in Kriegszeiten (einschließlich Ereignissen, die einem Krieg gleichkommen; dies gilt auch im folgenden) zum Zwecke der Erreichung des Zieles der Landesverteidigung die menschlichen und materiellen Ressourcen unter Zwangsbewirtschaftung gestellt werden, so dass die gesamte Kraft des Landes sich am wirkungsvollsten entfalten kann."

Da der Konflikt mit China offiziell nicht als Krieg galt, war die weite Definition von „Kriegszeiten" unbedingt erforderlich. Die Zwangsbewirtschaftung erstreckte

[269] Vgl. Sandra Wilson: „Women, the State and the Media in Japan in the Early 1930s: Fujo shinbun and the Manchurian Crisis". In: *Japan Forum* 7:1 (1995), S. 87-106

sich auf militärische Güter, Kleidung, Lebensmittel, Medizin und medizinisches Gerät, Fahrzeuge und Schiffe, Kommunikationsmedien, Baustoffe, Brennstoffe, Strom, Rohstoffe und Maschinen. Über deren „Produktion, Instandsetzung, Verteilung, Übergabe und alle übrigen Maßnahmen, Gebrauch, Verbrauch, Besitz und Ortswechsel" durfte die Regierung auf dem Erlasswege bestimmen (Art. 8). Alle Untertanen konnten bei Bedarf zum Dienst verpflichtet werden. Die Regierung durfte auch „die nötigen Befehle über den Einsatz, die Beschäftigung bzw. Entlassung sowie die Entlohnung und die übrigen Arbeitsbedingungen der Beschäftigten anordnen" (Art. 6), „die nötigen Befehle über die Abwehr oder Auflösung von Arbeitskämpfen erlassen" (Art. 7) sowie „Veröffentlichungen in Zeitungen und anderen Druckwerken beschränken oder verbieten" (Art. 20).

Das Gesetz wurde ab Mai 1938 angewandt, Kapital und Parlament waren damit praktisch entmachtet. In der Folge wurden die Rüstungsausgaben und Investitionen in die Rüstungsbetriebe drastisch erhöht, während die Konsumgüterindustrie sowie die Importe immer stärker eingeschränkt wurden. Seit 1941 wurden wichtige Verbrauchsgüter wie Zucker, Streichhölzer, Reis und Kleidung rationiert und waren nur noch auf Karten erhältlich.

Die Bevölkerung wurde auch darauf vorbereitet, dass der Krieg nach Japan selbst kommen konnte. Besondere Furcht weckte man vor Gasbomben und publizierte seit 1938 Plakatserien mit Hinweisen, wie man sich auf einen Gasangriff vorbereiten sollte. Die Hauptarbeit wurde den Hausfrauen zugedacht, die Masken und Schutzanzüge vorhalten und die Wohnungen abdichten sollten.

Dies war ein erster Schritt zur Integration der Frauen in die Kriegsmaschinerie, die nunmehr den gesamten symbolischen und sozialen Raum Japans beherrschte. Uniformen, Befehle und Parolen, militärische Umgangsformen, vom Militär erdachte Verhaltensweisen strukturierten die gesamte Lebenswelt. Auch die Kinder wurden einbezogen. Wer als Junge in der Schule als seinen Berufswunsch nicht „Soldat" oder „Offizier" nannte, gab sich der Lächerlichkeit preis. Wehrsport und paramilitärische Ausbildung wurden obligatorisch, der Ethikunterricht in den Schulen konzentrierte sich mehr denn je auf Mythen des Kaiserhauses und die in konfuzianischer Terminologie vermittelten Loyalitätspflichten der Untertanen *(chū)* sowie der Kinder gegenüber den Eltern *(kō)*. Das Kultusministerium entwickelte hierfür eine Fibel unter dem Titel „Die wahre Bedeutung des Staatskörpers", die an Schulen und Behörden verteilt wurde und in der behauptet wurde, „die Konflikte der Ideen, die Unsicherheiten des Lebensalltags, das Durcheinander in der Kultur des Volkes" ließen sich lösen, indem man sich auf den einzigartigen Charakter der japanischen Nation und ihres Geistes besinne.[270] Hatte das Kantō-Erdbeben 1923 Japan in einen „Notstands-Staat" (William Gardener) verwandelt, schuf die Generalmobilmachung nun die Grundlagen für den totalitären „Kriegszustands-Staat".

[270] John Owen Gauntlett (Übers.), Robert King Hall (Hg.): *Kokutai No Hongi. Cardinal Principles of the National Entity of Japan.* Cambridge 1949

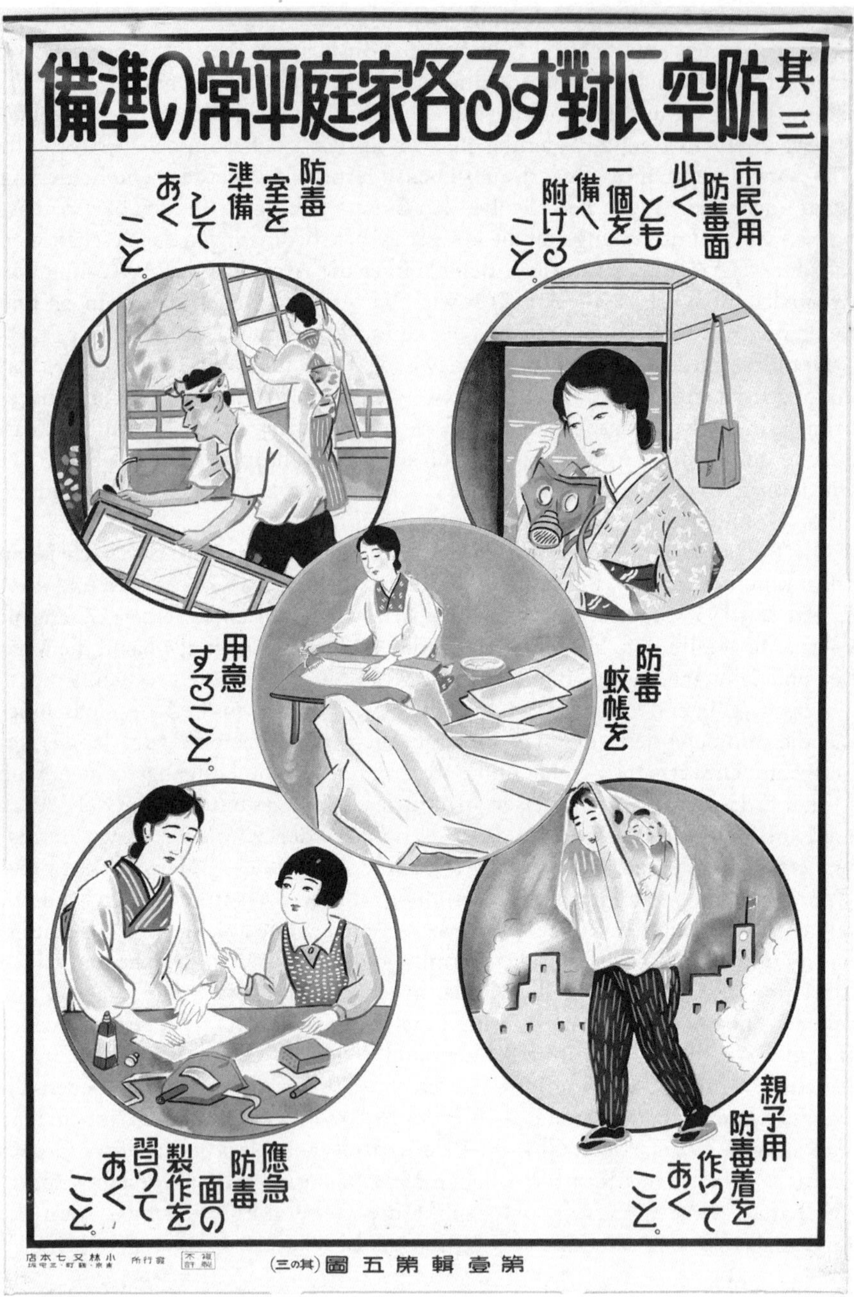

Abb. 53: „Alltägliche Vorkehrungen eines jeden Haushalts gegen Luftangriffe (Folge 3)" (Plakat, 1938)

Die Neue Ordnung Ostasiens

Nach dem Fall von Nanjing errichtete Japan in Beiping eine Provisorische Regierung für die Republik China unter dem Bankier Wang Kemin. Über Deutschland kam es zu Friedensverhandlungen mit Chiang Kaishek, die aber scheiterten. Am 16. Januar 1938 lehnte die Regierung Konoe gegen den Rat des Generalstabes weitere Verhandlungen mit der chinesischen Regierung ab und kündigte die Einsetzung einer neuen chinesischen Regierung an. Am 28. März entstand in Nanjing eine „Regierung für die Erneuerung der Republik China" unter Liang Hongzhi. Die Guomindang-Regierung bezog dagegen zunächst in Hankou und dann in Chongqing eine neue Hauptstadt. Die Kommunisten, deren Machtbasis in der Provinz Yan'an lag, richteten zwei eigene Herrschaftszonen ein und stellten mit dem Einverständnis der Guomindang eine zweite Streitmacht auf.

Japans Armee rückt dennoch erfolgreich vor und eroberte im Oktober 1938 auch Hankou und Guangdong. Daher scheiterte der Plan des Außenministers Ugaki Kazushige, doch wieder mit der nationalchinesischen Regierung zu verhandeln, diesmal am Widerstand des Militärs. Stattdessen überredete die Armee den Vizepräsidenten der Guomindang und ehemaligen Außenminister, Wang Jingwei, zur Kollaboration. Wang warb für Frieden mit Japan, fand aber nur wenig Unterstützung in der Guomindang.

Am 3. November 1938 machte das Kabinett Konoe endlich seine Kriegsziele in der Erklärung über den „Aufbau einer Neuen Ordnung in Ostasien" deutlich.[271] Japans Aufgabe sollte danach sein, dauerhafte Stabilität in Ostasien zu sichern. Dazu war die Zusammenarbeit von Japan, Manju Gurun und China in Politik, Wirtschaft und Kultur nötig. Prinzipien der Neuen Ordnung sollten das Völkerrecht, die gemeinsame Abwehr des Kommunismus und eine gemeinsame Wirtschaftszone sein. Westliche Einmischung in die Angelegenheiten Ostasiens wurde abgelehnt. Daher stieß die Erklärung im Dezember auf Ablehnung bei den USA, die zudem befürchteten, dass Japan zur Sicherung seiner Autarkie nach Südostasien ausgriff, um sich Rohstoffe zu sichern. Eine Ordnung, welche den Neun-Mächte-Vertrag ignorierte, könne nicht akzeptiert werden. Damit ergriffen die USA erstmals eindeutig Partei für China und stärkten Chiang Kaishek den Rücken. Konoe trat im Januar 1939 zurück, nachdem sich seine Hoffnung nicht erfüllte, mit Hilfe von Wang Jingwei den Krieg in China zu beenden. Sein Nachfolger Hiranuma Kiichirō war ebenso erfolglos. Die USA kündigten im Juli 1939 ihr Handelsabkommens mit Japan mit Wirkung vom Januar 1940. Dies war für Japan verheerend, weil die USA den größten Handelspartner darstellten. Eine Schrecksekunde erlebte auch die Guandong-Armee. Bereits im Mai 1939 hatte es an der Westgrenze Manju Guruns wegen Streitigkeiten über den Grenzverlauf bei Nomonhan einen bewaffneten Zusammenstoß mit Truppen der

[271] James B. Crowley: „A New Asian Order: Some Notes on Prewar Japanese Nationalism". In: Bernard S. Silberman; H.D. Harootunian (Hgg.): *Japan in Crisis. Essays on Taishō Democracy*. Ann Arbor 1974, S. 270-298

Sowjetunion und der Äußeren Mongolei gegeben, der mit dem Rückzug der Japaner endete. Im Juli begann die Guandong-Armee in derselben Region eine Großoffensive, die im August in eine verheerende Niederlage führte; die Japaner verloren 18.000 Mann. Zur selben Zeit schlossen Hitler und Stalin einen Pakt ab, so dass die Vorstellung, es könne mit Deutschland zu einem Zweifrontenkrieg gegen die Sowjetunion kommen, unrealistisch erschien. Premierminister Hiranuma trat Ende August zurück; sein Nachfolger wurde General Abe Nobuyuki.

Nachdem am 1. September der Krieg in Europa ausgebrochen war, einigten sich Japan und die UdSSR am 15. September rasch auf einen Waffenstillstand. Stalin zog sogar seine an China ausgeliehenen Kampfbomber vom Kriegsschauplatz ab. Premierminister Abe wollte Japan aus dem europäischen Krieg heraushalten und bemühte sich um Verständigung mit China und den USA. Wegen der schlechten Wirtschaftslage führte er Preiskontrollen ein, gab aber sein Amt im Januar 1940 auf. Sein Nachfolger Admiral Yonai Mitsumasa erwog wieder eine Annäherung an Großbritannien, das sich nach Verhandlungen im Juli bereiterklärte, die für den chinesischen Rüstungsnachschub wichtige Burma-Straße zu schließen. Doch der unerwartet erfolgreiche deutsche Blitzkrieg im Westen Europas und der italienische Kriegseintritt im Juni 1940 machten wahrscheinlich, dass sich Großbritannien nicht lange halten konnte. Das Militär wollte deshalb ein Bündnis mit Deutschland suchen und die Gelegenheit ausnutzen, um die europäischen Kolonien in Südostasien zu erobern. Im Juli stürzte das Militär daher die Regierung Yonai, indem der Heeresminister zurücktrat.

Die Miki-Tsuda-Kontroverse

Im 1938 veröffentlichte der Philosoph Miki Kiyoshi in der populären Zeitschrift Taiyō („Die Sonne") einen Aufsatz mit dem Titel „Die Bedeutung der Weltgeschichte im gegenwärtigen Japan". Miki war ein führender Kopf des von Konoe Fumimaro 1936 eingerichteten Brain-Tanks „Shōwa-Studiengruppe" (Shōwa Kenkyūkai). In dem Artikel behauptete Miki: „Japans Mission in der Welt ist die Verwirklichung der Einheit des Ostens."[272] Die „neue Ordnung des Ostens" solle die kapitalistische und imperialistische europäische Ordnung überwinden. Darauf erwiderte der Historiker Tsuda Sōkichi in seinem Buch „Die China-Idee und Japan", es gebe keine „Kultur des Ostens", und daher sei sie für Chinesen oder Inder völlig belanglos; wer von einer „Kultur des Ostens" spreche, meine in Wirklichkeit Anti-Europäismus.[273] Miki stritt dies in einem weiteren Aufsatz vehement ab. Er wolle vielmehr eine „Idee Ostasiens" *(tōa shisō)* verwirklicht sehen, in der „ein neuer Holismus *(zentai shugi)*" an die Stelle der alten Nationalismen trete.[274] Dieser ostasiatische Holismus, so führte Miki 1940 aus, sollte aus

---

[272] *Miki Kiyoshi zenshū*. Bd. 14, Iwanami Shoten 1967, S. 149

[273] *Tsuda Sōkichi zenshū*. Bd. 20, Iwanami Shoten 1965, S. 195, 334-335, 275

[274] *Miki Kiyoshi zenshū*. Bd. 14, Iwanami Shoten 1967, S. 321

der Verschmelzung der europäischen Kultur mit dem Naturalismus und der Gemeinschaftsidee des Ostens entstehen – also keineswegs Europa eliminieren, sondern in einer höheren Form aufheben.[275]

Die Großasiatische Wohlstandszone

Am 22. Juli 1940 durfte Konoe Fumimaro erneut ein Kabinett bilden, dessen Heeresminister der Führer der Kontroll-Fraktion, Tōjō Hideki, wurde. Außenminister Matsuoka Yōsuke war als deutschfreundlicher Hardliner bekannt. Im August rief die Regierung eine „Neue Großostasiatische Ordnung" für die „Großostasiatische Wohlstandszone" (Dai Tōa Kyōeiken) aus. Matsuokas Weltbild[276] sah eine „Neue Weltordnung" vor, in der es vier Machtblöcke gab: Nämlich Großostasien (Ostasien mit Südostasien und Ozeanien) unter japanischer Führung, Europa mit Afrika unter Führung Deutschlands und Italiens, Amerika unter Führung der USA sowie die UdSSR mit Nahem Osten und Indien. Die „totalitären" Blöcke sollen gemeinsam auf die USA Druck ausüben, um deren Kriegseintritt zu verhindern und deren Bündnis mit England zu untergraben.

Wenige Tage nach Konoes Amtsantritt beschloss die Armeeführung einen Plan zur notfalls gewaltsamen Expansion nach Südostasien, um Nationalchina zu schwächen. Frankreich nahm im September den Einmarsch japanischer Truppen in den Norden Indochinas hin. Schließlich wurde am 27. September ein Dreimächtepakt mit Deutschland und Italien vereinbart:[277] Japan sollte in Großostasien, Deutschland und Italien in Europa eine „neue Ordnung" aufbauen. Sie versprachen einander Hilfe, falls sie von Ländern angegriffen würden, mit denen sie zur Zeit keinen Krieg führten – ausgenommen die Sowjetunion. Nach Lage der Dinge konnten hiermit nur die USA gemeint sein.

Im Innern verfolgte Konoe eine Politik der Gleichschaltung nach deutschem Muster. Die Gewerkschaften wurden aufgelöst, an ihre Stelle trat die „Großjapanische patriotische Industrievereinigung" (Dai Nippon Sangyō Hōkokukai). Sozialistische Massenpartei, Seiyūkai und Minseitō lösten sich im Sommer 1940 auf, um für eine Einheitspartei Platz zu schaffen. Dem standen jedoch Widerstände der Bürokraten, die um ihre Eigenständigkeit fürchteten, und der Wirtschaft, die sozialistische Verhältnisse heraufziehen sah, entgegen. Am 12. Oktober 1940 wurde schließlich unter Vorsitz von Konoe die „Vereinigung zur Unterstützung des Kaiserlichen Systems" (Taisei Yokusankai, TYK) gegründet. Einer der TYK-Führer

---

[275] *Miki Kiyoshi zenshū*. Bd. 17, Iwanami Shoten 1967, S. 146-147

[276] Miwa Kimitada, Tobe Ryōichi: *Nihon no kiro to Matsuoka gaikō*. Nansōsha 1993

[277] Bernd Martin; Gerhard Krebs (Hgg.): *Formierung und Fall der Achse Berlin-Tōkyō*. München 1994; Gerhard Krebs: *Japans Deutschlandpolitik 1935-1941: Eine Studie zur Vorgeschichte des Pazifischen Krieges*. Hamburg 1982; Bernd Martin: *Deutschland und Japan im Zweiten Weltkrieg*. Göttingen 1969; Peter Herde: *Der Japanflug: Planungen und Verwirklichung einer Flugverbindung zwischen Deutschland und Japan 1942-1945*. Stuttgart 2000

Abb. 54: „Das ganze Volk erhebt sich entschlossen" (Plakat der Taisei Yokusankai, ca. 1941)

war Nakano Seigō[278], ursprünglich Journalist und Politiker des liberalen Mainstreams, der aus Unzufriedenheit mit der Shidehara-Diplomatie ins radikale Lager wechselte, aber 1933 eine für das Establishment weit annehmbarere Programmatik entwickelte: Anders als Kita wollte er keinen Staatsstreich und auch keinen nationalen Sozialismus, sondern einen sozialen Nationalismus, der zwar einen Holismus *(zentai shugi)*, aber keine Diktatur anstrebte. In den faschistischen Bewegungen Europas sah er interessante Vorbilder und traf sich 1937 mit Mussolini und Hitler. Die Idee einer Einheitspartei trieb er mit Vehemenz voran. Am 30. April 1942 fand eine Unterhaus-Wahl statt, zu der die TYK antrat.[279] Die TYK hatte Empfehlungen für 469 Kandidaten ausgesprochen. Gewählt wurden jedoch nur 385 von ihnen (83 %).

Die politische Bedeutung der TYK kam aber nie an die der Nationalsozialistischen Deutschen Arbeiterpartei Hitlers oder des Partito Nazionale Fascista Mussolinis heran. Der bei den Wählern persönlich beliebte Nakano stand außerhalb des Kabinetts, geriet bald in Opposition zur Armeeführung, wurde 1943 von der Kenpeitai unter dem Verdacht, die Regierung stürzen zu wollen, verhaftet und beging Selbstmord.

Faschismus als Mimikry

Es gab in Japan keine Massenbasis („Bewegung"), keine Partei, die den Staat eroberte und für ihre Zwecke benutzte, und keinen „Führer" in unangreifbarer Machtstellung. Versuche, den symbolischen und sozialen Raum Japans in dieser Zeit als faschistisch zu bezeichnen,[280] führen selbst dann in die Irre, wenn sie sich

278 Leslie Russell Oates: *Populist Nationalism in Prewar Japan. A Biography of Nakano Seigō.* Sydney, London, Boston 1985

279 Oku Kentarō: „Yokusan senkyo to yokusan seiji taisei kyōgikai". In: Terasaki Osamu; Tamai Kiyoshi: *Senzen Nihon no seiji to shimin ishiki.* Keiō tsūshin 2005, S. 221-250

280 Zu einer Übersicht über den Diskussionsstand in Japan s. Hans Martin Krämer: „Faschismus in Japan. Anmerkungen zu einem für den internationalen Vergleich tauglichen Faschismusbegriff". In: *Sozial.Geschichte* 2 (2005), S. 6-32. Vgl. Sebastian Conrad: „Krisen der Moderne? Faschismus und Zweiter Weltkrieg in der japanischen Geschichtsschreibung". In: Christoph

auf strukturelle Merkmale der japanischen Gesellschaft berufen; es gab keinen ökonomischen oder sozialen „Sonderweg" Japans in der Moderne. Faschismus war und blieb die Weltanschauung einer Minderheit, die in Japan das politische Feld nie dominierte und deshalb auch nie die Möglichkeit hatte, ihre Herrschaft im sozialen Raum zu entfalten. Dies bedeutet jedoch nicht, dass die nach Roger Eatwell entscheidenden vier Komponenten der faschistischen Ideologie[281] in Japan nicht vorhanden waren:

Nationalismus – eine Sonderform des Ethnozentrismus – war fraglos eine Leitidee des japanischen symbolischen Raumes, die auf allen Ebenen des sozialen Raumes als Bildungs- und Identifikationserlebnis verwirklicht wurde. Allerdings war er kein Monopol faschistischer Zirkel, sondern wurde mit vollem Recht auch von bürgerlichen Parteien, insbesondere den Liberalen, für sich beansprucht. Es gelang den Faschisten daher nicht (selbst nicht in der Verbindung mit dem Expansionismusdiskurs), den Nationalismusdiskurs zu beherrschen. Nicht einmal die von Akademikern mit Fleiß aus Deutschland importierte Geopolitik wurde im Feld der Macht ernstgenommen.[282]

Holismus, der das Gemeinwohl über das Einzelinteresse, das Kollektiv über das Individuum, das Ganze über das Teil stellte, schien als legitimatorischer Hintergrund vieler sozialer Praktiken durch. Die Rhetorik der „Harmonie", des Staatskörpers und des Familienstaates war fraglos holistisch und wurde durch gesetzliche und polizeiliche Maßnahmen sowie soziale Sanktionsmechanismen gestützt. Sie wurde allerdings – vor allem im Wirtschaftshandeln – in der Alltagspraxis ständig konterkariert.

Radikalismus zielte darauf ab, die Strukturen des politischen Feldes vorzugsweise durch „direkte Aktionen" so zu verändern, dass die alten Eliten ausgeschaltet oder doch mindestens dauerhaft kontrolliert wurden. Dies war zweifellos die Absicht von Radikalen wie Kita Ikki, Inoue Nisshō, Nakano Seigō oder Araki Sadao. Freilich ist jeder von ihnen am Widerstand des Establishments gescheitert, das sich zwar einschüchtern und zu bestimmten Entscheidungen treiben ließ, aber bis zum Ende im Feld der Macht verblieb – und vor allem das Holismus-Argument erfolgreich gegen die Radikalen selbst einsetzte.

Der *Dritte Weg* schließlich sollte eine Alternative zu Kapitalismus und Kommunismus darstellen, also zu Privatisierung oder Vergesellschaftung der Wirt-

---

Cornelissen, Lutz Klinkhammer, Wolfgang Schwentker (Hgg.): *Erinnerungskulturen. Deutschland, Italien und Japan seit 1945*. Frankfurt a. M. 2003, S. 168-180; William Miles Fletcher: *The Search for a New Order. Intellectuals and Fascism in Prewar Japan*. Chapel Hill 1982; Peter Duus, Daniel I. Okimoto: „Fascism and the History of Pre-War Japan: The Failure of a Concept". In: *Journal of Asian Studies* 39:1 (1979), S. 65-76; Yamaguchi Yasushi: „Faschismus als Herrschaftssystem in Japan und Deutschland. Ein Versuch des Vergleichs". In: *Geschichte in Wissenschaft und Unterricht* 1976:2 (1976), S. 89-99

281 Roger Eatwell: *Fascism: A History*. New York 1996

282 Yoriko Fukushima: „Japanese geopolitics and its background. What is the real legacy of the past?" In: *Political Geography* 16:5 (1997), S. 407-421

schaft, die noch dazu auf Globalisierung bzw. Internationalismus abzielten. Dies ging nur über eine nationale Staatswirtschaft. Die Generalmobilmachung war fraglos ein Schritt in diese Richtung. Doch ließ sie sich nur „in Kriegszeiten" durchsetzen, zudem widersprach sie mit ihrer Forcierung der Rüstungsindustrie gerade den physiokratischen Vorstellungen vieler japanischer Faschisten.

Was Konoe Fumimaro in Japan initiierte, war folglich kein faschistisches System, sondern nur dessen oberflächliche Nachahmung – Faschismus als Mimikry. Das System sah gefährlicher aus, als es war, und dies war genau das Ziel. Zu keinem Zeitpunkt war es ideologiegeleitet. Es bestand auch nicht die ernsthafte Absicht, innerhalb Japans Umverteilungen von Kapital in irgendeiner Form – symbolisch, politisch, ökonomisch oder sozial – vorzunehmen. Der symbolische Raum wurde als Potemkinsches Dorf hergerichtet, um die Radikalen im Innern zu beschwichtigen und auf die übrige Welt so bedrohlich zu wirken wie Deutschland und Italien.

Die Südexpansion

Nach dieser Logik proklamierte Premierminister Konoe zwar die „Großostasiatische Wohlstandszone" und die „Neue Großostasiatische Ordnung", bemühte sich aber auch weiterhin um eine Verständigung mit dem immer noch wichtigsten Handelspartner, den USA. Ab April 1941 verhandelten Botschafter Nomura Kichisaburō und US-Außenminister Cordell Hull in Washington. Zur selben Zeit war es Matsuoka gelungen, einen Neutralitätspakt mit der Sowjetunion zu schließen und Japans Nordfront damit zu entlasten. In den USA verstärkte sich die Befürchtung, Japan werde nun hemmungslos nach Süden expandieren. Matsuoka wurde jedoch von Deutschlands Überfall auf die Sowjetunion am 22. Juni völlig überrascht. Am 25. Juni billigte eine sogenannte Verbindungskonferenz von Kabinett und Generalstab noch den Plan einer Expansion nach Südostasien, doch notgedrungen gab Matsuoka seine Vision vom Block der totalitären Reiche auf und schlug auf einer Konferenz in Anwesenheit des Kaisers am 2. Juli vor, ebenfalls die Sowjetunion anzugreifen. Die Konferenz wollte dies nicht ausschließen, gab aber der Südexpansion den Vorrang. Konoe trat zurück, um Matsuoka loszuwerden, und bildete sofort ein neues Kabinett ohne ihn.

Am 28. Juli rückten japanische Streitkräfte in den Süden Französisch-Indochinas ein. Die USA, Großbritannien und die Niederlande reagierten mit scharfen Sanktionen. Das japanische Kapital in USA wurde eingefroren, ab dem 1. August galt ein Ölembargo gegen Japan. Japan bezog vier Fünftel seines Erdöls aus den USA; das Planungsamt errechnete, dass die eigenen Vorräte nebst Lieferungen aus der UdSSR nur noch ein knappes Jahr ausreichten.

Der Ruf nach einem Krieg gegen USA und GB als Befreiungsschlag wurde zunächst im Heer, schließlich auch in der Marine laut. Nun sollte eine rasche Südexpansion die nötigen Rohstoffquellen sichern, um Autarkie zu gewinnen und einen längeren Krieg durchstehen zu können. Man erwartete, dass die USA einen solchen Krieg beendeten, sobald Deutschland Großbritannien bezwungen hatte. Regierung und Generalstab begannen mit der Planung. Am 6. September nahm eine Konferenz in Anwesenheit Kaiser Hirohitos den strategischen Plan an: Bis Ende Oktober sollten die Kriegsvorbereitungen abgeschlossen werden, während die Verhandlungen mit den USA weiterliefen. Falls bis Anfang Oktober keine annehmbare Verhandlungslösung in Aussicht stand, sollte es Krieg geben. Japans Minimalforderungen lauteten, dass die USA sich nicht in China einmischen, Japans Landesverteidigung nicht durch Aktivitäten in Ostasien behindern und seine Versorgung mit lebensnotwendigen Gütern garantieren sollten. Dafür wollte man versprechen, von Französisch-Indochina aus nur in China zu operieren, nach Wiederherstellung einer stabilen Friedensordnung Indochina wieder zu verlassen und die Neutralität der amerikanischen Philippinen zu achten.

Konoe schlug ein Gipfeltreffen mit Präsident Franklin D. Roosevelt auf Hawaii vor, doch die USA verlangten dafür zuerst einen Rückzug aus China und Indochina. Dies war ausgeschlossen. Also bestand keine Aussicht auf eine Verhandlungslösung. Am 16. Oktober trat das Kabinett Konoe zurück. Als Konoes Nachfolger wählte man Heeresminister Tōjō Hideki aus. Dass dieser Premier- und zugleich Heeresminister wurde und auch noch die Ämter des Innen- und Rüstungsministers sowie des Vorsitzenden des Generalstabes bekleidete, stellte eine einmalige Konzentration ziviler und militärischer Führung dar. Der Innere Minister Kido Kōichi, ein Enkel Kido Takayoshis, der die Stelle des 1940 verstorbenenen Saionji Kinmochi als Mittler zwischen Palast und Politik ausfüllte, hatte dies so vorgeschlagen, vermutlich, um damit das Heer in Verantwortung zu binden und von unüberlegten Schritten abzuhalten; er beauftragte Tōjō, nochmals alle Möglichkeiten für Frieden auszuloten. Tōjō äußerte damals gegenüber Konoe, einmal in seinem Leben müsse ein Mann bereit sein, mit geschlossenen Augen vom Kiyomizu-Tempel in Kyōto zu springen.[283] Dessen berühmte Aussichtsplattform liegt allerdings 13 Meter hoch. Es heißt im Volksglauben, wer einen Sprung von der Plattform überlebe, bekomme einen Wunsch erfüllt. Nach einer Statistik des Tempels sprangen in der Frühen Neuzeit mehr als 400 Menschen. Die Überlebensrate betrug 90 % – unter jungen Leuten. Von den über 60jährigen überlebte keiner den Versuch.[284] Tōjō war damals 56 Jahre alt. Mit 61 wurde er gehängt. Seit 1872 waren Sprünge von der Plattform verboten.

2.4.4 Der Ausbruch des Pazifischen Krieges

Am 1. November 1941 fand erneut eine Verbindungskonferenz statt. Dabei kam es zu einer heftigen Kontroverse zwischen Befürwortern (darunter der Generalstabschef Sugiyama Hajime) und Gegnern eines Krieges (wie Außenminister Tōgō Shigenori). Nach mehr als zehn Stunden Beratung beschloss die Konferenz

[283] Ike, „War and Modernization", S. 203 f

[284] Kiyomizu no butai (http://www2u.biglobe.ne.jp/~yamy1265/kyoto-6.html) (Stand: 30.8.2005)

in der Nacht des 2. Novembers den Krieg gegen die USA und Großbritannien. Anfang Dezember sollte losgeschlagen werden. Falls die Verhandlungen mit den USA bis zum 1. Dezember erfolgreich verliefen, sollte der Angriff jedoch abgesagt werden. Eine Konferenz in Anwesenheit des Kaisers bestätigte diesen Beschluss am 5. November.

Doch die neuen amerikanischen Vorschläge, die Hull am 26. November Nomura unterbreitete, waren schärfer als je zuvor. Für den Rückzug japanischer Truppen aus China und Indochina, die Anerkennung der nationalchinesischen Regierung als einziger legitimer Vertretung Chinas sowie den Widerruf des Bündnisses mit Deutschland und Italien bot Hull Japan ein Nichtangriffsbündnis zwischen den USA, Großbritannien, China, der UdSSR und Japan an. Dies war unannehmbar.

Am 1. Dezember beschloss daher eine Konferenz in Anwesenheit des Kaisers ohne Gegenstimme endgültig den Krieg. Er begann am Morgen des 8. Dezembers 1941 (wegen der Datumsgrenze war dies für die USA noch der 7. Dezember) mit der Landung japanischer Truppen auf der malayischen Halbinsel und einem luftgestützten Großangriff der Marine auf den US-Flottenstützpunkt Pearl Harbor auf Hawaii.[285] Erst nach Beginn der Feindseligkeiten wurde den USA und Großbritannien eine Kriegserklärung zugestellt. Ursprünglich war geplant, dies 30 Minuten vor dem Angriff zu tun, doch die japanische Botschaft in Washington verspätete sich, so dass die Erklärung erst eine Stunde nach dem Überfall abgegeben wurde. Ob die Regierung Roosevelt nicht schon längst von den japanischen Angriffsplänen informiert worden war und bewusst in der Öffentlichkeit den Eindruck erwecken wollte, von Japan getäuscht worden zu sein, ist bis heute umstritten. Den amerikanischen Geheimdiensten lagen jedenfalls Hinweise über japanische Angriffsvorbereitungen vor. Die amerikanische Öffentlichkeit war vor Pearl Harbor jedoch nicht von der Aussicht auf einen Krieg begeistert. Sowohl Deutschland als auch Italien erklärten wenige Tage später ihrerseits den USA den Krieg.

Der Großostasiatische Krieg

Die ersten Schritte fielen wider Erwarten leicht. Japan eroberte Hongkong, die malayische Halbinsel einschließlich Singapur und schließlich auch Burma von den Briten, Niederländisch-Ostindien, die Philippinen und weite Teile Mikronesiens. Dies lag vor allem daran, dass die Japaner anfangs Überraschungseffekte erzielten und die amerikanische Kriegsmaschinerie noch nicht richtig angelaufen war. Viel schwieriger war es, die eroberten Gebiete auch zu halten.

---

[285] Peter Herde: *Pearl Harbor, 7. Dezember 1941. Der Ausbruch des Krieges zwischen Japan und den Vereinigten Staaten und die Ausweitung des europäischen Krieges zum Zweiten Weltkrieg*. Darmstadt 1980

In der japanischen Propaganda wurde das übergeordnete Kriegsziel nun die Befreiung Asiens vom Kolonialismus. Eine Konferenz von Vertretern aller asiatischen Bewegungen, die Japan unterstützen, fand im November 1943 statt und formulierte eine gemeinsame Erklärung: Die Schuld am Krieg trage die Unterdrückung der asiatischen Völker durch die USA und Großbritannien. Der „Großostasiatische Krieg“ sei ein Akt der Selbstverteidigung.

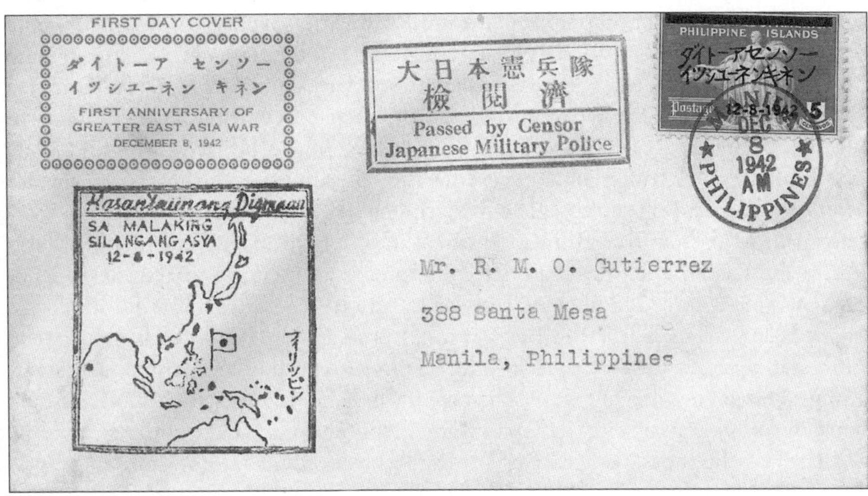

Abb. 55: Gedenkbriefumschlag zum 1. Jahrestag des Großostasiatischen Krieges (8. 12. 1942)

In Wirklichkeit war dieser Krieg nur militär- und geostrategischen Überlegungen Japans geschuldet. Es ging um die Sicherung von Erdöl, Bauxit, Gummi, Hölzern und anderen Rohstoffen, die in Südostasien zu haben waren. Dass dort die europäischen Kolonien lagen, verschaffte dem japanischen Zugriff allerdings eine Legitimation, die auch die im Werden befindlichen Nationalismen dieser Region beeindruckte und zur Kooperation bewog. In den besetzten Ländern zeigte sich jedoch, dass Japan in erster Linie an wirtschaftlicher Zuarbeit interessiert war und in zweiter Linie seine eigene symbolische Missionierung betrieb:[286] Dazu gehörte

[286] Peter Herde: *Großostasiatische Wohlstandssphäre: Die japanische Besatzungspolitik auf den Philippinen und in Indonesien und ihre Folgen*. Stuttgart 2002; Louis de Jong: *The Collapse of a Colonial Society: The Dutch in Indonesia During the Second World War*. Leiden 2002; Paul H. Kratoska (Hg.): *Southeast Asian Minorities in the Wartime Japanese Empire*. London, New York 2002; Ikehata Setsuho; Ricardo Trota Jose: *The Philippines Under Japan: Occupation Policy and Reaction*. Quezon City 1999; Remco Raben (Hg.): *Representing the Japanese Occupation of Indonesia: Personal Testimonies and Public Images in Indonesia, Japan, and the Netherlands*. Zwolle 1999; Keat Gin Ooi: *Rising Sun Over Borneo: The Japanese Occupation of Sarawak, 1941-1945*. Houndmills, New York 1999; ders. (Hg.): *Japanese Empire in the tropics:*

die Verbreitung der japanischen Sprache, Religion und Kaiserverehrung. Kritische einheimische Eliten wurden verfolgt. Die Kampfhandlungen hatten weite Teile der Infrastruktur zerstört, weshalb die lokalen Wirtschaftssysteme schweren Schaden nahmen. Engpässe in der Nahrungsversorgung waren die Folge. Die Japaner kontrollierten die Reisproduktion, v.a., um ihre dort stationierten Truppen zu versorgen, und stellten die übrige Wirtschaft auf die Zulieferung gemäß japanischen Bedürfnissen um. Hungerkrisen waren die Folge.[287] Bald schon breitete sich vielerorts eine antijapanische Stimmung aus, die zum Kampf gegen weiße *und* gelbe Imperialisten antrieb. Der Krieg war von den Japanern nicht nur zum „heiligen Krieg" *(seisen)* gegen den Westen, sondern vor allem zum totalen Krieg *(zenmen sensō)* erklärt worden und wurde auch so geführt. Dort, wo wie in Nordchina antijapanische Partisanen aktiv waren, gingen Militärpolizei und reguläre Einheiten erbarmungslos gegen die Bevölkerung vor. Nahe Harbin in der Manjurei arbeitete eine streng geheime „Einheit 731" der Armee seit 1936 an Waffen zur biologischen Kriegführung, die sie an Kriegsgefangenen, Widerständlern, Verbrechern, aber auch Frauen und Kindern erprobte. Ferner warfen die Japaner zwischen 1940 und 1942 über Nordchina mit Pesterregern infizierte Flöhe ab, die bis zu 10.000 Todesfälle in der Bevölkerung verursachten. Kämpfende chinesische Einheiten wurden Pest-, Cholera- oder Typhuserregern oder Giftgas ausgesetzt. Kriegsgefangene wurden notorisch schlecht behandelt.[288] Fast 40.000 Chinesen wurden als Zwangsarbeiter in Japan und eine unbekannte Zahl in der Schwerindustrie Manzhuguos[289] eingesetzt. Für die Armeebordelle *(ianjo)* wurden Frauen aus vielen Ländern, vor allem aber Koreanerinnen, meist gegen ihren Willen rekrutiert und als „Trostfrauen" sexuell missbraucht.[290] Die Brutalität der japanischen Militärpolizei in der Manjurei, in Korea und bei der Behandlung angelsächsischer Kriegsgefangener war Ausdruck des den Japanern anerzogenen Rassismus und der strikten militärischen Hierarchie.[291] Diese verhinderte allerdings nicht, dass manche japanische Soldaten sich unter Hinweis auf Augenleiden o.ä. von der Teilnahme an Exekutionen freistellen ließen.

Die Kriegswirtschaft wurde seit Ende 1941 erheblich ausgeweitet. Dafür wurden über 6 Millionen Menschen zwangsverpflichtet. Für 15 Branchen der Energiebeschaffung und der Schwerindustrie sowie der Chemie wurden Kommissio-

---

selected documents and reports of the Japanese period in Sarawak, Northwest Borneo, 1941-1945. Athens 1998; Paul H. Kratoska: *The Japanese Occupation of Malaya: A Social and Economic History.* London 1998

287 Paul H. Kratoska (Hg.): *Food Supplies and the Japanese Occupation in South-East Asia.* Houndmills, New York 1998

288 Yoichi Kibata (Hg.): *Japanese Prisoners of War.* London u.a. 2000

289 Nishinarita Yutaka: *Chugokujin kyōsei renkō.* Tōkyō 2002

290 Yoshimi Yoshiaki: *Comfort Women: Sexual Slavery in the Japanese Military During World War II.* New York 2000; Reinhard Zöllner: *Wahrheitseffekte und Widerstreit. Die „Trostfrauen" und ihre Denkmäler.* München 2021

291 Raymond Lamont-Brown: *Kempeitai: Japan's Dreaded Military Police.* Stroud 1998

nen eingerichtet, in denen hohe Wirtschaftsfunktionäre vertreten waren, die jedoch von Bürokraten beaufsichtigt wurden. Sie entschieden über Rohstoffzuweisungen und Produktionsniveaus. Die Rüstungsproduktion unterstand direkt der Armeeverwaltung. 1942 wurden Schiffahrt und Schiffbau ebenfalls unter staatliche Regie gestellt. Nachdem der Außenhandel weitgehend eingestellt worden war, wurden die zivilen Leichtindustrien, die bislang das Rückgrat der Exportwirtschaft gebildet hatten – also vor allem die Textilindustrie – praktisch aufgegeben. Zudem wurde Energie knapp. Die einheimische Kohleproduktion stagnierte auf hohem Niveau, doch ab 1943 sank die Produktivität je Arbeiter, trotz des massenhaften Einsatzes koreanischer Bergarbeiter. Der Mangel an Schiffskapazität machte Kohletransporte schwierig; ebenso litt auch die Versorgung mit Bauxit, Eisenerz und Erdöl aus Südostasien, seit Japan in der Schlacht von Midway am 5. Juni 1942 vier Flugzeugträger und 285 Marineflieger und damit die Vorherrschaft zur See verloren hatte und seit der alliierte U-Boot-Krieg gegen die Frachtschiffahrt in vollem Gange war. Von Anfang 1943 bis Ende 1944 halbierte sich die Handelsschifftonnage. Man konzentrierte die verbleibende Tonnage auf Erdöltransporte. Zwangsläufig sank die Stahlproduktion. Die Bauxitproduktion musste Anfang 1945 sogar aufgegeben werden, was wiederum die Flugzeugproduktion in Frage stellte. Am Ende des Krieges wurden gar sämtliche Waffentransporte eingestellt, um Lebensmittel heranschaffen zu können. Seit Beginn des Pazifischen Krieges hatte sich die Nahrungsversorgung in Japan zunehmend verschlechtert. Lag sie 1941 bei durchschnittlich 2.105 kcal je Einwohner und Tag, so sank sie bis 1945 auf 1.793 kcal.

Nach dem Verlust der Insel Saipan, die zum japanischen Treuhandgebiet in der Südsee gehörte, trat Premierminister Tōjō im Juli 1944 zurück. Sein Nachfolger wurde General Koiso Kuniaki. Japan hatte seine Kraft für eigene Offensiven im Pazifik verloren. Auf dem Festland führte es dagegen bis Dezember 1944 nochmals eine brillante Kampagne durch und stabilisierte die Frontlage. Allerdings ging anschließend Burma verloren, und im November starb Wang Jingwei, Japans wichtigster Verbündeter in China.

Im Oktober verloren die Japaner in der Seeschlacht bei Leyte den Großteil ihrer verbliebenen Kriegsschiffe. In dieser Schlacht wurden erstmals Flieger der „Kamikaze-Sonderangriffseinheit“[292] (Kamikaze Tokkōtai) eingesetzt, die sich mit ihren Flugzeugen als lebende Bomben auf amerikanische Schiffe stürzten. Bis Kriegsende opferten sich rund 2.500 vorwiegend junge Flieger auf diese Weise, ohne wesentlichen Schaden bei den Amerikanern anzurichten. Ab November erreichte der Krieg Taiwan, Okinawa und die Ogasawara-Inseln. Nach den amerikanischen Luftangriffen, die ab November 1944 einsetzten, war von den japanischen Städten nicht mehr viel übrig. Tōkyō wurde ab Februar 1945 angegriffen. Am 10. März 1945 fielen hier mehr als 100.000 Menschen einem perfekt

---

[292] Ohnuki-Tierney, Emiko: *Kamikaze, Cherry Blossoms, and Nationalisms: The Militarization of Aesthetics in Japanese History*. Chicago 2002

Abb. 56: Amerikanischer Soldat begegnet japanischen Zivilisten auf Saipan (Angus Robertson, 21. 6. 1944)

ausgeklügelten Bombardement zum Opfer. Nagoya, Ōsaka und Kōbe folgten im März. Am 5. April kündigte die Sowjetunion den Neutralitätspakt. Zwei Tage später gab Koiso auf und wurde durch Admiral Suzuki Kantarō ersetzt, einen Vertrauten des Kaisers und Vorsitzenden des Geheimen Staatsausschusses, der einerseits Vorkehrungen für den Endkampf auf Honshū traf, andererseits Friedensfühler ausstreckte. Japan blieb nicht mehr viel Zeit. Der Zusammenbruch war unvermeidlich. Die Verbindung nach Taiwan riss ab, nachdem im April 1945 die Schlacht um Okinawa begann; in ihrem Verlauf starben mehr als 110.000 Japaner, darunter viele Zivilisten, und 12.000 Amerikaner. Im Juni wurde die Schiffahrt zwischen Japan und der Manjurei eingestellt, im Juli sogar die Verbindung zwischen Hokkaidō und Honshū unterbrochen. Japan erhielt keine Kohle, kein Erdöl, keine Waffen und keine Lebensmittel mehr.

Am 16. Juli 1945 erprobten die USA in der Wüste von Neumexiko erstmals eine Atombombe. Die Entscheidung zum Abwurf solcher Bomben über bewohnten japanischen Städten war eine politische Entscheidung. Eine militärische Notwendigkeit bestand dafür nicht; führende amerikanische Militärs waren gegen

Abb. 57: Atombombenexplosion von Nagasaki (Aufnahme aus einem Beobachterflugzeug, 9. 8. 1945)

ihren Einsatz. US-Präsident Harry S. Truman hielt am 25. Juli in seinem Tagebuch fest: „Ich habe Kriegsminister Stimson angewiesen, sie so zu benutzen, dass militärische Ziele, Soldaten und Matrosen die Ziele sind und nicht Frauen und Kinder. Auch wenn die Japaner wild, skrupellos, erbarmungslos und fanatisch sind, als Führer der Welt für die allgemeine Wohlfahrt können wir diese schreckliche Bombe nicht auf die alte oder neue Hauptstadt werfen.“[293] In seiner Radioansprache vom 6. August nannte er Hiroshima, eine Stadt mit damals etwa 250.000 Einwohnern, „einen Militärstützpunkt“. Er täuschte sich – oder die Amerikaner.[294]

Der Einsatz der Atombombe war also bereits befohlen, bevor die Alliierten am 26. Juli 1945 in Potsdam Japan zur Kapitulation aufforderten. Die japanische Regierung lehnte eine Stellungnahme dazu ab, was die Alliierten als Weigerung fehlinterpretierten.

Die Atombombe, die am 6. August 1945, 8:15 Uhr explodierte, wurde ohne Warnung über der Stadt Hiroshima abgeworfen. Das Stadtzentrum wurde durch die Wucht der Explosion und durch einen Feuersturm weitgehend vernichtet. Etwa 80.000 Menschen starben unmittelbar an den Auswirkungen von Druck, Hitze und Feuersbrunst.

Eine weitere Atombombe verwüstete am 9. August, 11:02 Uhr Nagasaki, das damals von mehr als 400.000 Menschen bevölkert wurde. Das Stadtzentrum wurde in einem Umkreis von zwei Kilometern um den Explosionspunkt völlig ausgelöscht. Etwa 40.000 Menschen kamen sofort ums Leben.

Die Auswirkungen der radioaktiven Verseuchung waren nicht unmittelbar erkennbar. An ihr starben bis Ende 1945 nochmals etwa 60.000 Menschen in Hiroshima und etwa 40.000 Menschen in Nagasaki. Viele weitere starben noch Jahre später.

---

[293] Zit. n. Robert H. Ferrell: *Off the Record: The Private Papers of Harry S. Truman*. New York 1980, S. 55-56

[294] Florian Coulmas: *Hiroshima*. München 2005; Gar Alperovitz: *Hiroshima: die Entscheidung für den Abwurf der Bombe*. Hamburg 1995

Die Vernichtung dieser beiden Städte und der Kriegseintritt der Sowjetunion am 8. August, die eine neue Front in der Manjurei eröffnete, beschleunigten die Entscheidung der japanischen Regierung und Armee, bedingungslos zu kapitulieren. Am 9. August erklärten sie ihre Bereitschaft zur Kapitulation unter dem Vorbehalt, dass das System der Kaiserherrschaft nicht angetastet werde. Die Amerikaner gestanden dies verklausuliert zu. Am 14. August fand eine letzte Konferenz vor dem Kaiser statt. Die Diskussion verlief ergebnislos, bis der Kaiser selbst das Wort ergriff und um Zustimmung zur Kapitulation bat.

Die Alliierten wurden sofort verständigt. Sein Volk wollte der Kaiser am folgenden Tag in einer Rundfunkansprache unterrichten. Zeitungen und Rundfunk forderten alle Japaner auf, sich mittags vor den Rundfunkempfängern zu versammeln. Radikale Militärs wollten die Ausstrahlung der Sendung in letzter Minute verhindern.[295] Sie fand dennoch wie geplant statt. Die Untertanen hörten zum ersten Mal die Stimme ihres Kaisers im Rundfunk. In der schwerverständlichen offiziellen Sprache des Hofes teilte er mit, die Lage habe sich für Japan nicht vorteilhaft entwickelt, aber die Japaner sollten das Unerträgliche ertragen. Dies war deutlich genug. Am selben Tag trat Premierminister Suzuki zurück und wurde durch Prinz Higashikuni Naruhiko ersetzt, der als Gegner Tōjōs bekannt war. Higashikuni schickte kaiserliche Prinzen zu den Armeehauptquartieren in Nanjing, Saigon und der Manjurei, um mit kaiserlicher Autorität sicherzustellen, dass die dortigen Befehlshaber sich fügten. Im Mutterland sowie in Übersee standen noch jeweils 3,7 Millionen Mann unter Waffen. Ab dem 16. herrschte Waffenstillstand; nur in der Manjurei wurde noch bis zum 21. weitergekämpft.

Am 2. September 1945 unterzeichneten Vertreter von Regierung und Armee an Bord eines amerikanischen Schlachtschiffes die japanische Kapitulationsurkunde.

Japan verlor im Zweiten Weltkrieg etwa 3 Millionen Menschen. 80 % der japanischen Schiffe waren zerstört, 35 % seiner Industriemaschinen, 25 % der Gebäude. Die Staatsschulden hatten sich gegenüber der Vorkriegszeit verzehnfacht, die Preise verdreifacht; nur die Löhne waren um 30 % gesunken.

2.4.5 Die amerikanische Besatzung

Die Potsdamer Erklärung der Alliierten vom 26. Juli 1945 stellte die Grundlage ihrer Besatzungspolitik in Japan dar. Zu ihren unmittelbaren Auswirkungen gehörte, dass Japan fast sämtliche im 19. und 20. Jahrhundert erworbenen Gebiete und Kolonien verlor: Taiwan und die Manjurei fielen an China zurück, die Südhälfte Sachalins sowie die Kurilen wurden von der Sowjetunion besetzt, Korea wurde für unabhängig erklärt. Die Südseegebiete wurden als Treuhandgebiet der Vereinten Nationen von den USA übernommen. Immerhin behielt Japan die

[295] Pacific War Research Society: *Japan's Longest Day*. Tōkyō, New York, London 1976 (zuerst 1952)

Ogasawara-Inseln und die Ryūkyū-Inseln (wenngleich mit der Besonderheit, dass diese bis 1972 amerikanisch besetzt blieben) – dies war nicht selbstverständlich, wenn man genau auf die Formulierung in der Potsdamer Erklärung achtete: Danach sollte das zukünftige Japan aus „den Inseln Honshū, Hokkaidō, Kyūshū, Shikoku und solchen kleineren Inseln bestehen, wie wir [die Siegermächte] bestimmen." Die Vagheit dieser Formulierung ist tatsächlich Ursache für die bis heute ungelösten territorialen Streitigkeiten mit Russland (Südkurilen), Korea (Takeshima/Dokdo-Inselgruppe, 1905 von Korea abgetreten) und China bzw. Taiwan (Senkaku/Diaoyutai-Inseln, die Japan 1895 ohne Zusammenhang mit dem Erwerb Taiwans für sich reklamierte).

Die Hauptziele der nun anschließenden Besatzung Japans durch die Siegermächte sollten die Demilitarisierung, die Demokratisierung und der Aufbau einer Friedenswirtschaft sein. Zur Demilitarisierung gehörten auch die Bestrafung der Kriegsverbrecher und die Demontage.

Anders als in Deutschland ließen die Alliierten die japanische Regierung auch nach der Kapitulation im Amt und erlaubten ein beachtliches Maß an personeller Kontinuität. Doch über die Regierung wurde das Generalhauptquartier des Oberkommandierenden der alliierten Mächte (Supreme Commander of the Allied Powers, abgekürzt SCAP) gestellt, dessen Befehle unumschränkt galten. Über dem SCAP wiederum stand die Fernostkommission (Far Eastern Commission, FEC) in Washington, in der die elf Siegermächte des Pazifischen Krieges vertreten waren. Dem SCAP beratend beigegeben war außerdem der Alliierte Rat für Japan (Allied Council for Japan, ACJ) mit Sitz in Tōkyō. In ihm waren die USA, Großbritannien, die UdSSR und Nationalchina vertreten. In der Praxis waren jedoch FEC und ACJ wenig bedeutsam; durch den bald ausbrechenden Kalten Krieg wurde ihre Arbeitsfähigkeit ohnehin stark eingeschränkt. Die Besatzungstruppen waren bis auf wenige Einheiten des Commonwealth ausnahmslos Amerikaner (überwiegend die 8. US-Armee), weshalb es gerechtfertigt ist, von einer *amerikanischen* Besatzung zu sprechen.[296]

Als amerikanischer Offizier unterstand der SCAP zudem den Anordnungen seiner nationalen Regierung. Die US-Regierung hatte zur Vorbereitung der Be-

---

[296] Iokibe Makoto: „Japan Meets the United States for the Second Time". In: Carol Gluck; Stephen R. Graubard (Hgg.): *Showa: the Japan of Hirohito*. New York 1990, S. 91-106; Herbert Passin: „The Occupation – Some Reflections". In: ebd., S. 107-129; Jon Halliday: „Japan unter amerikanischer Besatzung: ‚Zwischenspiel' und Neuordnung". In: Ulrich Menzel (Hg.): *Im Schatten des Siegers: Japan*. Bd. 2. Frankfurt a.M. 1989, S. 99-185; Michael Schaller: *The American Occupation of Japan: The Origins of the Cold War in Asia*. Oxford 1985; Ray A. Moore: „The Occupation of Japan as History". In: *Monumenta Nipponica* 36 (1981), S. 316-328; Kawai Kazuo: *Japan's American Interlude*. Chicago, London 1979 (zuerst 1960); Justin Williams: *Japan's Political Revolution Under MacArthur: A Participant's Account*. Athens 1979; Wolfgang Benz: „Amerikanische Besatzungsherrschaft in Japan 1945-1947. Dokumentation". In: *Vierteljahreshefte für Zeitgeschichte* 26:2 (1978:04), S. 265-346; Robert E. Ward; Frank Joseph Shulman: *The Allied Occupation of Japan 1945-1952*. An Annotated Bibliography of Western-Language Materials. 1974; Edwin M. Martin: *The Allied Occupation of Japan*. New York 1948

satzung[297] bereits 1942 eine Studiengruppe mit namhaften Wissenschaftlern (darunter Ruth Benedict,[298] Talcott Parsons, Robert K. Hall), 1943 ein Ostasien-Komitee, Anfang 1944 einen Nachkriegsplanungsstab und Ende 1944 einen gemeinsamen Rat von Außenministerium, Heer und Marine eingesetzt. Diese Gremien planten die politischen Richtlinien und leiteten sie an den SCAP weiter. Erster SCAP wurde General Douglas MacArthur, der übereinstimmend als eitel, selbstherrlich und rechts eingeschätzt wurde und sich in der Regel aus den Vorgaben seiner Vorgesetzten nicht viel machte.[299]

Nachdem Japan am 2. September 1945 die Kapitulation unterzeichnet hatte, erließ MacArthur seinen ersten Befehl: Die Auflösung der japanischen Armee. Befehl Nr. 2 betraf die Auflösung des japanischen Generalstabes, und im dritten Befehl verhängte er Lohn-, Preis- und Lebensmittelkontrollen, verbot die Rüstungsproduktion, Importe und Exporte und forderte die Steigerung der zivilen Produktion. Im Oktober begannen politische Befehle wie die Freilassung von 3.600 politischen Gefangenen, die Auflösung der Kenpeitai und die Legalisierung linker und kommunistischer Gruppen. Premierminister Higashikuni trat Anfang Oktober zurück und wurde durch Shidehara Kijūrō ersetzt, dessen Ruf als besonnener Diplomat unbeschädigt geblieben war und der während der Kriegsjahre keine politischen Ämter bekleidet hatte.

Für beide Seiten war der Verlauf der Besatzung eine „freudige Überraschung" (Kawai Kazuo). Im großen und ganzen „umarmte" die japanische Gesellschaft ihre Niederlage (John W. Dower[300]) und passte sich den amerikanischen Vorstellungen bereitwillig an. Die Haltung der Besatzer gegenüber den Japanern war paternalistisch. Sowohl MacArthur als auch Joseph Grew, der 1931-1941 Botschafter in Japan war und 1944-1945 im Außenministerium für den Fernen Osten verantwortlich war, nannten die Japaner Kinder im Vergleich zum entwickelten Westen. Die Japaner hüteten sich zu widersprechen, weil man Kinder nur begrenzt für ihre Taten verantwortlich machen konnte. Außerdem war ihnen bewusst, dass eine Sabotage nur ihnen selbst geschadet hätte. Um die Demokratisierung der Gesellschaft zu erreichen, formulierte MacArthur fünf vorrangige Ziele: Gleichberechtigung der Frauen, Gewerkschaftsfreiheit, Liberalisierung des Erziehungswesens, Auflösung der Geheimpolizei und Demokratisierung monopolistischer Wirtschaftsstrukturen. Die Gesetze zur Gesetz zur Wahrung der öffentlichen Ordnung und zur Generalmobilmachung wurden aufgehoben. Frauen erhielten das Wahlrecht. Neben den Staatsrundfunk traten private Rundfunkanstalten.

---

297 Hugh Borton: „Preparation for the Occupation of Japan". In: *Journal of Asian Studies* 25:2 (1966:02), S. 203-212

298 Ruth Benedict: *The Chrysanthemum and the Sword. Patterns of Japanese Culture*. Tōkyō: Tuttle 1984 (zuerst 1946)

299 Winfried Scharlau: *Der General und der Kaiser. Die amerikanische Besatzung Japans 1945-1952*. Bremen 2003

300 Dower, *Embracing Defeat*

Kriegsverbrecherprozesse

Ein Internationaler Militärgerichtshof für den Fernen Osten wurde eingesetzt, um die mittlerweile verhafteten Kriegsverbrecher zu richten. Die wichtigste Frage war dabei, ob Kaiser Hirohito angeklagt werden sollte. Sie fiel nach einer 37minütigen Begegnung Hirohitos mit MacArthur am 27. September 1945, in welcher der Tennō bekundete, er sei gegen den Krieg gewesen.[301] MacArthur reichte dies aus, um den Kaiser zu exkulpieren und als wichtiges Werkzeug für die geplante Umgestaltung Japans einzuplanen. Eine Fotografie des Treffens, die MacArthur stehend neben dem wesentlich kleineren Kaiser zeigte, wurde in den japanischen Medien veröffentlicht und machte augenfällig, dass die Amerikaner nicht bereit waren, die alte Symbolik zu respektieren.

Von den 28 Angeklagten des Hauptprozesses (der sogenannten Kategorie A) wurden im November 1948 sieben zum Tode, 16 zu lebenslanger Freiheitsstrafe und zwei zu Zeitstrafen verurteilt. Zwei (darunter Matsuoka Yōsuke) waren während des Prozesses verstorben, Ōkawa Shūmei wurde für geisteskrank erklärt. Die Todesurteile gegen Tōjō Hideki, Hirota Kōki, Matsui Iwane (den Kommandanten des Angriffs auf Nanjing) und andere wurden am 23. Dezember 1948 im Kriegsverbrechergefängnis von Tōkyō-Sugamo vollstreckt. In der Kategorie B wurde gegen rund 20 hohe Offiziere verhandelt, von denen zwei hingerichtet wurden. Die Prozesse der Kategorie C fanden in Yokohama oder in Übersee statt. Von etwa 4.200 Angeklagten wurden 700 zur Todesstrafe und 3.100 zu Haftstrafen verurteilt; es gab 400 Freisprüche. Falls man sich von diesen Prozessen, die öffentlich geführt wurden, eine größere Wirkung auf die Seelenlage der japanischen Bevölkerung versprochen hatte, wurde man bitter enttäuscht: Die wenigsten Japaner ließen sich dauerhaft emotional berühren; für viele handelte es sich um eine logische Konsequenz aus dem verlorenen Krieg, um Siegerjustiz.[302] Selbst MacArthurs Aufklärungschef Char-

Abb. 58: MacArthur und Hirohito (Charles R. Restifo, 27. 9. 1945)

301 Matsuo Takayoshi: *Kokusai kokka e no shuppatsu* [= Nihon no rekishi 21]. Shūeisha 1993, S. 26-29

302 Philipp Osten: *Der Tokioter Kriegsverbrecherprozeß und die japanische Rechtswissenschaft.* Berlin 2003; Jeanie M. Welch: *The Tokyo Trial: A Bibliographic Guide to English-language Sources.* Westport 2002; Richard H. Minear: *Victors' Justice: The Tokyo War Crimes Trial.* Ann Arbor 2001; Timothy P. Maga: *Judgment at Tokyo: The Japanese War Crimes Trials.* Lexington 2001; Radhabinod B. Pal: *International Military Tribunal For The Far East: Dissentient Judg-*

les Willoughby sprach von „schlimmster Heuchelei".[303] Da von den elf Richtern im A-Prozess fünf Minderheitenvoten abgaben, die aus unterschiedlichen Gründen mit den Urteilen nicht einverstanden waren, konnte man mehr Respekt wohl auch nicht erwarten. Der indische Richter Radhabinod Pal lehnte die Zuständigkeit des Gerichts überhaupt ab; sein Votum umfasste im Druck mehr als 1.200 Seiten.

Wirtschafts- und Sozialreformen

Drei große Reformen stieß der SCAP in der japanischen Wirtschaft an, die auf die Beseitigung der sozialen Wurzeln des japanischen Militarismus abzielten: Bodenreform, Auflösung der Großkonzerne und Reform der Arbeit.

Die Bodenreform sollte den Pächtern helfen. Sie wurde von Dezember 1945 bis Oktober 1946 geplant und von März 1947 bis März 1950 realisiert. Grundbesitzer mussten danach unbedingt vor Ort ansässig sein; sogenannter parasitärer Grundbesitz wurde verboten. Die Höchstgrenze je Grundbesitzerhaushalt wurde auf 3 (auf Hokkaidō 12) Hektar festgesetzt, der Rest musste an den Staat abgegeben werden, der das Land zu günstigen Preisen an die Pächter weiterverkaufte. Von dieser Reform waren rund 80 % des gesamten Pachtlandes betroffen. Entsprechend sank der Anteil des Pachtlandes von 47 % im Jahr 1938 auf 10 % im Jahr 1950. Die Zahl der reinen Pachtbauern ging von 27 % auf 5 % zurück.

Die zweite Reform sollte die Dekonzentration der Wirtschaft sein, indem man die *zaibatsu*-Großkonzerne entflocht und ihre Holdinggesellschaften auflöste. Von September 1946 bis September 1947 erstellte man eine Liste mit insgesamt 325 zu entflechtenden Großunternehmen. Zehn Unternehmerfamilien wurden genannt, die ihre Aktienbeteiligungen aufgeben sollten; darunter an erster Stelle die Mitsui, Iwasaki und Yasuda. Ihre Aktien wurden im November 1946 auf der Börse verkauft. Alle Familienangehörigen wurden für zehn Jahre von Posten in den Unternehmensleitungen ausgeschlossen. 1947 wurde ein Antimonopolgesetz verkündet, das namentlich genannten Aktiengesellschaften verbot, ihre eigenen Aktien zu halten, untereinander Aktienverflechtungen vorzunehmen oder Kartelle zu bilden. Doch die Auflösung der 325 Unternehmen fand bis auf 19 unter ihnen nicht statt, weil die Amerikaner 1948 erkannten, dass eine Schwächung der japanischen Wirtschaft ihrer neuen Hoffnung zuwiderlief, Japan rasch als Verbündeten im Kalten Krieg aufzubauen.

---

ment of Justice Pal. Tōkyō: Kokusho-kankōkai 1999; *Bert V*. Röling: *The Tokyo Trial and Beyond: Reflections of a Peacemonger*. Cambridge 1993; John L. Ginn: *Sugamo Prison, Tokyo: An Account of The Trial and Sentencing of Japanese War Criminals in 1948, By a U.S. Participant*. Jefferson 1992; Chihiro Hosoya (Hg.): *The Tokyo War Crimes Trial: An International Symposium*. Tōkyō: Kōdansha 1986; Kojima Noboru: *Tōkyō saiban*. Chūō Kōronsha 1971

303 Dower, *Embracing Defeat*, S. 451

Demontage

Anders als nach dem Ersten Weltkrieg wollten die Siegermächte nicht in Geld, sondern in Sachleistungen entschädigt werden. Die Amerikaner erstellen für den FEC zwar Ende 1946 eine Vorschlagsliste für Demontagen in Japan, doch der FEC konnte sich nicht über deren Aufteilung einigen. Von 1948 bis 1950 setzten die Amerikaner daher einseitig 30 % ihrer Vorschläge um. 15 % der demontierten Anlagen gingen an China, jeweils fünf Prozent an die Philippinen, Niederlande und Großbritannien. Wegen des Kalten Krieges stellten die Amerikaner das Programm danach ein.

Demokratisierung

Seit Herbst 1945 arbeiteten zunächst Konoe Fumimaro und danach Innenminister Matsumoto Jōji und der rehabilitierte Staatsrechtler Minobe Tatsukichi an Entwürfen für eine neue Verfassung. Die alte politische Elite verstand ihre Mitwirkung an der Verfassungsreform als einen letzten Dienst am Vaterland.[304] Dass eine solche Reform nötig war, bestritt in der politischen Führungsschicht niemand. Shidehara wollte die Entscheidung darüber jedoch einem neuen, demokratisch legitimierten Parlament überlassen.

In Vorbereitung der Wahlen gründeten sich im November 1945 neue Parteien. Auf der Rechten schlossen sich 273 Mitglieder der ehemaligen TYK zur Progressiven Partei Japans (Nihon Shinpotō) zusammen. Der Name war Augenwischerei, die Partei war extrem konservativ und in sich zerstritten.

Ihr Konkurrent wurde die Liberale Partei Japans (Nihon Jiyūtō), deren Vorsitzender Hatoyama Ichirō zwar zum Establishment gehörte, aber die TYK nie unterstützt hatte. Hier täuschte der Parteiname nicht. Die Partei griff auf die alte – also bauernfreundliche und nationalistische – Linie der Liberalen zurück und wurde von Kodama Yoshio finanziert, einem Rechtsaußen, der im China-Geschäft zu Reichtum gekommen war und für die kommenden Jahrzehnte hinter den Kulissen ungeheuren Einfluss auf die japanischen Konservativen ausübte. Kōno Ichirō, die rechte Hand Hatoyamas, und Ashida Hitoshi gehörten ebenfalls zur Führungsmannschaft.

Am 1. Januar 1946 hielt Kaiser Hirohito erneut eine Rundfunkansprache, in welcher er darauf verwies, dass seine Beziehung zum japanischen Volk nie auf „einfache Mythen und Legenden", sondern auf „gegenseitiges Vertrauen und Respekt" gegründet gewesen sei. Der Kaiser sei kein lebender Gott.

Hirohito verstand diese Ansprache ausdrücklich als Ergänzung zu Mutsuhitos Throneid von 1868, den er als die Grundlage für die Verfassung von 1889 betrachtete.[305]

---

[304] Ray A. Moore: *Partners for Democracy: Crafting the New Japanese State Under MacArthur.* Oxford, New York 2002; Dale M. Hellegers: *We, the Japanese People: World War II and the Origins of the Japanese Constitution.* Stanford 2002

[305] Matsuo, *Kokusai kokka e no shuppatsu*, S. 41-43

Am 1. April 1946 schockierte der SCAP die politische Elite durch eine erste Säuberungswelle. Militärische und nationalistische Organisationen wurden aufgelöst. Aus Parteien, Verwaltung, Militär und Wirtschaft wurden Männer entfernt, die als Nationalisten galten oder in der Kolonialverwaltung oder Kriegwirtschaft hohe Positionen besetzt hatten. Hiervon waren etwa 1.000 Personen betroffen; eine zweite Säuberungswelle erfasste 1947 nochmals etwa 200.000 Menschen.[306] Doch so kurz vor der anstehenden Neuwahl war der Ausschluss prominenter Politiker ein Schlag für die neuen Parteien. Sämtliche ehemaligen TYK-Politiker – d.h., die überwiegende Mehrheit der Parlamentsabgeordneten – wurden automatisch gesperrt. Die Progressiven verloren 260 von 274 Abgeordneten, die Liberalen 30 von 45, selbst die Sozialisten 11 von 17. Auch aus dem Kabinett blieben nur Shidehara, Yoshida Shigeru und Ashida übrig. Es sah so aus, als wäre die soeben legalisierte Kommunistische Partei unter dem aus dem Exil zurückgekehrten Nosaka Sanzō die einzig verbliebene funktionsfähige Partei. Sie gründeten sofort mit den Sozialisten eine Volksfront.

Der SCAP war nicht auf einen polarisierten Wahlkampf zwischen einem konservativen Lager und einem Volksfrontlager erpicht, wenn an dessen Ende entweder eine extrem konservative oder eine sozialistische Verfassung stehen sollte. Zudem enttäuschte ihn Matsumotos am 1. Februar publik gewordener Entwurf zutiefst, weil er an der Stellung des Kaisers praktisch nichts veränderte. MacArthur ließ am 4. Februar 1946 ein Eckpunktepapier erstellen und gab seinem Stab eine Woche Zeit, um daraus eine Verfassung zu entwerfen.[307] Genau wie die Meiji-Verfassung begann auch die neue Verfassung mit einer Definition des Kaisers:

„Der Kaiser ist das Symbol des Staates und der Einheit des Volkes, der seine Stellung vom Willen des Volkes ableitet, bei dem die Souveränität liegt."

Diese Formulierung erwies sich als genial, weil sie genau das traf, was der Kaiser spätestens seit der Frühen Neuzeit immer gewesen war: die Quelle der Symbolik des symbolischen Raumes. Neu war die Einführung der Volkssouveränität, die für die Taishō-Demokraten wie Yoshino Sakuzō noch undenkbar gewesen war.[308]

---

306 Nakai Akio: „Die ‚Entmilitarisierung' Japans und die ‚Entnazifizierung' Deutschlands nach 1945 im Vergleich". In: *Beiträge zur Konfliktforschung* 18:2 (1988), S. 5-20

307 Kataoka Tetsuya: *The Price of a Constitution: The Origin of Japan's Postwar Politics*. New York 1991; Charles L. Kades: „The American Role in Revising Japan's Imperial Constitution". In: *Political Science Quarterly* 104 (1989), S. 215-247; Theodore McNelly: „The Japanese Constitution. Child of the Cold War". In: *Political Science Quarterly* 74 (1959), S. 176-195; ders.: „American Influence and Japan's No-War Constitution". In: *Political Science Quarterly* 67 (1952), S. 589-598

308 Herbert P. Bix: „Inventing the ‚Symbol Monarchy' in Japan, 1945-52". In: *Journal of Japanese Studies* 21:2 (1995), S. 319-363; David A. Titus: „The Making of the ‚Symbol Emperor System' in Postwar Japan". In: *Modern Asian Studies* 14:4 (1980), S. 529-578

Die zweite wesentliche Neuerung betraf Japans Wehrverfassung und stand im Artikel 9 in einem eigenen Kapitel mit der Überschrift „Verzicht auf Krieg“:

„In der ernsten Hoffnung auf internationalen Frieden, der auf Gerechtigkeit und Ordnung beruht, verzichtet das japanische Volk für immer auf Krieg als ein souveränes Recht der Nation und auf die Androhung oder Anwendung von Gewalt als Mittel zur Beilegung internationaler Auseinandersetzungen.

(2) Um das Ziel des voranstehenden Abschnittes zu erreichen, werden keine Land-, See- und Luftstreitkräfte sowie anderes Kriegspotential unterhalten. Das Recht des Staates auf Kriegführung wird nicht anerkannt.“

Über diesen Artikel 9 verständigte sich MacArthur vorab mit Shidehara. Es ist wahrscheinlich, dass die Idee von MacArthur selbst stammte (er kannte den Kriegsverzicht aus der Verfassung der Philippinen von 1935), doch gaben beide öffentlich vor, dass Shidehara den Vorschlag eingebracht habe – vermutlich, um die Freiwilligkeit dieses sensationellen Wandels vom Kriegs- zum Friedensstaat nicht in Frage zu stellen.[309]

Der japanischen Regierung legte ein Mitarbeiter des SCAP den fertigen Entwurf am 13. Februar vor und machte ihr die Entscheidung leicht: Falls die Regierung ihn ablehne, werde der SCAP ihn von sich aus veröffentlichen und dafür sorgen, dass die Konservativen von der Macht ausgeschlossen würden. Daher stimmte die Regierung im Grundsatz zu; es gelang ihr jedoch, einige Änderungen – als wichtigste die Beibehaltung eines Zwei-Kammer-Parlaments – durchzusetzen.

Der Kaiser signalisierte sein Einverständnis, auch wenn mit der neu-

Abb. 59: Kaiser Hirohito besucht Flutopfer in Yamanashi (September 1947)

[309] Matsuo, *Kokusai kokka e no shuppatsu*, S. 49; Reinhard Drifte: „Einige neue Gesichtspunkte zur Entstehungsgeschichte des Artikel 9 der Japanischen Verfassung“. In: *Bochumer Jahrbuch zur Ostasienforschung* (1978), S. 438-455; Theodore McNelly: „The Renunciation of War in the Japanese Constitution“. In: *Political Science Quarterly* 77 (1962), S. 350-378. Die gegenteilige Ansicht vertritt Klaus Schlichtmann: „The Ethics of Peace: Shidehara Kijūrō and Article 9 of the Constitution“. In: *Japan Forum* 7:1 (1995), S. 43-56

en Verfassung der Adel außerhalb des Kaiserhauses abgeschafft wurde. Seine neue Stellung machte es dem Kaiser leichter, sich – wie von der Besatzungsmacht gewünscht – als Mensch unter Menschen zu zeigen. Er trat nie wieder in Uniform auf, sondern in einem bürgerlichen Anzug mit Hut und Krawatte. Ab Ende Februar ging Hirohito im Land auf Reisen, ganz wie sein Großvater, und versuchte, mit den Menschen ins Gespräch zu kommen. Das neue Bild des Kaisers zeigte keinen kräftestrotzenden, auftrumpfenden, sondern einen bescheidenen, unauffälligen, zivilen Körper.

Am 5. März verabschiedete das Kabinett den Verfassungsentwurf, am 7. März wurde er in den Tageszeitungen veröffentlicht.

Der SCAP vermittelte den Bürgern die Ziele der Verfassungsreform auf eine Weise, die seine orientalistische Grundhaltung durchscheinen ließ. Ein Poster stellte Japans Gesellschaft „früher", vor der neuen Verfassung, und „jetzt" dar: Früher war der Tennō der Größte, es folgte der Adel, dann die Männer und ganz zum Schluss die Frauen. Nun waren dank der Verfassung alle gleich, und den Adel gab es nicht mehr. Kaiser und Adel wurden im westlichen Cutaway abgebildet, das Volk – Männer wie Frauen – jedoch in Kimonos. Das Bild, das die Besatzer sich von der japanischen Gesellschaft gemacht hatten, hinkte weit hinter der Wirklichkeit her.

Deutlich wurde dies, als der Schriftsteller Tanizaki Jun'ichirō 1946 bis 1948 seine Familiensaga „Feiner Schnee"[310] (Sasameyuki) veröffentlichte. Er hatte den Roman bereits während der Kriegszeit angefangen, wurde jedoch vom Militär daran gehindert, ihn zu publizieren – zu brisant war der Inhalt. Es ging um das Schicksal von vier Schwestern einer Kaufmannsfamilie aus Ōsaka, die völlig unterschiedlichen Lebensentwürfen folgten und denen es große Mühe bereitete, den Niedergang und das Auseinanderbrechen ihrer Familie aufzuhalten.

Wie falsch auch immer die Annahmen über den sozialen Raum Japans waren, unter denen die Besatzer ihre Politik konstruierten: Die Bevölkerung nahm die Reformen dankend an. Eine Umfrage der Mainichi Shinbun ergab am 27. Mai, dass 85 % der Japaner für die neue Verfassung waren, 13 % dagegen, und lediglich 2 % hatten keine Meinung.[311]

Das Wahlergebnis vom 10. April – erstmals durften auch Frauen wählen – fiel nicht so deutlich aus. Die Liberalen erhielten 24 % der Stimmen, gewannen aber 30 % der Mandate. Es folgten die Progressiven (19/20) und Sozialisten (18/20). Alle übrigen – die Kommunisten erreichten nur 4 % der Wählerstimmen und 1 % der Mandate – spielten praktisch keine Rolle. 139 unabhängige Abgeordnete schlossen sich den bürgerlichen Parteien an, die damit mehr als dreimal so viele Stimmen im Unterhaus hatten wie die Sozialisten und Kommunisten. Der Anteil der weiblichen Abgeordneten betrug übrigens 8 %.

---

310 Tanizaki Jun'ichirō: *Die Schwestern Makioka*. Reinbek 1964

311 NHK, *Tennō to kenpō*, S. 282

Politischer Übergang

Kurz nach der Wahl trat Shidehara als Premierminister zurück. Der bisherige Außenminister, Yoshida Shigeru, wurde zum Premierminister gewählt. Er war ehedem Berufsdiplomat und galt beim Militär als anglophil. Konservatismus in der Sache – die Erhaltung des Kaisertums hielt er für eine unerlässliche Voraussetzung für die Stabilität der japanischen Innenpolitik – verband er mit einem gewandten, selbstbewussten Auftreten gegenüber der Besatzungsmacht.

Dem hungernden Volk war dies zunächst egal. Im Mai 1946 wurde der erste Tag der Arbeit seit elf Jahren abgehalten, doch die Demonstranten drangen in das Gelände des Kaiserpalastes ein und forderten eine bessere Versorgung mit Nahrungsmitteln. Im Juni begann ein 120tägiger Arbeitskampf bei der großen Zeitung Yomiuri Shinbun, im Juli und August folgten für mehrere Monate Eisenbahner und Schiffsbesatzungen. Arbeiter besetzen ihre Betriebe und forderten eine Beteiligung am Management und die Selbstbestimmung von Produktion und Arbeitszeiten. Am Jahresende streikten auch Lehrer und Postbeamte. Hintergrund war, dass die Löhne mit Inflation und Schwarzmarktpreisen nicht Schritt hielten; selbst Preiskontrollen wirkten nur vorübergehend. Für den 1. Februar 1947 wurde ein Generalstreik angekündigt. Er hätte Japans Wirtschaftsleben lahmgelegt. MacArthur untersagte ihn deshalb am 31. Januar und brach den Gewerkschaften damit das Rückgrat. Im April wurde ein „Grundgesetz der Arbeit" verkündet, das an die Stelle des alten Fabrikgesetzes trat. Es sah gleichen Lohn für Männer und Frauen vor, reduzierte die tägliche Arbeitszeit auf acht Stunden und verbesserte den Arbeitsschutz für Frauen und Kinder. Ein Jugendwohlfahrtsgesetz, ein Gesetz zur Entschädigung bei Arbeitsunfällen und die Arbeitslosenversicherung ergänzten das neue soziale Netz.

Der Reform des Bildungswesens wandten sich die Amerikaner schon im Oktober 1945 zu. Die Lehrerschaft wurde von Militaristen gesäubert, shintōistische Elemente in der Erziehung ebenso wie der Ethikunterricht verboten und der Geschichts- sowie Erdkunde-Unterricht bis zur Erstellung neuer Lehrpläne und Lehrmittel aufgehoben. In den alten Schulbüchern mussten die Schüler Passagen schwärzen, die nicht mehr behandelt werden sollten. Eine amerikanische Expertenkommission machte Empfehlungen für die weiteren Reformen. Das Schulsystem wurde in der Folge nach dem amerikanischen Muster in ein Gesamtschulwesen (6 Jahre Grundschule, 3 Jahre Mittelschule, 3 Jahre Oberschule) umgewandelt, auf das vier bzw. zwei Jahre Studium folgen sollten. Im Juni 1948 hob das Parlament gegen beträchtliche Widerstände den Kaiserlichen Erziehungserlass von 1890 auf. An seine Stelle trat bereits 1947 ein „Grundgesetz der Erziehung", das demokratischen Geist in die Schulen tragen sollte.

Die neue Verfassung wurde im September 1946 verabschiedet, doch Yoshidas politischer Schwerpunkt war die Stabilisierung der Wirtschaftslage. Von den angestoßenen Sozialreformen hielt er dagegen nicht viel. Beim Publikum kam dies nicht gut an. Als im März 1947 Ashida Hitoshi und andere die Liberale Partei verließen, um mit Abweichlern von den Progressiven die Demokratische Partei (Minshutō) „rechts von den Sozialisten, links von den Liberalen" ins Leben riefen, war Yoshidas Amtszeit zunächst einmal beendet.

Nach Neuwahlen im April 1947, bei denen die Sozialisten nach Mandaten stärkste Fraktion wurden (nach Stimmen aber nur zweitstärkste hinter den Liberalen), kam eine Koalition von Sozialisten und Demokraten unter dem christlichen Sozialisten Katayama Tetsu an die Macht. Ihre Schwerpunkte waren die Inflationsbekämpfung und die Lebensmittelversorgung. Privater Außenhandel – ein Anliegen der Demokraten – wurde eingeschränkt wieder erlaubt. Über die Absicht der Sozialisten, den Bergbau für drei Jahre unter staatliche Verwaltung zu stellen, entzweite sich die Koalition jedoch. Das Kabinett trat im Februar 1948 zurück. Katayama behauptete 1976, MacArthur habe von ihm eine Wiederaufrüstung Japans verlangt; als Pazifist habe er dem nicht zustimmen können und sei deswegen zurückgetreten. Allerdings konnte sich Katayamas Parteifreund Nishio Suehiro an ein solches Ansinnen nicht erinnern.

Neuer Regierungschef wurde der Demokrat Ashida Hitoshi. Er besaß nur mit Hilfe seiner alten Koalitionspartner eine Mehrheit im Unterhaus, doch selbst die zerschmolz, als ein Teil seiner Fraktion sich mit den Liberalen zur Demokratisch-Liberalen Partei (Minshu Jiyūtō) unter Vorsitz von Yoshida Shigeru zusammenschloss. Im Mai geriet zunächst sein Koalitionspartner Nishio unter Korruptionsverdacht; in den Skandal wurden immer mehr Politiker der Regierungsparteien verwickelt, weshalb das Kabinett im Oktober zurücktrat. Insgesamt 64 Politiker, darunter auch Ashida, wurden verhaftet. Auslöser des Skandals war ein Düngemittelkonzern namens Shōwa Denkō. Um an öffentliche Gelder zu kommen, hatte er flächendeckend Beamte und Politiker aller Parteien bestochen – selbst Beamte in der Besatzungsverwaltung. Den Skandal deckte Charles Willoughby auf, der Aufklärungschef des SCAP; und er nutzte die Chance, um Ashidas Koalition loszuwerden. Die Amerikaner hatten mit Japan inzwischen anderes vor. Als sich der Kalte Krieg zwischen den Westmächten und der Sowjetunion zuspitzte, stand für die USA ab Ende 1947 der Aufbau eines zuverlässigen Verbündeten in Ostasien im Vordergrund. Da der Sieg der Kommunisten in China bereits absehbar war, war Japan die logische Wahl, um als „Bollwerk im Osten" aufgebaut zu werden, wie es Charles Willoughby 1950 gegenüber der Weltöffentlichkeit formulierte.[312] Die Folge war die Drosselung des Reformeifers, die Forcierung des wirtschaftlichen Wiederaufbaus und die Vorbereitung einer internationalen Friedenskonferenz – mit der parallelen Einbindung Japans in eine Sicherheitspartnerschaft mit den USA.

Mit Mühe und Not ließ sich Yoshida Shigeru im Oktober erneut zum Premierminister wählen und leitete eine Minderheitsregierung; für Januar 1949 wurden Neuwahlen angesetzt.

---

[312] Charles Willoughby: „Japan – Bollwerk im Osten". In: *Das Beste aus Reader's Digest* (1952:04), S. 95-100

Reform des öffentlichen Dienstes

Nach amerikanischem Vorbild wurden die bislang mit so hohem symbolischem Prestige versehenen Beamten in „Angehörige des öffentlichen Dienstes" (*kōmuin*, „civil servants") umgewandelt. Auf nationaler Ebene wurde dies 1947 geregelt, auf lokaler 1950. Seither gilt folgende Systematik der Staats- und Kommunalbediensteten:

Angehörige des öffentlichen Dienstes

Staat	Sonderaufgaben	Minister, Vizeminister, Staatssekretäre, Botschafter, Gesandte
		Richter, Gerichtsbedienstete
		Parlamentsbedienstete
		Bedienstete des Amtes für Selbstverteidigung
		Vorstände der öffentlichen Körperschaften
	Allgemeine Aufgaben	Verwaltungsbedienstete
		Staatsanwälte
		Beschäftigte in staatlichen Monopolbetrieben
		Bedienstete der öffentlichen Körperschaften
		Postbedienstete
Lokal (Präfekturen, Städte und Kommunen)		

Nach schlechten Erfahrungen mit Lehrerstreiks verbot der SCAP 1948 staatlichen und lokalen Bediensteten kollektive Arbeitskämpfe; Yoshidas Regierung setzte dies gesetzlich um. Die Neuwahl brachte Yoshida einen Erdrutschsieg. Seine Demokratischen Liberalen gewannen 44 % aller Stimmen und 57 % aller Mandate. Damit konnte er endlich stabil regieren. Seine Priorität war ein stabiler Haushalt. Bereits im Dezember 1948 verordnete die Besatzungsmacht neue Prinzipien für wirtschaftliche Stabilität, die auf eine Bekämpfung der Nachkriegs-Inflation abzielten und durch einen ausgeglichenen Staatshaushalt, höhere Steuereinnahmen und stabile Löhne erreicht werden sollten. 1949 wurde der Wechselkurs des US-Dollars zum Yen auf 1:360 festgelegt; ein für die japanische Seite bald vorteilhaftes Verhältnis. Diese Wirtschaftsreformen dämpften tatsächlich die Inflation, führten aber auch zum Zusammenbruch kleiner und mittelständischer Unternehmen und deshalb sowie nach der Reform des öffentlichen Dienstes zu höherer Arbeitslosigkeit und harten Arbeitskämpfen. Von Mai bis Ende 1949 wurden 285.000 öffentliche Bedienstete entlassen. Im Juli 1949 kündigte die Staatsbahn Massenentlassungen an. Wenige Tage später fand man die

Leiche des auf rätselhafte Weise verschwundenen Staatsbahnchefs auf einem Eisenbahngleis. Mehrere Züge entgleisten unter mysteriösen Umständen. Premierminister Yoshida verdächtigte kommunistische Gewerkschaftler der Sabotage. Die Spaltung zwischen kommunistischen und nichtkommunistischen Gewerkschaften vertiefte sich. Zudem ordnete der SCAP eine „rote Säuberung"[313] im öffentlichen Dienst an, in deren Folge 1949 bis 1950 rund 12.000 Angestellte in Verwaltung, Unternehmen und Medien sowie Schul- und Hochschullehrer entlassen wurden, die als Kommunisten verdächtigt wurden.

Die Rettung aus der Rezession brachte indes der sogenannte Sonderbeschaffungsboom, nachdem im Juni 1950 der Koreakrieg ausgebrochen war. Der Export stieg in einem halben Jahr um fast 60 %, Japans Handelsbilanz war erstmals wieder positiv. Ein Viertel der Exporte waren in Japan bezogene Sonderbeschaffungen – Güter und Dienstleistungen – der Vereinten Nationen für ihre Truppen in Korea. Dazu gehörten in erster Linie Waffen, Bauarbeiten, Steinkohle, Fracht- und Lagerdienste sowie Telekommunikationsdienste. Der Boom hielt bis 1956 an.

Abb. 60: Wichtige Nährwertlieferanten der Nachkriegszeit waren Wal- und Thunfischkonserven (1950er Jahre). Walfleisch war vor allem für Schulspeisungen in Gebrauch.

[313] Henry Oinas-Kukkonen: *Tolerance, Suspicion, and Hostility: Changing U.S. Attitudes Toward the Japanese Communist Movement 1944-1947*. Westport 2003

Friedensvertrag

Bei der Vorbereitung des Friedensvertrages kam Yoshida den amerikanischen Wünschen nach einem deutlichen Bekenntnis zum Lager des „freien Westens“ nicht nur entgegen. Er bot den Amerikanern im Mai 1950 an, in Japanern permanente Militärstützpunkte zu unterhalten, falls die Amerikaner dafür die japanische Sicherheit garantieren würden. Zudem beteiligte sich Japan von Oktober bis Dezember 1950 informell – ohne seine eigene Flagge – mit 46 Minensuchbooten an einer großangelegten Minenräumaktion, die für die Bewegungsfreiheit der UN-Truppen äußerst wichtig war. Zahlreiche Japaner wurden in der Logistik eingesetzt. Insgesamt verloren 52 Japaner dabei ihr Leben, 349 wurden verletzt.[314] Außerdem stellte Japan sein Kartenmaterial von der koreanischen Halbinsel zur Verfügung, was zum Verdruss der Koreaner dazu führte, dass die amerikanischen Truppen japanische Ortsnamen aus der Kolonialzeit benutzten.[315]

Im April 1951 wurde MacArthur wegen Meinungsverschiedenheiten mit seiner Regierung über die Kriegführung in Korea als SCAP abgelöst. Sein Nachfolger wurde Matthew B. Ridgway, der es jedoch nur noch als seine Aufgabe ansah, die letzten Schritte zur Wiederherstellung der japanischen Souveränität zu begleiten. Japan habe das Recht, die von der Besatzungsmacht veranlassten Reformen selbständig zu überdenken. Natürlich war die Vorbedingung, dass Japan sich auf die Seite Amerikas stellte. Die Meinungen darüber waren in Japan gespalten.

Die Friedenskonferenz von San Francisco fand vom 4. bis 8. September 1951 statt. 55 Länder waren eingeladen, 49 nahmen teil. Indien und die Sowjetunion erschienen aus Protest gegen die amerikanischen Pläne nicht. Wichtige Probleme konnten auf der Konferenz nicht gelöst werden:

Japans direkte Nachbarn Sowjetunion, China und Korea waren in das Abkommen nicht einbezogen. Mit ihnen handelte Japan in den folgenden Jahren bilaterale Verträge aus. Die territorialen Fragen blieben deshalb teilweise offen. Das Prinzip war, dass Japan alles Land verlieren sollte, was es durch Gewaltanwendung erworben hatte. Dies traf nach Auffassung aller japanischen Parteien (auch der Kommunisten) auf die südlichen Kurilen (Chishima-Inseln) einschließlich der zu Hokkaidō gehörenden Inseln Habomai und Shikotan – alle von der Sowjetunion besetzt – sowie die Takeshima-Inseln (von Südkorea besetzt) und die Senkaku-Inseln nicht zu.

Die Vertragsstaaten verzichteten zwar auf Reparationen, doch die von Japan besetzten Länder bestanden auf Sonderregelungen. Förmliche Wiedergutmachungsleistungen vereinbarte Japan in der Folge nur mit Burma (1955), den Philippinen (1956), Indonesien (1958) und Südvietnam (1959).

Schließlich war die Frage der amerikanischen Truppenstützpunkte umstritten. Japan musste hinnehmen, dass die Ogasawara-, Ryūkyū- und Amami-Inseln un-

---

[314] Matsuo, *Kokusai kokka e no shuppatsu*, S. 145

[315] Reinhard Drifte: „Japans Verwicklung in den Koreakrieg“. In: *Bochumer Jahrbuch zur Ostasienforschung* 2 (1979), S. 416-434

ter amerikanische Verwaltung gestellt wurden. Da während des Krieges Nationalchina Anspruch auf Okinawa angemeldet hatte und nach dem Krieg sich dort vorübergehend eine Unabhängigkeitsbewegung bildete, nahm die japanische Regierung lieber hin, dass die USA dort 13 % der gesamten Fläche für ihre Stützpunkte requirierte. Okinawa wurde seit 1946 als Treuhandgebiet von den USA wie eine „amerikanische Kolonie" verwaltet.[316]

Am 8. September 1951 wurde in San Francisco ein Friedensvertrag unterzeichnet, der am 28. April 1952 in Kraft trat und das formelle Ende der Besatzungszeit markierte. Gleichzeitig schlossen die USA und Japan einen Sicherheitsvertrag; Aus den Besatzern waren nun Verbündete geworden. Das japanische Abgeordnetenhaus billigte den Friedensvertrag mit 307:47 Stimmen und den Sicherheitsvertrag mit 289:71 Stimmen. Widerspruch entzündete sich vor allem daran, dass die USA laut Sicherheitsvertrag das Recht hatten, bei schweren Unruhen in Japan militärisch einzugreifen.

Am selben Tag, an dem der Vertrag von San Francisco in Kraft trat, schlossen die chinesische Nationalregierung auf Taiwan und Japan einen Friedensvertrag ab, in dem die Nationalregierung auf Reparationen verzichtete. Mit Südkorea verhandelte Japan ebenfalls. Die südkoreanische Regierung bestand zunächst auf Reparationsleistungen und einer Entschuldigung für die Kolonialzeit. Die Japaner hielten die Reparationen jedoch durch ihre vorangegangenen Investitionen in Korea sowie durch die Beschlagnahmung aller japanischen Vermögen für abgegolten. Daher blieben die Verhandlungen vorerst ergebnislos.

[316] Nicholas Evan Sarantakes: *Keystone: the American Occupation of Okinawa and U.S.-Japanese relations*. Sarantakes 2000

3. Japans Spätmoderne (1952 bis heute)

3.1 Nachholende Industrialisierung (1952-1973)

Spaltung der Liberalen

Im Zusammenhang mit der Wiederherstellung der japanischen Souveränität forderten der ehemalige Innere Minister Kido Kōin und der demokratische Abgeordnete Nakasone Yasuhiro Kaiser Hirohito wegen seiner Verantwortung für die japanische Niederlage zum Rücktritt auf. Hirohito lehnte dies mit Unterstützung Yoshida Shigerus jedoch ab.[1]

Doch auch ohne Hirohitos Rücktritt hatte sich das Feld der Macht gegenüber der Vorkriegszeit dauerhaft verändert. Das Militär war als Konkurrent um die Macht ausgeschieden, der Kaiser damit vollständig dem Primat der parlamentarischen Politik unterworfen, seine Symbolik auf ein Minimum zurückgeschnitten. Die großen Konzerne waren zerschlagen, mindestens aber ihre früheren personalen Verflechtungen mit der Politik hinfällig. Faktisch war das Feld der Macht zum Monopol der Parteipolitiker geworden, sekundiert von der Beamtenschaft, die allerdings stärker als zuvor unter politischer Aufsicht standen: Auch ihnen war der Nimbus der kaiserlichen Autorität entzogen.

Nachdem die Unabhängigkeit wiedererlangt war, kehrten jene Politiker auf die Bühne zurück, die von den Amerikanern wegen ihrer Unterstützung des Kriegsregimes gesperrt worden waren. Um Hatoyama Ichirō scharten sich innerhalb der Liberalen Ishibashi Tanzan, Miki Bukichi und Kōno Ichirō. Ihnen gingen Yoshidas Anlehnung an die USA und seine versteckten Bemühungen um eine Wiederbewaffnung Japans zu weit. Die Liberalen begannen sich zu spalten. Bei der Unterhauswahl von 1952 erreichten sie zwar insgesamt die absolute Mehrheit (wenngleich mit deutlich weniger Mandaten als zuvor), doch die Konflikte innerhalb der Partei waren so groß, dass Yoshida bereits nach fünf Monaten Neuwahlen ansetzen musste. Hatoyama kandidierte diesmal mit einer eigenen Partei. Yoshida bildete eine Minderheitsregierung. Als Ende 1953 der Schiffbauskandal bekannt wurde – die Schiffbau-Lobby hatte zahlreiche konservative Politiker bestochen, um Subventionen für die nach dem Ende des Korea-

[1] Herbert Bix hält diese von den Amerikanern und Teilen der Konservativen getroffene Entscheidung, Hirohito im Amt zu halten, für einen Kardinalfehler, der Innen- und Außenpolitik der Folgezeit negativ beeinflusste: Herbert Bix: *Hirohito and the Making of Modern Japan*. New York 2000

krieges in eine Krise geratene Schiffbauinstrie zu erlangen – und die Staatsanwaltschaft beim Unterhaus die Verhaftung des Generalsekretärs der Liberalen Partei, Satō Eisaku, beantragte, geriet die Regierung in höchste Not. Justizminister Inukai Takeru (ein Sohn von Inukai Tsuyoshi) verbot zwar die Verhaftung Satōs, trat jedoch wegen der öffentlichen Kritik hieran umgehend zurück. Das Misstrauen gegen die Regierung saß so tief, dass konservative Parteiführer zur Gründung einer neuen vereinigten Partei aufriefen. Dafür erstellten sie ein Fünfpunkte-Programm, zu dem Sauberkeit in der Politik, Verständigung mit den Nachbarn, wirtschaftliche Autarkie, Aufbau einer Landesverteidigung und die Änderung der Verfassung gehörten.

Yoshida wehrte sich allerdings; schließlich gründeten im November 1953 Hatoyama und seine Anhänger die Demokratische Partei Japans (Nihon Minshutō). Die Parteiführung dominierten Politiker, die während der Besatzungszeit als Kriegsverbrecher verdächtigt worden waren; darunter Shigemitsu Mamoru, Außenminister unter Tōjō, Kishi Nobusuke, 1943 Vizeminister für Rüstung, und Ishibashi Tanzan. Gemeinsam mit den Sozialisten stellten sie einen Misstrauensantrag, dem Yoshida im Dezember durch seinen Rücktritt zuvorkam.

Selbstverteidigung

MacArthur erlaubte der japanischen Regierung 1950 die Aufstellung einer Polizeireserve von 75.000 Mann. Diese wurde 1952 in eine „Sicherheitsarmee" (Hoantai) und einen „Küstenschutz" (Kaijō Keibitai) mit 110.000 Mann umgewandelt. Nach Inkrafttreten des Sicherheitsvertrages mit den USA wurden hieraus im Juli 1954 die „Selbstverteidigungsstreitkräfte" (Jieitai), die von einem Amt für Verteidigung (Bōeichō) verwaltet wurden, das direkt dem Premierminister unterstand. 1958 wurde die Sollstärke des Heeres auf 170.000 Mann erhöht, 1973 schließlich auf 180.000 Mann. Die Marine besaß eine Tonnage von 43.000 BRT. Für die parlamentarische Opposition der Sozialisten und Kommunisten galt die Existenz der Selbstverteidigungsstreitkräfte als Verfassungsbruch.

Das 55er-System

Die neue Regierung unter Hatoyama versuchte gemäß ihrem Fünfpunkte-Programm, Japans außenpolitische Spielräume zu erweitern. Bei der Neuwahl im Februar 1955 wurden die Demokraten zwar stärkste Partei, mussten sich aber im November mit den geschwächten Liberalen zur Liberaldemokratischen Partei (Jiyū Minshutō, LDP) zusammenschließen. Die LDP blieb danach für fast vierzig Jahre mit jeweils überwältigenden Wahlergebnissen an der Regierung. Allerdings bildeten sich in ihr Seilschaften *(habatsu)*, die sich hinter einzelnen Politikern scharten. Dieser Prozess wurde dadurch begünstigt, dass die LDP an einem Wahlrecht festhielt, in dem jeder Wahlkreis mehrere Abgeordnete ins Unterhaus entsandte (sog. „mittelgroße Wahlbezirke"). Dies machte es für die LDP einfacher, die Mehrheit der Mandate zu erringen, verlangte aber auch, dass sie hierfür mehrere Kandidaten im selben Wahlkreis aufstellen musste. Diese führten eher gegeneinander als gegen die Kandidaten der Opposition Wahlkampf. Die Seilschaften waren schließlich so etwas wie Parteien innerhalb der Partei. Die alten Trennlinien zwischen Liberalen und Demokraten verblassten dagegen allmählich.

Auch die Sozialisten, die sich in einen linken und einen rechten Flügel gespalten hatten, fanden im Oktober 1955 in eine Einheitspartei zurück. Das „Eineinhalbparteien-System", welches das politische Feld in den folgenden Jahrzehnten beherrschte, wurde deshalb auch das „55er-System" genannt.

1956 erklärten die Sowjetunion und Japan den Kriegszustand zwischen ihnen für beendet. Die letzten japanischen Kriegsgefangenen kehrten in ihre Heimat zurück. Die territorialen Streitfragen wurden ausgeklammert. Nun ließ die UdSSR auch Japans Aufnahme in die Vereinten Nationen zu.

Die Regierung ließ verlauten, die Nachkriegszeit sei nunmehr endgültig vorbei. Der sogenannte Jinmu-Boom zwischen November 1954 und Juni 1957 sorgte für eine positive Handelsbilanz und stabile Preise. Japans Volkswirtschaft begann damals um jährlich mehr als 7 % zu wachsen. Dies stärkte das Selbstbewusstsein der Nation – und auch der Gewerkschaften, die seit 1955 jährlich eine koordinierte Frühlingskampagne *(shuntō)* zur Durchsetzung von Lohnerhöhungen durchführten.

Ishibashi Tanzan trat im Dezember 1956 Hatoyamas Nachfolge als Premierminister an, war jedoch gesundheitlich so geschwächt, dass er im Februar 1957 zurücktreten musste. Kishi Nobusuke folgte ihm nach. Im ersten sogenannten „Diplomatischen Blaubuch" von 1957 definierte seine Regierung ihre außenpolitischen Grundsätze: Die Vereinten Nationen sollten der Maßstab aller Dinge sein, mit den freien Nationen wollte Japan kooperieren und sich als Teil Asiens verstehen. Unter Kishis Führung wurden Reparationszahlungen an Indonesien und Südvietnam sowie Entwicklungshilfeleistungen mit Laos und Kambodscha vereinbart. Gegenüber Taiwan äußerte er Sympathie für Chiang Kaisheks Pläne einer Wiedereroberung des Festlandes und verärgerte damit das kommunistische China. Als im Mai 1959 bei einer internationalen Messe in Nagasaki auf Proteste Taiwans hin die volksrepublikanische Flagge vom Mast genommen wurde, brach Beijing den wirtschaftlichen und kulturellen Austausch faktisch ab. Doch Kishis Hauptziel war eine Änderung der Verfassung und zugleich ein neuer Bündnisvertrag mit den USA, der Japan mehr Spielräume gab. Die USA akzeptierten Änderungen am Vertrag (vor allem wurde ihr Recht auf Intervention bei Unruhen aufgehoben), aber die Stimmung im Inland war aufgewühlt. Da Kishi Mitte 1959 auch noch eine Änderung des Polizeigesetzes durchsetzte, erhob die Linke den Vorwurf einer schleichenden Rückkehr zu Vorkriegsverhältnissen. Gegen heftigen Widerstand der Sozialisten verabschiedete das Parlament am 19. Mai 1960 den revidierten Sicherheitsvertrag. Daraufhin kam es zu Massenkundgebungen gegen Kishi und den Sicherheitsvertrag. Das Parlamentsgebäude wurde von Demonstranten belagert, die Neuwahlen verlangten. Als bei einer Demonstration am 15. Juni eine Studentin ums Leben kam, wurde sogar ein geplanter Besuch des US-Präsidenten Eisenhower abgesagt. Am 18. Juni trat der neue Sicherheitsvertrag in Kraft, und das Kabinett Kishi demissionierte.

Nachfolger Kishis wurde Ikeda Hayato, ein Finanzexperte, der unter Yoshida Finanzminister gewesen war und während der Rezessionszeit mit der herzlosen Bemerkung auffiel, wer zu arm sei, um sich Reis leisten zu können, solle doch Weizen essen. Unter Ikeda hatte die Entwicklung der Wirtschaft Vorrang vor allen politischen Fragen. Er führte seine Partei mit dem Versprechen, innerhalb von zehn Jahren eine Verdoppelung des nationalen Einkommens und eine Verdoppelung der Löhne zu erreichen, im November 1960 zum Wahlsieg. Der im Dezember verabschiedete Regierungsplan zur Verdoppelung der Einkommen sah für ein langfristig stabiles Wachstum Investitionen in Bildung und Wissenschaft vor, den Ausbau der Sozialsysteme und eine Förderung privater Eigeninitiative. Das Zauberwort hieß Skalenökonomie, d.h., Serien- und Massenproduktion sollten die Produktionskosten senken und damit die Profitrate steigern. Die Zeit schien dafür günstig, denn von 1959 bis 1961 erlebte Japan den sogenannten Iwato-Boom. Von 1955 bis 1961 stieg der Produktionsindex von jeweils 100 im Maschinenbau auf 605, bei Eisen und Stahl auf 277, in der Chemiebranche auf 222, in der Textilindustrie auf 174 und in der Nahrungsmittelindustrie auf 138. Der Export florierte, obwohl die Europäer begannen, japanische Importe durch Protektionismus zu behindern. 1963 bis 1964 baute Japan seinerseits Einfuhrbeschränkungen ab und liberalisierte den Devisenhandel. Die Binnennachfrage wurde vor allem von großen Investitionen der Firmen in neue Anlagen und Technologien dominiert. Riesige Hochöfen wurden errichtet, mit deren Hilfe Japan 1963 der weltgrößte Eisen- und Stahlproduzent wurde. Zu Schwerindustrie mit Stahlerzeugung und Schiffbau und Elektroindustrie kam der kostspielige Aufbau der petrochemischen Industrie. Damit einher ging die Umstellung der Energieversorgung von Steinkohle auf Erdöl. Das wachsende Angebot von arabischem Öl sorgte für sinkende Rohölpreise, der Bau von Supertankern für niedrigere Transportkosten. Nach 1961 verbrauchte Japan mehr Erdöl als Steinkohle. Diese Umstellung verursachte soziale Kosten: 1959 bis 1960 tobte ein harter Arbeitskampf in der Mitsui-Miike-Grube. Ab 1962 erfolgten Personalabbau und Grubenstillegungen. Ein Grubenunglück in Miike, das 1963 418 Menschenleben kostete, besiegelte das Schicksal der Mine endgültig. Nachdem die Kohlevorräte erschöpft waren und die intensiv genutzte Wasserkraft nicht weiter ausgebaut werden konnte, begann der Aufbau einer staatlich kontrollierten Atomwirtschaft. Sie sollte das Land langfristig vom Import von Brennstoffen unabhängig machen, der für die kommenden Jahrzehnte zur Archillesferse der japanischen Energiewirtschaft wurde.

Die Unternehmen erhielten für Rationalisierungsanstrengungen Steuervergünstigungen. Schwerpunkte der Wirtschaftsförderung wurden mit günstigen Krediten versorgt. Kartelle und Großfusionen wurden dort erlaubt, wo die Regierung den Schutz der einheimischen Wirtschaft für besonders nötig hielt; insbesondere in der Stahl- und Textilindustrie. Um die ehemaligen *zaibatsu*-Banken herum gruppierten sich viele der entflochtenen Unternehmen neu in sogenannten *keiretsu* (Verbundgruppen). Einige von ihnen waren unverkennbar Nachfolger der *zaibatsu*, z.B. Mitsui, Mitsubishi, Sumitomo und Fuyō (entstanden aus dem Yasuda-Konzern), aber es traten auch neue „große" Mitspieler in der Wirtschaftswelt auf, z.B. Sony, Matsushita (Panasonic) und Honda. Die Organisationsstrukturen waren an entscheidenden Stellen anders als bei den *zaibatsu*. Vor allem gab es keine Familienholdings, sondern im Mittelpunkt standen regelmäßig eine Großbank und ein Versicherungsunternehmen als der finanzielle Kern sowie ein Generalhandelshaus. Die Orientierung der Verbundgruppe konnte spezialisiert sein, z.B. auf Finanz-, Produktions- oder Vertriebsverbünde. Es gab keine gemeinsame Personal- und Finanzverwaltung. Schließlich waren die *zaibatsu* (vor allem Mitsui und Mitsubishi) eng mit der Politik und der Legislative verzahnt, während die *keiretsu* vor allem gute Beziehungen zur Bürokratie pflegten. In diesem Zusammenhang wurde der Wechsel von Fachbeamten in die Geschäftswelt, das sogenannte *Amakudari* („Herabsteigen vom Himmel"), zum bis heute nicht befriedigend gelösten Problem.

Die Landwirtschaft sollte durch Diversifizierung unabhängiger von der Reisproduktion gemacht werden; die Viehhaltung sollte verdreifacht, die Obstproduktion verdoppelt werden. Tatsächlich aber nahm die Landflucht zu: Junge Bauern verdingten sich als Wanderarbeiter in den Städten, wo Arbeitskräfte knapp waren, während die Frauen und Alten ihre Höfe versorgten. Die zunehmende Mechanisierung – 1955 nutzten nur 7 % aller Höfe Traktoren, 1960 waren es 35 % – machte allerdings Arbeitskräfte auf dem Land entbehrlich. Es gab immer mehr Teilzeitbauern oder sogenannte „Sonntagsbauern", die am Wochenende von ihren städtischen Arbeitsplätzen zurückkehrten. Das „Grundgesetz der Landwirtschaft" von 1961 hielt jedoch an dem Ideal der selbständigen, marktorientierten Vollbauern fest.

Das Wachstumsprogramm Ikedas war über das erwartete Maß hinaus erfolgreich. Ikeda konnte deshalb sämtliche innerparteilichen Konkurrenten niederhalten. Er trat im Oktober 1964 aus gesundheitlichen Gründen zurück, nachdem die eigentlich bereits für 1940 geplanten Olympischen Sommerspiele in Tōkyō beendet worden waren. Bei diesen Spielen wurden erstmals Wettkämpfe im Jūdō ausgerichtet. Außerdem ging der Hochgeschwindigkeitszug Shinkansen als damals schnellster Zug der Welt auf der Strecke Tōkyō-Ōsaka in Betrieb – der auf Plänen für einen stromlinienförmigen „Kugelzug" basierte, die bereits 1939 entwickelt, aber wegen des Krieges nie verwirklicht wurden. Auch der Shinkansen verhindert freilich nicht, dass die Staatsbahn seit 1964 jedes Jahr rote Zahlen schrieb.

„Hallo, Baby"

Nicht nur die Wirtschaft wuchs dank der nachholenden Industrialisierung. Von 1952 bis 1972 lag das jährlich Bevölkerungswachstum bei 1,10 % und damit zwar niedriger als in den Phasen von 1910-1951 (s. S. 253), aber in absoluten Zahlen so hoch wie nie zuvor. 1967 überschritt die japanische Bevölkerung die 100-Millionen-Schwelle. Die einzige Ausnahme war das Jahr 1966, weil im ostasiatischen Kalender Mädchen, die in diesem Jahr geboren wurden, ein schwieriger Charakter nachgesagt wurde; sie galten als kaum zu verheiraten. Der Staat förderte das Bevölkerungswachstum, ein Lied mit dem Titel „Hallo, Baby" („Konnichi wa, akachan") wurde zum Erfolgsschlager des Jahres 1963. Der Schriftsteller Ōe Kenzaburō stellte in seinem autobiographischen Roman „Eine persönliche Erfahrung" (Kojinteki na taiken) allerdings dar, wie schwer es der Gesellschaft fiel, behinderte Kinder zu akzeptieren. Außer Ōe thematisierten zahlreiche Schriftsteller und Schriftstellerinnen wie Kōno Taeko und Setouchi Harumi die Schwierigkeiten im Umgang mit sexueller Leidenschaft, die in den Werken Mishima Yukios oder in den Filmen von Ōshima Nagisa in verstörende Gewalttätigkeit oder Selbstzerstörung umschlug. Abe Kōbō, ein aktiver Kommunist, griff existentialistische Situationen auf. Ōe Kenzaburōs Schwager Itami Jūzō ging dagegen in seinen Filmen satirisch auf strukturelle Gewalt und Absurditäten des Alltags ein. Kurosawa Akira, dessen Karriere als Regisseur mit Propagandafilmen während des Krieges begann, wurde in den 1950er Jahren rasch auch im Ausland für seine handwerkliche Sorgfalt und philosophische Tiefe bekannt. Die Verleihung des Literaturnobelpreises an Kawabata Yasunari im Jahre 1968 kam angesichts der dynamischen Entwicklung der japanischen Literatur- und Kulturlandschaft nicht überraschend.

Japanische Nobelpreisträger 1949-2022

Physik	Yukawa Hideki (1949), Tomonaga Shin'ichirō (1965), Esaki Reona (1973), Koshiba Masatoshi (2002), Makoto Kobayashi, Toshihide Masukawa (2008), Akasaki Isamu (2014), Amano Hiroshi (2014), Kajita Takaaki (2015)
Chemie	Fukui Ken'ichi (1981), Shirakawa Hideki (2000), Noyori Ryōji (2001), Tanaka Kōichi (2002), Shimomura Osamu (2009), Negishi Eiichi (2010), Suzuki Akira (2010), Yoshino Akira (2019)
Medizin	Tonegawa Susumu (1987), Yamanaka Shin'ya (2012), Ōmura Satoshi (2015), Ōsumi Yoshinori (2016), Honjō Tasuku (2018)
Literatur	Kawabata Yasunari (1968), Ōe Kenzaburō (1994)
Frieden	Satō Eisaku (1974)

Die „Babyschwemme" dieser Jahre führte zu einer gewaltigen Expansion des Bildungsmarktes. Der Zusammenhang zwischen Berufschancen und Bildungschancen war inzwischen so deutlich, dass die Eltern zu enormen Investitionen in die schulische und universitäre Erziehung ihrer Kinder bereit waren. Der Anteil der Oberschüler betrug 1950 43 % (Jungen: 48 %, Mädchen: 37 %), stieg jedoch bis 1970 auf 82 (82/83) % und bis 1980 auf 94 (93/95) %. Die Zahl der Universitäten stieg von 228 im Jahre 1955 (darunter 122 private) auf 382 im Jahre 1970 (274 private); hinzu kamen sogenannte Kurzuniversitäten für Frauen (1955: 264/204, 1970: 479/414). Die Zahl der Studenten stieg im gleichen Zeitraum von 0,6 auf 1,7 Millionen; davon gingen 1955 62 % und 1980 bereits 77 % auf private Hochschulen.[2]

[2] Hasumi Otohiko, Yamamoto Eiji, Takahashi Akiyoshi (Hgg.): *Nihon no shakai 1: Hendō suru Nihon shakai*. Tōkyō Daigaku Shuppankai 1990, S. 205-212

Abb. 61: Japanische Oberschüler kurz nach dem Zweiten Weltkrieg

Seilschaften und Dynastien

Für die politische Landschaft fand indes ein Schriftsteller den passenden Titel: „Japans schwarzer Nebel" hieß ein Erfolgsroman von Matsumoto Seichō, der Korruption und Politkrimis der Nachkriegszeit zum Gegenstand hatte.

Die Seilschaften der LDP fanden seit dieser Zeit ihre Aufgaben vor allem in der Verteilung von Posten und Geldern sowie im Lobbyismus für bestimmte außerparlamentarische Interessengruppen. Mit Hilfe von Wahlhelfervereinen *(kōenkai)*, welche die Wahlkämpfe[3] und die Wahlkreisarbeit bestimmter Abgeordneter finanzierten und mitgestalteten, sicherten sich lokale Gruppen – Unternehmer, Interessenverbände, sogar organisierte Kriminelle – Einfluss auf die Auswahl der Kandidaten und ihre Politik. Als besonders erfolgreiches Muster der Kandidatenauswahl erwies sich, einen freiwerdenden Sitz an den Sohn (später auch die Tochter), Adoptiv- oder Schwiegersohn des bisherigen Abgeordneten weiterzugeben. Dadurch mussten keine neuen Loyalitätsstrukturen geschaffen werden. Zu den Parlamentarierdynastien, die auf diese Weise teilweise bereits in der Vorkriegszeit entstanden und in jeder Generation mindestens einen Abgeordneten im Unterhaus stellten, gehörten auf Seiten der LDP u.a.:

[3] Gerald L. Curtis: *Election campaigning Japanese style*. New York 1971; Kai F. Donau: Erbabgeordnete. Karrieren in der japanischen Politik. Bonn 2007

Familie	Generation			
	I	II	III	IV
Abe	Hiroshi	Abe Shintarō (1924-1991) (adoptiert)	Abe Shinzō (1954–2022)	
Satō	Kishi Nobusuke (1896-1987) (adoptiert) Eisaku (1901-1975)	Shinji (geb. 1932)	Kishi Nobuo (geb. 1959)	
Ezaki	Masumi (1915-1996)	Tetsuma (geb. 1943)	Yōichirō (geb. 1958)	
Hatoyama	Kazuo (1856-1911)	Ichirō (1883-1959)	Iichirō (1918-1993)	Yukio (geb. 1947) Kunio (1948–2016)
Koizumi	Matajirō (1865-1951)	Jun'ya (1904-1944)	Jun'ichirō (geb. 1942)	Shinjirō (geb. 1981)
Kōno	Ichirō (1898-1965)	Kenzō (1901-1983)	Yōhei (geb. 1937)	Tarō (geb. 1963)
Kosaka	Zennosuke (1853-1913)	Junzō (1881-1960)	Zentarō (1912-2000) Tokusaburō (1916-1996)	Kenji (1946–2016)
Obuchi	Mitsuhei (1904-1958)	Keizō (1937-2000)	Yūko (geb. 1973)	

(unterstrichen: Premierminister)

Der einflussreichste theoretische Ansatz zur Erklärung dieser Strukturen des sozialen Raumes stammte von der Soziologin Nakane Chie, die 1967 ihr Buch „Die menschlichen Beziehungen in der vertikalen Gesellschaft" vorlegte.[4] Schlüssel zum Verständnis war danach „der Ort" *(ba)* eines Menschen, d.h., seine soziale Situation im Verhältnis zu anderen Menschen. Es war daher im sozialen Verkehr wichtig, Gruppenzugehörigkeit und Rang eines Menschen richtig einschätzen zu können. Innerhalb jeder Gruppe galt ein vertikales, hierarchisches Prinzip *(tate)*. Zu den Gruppen hingegen bestand ein Konkurrenzverhältnis. Vertikale Beziehungen *(yoko)* zwischen Gruppen und auch zwischen den Angehörigen derselben Gruppe waren deshalb nur schwach ausgeprägt. Jede Gruppe wollte am liebsten autark sein und versorgte sich daher mit allen dafür nötigen Mitteln. Geschlossenes, einheitliches Aussehen und Auftreten sowie Betriebsgeheimnisse im Innern

4 Nakane Chie: *Die Struktur der japanischen Gesellschaft*. Frankfurt am Main 1985

verschafften der Gruppe eine kollektive Identität. Die Führer dieser Gruppen waren Repräsentanten der Gruppe, aber nicht kraft charismatischer Machtvollkommenheit, sondern wegen ihrer Stellung. Diese Prinzipien fand Nakane in den traditionellen Familien *(ie)* ebenso wieder wie in Firmen und Behörden. Sie sah letztlich den gesamten modernen Zentralstaat als Versuch, diese Ideen im gesamten sozialen Raum Japans einheitlich zu verwirklichen. Nakanes Modell übersah allerdings, dass es auch in Japan durchaus die Möglichkeit horizontaler (meist intragenerationaler), gruppenübergreifender Solidarität gab. Die jungen Samurai, welche die Meiji-Renovation trugen, stellten einen dieser Fälle dar. Ein regelmäßiges Phänomen war unter der Bezeichnung *dōki* („gleicher Jahrgang") bekannt. Es vereinte jene, die demselben Abschlussjahrgang einer Bildungseinrichtung oder demselben Anstellungsjahrgang einer Firma oder Behörde angehörten. *Dōki*-Netzwerke schufen Anknüpfungspunkte für informelle Verständigungen außerhalb der Hierarchien. Absprachen zwecks Kartellbildung oder Wettbewerbsmanipulation zwischen konkurrierenden Unternehmen in der Wirtschaft wurden als *dangō* bezeichnet. Offiziell waren sie unerwünscht, doch war ihre Existenz und damit die Bedeutungslosigkeit öffentlicher Ausschreibungen in vielen Branchen ein offenes Geheimnis. Schließlich wurden in großen Organisationen viele Entscheidungen meist nicht autoritär von oben verfügt, sondern kamen entweder in einem mehrstufigen Prozess der Meinungsfindung per schriftlichen Umlauf *(ringi)* oder durch einen über langwierige Sitzungen geführten Beratungsprozess *(kaigi)* zustande, an dessen Ende eine formale Entscheidung stand, die von der Mehrheit der Organisation mitgetragen wurde. Typisches Kennzeichen jener Organisationen, die ohne einen solchen vorstrukturierten Hintergrund entstanden und geführt wurden (wie Studentenorganisationen, Bürger- und Protestbewegungen der 1960er und 1970er Jahre) waren Fraktionenbildung und heftige innere Auseinandersetzungen bis hin zu *uchi-geba*, „interner Gewalt". – Nakane Chie wurde 1970 die erste Professorin an der Tōkyō-Universität.

Medien im Leben

Mit der Ausstrahlung von Fernsehprogrammen begann man in Japan 1952. 1953 nahmen NHK und Nihon TV den regulären Fernseh-Sendebetrieb auf. 1964 waren bereits mehr als 90% aller Haushalte Fernsehabonnenten. 1960 begannen Farbsendungen, ab 1973 wurden die Programme vollständig in Farbe übertragen. Das Fernsehgerät wurde rasch ein wichtiger Bestandteil der japanischen Alltagskultur und besonders des Familienlebens, in dessen räumlichen Mittelpunkt es als eine Erweiterung des Esstisches trat. 1975 nannten 37 % der Japaner Fernsehen und 20 % Zeitungen unter den fünf lebensnotwendigen Dingen (beide wurden hingegen von nur 5 % der US-Amerikaner genannt).[5] Im selben Jahr wurde das Fernsehen erstmals größtes Werbemedium vor Zeitungen und Zeitschriften.

[5] Horst Hammitzsch (Hg.): *Japan-Handbuch*. Wiesbaden 1981, Sp. 615

Im allgemeinen vertraten die Fernsehprogramme den Standpunkt des „gesunden Menschenverstandes" und der Überparteilichkeit.[6] Damit unterschieden sie sich in der Substanz nicht von den großen Tageszeitungen.[7] Allerdings billigten die Japaner Zeitungen mehr Glaubwürdigkeit als dem Fernsehen zu: 1996 nannten 42 % der Befragten das Fernsehen „verlässlich" oder „eher verlässlich", während Zeitungen mit 62 % deutlich besser eingeschätzt wurden.[8] Den Medien wurde unterschiedliche Kompetenz zugeschrieben: Bei gesellschaftlichen und politischen Nachrichten besaß der Rundfunk einen Vorsprung (vermutlich wegen der zeitnäheren Berichterstattung), während die Presse mehr Gewicht für das eigene Leben hatte.

Wichtigkeit als Informationsquellen (1996)[9]

	Zeitungen, Zeitschriften	Fernsehen, Radio
Alltagsleben	45,2	38,5
Arbeit	39,0	12,3
Gesellschaft (Politik, Wirtschaft ...)	45,2	50,5

Unter den beliebtesten Freizeitbeschäftigungen nahm der Medienkonsum seit langem die erste Stelle ein (s. S. 429). 1955 verbrachten mehr als ein Fünftel der Japaner mehr als eine Stunde täglich mit Zeitungslesen, ein weiteres Viertel mehr als eine halbe Stunde.[10] 1995 verbrachten die Japaner werktags drei 3/4 Stunden vor dem Fernseher.[11]

Landesentwicklung

Nachfolger Ikedas wurde Satō Eisaku, der jüngere Bruder Kishi Nobusukes. Er legte seinen Schwerpunkt auf die Sozialpolitik, die unter Ikeda zu kurz gekommen war. Allerdings geriet die Wirtschaft in eine Schwächephase, als die Regierung durch Geldverknappung das Wachstum bremste, um die Handelsbilanz auszugleichen. Firmen- und Bankenzusammenbrüche folgten. 1965 wurden erstmals Staatsanleihen ausgegeben, die nicht im Haushalt gedeckt waren. Der Iza-

---

6 Andrew A. Painter: „Japanese Daytime Television. Popular Culture, and Ideology". In: *Journal of Japanese Studies* 19:2 (1993), 295-325

7 Manfred Pohl: *Presse und Politik in Japan: die politische Rolle der japanischen Tageszeitung*. Hamburg 1981

8 *Yoron chōsa nenkan* 1997, S. 512 f

9 Naikakufu seifu kōhōshitsu: *Kurashi to jōhō ni kansuru yoron chōsa* (http://www8.cao.go.jp/survey/h06/H07-01-06-17.html) (Stand: 31.8.2005)

10 Katō, *Japanese Popular Culture*, S. 219

11 Yūseishō: *Tsūshin hakusho. Heisei 8 nen-ban*. Ōkurashō insatsukyoku 1996, S. 383

nagi-Boom von Ende 1965 bis Mitte 1970 bescherte einen neuen Wachstumsschub. Er war dem Vietnamkrieg geschuldet, in dessen Verlauf Japan wiederum den verbündeten USA mit Kriegsmaterial und Dienstleistungen half. Die USA kritisierten Japans Exporterfolge jedoch bald und forderten Selbstbeschränkungen in der Textil- und Stahlbranche. Auch beim Export von Farbfernsehern warf man Japan Dumping vor. In Japan fegte der Boom den Arbeitsmarkt leer und führte zu beachtlichen Lohnerhöhungen (allein 1970: 18 %).

1968 war Japans Bruttosozialprodukt das zweithöchste der Welt hinter den USA und vor Westdeutschland. Im Mai 1969 beschloss das Kabinett einen ehrgeizigen „Neuen Landesgeneralentwicklungsplan", der zum Ziel hatte, binnen zwanzig Jahren alle Regionen Japans so stark zu vernetzen, dass Japan praktisch zu einer gigantischen Stadt zusammenwuchs. Hierfür musste die gesamte Infrastruktur ausgebaut werden, von Häfen und Flugplätzen über Autobahnen und Straßen bis hin zu Informationsnetzwerken. Der amerikanische Zukunftsforscher Herman Kahn sagte 1970 das Entstehen eines „japanischen Superstaates" voraus.[12]

In der Tat entwickelte sich vieles in Richtung dieser Utopie. Die Urbanisierung schritt zügig voran, um die Metropolen herum entstanden gigantische Stadtrandsiedlungen, Autobahnen und Hochgeschwindigkeitszüge verbanden die Industrie- und Siedlungszentren. Ab 1964 begann dank der von IBM entwickelten Computertechnik die Automatisierung von Dienstleistungen: Fahrkarten- und Geldautomaten standen bald zur Verfügung. Auch die Produktion im Schiffbau wurde computergestützt. 1969 begann in Japan nach Fortschritten in der Halbleitertechnik die Produktion von Computerchips. Auch die Atomwirtschaft wurde mit Hilfe der USA ausgebaut; 1966 ging das Atomkraftwerk Tōkaimura ans Netz. 1969 stellte Japan ein erstes atomgetriebenes Versuchsschiff fertig.

Urbanisierung und Ausbau der Verkehrsinfrastruktur gingen einher mit steigendem Lebensstandard der nun zu mehr als zwei Dritteln städtischen Bevölkerung. Stadtleben hieß zumeist Leben in der „Kernfamilie", die aus Eltern und Kindern bestand. Zum Ideal des neuen Familienlebens gehörten nun die „drei heiligen Güter": Fernseher, elektrische Waschmaschine und Kühlschrank. Die Zahl der Farbfernseher stieg von 1,3 Millionen im Jahr 1967 auf 6,4 Millionen 1970. Zum Alltag gehörte aber auch der Gebrauch des eigenen Autos, um zur Arbeitsstelle zu gelangen. Zwischen 1958 und 1960 begannen Subaru, Mazda und Mitsubishi erstmals eigene Personenkraftwagen zu produzieren. Toyota und Nissan erzielten gute Erfolge mit Automatisierungen: Von den erfolgreichen Modellen wie Nissan Bluebird und Toyota Corona wurden ab 1970 erstmals mehr als 10.000 Stück monatlich produziert. Ab 1968 gab es in Japan mehr Personen- als Lastfahrzeuge. Auf den für Massenverkehr nicht ausgelegten und vor allem in den rasch entstandenen Stadtrandsiedlungen nur improvisierten Straßen

12 Herman Kahn: *The Emerging Japanese Superstate: Challenge and Response.* Harmondsworth 1970

häuften sich Verkehrsunfälle. Gegenüber der Vorkriegszeit verdreifachte sich die Zahl der Verkehrstoten seit 1952, die Zahl der im Straßenverkehr Verletzten verfünfzehnfachte sich sogar.

Tote und Verletzte bei Verkehrsunfällen 1924-2015[13]

	Tote	Verletzte	Tote p.a.	Verletzte p.a.
1924-1930	15.224	235.230	2.175	33.604
1931-1951	70.244	576.392	3.345	27.447
1952-1972	237.110	8.779.738	11.291	418.083
1973-1993	212.140	14.596.509	10.102	695.072
1994-2015	156.609	20.436.115	7.458	973.148

Außer dem Straßennetz hielten auch Müllbeseitigung und Kanalisation mit dem Wachstum der Städte nicht Schritt; ebensowenig der Wohnungsbau. Umweltverschmutzung und Platzmangel wurden drängende Probleme. Das „Grundgesetz gegen Umweltverschmutzung" vom August 1967 stellte eine erste staatliche Reaktion auf die deutliche Verschlechterung der Lebensbedingungen in jenen Regionen dar, in welchen die Industrialisierung ohne Rücksicht auf Umweltbelange forciert worden war: Asthma verbreitete sich dort, wo die Luftverschmutzung besonders hoch war wie in Yokkaichi oder wo sogenannter photochemischer Smog herrschte wie in Tōkyō. Die ab 1953 in der Präfektur Kumamoto und ab 1964 in der Präfektur Niigata auftretende Minamata-Krankheit beruhte auf Quecksilbervergiftung, die wiederum von giftigen Industrieabwässern herrührte. Hinter der Itai-Itai-Krankheit in Toyama steckte eine oft tödliche Kadmium-Vergiftung, die durch das Mitsui-Metallwerk in Kamioka verursacht wurde. Auch die Schadstoffbelastung von Reis und Fisch wurde öffentlich diskutiert.

Dass die Regierungsmehrheit der LDP trotz dieser erkennbaren Schattenseiten nicht gefährdet war, lag auch an der Schwäche ihrer Gegner. Die Sozialisten spalteten sich erneut, ihr rechter Flügel gründete 1960 eine sozialdemokratische Partei. 1964 entschied sich die buddhistische Sōka Gakkai-Sekte, die von dem charismatischen Ikeda Daisaku geführt wurde und eine schnell wachsende, straff organisierte Anhängerschaft besaß, ihre eigene Partei unter dem Namen Kōmeitō („Partei für Gerechtigkeit") zu gründen. Sie gelangte auf Anhieb ins Parlament. Es handelt sich um die einzige japanische Partei von Bedeutung, die einen religiösen Hintergrund besitzt.

Die Sozialisten und Kommunisten konnten sich wenigstens in der Lokalpolitik eigene Hochburgen aufbauen, in denen sie die Mehrheit gewannen. Die Met-

[13] Nach Angaben des Statistischen Büros der japanischen Staatskanzlei (http://www.stat.go.jp/data/chouki/zuhyou/29-10.xls), Stand: 29.8.2005 und https://car.watch.impress.co.jp/docs/news/1298268.html

ropolen Yokohama (1963), Tōkyō (1967) und Ōsaka (1971) fielen auf diese Weise an Linksregierungen. In Tōkyō versprach Minobe Ryūkichi, ein Sohn des Staatsrechtlers Minobe Tatsukichi, angesichts der Umweltverschmutzung „blauen Himmel für Tōkyō" und hielt sich zwölf Jahre als Gouverneur. Allgemein sicherten die linken Lokalverwaltungen ihren Bürgern mehr Partizipation an lokalen Entscheidungen und Vorrang des Bürgerwillens vor der Stadtentwicklung zu. Unter dem Stichwort des „zivilen Minimums" bauten sie örtliche Sozialleistungen und Gesundheitssysteme aus. So entstanden im Interesse berufstätiger Frauen Kinderhorte. Allerdings belasteten diese Leistungen die lokalen Haushalte immens. Doch auch die staatliche Gesundheitsfürsorge wurde durch die Reform der Gesundheits- (1958) und der Rentenversicherung (1959), das Wohlfahrtsgesetz für alleinerziehende Mütter (1964), die Einführung des Kindergeldes (1971) und der kostenlosen medizinischen Behandlung für Alte (1973) enorm ausgeweitet und damit zu einem beträchtlichen Ausgabenposten im Staatshaushalt. 1971 wurde ein Umweltministerium gegründet, nachdem schon zuvor durch das Gesundheitsministerium Schutzbestimmungen erlassen worden waren.

Außenpolitisch erzielte Satō bedeutende Erfolge. Gegenüber Südostasien begann Japan mit Entwicklungshilfeleistungen, die an die Abnahme japanischer Waren gekoppelt waren. Im Juni 1965 schloss Japan mit Südkorea einen Grundlagenvertrag, mit dem Japan Südkoreas Regierung als „einzige legale Regierung in Korea" anerkannte, und begann, Südkorea beim Aufbau seiner Stahlindustrie zu helfen; im Gegenzug ließ Südkorea Entschädigungsforderungen fallen. Im August 1965 besuchte Satō als erster Premierminister der Nachkriegszeit Okinawa. Während des Vietnamkrieges wurden die Ryūkyū-Inseln für die USA ein unverzichtbarer Mittelpunkt ihrer militärischen und logistischen Aktionen; eine Rückgabe kam daher für sie nicht in Frage. Doch die einheimische Bevölkerung der Inseln verknüpfte ihren Wunsch nach „Heimkehr" nach Japan mit den weltweiten Protesten gegen den Vietnamkrieg. Diese Bewegung wurde im Mutterland von der Friedens- und Antiatom-Bewegung unterstützt. 1969 traf Satō mit US-Präsident Richard Nixon eine Vereinbarung mit den USA über die Rückgabe Okinawas. Die USA durften aber ihre Militärstützpunkte behalten. Schlüsselfrage war, ob sie dort nukleare Waffen stationieren durften, was Japan unter Hinweis auf Hiroshima und Nagasaki strikt ablehnte. Der Kompromiss sah vor, dass die USA anlässlich der Übergabe der Inseln 1971 alle Atomwaffen abzogen und erst nach Absprache mit der japanischen Regierung nötigenfalls wieder stationieren durften. Der Vertrag über die Rückgabe Okinawas wurde im Juni 1971 unterzeichnet. Am 24. November 1971 verkündete Satō dennoch vor dem Unterhaus seine „Drei anti-nuklearen Prinzipien" *(hikaku sangensoku)*: Japan werde Atomwaffen weder besitzen noch herstellen noch „hineinschaffen lassen". Da die USA es seither allerdings strikt ablehnten, Auskunft darüber zu erteilen, ob ihre Flotteneinheiten nuklear bewaffnet waren, ließ sich die Einhaltung des dritten Prinzips jedoch tatsächlich gar nicht kontrollieren. Dennoch war Satōs Außenpolitik gegenüber den USA unbestreitbar erfolgreich; er wurde dafür 1974 mit dem Friedensnobelpreis ausgezeichnet.

Um so schockierender kam für Japan daher der doppelte „Nixon-Schock“: Am 15. Juli 1971 verkündete Nixon, die Beziehungen zur Volksrepublik China normalisieren zu wollen. Damit war auch Japans bisherige Zwei-China-Diplomatie hinfällig. Einen Monat später entschied Nixon, die Goldkonvertierbarkeit des Dollars aufzugeben, die Importzölle um 10 % zu erhöhen und alle Preise und Löhne für drei Monate einzufrieren. Der Yen wurde sofort um 6 % aufgewertet, es drohte eine Inflation.

Im Mai 1972 wurde Okinawa an Japan zurückgegeben. Im Juni trat das Kabinett Satō zurück. Neuer Premierminister wurde im Juni Tanaka Kakuei, als Bauunternehmer ein Selfmademan, ein politischer Veteran, der seit 1947 ununterbrochen in das Unterhaus gewählt wurde und die LDP bis ins Kleinste kannte. Im selben Monat erschien Tanakas Buch „Thesen zur Umgestaltung des japanischen Archipels“, das rasch zu einem Bestseller wurde. Darin wollte Tanaka Korrekturen an dem 1969 beschlossenen Landesentwicklungsplan anregen. Überall im Land sollten Industriestädte mit 250.000 Einwohnern entstehen, die durch moderne Informationsmedien miteinander vernetzt waren. Deshalb konnte man in Tanakas Plan Produktionsstätten aufs Land verlegen, um die Metropolen zu entlasten. Da der Tanaka-Plan jene Orte, die er als neue Industriezentren vorsah, namentlich benannte, setzte ein Run auf Grundstücke an diesen Plätzen ein. Die Bodenpreise explodierten.

Inzwischen ging der Vietnamkrieg seinem Ende entgegen. Tanaka nutzte die Gelegenheit, mit der Volksrepublik China eine gemeinsame Deklaration auszuhandeln. China verzichtete am 25. September 1972 auf Wiedergutmachung und erklärte den Kriegszustand für beendet. Japan bekannte sich im Gegenzug zu der von der Volksrepublik vertretenen „Ein-China-Politik“ und nannte Taiwan eine Provinz Chinas. Hinsichtlich des China in der Vergangenheit zugefügten Schadens äußerte die japanische Seite „schmerzhafte Anerkennung ihrer Verantwortlichkeit und tiefe Reue“. Der japanische Friedensvertrag mit Nationalchina war damit „beendet“, wie Außenminister Ōhira Masayoshi in einer Pressekonferenz lapidar mitteilte. Hinter diesem rapiden Kurswechsel steckten massive wirtschaftliche Interessen: Japans Außenhandel mit der Volksrepublik hatte sich explosionsartig entwickelt.

Japans Außenhandel mit der Volksrepublik China 1953-1973 (in Tsd. US-Dollar)[14]

Zeitraum	Handelsvolumen	Jährliches Mittel
1953-1959	622.977	88.997
1960-1966	1.695.102	242.157
1967-1971	3.456.756	691.351
1972-1973	3.113.540	1.556.770

[14] Nach Matsuo, *Kokusai kokka e no shuppatsu*, S. 272

Integration

Noch während der Besatzungszeit begannen die diskriminierten *burakumin*, erneut für ihre Gleichberechtigung zu kämpfen. Ihr wichtigster Repräsentant war Matsumoto Jiichirō, der bereits vor dem Krieg in der Gleichmacher-Gesellschaft durch spektakuläre Aktionen auf die *burakumin*-Frage aufmerksam gemacht hatte. Matsumoto wurde 1947 ins neue Oberhaus gewählt und dessen Vizepräsident. Gleichzeitig war er Berater der Sozialistischen Partei. In den 1950er Jahren verstärkte sich das Interesse der Politik und der Medien an einer Integration der *burakumin*. Die Zeitung Asahi Shinbun griff diese Frage Ende 1956 in einer umfangreichen Artikelserie unter dem Titel: „*Buraku* – 3 Millionen Menschen klagen an" auf. Diese Zahl war übertrieben, es gab niemals mehr als etwa 1,2 Millionen Betroffene. Doch war öffentlicher Druck notwendig, um gesellschaftlichen Wandel herbeizuführen. Die liberaldemokratische Regierung wandte sich dem Problem ab 1958 zu und strebte eine überparteiliche Lösung an. 1965 erschien ein abschließender Untersuchungsbericht, der die Frage der Integration (*dōwa)* zu einem „nationalen Problem" erklärte und verlangte, die wirtschaftliche Situation und die Lebensumwelt der Betroffenen umgehend zu verbessern. Auch ausländische Medien und Forscher entdeckten zu dieser Zeit „Japans unsichtbare Rasse" und brandmarkten sie als Beispiel für Rassismus und Rückständigkeit der japanischen Gesellschaft.[15] 1969 trat ein Gesetz für Sondermaßnahmen zur Verwirklichung der Integration in Kraft. Es war auf zehn Jahre befristet, wurde jedoch, da wegen der Rezession nicht alle geplanten Maßnahmen sofort durchgeführt werden konnten, bis 1981 verlängert. An der Dōwa-Politik waren vor allem das Gesundheitsministerium, das Ministerium für Landwirtschaft und Forsten, das Ministerium für Industrie und Handel, das Bauministerium sowie das Kultusministerium beteiligt. Finanziert wurden Sanierung und Neubau der ehemaligen *buraku*-Siedlungen, Ausbau und Förderung des Schulwesens, klein- und mittelständische Unternehmen. Ziel war es, die ehemaligen *buraku* zu attraktiven Wohngebieten auch für Nichtdiskriminierte umzubauen. Dies gelang in manchen Regionen – vor allem in den Präfekturen Nara, Ōsaka, Kyōto, Shiga und Kōchi – jedoch kaum. Die Bezeichnung *burakumin* wird seither offiziell nicht mehr verwendet.

---

15 George DeVos; Hiroshi Wagatsuma: *Japan's Invisible Race: Caste in Culture and Personality.* Berkeley 1966. Zum heutigen Forschungsstand s. Alastair McLauchlan: *Prejudice and Discrimination in Japan: The Buraku Issue.* Lewiston 2003; Frank Dikötter: *The Construction of Racial Identities in China and Japan: Historical and Contemporary Perspectives.* London 1997; Martin Kaneko: *Textilarbeiterinnen in Japan: Die Frauen aus Buraku und Okinawa.* Wien u.a. 1993. Mittlerweile konzentriert sich das Interesse auf die koreanische Minderheit, vgl. George Hicks: *Japan's Hidden Apartheid. The Korean Minority And the Japanese.* Aldershot u.a. 1997

Dōwa-Bevölkerung nach 1945[16]

1958	1.220.157
1963	1.113.043
1967	1.068.302
1971	1.048.566
1975	1.119.278

Die Diskriminierung war insbesondere bei Arbeitssuche und Eheschließungen noch spürbar. Unternehmen und Eltern von Brautleuten nahmen Einsicht in die Standesamtsregister, aus denen die Ursprungsorte der Bewerber hervorgingen, und konsultierten als „Betriebsgeheimnisse" gehandelte Verzeichnisse von *buraku*-Siedlungen. 1976 wurde das Standesamtsgesetz so verändert, dass Dritte keine Einsicht mehr in die Register erhielten. Die Ortsnamenslisten wurden verboten und konfisziert.

3.2 Säkulare Stagnation (1973-1994)

Der Ölschock

Japan hatte alle Planziele des Wirtschaftsaufbaus weit übertroffen. Dies galt für das Bruttosozialprodukt und das durchschnittliche Prokopfeinkommen, die schon 1970 beide die 1958 projektierten Planwerte um das 1,7fache überstiegen. Ein wesentlicher Teil des Erfolges war dem Außenhandel zu verdanken. Japans Außenhandelsbilanz war 1970 siebenmal höher als 1958 erwartet.[17] Doch die wachsende Einbindung in die Weltwirtschaft kostete zusehends politischen Entscheidungsspielraum.

Im Oktober 1973 brach der vierte Nahost-Krieg aus. Die arabischen Erdölproduzenten erhöhten die Mineralölpreise um mehr als ein Fünftel und drosselten ihrer Exporte in Staaten, die nicht mit ihnen verbündet waren, monatlich um 5 %. Im November 1973 erlebte Japan daraufhin einen „Ölschock": Seine Mineralölimporte wurden insgesamt um 30 % teurer. Damals bezog Japan mehr als drei Viertel seiner Primärenergie aus Erdöl, das fast vollständig importiert werden musste. Die vorhandenen Vorräte reichten noch für 50 Tage. Sofort wurden drastische Maßnahmen zum Energiesparen verhängt. Die Konsumenten verfielen in Panik und hamsterten Toilettenpapier, Waschmittel und Propangas. Es kam zu einer Inflation: Im Februar 1974 lagen die Großhandelspreise fast 40 % höher als

16 Kobayashi, *Jinken no rekishi*, S. 180

17 Matsuo, *Kokusai kokka e no shuppatsu*, S. 274

ein Jahr zuvor. Notgedrungen brach die Regierung den Landesentwicklungplan ab. Die Bank von Japan erhöhte ihren Diskontsatz auf nie dagewesene 9 %, um die Inflation zu bekämpfen. Im Januar 1974 verkündete Tanakas Regierung, den Erdölverbrauch um 15 % reduzieren, die Verwaltungskosten senken und die Preise für lebenswichtige Verbrauchsgüter einfrieren zu wollen. Diplomatische Versuche, von den arabischen Ländern als „Freundstaat" eingestuft und besser versorgt zu werden, scheiterten, weil die japanische Israel-Politik unmittelbar an die amerikanische angelehnt war.

Preisindex in ausgesuchten Kategorien 1931-2000 (1934-1936 = 100)[18]

	Alle Waren	Textilien	Chemikalien	Baustoffe	Brennstoff, Energie
1931-1951	48	68	41	46	41
1952-1972	364	342	241	405	350
1973-1993	725	534	395	974	1.226
1994-2000	683	497	369	1.089	1.119

In Wirklichkeit gab es keinen Mangel an Erdöl. Wohl aber führten die steigenden Preise zu einem Außenhandelsdefizit, und das Wirtschaftswachstum wurde gebremst. Die „Grenzen des Wachstums" (so der Titel einer Analyse des Club of Rome 1972) schienen erreicht. Bis März 1975 befand sich Japan in einer Rezession, die Produktion sank stärker als während der Weltwirtschaftskrise: So ging zwischen November 1973 und Februar 1975 der Produktionsindex um ein Fünftel zurück. Die Gewerkschaften setzten dessenungeachtet 1974 Lohnerhöhungen von 33 % durch – was fatalerweise dazu beitrug, dass Firmen in Konkurs gingen und die Arbeitslosigkeit stieg.

Die öffentliche Meinung wandte sich gegen Tanaka Kakuei. Verstärkt wurde dies, nachdem zwei Journalisten in der Zeitschrift Bungei Shunjū die Prinzipien enthüllt hatten, nach denen sich Tanaka Geld verschaffte und verteilte.

Tanaka trat deshalb im November 1974 zurück. Sein Nachfolger wurde Miki Takeo. Miki genoss hohe Popularität beim Wahlvolk, doch fand er in der LDP nur wenig Rückhalt für die von ihm angestrebten Reformen: Er wollte die Höhe von Spenden an die Parteien und Politiker begrenzen und den Parteivorsitzenden der LDP (und prospektiven Premierminister) von allen Parteimitgliedern wählen lassen, um das Vertrauen der Wähler in die Politik wiederherzustellen, und Kartellbildungen in der Wirtschaft verbieten, die während der Erdölkrise in den Mittelpunkt öffentlicher Kritik geraten waren. Die Verteidigungsausgaben sollten zukünftig auf ein Prozent des Bruttosozialproduktes beschränkt werden.

[18] Nach Angaben des Statistischen Büros der japanischen Staatskanzlei (http://www.stat.go.jp/data/chouki/zuhyou/22-11.xls), Stand: 29.8.2005

Als im Februar 1976 bekannt wurde, dass der US-Konzern Lockheed mit Hilfe sinistrer Lobbyisten wie Kodama Yoshio und des Handelshauses Marubeni japanische Politiker im großen Umfang bestochen hatte, um Japan zum Kauf seiner Militärflugzeuge zu bewegen, forderte Miki eine gründliche Aufklärung. Im Juli wurde Ex-Premierminister Tanaka unter dem Verdacht der Bestechlichkeit verhaftet. Die Parteispitzen intrigierten nun gegen Miki. Im Dezember verfehlte die LDP bei der Unterhauswahl erstmals die absolute Mehrheit der Mandate, woraufhin Miki zurücktrat. Neuer Premierminister wurde Mikis Intimfeind Fukuda Takeo. Eine kleine Gruppe von LDP-Politikern unter Kōno Yōhei machte sich derweil selbständig und gründete den „Neuen Liberalen Klub".

Weltwirtschaftsmacht

Japans Handelsbilanz war so überwältigend positiv geworden, dass die Regierung 1977 beschloss, ihre Entwicklungshilfeleistungen an Südostasien zu verdoppeln, um den Überschuss zu reduzieren. Bereits 1974 war es dort wegen der einseitigen Warenströme aus Japan zu antijapanischen Protesten gekommen. Schwerpunkte der japanischen Exportwirtschaft waren Automobile, Schiffe, Elektrogeräte und Computertechnik. Doch die Handelsüberschüsse waren auch dem Verfall des Dollarkurses geschuldet.

Japans Handelsbilanz im jährlichen Durchschnitt 1946-2015[19]

	Handelsbilanz	Exporte	Importe
1946-1951	-207	553	760
1952-1972	1.054	6.763	5.709
1973-1993	107.156	371.122	263.965
1994-2015	27.810	673.630	645.820
(in Mio. US-Dollar)			

Seine ungeheuren Erfolge im Außenhandel machten Japan weltweit zur Zielscheibe von Protektionismus und antijpanischen Ressentiments. Im Jahr 1979 verfasste die Europäische Gemeinschaft auf französisch einen vertraulichen Bericht über Japan, indem es hieß, die Japaner würden „in Wohnungen wie Karnickelställen" leben. Die Japaner interpretierten dies nach dem unvermeidlichen Bekanntwerden so, als würden die Europäer ihre Wohnverhältnisse als menschenunwürdig auffassen, und waren schockiert und beleidigt. Dabei handelte es sich um ein sprachliches Missverständnis. Im französischen Sprachgebrauch jener Zeit bezeichnete „Karnickelstall" („cage à lapins") unästhetische Wohnkom-

[19] Nach Angaben des Statistischen Büros der japanischen Staatskanzlei (http://www.stat.go.jp/data/chouki/zuhyou/18-13.xls), Stand: 29.8.2005

plexe, die alle nach demselben Muster konstruiert waren – so, wie sie in den Trabantenstädten der entwickelten Ländern überall zu sehen waren. In Japan nannte man solche Wohnblöcke *danchi*, in Ostdeutschland „Platte“, in Frankreich „Karnickelstall“. Urbanisierung und Bevölkerungswachstum hatten überall dazu geführt, dass möglichst viel und billiger Wohnraum ohne allzuviel ästhetische Rücksichtnahme geschaffen wurden. Im Jahr 1984 gab ein Vierpersonen-Haushalt in Japan durchschnittlich 35 % seines Einkommens für Essen und 17 % für Kleidung, jedoch 44 % für die Wohnung aus. Der Bedarf nach günstigem Wohnraum war daher ungeheuer groß. Dass die Japaner auf die scheinbare Kritik aus der EG so empfindlich reagierten, zeigte, dass sie mit diesen Zuständen selbst nicht zufrieden waren. Es gab auch keinen wirklichen Grund für die Zufriedenheit, denn trotz der erwirtschafteten Handelsüberschüsse stieg die Staatsverschuldung und sank damit der Spielraum für Umverteilung durch Besteuerung, Sozialleistungen oder Lohnerhöhungen. Wie die übrigen Industrienationen befand sich auch Japan in einer säkularen Stagnation.

1978 wurde der Parteivorsitz der LDP erstmals durch eine Urabstimmung der 1,5 Millionen Parteimitglieder sowie 170.000 „Parteifreunde“ entschieden. Es siegte Ōhira Masayoshi vor Fukuda, der daraufhin als Premier zurücktrat. Ermutigt durch den Erfolg des liberaldemokratischen Kandidaten Suzuki Shun'ichi, der im April 1979 als Nachfolger des Linken Minobe Ryūkichi zum Gouverneur von Tōkyō gewählt wurde und dies bis 1995 blieb, setzte Ōhira Neuwahlen an – die jedoch mit einem noch schlechteren Ergebnis für die LDP endeten. Die Seilschaften von Fukuda, Miki und Nakasone Yasuhiro forderten daraufhin Ōhiras Rücktritt, doch dieser wurde von der Tanaka-Seilschaft gestützt. Im November 1979 kandidierten daher groteskerweise zwei LDP-Kandidaten, Fukuda und Ōhira, gegeneinander im Abgeordnetenhaus. Ōhira setzte sich knapp durch. Als die Sozialisten jedoch im Mai 1980 einen Misstrauensantrag einbrachten, blieben die Seilschaften von Fukuda und Miki der Abstimmung fern und ließen dadurch Ōhiras Sturz zu.

Während des anschließenden Wahlkampfes starb Ōhira; die Wähler beschenkten die LDP daraufhin mit einer absoluten Mehrheit im Unterhaus. An Ōhiras Stelle wurde Suzuki Zenkō zum Premierminister gewählt, der sich um die Wiederherstellung der inneren Einheit der LDP bemühte – so wurde die Urwahl des Parteivorsitzenden abgeschafft und durch eine Absprache der Seilschaften ersetzt – und die Einführung des Verhältniswahlrechts für das Oberhaus durchsetzte. Außenpolitisch verursachte er jedoch mit unbedachten Äußerungen über das amerikanisch-japanische Verhältnis Irritationen und legte sein Amt 1982 nieder. Ihm folgte Nakasone Yasuhiro nach. Im Oktober 1983 wurde Tanaka Kakuei wegen seiner Verwicklung in den Lockheed-Bestechungsskandal zu vier Jahren Haft verurteilt. Die Opposition beantragte nun die Aufhebung seiner parlamentarischen Immunität und warf Nakasone vor, von Tanakas Seilschaft abhängig zu sein. Schließlich wurde das Unterhaus aufgelöst. Die LDP erlitt erhebliche Stimmenverluste, und Nakasone war gezwungen, eine Koalition mit

Kōnos „Neuem Liberalen Klub" einzugehen. Aus den Wahlen 1986 ging Nakasone jedoch als strahlender Sieger hervor.

Nakasone entwickelte als Außenpolitiker ein markantes Profil. Auf der Weltbühne trat Japan als entschiedener Befürworter des harten Kurses gegen die Sowjetunion auf. Er besuchte 1983 Südkorea, äußerte dort sein Bedauern über die Kolonialherrschaft und nannte gegenüber US-Präsident Ronald Reagan die Beziehungen zwischen Japan und den USA eine „Schicksalsgemeinschaft", um die Verwirrungen durch Suzukis Äußerungen gutzumachen; Japan sei für Amerika ein „unversenkbarer Flugzeugträger". Das von Nakasone mitverhandelte Plaza-Abkommen der fünf führenden Wirtschaftsmächte von 1985 sollte das amerikanische Handelsdefizit abbauen helfen und führte entgegen den Interessen der japanischen Exportwirtschaft zu einer erneuten Aufwertung des Yen. Innenpolitisch setzte Nakasone Reformen der nationalen und der lokalen Verwaltung durch. Dazu gehörte vor allem die Umwandlung der staatlicher Monopolbetriebe für Telekommunikation und Tabak in die Aktiengesellschaften NTT (Nippon Telegraph and Telephone) und Nihon Tabako. Die Privatisierung der japanischen Staatsbahn war an sich unumstritten, doch wollten die Sozialisten und die Gewerkschaften die Einheit des Unternehmens bewahren. Dennoch wurde die Staatsbahn 1987 in sechs unabhängige Regionalunternehmen (drei für Honshū, jeweils eins für Hokkaidō, Kyūshū und Shikoku) sowie ein Frachtdienstunternehmen aufgelöst. Eine Bildungsreform, die Nakasone ebenfalls plante, kam jedoch nicht zustande.

Streitpunkt in der Finanzpolitik war die geplante Steuerreform. Die Staatsverschuldung war nach dem ersten Ölschock wegen immer neuer Staatsanleihen dramatisch gestiegen. Die Handelsüberschüsse ergaben sich zu einem Gutteil durch die Abwertung des US-Dollars, der nach dem Plaza-Abkommen von 240 Yen im Jahr 1985 auf 120 Yen 1987 fiel. Die japanische Exportwirtschaft geriet nun in höchste Nöte; die weltweite Nachfrage ließ nach, Überkapazitäten entstanden. Statt in die Produktion floss das Kapital in Aktien- und Immobilienspekulationen. Von der Schwäche der Binnenkonjunktur profitierten die „Kleinen Tiger" der südostasiatischen Volkswirtschaften, deren Währungen an den Dollar gekoppelt blieben und die deshalb höhere Profite versprachen als die heimische Wirtschaft. Die Bank von Japan wollte inländische Investitionen fördern und ging deshalb zu einer Politik des lockeren Geldes über; sie senkte den Diskontsatz 1987 auf 2,5 %. Geld war überall zu haben, zugleich wurde das Land mit auf Kredit und in der Hoffnung auf ewig steigende Aktienkurse und Grundstückspreise finanzierten Großbauten überzogen.

Steuererhöhungen schienen unvermeidlich, doch Ōhira war 1979 mit einem Versuch, die Mehrwertsteuer einzuführen, kläglich gescheitert. Nakasone hatte vor seinem Wahlsieg 1986 eine Mehrwertsteuer ausgeschlossen, wollte sie jetzt jedoch durchsetzen. Der öffentliche Widerspruch war groß; die LDP verlor eine Reihe von Regionalwahlen, und die Opposition verhinderte mit einer Boykottstrategie eine Beschlussfassung im zuständigen Haushaltsausschuss.

Erst unter Premierminister Takeshita Noboru, der im November 1987 Nakasone nachfolgte, wurde die Mehrwertsteuer schließlich eingeführt. Takeshita begründete dies mit dem Wandel Japans zu einer Verbrauchergesellschaft, in der die Gerechtigkeit es verlangte, die Steuerlast nicht einseitig den Produzenten und Berufstätigen aufzubürden. Er versprach aber zugleich, die Interessen des unternehmerischen Mittelstandes zu berücksichtigen, und erreichte damit die Zustimmung der Kōmeitō und der Sozialdemokraten, deren traditionelle Klientel der städtische Mittelstand bildete. Ende 1988 wurde seine Regierung jedoch in einen Bestechungsskandal verwickelt, in dessen Verlauf zunächst Finanzminister Miyazawa Kiichi, schließlich aber im Juni 1989 das gesamte Kabinett Takeshita zurücktrat.

Im Januar 1989 starb Kaiser Hirohito. Sein Sohn Akihito folgte ihm auf den Thron nach. Seine Regierungsdevise lautete Heisei (abgeleitet aus einer Stelle im *Shiji* des Sima Qian in der Bedeutung „Das Innere ist geordnet, das Äußere ist gereift"). Die Öffentlichkeit diskutierte nochmals intensiv Hirohitos historische Rolle und seine Verantwortlichkeit für den vergangenen Krieg. Die Beisetzung Hirohitos und die Thronbesteigungsfeierlichkeiten Akihitos wurden wie stets zuvor zu erstrangigen Medienereignissen.[20] Sie waren auch von diplomatischer Bedeutung. 164 Länder schickten diplomatische Vertreter zur Beisetzung. Dass japanische Politiker in der großen internationalen Anteilnahme einen Beweis für das wiedergewonnene Gewicht Japans in der Weltpolitik sahen, konnte damals nicht verwundern. Angesichts des neuen Wohlstandes verkündete ein Regierungsweißbuch 1989 den Übergang „Von der Wirtschaftsgroßmacht zur Großmacht im Lebensstandard". Am 29. Dezember 1989 erreichte der Aktienindex der Börse von Tōkyō seinen historischen Höchststand mit 38.915 Yen. Dass die Welt ein Jahr später, nach dem Rückzug der Sowjetunion aus Afghanistan, den Unruhen in China und der deutschen Wiedervereinigung völlig anders aussehen sollte, ahnte niemand.

Als bewusst wurde, wie spekulativ die Hochkonjunktur in Wirklichkeit war, schwand das Anlegervertrauen schlagartig. Die Bank von Japan verknappte das Geld durch neue Zinserhöhungen; Banken, die ihre faulen Kredite nicht mehr durch Bilanztricks verbergen konnten, gewährten kritischen Kunden keine Kredite mehr und zwangen sie damit in den Konkurs. Die Börsenkurse sanken, ebenso die Grundstückspreise. Angst vor einer Deflation breitete sich aus. Die Arbeitslosigkeit stieg.

Takeshitas Nachfolger Uno Sōsuke stürzte nach nur 69 Tagen im Amt über eine Liebesaffäre. Der nächste Premierminister, Kaifu Toshiki, ein Zögling Miki Takeos, ernannte erstmals zwei Frauen zu Ministern, gewann rasch an Popularität und führte die LDP im Februar 1990 zu einem Wahlsieg. Wichtigstes außen-

20 Takashi Fujitani: „Electronic Pageantry and Japan's ‚Symbolic Emperor'". In: *Journal of Asian Studies* 51:04 (1992:11), S. 824-850

politisches Thema wurde der erste Irak-Krieg, den die Vereinten Nationen im November beschlossen, um die irakische Invasion Kuwaits zu beenden. Japan steuerte vier Milliarden Dollar für die Finanzierung des Feldzugs bei. Ein von Kaifu geplantes Gesetz, mit dem die Entsendung von Einheiten der Selbstverteidigungsstreitkräfte für friedensbewahrende Aktionen der Vereinten Nationen legalisiert worden wäre, kam jedoch nicht zustande, weil die Sozialisten und auch ein Teil der LDP dies für verfassungswidrig hielten. Als der Feldzug im Januar begann, schoss Japan nochmals neun Milliarden Dollar nach und entsandte Minensuchboote in den Persischen Golf. Dennoch wurde Japan international kritisiert, es habe versucht, sich mit Geld von einem Militäreinsatz freizukaufen. Kaifu beabsichtigte auch eine Wahlrechtsreform, wollte dabei die „mittelgroßen" Wahlkreise abschaffen und durch ein gemischtes Wahlsystem nach deutschem Vorbild ersetzen, scheiterte aber an dem heftigen Widerstand der Opposition und seiner eigenen Partei. Im November 1991 trat auch Kaifu zurück. Sein Nachfolger, der Finanzexperte Miyazawa Kiichi, der angesichts des globalen Konjunktureinbruchs an sich mit anderen Dingen beschäftigt war, wurde von Bestechungsskandalen seiner Minister und der ihn stützenden Netzwerke verfolgt; die Seilschaft von Takeshita Noboru (die ehemalige Tanaka-Seilschaft) spaltete sich 1992 und schwächte damit Miyazawas politische Autorität. Zwar konnte er mit Hilfe von Sozialdemokraten und Kōmeitō im Juni ein Gesetz durch das Parlament bringen, das unter klaren Bedingungen die Entsendung von Einheiten der Selbstverteidigungskräfte für friedensbewahrende Missionen erlaubte. Die erste Bewährungsprobe fand im September statt, als Japan sich an einer UN-Mission in Kambodscha beteiligte. Seit dieser Zeit strebte Japan offen einen ständigen Sitz im Weltsicherheitsrat der Vereinten Nationen an. Kaiser Akihito reiste 1992 als erster japanischer Kaiser nach China und äußerte dort sein Bedauern über das große Leid, das Japan China im letzten Krieg zugefügt habe. Doch die Wahlrechtsreform gelang auch Miyazawa nicht. Vier der fünf LDP-Seilschaften waren zudem in Bestechungsskandale verwickelt, für die sich jedesmal Miyazawa in der Öffentlichkeit entschuldigen musste. Das Ansehen der LDP sank deshalb in den Keller. Im Juni 1993 stimmten opponierende LDP-Abgeordnete einem Misstrauensvotum der Opposition zu und stürzten Miyazawa. Als Miyazawa das Unterhaus auflöste, löste sich die LDP gleich mit auf: Takemura Masayoshi verließ die LDP und gründete die „Neue Partei Avantgarde" (Shintō Sakigake, SSG), Hata Tsutomu und Ozawa Ichirō spalteten sich ebenfalls ab und gründeten die „Partei der Wiedergeburt" (Shinseitō, SST). Bereits 1992 hatte Hosokawa Morihiro, ein Enkel Konoe Fumimaros, außerhalb des Parlaments die „Japanische Neue Partei" (Nihon Shintō, NST) ins Leben gerufen. Damit war das bürgerliche Lager völlig zersplittert. Die Neuwahl am 18. Juli 1993 stellte das größte Desaster in der Geschichte der LDP dar. Die Sitzverteilung lautete:

Partei	Mandate
Liberaldemokratische Partei (LDP)	223
Sozialistische Partei (SPJ)	70
Partei der Wiedergeburt (SST)	55
Kōmeitō	51
Japanische Neue Partei (NST)	35
Kommunistische Partei Japans (KPJ)	15
Sozialdemokratische Partei (SMT)	15
Neue Partei Avantgarde (SSG)	13
Sozialdemokratische Liga (SMR)	4
Unabhängige	30

Selbst unter diesen skandalösen Umständen, so zeigte sich, war die Bevölkerungsmehrheit nicht bereit, die Sozialisten an die Macht zu bringen, die fast vierzig Jahre geduldiger Oppositionsarbeit hinter sich hatten. Die ganz überwiegende Mehrheit wählte bürgerlich. Doch die LDP hatte die Mehrheit verloren.

Am 9. August 1993 wurde Hosokawa Morihiro zum Premierminister einer Siebenparteien-Koalition, an der bis auf LDP und KPJ sämtliche im Parlament vertretenen Parteien beteiligt waren. Japans Politik hatte ein neues Gesicht bekommen. In seiner Grundsatzrede äußerte sich Hosokawa als Enkel Konoe Fumimaros auch zur japanischen Vergangenheit; er formulierte sein „Gefühl tiefer Reue und Abbitte dafür, dass in der Vergangenheit die Invasionen und die Kolonialherrschaft unseres Landes vielen Menschen unerträgliches Leid und Trauer zugefügt haben."[21]

Verhaltensmuster

Im Jahr 1971 publizierte der Psychologie Doi Takeo ein Werk, in dem er ein Grundmuster psychosozialen Verhaltens in der japanischen Gesellschaft aufdeckte.[622] Er nannte es *amae*, eigentlich ein Wort, mit dem das Verhalten kleiner Kinder beschrieben wurde, die sich an ihre Mütter oder andere Bezugspersonen „anschmusen", um ihre Wünsche durchzusetzen. Dois These war, dass Japaner, die von anderen – Älteren, Mächtigeren, Vorgesetzten – abhängig waren, ihre eigenen Ziele nicht durch aktives und konfrontatives Handeln verfolgten, sondern durch Betonung ihrer Schutzbedürftigkeit und Hilflosigkeit fürsorgliche Ins-

21 Amakawa; Mikuriya, *Nihon seijishi*, S. 162

22 Doi Takeo: *Amae. Freiheit in Geborgenheit. Zur Struktur japanischer Psyche*. Frankfurt a. M. 1982 (*Amae no kōzō*, 1973)

tinkte auslösten. Wohl- oder Unbehagen in der Gesellschaft wurden demnach nicht an materiellen Äußerlichkeiten gemessen, sondern an emotionaler Befriedigung. Zudem sorgte dieses Verhaltensmuster, das kleine Kinder in der Familie erlernten und im Laufe ihres Älterwerdens in anderen sozialen Kontexten immer wieder einsetzten, für stabile Abhängigkeitsstrukturen im sozialen Raum.

Doi entwickelte diese These im Zusammenhang mit Untersuchungen der sogenannten Culture-and-Personality-Schule der amerikanischen Sozialwissenschaft, zu der auch Ruth Benedict (s. S. 386) gehörte. Untersuchungen über emotionale Grundstrukturen im modernen Japan in den 1950er und 1960er Jahren kamen zu folgenden Ergebnissen:[23]

Japaner betonten in Alltagssituationen, dass ihre emotionalen Bedürfnisse nicht-sexuell befriedigt werden konnten. Freude und Spaß erzielte man im engen persönlichen Kontakt mit Verwandten, Freunden, Lehrern, Schülern und Kollegen, unterdrückte jedoch, dass dabei Sexualität im Spiel sein konnte. Auf diese Weise wurde Intimität möglich, jedoch um den Preis hoher sexueller Disziplinierung. Freilich zeigten sich hierbei geschlechtsspezifische Unterschiede: 1977 gehörte für 17 % der Männer, aber nur für 3 % der Frauen Geschlechtsverkehr zu den Selbstverständlichkeiten des Ehelebens.[24]

Leistungsbereitschaft und Durchhaltevermögen auch angesichts von Widerständen wurden als zentrale Voraussetzungen für Selbständigkeit angesehen. Selbständigkeit galt jedoch nur dann als erwünscht, wenn sie zielgerichtet war. Mütter fanden vor allem dann emotionale Erfüllung und soziale Anerkennung, wenn ihre Kinder im Leben aus eigener Kraft erfolgreich waren. Psychische, idealistische Motivation war als Erziehungsmittel wichtiger als äußerer Druck oder physische Gewalt, weshalb Einstellungen wie Loyalität und freiwillige Selbstaufopferung als vorbildlich galten. Konflikte waren zulässig, galten aber grundsätzlich als lösbar – guten Willen auf allen Seiten vorausgesetzt.

Diese Einstellung verstärkte sich in der Nachkriegsgesellschaft allmählich. Die Frage, ob man die eigenen Ansichten auch gegen die Ansichten der Gesellschaft durchsetzen sollte, bejahten vor 1973 stets mehr als 40 % der Befragten; danach sank die Zustimmung bis auf 30 % im Jahr 1978, während die Zahl derjenigen, die sich lieber anpassen wollten, von etwa einem Drittel auf 42 % stieg. Jeder vierte Japaner war dafür, dies von der Situation abhängig zu machen.[25]

---

23 William Caudill: „Emotionale Grundstrukturen im modernen Japan“. In: Gerd Kahle (Hg.): *Logik des Herzens. Die soziale Dimension der Gefühle*. Frankfurt a. M. 1981, S. 211-232; George DeVos, Lizabeth Hauswald, Orin Borders: „Cultural Differences in Family Socialization: A Psychocultural Comparison of Chinese and Japanese“. In: Albert M. Craig (Hg.): *Japan. A Comparative View*. Princeton 1979, S. 214-269

24 Haga Noboru: *Kindai Nihon no onna-tachi*. NHK 1983, S. 164

25 Hasumi/Yamamoto/Takahashi, *Nihon no shakai 1*, S. 222

3.3 Postindustrielle Gesellschaft (seit 1994)

Finanzkrise

1993 hatte ein US-Dollar im Jahresmittel 107,84 Yen gekostet; 1994 sank der Kurs auf 99,39 und 1995 auf nur 96,45 Yen. Auslöser dieser rapiden Yenaufwertung war die mexikanische Pesokrise mit einer anschließenden Flucht aus dem Dollar. Die japanische Wirtschaft geriet völlig aus den Fugen. Die Regierung reagierte mit einer defizitären Haushaltspolitik. Die staatliche Neuverschuldung machte 1993 1,4 % des Bruttosozialproduktes aus, bereits 3 % im Jahr 1994, 1995 dann 4 %, 1998 beängstigende 11 % und 1999 unglaubliche 34 %. Im Verein mit Deutschland und den USA gelang es, den Dollar-Wechselkurs wieder zu stabilisieren. Der Versuch, zahlreiche Banken und Kreditinstitute zu retten, die seit dem Ende der Spekulationskonjunktur einen Berg notleidender Kredite vor sich herschob, war hingegen nur teilweise erfolgreich. 1997 gingen einige namhafte Institute in Konkurs. Die Sanierung der Finanzwelt war für den Staat kostspielig und führte zu heftigen politischen Kontroversen. Trotz niedrigster Kreditzinsen und umfangreicher Konjunkturprogramme kam die Wirtschaft nur langsam wieder in Fahrt.

Der Staat des geistigen Kapitals

Die Abhängigkeit der japanischen Wirtschaft von Entwicklungen des internationalen Kapitalmarktes hing mit einem deutlichen Wandel ihrer Struktur zusammen.

Anteil der Wirtschaftssektoren am japanischen Bruttosozialprodukt (%)[26]

Sektor	1960	1970	1980	1990	2000
Primärer Sektor	13	6	4	2	1
Sekundärer Sektor	41	43	38	37	28
Tertiärer Sektor	46	51	59	61	71

Primärer Sektor: Land-, Forst-, Fischwirtschaft; Sekundärer Sektor: Bergbau, Güterproduktion, Bauwirtschaft; Tertiärer Sektor: andere Produktionen und Dienstleistungen

Dass die Wertschöpfung des primären Sektors am Ende der „nachholenden Industrialisierung“ in den Bereich der Bedeutungslosigkeit verwiesen wurde, war voraussehbar. Doch nach 1990 sank auch der Anteil des sekundären Sektors dra-

[26] Hatakeyama Kenji: *Odoru kontentsu bijinesu no mirai.* Shōgakukan 2004, S. 135

matisch. Einziger Gewinner war der tertiäre Sektor, der 2000 fast drei Viertel des gesamten Volkseinkommens erwirtschaftete. Vierzig Jahre zuvor war es weniger als die Hälfte gewesen.

Die Grundidee der „Neuen Ökonomie" war, dass Wirtschaftswachstum und Arbeitsmarkt wesentlich von „weichen" Produkten und Dienstleistungen wie Informationen und Kommunikationstechnologien bestimmt wurden. Japan hatte sich bereits seit den 1970er Jahren zunehmend der Idee einer Informationsgesellschaft (oder informationsvermittelten Gesellschaft) verschrieben, in der an die Stelle „harter" industrieller Produkte umweltfreundliche, flexible, den Bedürfnissen der Menschen angepasste Produkte traten, deren wichtigster Rohstoff Wissen hieß. Japan, das arm an Bodenschätzen geworden ist, zeigte sich hier ein neuer Weg, um die Materie mit dem Geist zu besiegen. Repräsentanten der mit einer japanischen Wortschöpfung „contents business" genannten neuen Wirtschaft waren Unternehmen wie Sony (Unterhaltungselektronik, Film und Musik), Nintendō (elektronische Spiele; ursprünglich ein 1899 gegründeter Spielkartenhersteller), Bandai (ein 1950 gegründeter Produzent von Spielzeugfiguren, der seit den 1980er Jahren durch die Umsetzung von Zeichentrickfiguren wie die „Gundam"-Krieger sowie seit 1996 durch das Tamagotchi genannte „künstliche Ei" Geschäfte machte), Sanrio (seit 1973 in der Entwicklung von „character goods" wie dem weltweiten Verkaufsschlager „Hello Kitty" tätig) oder der Zeichentrickfilm-Produzent Studio Ghibli (1985 als Tochter des Verlages Tokuma gegründet), dessen Filme unter der Regie von Miyazaki Hayao und Takahata Isao weltweite Anerkennung fanden. Hinzu kam der Boom immer leistungsfähigerer Mobiltelefone. Charakteristisch war die Verbindung von Hightech-Elementen mit elaboriertem Design, Multimedialität und einer Konzentration auf junge Käuferschichten. Der weltweite Boom japanischer Cartoons (Manga) und Zeichentrickfilme (Anime) transformierte ästhetische und psychologische Schlüsselkonzepte der spätmodernen japanischen Jugend in eine globale Jugendkultur, die von Zurückweisung überkommener Vorstellungen von Sexualität, Rationalität, Materialismus und Anthropozentrismus geprägt war, ohne jedoch technikfeindlich zu sein. Hochentwickelte Technik wurde als Prothese zur Überwindung menschlicher Leistungs- und Erfahrungshorizonte eingesetzt.

2002 rief Premierminister Koizumi Jun'ichirō den „Staat des geistigen Kapitals" *(chizai rikkoku)* aus und gab den alten Vorstellungen von der Informationsgesellschaft eine neue Richtung. Der Schutz des geistigen Eigentums wurde als Hauptproblem der künftigen Entwicklung angesehen. Die Patentierung von Ergebnissen hochaufwendiger Forschungen in den als Zukunftsindustrien angesehenen Biotechnologie einschließlich Biogenetik und Nanotechnologie war damit ebenso gemeint wie der Schutz vor Software-Piraterie, Datendiebstahl und Raubkopien.

Abb. 62: Sonderbriefmarken zur beliebten Zeichentrickserie „Gundam" als Brücke zwischen Hightech und Jugendkultur (Japanische Post, 2005)

Politische Reformen

Mit der Wahlrechtsreform vom März 1994 wurden die „Mittelwahlkreise", die zwischen 2 und 6 Abgeordnete ins Parlament entsandten, durch Kleinwahlkreise ersetzt. Außerdem wurden nach deutschem Vorbild neben den Direktmandaten Listenmandate eingeführt. Die Listen werden für elf Regionen, zu denen die Präfekturen für diesen Zweck zusammengefasst wurden, gesondert aufgestellt und die Listenmandate nach dem Verhältnis der auf eine Partei abgegebenen Stimmen verteilt. In beiden Häusern des Parlaments lag der Anteil der Listenmandate bei knapp 40 %. Das repräsentative System Japans stellte sich nun wie folgt dar:

Ebene	**Organ**	**Amtszeit (Jahre)**	**Anzahl**
National	Unterhaus	4	Listenmandate: 180
			Wahlkreismandate: 300
	Oberhaus	6 (je alle 3 Jahre zur Hälfte)	Listenmandate: 96
			Wahlkreismandate: 146
Präfekturen	Gouverneur	4	1
	Parlament	4	(je nach Präfektur)
Gemeinden	Bürgermeister	4	1
	Parlament	4	(je nach Gemeinde)

Die Wahlrechtsreform war zweifellos das wichtigste Projekt der Regierung Hosokawa. Aber die Kohäsionskraft der Koalition ließ danach schlagartig nach; im Grunde war sie nur angetreten, um die LDP endlich von der Macht zu verdrängen. Eine langfristige Strategie besaß sie nicht. Eine vom Finanzministerium geforderte Erhöhung der Mehrwertsteuer sorgte für Streit innerhalb der Koalition. Hosokawa trat bereits im April 1994 überraschend zurück. Sein Nachfolger Hata Tsutomu von der Partei der Wiedergeburt erlebte unmittelbar nach seiner Wahl, wie das Bündnis auseinanderbröselte: die Sozialisten und die „Avantgarde" verließen die Regierung und halfen der LDP, Hata über ein Misstrauensvotum zu stürzen. So gebührt Hata der traurige Ruhm, das Kabinett mit der kürzesten Amtszeit in der japanischen Geschichte geleitet zu haben – 64 Tage lang. Eine weitere Groteske in der Geschichte des japanischen Parlamentarismus war, dass es dem linken Flügel der Sozialisten zu verdanken war, dass die LDP in einer Koalitionsregierung mit Sozialisten und „Avantgarde" bereits nach einem knappen Jahr wieder an die Macht kam. Sie erlaubten den Sozialisten allerdings, mit Murayama Tomiichi den Premierminister zu stellen. Der Preis dafür war, dass die Sozialisten alles akzeptieren mussten, was sie zuvor fast vierzig Jahre lang bekämpft hatten: die Verfassungsmäßigkeit der japanischen Selbstverteidigungsstreitkräfte; die USA-Bindung Japans und die Benutzung des Sonnenbanners und der Kimigayo-Hymne als Staatssymbole. Die Selbstverteidigungsstreitkräfte nahmen an friedensbewahrenden Einsätzen in Mosambik, Ruanda, Afghanistan und auf den Golanhöhen teil. Murayamas bedeutendste außenpolitische Leistung war jedoch eine Rede, die er zum 50. Jahrestag des Kriegsendes am 15. August 1995 hielt und in der er sich in ähnlichen Worten wie 1993 Hosokawa für Krieg und Kolonialherrschaft entschuldigte. Außerdem besuchte er Nordkorea, zu dem Japan keine diplomatischen Beziehungen unterhielt. In einem historischen Sinne hatte sich die Sozialistische Partei dennoch mit dieser Koalition selbst liquidiert, und die Wähler sahen dies bei den künftigen Wahlen auch so: Die Sozialisten schrumpften zur Bedeutungslosigkeit. Murayama trat im Januar 1996 zurück.

Ihn löste Hashimoto Ryūtarō von der LDP ab, der wiederum mit Sozialisten und „Avantgarde" koalierte und für den September Neuwahlen ansetzte. Die bürgerlichen Gegner der LDP fanden sich nun zu einer gemeinsamen Partei zusammen, die sie „Neue Fortschrittspartei" nannten. Die Sozialisten nannten sich in Sozialdemokraten (Shakai Minshutō) um, während ein Teil der „Avantgarde" und ein Teil der alten Sozialdemokraten die Demokratische Partei (Minshutō) gründeten; sie wurde von Hatoyama Yukio (einem Enkel von Hatoyama Ichirō) und Kan Naoto geführt.[27] Die LDP verfehlte mit 239 Sitzen deutlich die absolute Mehrheit der Mandate, blieb jedoch beträchtlich stärker als die Neue Fortschrittspartei (156). Die Demokraten gewannen 52, die Kommunisten 26, die Sozialdemokraten 15 und der Rest der „Avantgarde" 2 Mandate. Hashimoto bildete

[27] Mayumi Itoh: „Hatoyama Kunio and Political Leadership in Japan: A Political Case Study". In: *Asian Survey* 39:5 (1999), S. 720-735

eine Minderheitsregierung, die von Sozialdemokraten und der „Avantgarde" toleriert wurde. Allerdings gelang es Hashimoto, Unabhängige und Abgeordnete der Neuen Fortschrittspartei in seine Fraktion zu holen; ab September 1997 besaß die LDP daher wieder die absolute Mehrheit. Die Wähler bestätigten diese Mehrheit im Juli 1998. Doch die eigene Partei verweigerte Hashimoto die Gefolgschaft in der Frage der Verwaltungsreform und der Privatisierung der Post.

In dieser Zeit löste sich die Neue Fortschrittspartei in mehrere kleinere Parteien auf. Der nächste LDP-Premierminister Obuchi Keizō holte zwei von ihnen, die Liberale Partei (Jiyutō) unter Ozawa Ichirō und die wiedergegründete buddhistische Kōmeitō, 1999 wieder in eine Koalition. Allerdings zerbrach die Liberale Partei, als Ozawa im 2000 aus der Koalition aussteigen wollte; ein Teil bildete die Konservative Partei (Hoshutō) und blieb in der Regierung. Nach dem überraschenden Tod von Obuchi im Mai 2000 folgte Mori Yoshirō ins Premierministeramt.

Föderalismus

Das Versprechen, die Gewalt des Zentralstaates einzuschränken und den Föderalismus zu stärken, war ein wesentlicher Faktor für den Erfolg der bürgerlichen Opposition 1993. Unter Murayama wurde eine Kommission zur Förderung des Föderalismus eingesetzt, die empfahl, anstelle der vom Zentralstaat gewollten Gleichheit und Einheitlichkeit der Lebensbedingungen im ganzen Land Raum für regionale Eigenheiten und Entwicklungen zu lassen. Im April 2000 begann die Umsetzung der Empfehlungen. Seither gelten die Organe der lokalen Selbstverwaltung nicht mehr als untere Vollzugsorgane der zentralstaatlichen Ebene, sondern sie sollen ihre eigenen Angelegenheiten selbständig entscheiden. Zuvor durfte eine Gemeinde beispielsweise nicht einmal die Lage einer Bushaltestelle selbständig festlegen, sondern musste dafür eine Entscheidung des Verkehrsministeriums in Tōkyō erwirken. Auch im Bildungswesen erweiterten sich die lokalen Auswahl- und Gestaltungsfreiräume beträchtlich. Im Gegenzug wandelte der Staat die bisherigen staatlichen Universitäten in Körperschaften öffentlichen Rechts um. Im Mai 2000 wurde auch das seit 1968 geltende Gesetz zur Stadtplanung dahingehend reformiert, dass die Verantwortlichkeit dafür jetzt größtenteils bei den Städten und Gemeinden lag statt wie bisher bei der Regierung in Tōkyō. Dadurch wurde es vor Ort möglich, eigene Entwicklungsschwerpunkte zu definieren. Gleichzeitig sollte die Selbstverwaltung durch Fusionen gestärkt werden. Nicht gelöst wurde allerdings das Problem, den Präfekturen und Gemeinden für ihre neuen Aufgaben auch ausreichende Finanzquellen bereitzustellen.

Im Juni 1999 wurde auch eine Reform der Zentralverwaltung gesetzlich verankert, die 2001 in Kraft trat. Sie führte zu einer Stärkung der Rolle des Premierministers; die Zahl der Ministerien wurde von 22 auf zwölf reduziert.

Bürokratie und sozialer Raum

Dass ein Mann aus Tōkyō seinen neugeborenen Sohn unter dem Vornamen „Akuma" („Teufel") standesamtlich melden wollte, löste 1993 in der japanischen Gesellschaft eine heftige Kontroverse aus. Das Standesamt verweigerte die Eintragung. Dagegen klagte der Vater vor dem Familiengericht. Der Name werde seinem Sohn Aufmerksamkeit verschaffen, so dass er im Leben leichter Erfolg haben könne. Das Familiengericht bekräftigte 1994 grundsätzlich das Recht der Eltern, den Namen in den Grenzen der dafür zugelassenen chinesischen Schriftzeichen frei zu bestimmen. Es erlaubte zugleich jedoch dem Standesamt, im Interesse des Kindeswohles eine Namensänderung zu verlangen, z.B. wenn (wie in diesem Fall) damit zu rechnen sei, dass das Kind später wegen seines Vornamens gehänselt werde. Entsprächen die Eltern diesem Verlangen nicht, müsse der von ihnen gewählte Name dennoch akzeptiert werden. Letztlich bekam der Vater also Recht. Er ließ sich dennoch auf einen Kompromiss ein und nannte seinen Sohn „Aku" („der Böse"). Der Fall machte deutlich, dass japanische Behörden gegenüber den Bürgern zwar immer noch eine fürsorgliche Einstellung hegen, die über die Grenzen des geschriebenen Gesetzes hinausgeht; dass sie andererseits aber auch bereit waren, unter Hinweis auf das Kindeswohl gegen das Elternrecht anzugehen, was in der Vorkriegszeit mit dem damals geltenden patriarchalischen Familienideal undenkbar gewesen wäre. Am bemerkenswertesten ist jedoch, dass sich die Bürokratie mit dieser Haltung vor Gericht nicht durchsetzen konnte.

Im selben Jahr 1993 legten Regierung und Opposition einen Gesetzentwurf über den freien Zugang von Informationen im Besitz von Behörden vor, der allerdings erst im 1999 als Gesetz beschlossen wurde und seit 2001 gilt. Die staatliche Ebene vollzog damit zwar nur nach, was einige Kommunen und Präfekturen schon seit den 1980er Jahren praktizierten. Doch wies die Zielbestimmung in Artikel 1 des Gesetzes der Bürokratie in Japan endlich ihren Platz in der demokratischen Gesellschaft zu: „Im Verfolg des Prinzips der Souveränität des Volkes" sollte das Gesetz „dazu beitragen, eine gerechte und demokratische Verwaltung auf der Grundlage des präzisen Verstehens und der Kritik des Volkes voranzubringen."

Die Bewegung „von der Herrschaft der Bürokratie zur Herrschaft des Rechts"[28] war unübersehbar, wenngleich die Praxis noch vielerorts zu wünschen übrig ließ. Dass Behörden mit politischer Rückendeckung seither individuellen Datenschutz als Vorwand entdeckt haben, um der Öffentlichkeit wichtige Informationen vorzuenthalten, lässt trotz aller Rhetorik nicht erwarten, dass der Informationsvorsprung des politischen und bürokratischen Feldes wesentlich schrumpft.[29]

---

28 Mikio Tanaka: „Juristische, historische und kulturelle Aspekte administrativer Reformen in Japan: Von der Herrschaft der Bürokratie zur Herrschaft des Rechts". In: *Zeitschrift für japanisches Recht* 2 (1996), S. 110-130

29 Ishii, *Jōhōka to kokka, kigyō*, S. 91-93

Freizeit, Familie, Alter

In den 1980er Jahren wandelte sich die Einstellung der Japaner gegenüber dem Wert von Arbeit und Freizeit. Galt Freizeit zuvor als nötig, um die Arbeitskraft zu regenerieren, so wurde nun umgekehrt Arbeit als nötig betrachtet, um ein aktives, selbstgestaltetes Freizeitleben führen zu können.[30] Die Japaner der Spätmoderne verbrachten ihre Freizeit am liebsten mit dem Genuss von Medienangeboten in Rundfunk und Presse; soziale Aktivitäten sowohl in der Familie als auch mit Freunden rangierten mit weitem Abstand dahinter.

Meistgenannte Freizeitbeschäftigungen 1986-2004[31]

	Medien-konsum	Beisammen-sein mit Familie	Essen, Einkaufen	Hobbies	Nichtstun	Verkehr mit Freunden
1986	48,9	29,1	22,1	19,6	23,0	20,6
1988	44,5	28,6	25,2	20,3	21,7	20,5
1991	31,6	26,8	20,9	18,3	20,7	19,1
1994	40,5	28,1	27,0	23,8	21,5	21,2
1999	43,5	32,9	27,6	24,7	26,6	22,7
2004	49,0	35,1	30,4	27,2	26,4	21,4

Parallel dazu sank auch das Bevölkerungswachstum auf einen Tiefststand (s. S. 253). Die Ursachen hierfür sind vielfältig, die zunehmende Berufstätigkeit der Frauen (deren Gleichstellung am Arbeitsplatz das Gesetz zur beruflichen Chancengleichheit[32] von 1986 erreichen sollte), die hohen Kosten der Kindererziehung und die von Hilfeleistungen der Kinder unabhängige materielle Absicherung des Lebensabends durch Versicherungen und Renten gehörten sicher dazu. Die Auswirkungen des demographischen Wandels waren gravierend und stellten die Politik vor die größten Herausforderungen. Im Jahr 2005 betrug das Durchschnittsalter der japanischen Bevölkerung 43,1 Jahre, es sollte bis 2025 auf 48,3 Jahre ansteigen. 2005 wurden 23,5 % des Volkseinkommens für Renten, medizinische Versorgung, Pflege und Wohlfahrt ausgegeben; dieser Anteil sollte bis 2025 auf 28,5 % steigen. Gab ein

---

30 Sepp Linhart: „From Industrial to Postindustrial Society: Changes in Japanese Leisure-Related Values and Behavior". In: *Journal of Japanese Studies* 14:2 (1988), S. 271-307

31 Naikakufu daijin kanbō seifu kōhōshitsu: *Jiyū jikan to kankō ni kansuru yoron chōsa* (http://www8.cao.go.jp/survey/h15/h15-jiyujikan/images/hyou03-2.csv) (Stand: 31.8.2005)

32 Ulrich Möhwald: *Changing Attitudes Towards Gender Equality in Japan and Germany*. München: Iudicium, 2002; Alice C. Lam: *Women and Japanese Management: Discrimination and Reform*. London u.a. 1992; Kaye Broadbent: *Women's Employment in Japan: The Experience of Part-Time Workers*. London u.a. 2003

Angestellter 2005 im Durchschnitt 12 % seines Einkommens für diese Zwecke aus, so stieg diese Last bis 2025 voraussichtlich auf 16 %.[33]

Struktur und Funktion der japanischen Familie zeigten seit der Frühen Neuzeit beträchtlichen Wandel. Die wichtigsten Entwicklungen fasst eine tabellarische Übersicht zusammen:[34]

	Frühmoderne	**Moderne**	**Spätmoderne**
Struktur	Mehrere Kernfamilien (Großeltern, Eltern, viele Kinder)	Kernfamilie (Eheleute, viele Kinder)	Kernfamilie (Eheleute/Alleinstehende, wenige Kinder)
Beziehungen zwischen Eheleuten	ungleich (Vorrang des Ehemannes)	formal gleichberechtigt (materieller Vorrang des Ehemannes), Freundschaft	substantiell gleichberechtigt, Partnerschaft
Priorität	Eltern-Kinder-Beziehung	Ehepartner-Beziehung	
Berufstätigkeit der Ehefrau	Hausarbeit, Hausgewerbe	Hausarbeit	Beruf und Hausarbeit
Ort der Bildung der Kinder	Haushalt und Nachbarschaft	Schule	Vorschulerziehung, Schulpflicht, Hochschule
Funktionen der Familie	Reproduktion, Lebensunterhalt, Altersversorgung	Reproduktion, Lebensunterhalt, Konsum	Sexualität, Konsum

Nation, Religion und symbolischer Raum

In der Nacht vom 27. auf den 28. Juni 1994 starben sieben Einwohner der Stadt Matsumoto an dem Giftgas Sarin, 660 wurden verletzt. Am Morgen des 20. März 1995 erfolgte ein weiterer Sarin-Anschlag auf drei Linien der Untergrundbahn in Tōkyō. Für Stunden geriet die Innenstadt in einen Zustand der Panik. Dabei kamen zwölf Menschen ums Leben, mehr als 5.500 wurden verletzt. Hinter beiden Anschlägen steckte die 1984 gegründete Aum Shinrikyō, eine Psycho-Sekte, die mit den Anschlägen den von ihr angekündigten Weltuntergang auszulösen versuchte.[35] Vor diesen Gewalttaten galt die Sekte als verschroben, fand jedoch gro-

---

33 Ōta Hiroyuki: „Seido no kaikaku dōshite hitsuyō?" In: *Asahi Shinbun*, 21. 8. 2005 (Tagesausgabe), S. 9

34 In Anlehnung an Haga, *Kindai Nihon no onna-tachi*, S. 162

35 Daniel A. Metraux: „Religious Terrorism in Japan: The Fatal Appeal of Aum Shinrikyo". In: *Asian Survey* 35:12 (1995), S. 1140-1154

ßes Interesse bei Jugendlichen, die in der Gestalt des Sektenführers eine Art Kultstar erblickten. Um sich Publizität zu verschaffen, hatte sich die Sekte sogar bei Wahlen beteiligt.

Die Anschläge offenbarten nicht nur die Verletzlichkeit der modernen Stadt. Sie berührten auch die Frage des Umgangs mit Religion in der japanischen Gesellschaft. Nachdem die Amerikaner während der Besatzungszeit den Staatsshintō für abgeschafft erklärten und nach amerikanischem Vorbild die Trennung von Staat und Religion sowie die praktisch unbegrenzte Freiheit der Religionsübung als Verfassungsgrundsätze verankert hatten, gestand das Gesetz über religiöse Körperschaften von 1951 religiösen Körperschaften Steuerfreiheit für alle – auch gewerbliche – Tätigkeiten zu, die „zur Erfüllung des Zwecks" nötig waren. Unabhängig von ihrem Inhalt musste jede Organisation, welche die minimalen formalen Voraussetzungen erfüllte, als religiöse Körperschaft anerkannt werden. Das Gesetz wurde nach den Anschlägen der Aum-Sekte in entscheidenden Punkten verändert, um die Strafverfolgung zu vereinfachen: Für Religionen, die landesweit tätig waren, wurde jetzt anstelle der Präfekturen ihres Hauptsitzes das Kultusministerium zuständig; Religionsgemeinschaften mussten ihre Dokumente Gläubigen und interessierten Parteien zugänglich machen; falls sie mehr als 80 Millionen Yen jährliche Einnahmen hatten, mussten sie eine Gewinn- und Verlustrechnung vorlegen. Außerdem standen sämtliche Religionsprivilegien unter dem Vorbehalt, dass eine Religionsgemeinschaft nicht gegen das öffentliche Wohl verstieß. Die Vertreter der japanischen Religionen protestierten heftig gegen die Gesetzesänderung, und auch die oppositionelle Neue Fortschrittspartei stimmte dagegen.

Erörtert, jedoch nicht geklärt wurde seither auch, inwiefern die Gesellschaft auch die Verantwortung für eine religiöse Erziehung übernehmen sollte. Das japanische Schulgesetz verbietet Religionsunterricht an öffentlichen Schulen. Zugleich steht auch fest, dass in den meisten japanischen Familien eine doktrinäre religiöse Erziehung, die über das Vermitteln von Brauchtum und Grundhaltungen hinausgeht, nicht stattfindet. Befürchtungen wurden daher laut, dass junge Menschen zu leichten Opfern von unseriösen oder für das Gemeinwohl schädlichen Sekten werden konnten und außerdem kein Verständnis für die Bedeutung religiöser Traditionen in fremden Kulturen entwickelten.

Die Frage nach dem religiösen Bewusstsein der Japaner in der Spätmoderne konnte der Staat jedoch kaum beantworten. Die Religionsbevölkerung Japans bestand 1998 nach eigenen Angaben der Religionsgemeinschaften aus 104,6 Millionen Anhängern des Shintō, 95,1 Millionen Buddhisten, 1,8 Millionen Christen und 11,2 Millionen „anderen".[36] Dies ergab zusammen 212,7 Millionen; fast jeder Japaner hing also statistisch zwei Religionen an. Die Erklärung dafür liegt in dem nach wie vor vorherrschenden religiösen Funktionalismus;[37] Japaner, die

---

36 *Chiezō: Asahi gendai yōgo 2001.* Asahi Shinbunsha 2001, S. 878

37 Reinhard Zöllner: „Religiöse und kulturelle Prägungen in Ostasien in historischer Dimension". In: Hans G. Nutzinger: *Religion, Werte und Wirtschaft. China und der Transformationsprozess in Asien.* Marburg 2002, S. 89-102

nicht-monotheistischen Religionen zuneigten, waren daran gewöhnt, in verschiedenen Lebenskontexten verschiedenen religiösen Traditionen zu folgen. Dies war auch der Grund dafür, dass religiöse Argumentationen keinen entscheidenden politischen Einfluss gewinnen konnten und der „Staats-Shintō“ nach 1945 so schnell wieder verschwand, wie er eingeführt worden war.

Versuche, den Shintō als nationale (oder zivile) Religion Japans zu instrumentalisieren, gab es dennoch von seiten liberaldemokratischer Politiker immer wieder. Zwischen 1945 und 2000 suchten dreizehn amtierende Premierminister (von insgesamt 23) zusammen 61 Mal den Yasukuni-Schrein auf, die zentrale shintōistische Gedenkstätte für die im Krieg Verstorbenen (s. S. 229). Besonders auffällig war, dass zwischen 1975 und 1985 (mit einer Unterbrechung 1979) der jeweils amtierende Premierminister den Schrein am 15. August des laufenden Jahres aufsuchte, also an dem Tag, an welchem Kaiser Hirohito seinem Volk die japanische Niederlage mitgeteilt hatte. Miki Takeo begann mit dieser Tradition am 30. Jahrestag des Kriegsendes.

Name	**Anzahl**	**Zeitraum**	**21.-24. 4.**	**15. 8.**	**17.-19. 10.**
Higashikuni	1	1945			
Shidehara	2	1945			
Yoshida	5	1951-1954	1953		1951-1952
Kishi	2	1957-1958	1957		
Ikeda	5	1960-1963			
Satō	11	1965-1972	1965-1972		1969-1971
Tanaka	5	1972-1974	1973-1974		1973-1974
Miki	3	1975-1976	1975	1975	1976
Fukuda	4	1977-1978	1977-1978	1978	1978
Ōhira	3	1979-1980	1979-1980		1979
Suzuki	9	1980-1982	1981-1982	1980-1982	1980-1982
Nakasone	10	1983-1985	1983-1985	1983-1985	1983-1984
Hashimoto	1	1996			
Koizumi	5	2001-2006	2002	2006	2005
Abe	1	2013			

Häufiger sind allerdings Besuche um den 20. bis 23. April sowie um den 17. bis 19. Oktober, die einerseits auf shintōistische Feiertage des Schreins fielen, andererseits mit dem japanisch-russischen Krieg verknüpft waren.

Der Schrein selbst führt eine Statistik über die Zahl der dort verehrten Seelen, die zugleich eine Statistik ausgewählter Waffengänge ist, die das moderne Japan geführt hat:[38]

Feldzug	Zahl der Seelen	Dauer	Anmerkung
Meiji-Renovation	7.751	1853-1869	
Südwest-Krieg	6.971	1877	
Chinesisch-japanischer Krieg	13.619	1894-1895	1. chinesisch-japanischer Krieg
Taiwan-Expedition	1.130	1874	
Nordchinesischer Zwischenfall	1.256	1900-1901	„Boxerkrieg"
Russisch-japanischer Krieg	88.429	1904-1905	
1. Weltkrieg	4.850	1914-1915	
Jinan-Zwischenfall	185	1928	Zusammenstoß mit Guomindang-Truppen
Manjurischer Zwischenfall	17.176	1931-1933	
China-Zwischenfall	191.250	1937-1941	2. chinesisch-japanischer Krieg
Großostasiatischer Krieg	2.133.915	1941-1945	Pazifischer Krieg
Summe	2.466.532		

Unverständlicherweise fehlen hierbei die Sibirische Expedition 1918-1922 und der Koreakrieg 1950-1953. Skandalöserweise wurden zudem am 17. Oktober 1978 die Seelen der 30 Jahre zuvor als Kriegsverbrecher der Kategorie A Hingerichteten bzw. vor ihrer Verurteilung Verstorbenen ebenfalls aufgenommen. Einen Tag nach dieser Aufnahme besuchte Premierminister Fukuda Takeo den Schrein und brachte damit seine Billigung dieser Maßnahme zum Ausdruck. In weiten Teilen der Öffentlichkeit sowie in Japans Nachbarstaaten stießen die Besucher prominenter Politiker beim Yasukuni-Schrein auf Unverständnis und teilweise scharfe Kritik. Innerhalb der LDP und ihrer Wählerschaft gab es jedoch starkes Interesse, die Frage der nationalen Identität mit den Orten und Ritualen der Vorkriegszeit zu verknüpfen. Diese Form von Erinnerungskonstruktion

[38] Nach Takahashi Tetsuya: *Yasukuni mondai.* Chikuma Shobō 2005, S. 81. Vgl. Joshua Safier: *Yasukuni Shrine and the Constraints on the Discourses of Nationalism in Twentieth-Century Japan.* Dissertation, University of Kansas, 1997

steht allerdings in scharfem Kontrast zur Erinnerungskultur außerhalb des politischen Feldes, zu der Literatur, Kunst, Geschichtswissenschaft und Medien wichtige Beiträge lieferten.[39]

Am 13. August 1999 wurden Sonnenbanner und Kimigayo-Hymne erstmals gesetzlich zu japanischen Staatssymbolen deklariert. Hintergrund dieses Gesetzes war, dass sich zahlreiche Schulen geweigert hatten, eine Verfügung des Kultusministeriums von 1996 auszuführen, wonach bei Schulabschlussfeiern das Sonnenbanner gehisst und die Hymne gesungen werden musste. Insbesondere der seit 1999 amtierende rechtsextreme Gouverneur von Tōkyō, Ishihara Shintarō, setzte diese Anordnung seither mit Brachialgewalt durch. Schulleiter, die sich widersetzten, wurden verwarnt, ebenso Lehrkräfte, die während des Absingens der Hymne sich nicht von ihrem Platz erhoben.

Das Unterhaus wurde im Juni 2000 aufgelöst, nachdem Premierminister Mori Japan als „Land der Götter mit dem Kaiser im Zentrum" bezeichnet, den „Staatskörper" zu pflegen versprochen, den Kaiserlichen Erziehungserlass von 1890 gelobt und mit diesem Rückgriff in die Vorkriegs-Rhetorik einen Sturm der Entrüstung ausgelöst hatte. Die LDP erlitt bei der Neuwahl schwere Verluste. Mori wurde im April 2001 von Koizumi Jun'ichirō abgelöst, der die LDP wiederum in eine Koalition mit der Kōmeitō führte. Ähnlich wie Hosokawa regierte auch Koizumi gestützt auf hohe Popularitätswerte in der Öffentlichkeit und große Telegenität, stieß jedoch mit zwei großen Vorhaben, der Reform der Verfassung, um Auslandseinsätze japanischer Streitkräfte zu erlauben, sowie der Privatisierung der Post, auf erhebliche Widerstände in den eigenen Reihe und in der Bevölkerung. Unter Koizumis Führung beteiligte sich die japanische Armee seit 2003 an der Besetzung des Iraks nach dem dritten Golfkrieg. Im September 2005 errang die LDP mit ihrem Koalitionspartner Kōmeitō eine Zweidrittelmehrheit der Mandate im Unterhaus.

2007 gewann allerdings die 1996 durch den Zusammenschluss verschiedener bürgerlicher und sozialdemokratischer Parteien entstandene Demokratische Partei Japans (DPJ) die Oberhauswahl und blockierte wichtige Vorhaben der LDP-Regierung. 2009 schlug sie auch im Unterhaus mit einem sensationellen Wahler-

---

39 Beispielsweise Arai Shin'ichi: *Sensō sekininron*. Iwanami Shoten 2005; Irokawa Daikichi: *Kindai Nihon no sensō*. Iwanami Shoten 1998; Frank Gibney (Hg.): *Sensō: The Japanese Remember the Pacific War. Letters to the Editor of Asahi Shimbun*. Armonk u.a. 1995; Ōoka Shōhei: *Feuer im Grasland*. Stuttgart 1959 (*Nobi*, 1952); Gomikawa Junpei: *Ningen no jōken* („Conditio Humana", 1955), 1959 verfilmt von Kobayashi Masaki (deutsch u. d. T. „Barfuß durch die Hölle"); Nosaka Akiyuki: *Das Grab der Leuchtkäfer*. Reinbek 1990 (*Hotaru no haka*, 1967), als Zeichentrickfilm unter demselben Titel 1988 verfilmt von Takahata Isao. Der Film „Marsch, marsch, Heilige Armee" (*Yuki yukite, shingun*; Regie: Hara Kazuo 1987) behandelt den Aktionismus des Veteranen Okuzaki Kenzō (1920-2005), der in spektakulären Einzelaktionen Kannibalismus und Misshandlungen in der kaiserlichen Armee öffentlich machte (u.a. 1969 „Attentat" auf Kaiser Hirohito mit Pachinkokugeln). Einen wichtigen Beitrag zur vergleichenden Betrachtung der „Vergangenheitsbewältigung" leistete Ian Buruma: *Erbschaft der Schuld*. München 1994

gebnis die LDP und bildete eine Koalitionsregierung mit einigen kleineren Oppositionsparteien. Bald zeigte sich jedoch, dass die DPJ zentrale Wahlversprechen nicht einlösen konnte. Ihr von der Bevölkerung zunächst unterstützter Kampf um „politische Führung" gegenüber der mächtigen Bürokratie scheiterte an der Verweigerung von Beamten, die um ihren Einfluss auf die Politik fürchteten, und an ihrer Unerfahrenheit mit dem Verwaltungsalltag. Die Wirtschaft stagnierte weiterhin. Der hohe Yen-Kurs hemmte die Exporte, die an eine Deflation grenzende Preisentwicklung dämpfte den Binnenkonsum, weil auch die Löhne und Gehälter nicht stiegen. Im Gegenteil verschlechterten sich die Arbeitsbedingungen und Berufsaussichten junger Arbeitnehmer. Der Bildungsmarkt zeigte Anzeichen einer ernsten Krise, weil der bevorstehende Rückgang der Schüler- und Studentenzahlen die Finanzierungsmodelle privater Schulen und Hochschulen gefährdet. Zugleich blieben durchgreifende Erfolge in der Internationalisierung der Universitäten aus. Außen- und handelspolitisch agierte die DPJ glücklos. Den versprochenen Abbau der Belastung Okinawas durch die Stationierung von US-Streitkräften konnte sie nicht erreichen. Die geplante Beteiligung Japans an einer transpazifischen Freihandelszone stieß auf erheblichen Widerstand bei Bauern und Teilen der Wirtschaft. Die Volksrepublik China, deren wirtschaftlicher Aufschwung mit einem raschen Ausbau ihres militärischen Potentials verbunden war, verschärfte den seit den 1970er Jahren schwelenden Kon-

Abb. 63: Durch den Tsunami vom 11.3.2011 verursachte Zerstörungen in Ishinomaki

flikt um die umstrittenen Senkaku-Inseln. Auch das Verhältnis zu Südkorea leidet unter dem Streit um die unter koreanischer Verwaltung stehenden Takeshima-Inseln (kor. Dokdo). Ein Besuch des koreanischen Staatspräsidenten auf der Felsengruppe führte 2012 zu einer heftigen Auseinandersetzung, in deren Verlauf Südkorea erneut Entschuldigungs- und Entschädigungsansprüche in der Sache der Zwangsprostituierten („Trostfrauen") des Zweiten Weltkrieges geltend machte. Nordkorea verfolgte den Bau eigener Atombomben und eigener Raketensysteme ohne Rücksicht auf die Sicherheitsanliegen seiner Nachbarn. Japanische Forderungen, über das Schicksal nach Nordkorea entführter Japaner Aufklärung zu erhalten, blieben unerfüllt.

Am 11. März 2011 erschütterte ein starkes Erdbeben den japanischen Nordosten. Der anschließende Tsunami forderte fast 20.000 Menschenleben und verheerte zahlreiche Ortschaften in einer ohnehin strukturschwachen Region. Gleichzeitig wurde das Atomkraftwerk Fukushima I schwer beschädigt. Zahlreiche Menschen mussten wegen der nuklearen Verseuchung ihrer Umwelt evakuiert werden. Der monatelange verzweifelte Kampf gegen dieses von japanischen Forschern als nukleare Erdbebenkatastrophe bezeichnete Desaster führte die japanische Gesellschaft an den Rand einer schweren Erschöpfung. Erschreckend offenbarte sich das Versagen zahlreicher, bislang für sicher gehaltener Technologien, Verwaltungsabläufe und Schutzmaßnahmen. Die Bevölkerung verlor das Vertrauen in die Kompetenz ihrer politischen, wirtschaftlichen und technologischen Eliten.[40]

Die DPJ-Regierung tauschte zwar ihre Führung aus, um dem öffentlichen Druck und der Obstruktionspolitik der Opposition zu widerstehen. Sie konnte noch die Verdoppelung des Mehrwertsteuersatzes ab 2015 durchsetzen und einen Ausstieg aus der Atomenergie für die 2030er Jahre in Aussicht stellen, bevor die DPJ in mehrere Teile zerbrach und ihre Handlungsfähigkeit verlor. Bei der Neuwahl des Abgeordnetenhauses im Dezember 2012 schrumpfte die DPJ daher wieder auf den Stand vom Ende der 1990er Jahre. Von ihrem Niedergang profitierten Parteien des ultrakonservativen Spektrums, angeführt von der Japanischen Renovationspartei unter Führung des greisen Nationalisten Ishihara Shintarō (ehemals Gouverneur von Tōkyō) und des autoritären Populisten Hashimoto Tōru (ehemals Gouverneur von Ōsaka). Die meisten Mandate erhielten allerdings die Liberaldemokraten, die mit ihrem Juniorpartner, der buddhistischen Kōmeitō, zusammen eine Zweidrittelmehrheit errangen. Die neue Regierung unter Abe Shinzō (LDP) kündigte an, gegenüber Japans Nachbarn eine unnachgiebige Haltung in Territorialstreitigkeiten einzunehmen, den Ausstieg aus der Kernenergie wieder zurückzunehmen und sich für eine umfassende Verfassungsänderung einzusetzen. Einen Entwurf dafür legte die LDP 2012 vor. Er sieht neben der Einführung einer Reichswehr anstelle der bisherigen Selbstverteidigungsstreitkräfte und des Rechts

[40] Reinhard Zöllner: Japan. Fukushima. Und wir. Zelebranten einer nuklearen Erdbebenkatastrophe. München 2011

auf kollektive Selbstverteidigung zahlreiche Änderungen in Grundrechten vor, mit denen die Autorität des Staats gestärkt und die, wie es in der LDP heißt, von der amerikanischen Besatzungsmacht aufgezwungenen natürlichen Menschenrechte revidiert werden sollen. Die letzte Entscheidung über diese Änderungen liegt allerdings beim japanischen Volk. Obwohl Abe die Unterhauswahlen von 2014 und 2017 deutlich gewann und die Koalition von LDP und Kōmeitō eine klare parlamentarische Mehrheit besitzt, wagte er es nicht, Parlament und Volk mit der Verfassungsreform zu befassen.

Der wirtschaftlichen Stagnation des Landes versuchte Abe durch expansive Geldpolitik und höhere Staatsschulden („Abenomics") zu begegnen, ohne durchschlagenden Erfolg zu haben. Die Wirtschaftskrise wurde 2019 durch die Corona-Pandemie verschärft, deren Bekämpfung enorme Kosten verursachte. Zudem wurden gegen ihn Vorwürfe wegen Günstlingswirtschaft laut. Abe trat im September 2020 aus gesundheitlichen Gründen zurück. Sein Nachfolger, Suga Yoshihide, war glücklos bei der Bewältigung der Pandemie, und sein Festhalten an den noch von Abe geplanten Olympischen Sommerspielen von Tōkyō kostete ihn Popularität. Die Spiele fanden mit einjähriger Verspätung von Juli bis August 2021 fast ohne Zuschauerbeteiligung statt; später gerieten die Organisatoren unter

Abb. 64: Arbeiter bei der Dekontaminierung des zerstörten Kernkraftwerks Fukushima I

Korruptionsverdacht. Suga trat im Oktober 2021 zurück. Ihm folgte Kishida Fumio nach, der wie Abe und Suga dem nationalkonservativen Lager der LDP angehörte.

Im Juli 2022 wurde Abe bei einer Wahlkampfveranstaltung erschossen. Der Täter wollte sich dafür rächen, dass Abe und seine Partei lange die südkoreanische pseudochristliche Vereinigungskirche unterstützt hatten, der seine Mutter das Vermögen seiner Familie geopfert hatte. In der Öffentlichkeit wurde nun intensiv über den Einfluss religiöser Gruppen auf rechtsgerichtete Politiker diskutiert, der eine Konstante japanischer Innenpolitik seit der Meiji-Zeit darstellt, ohne in der Wahrnehmung des Wahlvolkes prominent zu sein. Das Misstrauen gegenüber den etablierten politischen Kräften wuchs deshalb erneut.

Im Februar 2022 überfiel Russland die Ukraine. Japan schloss sich sofort den von den USA und der EU verhängten Sanktionen an. Die durch die russische Invasion ausgelöste weltweite Energiekrise und Inflation belasteten auch Japans Wirtschaft schwer.

Anhang

Japanische Regierungsdevisen seit 1781

Regierungsdevise	Beginn	Ende
Tenmei	2.4.1781	24.1.1789
Kansei	25.1.1789	4.2.1801
Kyōwa	5.2.1801	10.2.1804
Bunka	11.2.1804	21.4.1818
Bunsei	22.4.1818	9.12.1830
Tenpō	10.12.1830	1.12.1844
Kōka	2.12.1844	27.2.1848
Ka'ei	28.2.1848	26.11.1854
Ansei	27.11.1854	17.3.1860
Man'en	18.3.1860	18.2.1861
Bunkyū	19.2.1861	19.2.1864
Genji	20.2.1864	7.4.1865
Keiō	8.4.1865	7.9.1868
Meiji	8.9.1868	29.7.1912
Taishō	30.7.1912	24.12.1926
Shōwa	25.12.1926	6.1.1989
Heisei	7.1.1989	30.4.2019
Reiwa	1.5.2019	

Übersichtskarte von Japan

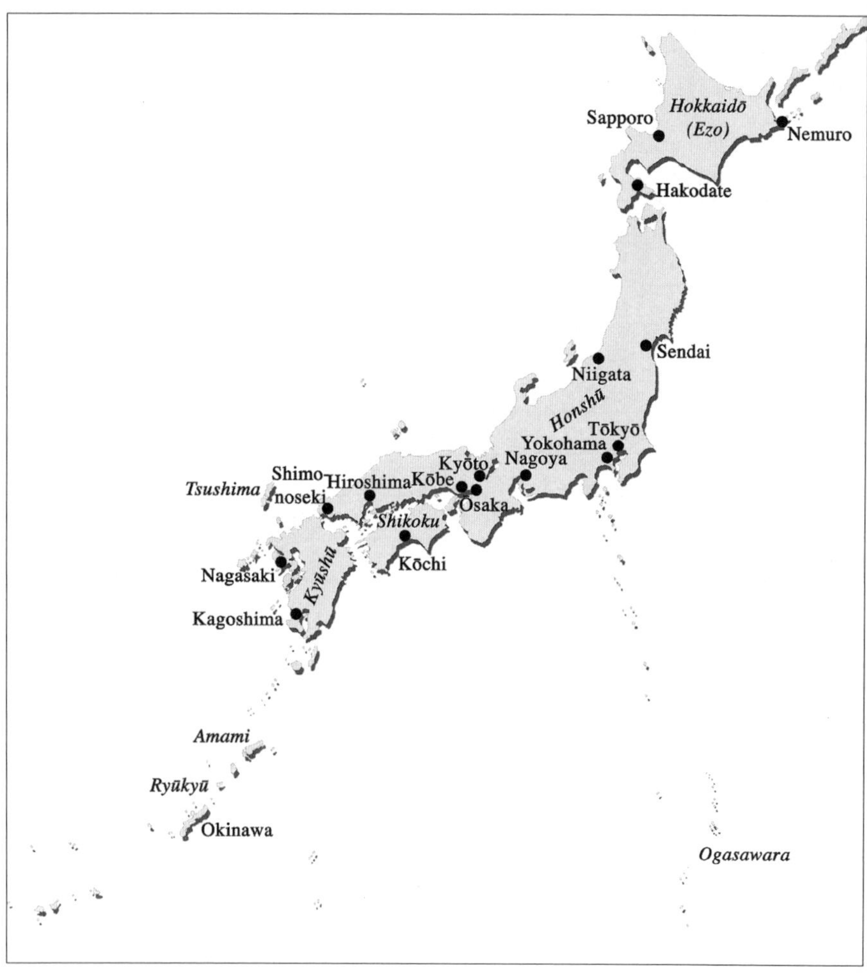

Abb. 65: Übersichtskarte von Japan

Bildquellennachweise

Quelle	**Abb. Nr.**
Edo-Tōkyō-Gebäudemuseum, Tōkyō	50
Hokkaidō-Universitätsbibliothek Sapporo	20
Library of Congress, Washington	39, 58
National Archives, Washington	56, 57
Nationalarchiv Tōkyō	2, 16, 18, 21,31, 53
Nationalbibliothek Tōkyō	4, 5, 8, 11, 13, 14, 17, 19,
	25, 26, 29, 32, 33
Privatbesitz	51
Tokyo Electric Power Company	64
Universitätsbibliothek Kōbe	9, 10
Alle übrigen: im Besitz des Verfassers	

Verzeichnis der Abbildungen

Stichwortregister